Die braune Saat

Harry Waibel

Die braune Saat

Antisemitismus und Neonazismus in der DDR

Schmetterling Verlag

Bibliografische Informationen der Deutschen Nationalbibliothek
Die Deutsche Nationalbibliothek verzeichnet diese Publikation in der Deutschen Nationalbibliografie; detaillierte Daten sind im Internet über http://dnb.d-nb.de abrufbar.

Dank
Bei Marita Waibel bedanke ich mich ganz besonders für ihre anhaltende kritische Begleitung der Arbeit an dieser Studie. Bei Christian Schwack, Sachbearbeiter bei der BStU und bei Marcus Benhaimi, Archivar beim BArch bedanke ich mich außerordentlich für die fachkundliche Zusammenarbeit über Jahre hinweg.

Schmetterling Verlag GmbH
Lindenspürstr. 38 b
70176 Stuttgart
www.schmetterling-verlag.de
Der Schmetterling Verlag ist Mitglied von aLiVe,
der assoziation Linker Verlage
ISBN 3-89657-153-2
1. Auflage 2017

Printed in Poland
Redaktionelle Mitarbeit: Gerd Hübel
Satz und Reproduktionen: Schmetterling Verlag
Druck: Sowa, Piaseczno

Inhalt

Vorwort

Wer sich bis ca. 1990 mit dem deutschen oder internationalen Kommunismus beschäftigte, kam sehr schnell einer vieles dominierenden Bewegung ins Gehege, denn den Kommunisten war es gelungen, etliche Intellektuelle in ein für sie günstiges Kräfteverhältnis einzubinden. Nach 1991 änderte sich das Klima: Diejenigen, die einen dem Kommunismus gegenüber kritischen Gedanken entwickelt hatten, spürten plötzlich ein Nachlassen des Drucks und eine größere Bewegungsfreiheit für ihre Forschungen und Analysen. Der Zusammenbruch des «real existierenden Sozialismus» löste unverzüglich eine revolutionäre Dokumenten-Lawine aus. Dies war nicht nur eine Folge der Öffnung der Archive, sondern auch der Entbindung aller Zeugen, die sich bisher zur Wahrung des «Parteigeheimnisses» verpflichtet glaubten. Mehr als siebzig Jahre lang besaßen die Beobachter des kommunistischen Weltsystems sowjetischer Prägung an Dokumenten nur das, was der Kommunismus offiziell veröffentlichte: Zeitungen, amtliche Stellungnahmen, Reden der Parteiführer, zensierte Literatur und Filme. Hinzu kamen Berichte von Dissidenten und Flüchtlingen und – soweit verfügbar – auch Dokumente der Polizei oder bestimmter Informationsdienste. Die für alle kommunistischen Parteien und Regimes typische Geheimniskrämerei stellte eine weitere Erschwernis dar. Dank dieser revolutionären Dokumentenlawine werden seit 1991 selbst die bestgehüteten Geheimnisse gelüftet, beispielsweise das geheime Zusatzprotokoll des deutsch-sowjetischen Nichtangriffspaktes vom 23. August 1939, dessen Existenz ein halbes Jahrhundert lang hartnäckig bestritten wurde. Sogar die Karte, auf der die Nazis und die Sowjets Osteuropa unter sich aufgeteilt hatten, kam zum Vorschein. Trotz der Schwierigkeiten, die nach wie vor oder erneut auftreten, kann die Geschichte des Kommunismus nun neu geschrieben werden. Dennoch ist es in Westeuropa die nach wie vor positiv besetzte Erinnerung an den Kommunismus, die einer vorurteilsfreien Aufarbeitung im Wege steht. Im Osten und erst recht im Westen ist der Glaube an den Partei-Kommunismus immer noch lebendig, die Trauer um ihn wird noch viele Jahre anhalten und die Arbeit des Historikers deutlich erschweren. Der Zusammenbruch des Kommunismus ist in erster Linie auf die Widersprüche innerhalb des kommunistischen Regimes zurückzuführen. Mit der Aufgabe seiner drei Grundprinzipien – dem Politterror, der ideologischen Lüge und der Einheitspartei – verlor dieses Regime die Legitimität (Rechtmäßigkeit der Staatsgewalt) vor sich selbst. Hinter der endgültigen Niederlage des marxistisch-leninistischen Regimes und seiner Ideologie stand jedoch weniger die Macht der USA, der Einfluss der katholischen Kirche noch die Kraft einer sozialen Revolution, sondern der Bankrott eines politischen Systems, das der demokratischen und wirtschaftlichen Herausforderung nicht gewachsen war. Solcherart

Niederlagen haben eine überraschende Konsequenz: Der Kommunismus als System ist zwar tot, doch manchen Menschen, die in seinem Dienst standen, sind immer noch quicklebendig und sitzen zum großen Teil nach wie vor auf ihrem Platz. Wladimir Putin ist das beste Beispiel dafür. Das organisierte Vergessen und die damit verbundene schleichende Amnestie ist das strategische Ziel ganzer Gruppen, die auf diese Weise sowohl ihre Straffreiheit zu sichern als auch ihre im wirtschaftlichen und politischen Bereich erreichten Positionen zu verteidigen versuchen.

Die Geschichtswissenschaft und die Erinnerung sind zwei Methoden sich der Vergangenheit zu nähern. Diese beiden Methoden können sich decken, sie können sich aber auch widersprechen, denn schließlich sind sie verschiedener Natur. Die Geschichtswissenschaft setzt eine wissenschaftliche Vorgehensweise voraus und folgt dem Prinzip der Erarbeitung und Weitergabe von Wissen. Die Wissenserarbeitung geschieht nach den Regeln eines Berufsstandes. Die Erinnerung hingegen – ganz gleich, ob sie persönlicher oder kollektiver Art ist, ob sie persönlich Erlebtes oder historische Begebenheiten betrifft – folgt einem identitätsstiftenden Prinzip. Sie prägt das Leben eines Einzelnen oder einer sozial bzw. politisch definierten Gruppe und verteidigt die entsprechenden Werte und Interessen.

Die Geschichtswissenschaft muss sich solchen individuellen bzw. gruppenspezifischen Arrangements jedoch verschließen. Ihr Ziel ist es alle Tatsachen ausfindig zu machen und zu prüfen; sie darf nicht ein einziges Faktum ignorieren. Die Arbeit des Historikers besteht ja nicht darin, sein eigenes Seelenleben zur Schau zu stellen, sondern die Vergangenheit mit Hilfe von Quellen begreifbar zu machen.

Die Kunst, die eigene Opfererinnerung in den Mittelpunkt zu stellen, beherrschen Kommunisten mit meisterhafter Perfektion. Zu dieser Kunstfertigkeit gehört auch das Verdrängen der unglücklichen Erinnerung anderer. Die Kommunisten der Gegenwart treten nicht nur als «aktive Widerstandskraft» in Erscheinung, sondern auch als «reaktionäre Kraft», welche die extrem linke und teilweise auch die linke Szene nicht nur daran hindert, der Geschichte des Kommunismus ins Auge zu schauen, sondern sie oft sogar zu einer anti-historischen Verneinung unbequemer Wahrheiten verleitet.

Dokumente belegen eindeutig, dass schon in den 1920er Jahren und mit Sicherheit bis in die 1950er Jahre hinein die Ideologie, die Organisation und die Politik der kommunistischen Parteien der strengen Kontrolle der KPdSU unterlagen. Die kommunistische Presse reagierte von den 1920er bis zu den 1980er Jahren mit lauter Zustimmung und Beifall auf die Repression und den Terror in der UdSSR, angefangen bei der Zwangskollektivierung und der damit einhergehenden ukrainischen Hungersnot von 1936/38 bis hin zum Einmarsch in Afghanistan im Jahr 1979.

Auf politischer und moralischer Ebene machten sich die kommunistischen Parteien in West-Europa zu Komplizen für alle von kommunistischen Regimes begangenen Verbrechen. Bis zum Schluss standen sie hinter ihren «Bruderparteien» in den Volksrepubliken. Über die Komintern wurden viele Parteien von 1920 bis 1943 direkt von Moskau aus gesteuert.

Die auf die kommunistische Historiographie zurückgehende und von den 1930er bis zu den 1990er Jahren dominierende Geschichtsinterpretation beschreibt das 20. Jahrhundert vor allem als Periode, die von der Auseinandersetzung zwischen dem fortschrittlichen Sozialismus und dem reaktionären Kapitalismus beherrscht war. Diese Interpretation wurde am 21. August 1991 endgültig ad absurdum geführt.

Die Erinnerung an den kommunistischen Totalitarismus torpediert seitdem die «anti-anti-kommunistische» Erinnerung. Sie ergänzt die Erinnerung an die nationalsozialistischen Verbrechen und steht für die Neo-Antifaschisten in einer unerträglichen «Konkurrenz» zu ihr.

In Osteuropa wurde unter dem sowjetischen Regime jede Form von Rebellion gewaltsam unterdrückt. Millionen von Ukrainern, Balten, Jugoslawen, Rumänen, Polen, Deutschen und Ungarn zogen das Exil dem Terror und Elend vor. Dahinter stand auch der Wunsch mit der europäischen Kultur, in der sie groß geworden waren, in Verbindung zu bleiben. Die Zahl der Flüchtlinge war so hoch, dass die Errichtung eines «Eisernen Vorhangs» notwendig wurde. 1961 musste selbst um Berlin herum eine 164 km lange Mauer gezogen werden. Sie kostete über neunhundert Flüchtlingen das Leben, von den Verletzten ganz zu schweigen. Die anderen mussten vierzig Jahre lang Terror, Gefangenendasein und Knechtschaft ertragen.

Der Kommunismus starb an der Unfähigkeit sein Projekt den Realitäten anzupassen und den Widerstand der ihm unterworfenen Menschen zu brechen. Auch den Widerstand der vor allem auf die Gefahr seiner militärischen Expansion reagierenden demokratischen Welt konnte er nicht brechen. Im Hinblick auf die Ambitionen und Ziele, zu denen sich die kommunistischen Regimes und Parteien bekannten, hat der Kommunismus tatsächlich eine Niederlage erlitten. Nach über siebzig Jahren zeigt der kommunistische Zerfall, dass dieses System weder ein neues Regierungs- und Gesellschaftsmodell noch eine neue Kultur oder einen neuen Menschen schaffen konnte.

Alle Kader, die später in Osteuropa die Macht an sich rissen, wurden von der Komintern sorgfältig ausgewählt und überwacht. In den Monaten nach dem Einmarsch der Roten Armee und dem kommunistischen Machtantritt wurden Hunderttausende von Menschen ermordet, verhaftet, in die UdSSR deportiert oder von sowjetischen Soldaten vergewaltigt. Diese erste Gewaltphase wird noch weitgehend tabuisiert, denn ihre historische Aufarbeitung würde der kommunistischen Bewegung die wenige Legitimität, die sie durch ihren Kampf gegen Nazi-Deutschland in Osteuropa noch hat, vollends nehmen.

Obwohl das beim Untergang der kommunistischen Staaten vorherrschende Klima sich stark von der Situation am Ende des Nationalsozialismus unterscheidet, setzen auch hier die Prozesse des Gerechtigkeitsempfindens, der Erinnerung und der Geschichte ein. Ganz einfach deshalb, weil keine Gesellschaft ohne Gerechtigkeitssinn, Erinnerung und Geschichte leben kann.[1]

Der Verlag bietet ab ca. Januar 2018 auf seiner Website (www.schmetterling-verlag.de) die digitalisierte Fassung meiner Dokumentation an:
Neonazistische Propaganda- und Gewaltstraftaten in der DDR – Nach Bezirken, chronologisch und alphabetisch geordnet (ca. 500.000 Zeichen).

1 Vgl. Courtois, (Schwarzbuch 2), S. 15–175.

Einleitung

Die Erkenntnisse für diese Grundlagenforschung stammen aus meiner geschichtswissenschaftlichen Arbeit über den Verlauf und die Ursachen antisemitischer und neonazistischer Vorfälle in der DDR. Sie bilden die empirische Basis dieser Studie und in ihrer Substanz stellen sie einen wissenschaftlichen Zugewinn dar. Damit wird es den orthodoxen Verteidigern der DDR nicht mehr so leicht möglich sein, die historischen Fakten zum Antisemitismus und Neonazismus zu verdrängen.

Die Quellenmaterialien, die ich dafür sichten musste, waren in der DDR als «streng geheim» klassifiziert worden, stammen im Wesentlichen aus den Archiven des «Bundesbeauftragten für die Unterlagen des Ministeriums für Staatssicherheit der ehemaligen DDR» (BStU) und aus dem Bundesarchiv (BArch) in Berlin-Lichterfelde (Abteilung DDR und Stiftung Archive Parteien Massenorganisationen, SAPMO). Die strenge Geheimhaltung hatte die Funktion, den inneren Zusammenhalt, der für die politischen und für die Sicherheit zuständigen Institutionen zu gewährleisten, bei gleichzeitiger und immer wiederkehrender Bestätigung des feindlichen Einflusses aus dem Westen. Schließlich konnte die SED damit die DDR-spezifischen Ursachen für die neonazistische Gefahr verdrängen und bis zur Unkenntlichkeit minimieren. Die Internalisierung dieser aus der autoritären Herrschaftsideologie geborenen Fehleinschätzung ist eine der wichtigsten Ursachen dafür, dass es zum Antisemitismus und Neonazismus in der DDR kein politisches oder historisches Bewusstsein in der Bevölkerung geben konnte. Aus etwa 2.000 unveröffentlichten Archivmaterialien belege ich etwa 9.000 neonazistische, rassistische und antisemitische Propaganda- und Gewalttaten. Die Anzahl neonazistischer Vorfälle liegt bei etwa 7.000 und etwa 725 Vorfälle betreffen manifesten Rassismus und 900 Straftaten sind antisemitischer Natur, wovon etwa 145 die Schändungen jüdischer Friedhöfe und Gräber betreffen.

Bei über 200 gewalttätigen Angriffen wurden durch Pogrome und pogromartige Angriffe tausende Personen aus über 30 Ländern verletzt und mindestens 10 Personen wurden zum Teil in Lynchjustiz getötet. Pogrom bedeutet in diesem Fall, dass Deutsche in Gruppen, als Angehörige der Mehrheit des Landes gewalttätige Aktionen gegen Afrikaner, Osteuropäer oder Kubaner durchgeführt haben, die als Ausländer zu einer sehr kleinen Minderheit in der DDR gehörten. Die Angriffe wurden in den allermeisten Fällen von jüngeren Männern durchgeführt und fanden in über 400 Städten und Gemeinden der DDR statt.

Die Repräsentativität dieser Fakten wurde in der DDR durch demoskopische Erhebungen bestätigt, bei denen in der Bevölkerung defizitäre Kenntnisse über historische Ereignisse und Zusammenhänge im weiteren und engeren Sinne festgestellt wurden. In einer Erhebung («Operativstudie») des Leipziger «Zentralinstituts für Jugendforschung» (ZIJ) vom Dezember 1988 waren Antworten zu politisch-historischen Einstellungen dergestalt, dass die Wissenschaftler die Auftraggeber der demoskopischen Erhebung anregten, ernsthaft darüber nachzudenken.[2] Ende der 1980er Jahre drängten sich für diese Wissenschaftler die Frage auf, welches Verhältnis Jugendliche zum Faschismus hatten, wobei der Anlass die sich verbreiternde neonazistische Orientierung in der Jugend der DDR war. Die Repräsentativität der Untersuchung – über 1.900 Befragte (15- bis 30-Jährige) – war durch einen zu hohen Anteil von SED-Mitgliedern bei den Studenten, den Arbeitern und Angestellten nicht gewährleistet und die Ergebnisse waren so eher «positiv verzerrt».[3] Hinzu kommt, dass ab 1970 keine Schüler mehr befragt wurden, auch weil ihre abweichenden Meinungsäußerungen im Widerspruch zu den geschönten Einschätzungen des Ministeriums für Volksbildung (Margot Honecker) standen.[4] Die Umfragen wurden durchweg schriftlich und in Gruppen durchgeführt, wodurch die Anonymität der Teilnehmer gesichert wurde.[5] Zu den festgestellten Wissens- und Verständnislücken kamen deutliche Anzeichen für deutschtümelnde und nationalistische Überheblichkeiten und bei einem nicht unerheblichen Teil der Befragten mussten «größere Erkenntnisdefizite in Bezug auf Wesen und Funktion des Faschismus und der Rolle Hitlers» konstatiert werden. Der Behauptung, die «Deutschen waren schon immer die Größten in der Geschichte», stimmten insgesamt 11 Prozent der Befragten zu; Lehrlinge stimmten mit 15 Prozent zu, was die Autoren nach der Wirksamkeit der «internationalistischen Erzichungsarbeit» fragen ließ.[6] Bedauerlicherweise wurde diese berechtigte Frage der Wissenschaftler des ZIJ nie Gegenstand einer öffentlichen Diskussion. Auch im Osten Deutschlands war mit der Ideologie der «Stunde Null» suggeriert worden, es habe sich ab 1945 um einen völligen Neubeginn gehandelt. Die demoskopisch ermittelten Umfrageergebnisse wurden als «Geheime Verschlußsache» ausschließlich den Mitgliedern des Politbüros der SED zugänglich gemacht.

Die antizionistische Innen- und Außenpolitik der SED analysiere ich als getarnten spezifischen Antisemitismus, dessen historische Ursachen in der Sowjetunion angesiedelt sind und die den unterworfenen Staaten oktroyiert wurden. Das Kernstück für das Verständnis dieses Antisemitismus ist die auf marxistisch-leninistischen, sogenannten antiimperialistischen Positionen aufgebaute Behauptung, dass das zionistische Israel durch das Bündnis mit dem

2 Zentralinstitut für Jugendforschung, Leipzig 1988 (ZIJ) «Politisch-historische Einstellungen der Jugendlichen 1988», SAPMO-BArch DY 24/ b 5.857, Blatt 52ff.

3 Ebenda, Blatt 3.

4 Vgl. Förster, «Volksmeinung war geheim».

5 ZIJ, Bl. 91f.

6 Ebenda, Bl. 55.

US-amerikanischen Imperialismus sich in einen faschistischen bzw. rassistischen Staat verwandelt hätte. Die Konsequenz daraus war, dass die Staaten des Warschauer Vertrages vorbehaltlos die Feinde Israels politisch und vor allem militärisch unterstützten. Dieser «Antizionismus» wurde spätestens ab dem «Sechs-Tage-Krieg» im Juni 1967 auch zu einem zentralen Inhalt für die meisten linken Gruppen und Parteien weltweit und stärkte damit den Führungsanspruch der KPdSU und in ihrem Gefolge die SED. Aufgrund der geopolitischen Situation, der unmittelbaren Nähe zu Westdeutschland bzw. Westeuropa, hatte die SED mit ihrem Geheimdienst und ihrer Geheimpolizei vielfältige Möglichkeiten der Beeinflussung legaler und illegaler, rechter wie linker Gruppen sowie auch der staatstragenden Gruppen und Parteien der BRD. So hatte das MfS (Ministerium für Staatssicherheit) intensive Beziehungen zu neonazistischen Individuen und Gruppen (Hepp-Kexel-Gruppe, WSG Hoffmann etc.) und ebenso zu klandestin operierenden linken Gruppen (RAF, Bewegung 2. Juni oder RZ). Mit diesen Kontakten ergaben sich für die SED Möglichkeiten zur Einflussnahme, die durch «Inoffizielle Mitarbeiter» (IM) in festen Bahnen laufen konnte. So gehörten zu den Aktivitäten des MfS gefälschte Schreiben mit antisemitischen Inhalten, die angeblich von bzw. gegen in der BRD lebende Juden konzipiert worden waren.

Bei den engen Kontakten zu den arabischen bzw. islamischen Antisemiten lieferten diese Linken nicht nur ihre globale antiimperialistische Ideologie als Ausdruck ihres angeblichen Überblicks über das große Ganze des Weltgeschehens, sondern auch das Know-how zur gelieferten Waffentechnik. Gegen das «faschistische Israel» war den Strategen im sowjetischen Geheimdienst (KGB) und dem Geheimdienst der DDR (MfS) jeder Verbündete willkommen, musste doch nur das antizionistische Dogma geteilt werden. Das zweite Bindeglied zwischen diesen vordergründig ungleichen Partnern war der Autoritarismus und insofern lassen sich diese Verbindungen zwischen arabischen Herrschern – besser Diktatoren – einerseits und linken und rechten Antisemiten andererseits als ein internationaler, europäischer Bund der Autoritären bestimmen. Die historische Dimension des Antisemitismus im Innern der DDR wird bis heute sowohl publizistisch als auch wissenschaftlich geleugnet (Pätzold, Joseph u.v.a.m.). Einzig die «Antisemitische Kampagne» von 1952/53, in deren Folge einige Hundert führende Funktionäre der jüdischen Selbstverwaltung in den Westen geflüchtet sind, wird in der Fachliteratur als Antisemitismus bewertet.

Dagegen stehen die Erkenntnisse von über 900 antisemitischen Propaganda- und Gewaltstraftaten in der DDR, von denen etwa 145 Straftaten die Schändungen jüdischer Friedhöfe und Gräber betreffen. Im Verhältnis zu den über 7.000 neonazistischen Propaganda- und Gewaltstraftaten liegen die antisemitischen Taten etwa bei 10 Prozent, jedoch möchte ich zu bedenken geben, dass es keinen Neonazi gibt, der nicht auch Antisemit ist; ein Antisemit hingegen muss kein Neonazi sein. Ein Neonazi hat ein Weltbild, er hat ein politisches Ziel und den Willen für diese Ideologie zu kämpfen. Der Antisemit hingegen geht seinen Vorbehalten gegen Juden nach, die er verinnerlicht hat. Ähnliches gilt auch für den Rassismus und die Rassisten. Dass wohlmeinende Antisemiten dennoch gefährlich sind, liegt an ihrer eindimensionalen Ausrichtung, die keine Entwicklung und schon gar keine emanzipatorische Entwicklung hervorbringen kann. Die in meiner Studie belegten neonazistischen Straftaten sind damit auch ein Ausdruck für die antisemitischen und rassistischen Einstellungen in der Bevölkerung der DDR.

Man muss davon ausgehen, dass die neonazistische Ideologie in Wort, Schrift und Melodie, die ab den 1960er Jahren bei Schülern ab dem 10. Lebensjahr bekannt wurde, in der Regel innerhalb der Familien tradiert worden ist. Es war eine «erfolgreiche» Variante der rechten Propaganda, dass bereits Kinder Hass-Lieder sangen oder Lieder angestimmt wurden zur Verherrlichung von Hitler oder anderer Nazis und die zur Tötung von Juden aufforderten. Dazu kamen entsprechende Graffitis an Schulen und öffentlichen Gebäuden und jeweils am 20. April wurde ab den 1980er Jahren von Neonazis, Hooligans und Skinheads republikweit der Geburtstag von Hitler gefeiert. Besonders der 100. Geburtstag von Hitler (1989) wurde von Neonazis auch in der DDR gefeiert und die Volkspolizei und das MfS hatten gut zu tun, einen «Steppenbrand» zu verhindern.

Gefährlich waren besonders die vielen losen und festen Neonazi-Gruppen, deren Zahl bei mindestens 100 lag und die von Schülern, Lehrlingen oder Soldaten gebildet wurden. Die Sicherheitsbehörden, Justiz, Polizei und Geheimpolizei waren äußerst aufmerksam, wenn es darum ging, solche Gruppen zu zersetzen und schließlich zu zerschlagen. Jedoch gab es Neonazis in Gruppen bis zum Ende der DDR und ihre Anzahl und ihre Aktivitäten steigerten sich bis zur Öffnung des «antifaschistischen Schutzwalls» und, wie wir heute wissen, über die Existenz der DDR hinaus.

Auch bei den «Montagsdemonstrationen» ab der zweiten Hälfte des Jahres 1989 waren Neonazis anwesend und so wurde am 7. Oktober 1989 in Plauen (Bezirk Karl-Marx-Stadt) der Hitlergruß gezeigt.[7] Ebenfalls am 7. Oktober 1989 grölten zwei Arbeiter in Köthen-Großwüllnitz (Bezirk Halle) «setzt die roten Schweine ab» und «schlagt die Roten tot».[8] Am 8. Oktober 1989 gab es in Treuen, Kreis Auerbach (Bezirk Karl-Marx-Stadt) rowdyhafte Auseinandersetzungen. So wurden durch circa zwanzig Jugendliche Scheiben von Schaukästen zerstört und Fahnen abgerissen.[9] In Köthen, Treuen im Vogtland und Aschersleben (Bezirk Halle) wurden von der DVP (Deutsche Volkspolizei) «Zwangsmaßnahmen» durchgeführt, um die Aktionen zu stoppen. Am 9. Ok-

---

7 https://www.youtube.com/watch?v=skttWDui-H0.

8 BStU, MfS, ZAIG 4599, Bl. 39–69.

9 BStU, MfS, ZAIG 4599, Bl. 39-69.

tober wurde in Leipzig «Wir sind das Volk» gerufen.[10] In Wolfen bei Bitterfeld (Bezirk Halle) demonstrierten am 31. Oktober 1989 Tausende für ein Ende der Herrschaft der SED. Dabei wurden u. a. Transparente mitgeführt, auf denen gefordert wurde: «Deutschland den Deutschen – Schwarze raus aus der DDR». Im selben Zeitraum wurde in Lohsa (Bezirk Cottbus) gerufen: «Russentod», in Halle wurde gerufen: «Ausländer raus» und an einem Wohnheim in Rathenow (Bezirk Potsdam) wurde an Wände geschmiert: «Tod den Negern».[11] In Leipzig wurde aus der Parole der Montagsdemonstrationen «Wir sind das Volk», die im September noch gerufen wurde, nach der Öffnung der Mauer am 9. November 1989: «Deutschland, einig Vaterland» und «Wir sind ein Volk».[12]

Das erste Ziel der Neonazis war die Auflösung der DDR und sie verstanden sich so als Kämpfer für ein wiedervereinigtes Deutschland. Als 1989 eine Volksbewegung («Wir sind das Volk», «Deutschland, einig Vaterland») auf die Straßen und Plätze zog, die bald die Wiedervereinigung auf ihre Fahne schrieb, gingen die Neonazis, Skinheads und Hooligans in ihr auf. Nachdem die DDR in die BRD eingegliedert wurde, gingen die ostdeutschen Rechten, darunter auch die Neonazis, in westdeutschen Parteien, Gruppen und sonstigen Organisationen auf. Durch die Bewegungen der Skinheads und Hooligans erhielten die europäischen Neonazis eine Massenbasis, aus der heraus bis in die Gegenwart Woche für Woche in Fußballstadien rassistische und antisemitische Propaganda betrieben wird und wo es immer wieder zu brutalen Orgien der Gewalt kam und kommt.

Die Bekämpfung der auch in der DDR weit verbreiteten Hakenkreuze oder SS-Runen, die Pogrome und die pogromartigen gewalttätigen Angriffe auf Arbeiter aus «befreundeten» Ländern wie Kuba, Algerien, Mosambik oder Vietnam wurden durch die Volkspolizei, die Geheimpolizei und durch die Justiz in einige wenige Paragraphen des Strafgesetzbuchs (StGB) gezwängt und in der Regel damit ihres brisanten politischen Kerns beraubt. Da wir es bei der politischen Ordnung der DDR mit einer autoritär gelenkten Diktatur zu tun haben, war Rechtsbeugung in vielen Fällen obligatorisch. Eine besondere Form dabei stellten die massenhaften Rückführungen von ausländischen Arbeitern dar, die wegen Streiks für bessere Arbeitsbedingungen und bei Beteiligungen an gewalttätigen Auseinandersetzungen zwangsweise aus der DDR ausgewiesen wurden. So wurden 1985 insgesamt 646 Rückführungen «aus den unterschiedlichsten Gründen» durchgeführt und vom 1. Januar 1986 bis zum 31. Juli 1986 waren es bereits «547 Rückführungen» von kubanischen Arbeitern.[13]

Das erste rassistische Pogrom, das in der DDR nach 1945 stattfand, geschah im August 1975 in Erfurt, nachdem im Juni 1975 zum ersten Mal Arbeiter aus

10 Ebenda.

11 Vgl. Steinheim 2000; Behrends/Lindenberger/Poutrus 2003, S. 15.

12 Siegler 1991, S. 33.

13 BStU, MfS, Abt. X Nr. 336, Bl. 231.

Algerien eingetroffen waren. Zwischen dem 10. und 15. August 1975 kam es zu pogromartigen Angriffen, nachdem es zuerst zu gewalttätigen Auseinandersetzungen zwischen Deutschen, Ungarn und Algeriern gekommen war, wurde danach ein Dutzend Algerier von einem rassistischen Mob von etwa 300 Deutschen durch die Stadt Erfurt gejagt. Es wurden vom MfS und VPKA (Volkspolizeikreisamt) insgesamt 31 Ermittlungsverfahren und 9 Ordnungsstrafverfahren eingeleitet und 57 Personen wurden vorläufig festgenommen.[14]

Ein beredtes Beispiel für das Scheitern der SED an den Neonazis war das Eingeständnis von Armeegeneral H. Hoffmann, Minister für Nationale Verteidigung und Oberbefehlshaber der NVA (Nationale Volksarmee), der Anfang der 1980er Jahre im Angesicht der vielen Neonazis in den bewaffneten Kräften (NVA, MfS, GT = Grenztruppen, DVP) resignierend feststellte, dass manche militärische Vorgesetzten und Parteileitungen neonazistische Erscheinungen bagatellisierten, indem sie sie als «dumme Jungenstreiche» ansahen. Hoffmann befürchtete eine daraus entstehende Gefährdung für die DDR, wenn die neonazistischen Vorkommnisse in der NVA bekannt würden, gerade «wo wir uns offensiv mit der Propagierung des Faschismus, insbesondere in der BRD, auseinandersetzen». Insofern lässt sich nun feststellen, dass bereits ab dieser Zeit die neonazistische und rassistische Bewegung in der DDR zu einer ernsten Bedrohung für die antifaschistische Legitimation geworden war.[15]

Der Neonazismus begann in Ostdeutschland, ebenso wie der Antisemitismus, unmittelbar nach dem 8. Mai 1945, kulminierte ab den 1960er Jahren und erreichte in den 1970er und in den 1980er Jahren traurige Höchststände. Die Sichtbarwerdung als gesellschaftliches Phänomen geschah durch zwei Massenbewegungen, die ihren Ursprung in Großbritannien haben: die Skinheads und die Hooligans. Beide Gruppen waren dort durch rechte Parteien und Gruppen infiltriert und indoktriniert worden. Dabei war zuerst die Partei «National Front» (NF) in dieser Richtung tätig und 1982 übernahm eine Abspaltung der NF, die «British National Party» (BNP), die Agitation. Danach wurde, ebenfalls in den 1980er Jahren, das neonazistische Netzwerk «Blood and Honour» gegründet, das sich sehr schnell, auch nach Westdeutschland, international ausdehnte. Das Feindbild gaben zu Beginn Hippies und Punks ab. Die ersten «unpolitischen» Skinhead-Gruppen hatten sich in der BRD um Bands wie «Die Böhsen Onkelz» aus Frankfurt/M., «Endstufe» aus Bremen und «Kraft durch Froide» aus Berlin gegründet. Es setzte dann eine Uniformierung ein, die bis heute gültig ist: olivgrüne oder schwarze «Bomberjacke», Jeans oder Flecktarnhosen, Glatze und Springerstiefel. Die politische Ausrichtung lässt sich als rassistisch bezeichnen und die Skinheads sind permanent bemüht, den Nazismus verherrlichende Lieder und Parolen publik zu machen. Zu ihren «versteckten» Erkennungsmerkma-

14 BStU, MfS, BV Erfurt, Abt. IX 355, Bl. 19ff..

15 Wenzke, S. 307f.

len gehören Zahlenkombinationen, die für Buchstaben stehen: Die «88» für den achten Buchstaben des Alphabets, «HH», also «Heil Hitler», und die Zahl «18» steht für «AH», also für Adolf Hitler. Außerdem gibt es bestimmte Bekleidungsfirmen, deren Produkte bevorzugt in rassistischen Kreisen getragen werden, wie z. B. «Consdaple», «Lonsdale» oder «Thor Steinar». In der Bundesrepublik hat es, nach offiziellen Angaben, zeitweise etwa 2.000 Skinheads gegeben. Stellt man ihnen die etwa 1.500 Skinheads entgegen, die das MfS Ende der 1980er Jahre aufgelistet hatte, so ist hier bereits ein relatives Übergewicht dieser ostdeutschen Neonazis zu erkennen.

In der Bundesrepublik wurden nicht nur durch Michael Kühnen und seine Neonazi-Gruppen, sondern auch durch die «Freiheitliche Deutsche Arbeiterpartei» (FAP) Skinheads und Hooligans u. a. über Labels wie «Metal Enterprises» und «Rock-O-Rama» mit rassistischer Ideologie agitiert. Ab 1986 verstärkten auch die deutsche «Nationalistische Front» (NF), die NPD und die Partei «Die Republikaner» ihren Einfluss auf diese beiden Gruppen der deutschen Jugendszene. Zusammen mit dem Einfluss des international agierenden rassistischen Netzwerkes «Blood and Honour» und mit dem Zusammenschluss der BRD-Skinheads mit denen aus der DDR fand ab 1990 eine dynamische Weiterentwicklung statt.

Mit dem terroristischen Flügel der «Neuen Rechten», der sich ab Ende der 1960er Jahre entwickelte, wuchs eine weitere starke Strömung der westdeutschen revanchistischen und rassistischen Szene zu, die von Kühnen organisiert und öffentlich vertreten wurde. Anfang 1975 war er an der Gründung der konspirativ tätigen «NSDAP-AO (Aufbauorganisation)» beteiligt und am 8. Mai 1977 war er Mitbegründer des «SA-Sturm-Hamburg». Damit begann seine Karriere als führender Politiker und Stratege der «Neuen Rechten», die sich im Windschatten der 1968er Revolte konstituiert hatte. Mit der 1984 gegründeten «Gesinnungsgemeinschaft der Neuen Front» (GdNF) verfügten die Neonazis über eine straffe Kaderorganisation, die mit Hilfe von ideellen und finanziellen Kontakten zu den alten Nazis in der BRD und den vielfältigen internationalen Beziehungen der alten und neuen Nazis koordiniert wurde. Nach dem Verbot der «Aktionsfront Nationaler Sozialisten/Nationale Aktivisten (ANS/NA) 1983 hatte die GdNF die Organisierung der Kader übernommen und war ab 1989 führend beim Aufbau und der Entwicklung neonazistischer Gruppen in der DDR. So wuchs den Neonazis in der BRD eine außerparlamentarische, militante Option zu, die bis zur Bildung von terroristischen Organisationen führte. Die Skinheads, Heavy-Metal-Fans und die als Randalierer hervorgetretenen Hooligans rund um die Fußballstadien in den größeren Städten wurden zum Rekrutierungsreservoir für wechselnde «Vorfeldorganisationen» der organisierten Neonazis. Mit organisatorischer und finanzieller Anleitung durch alte Nazis wurde in der BRD ein rechtes Netzwerk aufgebaut, mit dem juristische und ideologische Hilfe organisiert und zum Einsatz gebracht wurde und wird.

Das in jahrzehntelangen Kämpfen durchgesetzte öffentliche Bekenntnis zu einer neonazistischen Option in der BRD hatte Folgen für das Selbstbewusstsein der Neonazis insgesamt und markiert die Stelle, an der sie sich von ihren «Kameraden» in der DDR fundamental zu unterscheiden begannen. Die ostdeutschen Neonazis waren darin geübt, sich in subversiver Art und Weise in militärischen und paramilitärischen Organisationen, wie in der NVA, in den FDJ-Ordnungsgruppen oder in Einheiten der «Gesellschaft für Sport und Technik» (GST) zu disziplinierten Kämpfern ausbilden zu lassen. Einige dieser Neonazis kamen als politische Häftlinge, von der Bundesregierung «freigekauft», in den Westen. Dort konnten sie ihre, bereits in der DDR entwickelte neonazistische Einstellung sichtbar machen, was ein deutlicher Hinweis darauf ist, dass diese Problematik in der DDR ebenfalls existierte. Einer der ersten Neonazis, der «freigekauft» wurde, war Arnulf Winfried Priem. Er kam 1968 in den Westen, wurde Landtagskandidat für die NPD in Baden-Württemberg und gründete in den siebziger Jahren in Freiburg im Breisgau die «Kampfgruppe Priem». 1976 zog er nach Berlin (West) und wurde dort Anführer des von ihm gegründeten neoheidnischen «Asgard-Bund» und der neonazistischen Gruppe «Wotans Volk». Unter den «Freigekauften» befanden sich auch die Brüder Frank und Peter Hübner aus Cottbus, die 1984 in der DDR verhaftet und ein Jahr später in den Westen expediert wurden. Peter Hübner war 1982 «Anführer» einer 30-köpfigen Wehrsportgruppe (WSG), an der u.a. ein Unteroffizier der NVA und ein Anwärter auf den Dienst in der Volkspolizei beteiligt waren. Unmittelbar nach ihrem Eintreffen im Westen schlossen sie sich neonazistischen Organisationen im Rheingau-Taunuskreis an (DVU, Nationale Sammlung, FAP) und unter der Anleitung der Neonazi-Führer Reisz und Kühnen gründeten sie nach 1989 zusammen mit Karsten Wolter und René Koswig, mit denen sie bereits in der DDR zusammen waren, in Cottbus die «Deutsche Alternative» (DA). Weitere DDR-Neonazis waren Rainer Sonntag und Ralf Rößner, der 1974 als 18-Jähriger in den Westen gekommen war und bald bei der paramilitärischen «WSG Hoffmann» sogenannter Sicherheitschef wurde. Sonntag durfte 1986 aus der DDR ausreisen, kam sofort nach Langen bei Frankfurt am Main und kandidierte dort auf Platz 3 der Liste der «Nationalen Sammlung» (NS). Nach dem Fall der Mauer ging Sonntag wieder nach Dresden und organisierte den Aufbau neofaschistischer Strukturen. Er wurde am 2. Juni 1991 in Dresden auf offener Straße erschossen, woraufhin am 15. Juni 1991 etwa zweitausend Neonazis trauernd durch Dresden marschierten.

Karl-Heinz Hoffmann kam aus der DDR (1953) nach Nürnberg, wo er auch geboren war. 1973 gründete er die «Wehrsportgruppe Hoffmann», die 1980 vom Bundesminister des Innern (BMI) verboten wurde. Axel Heinzmann wurde 1970 aus der DDR-Haft «freigekauft» und ab 1976 war er Aktivist des rechten «Hochschulrings Tübinger Studenten» (HTS). Für den HTS lud er am 4. Dezember 1976 Karl-Heinz Hoffmann als Redner für eine Veranstaltung in die Mensa der Tübinger Universität ein. Protestierende Studenten wurden von etwa zwanzig «Soldaten» der WSG «Hoffmann» mit Schlagstöcken und Eisenhaken angegriffen und mindestens sechs antinazistische Studenten wurden krankenhausreif geschlagen. Teilnehmer war auch Gundolf Köhler, der vier Jahre später verdächtigt wurde, das Bombenattentat in München – als Einzeltäter – durchgeführt zu haben.

Uwe Behrendt hatte in der DDR wegen «Fluchtversuch» eine Freiheitsstrafe von zwanzig Monaten erhalten und wurde 1974 von der Bundesregierung für 50.000 DM «freigekauft». Behrendt studierte dann in Ulm, Erlangen und Tübingen Theologie, Germanistik und Medizin und bekam Kontakt zum rassistischen HTS. 1976 kandidierte er für diese Gruppe bei der ASTA-Wahl an der Universität Tübingen und im Juni 1976 wurde er in den «Hochschulpolitischen Ausschuss» (HpA) der «Deutschen Burschenschaft» gewählt. Über den HTS gelangte er zur «WSG Hoffmann». Behrendt, damals 28 Jahre, und ein Mittäter ermordeten am 19. Dezember 1980 mit einer Maschinenpistole Shlomo Levin, Erlangener Verleger und Ex-Vorsitzender der Israelitischen Kultusgemeinde Nürnberg, und Frieda Poeschke, die Lebensgefährtin von Levin.[16] Danach verschwand Behrendt in den Nahen Osten, wo er am 16. September 1981 Selbstmord begangen haben soll.

Die Ziele der Neonazis sind die Propagierung struktureller Begriffe, wie z. B. die der «Volksgemeinschaft» («Deutsche zuerst», «Arbeitsplätze für Deutsche», «Gerechtigkeit für Deutsche») und im Kern treten sie ein für einen Führerstaat, für einen «starken Mann», für Recht und Ordnung und für Befehl und Gehorsam. Sie empfinden sich als Elite, die führt und ihr ideologischer Mittelpunkt sind rassistische und antisemitische Feindbilder («Ausländer raus» und «Deutschland den Deutschen»). Den Multikulturalismus bezeichnen sie als «intellektuelles Rauschgift» und als Folge davon geschähe ein «Völkermord» an den Deutschen. Mit «Schwarzen Listen», Drohbriefen und -anrufen wollen sie einschüchtern und ihre Propaganda versteht sich als eine Propaganda der Tat, die darauf abzielt mit Gewalt dafür zu sorgen, dass ihre Ziele für einen ethnisch «sauberen» Staat Wirklichkeit werden. Sie kämpfen gegen die Arbeiterbewegung und für sie ist der «Betriebsführer» ein Ausdruck für ein Leben ohne Klassenkampf. Eine spezifische Frauenverachtung und ein verlogener Mutterkult zeigen sich in ihrem Leitbild einer deutschen Weiblichkeit, in der die deutsche Frau als Untertan des deutschen Mannes eingeordnet wird. Ihr Biologismus lässt sich ablesen an einer Blut-und-Boden-Ökologie und an Vorstellungen zur Begrenzung der «Überfremdung» und Schaffung von «Lebensraum» für Deut-

16 Pfahl-Traughber 2006, S. 73.

sche. Sie verherrlichen Gewalt und Krieg und autoritäres und militärisches Denken und Handeln bestimmt sie; den Krieg betrachten sie daher als besondere Bewährungssituation, in der sie angeblich Ehre, Treue, Mut und Aufopferung beweisen wollen. In den Wehrsportgruppen üben sie Befehl und Gehorsam und sie erlernen Abhärtung und Disziplin. Ein Großdeutschland ist ihr strategisches Ziel und die Ablehnung des Völkerrechts und der Souveränität der Staaten geht bei ihnen Hand in Hand. Die östliche Bundesrepublik betrachten sie als Mitteldeutschland und weitere Ziele ihrer Eroberungssehnsüchte sind daher das westliche Polen (Schlesien), das östliche Frankreich (Elsass, Lothringen), das östliche Belgien (Eupen-Malmédy), das südliche Dänemark (Nordschleswig) und weitere Gebiete in Polen (Danzig), in Russland (Ost-Pommern), in Tschechien (Sudetenland), Österreich (Ostmark) und Teile des nördlichen Italien (Südtirol).

Im Westen hatten Traditionsverbände der alten Nazis sich die Aufgabe gestellt, Brücken zu schlagen zur nachfolgenden Generation: «Hilfsgemeinschaft auf Gegenseitigkeit der Angehörigen der ehemaligen Waffen-SS» (HIAG), «Stahlhelm e. V.», Vertriebenen- und Soldatenverbände, «Ordensgemeinschaft der Ritterkreuzträger» oder der «Witiko-Bund». Über Medien wie z. B. Buch- und Versanddienste, Fanzines, Mailboxen, Musikverlage, Zeitungen und Zeitschriften, über Websites, Computerspiele und Infotelefone nehmen sie Einfluss auf die öffentlichen Diskussionen.

Neben den politischen Organisationen arbeiten, meist verbunden durch ideologische oder personale Überschneidungen, pseudowissenschaftliche und publizistische Verlage und Vereine, die das intellektuelle Geschäft der Neuen Rechten mit dem Rassismus und Antisemitismus bis heute betreiben.[17] Ideologiezentren sind die rassistische «Gesellschaft für biologische Anthropologie, Eugenik und Verhaltensforschung» und die geschichtsrevisionistische «Zeitgeschichtliche Forschungsstelle Ingolstadt» (ZFI). In einer Grauzone befindet sich das von Filbinger nach seinem Ausscheiden aus dem Amt des baden-württembergischen Ministerpräsidenten gegründete «Studienzentrum Weikersheim», wo rechte Intellektuelle eine Scharnierfunktion wahrnehmen zwischen nationalistischen oder völkischen Konservativen einerseits und den organisierten Rassisten andererseits. All diese Möglichkeiten waren den Rechten in der DDR verwehrt und sie markieren damit einen gravierenden Unterschied zur Situation dort.

Es lässt sich also sagen, dass mit dem Antisemitismus und dem Neonazismus in der DDR, ebenso wie in der BRD, die braune Saat der Nazis aufgegangen ist.

17 Vgl. ID-Archiv.

Antisemitismus

Bei der Erforschung und Beschreibung des Antisemitismus in der DDR müssen zwei Prämissen berücksichtigt werden: Erstens ist es notwendig den Begriff «Antizionismus» historisch zu analysieren, einerseits um ihn von seiner Entstehungsgeschichte her bis zu seinem heutigen Gebrauch als Tarnung für Antisemitismus verstehen und bewerten zu können. Um andererseits das Ausmaß und die Tiefe des Antisemitismus in der DDR als gesellschaftliches und staatliches Phänomen voll umfänglich reflektieren zu können, ist es unumgänglich, den Neonazismus in der DDR wahrzunehmen. In der SED-Diktatur bildeten Neonazis sowohl die Speerspitze als auch den Motor für eine sich dynamisch entwickelnde rechte Bewegung, die sich gegen die kommunistische Herrschaft richtete.

Der Krieg gegen die Juden, den die Nazis 1933 einläuteten, ist seitdem ununterbrochen weitergegangen. Die «Protokolle der Weisen von Zion» tauchten unmittelbar nach Ende des II. Weltkrieges wieder auf und heizten seither die fortgesetzten Versuche an, im Nahen Osten das zu vollenden, was den Nazis in Europa um ein Haar gelungen wäre. Die sowjetischen, arabischen und islamischen Kampagnen gegen Israel und die Juden sind Bestandteil eines vielschichtigen Kontinuums von Hasspropaganda, das nunmehr über Jahrzehnte ununterbrochen abläuft. Der Antisemitismus wurde dadurch, dass er von der Sowjetunion bis zu ihrem Untergang und von der islamischen Welt bis in die Gegenwart gefördert und verbreitet wird, nicht harmloser. Die früher sowjetische und jetzt islamische und arabische Propaganda ist im Wesentlichen nach dem Muster der «Protokolle» gestrickt, mit der die Existenz einer internationalen, im Dunklen operierenden Verschwörung, die ihr politisches Zentrum in Israel und ihr Hinterland in der Diaspora hat, behauptet wird.

Heute noch wird unter dem Schlagwort «Antizionismus» Politik und Propaganda betrieben und es sollte sich niemand von dieser verbalen Neuerung darüber hinwegtäuschen lassen, was wirklich dahintersteckt. Der Grund für diese Maskierung des Antisemitismus liegt auf der Hand. Durch die Massenmorde der Nazis, die unverhohlene Feindschaft gegen Juden als rassische, religiöse oder ethnische Gruppe ist Antisemitismus für den allergrößten Teil der westlichen Öffentlichkeit inakzeptabel geworden – sieht man einmal von den unverbesserlichen und unbelehrbaren alten und neuen Nazis ab. In der Folge hielten die kommunistischen, arabischen, islamischen und auch die neonazistischen Antisemiten zur Rechtfertigung ihres neuen Ziels – der Beseitigung eines souveränen jüdischen Gemeinwesens – nach anderen intellektuellen Bezugsgrößen und Ausdrucksweisen Ausschau. Sie setzten Antizionismus an die Stelle von Antisemitismus, der selbst vor über 130 Jahren als politischer Kampfbegriff an die Stelle von «Judenhass», «Judenfeindschaft» oder «Antijudaismus» getreten war. Der Antisemitismus von heute musste sich als seine eigene ideologische Antithese maskieren – als Kampf gegen Faschismus und Antisemitismus –, wollte er je wieder politisch wirksam werden. Wir haben es also mit dem Paradoxon eines Antisemitismus zu tun, der beständig beteuert, er richte sich nicht gegen die Juden als solche.[18]

Der sowjetische Antizionismus hat die von der radikalen Rechten des alten zaristischen Russlands kreierte Mythologie der «Protokolle» mit dem Vokabular des Marxismus-Leninismus verbunden und aus diesem seltsamen Kreuzungsprodukt ist ein neuer Judenhass hervorgegangen, der sich als bedeutsames Element der sowjetischen Innen- und Außenpolitik etablierte. Vom zaristischen Russland, das im 19. Jahrhundert das klassische Land der Judenverfolgung war, wurde der Welt das hässliche Wort «Pogrom» geschenkt. Die Geheimpolizei setzte als erste den Mythos der «internationalen jüdischen Verschwörung» in die Welt, die ab der zweiten Hälfte des 20. Jahrhunderts zum Zentrum des sogenannten Kampfes gegen den «Weltzionismus» geworden ist.[19]

Ab den 1920er Jahren begannen intensive Beziehungen der KPD zur KPdSU und sie waren geprägt von der Unterwerfung der deutschen Kommunisten – bis hin zur SED – unter die KPdSU. Die Ermordung deutscher Kommunisten im sowjetischen Exil ist nur im Zusammenhang mit den stalinschen «Säuberungen» zu verstehen, bei denen nicht nur über eine Million sowjetischer Kommunisten ermordet wurden, sondern bei denen im Sinne der Sippenhaftung auch Familienangehörige der Verhafteten von Repressalien betroffen waren. Seit 1933 war die KPD durch das Nazi-Regime in die Illegalität gedrängt worden und die Führung der Partei und viele Funktionäre waren ins Ausland geflüchtet, um von dort den Kampf gegen die Nazis fortzusetzen. Nur ein Teil der emigrierten deutschen Kommunisten gelangte in die Sowjetunion, die als «Vaterland» angesehen wurde. Ab 1935 residierte der Kern des Politbüros der KPD in Moskau. Während der stalinschen «Säuberungen» ab 1936 sind von deutschen Kommunisten Tausende inhaftiert und davon etliche Hundert ermordet worden. So bestand die Tragödie dieser Stalin-Opfer vor allem darin, dass sie von Gleichgesinnten, auf Befehl ihres Idols Stalin fälschlich als Agenten der Gestapo beschimpft, ihrer Ehre beraubt und schließlich ermordet wurden. Nach der Niederlage der Nazis verschwiegen die deutschen Kommunisten zunächst, dass in den Moskauer «Säuberungen» auch Funktionäre der KPD verhaftet und ermordet worden waren. Margarete Buber-Neumann berichtete 1949 erstmals über die Geschehnisse um deutsche Kommunisten in der Sowjetunion in ihrem Band «Als Gefangene bei Stalin und Hitler». Westdeutsche Kommunisten haben die Schilderungen Buber-Neumanns als Fälschung denunziert und es kam

18 Wistrich 1987, S. 24–26.
19 Wistrich 1987, S. 26–27.

deswegen sogar zu einem Gerichtsverfahren in Frankfurt/Main. Alle DDR-Veröffentlichungen der 1960er Jahre praktizierten die Methode, die von der SED später als «Rehabilitierung» umgedeutet worden ist: Zwar nannte die SED Namen und Funktionen wieder und Bildretuschierungen wurden unterlassen, doch über das Schicksal der Stalin-Opfer, über ihre Ermordung wurde bis 1989 nichts geschrieben.[20]

In der UdSSR hatte sich schon bald nach den revolutionären Umwälzungen von 1917 ein spezieller sowjetischer Antisemitismus herausgebildet, der sich von dem «vorausgehenden zaristischen Antisemitismus – weniger in seinen Inhalten als in seiner Funktion – unterscheidet. Vor 1930 ist der Antisemitismus keine Staatsideologie, sondern ein Ressentiment, das bis in den Staats- und Parteiapparat hineinreicht.»[21]

Jüdischen Bolschewisten wurde in den Schauprozessen von 1936 bis 1938 vorgeworfen, sie wären ohne russisches Heimatgefühl und ohne echten Sowjetpatriotismus und ihre jüdischen Ursprungsnamen wurden ständig demonstrativ genannt. Diese «Säuberungen» beendeten das organisierte Leben der Juden in der Sowjetunion als anerkannte kulturelle und ethnische, minoritäre Gruppe.[22] Von den 32 Mitgliedern des Politbüros der KPdSU zwischen 1919 und 1938 fielen 17 den «Säuberungen» zum Opfer. 40 Mitglieder des ZK der KPdSU wurden liquidiert, 18 frühere Volkskommissare, 16 Botschafter und Gesandte, fast sämtliche Vorsitzende der einzelnen Republiken wurden erschossen oder kamen in der Verbannung in Sibirien um. Auch in der sowjetischen Armee wütete der Terror: Ihm fielen fast alle 80 Mitglieder des 1934 geschaffenen obersten Kriegsrates und circa 40.000 höhere Offiziere zum Opfer. Allein aus dem höheren Offizierskorps verschwanden 3 von 5 Marschällen sowie 13 von 15 Armeekommandeuren. Die Willkürherrschaft Stalins und der Bolschewiki forderte nicht nur Opfer in der KPdSU und im Militär. Repressalien richteten sich auch gegen die Führer der Kommunistischen Internationale. Die beiden Vorsitzenden der Kommunistischen Internationale, Grigori J. Sinowjew und Nikolai I. Bucharin, wurden hingerichtet, zugleich wurde das Personal des Apparates der Komintern fast völlig dezimiert, die wichtigsten Führungskräfte wurden liquidiert. In diesen Jahren wurden echte oder vermeintliche politische Gegner aus der KPdSU ausgeschlossen und danach wurden vom staatlichen Terror Betroffene zunehmend und ab den 1930er Jahren mit gefälschten Vorwürfen in Schau- und Geheimprozessen zum Tod oder zu Lagerhaft und Zwangsarbeit im Gulag verurteilt. Dazu wurden regelmäßig entsprechende Geständnisse unter Folter erpresst.

---

20 Vgl. Weber 1990, S. 3.

21 Vetter 1995, S. 12f.

22 Ober 2007, S. 98.

Die politischen Säuberungen erreichten ihren Höhepunkt im «Großen Terror» in den Jahren 1936 bis 1938. In dieser Zeit wurden täglich etwa 1.000 Menschen ermordet. In den Jahren von 1942 bis 1944 häuften sich geheime Parteidokumente mit antisemitischen Inhalten und ab 1945, nach dem Ende des II. Weltkrieges, brauchte Stalin nach alter russischer Tradition einen inneren Feind: die Juden. Die in den Archiven gefundenen Dokumente belegen einen geheimen, unterschwelligen, dosierten und durch internationalistische Rhetorik getarnten Antisemitismus in der Sowjetunion. Besonders Kommunisten mit jüdischer Herkunft wurden verfolgt, angeklagt und verurteilt. Die gesamte jüdische Sektion der russischen Partei wurde zerschlagen.[23] Die Auflösung des «Jüdisch Antifaschistischen Komitees» (JAK), die Ermordung seiner Führung, die Repression gegen Kader des «Jüdischen Autonomen Gebietes» Birobidschan, die Ausrottung der jiddischen Kultur und ihrer führenden Repräsentanten, die Kampagne gegen den «heimatlosen Kosmopolitismus» wurden per mündliche Direktive angeordnet und persönlich oder telefonisch weitergegeben. Alle diese Aktionen waren begleitet von «Säuberungen» unter den Kadern des Staatsapparates, der Wirtschaft, der Kultur und des Gesundheitswesens.[24]

Zu Beginn des Jahres 1953 zählte das Gulag-System über 2,7 Millionen Häftlinge.[25] Die zweite «Säuberungswelle» hatte Ende des Jahres 1947 eingesetzt und war hauptsächlich gegen Juden gerichtet gewesen, die als «wurzellose Kosmopoliten» denunziert worden waren.

Am 24. August 1941, wenige Wochen nach dem Überfall der Nazi-Wehrmacht, war die Gründung des «Jüdischen Antifaschistischen Komitees der Sowjetunion» (JAK) im Sendestudio des Moskauer Rundfunks proklamiert worden. Doch erst am 23. April 1942 wurde die Konstituierung des JAK vom staatlichen Propagandaamt der Regierung bekanntgegeben. Dem Komitee gehörten siebzig Mitglieder an und Vorsitzender war Leninpreisträger, Schauspieler und Direktor des Jüdischen Theaters Salomon Michoels. Die Verlautbarungen und Reden des JAK waren in jiddischer Sprache gehalten. In ihnen wurden die jüdischen Brüder und Schwestern zum Widerstand aufgerufen. Auf mehrmonatigen Reisen im Westen konnten etwa 45 Millionen Dollar zur Unterstützung der Roten Armee gesammelt werden. Nach dem Sieg über Nazi-Deutschland begannen die Probleme für das JAK, denn nun war ihre von Stalin zugewiesene Funktion erfüllt und sie damit entbehrlich.[26] So wurden am 19. Dezember 1947 mehrere Mitglieder des JAK verhaftet und wenige Wochen später, am 13. Januar 1948, wurde Salomon Michoels in Minsk ermordet aufgefunden. Nach offiziellen Angaben war er bei einem Autounfall ums Leben gekommen. Am 21. November 1948 wurde das «Jüdisch-antifaschistische Komitee» unter dem Vorwand auf-

23 Courtois 2004, S. 333; Meining 2002, S. 58.

24 Vgl. Madievski.

25 Vgl. Werth 2004, S. 44–295; Vgl. Serge 1975.

26 Lustiger 1995, S. 1093–1098.

gelöst, es sei zu einem «Zentrum antisowjetischer Propaganda» geworden. In den darauf folgenden Wochen wurden alle Mitglieder des Komitees verhaftet und vom 8. Mai bis 18. Juli 1952 wurde gegen die Angehörigen des JAK wegen des Verdachts von Staatsverbrechen ein geheimer Prozess organisiert, der unter Ausschluss der Öffentlichkeit und unter strengster Geheimhaltung stattfand. 13 Angeklagte wurden zum Tode verurteilt und am 12. August hingerichtet, gleichzeitig mit zehn anderen «Sabotage-Ingenieuren» der Stalin-Autowerke, die alle Juden waren. Insgesamt kam es in der «Sache» des «Jüdisch-Antifaschistischen Komitees» zu 125 Verurteilungen, davon 25 Todesurteilen, die alle vollstreckt wurden, und zu 100 Verurteilungen zu Lagerhaft zwischen 10 und 25 Jahren. Davon betroffen waren jüdische Partei- und Regierungsfunktionäre, Wissenschaftler, Schriftsteller, Dichter, Journalisten, Künstler und Angestellte.[27]

Von 1948 bis 1953 ordnete Stalin unter dem Schlagwort «Wurzelloser Kosmopolit» eine antisemitische bzw. antizionistische Kampagne an. Dieser Inhalt der Kampagne wurde offiziell nie zugegeben, weil das Eingeständnis der antisemitischen Absichten die politische Führung der Sowjetunion in der Weltöffentlichkeit diskreditiert hätte. Hintergrund dieser, die wahren Motive verdeckenden Angriffe auf Juden war ein Reflex auf die beginnende Hinwendung Israels zum Westen. Ende Januar 1949 startete die sowjetische Presse eine landesweite «antikosmopolitische» Kampagne und im Zentralorgan des ZK der KPdSU, der Tageszeitung «Prawda», vom 28. Januar 1949 war über eine «antipatriotische Gruppe von Theaterkritikern» zu lesen: «Unkontrollierte, böswillige Kosmopoliten, Profitjäger ohne Wurzeln und ohne Gewissen [...] Gewachsen auf der schimmligen Hefe des Kosmopolitismus, der Dekadenz und des Formalismus der Bourgeoisie [...] Nationalisten, hier nicht heimisch, ohne Mutterland, die unsere proletarische Kultur mit Gestank vergiften. [...] Was kann A. Gurwitsch [Embryologe und Histologe jüdischer Herkunft, HW] überhaupt vom Nationalcharakter eines russischen Sowjetmenschen verstehen?»[28]

In den ersten Monaten des Jahres 1949 wurden, vor allem in Leningrad und Moskau, Hunderte von jüdischen Intellektuellen verhaftet. Juden wurden systematisch kaltgestellt, vor allem in der Kultur, dem Informationswesen, der Presse, dem Verlagswesen, der Medizin, kurz: in all den Bereichen, in denen sie an verantwortlichen Stellen gesessen hatten. Im Oktober 1951 hatte Stalin eine Gruppe altgedienter jüdischer Funktionäre des Sicherheitsdienstes und der Staatsanwaltschaft verhaften lassen. Zu den Verhafteten gehörte der sowjetische Geheimdienstoffizier Oberstleutnant Naum I. Eitingon, der 1940 auf Befehl von Lawrenti Berija, damals Minister für Staatssicherheit, die Ermordung Trotzkis organisiert hatte. Weiterhin gehörten zu den Verhafteten General Leonid L. Schwarzmann, der Folterer des Journalisten und Schriftstellers Isaak Babel

27 Ober, S. 102f.; Lustiger, S. 1097f.

28 http://de.wikipedia.org/wiki/Wurzelloser_Kosmopolit.

und des Regisseurs und Schauspielers Wsewolod Meyerhold, sowie der Untersuchungsrichter Lew Scheinin. Er war der rechte Arm von Andrej J. Wyschinski, Staatsanwalt der Moskauer Prozesse von 1936 bis 1938. Unter der Leitung von Wiktor S. Abakumow, er war von 1946 bis 1952 Minister für Staatsicherheit und Nachfolger von Lawrenti Berija, wurden die Angeklagten beschuldigt, eine großangelegte «jüdisch-nationalistische Verschwörung» organisiert zu haben.

Ab Ende 1952 bis zum Tod von Stalin am 5. März 1953 haben Stalin und die KPdSU unter der Überschrift «Ärzteverschwörung» einige der angesehensten und bekanntesten Ärzte der UdSSR beschuldigt, sie wären an einer riesigen «jüdisch-zionistischen Verschwörung» beteiligt, deren Ziel es gewesen sei im Auftrag US-amerikanischer Geheimdienste die oberste sowjetische Politik- und Militärführung zu vergiften. Es kam zu Massenverhaftungen von sowjetischen Juden, die in Lager gebracht oder hingerichtet wurden.

Die «Prawda» hatte am 13. Januar 1953 die «Verhaftung einer Gruppe von ärztlichen Saboteuren» verkündet, die aus 9, später aus 15 angesehenen Ärzten bestand.[29] Sie wurden beschuldigt, ihre hohen Ämter im Kreml genutzt zu haben, um das Leben von Andrej Schdanow, dem im August 1948 verstorbenen Mitglied des Politbüros, und das Leben des 1950 verstorbenen Alexander Scherbakow «abgekürzt» zu haben. Außerdem sollten sie auf Befehl des US-Intelligence-Services und der jüdischen Hilfsorganisation «American Joint Distribution Committee» versucht haben, hohe sowjetische Militärführer zu ermorden. Wie bei den «Säuberungen» von 1936 bis 1938 organisierte die KPdSU Tausende von Kundgebungen, auf denen u. a. die Bestrafung der Schuldigen sowie die Rückkehr zur wahren «bolschewistischen Wachsamkeit» gefordert wurde.[30] Auf diesem paranoiden Nährboden entwickelten offizielle Stellen der Sowjetunion antizionistische und antisemitische Vorstellungen, die in der ZK-Abteilung Agitation und Propaganda der KPdSU besonders stark vertreten waren. In dieser Abteilung war bereits im August 1942 ein internes Schreiben verfasst worden, in dem über eine angeblich «beherrschende Stellung der Juden in künstlerischen, literarischen und journalistischen Kreisen» fantasiert wurde. Nach dem Tod Stalins wurden am 3. April 1953 die Verhafteten vom Präsidium der KPdSU offiziell freigesprochen.[31]

In der Folge des Kalten Krieges wurde in der Sowjetunion eine Kampagne gegen westliche Lebensformen entfaltet, als deren schlimmster Ausdruck ein «wurzelloser Kosmopolitismus» angesehen wurde. Ab 1948 wurde es üblich, dass Angeklagte bei Prozessen wegen politischer Abweichung oder Korruption bei «Vor- und Vatersnamen der Angegriffenen genannt wurden, um Juden, die sich nichtjüdische Namen zugelegt hatten, ihrer Abstammung zu überführen».

29 Meining 2002, S. 198.

30 Leo 2004, S. 9–13.

31 Kostyrčenko 1998, S. 109–116.

Die während des Krieges unterstützten jüdischen Tendenzen wurden nun als chauvinistische und kosmopolitische Abweichungen verfolgt.[32]

In der Sowjetunion wurden Hakenkreuz und Davidstern als gleichrangige Symbole propagandistisch eingesetzt. Was die Nazis als «jüdischen Bolschewismus» zum Schreckgespenst machten, wurde von der KPdSU weiterentwickelt zum «zionistischen Nazismus» der Juden, die das Ziel verfolgten, die Sowjetunion und ihre Verbündeten zu zerstören. Israel wurde seit seiner Gründung als «Nachfolgestaat» des deutschen Faschismus dargestellt und es wurden nicht nur Parallelen zwischen israelischen Politikern und ehemaligen Nazi-Größen gezogen, sondern es wurde auch eine Verbindung zwischen den Massenmorden der Nazis und dem «Völkermord» der Israelis an den Arabern konstruiert. So wurden auch die Symbole Davidstern und Hakenkreuz in Graphiken als Einheit präsentiert. Entsprechende Bildunterschriften lauteten: «Die Herrschenden in Israel operieren heute mit faschistischen Methoden. Israelische Zionisten machen in besetzten Gebieten arabische Häuser, Siedlungen und Städte dem Erdboden gleich, werfen die Menschen in Konzentrationslager und gehen mit terroristischen Methoden gegen Kommunisten vor.» Besonders in den 1960er und 1970er Jahren wurde die russische Gesellschaft mit antisemitischen Karikaturen, Artikeln und Broschüren quasi überschwemmt, deren Ziel es war, den Zionismus auf eine Stufe mit dem Nationalsozialismus zu stellen. Eine Karikatur in der Zeitung «Iswestija» vom 12. November 1964 bezog sich auf westdeutsche Waffenlieferungen an Israel. Gezeigt wurden zwei Nazisoldaten, die Waffen an Israel verkauften mit der Botschaft: «Ich kann diese erstklassigen Waffen nur empfehlen. Wir haben sie mit Erfolg in Auschwitz und im Warschauer Ghetto eingesetzt.»[33]

In der Zeitung «Sowjetskaja Moldawia» erschien am 4. Juni 1968 eine Karikatur: «Der Appetit der israelischen Extremisten». Zu sehen ist ein auf der Erdkugel liegender israelischer Soldat mit verzerrtem Gesicht, der seine Arme über die arabischen Länder ausbreitet. Während er sich mit der linken Hand an dem Stück seiner Begierde festkrallt, hält er in der rechten ein Messer, von dessen Spitze Blut tropft.

Die emigrierten sowjetischen Historiker Michail Heller und Alexander Nekrich stellten fest: «Einer der größten Siege der Sowjetideologie in den 1970er Jahren war die UN-Resolution, die den Zionismus als eine Form des Rassismus erklärte.» Gemeint ist damit die Resolution der Generalversammlung der UNO Nr. 3379 vom 10. November 1975, die lautet: «Zionismus ist eine Form des Rassismus und der rassistischen Diskriminierung.» So sollte der Zionismus nicht nur als Erscheinungsform des Nationalsozialismus dargestellt werden, sondern der Eindruck sollte erweckt werden, die Unterdrückung der Araber habe eine

32 Ober, S. 102.

33 Wistrich, S. 386–390.

«Politik des Völkermordes» zum Ziel und führe zu einer «Ausrottung der Palästinenser». Einen Höhepunkt in der antisemitischen Kampagne bildete die Veröffentlichung des Buches «Judaismus ohne Schminke», welches für weltweite Proteste sorgte. Der ukrainische Propagandaautor Trofim Kitschko verlieh seinem Buch, in dem er dem Judentum eine weltweite Verschwörungstaktik zur Erringung der Weltherrschaft vorwarf, das Prädikat «wissenschaftliche Arbeit». Doch nicht die Aussagen sorgten für Aufregung, sondern vielmehr die Illustrationen des Buches, die an Karikaturen aus der Nazi-Wochenzeitung «Der Stürmer» von Julius Streicher erinnern. So zierte das Titelblatt unter anderem ein Geld zählender Jude mit Gebetsschal, von dessen Händen Blut tropft. Eine weitere Karikatur zu der Buchpassage «In den Jahren der Nazi-Okkupation dienten die zionistischen Führer den Faschisten» zeigt einen riesigen Stiefel mit Hakenkreuzsymbol. Rechts daneben ist ein verhältnismäßig kleiner Jude in gebückter Haltung zu sehen. Es scheint, als wolle er den Stiefel küssen. Kitschkos Buch war kein Einzelfall, vor allem in der Ära Breschnews wurde eine ganze Reihe ähnlicher Texte veröffentlicht, mit Titeln wie z. B. «Die schleichende Konterrevolution», «Faschismus unter dem blauen Stern» oder «Zionismus eine Form des Rassismus».[34]

Dieser kommunistische Antizionismus war und ist ein Ausdruck des politisch rationalisierten Antijudaismus und steht gleichzeitig für die Verbrämung der über lange Zeiträume hinweg tradierten antijüdischen bzw. ab den 1950er Jahren antiisraelischen Einstellungen. Die deutschen Kommunisten hatten sich spätestens seit Mitte der 1920er Jahre dem absoluten Führungsanspruch des EKKI (Exekutivkomitee der Komintern) bzw. der Partei der Russischen Bolschewisten in der Person von Josef Stalin, Generalsekretär des Zentralkomitees, freiwillig unterworfen, d. h. die KPD wurde in ihren wesentlichen Zügen von der KPdSU geführt. Die Führungspersonen der KPD bzw. SED, z. B. Honecker, Mielke, Wollweber oder auch Zaisser, wurden vor und nach 1945 an der «Lenin-Schule» oder anderen Bildungsstätten geschult bzw. waren dort als Lehrer tätig.[35]

In dem antisemitisch aufgeladenen politischen Klima in der Sowjetunion wurde zum ersten Mal das ideologische Konstrukt des «Antizionismus» eingesetzt, das den Staat Israel als Ausdruck der Machenschaften von US-Geheimdiensten denunzierte. Bis dahin hatte die Sowjetunion die Gründung des Staates Israel wohlwollend begrüßt und über den Umweg Tschechoslowakei «deutsche oder tschechische Beutewaffen» an die Juden in Palästina verkauft.[36] Am 9. Februar 1953 «warf ein Fanatiker eine Bombe auf das Territorium der Sowjetbotschaft» in Tel Aviv, was die Sowjetunion zum Anlass nahm, um die diplomatischen Be-

34 Waibl-Stockner 2009, S. 254–257.

35 Kowalczuk 2013, S. 51.

36 Finkelstein 1998, S. 146f., S. 151f.

ziehungen zu Israel abzubrechen und erst nach dem Tod Stalins, im Juli 1953, wurden sie wieder aufgenommen.[37] Am letzten Tag des «Sechstagekrieges», am 10. Juni 1967, brachen die Sowjetunion und in ihrem Gefolge auch die anderen Staaten des Warschauer Paktes, mit Ausnahme von Rumäniens, die diplomatischen Beziehungen zu Israel ab.

In den 1930er Jahren wurde noch nicht generell das Bild einer «jüdischen Verschwörung» skizziert, aber jüdische Kommunisten wurden beschuldigt, an «jüdischen Verschwörungen» teilgenommen zu haben; so musste das Feindbild von den «illoyalen» Juden nach 1945 nicht erst erfunden werden, denn dieses antisemitische Potential war schon seit 1936 mit der Hetze gegen das «trotzkistisch-sinowjewistische» Terrorzentrum vorhanden.[38]

Aber auch in anderen von der Sowjetunion kontrollierten Staaten wurden Ende der 1940er bzw. Anfang der 1950er Jahre Jüdinnen und Juden juristisch und politisch diskriminiert und angegriffen: Ana Pauker, eine rumänische Kommunistin mit jüdischer Herkunft, sie war von 1947 bis 1952 Außenministerin Rumäniens, wurde 1952 im Rahmen einer antisemitischen Säuberung in der KP Rumäniens entmachtet.[39] In Prag wurde 1952 gegen Rudolf Slánský, Jude und ehemaliger Generalsekretär der tschechoslowakischen KP, und 13 andere, meist jüdische Parteifunktionäre ein Schauprozess inszeniert und elf Angeklagte wurden zum Tode verurteilt und am 3. Dezember 1952 gehängt. Ihre Leichname wurden verbrannt und die Asche wurde von Mitarbeitern der Staatssicherheit auf einem Feld außerhalb Prags verstreut.[40] Eine der Besonderheiten dieser Justizfarce, die von Anfang bis Ende von den sowjetischen Beratern der politischen Polizei inszeniert worden war, war ihr offen antisemitischer Charakter. Elf der 14 Angeklagten waren Juden, und ihnen warf man vor, eine «trotzkistisch-titoistisch-zionistische Terrorgruppe» gegründet zu haben.[41] Im September 1963 wurde Slánský juristisch rehabilitiert und 1968 erfolgte seine politische Rehabilitation durch die KP der CSSR. Die antisemitischen Kampagnen, die stalinistischen «Säuberungen» und Prozesse in Osteuropa erreichten auch Ungarn, als im September 1949 in Budapest der «Rajk-Prozess» veranstaltete wurde. Dies war ein Prozess u.a. gegen den ehemaligen Spanienkämpfer und Innen- und Außenminister Laszlo Rajk, bei dem insgesamt fünf Angeklagte zum Tode und drei weitere zu lebenslangen bzw. zu hohen Haftstrafen verurteilt wurden. Rajk wurde am 27. März 1956 vom obersten Gericht Ungarns rehabilitiert und die Leichen der Hingerichteten, sie waren in einem Wald bei Budapest verscharrt worden, wurden exhumiert und am 6. Oktober 1956 ordentlich auf dem Zen-

37 Finkelstein, S. 154.

38 Kistenmacher.

39 Grunenberg 1993, S. 196f.

40 http://de.wikipedia.org/wiki/Rudolf_Sl%C3%A1nsk%C3%BD.

41 Timm 1997, S. 209.

tralfriedhof – im Beisein einer großen Menschenmenge – beerdigt.[42] Mit dem Prozess gegen Rajk wurden auch die Auswirkungen der antisemitischen Welle in der DDR sichtbar.

Antisemitischer Antizionismus nach innen und außen

Das Politbüro der SED bezog sich im Februar 1949 positiv auf die antisemitischen Stimmungen in Berlin (DDR) und in der Partei und im November 1949 begannen die «Säuberungsaktionen der Zentralen Parteikontrollkommission». Der Beschluss des ZK der SED vom 20. Dezember 1952, in dem für die DDR «Lehren aus dem Prozess gegen das Verschwörerzentrum Slansky» gezogen werden sollten, beinhaltete die Darstellung einer angeblichen «Spionage- und Diversanten-Tätigkeit mit Hilfe zionistischer Organisationen» und Paul Merker wurde beschuldigt, die ostdeutsche Filiale dieser internationalen «Verschwörung» geleitet zu haben. Besonders Emigranten, die aus dem Westen zurückgekehrt waren, wie Merker und Franz Dahlem, standen im Visier der antisemitischen Angriffe. Merker war in der KPD Mitglied im Zentralkomitee und im Politbüro gewesen und er hatte in der SED die gleichen Funktionen inne. Er war der einzige führende kommunistische Funktionär, der die «jüdische Frage» in Schriften und Reden bereits im mexikanischen Exil thematisiert hatte und der sich nicht nur für Entschädigungen der von den Nazis verfolgten Juden einsetzte, sondern der auch forderte, die Gründung eines jüdischen Staates zu unterstützen. Er plädierte für eine Anerkennung der Juden als nationale Minderheit in Deutschland. Im Gegensatz zu den Texten und Reden von Ulbricht und Pieck, die sie im Moskauer Exil hielten, war für Merker der Rassenwahn der Nazis der Kern seiner Faschismusanalyse. Dadurch geriet er im August 1950 in Konflikt mit dem antisemitischen Antizionismus, wurde 1950 aus der SED ausgeschlossen und wurde am 30. November 1952 verhaftet. Ihm und anderen Kommunisten wurde vorgeworfen, sie hätten Spionage für den US-Geheimdienst betrieben. Tatsächlich hatte Merker, zusammen mit Leo Zuckermann, ein «Wiedergutmachungsgesetz» auf den Weg gebracht, dass jedoch nie beschlossen wurde. Bei den «Säuberungen» wurden bis 1953 insgesamt etwa 150.000 Mitglieder aus der SED ausgeschlossen und dabei wurden auch jüdische Journalisten wie Willi Kreikemeyer, Leo Bauer, Bruno Goldhammer, Lex Ende, Wolfgang Langhoff und Leo Zuckermann mit der Begründung ausgeschlossen, sie hätten mit einem gewissen Noel H. Field in Verbindung gestanden.[43] Merker hatte Field während der Emigration kennengelernt, als der ihm 1942 bei seiner Flucht half. Nach dem Slansky-Prozess im Dezember 1952 in Prag bezeichnete das ZK

---

42 https://de.wikipedia.org/wiki/L%C3%A1szl%C3%B3_Rajk.

43 Herf; Weber 1985, S. 200.

der SED am 14. Mai 1953 Merker als «Agent», als «Kapitulant» und als «Verräter». Merker wurde am 30. November 1952 vom MfS festgenommen. Seine Vernehmungen wurden «im Zimmer 28» von einem Deutschen und einem Sowjetbürger durchgeführt. Durch Überlieferung der Aufzeichnungen eines «Zellenspitzels» wissen wir, wie es Merker in der Haft ergangen ist: «Dabei sind Schimpfworte an der Tagesordnung. Ich bin mit Erschießen, 15 Jahren Zuchthaus und allem Möglichen bedroht worden. Als ich zu beiden Vernehmern mehrmals sagte, dass der Tod für mich eine Erlösung ist und ich mich nicht fürchte, drohten sie mir, meine Familie ebenfalls zu vernichten. Das geht nun schon sieben Wochen so und jeden Tag wiederholt sich das Gleiche.»[44] Nach zwei Jahren Untersuchungshaft in der Untersuchungshaftanstalt des MfS in Berlin-Hohenschönhausen wurde er im März 1955 vor dem 1. Strafsenat des Obersten Gerichts der DDR angeklagt und am 30. März zu acht Jahren Freiheitsstrafe verurteilt, die er im Zuchthaus Brandenburg verbringen musste. Als Gründe für den Schuldspruch werteten die Richter Merkers Eintreten für die «ausnahmslose Entschädigung aller aus Deutschland emigrierten Juden ... und für das Recht der nach Deutschland zurückkehrenden Juden auf Anerkennung als nationale Minderheit und die Schaffung eines jüdischen Nationalstaates». Seinen verschiedenen Stellungnahmen hatten die Behörden entnommen, dass er die Rassentheorie und die Verfolgung der Juden zum Kern seiner Analyse des deutschen Faschismus erhoben hatte. Am 27. Januar 1956 wurde Merker aus der Haft entlassen und ab Mai 1956 war er wieder Mitglied der SED. In einer geheimen Verhandlung wurde Merker im Juli 1956 von demselben Gericht rehabilitiert, das ihn verurteilt hatte. Er war nun juristisch, aber nicht politisch rehabilitiert und kurz vor seinem Tod, Paul Merker war physisch und psychisch «gebrochen», wurde ihm posthum von der Regierung der DDR der «Vaterländische Verdienstorden» in Gold verliehen. Seine Frau Margarete war Anfang Juni 1953 aus der SED ausgeschlossen worden und der Status als «Verfolgte des Naziregimes» (VdN) wurde ihr aberkannt, was nur als Ausdruck von «Sippenhaftung» zu verstehen ist. Merker wurde vorgeworfen, er hätte Spionage für den Geheimdienst der USA betrieben.

Der Flucht von vielen Juden in den Westen gingen massive staatliche Angriffe auf jüdische Personen voraus, denen vorgeworfen wurde, Kontakte zu westlichen Hilfsorganisationen aufgenommen zu haben. Bereits Verbindungen zur jüdischen Hilfsorganisation «Joint» und der Empfang von «Care»-Paketen führten zu repressiven politischen und polizeilichen Attacken auf Juden und ihre Organisationen, wobei diese Hilfsorganisationen als «imperialistische Agentenorganisationen» denunziert wurden.[45] Unter den Geflüchteten befanden sich Julius Meyer, Präsident der jüdischen Gemeinden, Mitglied der SED

44 BStU, MfS, AU 192/56, Bd. 3, Blatt 206.

45 Goschler 1993, S. 104.

und Abgeordneter der Volkskammer, der begleitet von Familienangehörigen nach Berlin (West) verschwand.[46] Ebenso flüchtete Leo Zuckermann, er war im Exil mit Merker Mitglied der «Bewegung Freies Deutschland» und später Staatssekretär in der Kanzlei von Staatspräsident Wilhelm Pieck. Leo Löwenkopf, Widerstandkämpfer, Häftling in den Konzentrationslagern Majdanek, Auschwitz und Sachsenhausen, Mitglied der SED und Vorsitzender der Jüdischen Gemeinde Dresden, flüchtete ebenfalls. Die Flucht von etwa 550 Juden nach Berlin (West) hatte umfangreiche Durchsuchungen und Verhöre durch die Kriminal- und Volkspolizei und den Staatssicherheitsdienst zur Folge. Wohnungen wurden nach «staatsfeindlichem» Material durchsucht, während sich die Bewohner beim Verhör bei der Volkspolizei befanden. In mehreren Fällen wurden Korrespondenzen, Akten und auch Personalausweise beschlagnahmt.[47] Es flüchteten sechs von sieben Gemeindevorstehern – Helmut Salo Looser (Leipzig), Leon Löwenkopf (Dresden), Günter Singer (Erfurt), Horst Karliner (Magdeburg), Leon Zamorje (Halle) und Walter Kappel (Eisenach). Zu den Flüchtlingen gehörten Fritz Grunsfeld und Leo Eisenstadt, Vize-Präsident und Generalsekretär des Landesverbandes der jüdischen Gemeinden in der DDR. Auslöser dieser Flucht war die Verhaftung von Merker, wobei die Verhaftungen am 21./22. November von Paul Baender, ehemaliger Staatssekretär, und von Hans-Heinrich Schrecker, Chefredakteur der «Leipziger Volkszeitung», am 24. November 1952, vorausgegangen waren. Unter den Flüchtlingen befanden sich auch Heinz Freund, Kammergerichtspräsident in Berlin, und Heinz Fried, Direktor der Wasserwerke in Berlin. Alle Insassen des Jüdischen Kinderheims in Berlin-Niederschönhausen fuhren zusammen mit den Erzieherinnen mit der Straßenbahn über die Sektorengrenze.[48]

Eine Abteilung P6 («Judenreferat») des Staatssicherheitsdiensts plante in Frankfurt/O. mehrere Zeltlager, die von Stacheldraht umzäunt sein sollten.[49] Eine Zählung nach der antisemitischen «Säuberung» des MfS von 1952/53 ergab 912 jüdische Haushalte und weitere 1.098 Familien, deren Vorstand «aus einer Mischehe» stammte.

Zwei Tage nach dem Artikel in der «Prawda» wegen der «ärztlichen Saboteure» zog das Sekretariat des ZK der SED am 15. Januar 1953 unter der Leitung von Ulbricht die «Lehren aus der Aufdeckung der terroristischen Tätigkeit einer Ärztegruppe in der Sowjetunion» und eine Maßnahme sollte die Bildung einer Kommission sein, die aus Mitgliedern der SED, dem Staatssicherheitsdienst und vertrauenswürdigen Ärzten bestand, die Untersuchungen im Regierungskrankenhaus und in Krankenhäusern der Volkspolizei und des Ministeriums

46 Meining, 2002, S. 198f.

47 Arndt/Eschwege/Honigmann/Mertens 1998, S. 91ff; Goschler 1993, S. 103; Groehler 1994, S. 299; Mertens 1993, S. 141; Die Neue Zeitung, 18.1.1953; Die Welt, 19.1.1953;

48 Goschler, S. 104; Telegraf, 16.1.1953; Kurier, 16.1.1953.

49 Meining, 2002, S. 199.

für Gesundheitswesen durchführte. Während der gleichen Sekretariatssitzung wurde auch die Zeitschrift «Der Weg» der jüdischen Gemeinde Berlin, deren Herausgeber seit 1946 Heinz Galinski war, verboten. Zusätzlich wurde die ZK-Abteilung Staatliche Verwaltung beauftragt, die «Leitung der jüdischen Gemeinde zu überprüfen» und etwaige Vorschläge dazu zu erarbeiten.[50]

Für die SED-Tageszeitung «Neues Deutschland» vom 21. Januar 1953 war die Flucht «Eingeständnis und Beweis dafür, daß sie seit langem als zionistische Agenten mit Westberliner Auftraggebern paktiert und zusammengearbeitet haben». Damit wären sie «in den Schoß der Organisationen der faschistischen Massenvernichtungslager von Auschwitz, Maidanek und Treblinka» geflüchtet.[51]

In den Jahren danach nahm die SED immer wieder Einfluss auf die Besetzung von Führungspositionen der jüdischen Gemeinden. Um diese politische Kontrolle zu realisieren, bediente man sich Mitte der 1950er Jahre auch antisemitischer Vorurteile, die darauf abzielten, Hermann Baden als Person und in seinen Funktionen als Vorsitzender des Verbandes der jüdischen Gemeinden und Vorsitzenden der jüdischen Gemeinde Halle zu desavouieren. Das Ziel war seine Absetzung und dafür waren sich die Offiziere des MfS auch nicht zu schade und bedienten sich antisemitischer Vorurteile. Auf jeden Fall, so der Bericht wörtlich, sei «Baden zu isolieren», um einen Vorstand zu bekommen, der «im positiven Sinne unserer Gesellschaftsordnung» arbeitet.

Um Einfluss auf die jüdischen Gemeinden zu nehmen, war der Verband der jüdischen Gemeinden offiziell nicht nur als Religionsgemeinschaft, sondern auch ausdrücklich als «politische Organisation» eingestuft.[52] Durch diese Zwangspolitisierung begründete die SED ihren Anspruch auf Mitwirkung bei der Besetzung von Führungspositionen in den jüdischen Gemeinden. Weil einige Vorsitzende der jüdischen Gemeinden wegen Alters und Krankheit zurücktreten mussten, wurden in der SED Überlegungen angestellt, wie und mit wem diese frei werdenden Posten neu besetzt werden konnten. Weil an diese, von den Funktionären primär als politische Ämter verstandenen Posten auch internationale Beziehungen gebunden waren, musste der neue Vorsitzende des Verbandes auf jeden Fall ein «Genosse», d. h. Mitglied der SED, sein. Zusätzlich legitimiert wurde diese Einmischung in die inneren Angelegenheiten der jüdischen Gemeinden mit der Begründung, der Staat stelle «jährlich erhebliche finanzielle Mittel» zur Verfügung für die Begleichung von Verwaltungskosten, Veranstaltungen sowie für die Pflege und Erhaltung der jüdischen Friedhöfe. Außerdem, so die paternalistische Rhetorik, werde der Synagogalchor in Leipzig finanziell unterstützt, obwohl der überwiegende Teil der Sänger keine Juden seien bzw. keine jüdische Herkunft hätten. In Zusammenarbeit mit dem Ministerium für

50 Meining, 2002, S. 199.

51 Zitiert nach Wilke, S. 120–140, S. 134–135; Meining 2002, S. 200.

52 Jüdische Gemeinden in der DDR, 1956, SAPMO-BArch, DY 30/ IV 2/14/249.

Kultur sollte dem Verband der jüdischen Gemeinden sein Weiterbestehen auch deshalb garantiert werden, weil die Pflege des «jüdischen Kulturguts» auch ein bedeutendes Gewicht darstelle für die Interessen der Außenpolitik der DDR. Die Entwicklung einer Politik des antisemitischen Antizionismus gegen Israel und für die Palästinenser und arabischen Staaten hat hier ihren Anfang.

Der Fall Mylius

Ein Element der Desavouierung Badens durch das MfS war Karin Mylius, geb. Löbel. Sie wurde am 11. Januar 1934 in Münster in Westfalen geboren und starb am 13. Dezember 1986 in Halle an der Saale. Sie war die Tochter von Emilie und Paul Löbel, Nazi und Polizeihauptwachtmeister, der 1938 von Münster nach Halle an der Saale versetzt worden war. Dort stand er bis 1947 im Polizeidienst. Ab 1948 war er Mitglied der CDUD (Christlich-Demokratische Union Deutschlands). Bis 1959 hat er unterschiedliche Tätigkeiten wahrgenommen, so war er z. B. Angestellter einer Versicherungsanstalt, Feld- und Flurhüter und war Pförtner an der Universität Halle und beim «Theater der jungen Garde». Nach anderen Berichten war er ab 1949 Hausmeister bei der jüdischen Gemeinde und hatte eine Dienstwohnung im jüdischen Gemeindehaus in der Großen Märkerstraße 13. Karin Mylius war noch 1950, nach ihren eigenen Angaben, Angehörige der evangelischen Kirche und arbeitete bis 1955 beim Rat der Stadt. 1957 ging sie in den Westen, kehrte aber wieder nach Halle zurück. Hier trat sie in eine regelmäßige Verbindung mit Hermann Baden. Er war der Vorsitzende der jüdischen Gemeinde in Halle. Sicher ist, sie wurde seine Sekretärin im Verband der jüdischen Gemeinden der DDR. Der Vater von Mylius erhielt dann seine Wohnung im Haus der jüdischen Gemeinde in Halle. Baden war von 1953 bis 1961 auch Vorsitzender bzw. Präsident des Verbandes der jüdischen Gemeinden in der DDR. 1962 soll Karin Mylius durch den Oberrabbiner Riesenburger in Berlin in die jüdische Gemeinde aufgenommen worden sein. 1964 wurde sie stellvertretende Vorsitzende und 1968 Vorsitzende der jüdischen Gemeinde Halle.[53] In Abwesenheit des Vorsitzenden Franz Kowalski betrieb sie seine Abwahl und setzte sich selbst als Nachfolgerin ein. Der Staatssekretär für Kirchenfragen, Seigewasser, soll Mylius dabei vor Kritik beschützt haben und er verwies dabei darauf, dass es sich hier um ein «Problem innerkirchlichen Charakters» handele. Seigewasser war von 1960 bis 1979 als Staatssekretär für Kirchenfragen dem Ministerrat der DDR unterstellt. Max Abramowitz bespitzelte Mylius seit 1954 als «GI Schwalbe» für das MfS und berichtete bis in die 1960er Jahre über sie.

53 Helbig 1992, S. 289.

Paul Löbel und seine Frau waren als Angestellte des Stadtmuseums zuständig für Portier- und Führungsdienste. Karin Mylius' Sohn, Frank-Chaim Mylius, erhielt einen jüdischen Vornamen und wurde trotz nicht-jüdischer Herkunft beschnitten und als Jude getauft. Mylius ließ ihren Vater (1974) und ihre Mutter (1977) auf dem jüdischen Friedhof in Halle beerdigen. Bekleidet mit einem Gebetsmantel (Tallit) leitete sie die Bestattungszeremonie und rezitierte hebräische Gebete. Obwohl Löbel nie zum Judentum konvertiert war, enthielt der Grabstein einen Davidstern. Mylius war verheiratet mit Dr. Dr. Klaus Mylius, Mitglied der SED und Professor für Indologie an der Universität Halle. Erst Anfang September 1986 wurde Mylius durch den Verband der jüdischen Gemeinden in der DDR von ihrer Funktion als Vorsitzende in Halle entbunden.

Dem Volkspolizeikreisamt Halle waren Hinweise bekannt geworden, dass Paul Löbel 1938 einer Jüdin in Halle die Wohnung genommen hatte. Er soll auch während des II. Weltkrieges in Lettland und Litauen als Polizeihauptwachtmeister eingesetzt worden sein.

Ende Oktober 1976 wurde erstmals ein «feuerwerksähnlicher» Gegenstand ins Wohnzimmer der Familie Mylius geworfen. Für den ersten Anschlag wurde der Begriff «Feuerwerkskörper» gewählt, bei einem späteren, zweiten Vorfall wurde das Objekt als «Sprengkörper» bezeichnet.[54] Ende November berichtete Abramowitz dem MfS, dass an der Haustüre der Mylius ein mit Kreide gemaltes Hakenkreuz angebracht worden war. Möglicherweise hätte der Sohn der Mylius dieses Hakenkreuz angebracht, so Abramowitz gegenüber der Polizei. Im Oktober 1977 feierte Frank-Chaim Mylius seine «Bar Mizwah» und in der Zeitschrift der jüdischen Gemeinde konnte man darüber einen zweiseitigen Artikel lesen. 1978 erstattete das Ehepaar Mylius Strafanzeige, weil ihr damals 13-jähriger Sohn von Gleichaltrigen bedroht und angegriffen worden war. 1979 wurden in der Umgebung des jüdischen Gemeindehauses Davidsterne und die Aufschrift «Mylius Jude» aufgefunden. Das zuständige VPKA vermutete, dass Mylius selbst dafür verantwortlich gewesen war. 1979 wurde sie mit der «Verdienstmedaille» und 1984 mit dem «Vaterländischen Verdienstorden» (VVO) in Bronze ausgezeichnet. Sie war Mitglied im Demokratischen Frauenbund Deutschlands (DFD), Mitglied im FDGB, Mitglied in der GDSF und sie war Mitglied der FDJ. Für den DFD nahm sie ein Mandat der Stadtverordnetenversammlung Halle wahr.

Der Historiker Hirschinger bezeichnete Mylius als Pseudologin, also als krankhafte Lügnerin.[55]

---

54 Informationsschreiben auf Grund eines Anrufs von Dr. Hans Wilke, Staatssekretariat für Kirchenfragen, 1976, SAPMO-BArch, DY 30/ IV B 2/14174.

55 Hirschinger 2007, S. 113–136.

Antifaschismus und Entnazifizierung

Am 30. April 1945 war als ein Teil der übrig gebliebenen Exil-Führung der KPD die «Gruppe Ulbricht» aus Moskau nach Deutschland zurückgekehrt, um das öffentliche Leben in Berlin und die Gründung von Parteien, Gewerkschaften und Institutionen zu organisieren.[56] Die Existenz dieser Gruppe wurde in der DDR bis 1955 verschwiegen, wahrscheinlich um den Einfluss der aus dem Moskauer Exil zurückgekehrten Funktionäre der KPD vor den Augen der Öffentlichkeit zu verschleiern. Daneben gab es noch zwei «Regionalgruppen», in Sachsen unter der Leitung von Anton Ackermann und in Mecklenburg-Vorpommern war Gustav Sobottka der Leiter. Auf Veranlassung von Ulbricht kamen im Juni 1945 in die SBZ etwa siebzig deutsche Kommunisten und dreihundert ehemalige in der Sowjetunion kriegsgefangene Soldaten der Nazi-Wehrmacht, die in der Sowjetunion «Antifa-Schulen» durchlaufen hatten.[57]

Als eine der ersten Maßnahmen wurden die nach dem Sieg über NS-Deutschland spontan gebildeten und autonom agierenden antifaschistischen Komitees an der Basis der Gesellschaft aufgelöst. In einem Brief vom 9. Mai 1945 teilte Ulbricht dem stellvertretenden Abteilungsleiter beim ZK der KPdSU, Dimitroff, mit: «Die spontan geschaffenen KPD-Büros, die Volksausschüsse, die Komitees der Bewegung ‹Freies Deutschland› und die Ausschüsse der Leute des 20. Juli, die vorher illegal arbeiteten, treten jetzt offen auf. Wir haben diese Büros geschlossen und den Genossen klargemacht, dass jetzt alle Kräfte auf die Arbeit in den Stadtverwaltungen konzentriert werden müssen. Die Mitglieder der Ausschüsse müssen ebenfalls zur Arbeit in die Stadtverwaltungen übergeführt und die Ausschüsse selbst liquidiert werden.»[58]

Ulbricht legte gleichzeitig Wert darauf, Dimitroff Namen von Personen vorzuschlagen, die am Aufbau der Verwaltungen beteiligt werden sollten. Neben einigen altgedienten Mitgliedern und Funktionären der KPD schlug er Prominente vor, wie den Schauspieler Heinz Rühmann und den Chirurgen Prof. Ferdinand Sauerbruch, die beide den Nazis bis zum Schluss gefolgt waren.[59] Hier wird im Kern die Einsicht der Führung der KPD sichtbar, dass der Aufbau gesellschaftlicher bzw. staatlicher Strukturen nur mit und schon gar nicht gegen die Masse der Nazis und ihrer Mitläufer möglich sein würde. Der antifaschistische Anspruch der KPD fand auf diesem machtpolitischen Feld seine Grenzen und wurde ab diesem Moment zu einer ideologischen Waffe, mit der die eigene mangelnde Aufarbeitung des Nazismus auf die Situation in Westdeutschland bzw. BRD projiziert werden konnte.

56 BArch, NY 4182/851.
57 Kowalczuk 2013, S. 38.
58 Vgl. Wolf; Weber 2004, S. 39f; BArch NY 4182/851.
59 BArch NY 4182/851.

Ein besonderes Augenmerk fällt dabei auf Paul Markgraf. Er kam als «antifaschistischer Kriegsgefangener» mit der Gruppe Ulbricht nach Deutschland und wurde auf Ulbrichts Vorschlag als «Oberst» zum Polizeipräsidenten von Berlin (1945 bis 26. Juli 1948) bzw. von Berlin-Ost (1948 bis 1949) ernannt. Markgraf war ab 1931 Berufssoldat bei der Reichswehr und nahm als Offizier am II. Weltkrieg teil, wo er mit dem «Ritterkreuz zum Eisernen Kreuz» ausgezeichnet worden war. Bei der Schlacht um Stalingrad kam er in sowjetische Kriegsgefangenschaft, wurde Mitglied im «Nationalkomitee Freies Deutschland» (NKFD), war Gründungsmitglied des «Bundes Deutscher Offiziere» (BDO) und er besuchte eine antifaschistische Schule. 1946 wurde Markgraf Mitglied der SED. Von 1951 bis 1971 war er Offizier des MfS und Stabschef des Wachregimentes.[60]

Bei einer Diskussion, wie die Berliner Bezirke neu zu verwalten wären, erklärte Ulbricht: «Der erste stellvertretende Bürgermeister, der Dezernent für Personalfragen und der Dezernent für Volksbildung – das müssen unsere Leute sein. Dann müsst ihr noch einen ganz zuverlässigen Genossen in jedem Bezirk ausfindig machen, den wir für den Aufbau der Polizei brauchen. [...] Es ist doch ganz klar: es muß demokratisch aussehen, aber wir müssen alles in der Hand haben.»[61] Diese Aussage hatte programmatischen Charakter für die Gründung der «Deutschen Demokratischen Republik», an der der Name «Demokratisch» das einzig demokratische war. Die deutschen Kommunisten hatten als SED bereits ihre historischen Lektionen durch Lenin und Stalin insoweit verstanden, als sie sich längst mit bolschewistischen, sprich autoritären, zentralistischen und militaristischen Strukturen und Inhalten identifizierten. Ausblicke auf individuelle und kollektive emanzipatorische Perspektiven, demokratischer, sozialistischer und humanistischer Provenienz waren nicht existent. Die DDR war eine Diktatur von Linken, die basis-demokratische Realitäten in etwa so fürchteten, wie der Teufel das Weihwasser.

Kurz vor der Gründung der DDR im Juni 1948 erklärte Ulbricht in einem Zeitungsinterview: «Wir haben heute in der Sowjetischen Besatzungszone nicht wenige frühere aktive Nazis, die eine verantwortliche Arbeit leisten. Jedenfalls können sie bestimmte Leistungen aufweisen, was man von einigen Mitgliedern der Christlich-Demokratischen Union und Liberal-Demokratischen Partei Deutschlands nicht sagen kann, die nach Washington und London schielen.»[62] Im November 1952 verkündete die SED-Tageszeitung «Neues Deutschland»: «Hier wurden nicht nur die Wurzeln des Faschismus und Antisemitismus vernichtet, sondern auch gleichzeitig alle Versuche zu ihrer Wiederbelebung in der Verfassung unter schwerste Strafe gestellt.»[63]

60 Waibel 2011, S. 211.

61 Leonhard 1990, S. 46, S. 440.

62 Weber 2004, S. 190.

63 Zitiert nach Granata 2002, S. 86f; Neues Deutschland, 25.11.1952.

Dennoch wurde Antisemitismus sowohl auf einer gesellschaftlichen als auch auf einer staatlichen Ebene und sowohl in der Innen- als auch in der Außenpolitik der DDR sichtbar. Die Bedeutung dieser zeithistorischen Studie zur Diskussion um den Antisemitismus in der DDR liegt in der Offenlegung der Fakten zum Antisemitismus im Land selbst und der Sichtbarmachung der dialektischen Beziehung zwischen diesen antisemitischen Potentialen in der Gesellschaft und der antizionistischen Außenpolitik. Als alles dominierende Staatspartei trug die SED die Verantwortung für die Entwicklung sublimer antisemitischer Potentiale, nicht nur durch ihre Außenpolitik gegenüber dem Staat Israel, sondern auch durch ihre Politik gegenüber den Juden in der DDR. In Anbetracht der wenigen dort verbliebenen und offiziell gemeldeten Jüdinnen und Juden kann man von einem Antisemitismus sprechen, der ohne Juden auskam. Im Besonderen ging es in der DDR seit 1948 vorrangig auch darum, die politische und soziale Rehabilitierung ehemaliger Nazis durchzusetzen.[64]

Die Lage der Juden und der jüdischen Gemeinden in der DDR wurde weitgehend bestimmt durch Maßnahmen der alles beherrschenden SED. In Sachsen wurde in den Akten nach «jüdischer und jüdisch-bürgerlicher Herkunft» unterschieden, obwohl von Erich Mielke, Leiter des MfS, offiziell angeordnet worden war, dass nach «kleinbürgerlichen Feiglingen» gefahndet werden sollte. Davon waren in der Regel ehemalige Emigranten betroffen, die aus dem Westen in die SBZ bzw. DDR zurückgekehrt waren. Im Januar 1952 hatte die sowjetische Besatzungsmacht die Parteiführung der SED aufgefordert, alle Juden in einer speziellen Kartei zu registrieren, und im Juli 1952 wurde das gesamte jüdische Eigentum aufgehoben und in Volkseigentum überführt.

Infiltration und Zersetzung der jüdischen Gemeinden

Im Gegensatz zum Partei- und Staatsapparat kontrollierte das MfS über seine Kirchenabteilung V / 4, ab 1964 XX / 4, sie war der Hauptabteilung «Politische Untergrundtätigkeit» zugeordnet, die jüdischen Gemeinden überwiegend konspirativ. Grundlage dieser Tätigkeiten war die bis 1989 anhaltende, generelle Identifizierung von Juden mit dem Feindbild des Zionismus, wobei die Offiziere des MfS zur Informationsgewinnung zu einzelnen Personen auch Material der Geheimen Staatspolizei der Nazis heranzogen. Im Jahr 1955 wurde ein republikweiter «Objektivvorgang» angelegt, der die Gemeinden als «sicherheitsrelevanten Bereich» einstufte und damit konnten die Bezirks- und Kreisdienststellen des MfS Überwachungsmaßnahmen durchführen, Post- und Telefonüberwachung fand statt und Zeitschriften mit hebräischen Schriftzeichen oder Briefe internationaler jüdischer Organisationen wurden konfisziert. Die Haupt-

64 Ober 2007, S. 110f.

abteilung (HA) XX / 4 kontrollierte alle Aktivitäten der jüdischen Gemeinden und die mit ihnen zusammenhängenden Vorgänge, gleich ob sie offiziell oder geheim durchgeführt worden waren.

Auch auf das Staatssekretariat für Kirchenfragen nahm das MfS vielfältigen, offenen und verdeckten Einfluss, was daran ersichtlich wird, dass die Staatssekretäre, z. B. Klaus Gysi, sein Stellvertreter Hermann Kalb und sein Nachfolger Kurt Löffler, als «Inoffizieller Mitarbeiter» (IM) die Gewähr dafür boten, «daß die Zusammenarbeit mit dem MfS auch von Seiten der Leitung des Staatssekretariats abgesichert war». Andere Mitarbeiter des Staatssekretariats waren als Offiziere im besonderen Einsatz (OibE) für das MfS tätig, so der Hauptabteilungsleiter Peter Heinrich, sein Referent Eckhard Stephan und Peter Arndt aus der Abteilung Rechts- und Grundsatzfragen. Der Leiter der Abteilung «Evangelische Kirche und Kleine Religionsgemeinschaften», Hans Wilke, von 1958 bis 1990 im Staatssekretariat beschäftigt, war seit 1954 unter dem Decknamen «Horst» als IM tätig. Weil ihn seine Vorgesetzten als zuverlässig einstuften, stieg er in die höchste IM-Kategorie auf, zum «Inoffiziellen Mitarbeiter mit Feindberührung» (IMB). Alle wesentlichen mündlichen und schriftlichen Vorgänge des Staatssekretariats übermittelte er der HA XX / 4 und nahm so in der «politischen Steuerung und geheimdienstlichen Kontrolle der jüdischen Gemeinden» eine Schlüsselstellung ein.[65]

Zur besseren Informationsbeschaffung und zur Verhinderung der unterstellten «Feindtätigkeit» sollten die «reaktionären Kreise (Zionisten) innerhalb der Gemeinden und deren Organisationen» durch die Tätigkeiten von Agenten als «Geheimer Informator» (GI) bzw. «Geheimer Mitarbeiter» (GM) «entlarvt» werden. So wurden mehrere Mitglieder der Berliner jüdischen Gemeinde zu Inoffiziellen Mitarbeitern wie Willy Bendit als IM «Alfred», Heinz Schenk als IM «Heinz», Hans Levy als IM «Ludwig», Israel Rothmann, Siegfried Wexberg und Dr. Ödön Singer als IM «Dr.». Nach dem Tod von Heinz Schenk übernahm 1971 Dr. med. Peter Kirchner den Vorsitz der Gemeinde und 1977 wurde er als IM «Burg» im MfS aufgenommen und Ende 1980 in die höchste Kategorie als «Inoffizieller Mitarbeiter der Abwehr mit Feindverbindung» (IMB) befördert.[66] Kirchner und Eugen Gollomb sind ab jener Zeit die einzigen Gemeindevorsteher gewesen, die nicht der SED angehörten.[67]

Das Vorstandsmitglied Werner S. Zarrach war in den 1970er und 1980er Jahren als Inoffizieller Mitarbeiter (IM) für das MfS tätig. Bevor er in die DDR kam, arbeitete er in Polen für den dortigen Sicherheitsdienst. Er ließ sich im Juni 1963 von der Bezirksverwaltung Frankfurt/Oder als Inoffizieller Mitarbeiter (IM) «Rainer Buch» anwerben und «bis 1969 stellte er der Staatssicherheit

65 Offenberg 1998, S. 150–155.

66 Offenberg 1998, S. 157–161; Wolffsohn 1990, S. 94; Hartewig 2000, S. 392.

67 Ober 2007, S. 56; Meining S. 202.

seine Wohnung als konspirativen Treffpunkt zur Verfügung und er berichtete aus seinem persönlichen und beruflichen Umfeld». In Berlin (DDR) lebend, ließ er sich 1971 von der HA XX/1 als IMS «Gerd Steinberg» erneut anwerben und arbeitete dann bis zum Oktober 1989 für das MfS. Seine Berichte füllten in der Behörde vier Bände, in denen sich auch zahlreiche Informationen über die jüdische Gemeinde befanden, deren Vorstand er ab 1972 angehörte. Seine Tätigkeit wurde u. a. mehrfach mit Prämien, mit der Verdienstmedaille der NVA in Bronze (1975) und in Silber (1981) sowie mit Sachgeschenken belohnt. Übersetzungsarbeiten polnisch/deutsch, die er für das MfS anfertigte, wurden mit mehreren tausend Mark vergütet. Ein weiteres Vorstandsmitglied der jüdischen Gemeinde in Berlin (DDR), Dr. Irene Runge, arbeitete «von 1962 bis 1966 und von 1971 bis 1985 als IM ‹Stefan› für die HA XX/7 (Politische Untergrundtätigkeit in Kunst und Kultur) des MfS. Runge war seit 1983 im Vorstand tätig und verdiente sich durch Bespitzelung von Bekannten und Freunden mehrere tausend Mark».[68]

Helmut Aris, Vorstandsmitglied der jüdischen Gemeinde zu Dresden, später Verbandspräsident, arbeitete von März 1954 bis zum Juli 1956 unter dem Decknamen «Lanus» als «Geheimer Informator» für das MfS. Er berichtete dem Staatssekretariat und dem Referenten für Kirchenfragen in Dresden ausführlich über innere Angelegenheiten der Gemeinden und des Verbandes. Im April 1989 wurde Dr. Fischer als Sekretär des Verbandes der jüdischen Gemeinden und als Leiter der neu eingerichteten Berliner Geschäftsstelle angestellt. Er arbeitete von 1969 bis 1974 als IM «René» für die HA II Spionageabwehr. Von 1987 bis Dezember 1989 spitzelte er als IM («Frank») aus «politisch-ideologischer Überzeugung» für das MfS. Noch im August 1989 unterwarf er sich der Diktion der SED und erklärte sich gegenüber dem MfS als ein Mann «ohne» Glaubensbekenntnis. 1990 wurde er Leiter der Berliner Außenstelle des Zentralrats der Juden in Deutschland und «Gedenkstättenreferent». Er war Ehrenpräsident des jüdischen Hilfswerks ACHMA Deutschland, das sich besonders um Überlebende des Holocaust kümmert.[69]

Helmut Eschwege, Mitglied der jüdischen Gemeinde Dresden, arbeitete vom Mai 1956 bis zum Juni 1958 als «Geheimer Informant» (GI) «Bock» für das MfS. Eschwege berichtete «über seine internationalen Kontakte zu führenden jüdischen Funktionären». Als er im Sommer 1956 in die BRD reiste, hatte er vom MfS den Auftrag angenommen, Kontakte zu Leo Löwenkopf herzustellen, der damals noch Mitglied der jüdischen Gemeinde Düsseldorf war. Ein Jahr später ließ er sich vom MfS, gegen Bedenken der SED, nach Israel schicken, von wo aus er umfangreiche Berichte und Materialien mitbrachte. Vom Oktober 1985 bis zum November 1989 spitzelte er als IM «Ferdinand» erneut für das

68 Wolffsohn 1990, S. 90.

69 Offenberg 1998, S. 161–163; Wolffsohn: Feindliche Brüder?, o. J.

MfS, ermittelte zur politisch-operativen Durchdringung und Sicherung des Verantwortungsbereichs, d. h. er berichtete über «feindlich-negative» Handlungen, Personen und Personenkreise seines beruflichen und persönlichen Umfelds. So berichtete er über «innere Verhältnisse in den jüdischen Gemeinden der DDR, über Tagungen zum jüdisch-christlichen Dialog, über Vorstandsmitglieder der jüdischen Gemeinde zu Dresden und des Verbandes [...]».[70]

Dr. Hermann Simon, Vize-Vorsitzender der jüdischen Gemeinde Berlins und seit 1988 Stiftungsdirektor der «Stiftung Neue Synagoge Berlin – Centrum Judaicum», signalisierte Anfang 1989, dass er «gern mit dem MfS in Verbindung stehen möchte» und dass er «jederzeit für Fragen und Probleme zur Verfügung» stehen würde. Am 3. Mai 1989 berichtete er eine Stunde lang über Interna der Stiftung und am 25. Mai 1989 bat er um eine Überprüfung eines Bewerbers für ein Amt in der Stiftung. Am 29. September gab es den letzten Eintrag in der Akte HA XX/4, Nr. 2192.[71]

Bereits 1953, nach der Flucht von Hunderten von Jüdinnen und Juden aus der DDR, kritisierte Hermann Baden als Verbandsvorsitzender eine Stellungnahme des Vorstands der Berliner Gemeinde, in der die Geflüchteten als Kriminelle dargestellt wurden: «Uns ist nicht bekannt, welche kriminellen Handlungen die seinerzeit weggegangenen Mitglieder begangen haben sollen. [...] Es wäre nach unserer Auffassung richtiger, wenn man auf die Vorgänge im Januar 1953 zurückgeht, auch zu erwähnen, was denn diese Panik ausgelöst hat. Wir erinnern an die später als falsch bekanntgemachte Meldung über die angeblichen Verbrechen jüdischer Ärzte in der Sowjetunion.» Er kritisierte ebenfalls die einseitige Propaganda im Gemeindeblatt, verwies auf Ungerechtigkeiten bei den Renten, die die Verfolgten des Naziregimes erhielten, auf die ausgebliebene Wiedergutmachung, auf wiederholte Schändungen jüdischer Friedhöfe und das Fortleben von Antisemitismus in ostdeutschen Publikationen.[72]

Grundsätzlich war es den Vertretern der jüdischen Gemeinden und des Verbandes nicht erlaubt, sich zu innen- oder außenpolitischen Ereignissen öffentlich kritisch zu äußern. Es war ihnen nur erlaubt, ihre Kritik am Antisemitismus bzw. Antizionismus der Regierung in internen Diskussionsrunden zu äußern. Von den Funktionären der jüdischen Gemeinde von Groß-Berlin abgesehen – sie verloren öffentlich kein Wort über die Schändungen jüdischer Friedhöfe in Berlin – machte der Verband seine Kritik bis zum Beginn der 1960er Jahre öffentlich. SED, MfS und Polizei waren bemüht, solche unangenehmen Tatsachen entweder geheim zu halten oder sie verharmlosten die Schändungen als Ausdruck von «Rowdytum» von Kindern oder Jugendlichen. Als 1983 auf dem jüdischen Friedhof von Erfurt Nazi-Symbole geschmiert und Grabstei-

70 Offenberg 1998, S. 162–163; Vgl. Maser; Wolffsohn 1990, S. 88.

71 Vgl. Emde und Wolffsohn.

72 Offenberg 1998, S. 184.

ne umgestürzt wurden, gab der Rat des Bezirkes Erfurt dem Gemeindevorsteher Herbert Ringer die Anweisung, dass «solange die Untersuchungen laufen, keinem anderen Personenkreis oder eventuell auftretenden Journalisten Auskünfte» erteilt werden durften. Die Volkspolizei nahm dem Stellvertreter von Ringer, Raphael Scharf-Katz, das Fotomaterial ab, auf dem die Schändungen dokumentiert waren. Als Ursachen der Friedhofsschändungen in Zittau und in Karl-Marx-Stadt wurden «heftige Windstöße» und «grober Unfug» durch Kinder verantwortlich ausgemacht.[73]

Helmut Aris, zu dieser Zeit Präsident des Verbandes der jüdischen Gemeinden und Vorsitzender der jüdischen Gemeinde in Dresden, kritisierte intern gegenüber Funktionären der SED antisemitische Vorkommnisse in der DDR. Zu einer syrischen Ausstellung seien Broschüren mit antisemitischen Äußerungen verteilt worden. Es handelte sich um die Veröffentlichung: «Das Massaker von Kafr Kassem» aus dem Verlag «Haus Palästina» in Damaskus, Syrien. Aris attestierte zwar, dass bei Schändungen jüdischer Friedhöfe sofort reagiert würde, allerdings nicht mit akzeptablen Argumenten, wurden doch nach der Schändung eines jüdischen Friedhofes in Dresden 3- bis 4-Jährige für die Schändung von Grabsteinen verantwortlich gemacht.[74] Im September 1983 beschwerte sich Aris bei einem Gespräch im Staatssekretariat über Zeitungsartikel, weil dort antijüdische bzw. antisemitische Stimmungen in der DDR befördert wurden und er erwähnte auch die mehrfachen Schändungen jüdischer Gräber und Friedhöfe. Kurze Zeit später bat er beim Staatssekretariat um ein Gespräch, da im Fernsehen der DDR über die «zionistische Propagandalüge vom Terrorismus der PLO und über Rassismus in Israel» gehetzt worden war.

Auf Staatssekretariatsebene wurde 1975 erörtert, ob und wie zwei Vertreter der Juden in der DDR, Aris und Kirchner wurden genannt, zum Kongress der europäischen Juden nach London reisen sollten. Die zuständigen Bearbeiter beim Staatssekretär für Kirchenfragen hatten erwogen beide reisen zu lassen, jedoch mit der Auflage, sich weder als Delegierte noch als Beobachter nominieren zu lassen. Dazu wurde telefonisch mit dem sowjetischen Funktionär Titow, Stellvertreter des Vorsitzenden des Rates für religiöse Angelegenheiten beim Ministerrat der Sowjetunion, die Situation beraten. Titow äußerte sich dazu positiv, da er hoffte, dadurch Informationen zu erhalten, und da das SED-Mitglied Aris beteiligt sein sollte, hatte er wenig Bedenken gegen eine Reisegenehmigung.[75]

Anfang 1976 sprachen die Vorsitzenden der jüdischen Gemeinden mit dem Staatssekretär für Kirchenfragen über «Eckpunkte sozialistischer Außenpolitik»;

73 Offenberg 1998, S. 191ff.

74 Information über das Gespräch mit den Vorsitzenden der jüdischen Gemeinden in der DDR am 30.01.1973, NfD, Abteilung I des ZK der SED, Berlin, 28.2.1973, SAPMO-BArch, DY 30/ IV B 2/14/174, S. 3–4.

75 Aktennotiz der AG Kirchenfragen v. 30.10.1975, SAPMO-BArch, DY 30/ IV B 2/14/174.

dabei wurden besonders das Verhältnis von Juden und jüdischen Organisationen zur DDR einerseits und zum Staat Israel andererseits thematisiert.[76] Die Bereitschaft der SED-Funktionäre zu einem solchen Gespräch basierte selbstverständlich nicht auf einem öffentlichen, gesellschaftlichen Einfluss der jüdischen Gemeinden, sondern sie ergab sich aus der nationalsozialistischen Verfolgung und dem Holocaust. Die daraus resultierende «jüdische Frage» sei nach 1945 erneut nur deshalb entstanden, weil angeblich imperialistische Kreise im Westen die Lage der Juden in den «realsozialistischen» Staaten für ihre Zwecke «missbrauchten».[77] In der DDR hingegen würden Juden, wenn schon nicht als «Opfer des Faschismus», so doch wenigstens als «Verfolgte des Nationalsozialismus» anerkannt und einige Juden seien sogar Mitglieder der SED und empfänden die DDR als «ihren Staat».

Eugen Gollomb, Vorsitzender der Israelitischen Religionsgemeinde zu Leipzig von 1967 bis zu seinem Tod 1988, ehemals Gefangener im KZ Auschwitz und nach seiner Flucht Partisanenkämpfer, verteidigte das Recht der Juden immer und überall gegen jeglichen Antisemitismus aufzutreten, auch gegen den in der DDR. Funktionäre der SED bekämpften ihn besonders, weil er auch in Gesprächen mit Partnern aus dem Ausland seine politischen Ansichten äußerte.[78] Weil er, nicht Mitglied der SED, die antizionistische bzw. antiisraelische Politik der DDR kritisierte, wurde er bedroht. Falls er seine Provokationen fortsetzen würde, wäre das mit «persönlichen Folgen» für ihn verbunden.[79] Nachdem weitere Debatten um die Einschätzung Israels und seiner Politik geführt worden waren, stellte Gollomb die rhetorische Frage, weshalb es jedem ehemaligen Nationalsozialisten ermöglicht werde, als Rentner in die BRD zu fahren. Er, ehemaliger Partisan und «Kämpfer gegen den Faschismus», erhalte keine Erlaubnis, seinen einzigen noch lebenden Bruder in Israel zu besuchen. Die SED-Funktionäre kamen in diesem Gespräch zu dem Urteil, dass die Vertreter der jüdischen Gemeinden ihre Argumente und Meinungen über den Zionismus ausschließlich auf emotionaler Basis aufbauten und deshalb wurden ihre Äußerungen als unwissenschaftlich abqualifiziert. Ihre emotionale Priorität hindere die jüdischen Leitungsvertreter daran, ihre Tätigkeit mit einer eindeutigen politischen Konzeption zu begründen. Eugen Gollomb wurde einer groben Kritik unterzogen, weil er durch seine erheblichen «zionistischen Tendenzen» die Situation immer wieder belaste und als besonders unangenehm wurde registriert,

76 Bericht über das Gespräch des Staatssekretärs für Kirchenfragen mit den Vorsitzenden der jüdischen Gemeinden in der DDR am 22.3.1976, 23.3.1976, S. 1–5.

77 Vorlage für die Dienstbesprechung, Information zur Situation der jüdischen Gemeinden in der DDR, NfD, Abt. I, Berlin, 2.6.1976, SAPMO-BArch, DY 30/ IV B 2/14/174, S. 1–2.

78 Information zur Situation der jüdischen Gemeinden in der DDR, Nur für den Dienstgebrauch (NfD), Abteilung I, Berlin, 2.6.1976, SAPMO-BArch, DY 30/ IV B 2/14174, S. 2–7.

79 Offenberg 1998, S. 205; Information zur Situation ..., S. 2.

dass er auch in offiziellen Gesprächen mit Ausländern und in Leserbriefen klar seine Meinung vertrat.[80]

1980 erhielt der Verband der jüdischen Gemeinden eine Einladung zur 7. Vollversammlung des Jewish World Congress (JWC), die im Januar 1981 in Jerusalem abgehalten werden sollte. Daraufhin fragte Aris bei Rudi Bellmann, Staatssekretär für Kirchenfragen an, ob die Beteiligung einer Delegation für opportun gehalten werde. Bellmann teilte daraufhin der SED-Abteilung «Internationale Verbindungen» mit, dass eine Teilnahme einer Beobachtungsdelegation am Tagungsort Jerusalem aus politischen Gründen nicht möglich sei.[81] Auch nicht durch bloße Anwesenheit dürfe der israelischen Politik «Vorschub» geleistet werden.[82] Schließlich stimmte auch Klaus Gysi, er war inzwischen Staatssekretär für Kirchenfragen geworden, diesem Verbot zu und die ostdeutschen Juden durften nicht nach Jerusalem reisen.[83]

Bei einer Diskussion im Februar 1979 berichtete Peter Kirchner über Schändungen eines jüdischen Friedhofes. Die Täter waren gefasst worden, doch der zuständige Staatsanwalt von Berlin-Lichtenberg hatte ihm mitgeteilt, dass das Verfahren «wegen Geringfügigkeit» wieder eingestellt worden war. Die Funktionäre in der Arbeitsgruppe für Kirchenfragen und im Staatssekretariat für Kirchenfragen wollten sich nur noch dann um Gräberschändungen kümmern, wenn Kirchner in Zukunft damit aufhörte, sich «politisch-negativ» in der Öffentlichkeit zu äußern, d.h. er durfte antisemitische Vorfälle in der DDR nicht mehr erwähnen. In einer «Aussprache» wurde ihm «prinzipiell, aber in einer freundschaftlichen und freimütigen Form» mitgeteilt, dass er sich vor öffentlichen Auftritten mit Vertretern des Staates und der Partei zu besprechen habe.[84]

Im August 1986 konstatierte das MfS nüchtern, dass die jüdischen Gemeinden, außer in Berlin (DDR), nicht mehr «die Erhaltung und Pflege der jüdischen Tradition» leisten könnten.[85] Es wurde deshalb eine Konzentration der kulturpolitischen Zuwendungen nach Berlin (DDR) empfohlen: «Damit die sozialistische DDR entsprechend ihres antifaschistischen Charakters das Weiterbestehen von jüdischem Leben, die Erhaltung und Pflege sowie die Aufarbeitung ihres Anteils am gemeinsamen historischen und kulturellen Erbe für die Zukunft si-

80 Information zur Situation ..., S. 6.

81 Schreiben der SED Arbeitsgruppe Kirchenfragen an die SED Abteilung «Internationale Verbindungen» v. 24.9.1980, SAPMO-BArch, DY 30 / IV B 2/14/174.

82 Schreiben der SED Abteilung Internationale Verbindungen an die Arbeitsgruppe Kirchenfragen, 26.9.1980, SAPMO-BArch, DY 30/ IV B 2/14/174.

83 Schreiben der Arbeitsgruppe «Kirchenfragen» an den Staatssekretär für Kirchenfragen, Klaus Gysi, Berlin, 29.9.1980, SAPMO-BArch, DY 24/ A 11.435, S. 1–9.

84 Aktenvermerk über ein Gespräch mit Dr. Peter Kirchner beim Staatssekretär für Kirchenfragen am 9.4.1979, SAPMO-BArch, DY 30/ IV B/2/14/174.

85 Hartewig 2000, S. 578.

chern kann, muß eine weiterreichende Unterstützung als bisher durch die Gesellschaft erfolgen.»[86]

In einem Offenen Brief des Verbandes der jüdischen Gemeinden in der DDR am 4. November 1989, gerichtet an Mitglieder der jüdischen Gemeinden und an die Abgeordneten der Volkskammer, hieß es: «Wir sind besorgt, wenn sich rechtsradikale und neonazistische Gruppen bilden und die von ihnen ausgehende Gefahr in unserem Lande aus falsch verstandener Scham bagatellisiert wird. Antisemitische Vorfälle werden nicht dadurch ungeschehen, daß man ihre Spuren möglichst schnell beseitigt beziehungsweise Verhandlungen gegen gefaßte Täter unter Ausschluß der Öffentlichkeit führt.»[87]

MfS und linke Terroristen

Ausgangspunkt dieser historisch-politischen Reflexion über die Ideologie des Antizionismus als verdeckter Antisemitismus der deutschen Linken sind der Staat Israel und der Konflikt mit den arabischen Nachbarn sowie die Zuschreibungen, die von radikalen und marxistisch-leninistischen Linken seit 1967 vorgenommen worden sind. Bei der Gründung des Staates Israel (1948), die auf einen Teilungsbeschluss der UN zurückzuführen ist, befanden sich alle großen Mächte (USA, UdSSR, GB etc.) auf der Seite des jungen Staates, nicht zuletzt auch deshalb, um das leidige Problem der vielen heimatlosen Juden (displaced persons) damit zu lösen. Bis in die 1960er Jahre hinein gab es im linken Spektrum in Westdeutschland durchaus ausgeprägte Sympathien für Israel und besonders für die sozialistischen Kibbuzim. Diese Harmonie endete abrupt mit dem «6-Tage-Krieg», bei dem die israelische Armee einem konzentrierten Angriff vereinter arabischer Heere zuvorgekommen war. Seit und mit diesen kriegerischen Eroberungen wird Israel von deutschen Linken als «zionistischer und rassistischer Staat» angegriffen; die Juden in Israel werden als «Zionisten» und «Faschisten» dargestellt, deren Ziel es angeblich sein soll, Araber und Palästinenser auszurotten. Auf diesen unreflektierten Grundlagen entwickelte sich bis in die Gegenwart hinein eine intensive Solidarität von Linken mit den Palästinensern und ihren politischen und militärischen Gruppen sowie den arabischen Staaten.

Die Entwicklung des Antizionismus als ideologische, politische und militärische Grundlage kam aus dem Fundus des Marxismus-Leninismus, der in der Sowjetunion und auch in der DDR zur zentralen Bestimmung des Handelns gemacht worden war. Es zeigt sich an der Geschichte der Ideologie des Antizionismus, wie sehr sich gewichtige Teile der Linken mit dem autoritären

86 Hartewig, zitiert nach BStU HA XX/4-1381, Bl. 167–171.

87 Offenberg 1998, S. 196.

Gestus verbunden fühlten, statt undogmatische oder gar antiautoritäre Auffassungen zu besetzen, die es vor und nach 1968 zuhauf gab. Die Berührungspunkte zwischen dem MfS und der RAF sind bereits mit der Gründung der RAF 1970 festzustellen, sie zeigten sich in den gemeinsamen antijüdischen bzw. antiisraelischen Bündnispartnern, der Volksrepublik Südjemen oder der PFLP. Das MfS war über ihre dort befindliche Residenz der HVA (Hauptverwaltung Aufklärung) maßgeblich am Aufbau des jemenitischen Geheimdienstes beteiligt, während die PFLP im Südjemen eine wichtige Ausgangsbasis für ihre israelfeindlichen Operationen hatte. Der empirische Beleg für die Existenz eines gewalttätigen antisemitischen Antizionismus der Linken im Westen ist mit dem 9. November 1969 verbunden, als Albert Fichter, Mitglied der im Untergrund agierenden linken Gruppe «Tupamaros – Schwarze Ratten», eine Bombe im jüdischen Gemeindehaus in Berlin (West) deponierte. Fichter will die Anleitung zum Bau dafür von Dieter Kunzelmann erhalten haben, der Initiator und Kopf der Gruppe war. Die Bombe selbst, sie stellte sich als nicht funktionstüchtig heraus, stammte von Peter Urbach, einem geheimen Mitarbeiter des Berliner Verfassungsschutzes und Freund von Kunzelmann.[88] Diese Bombe mit dem entsprechenden Bekennerschreiben markiert den Paradigmenwechsel, den einige Linke aus der außerparlamentarischen Opposition öffentlich vollzogen hatten. Das Bekennerschreiben der «Schwarzen Ratten TW» listete die zentralen Begriffe dieses Antizionismus auf und diffamierte die Israelis als Faschisten, die zu bekämpfen wären: «Am 31. Jahrestag [9. November 1969, HW] der faschistischen Kristallnacht wurden in Westberlin, mehrere jüdische Mahnmale mit ‹Shalom und Napalm› und ‹El Fatah› beschmiert. Im jüdischen Gemeindehaus wurde eine Bombe deponiert.»[89]

Diese Angriffe auf Überlebende des Holocaust wären «nicht mehr als rechtsradikale Auswüchse zu diffamieren», sondern sie wären ein «entscheidendes Bindeglied internationaler sozialistischer Solidarität» und der «wahre Antifaschismus» sei die «klare und einfache Solidarisierung mit den kämpfenden Feddayin. [...] Aus vom Faschismus vertriebene Juden» wären selbst Faschisten geworden, die «in Kollaboration mit dem amerikanischen Kapital das palästinensische Volk ausradieren» wollten.[90]

Von Kunzelmann existiert ein de-facto-Bekennerschreiben, als er in einem «Brief aus Amman» mitteilte: «Wenn wir endlich gelernt haben, die faschistische Ideologie ‹Zionismus› zu begreifen, werden wir nicht mehr zögern, unseren simplen Philo-Semitismus zu ersetzen durch eindeutige Solidarität mit Al Fatah, die im Nahen Osten den Kampf gegen das Dritte Reich von Gestern und Heute und seine Folgen aufgenommen hat.»[91]

88 Vgl. Reinecke.

89 Kraushaar 2002, S. 337.

90 Vgl. Kunzelmann.

91 Vgl. Kunzelmann.

Wenige Monate davor, also im Sommer 1969, waren mehrere deutsche Frauen und Männer aus linken Gruppen oder Zusammenhängen, z. B. «Schwarze Hilfe», «Tupamaros» bzw. «Zentralrat der umherschweifenden Haschrebellen», die genaue Anzahl der Teilnehmer steht nicht fest, über Berlin (Ost) und den Flughafen Schönefeld in ein Ausbildungslager der Al Fatah in den Libanon gereist, um sich dort an Waffen und Sprengstoff ausbilden zu lassen. Die zeitlich dichte Abfolge der beiden Ereignisse lässt keinen Raum für zweideutige Aussagen. Aus diesen Anfängen entwickelte sich ab 1971 die «Bewegung 2. Juni», bei der Auflösung im Juni 1980 gingen einige Mitglieder zur RAF.[92]

Ein erster Kontakt war im Frühjahr 1970 entstanden, kurz nach der gewaltsamen Befreiung von Andreas Baader in einem Gebäude der Freien Universität Berlin, als Ulrike Meinhof in Berlin (DDR) den 1. Sekretär des Zentralrates der FDJ, Günther Jahn, aufsuchte, um die Erlaubnis einzuholen, die DDR als Ausgangsbasis für die Aktionen der RAF zu nutzen, was ihr anscheinend nicht genehmigt wurde. Das MfS hinderte sie jedoch nicht daran, über den DDR-Flughafen Schönefeld in den Nahen Osten zu reisen. Es scheint, als hätte Meinhof unbekümmert diesen Weg in die DDR genommen, was möglicherweise damit zusammenhing, dass sie 1958 der seit 1956 verbotenen KPD beigetreten war und bis 1964 Mitglied geblieben war.

Die Zusammenarbeit zwischen der SED und RAF/Bewegung 2. Juni/RZ basierte auf einigen gemeinsamen ideologischen und politischen Positionen, wie z. B. «Antifaschismus, Antiimperialismus und Antizionismus» und die Nähe zwischen den anscheinend ungleichen Partnern entwickelte sich nach den für die RAF desaströsen Ereignissen im «Deutschen Herbst» 1977.

Im Frühsommer 1970 war eine andere Gruppe von etwa zwanzig Frauen und Männern aus linken Zusammenhängen von Berlin (West) über Berlin (Ost) und den Flughafen Schönefeld nach Amman gereist, um sich in einem Ausbildungslager der Al Fatah für etwa zwei Monate an Waffen und Sprengstoff ausbilden zu lassen. Darunter befanden sich die Journalistin Ulrike Meinhof, die Doktorandin Gudrun Ensslin, der Rechtsanwalt Horst Mahler und der berufs- und ausbildungslose Andreas Baader.[93]

Die politischen Einstellungen und Bewertungen der Gründungsmitglieder der «Roten Armee Fraktion» (RAF) und die ihrer Nachfolger zum Konflikt zwischen Israel und den Palästinensern blieben über die Jahrzehnte, also von 1970 bis zur Auflösung 1997, ohne substanzielle Veränderung. In der Erklärung der «Roten Armee Fraktion» (RAF) von 1972 zur Geiselnahme israelischer Sportler bei den Olympischen Spielen in München durch ein bewaffnetes Kommando der palästinensischen Terror-Gruppe «Schwarzer September» wurden die barbarischen Vorgänge wie folgt bewertet: «Die Aktion des Schwarzen September

92 Wunschik 1997, S. 386.

93 Vgl. Kloke 2007.

in München hat das Wesen imperialistischer Herrschaft und des antiimperialistischen Kampfes auf eine Weise durchschaubar und erkennbar gemacht wie noch keine revolutionäre Aktion in West-Deutschland und Westberlin. Sie war gleichzeitig antiimperialistisch, antifaschistisch und internationalistisch.[94] [...] Die Aktion des Schwarzen September war antifaschistisch. Sie hat den Zusammenhang zwischen dem alten NS-Faschismus und dem entfalteten Imperialismus als dem erst durch und durch faschistischen System hergestellt.[95] [...] So wie der Imperialismus seinem Wesen nach faschistisch ist, war der Antifaschismus seiner Tendenz nach antiimperialistisch.[96] [...] Israel vergießt Krokodilstränen. Es hat seine Sportler verheizt wie die Nazis die Juden – Brennmaterial für die imperialistische Ausrottungspolitik.[97] [...] An der Aktion des Schwarzen September in München gibt es nichts mißzuverstehen. Sie haben Geiseln genommen von einem Volk das ihnen gegenüber Ausrottungspolitik betreibt.»[98]

Am 13. Oktober 1977 entführte in einer Gemeinschaftsaktion ein «Kommando Martyr Halimeh», der arabische Name von Brigitte Kuhlmann – ein in Entebbe getötetes Mitglied der RZ –, einen Lufthansa-Jet mit Touristen auf dem Weg von Frankfurt/M. nach Palma de Mallorca. Damit sollten inhaftierte Gesinnungsgenossen in der Türkei und in der BRD freigepresst werden. Ein Kommando der Spezialpolizei gegen Terrorismus (GSG 9) tötete drei von vier Entführern, die der palästinensischen Terrororganisation PFLP angehörten.

Nach dem Tod von Baader, Raspe und Ensslin reisten Mitglieder der RAF 1977 in den Jemen. Dort erkrankte Silke Maier-Witt – sie gehörte später zu den zehn Mitgliedern der RAF, die in der DDR mit Hilfe des MfS mit einer neuen Identität untertauchen konnten – und wurde von einem in Aden stationierten ostdeutschen Arzt behandelt. Zuvor wurde ihr gesagt, dass das Gespräch zwischen ihr und dem Arzt, um die Geheimhaltung zu gewährleisten, in englischer Sprache abzulaufen hätte.[99] Der Aufenthalt im Jemen wurde genutzt zum Training an Waffen und Sprengmitteln; Ralf Friedrich und Christian Klar übten mit der Panzerfaust. Im Frühjahr 1979 kehrte diese Gruppe wieder nach Europa zurück.

Das seit Jahrzehnten zu beobachtende geradezu obsessive Bedürfnis nach Aufrechnung und Gleichsetzung der Nazis und ihrer Verbrechen mit der Politik Israels gegenüber den Palästinensern ist deshalb entlarvend, weil damit implizit der Versuch einer Revision der deutschen Geschichte sichtbar wird, der zu einer Verharmlosung der Massenmorde der deutschen Nazis führt. Insofern ist hier

94 raf 1983, S. 411–412.

95 raf 1983, S. 433.

96 raf 1983, S. 435.

97 raf 1983, S. 441.

98 raf 1983, S. 446.

99 Wunschik 1997, S. 305, Ft. 1715.

die Grenze gezogen zu einer Kritik an Israel, die selbst nicht antisemitisch oder geschichtsrevisionistisch ist und nicht sein will.

Die bewaffnete Gruppe «Revolutionäre Zellen» (RZ) waren von den 1970er bis in die 1990er Jahre aktiv und anders als die Mitglieder der RAF lebten sie legal und gingen sozusagen nur zeitweilig in den bewaffneten Untergrund. Im Dezember 1987 wurde Gerd Albartus, Angehöriger der «Revolutionären Zellen» (RZ), in einem Camp von einer palästinensischen Gruppe liquidiert, d.h. zum Tode verurteilt und erschossen. Vermutet wird, die Folterer könnten der Meinung gewesen sein, Albartus wäre geheimer Mitarbeiter des MfS gewesen, oder es wird angenommen, die Homosexualität von Albartus sei der Grund für die Folter und seine Ermordung gewesen. Mitglieder der RZ, die die Meldung über den Tod von Albartus verbreiteten, verwarfen darin ihre seit den 1970er Jahren betriebenen antiimperialistischen und antizionistischen Aktionen und sie bezeichneten die Selektion der in Geiselhaft genommenen Touristen in Juden und Nicht-Juden als antisemitisch![100] Ihre selbstkritische Einsicht in die authentischen Abläufe ihrer Aktionen ist ein Unikum in der Geschichte der deutschen Linksradikalen.

Eine aus vier Personen bestehende deutsch-palästinensische Gruppe, sie nannte sich «Kommando Che Guevara», entführte am 27. Juni 1976 einen Airbus der «Air France». Die Entführer waren Frauen und Männer aus der Gruppe «Revolutionäre Zellen» sowie der palästinensischen Gruppe «Popular Front for the Liberation of Palestine» (PFLP). Unter ihnen befanden sich die deutschen Terroristen Wilfried Böse und Brigitte Kuhlmann, die mit dieser Entführung insgesamt 53 inhaftierte Terroristen der RAF, Bewegung 2. Juni und der Japanischen Roten Armee freipressen wollten, die in Israel, Frankreich, BRD, Kenia und der Schweiz inhaftiert waren. In Entebbe kamen drei bewaffnete Angehörige der PFLP hinzu.[101]

Böse, Anführer der Gruppe, führte anhand der im Flugzeug eingesammelten Reisepässe und der Personaldokumente eine Selektion der Geiseln nach jüdischer und nicht-jüdischer Herkunft durch, die an die brutale Selektion der Nazis erinnerte.[102] Unter jüdischen Geiseln war ein Mann, der sich mit seiner im Arm eintätowierten Häftlingsnummer als ein Überlebender der Nazi-Massenmorde zu erkennen gab. Böse erwiderte den implizierten Vorwurf des Holocaust-Überlebenden mit: «Ich bin kein Nazi» und gab sich damit doch nur als antisemitischer Antizionist zu erkennen.[103] Nach der Selektion blieben 103 Geiseln in der Gewalt der Entführer, die anderen Passagiere wurden freigelassen.[104]

100 ID-Archiv im IISG (Hg.), S. 20–34.

101 http://news.bbc.co.uk/2/hi/middle_east/5101412.stm.

102 http://www.haaretz.com/misc/article-print-page/setting-the-record-straight-entebbe-was-not-auschwitz-1.372131?trailingPath=2.169%2C2.212%2C2.215%2C.

103 Kloke 2007, S. 306–316.

104 http://news.bbc.co.uk/2/hi/middle_east/5101412.stm.

Eine militärische Befreiungsaktion der israelischen Streitkräfte beendete am 4. Juli die einwöchige Entführung des Passagierflugzeugs. Bei den Kampfhandlungen wurden alle sieben Terroristen und etwa zwanzig ugandische Soldaten getötet.[105]

Die Zusammenarbeit von antisemitisch eingestellten Kräften im MfS und linken Terroristen aus der BRD wird sichtbar bei der Befreiung von Till Meyer aus einem Berliner Gefängnis am 27. Mai 1978. Inge Viett flüchtete danach in die DDR und entzog sich dadurch den Ermittlungen der Polizei in Berlin (West). Am 27. Juni 1978 wurden Viett, Siepmann und Nicolai in Prag durch tschechoslowakische Sicherheitskräfte festgenommen und dann dem MfS übergeben. Vom 28. Juni bis zum 12. Juli 1978 waren sie in der DDR unter konspirativen Umständen untergebracht und wurden dann, unter operativer Kontrolle des MfS, nach Bagdad (Irak) ausgeflogen. Viett verhandelte im Herbst 1979 mit der HA XXII wegen der «Übersiedlung» von acht, angeblich demobilisierten Angehörigen der RAF, die im Sommer 1980 auch in die DDR einreisten. Das waren Maier-Witt, Albrecht, Helbing, von Seckendorff-Gudent, Lotze, Dümlein, Sternebeck und Friedrich. Vom MfS ließen sie sich eine neue Identität verpassen und waren damit der Strafverfolgung durch westdeutsche Polizei und Staatsanwaltschaften entzogen. Später kamen noch Beer und Viett hinzu, die ebenfalls ihren Lebensmittelpunkt in der DDR fanden.[106]

Bei Treffen von den RAF-Mitgliedern, die im Westen verblieben waren, mit Offizieren des MfS – sie fanden von 1980 bis 1982 jeweils zwei- bis dreimal jährlich statt – wurden Erfahrungen «zum Nutzen beider Seiten» ausgetauscht. Sie wurden gewarnt, wenn Decknamen in ihren Ausweisdokumenten bei der westdeutschen Fahndung gespeichert waren, oder das MfS warnte sie rechtzeitig, wenn ein Depot vom Bundeskriminalamt entdeckt worden war. In einem Fall ging das MfS dem von RAF-Mitgliedern ausgesprochenen Verdacht nach, eine Person aus dem Umfeld der RAF könnte für den Verfassungsschutz arbeiten. Im Gegenzug erhielt das MfS Informationen über eine Kaserne der US-Army in der BRD. Ein Höhepunkt der Zusammenarbeit zwischen MfS und RAF war ein militärisches Training in einem Objekt in Briesen bei Frankfurt/O. Sechs Wochen lang wurden dort Wolfgang und Henning Beer, Klar, Pohl, Schulz und Viett in Uniformen der NVA gesteckt und auf Schießplätzen wurden sie in der Handhabung von Waffen, z. B. der Panzerfaust RPG-7, unterrichtet.[107]

Am 23. Dezember 1991 wurde in Budapest von der deutsch-palästinensischen Gruppe «Bewegung für die Befreiung von Jerusalem» auf einen Bus mit 29 jüdischen Auswanderern aus der Sowjetunion mit einem mit 25 bis 40 Kilogramm Sprengstoff beladenen Pkw ein Sprengstoffanschlag durchgeführt. Der

105 http://de.wikipedia.org/wiki/Operation_Entebbe.

106 Wunschik 1997, S. 393ff; Knabe 1999, S. 269.

107 Wunschik 1997, S. 396f; Knabe 1999, S. 270.

Bus mit Familien und kleinen Kindern befand sich auf dem Weg zum Flughafen und durch die Explosion wurden vier Reisende leicht und zwei ungarische Polizisten schwer verletzt. Größere Verletzungen bei den Reisenden waren ausgeblieben, weil das dem Bus voraus fahrende Polizeifahrzeug von der funkferngezündeten Bombe getroffen wurde. Zu dem Kommando gehörte der im Untergrund agierende Antiimperialist Horst Ludwig Meyer, der, nach Aussagen seiner Lebensgefährtin Andrea Martina Klump, an der Vorbereitung beteiligt war und der in Zusammenarbeit mit bzw. im Auftrag einer palästinensischen Gruppe agierte.[108]

1990 wurden die zehn Mitglieder der RAF, die als «Aussteiger» in der DDR lebten, von bundesdeutschen Behörden verhaftet. Mit einem Schlag wurde damit bekannt, dass es eine Verbindung zwischen dem MfS und dieser bewaffneten Untergrundgruppe gegeben hatte.

MfS und rechte Terroristen

Die Hauptabteilung XXII hatte den Auftrag, Terrorhandlungen gegen die DDR zu bekämpfen und hier legten die etwa neunhundert Mitarbeiter Wert auf die Beobachtung und Bearbeitung von links- und rechtsterroristischen Gruppen und Individuen, der Kontrolle des Links- wie des Rechtsextremismus und des internationalen Terrorismus. Zumindest zeitweise unterstützte hier das MfS sowohl links- als auch rechtsterroristische Gruppen und Individuen, was neben dem Hauptziel der Destabilisierung der politischen Ordnung in der BRD auch die Feindschaft gegen Juden, ihrer Organisationen und zu Israel zum Inhalt hatte.[109]

Wie im Sommer 2015 bekannt wurde, hatte die Unterabteilung I der Hauptabteilung XXII, zuständig für rechtsextremistische und -terroristische Individuen und Gruppen in der BRD, dort mindestens 42 Inoffizielle Mitarbeiter (IM) platzieren können und weitere 30 Neonazis waren als sogenannte IM-Vorläufe registriert, d. h. sie wurden in mehreren Informationsgesprächen auf ihre Tätigkeit als Spitzel vorbereitet. Die Hauptverwaltung Aufklärung, viele Jahre unter der Leitung von General Markus Wolf, führte ebenfalls im Neonazi-Spektrum «Inoffizielle Mitarbeiter». Tatsächlich gibt es tausende Archivmaterialien in den Archiven des BStU, aber es ist hier nicht der Ort, dieses Thema erschöpfend zu behandeln. Nur so viel: Am 27. November 1980 wurde vom Leiter der Abteilung IX der Hauptabteilung A, Oberst Schütt, «PERSÖNLICH! STRENG GEHEIM!» an den Leiter der Abteilung XXII/MfS, den Genossen Oberst Dr.

108 Süddeutsche Zeitung, 28.9. 2004; http:/www.sooderso.net/zeitung/sos/14/s/10aklump.shtml; die tageszeitung 28.6.2000, 6.2.2003, 13.8.2004.

109 Knabe 1999, S. 129.

Dahl, eine «Information zu einigen Hintergründen rechtsextremistischer Anschläge» verfasst. Am Schluss des Textes wurde darauf hingewiesen, dass bei der «Auswertung der Information» der «besondere Quellenschutz» zu beachten war und daher sollte im Interesse dieses Quellenschutzes die Information «nur intern ausgewertet» werden. Als erstes wurde festgestellt, dass «rechtsextreme Gruppen in hohem Grade vom Verfassungsschutz unterwandert» waren. Ein Beispiel dafür war die Gruppe um den Rechtsextremisten Manfred Röder, die durch Polizei und Verfassungsschutz aufgelöst werden konnte und deren Mitglieder wurden «zum großen Teil verhaftet».[110]

Das zweite Beispiel für eine solche Unterwanderung wird hier mit der Wehrsportgruppe Hoffmann genannt, die mit dem Terroranschlag auf das Oktoberfest in München am 26. September 1980 in Verbindung stand. Nach dem Anschlag waren sechs Mitglieder der WSG auf der Fahrt zur österreichischen Grenze verhaftet worden. Von diesen sechs Verhafteten «waren drei angeblich Agenten von Landesämtern für Verfassungsschutz, ein Verhafteter war angeblich Agent des MAD». Als die Verhafteten verhört wurden, «kam es zu einem Zwischenfall». Als sich die Agenten der Verfassungsschutzämter als Mitarbeiter der Dienste ausgaben, wurde ihnen nicht geglaubt. Erst als höhere Instanzen eingeschaltet wurden, konnte die Angelegenheit geklärt werden. In der Folge waren die Verhafteten nach 24 Stunden wieder auf freiem Fuß, weil sie glaubhaft versicherten, «daß ihnen über Vorbereitungen des Anschlages nichts bekannt war. Sie konnten deutlich machen, daß die Wehrsportgruppe Hoffmann mit dem Anschlag nichts zu tun hatte.»[111] Nach Erkenntnissen von zwei Mitarbeitern der CDU/CSU-Bundestagsfraktion «und denen des Journalisten [Name geschwärzt, HW] schlossen sie nicht aus, daß der Leiter der Wehrsportgruppe zu Organen der CSSR Verbindung hat. Sie stellten fest, daß Hoffmann aus der DDR stammte und sich in der Gründungsphase seiner Gruppe mehrfach zum Besuch von Ausbildungslehrgängen im Nahen Osten aufgehalten hatte. So soll er sich auch in Lagern der PLO, in einem Fall auch in Frankreich, aufgehalten haben. Hoffmann wurde nachgewiesen, daß er mehrwöchige Reisen in die DDR durchgeführt hat. Besonders auffällig war, daß er zwei Reisen kurz vor dem Münchner Anschlag durchgeführt hat.» Diese Erkenntnisse, die dem damaligen Ministerpräsidenten Franz Josef Strauß zur Verfügung gestanden haben, waren für ihn die Grundlage zur Behauptung, daß es eine Verbindung zwischen den Bombenanschlägen und Provokateuren aus dem Osten gab. «[...] [Name geschwärzt, HW] hatte im Sommer 1976 zu beweisen versucht, daß zahlreiche Rechtsextremisten von DDR-Organen in die BRD eingeschleust wurden».[112]

110 BStU, MfS, HA XXII Nr. 673, Bl. 456a.

111 BStU, MfS, HA XXII Nr. 673, Bl. 456ff.

112 BStU, MfS, HA XXII Nr. 673, Bl. 456af.

Dem österreichischen Zolldienst lagen Informationen vor, «wonach sich drei Mitglieder der WSG-Hoffmann nach Österreich begeben» hatten. «Sie sollen mit Fahrzeugen unterwegs sein, die mit gefälschten Zollkennzeichen ausgestattet» waren. Bei den drei Mitgliedern soll es sich um «Behler, Walter Ulrich, 16.09.59, Klinger, Rudolf, 29.07.52 und Faber, Stefan, 22.02.1951 handeln. Unterwegs sind diese mit Fahrzeugen vom Typ ‹Unimog›. Sie tragen folgende Kennzeichen: 241 Z 5371, 241 Z 5372, 241 Z 5374. Des Weiteren wird nicht ausgeschlossen, daß sie ein VW-Kübel Kennzeichen 241 Z 5362 begleitet. Die eingesetzten Kräfte des österreichischen Zolldienstes wurden von der Zentrale aufgefordert, die Personen zurückzuweisen bzw. in vorläufige Verwahrung zu nehmen.»[113]

Am 27. September 1980 wurde kurz vor 18 Uhr «am Grenzübergang Bundesstraße Schwarbach ein Konvoi von drei Fahrzeugen, geführt von 3 der WSG zuzurechnenden Personen und einer weiteren Person» angehalten.[114] Vier Personen wurden am 28.9.1980 gegen 6.00 Uhr auf Weisung des Generalbundesanwalt (GBA) festgenommen, nachdem in der Wohnung des beteiligten Christian Funk Sprengstoff und andere relevante Gegenstände sichergestellt worden waren.»[115]

Auf Anordnung des GBA wurde am 27. September 1980 anlässlich einer Durchsuchungsaktion der «WSG-Führer Hoffmann und ein weiteres WSG-Mitglied festgenommen.

Die Durchsuchungen führten neben anderen Beweismitteln zu folgenden Sicherstellungen:

- am Sitz der WSG im Schloß Ermreuth 10 Zündkapseln
- in der Wohnung des verdächtigen WSG-Angehörigen Funk 1 kg Milit. Sprengstoff, 3 Granaten 10,5 cm, Hauptgiftungsmittel, 8 Stück Bordmunition 2 cm, 1 Batterie, 1 Kartuschenpatronenhülse mit vermutlich selbst hergestelltem Knallsatz sowie weitere Kartuschen, Batterien, elektronische Bauteile und eine Kabelrolle mit schwarzem Kabel.
- Die Asservate werden zur kriminaltechnischen Auswertung zum BLKA (Bayrisches Landeskriminalamt, HW) gebracht.»[116]

Die Bundesanwaltschaft entließ am 28. September 1980 gegen 21.00 Uhr fünf der sechs Festgenommenen aus der Haft. Christian Funk wurde am 29. September 1980 gegen 15.18 Uhr wieder «auf freien Fuß gesetzt.»[117]

113 BStU, MfS, HA XXII, Nr. 18.405, Teil 1 von 2, Bl. 7; BStU, MfS, HA III Nr. 7729, Bl. 152.
114 BStU, MfS, HA III Nr. 7729, Bl. 149.
115 BStU, MfS, HA III Nr. 7729, Bl. 150.
116 BStU, MfS, HA III Nr. 7729, Bl. 150.
117 BStU, MfS, HA III Nr. 7729, Bl. 151.

Weitere brisante Einzelheiten zum Oktoberfest-Attentat waren in der Information «G/5566/29/09/80, Streng vertraulich» des Sekretariats des Stellvertretenden Ministers, Generalleutnant Neiber, zu finden. So ersuchte die «SOKO Theresienwiese» am 27. September 1980 gegen 14.39 Uhr, also nur wenige Stunden nach der Explosion, die Polizeiinspektion Springe (Niedersachsen) «um Befragung der durch den Anschlag betroffenen Person [Name geschwärzt, HW], wh. 3257 Springe, [Adresse geschwärzt, HW]. Die [Name geschwärzt] war bei der Detonation verletzt worden und nach ambulanter Behandlung vermutlich nach Hause gereist». Es soll bei der Patientin ein «Handfragment» vorgefunden worden sein, an dem mehrere Finger entweder fehlten oder verletzt waren.[118]

Weiter wurde behauptet, dass «24 der Mitglieder der WSG Hoffmann aus der DDR in die BRD eingeschleust wurden», die von der Bundesregierung freigekauft worden wären.[119]

Weitere Neonazis, die in Verbindung mit dem MfS standen, waren Udo Albrecht und Odfried Hepp. Der terroristische Neonazi Udo Albrecht flüchtete am 29. Juli 1981 bei einem gerichtlichen Ortstermin bei Lauenburg (Schleswig-Holstein) in die DDR. Auslieferungsersuchen der BRD wurden von der DDR strikt abgelehnt.[120]

Der terroristische Neonazi Odfried Hepp begann seine Karriere bei der von ihm gegründeten «Wehrsportgruppe Schlageter» sowie der «Kampfgruppe Schwarzwald», deren Stützpunkte 1978/79 in Baden lagen: Achern, Appenweier, Renchen, Offenburg und Karlsruhe. Außerdem war er Mitglied in der neonazistischen «NSDAP/AO» sowie Mitglied in der «Wehrsportgruppe Hoffmann» (WSG). Nach dem Verbot der WSG reiste Hepp Anfang 1980, zusammen mit Gleichgesinnten aus der «Wehrsportgruppe Hoffmann», in den Libanon, genauso wie vor über zehn Jahren linke Terroristen dorthin gereist waren, um sich von der PLO an Waffen und Sprengstoff ausbilden zu lassen.[121] 1980 floh Hepp von dort in die BRD und wurde am Flughafen in Frankfurt/M. verhaftet, vor Gericht gestellt und zu 16 Monaten Freiheitsstrafe verurteilt. Nach seiner Haftzeit Ende 1981 ging er am 14. Januar 1982 in die DDR, um sich dem MfS als Mitarbeiter anzudienen. Bereits 1980 hatte das MfS versucht, Hepp als «Inoffiziellen Mitarbeiter» zu gewinnen.[122] Doch nun gelang es dem MfS, Hepp unter dem Decknamen «Friedrich» für eine Zusammenarbeit zu gewinnen. Im Laufe dieses Jahres 1982 traf Hepp seinen Führungsoffizier mindestens sieben Mal, meistens in einem Objekt des MfS im Berliner Umland. Im März 1982 gründete sich die sechsköpfige rechtsterroristische «Hepp-Kexel-Gruppe», die zur Finanzierung ihrer Untergrundarbeit mindestens sechs Banken überfiel und

118 BStU, MfS, Sekr. Neiber Nr. 1078, Bl. 5; BStU, MfS, Sekr. Neiber Nr. 1028, Bl. 4.

119 BStU, MfS, Sekr. Neiber Nr. 1078, Bl. 20.

120 Der Spiegel 47/1991, S. 139.

121 Siegler 1991, S. 181; www.Wikipedia.de; Igel 2012, S. 259.

122 Igel 2012, S. 262.

insgesamt etwa 635.000 DM erbeutete. Die Gruppe griff bis Dezember 1982 nicht nur US-amerikanische Soldaten und Gebäude an, sondern auch Reisebüros in Frankfurt/M., die Reisen nach Israel organisierten. Als die Mitglieder der Gruppe verhaftet wurden, floh Hepp über Berlin in die DDR und tauchte dort, mit Unterstützung des MfS, bis 1984 unerkannt unter; unter anderem wurde ihm ein gefälschter Pass der Bundesrepublik besorgt. 1985 wurde er in Paris verhaftet und 1987 an die BRD ausgeliefert, wo er zu über zehn Jahren Freiheitsentzug verurteilt wurde. Im Prozess sagte er als Kronzeuge gegen seine früheren neonazistischen Kumpanen aus und distanzierte sich von der Szene.

Folgen des antisemitischen Antizionismus

«Sie nennen es Antizionismus, aber es ist Antisemitismus», so wird der französische Filmemacher Claude Lanzmann zitiert, nachdem das Hamburger Programmkino B-Movie von etwa dreißig bis vierzig antifaschistischen Antiimperialisten (Sozialistische Linke, Tierrechtsaktion Nord) aus dem benachbarten Zentrum B5 besucht wurde, die mit Gewalt verhinderten, dass sein Film «Warum Israel?» gezeigt wurde. Die Aufführung war für den 25. Oktober 2009 geplant gewesen.[123] Das vorgebliche Ziel der Angreifer war es, eine «prozionistische Veranstaltung» und «Hetze» zu verunmöglichen. Sie wollten damit auf eine angeblich rassistische Unterdrückung der Palästinenser durch «Apartheid» aufmerksam machen. Jedoch soll laut taz-Nord auch «Judenschweine» gerufen worden sein, was von den Tätern allerdings bestritten wird. Eine Gruppierung des Hamburger Landesverbands der Partei «Die Linke» hatte das krude Rechtfertigungsschreiben der Antiimperialisten auf ihre Homepage gestellt, später distanzierte sie sich davon.

Obwohl es die DDR seit über 25 Jahren nicht mehr gibt, sind ihre außenpolitischen Direktiven in Bezug auf die Bewertung des Konflikts zwischen Israel und Palästinensern nicht nur bei Teilen der Linkspartei und bei antiimperialistischen Gruppen en vogue, sondern auch in großen Teilen der deutschen Bevölkerung. Die Behauptung, Israel sei per se deshalb faschistisch, weil der Imperialismus faschistisch sei und Israel als Brückenkopf des US-Imperialismus angesehen wird, ist als Strickmuster so einfach ausgelegt, dass jeder Mann und jede Frau eigentlich in der Lage sein müsste, zu erkennen, dass die Dinge so nicht stimmen können, denn die Gründung und die Existenz des Staates Israels stellt nicht nur eine Antwort dar auf die Massenmorde der Deutschen an den europäischen Juden, sondern ist auch eine Antwort auf die jahrhundertelange Verfolgung und Entrechtung der Juden in Europa. Es ist falsch, den Antifaschismus

123 Der Tagesspiegel, 22.11.2009; Jungle World Nr. 45, 5.11.2009 und Nr. 47, 19.11.2009; Spiegel Online, 19.11.2009

antizionistisch aufzuladen, weil es falsch ist, die Opfer der Nazi-Massenmorde zum Feind zu erklären, auch unter Berücksichtigung der Tatsache, dass die Aufarbeitung des Nazismus noch immer in den Anfängen steckt, besonders was die Erforschung seiner Folgen in der DDR angeht. Tatsache ist weiterhin, dass Israel der einzige Staat in der Region ist, in dem demokratische Verhältnisse herrschen. Die arabischen bzw. islamischen Regimes rings um Israel können solche kulturellen und politischen Strukturen nicht aufweisen und ihre autoritären Herrschaftsmodelle sind wahrlich kein Ausdruck einer emanzipatorischen Gesellschaft. Allein der bewaffnete Männlichkeitswahn und die damit verbundene schlechtere Behandlung der Frauen und Mädchen sowie das Verbot von gleichgeschlechtlicher Liebe, die teilweise mit dem Tod bestraft wird, zeigen klar und deutlich, dass gesellschaftlicher Fortschritt nicht von dort kommt, nicht von dort kommen kann, solange die bestehenden Machtstrukturen unverändert bleiben und Menschen- und Grundrechte mit Füßen getreten werden.

Die politische Landschaft in Deutschland hat sich seit 1990 nach rechts entwickelt. Nationalistische, rassistische und antisemitische Einstellungen finden in der Bevölkerung großen Anklang: «Mit der Auflösung des sowjetischen Machtblocks begann 1989 eine orientierungslos gewordene Restlinke zur Subkultur zu werden – mit allen Symptomen der Versektung. Doch hat das Amalgam aus antisemitischen und antizionistischen Ressentiments längst auch in der Mitte der Gesellschaft Einzug gehalten. Nach einer Umfrage der EU-Kommission (2003) sahen 65 Prozent der Deutschen in Israel eine ‹Gefahr für den Weltfrieden›.»[124]

Nach einer Umfrage der «British Broadcasting Corporation» (BBC) haben 77 Prozent der Deutschen eine ablehnende Einstellung zu Israel – das ist in Europa die höchste Prozentzahl.[125] Die aus der SED hervorgegangene Partei «Die Linke», erweist sich bei näherem Hinsehen als widersprüchlich, weil in ihr eingefleischte Propagandisten zu Wort kommen, die die antisemitische Politik der SED noch heute gutheißen. Das Mitglied der Linkspartei in Duisburg, Hermann Dierkes, rief bei der Wahl zum Oberbürgermeister in Duisburg (2009) zum Boykott von Waren aus Israel auf und in einem Redebeitrag stellte er das Existenzrecht Israels in Frage. Trotz massiven Drucks innerhalb und außerhalb der Partei hielt er seine Forderungen aufrecht, weil für ihn «die fortgesetzte Komplizenschaft bei der Unterdrückung der Palästinenser» nicht länger hinnehmbar sei.[126]

Im Jahr 2009 hat es weitere Vorfälle mit antisemitischen Antizionisten aus der «Linken» gegeben. So in der öffentlichen Hetze gegen Vertreter des «Bundesarbeitskreises Shalom» der Jugendorganisation «solid» der Linkspartei, die angegriffen wurden, weil sie immer wieder auf den antisemitischen Gehalt von

124 Kloke, in: http://www.eurozine.com/articles/2007-06-05-kloke-de.html Vor vierzig Jahre.

125 Vgl. Weinthal 2007.

126 Vgl. Junge Welt, 6. April 2009.

Aussagen von Vertretern der Linkspartei im Bundestag (z.B. Gehrcke, Paech) in Bezug zu Israel hingewiesen haben.[127] Ein Jahr später entflammte eine öffentliche und interne Hetze gegen eine von Stipendiaten der der Linkspartei nahen «Rosa-Luxemburg-Stiftung» organisierten Tagung. Bei der jährlich stattfindenden Ferienakademie wurden israelfreundliche Autoren wie Thomas von der Osten-Sacken und Stefan Grigat denunziert als «zwei passionierte Kriegsapologeten», ebenso erging es Sebastian Voigt vom BAK Shalom.[128] Am 10. Juli 2009 wurde in der Tageszeitung «Junge Welt» eine Stellungnahme von anderen Stipendiaten lanciert, in der gefordert wurde, die beiden Referenten wieder auszuladen, weil sie «rassistische, nationalistische Positionen vertreten» und eine kritische Diskussion zu Israel unterdrückten, weil sie «antinationalistische und antiimperialistische Argumente mit dem Vorwurf des Antisemitismus» tabuisierten.[129] Am 13. Juli 2009 war die Lage so angespannt, dass sich mehrere Bundestagsabgeordnete, Monika Knoche, Norman Paech, Wolfgang Gehrcke und Hüseyin Aydin, über die «Junge Welt» zu dem Konflikt äußerten. Sie erklärten, dass die eingeladenen Referenten wieder auszuladen seien, da sie nicht mit dem Selbstverständnis der «Rosa-Luxemburg-Stiftung» zu vereinbaren wären, das hier als «antirassistisch, antikolonialistisch, emanzipatorisch, pazifistisch etc.» bezeichnet wurde, und damit nicht mit «unseren politischen Grundlagen» übereinstimmten.[130] Wie weit die antisemitische Feindseligkeit in der Linkspartei bereits gediehen war, zeigt eine Stellungnahme ihres Bundestagsabgeordneten Dieter Dehm auf der großen Demonstration «Wir zahlen nicht für eure Krise» am 28. März 2009 in Frankfurt/M. Der damalige Vorsitzende der Linkspartei Lafontaine wurde dort bei seiner Rede von Demonstranten mit Eiern beworfen. Daraufhin kritisierte Dehm in einer Presseerklärung diesen Vorgang mit den Worten: «Militante fanatisierte Anhänger von israelischer Regierung und Geheimdienst haben gestern den Vorsitzenden der Partei Die Linke in Frankfurt am Main gewalttätig angegriffen.»[131]

Jürgen Elsässer, ehemaliger linker Journalist, der jetzt als Propagandist der Neuen Rechten auftritt, hat sich mit seinen Sympathien für den antisemitischen Ex-Präsidenten der Islamischen Republik Iran, Ahmadinedschad, von der Linken verabschiedet. Er wird jetzt wahrgenommen als rechter Hetzer gegen Demokratie und gegen Israel, wenn er Demonstranten, wie die vor dem linken Club «Voltaire» als «zionistisch/antideutsche Faschisten» denunziert. In seiner Argumentation sind alle vernünftigen Maßstäbe verloren gegangen, die er höchstwahrscheinlich gehabt haben muss. Wie sonst wäre seine langjährige

127 Vgl. Mellenthin 2008.

128 Vgl. Junge Welt, 10.6.2009.

129 Protest gegen Gestaltung der RLS-Ferienakademie, in: Junge Welt, 10.7.2009.

130 Vgl. Junge Welt, 13.7.2009.

131 Presseerklärung Die Linke. Niedersachsen, 29. März 2009.

Karriere in linken Printmedien (Arbeiterkampf, Junge Welt, Konkret, Neues Deutschland) zu verstehen.[132]

Der Deutsche Bundestag beschloss am 4. November 2008: «Den Kampf gegen Antisemitismus zu verstärken und jüdisches Leben in Deutschland weiter zu fördern.» Die Bundesregierung sollte ein Gremium von Wissenschaftlern und Fachleuten einsetzen, das in regelmäßigen Abständen einen Bericht zum Antisemitismus in Deutschland erstellt und dabei sollten Empfehlungen ausgesprochen werden wie Programme zur Bekämpfung von Antisemitismus entworfen und weiterentwickelt werden können. Am 5. August 2009 wurde der Expertenkreis von Bundesinnenminister Schäuble der Öffentlichkeit vorgestellt. Nach zwei Jahren, am 23. Januar 2012, wurde der Bericht der Öffentlichkeit vorgestellt.[133] Ein Fazit ist, dass antisemitische Einstellungen bis in die Mitte der Gesellschaft vorgedrungen sind. Die Fakten sind erdrückend: Zwanzig Prozent der Deutschen sind antisemitisch eingestellt, was zum einen nachgewiesen wird durch demoskopische Erhebungen und zum anderen durch die polizeilichen Erhebungen von propagandistischen und gewalttätigen Angriffen auf Juden und ihre Institutionen in Deutschland. Hierbei handelt es sich in den Jahren von 2001 bis 2010 um antisemitische Propaganda- und Gewaltstraften in einer Größenordnung von etwa 1.200 Angriffen im Jahr 2010 bis etwa 1.800 im Jahr 2006. Sie stellen damit einen Anteil von etwa zehn Prozent an den rassistischen Straftaten in Deutschland insgesamt dar.

Wirklich dramatisch erscheint der Antisemitismus bei den Deutschen, wenn man ihre Einstellungen gegenüber Israel genauer betrachtet: Über 40 Prozent der Befragten gaben an, ihrer Meinung nach sei das, was die Israelis mit den Palästinenser machen, das gleiche wie das, was die Nazis mit den Juden gemacht hätten. 57,3 Prozent der Befragten sind der Ansicht, Israel führe einen Vernichtungskrieg gegen die Palästinenser.[134] Diese Bewertungen laufen in einer geschichtsrevisionistischen Ausrichtung darauf hinaus, die Massenmorde der Nazis zu verharmlosen, und erstaunlich ist, dass dieser Standpunkt auch elementarer Bestandteil der Außenpolitik der DDR war.

Seit 1945 gehören Friedhofsschändungen zum antisemitischen Repertoire in Ost- und Westdeutschland. Von 1945 bis 1951 wurden in Westdeutschland etwa 200-mal jüdische Friedhöfe geschändet.[135] In den 1950er Jahren kam es in Westdeutschland, nach offiziellen Angaben, durchschnittlich zu 10,1 Schändungen von jüdischen Friedhöfen pro Jahr,

- in den 1960er Jahren durchschnittlich zu 11,4 Schändungen jüdischer Friedhöfe pro Jahr,

132 Vgl. Hübner.

133 http://www.bmi.bund.de/SharedDocs/Downloads/; Der Tagesspiegel, 23.1.2012; die tageszeitung, 9.11.2011, 23.1.2012, 24.1.2012.

134 http://www.bmi.bund.de/SharedDocs/Downloads/, S. 34 und S. 53.

135 Neues Deutschland, 15.6.1951.

- in den 1970er Jahren durchschnittlich zu 19,1 Schändungen jüdischer Friedhöfe pro Jahr,
- in den 1980er Jahren durchschnittlich zu 16,7 Schändungen jüdischer Friedhöfe pro Jahr und in den 1990er Jahren durchschnittlich zu 40,2 Schändungen jüdischer Friedhöfe pro Jahr.[136]

Ein markantes Beispiel für militanten Antisemitismus war der Bombenanschlag am 19. Dezember 1998 auf das Grab von Heinz Galinski, ehemaliger Vorsitzender des Zentralrates der Juden in Deutschland. Die Detonation hatte eine solche Wucht, dass die tonnenschwere Grabplatte «wie ein Stück Papier» riss. Die Täter konnten nicht ausfindig gemacht werden. Angeblich liefen Untersuchungen, ob die Bewaffneten der Gruppe NSU die Urheber dieses Anschlages waren. Am 17. März 2002 wurde erneut ein Bombenattentat auf das Grab von Galinski durchgeführt, jedoch blieb es unversehrt. Auch hier konnte das Landeskriminalamt Berlin die Täter nicht ermitteln. Ignatz Bubis, Nachfolger von Galinski im Amt des Zentralratsvorsitzenden, erklärte im Angesicht der Angriffe auf das Grab seines Vorgängers: «Ich möchte in Israel beerdigt werden, weil ich nicht will, dass mein Grab in die Luft gesprengt wird – wie das von Heinz Galinski.» Interessant ist in diesem Zusammenhang, wie der damalige Bundespräsident Roman Herzog (CDU) in einem Telegramm an Ruth Galinski, die Witwe von Heinz Galinski, die Angriffe beurteilte. Herzog schrieb ihr, dass der Sprengstoffanschlag ein «Ausfluß einer verrückten Gesinnung und das Werk von wirren Einzelgängern» sei. Der damailige Bundesminister des Innern, Otto Schily, war der Meinung, «daß der Antisemitismus noch entschiedener thematisiert und debattiert werden muß».

Die Angriffe auf Galinskis Grab waren eingebettet in eine Vielzahl heftiger antisemitischer Angriffe. So wurden auf dem jüdischen Friedhof in Weißensee am 4. Oktober 1999 103 Grabsteine zerstört und auf das Materiallager des Steinmetzes – er hatte sich bereit erklärt, die zerstörten Grabsteine zu restaurieren – wurde ein Brandanschlag verübt. Im Jahr 2000 gab es einen versuchten Bombenanschlag erneut auf denselben Friedhof und bereits im September 1999 war auf den S-Bahn-Waggon der Ausstellung «Jüdisches Leben in Berlin» am Anhalter Bahnhof ebenfalls ein Brandanschlag verübt worden. Auch hier konnten keine Täter ermittelt werden. In Berlin wurden im Jahr 2001 insgesamt 106 antisemitische Straftaten verübt, was eine Verdoppelung gegenüber dem Vorjahr bedeutet. Im März 2002 wurde auf den jüdischen Friedhof in Berlin-Charlottenburg ein Bombenattentat verübt, wobei die Detonation Fensterscheiben der Trauerhalle, Kränze und eine Gehweghalle beschädigten.[137]

---

136 www.bmi.bund.de/SharedDocs/Downloads/, S. 37.

137 die tageszeitung, 19.3.2002.

Im Februar 2000 wurde der jüdische Friedhof in Potsdam geschändet, als ein rotes Holzkreuz mit einer Aufschrift zum 70. Todestag des NSDAP- und SA-Mitglieds Horst Wessel entdeckt wurde. Ein anonymer Anrufer hatte den damaligen «Ostdeutschen Rundfunk Brandenburg» (ORB) informiert und angegeben, er spreche für eine «Nationale Bewegung». Im Oktober 2000 ist der jüdische Friedhof in Potsdam erneut geschändet worden, als Unbekannte einen Galgen auf den eingravierten Davidstern des Torschildes geschmiert hatten. Im Januar 2001 wurde die Aussegnungshalle des jüdischen Friedhofs in Potsdam mit einem Brandsatz angegriffen und beschädigt. Auch hier bekannte sich eine Gruppe «Nationale Bewegung» zu dem Anschlag. Der damalige Innenminister von Brandenburg, Jörg Schönbohm (CDU), war der Ansicht, dass möglicherweise ein «Einzeltäter» dafür verantwortlich gewesen sein könnte.[138]

Abgesang am Ende der DDR

Neben der geheimpolizeilich-politischen Kontrolle durch das MfS und das Staatssekretariat für Kirchenfragen ist als weitere Institution die pseudo-pluralistische «Nationale Front» der DDR zu nennen, deren Aufgabe es war, den Einfluss der SED auf alle Gesellschaftsbereiche zu sichern. Sie verschleierte als Dachorganisation der Parteien und Massenorganisationen die diktatorische Stellung der SED. Personelle Entscheidungen mussten je nach politischer Ebene von den SED-Kreis- bzw. Bezirksleitungen oder dem Politbüro genehmigt werden. Das Führungsgremium des «Nationalrats der Nationalen Front» war dem Politbüro untergeordnet. Der Verband der jüdischen Gemeinden in der DDR war als einzige Religionsgemeinschaft hier eingeordnet. Das politische Wohlverhalten der Funktionäre hat den Verband zur Mitarbeit in der «Nationalen Front» quasi empfohlen, konnten dort offiziell die jüdischen Gemeinden repräsentiert und inoffiziell durch die SED-Mitglieder in den Funktionen die Dominanz der SED abgesichert werden. Sie sorgten auch dafür, dass regelmäßig im «Nachrichtenblatt» des Verbandes Erklärungen wie die folgende zu lesen waren: «Wir Bürger jüdischen Glaubens haben hier nicht nur eine Heimat, weit mehr, wir haben hier unser Vaterland wiedergefunden, in dem wir treu nach unserer Religion – unbehelligt und ungestört – leben können.» In der Ansprache von Helmut Aris bei der Gedenkveranstaltung des Verbandes im März 1979 zum 40. Jahrestages des Novemberpogroms der Nazis wurde deutlich, welche ideologischen Verrenkungen nötig waren, um die grundsätzlichen Positionen des Verbandes und seiner Mitglieder darzustellen: «In Gestalt der DDR entstand erstmals ein deutscher Staat, in dem getreu den Idealen der revolutionären deutschen Ar-

138 die tageszeitung, 26.2.2000, 6.10.2000, 9.1.2001, 19.7.2002, 11.9.2003. http://www.bmi.bund.de/SharedDocs/Downloads/, S. 37f.

beiterbewegung und anderer humanistischer Kräfte des deutschen Volkes der Nationalismus, der Rassismus und der Antisemitismus überwunden und alle Formen der Kriegs- und Völkerhetze unter Strafe gestellt wurden. Gemäß den im Potsdamer Abkommen festgelegten Maßnahmen waren es die Aktivisten der ersten Stunde, die auf dem Gebiet der heutigen DDR jene geistige Umwälzung ins Werk setzten, in der die Ideale der Völkerfreundschaft, des realen Humanismus und des Friedens zur herrschenden Ideologie, zur geistigen Grundhaltung des ganzen Volkes wurden. Schon damals und in den folgenden nun fast 30 Jahren Geschichte der DDR zeigte sich, daß die neue sozialistische Gesellschaft den jüdischen Bürgern die volle Gleichberechtigung und Gleichachtung brachte. Es bestätigt sich, daß die sozialistische Revolution in der DDR tiefgreifend das moralische Antlitz der Menschen verändert hat. Die Überwindung des faschistischen Ungeistes ist und bleibt eine wirklich historische Tat, die durch die Arbeiterklasse und ihre Partei, durch die im Demokratischen Block vereinten Parteien und Massenorganisationen kämpferisch gelöst wurde.»

Aris sprach vor allem als ein Mitglied der SED und selbstverständlich auch als Agent des MfS. Von 1953 bis 1987 war er Vorsitzender der jüdischen Gemeinde Dresden, 1958 war er Vizepräsident und von 1962 bis 1987, als Nachfolger von Baden, Präsident des Verbandes der jüdischen Gemeinden in der DDR. 1964 wurde er mit der «Verdienstmedaille», 1969 mit der «Ernst-Moritz-Arndt-Medaille» der Nationalen Front, 1978 mit dem «Vaterländischen Verdienstorden» und 1983 mit der «Ehrenspange zum Vaterländischen Verdienstorden» sowie mit der «Deutschen Friedensmedaille» ausgezeichnet.[139]

Die Universität Greifswald war 1933 vom Ministerpräsidenten Preußens, dem Nazi Hermann Göring, nach dem antisemitischen und völkisch-nationalistischen Historiker Ernst Moritz Arndt benannt. 1954 wurde diese Namensgebung von der DDR wieder aufgenommen. Bei zwei Abstimmungen über eine Streichung des Namens im Jahr 2010 bei Studierenden der Universität und im Senat erhielten die Anträge nicht die nötigen Mehrheiten.

Zerschlagung der VVN

An die Stelle der antifaschistischen Komitees trat ab Anfang 1947 die «Vereinigung der Verfolgten des Naziregimes» (VVN), in der bis zu ihrer Auflösung durch die SED (1953), fast alle Gruppen von Nazi-Verfolgten – Juden, Christen, Kommunisten, Sozialdemokraten, Anarchisten, Liberale und Konservative – freiwillig vereint waren.

Am 29. Januar 1953 schlug das ZK-Sekretariat dem Politbüro der SED vor, die VVN ohne deren Anhörung aufzulösen. Fünf Tage später beschloss das

139 zitiert nach: Offenberg 1998, S. 166–170; http://de.wikipedia.org/wiki/Helmut_Aris.

Politbüro der SED die Auflösung dieser einzigen antifaschistischen Organisation in der DDR mit der Begründung, dass die «antifaschistisch-demokratische Ordnung» zur «Ausrottung aller Wurzeln des Faschismus» geführt hätte und damit sei die VVN überflüssig geworden. Am 21. Februar 1953 musste die Vereinigung ihre Arbeit einstellen. Der VVN-Verlag samt Archiv wurde zerschlagen und die Zeitschrift «Der Weg – Zeitschrift für Fragen des Judentums», herausgegeben von Heinz Galinski, damals Vorsitzender der jüdischen Gemeinde für ganz Berlin und Mitbegründer der VVN, wurde am 15. Januar verboten:

> «1. Der Vertrieb der Zeitschrift ‹Der Weg› (Zeitschrift für Fragen des Judentums) ist einzustellen.
> 2. Durch das Ministerium des Innern ist das Verbot auszusprechen, und die Einhaltung des Verbots sicherzustellen.
> 3. Die Abteilung ‹Staatliche Verwaltung› beim ZK wird beauftragt, die Leitung der Jüdischen Gemeinde zu überprüfen und dem Sekretariat notwendige Vorschläge zu unterbreiten.»[140]

Den Hintergrund des Verbots bildeten Konflikte zwischen früheren Moskau-Emigranten einerseits und ehemaligen West-Emigranten sowie denjenigen, die aus den Konzentrationslagern und Gefängnissen gekommen waren, andererseits. Weitere Gründe waren erstens die Vorbehalte in der VVN gegen die Integration ehemaliger Nazi-Funktionäre und Offiziere bzw. Soldaten der Wehrmacht, zweitens Forderungen der VVN nach Entschädigung jüdischer Opfer und drittens Auseinandersetzungen um die antisemitische bzw. antizionistische Kampagne der Führung der SED.[141]

Die Ausschaltung von sogenannten Westemigranten – häufig waren das Kommunisten mit jüdischer Herkunft – wurde auch in anderen Massenorganisationen vollzogen. Bei der Gesellschaft für Deutsch-Sowjetische Freundschaft (GDSF) wurden Jürgen Kuczynski als Präsident und Hans Mark als Generalsekretär von ihren Funktionen abberufen; sie hatten jeweils eine jüdische Herkunft und überlebten zusammen während des Krieges in England die Nazi-Herrschaft.[142] Ebenfalls unterlag Irene Gysi der perfiden antisemitischen Praxis, sie war Chefredakteurin des GDSF-Verlags «Kultur und Fortschritt» und Mitglied der Leitung und wurde entlassen. Dazu erhielt sie am 5. Januar 1951 eine Verwarnung als Parteistrafe. Ihr wurde auferlegt, keine Funktion mehr als Verlagsleiterin auszuüben.[143]

Auch im Kulturbund, im Deutschen Frauenbund und in der FDJ wurden mehrere Kommunisten mit jüdischer Herkunft wegen des Verdachts der Spionage ihrer Funktionen enthoben. Dies erinnert an Vorgänge in der Sowjet-

140 Neubert 2001, S. 840; Hartewig 2000, S. 375f.

141 Vgl. Coppi, S. 26.

142 Hartewig 2000, S. 381.

143 Hartewig 2000, S. 382.

union 1948, als nicht nur das «Jüdische Antifaschistische Komitee» zerschlagen wurde, sondern auch die jüdische Zeitung «Ejnikgeit» und der jiddische Verlag «Der Emes» (Die Wahrheit) verboten und viele prominente Juden verhaftet und hingerichtet wurden. Dass es in der DDR zu keinen weiteren Schauprozessen gekommen ist, liegt sicherlich nicht nur daran, dass Stalin verstorben war, sondern es ist auch der historischen Tatsache geschuldet, dass Deutsche im II. Weltkrieg an den Massenmorden an Juden, Sinti und Roma und Slawen federführend beteiligt waren und dass deshalb der internationale Fokus besonders auf antijüdische Vorgänge in der DDR gerichtet war. Deshalb wurde auch mit Paul Merker ein nicht-jüdischer Kommunist vor Gericht gestellt und in einem Geheimprozess verurteilt, was auf Jüdinnen und Juden, aber auch besonders auf die anderen nicht-jüdischen Kommunisten eine abschreckende Wirkung haben sollte. Das Ziel dieser politisch-psychologischen Strategien von Ulbricht bzw. der SED war jedoch identisch mit dem Ziel, das die KPdSU – vor und nach Stalin – in der Sowjetunion verfolgte: Marginalisierung, Stigmatisierung und Auslöschung einer originären jüdischen Identität durch ihre Aufhebung im wahnhaften Konstrukt einer «zionistischen Agentenschaft».

In der DDR ging es darum, zusammen mit der Masse der kleinen und großen Nazis den «Sozialismus» aufzubauen, und da war dann kein Platz mehr für eine authentische, weil vielfältige und unabhängige Gruppierung von Widerstandskämpfern und Verfolgten des Naziregimes. Die jüdischen Gemeinden waren in ihren Aktivitäten reduziert auf die Ausübung des jüdischen Kultus und verloren ihre politische Bedeutung. Durch die Ablehnung eines Gesetzes zur «Wiedergutmachung» waren sie vollständig von staatlicher finanzieller Unterstützung abhängig.[144]

Aus der Organisation für alle Verfolgten des Nazi-Regimes war einerseits das kommunistische «Komitee der Widerstandskämpfer» der DDR hervorgegangen und andererseits gab es nun die «passiven» Juden, die nur als schlechter eingestufte «Opfer des Faschismus» kategorisiert waren. Die jüdischen Widerstandskämpfer gegen die Nazis sind in der Geschichtsschreibung der beiden deutschen Staaten kaum erwähnt worden.[145] In den 1980er Jahren waren im «Komitee der antifaschistischen Widerstandskämpfer» der DDR noch etwa 2.500 Personen in Bezirks- und Kreiskomitees tätig. Die Hierarchisierung der Opfer- und Verfolgtengruppen grenzte große Opfergruppen aus, wie z.B. die aus rassistischen Gründen verfolgten Sinti und Roma, die wegen ihrer Religion verfolgten Bibelforscher und Zeugen Jehovas, Homosexuelle, «Asoziale», Wehrdienstverweigerer und Wehrmachtsdeserteure.[146]

144 Leo 2004, S. 21.

145 Leusink, S. 7f; Mertens 2002, S. 171f.

146 Herbst 1994 Band 1, S. 513ff und Band 2 S. 1125ff.

Entnazifizierung?

Ab diesem Zeitpunkt richtete sich der Antifaschismus der SED «immer stärker gegen diejenigen, die ihn in den ersten Jahren nach 1945 verkörpert hatten und als staatstragende Ideologie verlor er zusehends seinen Rigorismus in der Auseinandersetzung mit der Nazi-Vergangenheit. Als verbindliches Normen- und Wertegefüge spiegelte er die Welt- und Feindbilder einer kleinen Minderheit kommunistischer Funktionäre, die bis zum Ende der DDR als politische Klasse Staat und Gesellschaft dominierten.»[147]

Ausgangspunkt dieses Antifaschismus war die Reduktion der Ursachen des Faschismus allein auf den politisch-ökonomischen Sektor. Das Ergebnis war nicht die Befreiung der ostdeutschen Bevölkerung von nazistischen und autoritären Überzeugungen, sondern die Konstituierung einer (klein-)bürgerlichen Gesellschaft, in der Angehörige der ehemaligen Nazi-Eliten funktionaler Bestandteil der von Kommunisten dominierten Eliten wurden. Diese Entwicklung hatte für das gesellschaftliche und individuelle Bewusstsein der Masse der Ostdeutschen tief greifende Folgen. Die Führung der SED versuchte, dieses Bewusstsein insofern zu transformieren, als sie «ihre» Bevölkerung an die Seite der siegreichen UdSSR stellte, und suggerierte, sie seien damit quasi Sieger und legitime Erben der Geschichte der deutschen Nation. In die daraus entstandene nationalistische und militärische Konzeption des Staates DDR wurde das «antifaschistisch-demokratische Modell» eingebettet und bildete so die Grundlage und das politische Umfeld für die Tätigkeiten ehemaliger Nazi-Funktionäre.[148]

Die Selbstlegitimation der Gründung der DDR wurde von Anfang an auf der Ideologie des «Antifaschismus» aufgebaut und blieb als offizielle Selbstdarstellung bis zum Ende bestehen.[149] Im Namen dieses Antifaschismus betrieb die SED eine selbstgefällige Entnazifizierung, mit der sie zur Durchsetzung ihres Machtmonopols neue, ihr ergebene Führungsschichten in den staatlichen und gesellschaftlichen Institutionen einsetzte. Ebenfalls betrieb sie unter diesen Vorzeichen die Verstaatlichung der entscheidenden Sektoren der Volkswirtschaft. Mit diesem «Antifaschismus» sollte die grundlegende Unterscheidung zur «klerikal-faschistischen» BRD verdeutlicht werden. Damit sollten auch Teile der Bevölkerung an die Politik der SED bzw. der DDR gebunden werden, die zwar den «Sozialismus» ablehnten, aber die von dem Wiedererstarken der alten Machteliten in der BRD abgestoßen wurden. Die Deutung der Nazi-Diktatur als einer Variante der bürgerlich-kapitalistischen Herrschaft, in der das Finanzkapital die Macht errungen hat, sollte die Masse der Bevölkerung in der DDR dazu ermuntern, die eigene Beteiligung am Nazismus zu verdrängen. Damit

147 Vgl. Danyel 2007.

148 Meuschel 1992, S. 101–116.

149 Vgl. Weber 2005.

wurde sie durch die SED zu den «Siegern» über Nazi-Deutschland gemacht, an der Seite der Roten Armee. In letzter Konsequenz waren dann schließlich nur noch diejenigen die wahren Antifaschisten, die Mitglieder der KPD/SED waren. Die anderen Verfolgten des Nazismus blieben dann in rudimentären, subalternen Zuordnungen stecken, wie z. B. Jüdinnen und Juden, die nur zu «Opfern des Faschismus» deklariert wurden. Die Tatsache, dass es bewaffnete jüdische Gruppen gab, die gegen die Nazis gekämpft hatten, wurde dabei unter den Tisch gekehrt. Ähnlich erging es auch den Antifaschisten mit sozialdemokratischer, sozialistischer oder bürgerlicher Herkunft.

Bereits 1945/46 war die KPD in Abstimmung mit der KPdSU dazu übergegangen, zwischen «aktiven» und «nominellen» Nazis zu unterscheiden.[150] Wenn sich ehemalige Nazis dazu bereit erklärten, für die Ziele des Staates einzutreten, dann stand ihren Karrieren in der DDR nichts mehr im Weg. Trotz ihrer aktiven Beteiligung am Nazismus sind vielen ehemaligen Nazis Karrieren ermöglicht worden, ohne dass sie jemals politisch oder juristisch zur Verantwortung gezogen worden wären. Einzelne Beispiele von verurteilten Nazi-Tätern fallen gegen die große Zahl von unbehelligt gebliebenen kaum ins Gewicht. Am 4. November 1945 wurde eine gemeinsame Entschließung von KPD, SPD, CDU und LDP veröffentlicht, die auf eine Bestrafung von «aktiven» Nazis abzielte, was bedeutet, dass die «nominellen» Nazis von einer juristischen Untersuchung ausgenommen werden sollten.[151] Auf einer Parteivorstandssitzung der SED am 20. Juni 1946 forderte Otto Grotewohl so etwas wie eine «geistige Auflockerung» gegenüber den ehemaligen Nazis und der Wahlkampf der SED sollte deshalb «mit einer positiven Note» ihnen gegenüber geführt werden. Das einzige Kriterium einer Beurteilung der «Nominellen» sollte das individuelle Verhalten sein.[152]

Bis 1947 war die «Sowjetische Militäradministration in Deutschland» (SMAD) verantwortlich für die juristische Aufarbeitung der Nazi-Vergangenheit in der SBZ und sie beendete im Frühjahr 1948 durch den Befehl Nr. 35 ihre Arbeit, nachdem 1947 die Kommissionen zur Entnazifizierung aufgelöst worden waren. Auf der Sitzung des Parteivorstands am 15./16. Oktober 1947 forderte Wilhelm Pieck die Aufnahme ehemaliger «nichtbelasteter» Nazis in die SED, um sie für die kommunistische Ideologie zu gewinnen.[153] Auf der Parteivorstandssitzung der SED am 8. Dezember 1947 forderte auch Ulbricht die Aufnahme der «nominellen» Nazis in die SED, auch und vor allem unter dem Aspekt, dass dadurch verhindert werden sollte, dass sie sich in der CDU oder der LDP organisierten. Ulbricht wollte daraus eine breite Bewegung formen, wobei die «Nominellen» auch für die SED in den «Betrieben und Massenorganisationen»

150 Rößler 1994, S. 15.

151 Rößler 1994, S. 32.

152 Rößler 1994, S. 35.

153 Rößler 1994, S. 44 u. S. 188.

auftreten sollten.[154] Bereits Ende Januar, Anfang Februar 1948 erklärte Ulbricht den Nazis auf der Konferenz der Innenminister der Länder: «Wir wissen, dass ihr Nazis ward, wir werden aber nicht weiter darüber sprechen, es kommt auf Euch an, ehrlich mit uns mitzuarbeiten. Unsere Beurteilung wird nicht mehr von dem Standpunkt erfolgen, nominell oder nicht nominell, sondern der Bewährung in der Aufbauarbeit.»[155]

In der «Freien Deutschen Jugend» (FDJ), der einzig in der DDR zugelassenen politischen Jugendorganisation, waren hohe und höchste Führer der ehemaligen «Hitler-Jugend» (HJ) beschäftigt und die Führung der bald aufgelösten Arbeitsdienstorganisation «Dienst für Deutschland» war fast ausschließlich mit ehemaligen Funktionären des verbotenen «Reichsarbeitsdienstes» besetzt worden.[156] Mit welchen Argumenten die Führung der SED die «Integration» ehemaliger Nazis betrieb, wird ersichtlich durch eine Rede von Wilhelm Zaisser, 1949 sächsischer Innenminister und ein Jahr später Minister für Staatssicherheit: «Wir verlangen nicht den negativen Nachweis des Nicht-Belastetseins, des Neutralseins, sondern den positiven Nachweis des Mitmachens.»[157]

Die Aufdeckungen und Aburteilungen ehemaliger Nazis ab den 1950er Jahren dienten eher der Kosmetik, als dass sie Ausdruck einer konsequenten Haltung gewesen wären. Das riesige Feld der «Mitläufer» des Nazismus blieb unbearbeitet und führte damit zu der gigantischen Illusion, in der DDR hätte es keine Nazis gegeben.[158] 1950 gehörten der SED ca. 175.000 ehemalige Angehörige der Nazi-Wehrmacht (Offiziere und Unter-Offiziere) und ehemalige Mitglieder der NSDAP und ihrer Massenorganisationen an und erst 1951 wurden 16.000 von ihnen wieder aus der Partei ausgeschlossen.[159]

Vom 21. April bis zum 29. Juni 1950 fanden im Zuchthaus in Waldheim die «Waldheimer Prozesse» statt. Dort wurden über 3.000 Personen wegen ihrer Verstrickung in den Faschismus verurteilt und diese juristisch fragwürdigen Schauprozesse bildeten den Abschluss der Entnazifizierung in der DDR.[160]

Der 3. Parteitag der SED beschloss im Juli 1950, dass «die Wurzeln des Faschismus» in der DDR ausgerottet worden wären. Die Volkskammer beschloss im November 1952 das «Gesetz zur staatsbürgerlichen Gleichstellung der ehemaligen Wehrmachtsoffiziere und NSDAP-Mitglieder». Diese Entscheidung wurde im Radio der DDR vom Funktionär der National-Demokratischen Partei Deutschlands (NDPD), Egbert von Frankenberg und Proschitz kommentiert, der nicht nur als Offizier in der Wehrmacht Karriere gemacht hatte, sondern

154 Rößler 1994, S. 47.

155 Rößler 1994, S. 51 u. S. 248f.

156 Weber/Pertinax 1958, S. 130f.

157 Wilhelm Zaisser, zit. nach Werkentin, S. 175.

158 Rößler 1994, S. 16.

159 Vgl. Otto 2012.

160 Otto 1993, S. 5–27.

auch Mitglied der NSDAP und der SS gewesen war.[161] Erich Mielke, damals Staatssekretär im MfS, erließ 1952 die «Richtlinie 21», mit der er anordnete, ehemalige Offiziere und Unteroffiziere der Wehrmacht, ehemalige Angehörige der «Geheimen Staatspolizei» (Gestapo) und Offiziere der Abwehr als «geeignete Personen zur geheimen Mitarbeit» anzuwerben. Ein Jahr später befahl Ernst Wollweber, Minister für Staatssicherheit, eine systematische Erfassung «feindlicher Elemente», wie z. B. Offiziere, Funker, Fremdenlegionäre und aktive Faschisten, mit dem Ziel ihrer Rekrutierung als «Geheime Mitarbeiter» oder als «Geheimer Informant». In einer einzigen Abteilung der Bezirksverwaltung Leipzig des MfS arbeiteten 9 ehemalige Offiziere der Wehrmacht, frühere Angehörige der SS, ehemalige Mitglieder von Nazi-Aufklärungs- und Abwehrorganen, ehemalige Funktionäre der NSDAP und anderer Nazi-Organisationen. Im Herbst 1953 waren etwa 25 Prozent der Mitglieder der SED ehemalige Nazis. In der Volkskammer der DDR befanden sich circa 50 Abgeordnete, die als alte Nazis zu bezeichnen sind.[162]

Noch 1954 waren circa 32 Prozent aller staatlichen Angestellten der DDR ehemalige Nazis aus den verschiedensten Organisationen.[163] Unter den 400 Abgeordneten der am 16. November 1958 gewählten Volkskammer gab es 56 alte Nazis. Im Zentralkomitee der SED waren zu jener Zeit 27 ehemalige Nazis, darunter befanden sich acht Minister, neun stellvertretende Minister und zwei Vorsitzende des Ministerrats.[164] 1965 gab es noch immer ehemalige Nazis als Abgeordnete der Volkskammer und im ZK der SED hatten noch 12 Mitglieder und Kandidaten eine Nazi-Vergangenheit. Auf der mittleren Funktionärsebene war die SED auf die ehemaligen Diener des Nazi-Staates dringend angewiesen und sie war bereit, zur Absicherung ihrer Machtansprüche ein informelles Bündnis mit ihnen einzugehen. Von einer tiefgreifenden politischen und juristischen Auseinandersetzung um die Ursachen, den Verlauf und die sozialpsychologischen Folgen des Faschismus konnte man dann in der DDR, ebenso wie in Westdeutschland, nicht sprechen. Die von den alliierten Siegermächten durchgeführten Entnazifizierungen wurden Anfang der 1950er Jahre von den Deutschen pro forma übernommen und nach wenigen Jahren für beendet erklärt.[165] Die wissenschaftlichen Analysen über den Prozess der Entnazifizierung für die SBZ/DDR zeigen, dass es dort so wenig wie im Westen die sogenannte Stunde Null gab.[166]

---

161 Claasen 2003, S. 111f.

162 Werkentin 1995, S. 198f.

163 http://www.spiegel.de/spiegel/vorab/sed-viele-ehemalige-nsdap-mitglieder-a-857379.html.

164 Leide 2006, S. 46ff; http://www.geschichtswerkstatt-jena.de/images/stories/archiv_texte/henning_pietzsch_das_braune_erbe.pdf.

165 Vollnhals 1991, S. 43–55; Werkentin 1995, S. 168–197.

166 Rößler 1994, S. 15f, S. 168; Otto, S. 6–7; Streim 1995, S. 587–591.

In den neu aufgebauten militärischen bzw. paramilitärischen Einheiten bekamen ehemalige Offiziere und Soldaten der Wehrmacht neue und einflussreiche Verantwortungsbereiche zugewiesen, bei denen offensichtlich ihre Erfahrung und ihr Können zum Tragen kommen sollten.[167] Die auf dem Territorium der DDR befindlichen alten Nazis blieben, von einigen wenigen Ausnahmen abgesehen, von politischer oder juristischer Verfolgung unbehelligt, gerade auch wenn sie erklärten, sie würden sich für die Ziele des Staates einsetzen. Darunter befanden sich Personen aus teilweise wichtigen gesellschaftspolitischen Berufen, wie z. B. Politiker, Soldaten und Polizisten, Ärzte, Mediziner, Journalisten, Wissenschaftler, Manager, evangelische Theologen und Pfarrer, Künstler sowie Sportler. In allen nationalen Führungspositionen der politischen Parteien (SED, CDUD, LDPD, NDPD, DFD und DBD, siehe Anhang) waren sie zu finden und selbstverständlich auch bei den Mitgliedern des Nationalrates der Nationalen Front (NF), bei den Abgeordneten der Volkskammer (AdV) und bei den politischen Massenorganisationen, wie z. B. dem FDGB, der GST Gesellschaft für Sport und Technik), der FDJ. Sie waren Redaktionsmitglieder in den Massenmedien oder sie waren Mitglieder von Organisationen ihres jeweiligen Berufsverbandes. Da die Massenmedien, ähnlich wie die Universitäten und Hochschulen, das Feld bzw. der Transmissionsriemen für Herrschaftsausübung im Allgemeinen und für die Bildung von Bewusstsein im Besonderen darstellen, muss ihr Einfluss auf die Massen in der DDR als erheblich eingeschätzt werden.

Eine interne Analyse der SED zur Lage im «Ernst-Thälmann-Werk» in Magdeburg zeigte auf, dass sich ehemalige Nazis «auf allen einflußreichen Stellen des Betriebes, angefangen vom Werksdirektor, seinen Stellvertretern, den Direktoren, Assistenten, über den Dispatcher, Lohnbuchhalter und Oberbuchhalter bis zum Angestellten» finden ließen. In einer Einschätzung über die Lage der SED hieß es 1953 zusammenfassend: «Charakteristisch für die Großbetriebe ist die Konzentration ehemaliger Faschisten und Militaristen.» In der SED hatten 1954 republikweit, nach einer parteiinternen Analyse, etwa 26 Prozent der Mitglieder eine Nazi-Vergangenheit. In der «Nationalen Volksarmee» (NVA) waren nach einer Statistik des MfS 1957 von den 16 Spitzen-Generälen 5 ehemalige Offiziere der Wehrmacht, davon hatten 3 als Generäle Hitler gedient. Ein Viertel aller Obersten bei der NVA hatten eine Karriere als Offiziere der Wehrmacht hinter sich gebracht.[168] Der Leiter des MfS Ernst Wollweber meldete 1957 dem Sekretär des Zentralkomitees der SED (ZK) Erich Honecker zur Lage der Betriebskampfgruppen: «Im VEB Warnow-Werft ist der Kommandeur einer Hundertschaft ein ehemaliger Obersturmführer der SA. Im VEB Papierfabrik Lunzenau sind von 51 Kampfgruppenmitgliedern 10 ehemalige Mitglieder der NSDAP. Im VEB Industriewerk Ludwigsfelde gehören 9 ehemalige Mitglieder

167 Glaser 1994, S. 16f.

168 Der Spiegel 19/1994, S. 84–91.

der NSDAP, 1 ehemaliges Mitglied der Waffen-SS der Kampfgruppe an. Die Kampfgruppe des VEB Reifenwerk Berlin besteht zu 60 Prozent aus ehemaligen Nazis.»

Im Mai 1958 berichtete eine Brigade dem ZK der SED über das im Aufbau befindliche Kombinat «Schwarze Pumpe» in Spremberg, dass es bei der Werksleitung und den Abteilungsleitern eine «Konzentration ehemaliger NSDAP-Mitglieder» gegeben hatte.

Das MfS hatte ein separates Archiv mit Personenakten aus der Zeit des Nationalsozialismus angelegt, in dem Informationen über Personen «mit mehr oder weniger strafrechtlich relevanter Vergangenheit» gespeichert waren.[169] Diese Informationen wurden u. a. dazu benutzt, ehemalige Nazis als «Inoffizielle Mitarbeiter» (IM) zu engagieren, die ihre Wohnungen als «Konspirative Wohnung» (KW) zur Verfügung stellten, Kollegen und Nachbarn bespitzelten oder ehemalige «Kameraden» aufdeckten.[170]

Soziologen der Friedrich-Schiller-Universität Jena haben auf dem Gebiet des heutigen Thüringen 441 Lebensläufe von SED-Spitzenfunktionären, Erste und Zweite Kreis- und Bezirkssekretäre, untersucht, die in den drei Bezirken Erfurt, Gera und Suhl von 1946 bis 1989 für die KPD bzw. SED Funktionen innehatten. 263 Personen in den Geburtsjahrgängen bis 1927 wurden danach untersucht, wer von ihnen zuvor in der NSDAP organisiert gewesen war. Dabei wurden die biografischen Informationen aus den Kaderakten der SED mit Angaben über Biografien im Nazismus, die im Bundesarchiv (BArch) im «Berlin Document Center» (BDC) archiviert sind, verglichen. Schließlich wurden 36 SED-Parteisekretäre (ca. 14 Prozent) gefunden, die Mitglied der NSDAP gewesen waren. 1954 waren 8,6 Prozent der SED-Mitglieder in der NSDAP organisiert gewesen und damit lag der Anteil ehemaliger Nazis in der gesamten Mitgliedschaft erheblich unter der Quote ehemaliger Nazis in Leitungsfunktionen. Interessant ist auch, dass über die Mitgliedschaften in der NSDAP, bis auf eine Ausnahme, in den Personalakten einvernehmlich geschwiegen wurde.[171] Doch es gab nicht nur Mitgliedschaften in der NSDAP, der größere Teil der hier in Betracht kommenden kommunistischen Kader waren ehemalige Angehörige der Führung der «Hitler-Jugend» (HJ) und der «Schutz-Staffel» (SS). Doch schon bei den zwischen 1952 und 1961 in Führungsaufgaben aufgestiegenen SED-Leuten hatte nur noch jeder zwölfte Erfahrung im aktiven Kampf gegen die Nazis, während etwa jeder zweite zur NSDAP, «Hitler-Jugend» oder der «Sturm-Abteilung» (SA) gehört hatte.[172]

Im Bezirk Magdeburg waren etwa 26 Prozent aller SED-Mitglieder ehemalige Funktionäre faschistischer Organisationen; im Bezirk Halle 34 Prozent und

169 Benedict, S.9.
170 Benedict, S.9.
171 Vgl. Meenzen 2010.
172 Vgl. Kellerhoff.

im Bezirk Erfurt gar circa 35 Prozent. Der Kreis Wernigerode hatte mit einem Anteil von etwa 46 Prozent ehemaliger Nazis unter der SED-Mitgliedschaft die höchste regionale Konzentration.[173]

In den Medien bekleideten viele von ihnen wichtige Stellungen in Zeitungs- und Zeitschriften-Redaktionen, z. B. in der Tageszeitung «Neues Deutschland» oder in der Zeitschrift «Deutsche Außenpolitik». Während der Nazizeit waren viele von ihnen als SS- oder SA-Offiziere Angehörige von Propaganda-Kompanien, Mitarbeiter des Nazi-Rundfunks, Journalisten der Tageszeitung «Völkischer Beobachter» oder der SS-Zeitschrift «Schwarzes Korps», während andere Mitglieder beim «SS-Rasse- und Siedlungs-Hauptamt» oder der «Legion Condor» beschäftigt waren. Die Liste der ehemaligen Nazis, die nach 1945 in der SBZ bzw. DDR in führenden Stellungen politisch und administrativ tätig waren, ist lang und sie führt von Ministerposten, von hervorgehobenen Stellungen im Parlament, über ranghohe Offiziere und Generäle in der NVA und der DVP bis hin zu wichtigen Funktionen in den Gesellschafts- und Naturwissenschaften.[174]

Im Oktober 2015 wurde im Abschlussbericht einer Vorstudie zur Nachkriegsgeschichte des westdeutschen BMI und des ostdeutschen Ministeriums des Innern (MdI) hinsichtlich möglicher personeller und sachlicher Kontinuitäten zum Nazismus bei etwa 800 leitenden Mitarbeitern des MdI der Anteil ehemaliger Mitglieder der NSDAP im gesamten Ministerium mit 14 Prozent angegeben. Der Anteil ehemaliger SS-Angehöriger betrug 1 Prozent und bei den ehemaligen Angehörigen der SA lag der Anteil bei 5 Prozent. Bei weiteren 700 leitenden Mitarbeitern des MdI war eine Verifikation bis dahin nicht möglich gewesen. Im Bundesarchiv lagern nach dieser Studie rund 12.000 Unterlagen zu Personen, die im Staatsdienst der DDR tätig waren und bei denen die Forscher im Juli 2015 «stichprobenartig» relevante Personalakten durchsahen.[175] Interne Statistiken der DDR-Zeit hatten für das MdI bzw. in der Innenverwaltung einen Anteil «von weniger als 5 Prozent» ehemaliger Mitglieder der NSDAP ausgewiesen, d. h. die SED hatte die wahren Verhältnisse hier bis auf ein Drittel heruntergedrückt. Bei der Beschäftigung von Experten (z. B. Meteorologen oder Hydrologen) «stellte weder eine vorangegangene Mitgliedschaft in der NSDAP, im Bund Deutscher Osten oder ihre Zugehörigkeit zur SS oder SA noch ihr Einsatz für die deutsche Luftwaffe im Spanischen Bürgerkrieg 1937/38 ein Hindernis für eine Wiedereinstellung dar. Die Integration jener Experten erleichterte nicht zuletzt die Deckung des Bedarfs an entsprechenden Fachkräften in der SBZ und der frühen DDR – Resultat primär militärischer Erwägungen

173 Hafenegger/Buddrus 1994, S. 92; www.ddr-wissen.de/wiki/ddr.pl?Naziverstrickungen_der_DDR_Prominenz.

174 Vgl. Teschner 1998; Vgl. Waibel 2011.

175 Bösch/Wirsching 2015, S. 116f.

und des ab Anfang der 1950er Jahre vorangetriebenen Streitkräfteaufbaus der Luftwaffe in der Form der ‹Aeroklubs› und der ‹KVP-Luft› im MdI.»[176]

Beim staatlichen Archivwesen des MdI wurden unter der Leitung von Otto Korfes, ehemaliger Offizier und Teilnehmer am I. und II. Weltkrieg und danach Mitglied im «Nationalkomitee Freies Deutschland» und im «Bund Deutscher Offiziere», bevorzugt ehemalige Kameraden und Mitglieder der NSDAP eingestellt. Das MfS ergänzte im Oktober 1984, dass Korfes «fortschrittliche Kräfte systematisch» aus dem staatlichen Archivwesen «hinausgedrängt» und sie gegen ehemalige Nazis und Offiziere der Wehrmacht ersetzt habe.[177]

Ein Sammelbecken für ehemalige Nazis und Wehrmachtsangehörige war die NDPD, doch neonazistische Organisationen, Parteien oder Publikationen waren in der DDR, im Gegensatz zur BRD, nicht erlaubt. Die Verbote und besonders die Verdrängung der in der deutschen Bevölkerung massenhaft verbreiteten Nazi-Ideologie haben allerdings nicht die Wirkungen erreicht, die von den deutschen Kommunisten wohl angestrebt wurden. Die bis 1945 entwickelte und durchgesetzte Nazi-Ideologie wurde nach 1945 privat tradiert und hielt damit auch rassistische Bewusstseinsinhalte virulent, die durch systematische Tabuisierung und Ausgrenzung der massenpsychologischen Ursachen durch die Institutionen der DDR in einem kontraproduktiven Sinn sowohl konserviert als auch reaktiviert worden sind. Die Reduktion der Ursachenforschung zum Nazismus auf politische oder ökonomische Zusammenhänge im Überbau der deutschen Gesellschaft wurde, bei gleichzeitiger Bekämpfung sozialpsychologischer Theorien, zu einem ideologischen Hindernis für eine umfassende Wahrnehmung, Aufarbeitung und Erforschung seiner anhaltenden Wirkungen. Die falsche Kategorisierung des Arbeiteraufstands vom Juni 1953 als «faschistischer Putschversuch» und die propagandistische Verschleierung der Gründe für den Bau der Berliner Mauer ab dem August 1961 mit dem Konstrukt eines «antifaschistischen Schutzwalls» zeigen, zu welchen Deformationen die marxistisch-leninistisch dominierte Ideologie des Antifaschismus geführt hat. Man kann sich auch nicht des Verdachts erwehren, dass mit zweierlei Maß gemessen worden ist, nach dem Motto: Die alten Nazis bei uns sind die Guten und die alten Nazis in der BRD, das sind die Bösen. Sicherlich war allein eine nominelle Mitgliedschaft in einer Nazi-Organisation kein Verbrechen, jedoch ist fraglich, weshalb gerade ehemalige Parteigänger der Nazis wieder auf besonders massenwirksamen Positionen, wie z. B. in Redaktionsstuben der verschiedensten Medien, in der Wissenschaft oder bei den bewaffneten Einheiten tätig sein konnten. Das gehäufte Erscheinen neonazistischer und rassistischer Vorkommnisse lässt den Schluss zu, dass die Verarbeitung der Nazi-Vergangenheit auch in der DDR nicht bzw. nur unvollständig gelungen ist. Sozialpsychologisch gesprochen bedeutet diese

176 Bösch/Wirsching 2015, S. 135f.

177 Bösch/Wirsching 2015, S. 136.

Erkenntnis, dass die auf eine tief greifende Verarbeitung des Nazismus drängenden Kräfte entweder zu schwach oder die Kräfte, die diesen Prozess ablehnten, zu stark waren. Das Potsdamer Abkommen der Alliierten sah vor, alle ehemaligen Nazis «aus den öffentlichen oder halböffentlichen Ämtern und von den verantwortlichen Posten in wichtigen Privatunternehmungen zu entfernen. Diese Personen müssen durch Personen ersetzt werden, welche nach ihren politischen und moralischen Eigenschaften fähig erscheinen, an der Entwicklung wahrhaft demokratischer Einrichtungen in Deutschland mitzuwirken.»[178]

Während der Hochphase des «Kalten Krieges» dokumentierte die ostdeutsche Publizistik die Durchdringung westdeutscher Führungspositionen mit alten Nazis in der Gesellschaft und in den Verwaltungen des Staates, doch die ostdeutschen Beobachter der westdeutschen Szenerie waren unfähig zu erkennen, dass unter den staatssozialistischen Bedingungen analoge Prozesse stattgefunden hatten.[179] Die Aufarbeitung des Nazismus wurde von der SED zu einem politischen und ideologischen Instrument des pseudo-wissenschaftlichen Marxismus-Leninismus reduziert und fokussiert. Ab den frühen 1950er Jahren wurde dieses Konstrukt dahingehend eingesetzt, allein die BRD als Hort ehemaliger Nazis darzustellen. Eine als «Braunbuch» getitelte Veröffentlichung erschien 1965 und beinhaltete circa 1.800 Namen von bekannten Personen, die vor und nach 1945 Teil der herrschenden Elite in Deutschland waren. Darunter befanden sich führende Politiker (Lübke, Kiesinger), Juristen, Soldaten, Polizisten, hohe Beamte usw.

Auch unorganisierte Funktionäre, z.B. Theologen oder Pfarrer, waren aktiv an antisemitischen oder rassistischen Unternehmungen beteiligt, wie z.B. die Mitarbeiter am «Institut zur Erforschung und Zurückdrängung des jüdischen Einflusses auf das deutsche kirchliche Leben» in Eisenach. Ebenso sind jene Mediziner von Interesse, die als «Rassenhygieniker» tätig waren und die, zwar nicht formal organisiert, jedoch nützliche Anhänger des Nazismus gewesen sind, die rassistische Experimente durchgeführt haben oder die aktiv am Programm der Vernichtung von «Lebensunwerten» (also Menschen) beteiligt gewesen sind.

Für Soldaten, die in sowjetische Kriegsgefangenschaft gekommen waren und die dort Mitglied im «Nationalkomitee Freies Deutschland» oder Mitglied im «Bund Deutscher Offiziere» wurden, gilt Ähnliches. Eine Mitgliedschaft in einer dieser Gruppen war verbunden mit einem drei bis vier Monate dauernden Besuch in einer der beiden antifaschistischen Schulen in der Sowjetunion. Die Absolventen, es handelte sich hier um eine höhere vierstellige Zahl, wurden in der SBZ/DDR in wichtigen gesellschaftlichen oder staatlichen Funktionen ein-

178 Kühnl/Spoo 1995, S. 235.

179 Vgl. Besymenski 1963; vgl. Nationalrat der Nationalen Front, 1965; vgl. Nationalrat der Nationalen Front 1967.

gesetzt. Wer eine solche Antifa-Schulung durchlaufen hatte und wer dann noch eine oder mehrere Mitgliedschaften in einer Partei bzw. in einer gesellschaftlichen Organisation vorweisen konnte, galt ebenfalls als «entnazifiziert».

Die als Sozial-, Geistes- und Naturwissenschaftler tätigen ehemaligen Nazis erscheinen in einer Größenordnung, die der Tatsache geschuldet ist, dass akademisch Beschäftigte an den Universitäten und Hochschulen, ob in der Forschung oder in der Lehre, als Teil der mittleren Funktionärsschicht konkrete Macht ausüben konnten und mussten. Die Professoren der Universitäten und Hochschulen hatten ihre eigenen Organisationen, wie z. B. die «Akademie der Wissenschaften» (AdW), die «Deutsche Akademie der Naturforscher Leopoldina zu Halle» oder die «Sächsische Akademie der Wissenschaften zu Leipzig» und unter dem Deckmantel dieser Organisationen boten sich vielfältige Möglichkeiten einer gesicherten Integration in die DDR. Sie waren sowohl personelle als auch organisatorische Klammern zwischen Wissenschaftlern der beiden deutschen Staaten – auch und gerade während des «Kalten Krieges».

Für Schauspieler, Regisseure oder andere Beschäftigte aus der Welt des Films oder der Theater gab es übergangslose Beschäftigungsmöglichkeiten von einer Tätigkeit bei der antisemitischen «Universum Film AG» (UFA) bis hin zur «Deutschen Film AG» (DEFA) in der DDR. Einigen Schriftstellern gelang es sogar, erfolgreich nach 1945 weiterzuarbeiten, obwohl ihre Werke in der SBZ/DDR auf einer «Liste der auszusondernden Literatur» aufgeführt wurden.

Auch für Journalisten ergaben sich vor und nach 1945 vielfältige Möglichkeiten beruflichen Fortkommens. In allen Parteien der «Nationalen Front» der DDR sind ehemalige Nazis zu finden und ebenso in fast allen Massenorganisationen, wie z. B. in der FDJ, in den Gewerkschaften oder in der Gesellschaft für Deutsch-Sowjetische Freundschaft (GDSF). Als anerkannt galten die Empfänger von staatlichen bzw. gesellschaftlichen Orden und Medaillen wie z. B. der «Nationalpreis», der «Vaterländische Verdienstorden» (VVO) oder die «Ernst-Moritz-Arndt-Medaille». Bei vielen Biografien ist zu sehen, welche staatliche Wertschätzung einzelnen Personen zuteil wurde, besonders dann, wenn deutlich wird, unter welchen Kriterien Orden und Medaillen vom Kaiserreich über Nazi-Deutschland bis hin zur DDR bzw. BRD vergeben worden sind.[180]

In der DDR war eine Form der Auseinandersetzung mit dem Nazismus und dessen Verbrechen vorherrschend, die durch «anhaltende Abstrahierung und Externalisierung des kollektiven Gedächtnisses gekennzeichnet war. Was der DDR-Erinnerungskultur somit nach wie vor fehlte bzw. mit Mitteln aktiver staatlicher Geschichtspolitik teilweise massiv unterdrückt wurde, war die Vergegenwärtigung konkreter Handlungen, Orte und Akteure der NS-Rasse- und Vernichtungspolitik und deren Einbettung in einen regionalen, sozial- oder all-

180 Vgl. Waibel 2011.

tagsgeschichtlichen Kontext.»[181] Seit einigen Jahren sind mehrere Forschungsvorhaben in diesem Kontext realisiert worden und können somit zu weiteren systematischen oder strukturellen Forschungen führen, wie z.B. bei den Universitäten und Hochschulen und deren Fachbereichen oder bei Verbänden von wissenschaftlichen Teildisziplinen u.v.a.m.[182]

Die lange andauernde Leugnung dieser wichtigen Erkenntnisse, ja die mehr oder weniger systematische Ausblendung detaillierter Studien zu einzelnen Berufsgruppen bedarf einer Erklärung. So war z.B. die deutsche Ärzteschaft in ihrer übergroßen Mehrzahl aktiv verwickelt in die Nazi-Massenmorde und nur wenige Ärzte wurden dafür zur Rechenschaft gezogen. Zieht man die Bemühungen zur Aufarbeitung der Nazi-Vergangenheit (nach dem Fall der Mauer) einer Fachgesellschaft der Ärzte heran, wie z.B. die der «Deutschen Gesellschaft für Psychiatrie, Psychotherapie und Nervenheilkunde» (DGPPN), so wird schnell klar, wie es um den Stand der Aufklärung der Verbrechen des Nazismus steht. Die DGPPN hat im November 2010 eine Gedenkveranstaltung durchgeführt, bei der, nach fast siebzig Jahren, das Schweigen zu den Vorgängen von 1933 bis 1945 beendet werden konnte. In seiner Rede zum Thema: «Psychiatrie im Nationalsozialismus – Erinnerung und Verantwortung» erklärte der Präsident, Prof. Dr. Frank Schneider, dass sich die Psychiater für diese Verdrängung schämten und dass sie bei allen Opfern und deren Angehörigen um Entschuldigung bitten für das erlittene Unrecht und Leid, das ihnen von deutschen Verbänden und ihren Psychiatern auch nach 1945 zugefügt worden ist.[183] Diese Erklärung betrifft auch die Ärzte und Psychiater, die nach 1945 in der SBZ/DDR wieder ärztlich tätig sein konnten und dieses Beispiel steht dafür, dass bis in die Gegenwart hinein in wichtigen gesellschaftspolitischen Bereichen kaum oder gar keine wissenschaftlich fundierte Aufklärung stattgefunden hat.

Der etablierten Geschichtswissenschaft als zuständiger Fachdisziplin kommt eine Schlüsselfunktion zu, was die wissenschaftlich begründete Aufklärung der Ursachen, des Verlaufs und der Wirkungen des Nazismus und seiner Protagonisten auch nach 1945 betrifft. Nach Ansicht des Historikers Heinrich August Winkler sind wir Zeugen der Verdrängung unangenehmer Tatsachen, durch Einhaltung eines auferlegten Schweigegelübdes. Jetzt, wo die Generation der Schüler (z.B. Mommsen, Winkler, Wehler, Kocka usw.) dieser Nazi-Historikergeneration (z.B. Schieder, Rothfels usw.) in den Ruhestand getreten ist und eine neue Generation von Geschichtswissenschaftlern sich in «Amt und Würden» befindet, ist es an der Zeit, diese Zusammenhänge gründlich aufzuarbeiten.[184] Das «Institut für Zeitgeschichte» (IfZ) in München hatte mit Martin Broszat

181 Weinke 2005, S. 180ff.

182 Vgl. Henke 2008; Hirschinger 2007, S. 225–246; vgl. Hoßfeld/Hohn/Lemuth/Stutz 2003; Vgl. Schmaltz 2005; Best/Meenzen 2010, S. 222–231.

183 Vgl. Schneider 2010.

184 Vgl. Hohls/Jarausch 2000.

einen Direktor, dessen Mitgliedschaft in der NSDAP ebenfalls jahrzehntelang verschwiegen werden konnte. Dieses Verschweigen und Verdrängen der Historiker hat der Glaubwürdigkeit und der Durchsetzungskraft aufklärerischer Inhalte zu den Massenmorden der Nazis geschadet. Schon die Tatsache, dass kein Historiker aus der Generation von Rothfels bis Broszat je die eigene Beteiligung am völkischen Rassismus zur Diskussion stellte, zeigte wie «eng» die Atmosphäre damals gewesen sein muss. Die hier dokumentierten neonazistischen und antisemitischen Vorfälle belegen die Potentiale für die darunterliegenden Einstellungen, die auch unter den speziellen ostdeutschen staatlichen und gesellschaftlichen Bedingungen bewahrt und auch weiterentwickelt werden konnten. Die Diskussionen über Größe und Bedeutung des Potentials laufen darauf hinaus, die latenten oder manifesten rassistischen oder antisemitischen Bedrohungen entweder zu verniedlichen oder die justizielle und administrative Bekämpfung dominieren zu lassen. Im Gegensatz zur Situation in der BRD war es in der DDR jedoch nicht möglich, über Wissenschaft oder Medien innovative Aspekte bei der Erklärung dieses Phänomens einzubringen oder gar Versuche zu unternehmen, nationalsozialistische Massentraumatisierungen gesellschaftspolitisch zu verarbeiten.

Unter dem Deckmantel «Antizionismus» machte die SED mit ihrer antisemitischen Politik die DDR zu einem Land quasi ohne Juden. Hinter dieser Deckung verbargen sich bis zum Ende der DDR antijüdische bzw. antiisraelische Einstellungen der handelnden Personen, die mittels dieser Konstruktion bis heute rationalisiert werden konnten. Der latente und manifeste Antisemitismus in der Gesellschaft ist ein Ausdruck dafür, dass an der Basis die von oben vorgegebene Politik gegenüber allem, was als jüdisch galt, verstanden wurde. Bis 1989 wurden die jüdischen Gemeinden und ihr Verband an die Erfordernisse der SED angepasst und blieben so auch als einzige Religionsgemeinschaft in die «Nationale Front» eingefügt.

Dieser Antifaschismus war gleichzeitig ein selektives Programm zur Geschichtsklitterung und ein Instrument des Machterhalts der SED, der die Wahrnehmung der Wirklichkeit derart entstellte, dass z. B. Stephan Hermlin, ein kommunistischer Schriftsteller jüdischer Herkunft, seine antifaschistische Biografie noch zusätzlich mit einem erfundenen KZ-Aufenthalt aufbesserte. Hermlin versuchte nach 1945 auch seine jüdische Herkunft und sein Engagement für jüdische Siedlungen in Palästina literarisch zu verschleiern. Das führte auch dazu, dass er über seine jüngere Schwester, die seit 1934 in Palästina und danach in Israel lebte, nichts verlauten ließ. Auf der anderen Seite heroisierte Hermlin seinen jüngeren Bruder, der als Pilot der «Royal Air Force» gegen die Nazis kämpfte.[185]

185 Hartewig 2000, S. 513f.

Antisemiten in NVA/DVP/MfS

Im Folgenden werden einige wenige Beispiele wiedergegeben, bei denen antisemitische Haltungen und Einstellungen von Offiziersanwärtern sichtbar wurden. Das Besondere daran ist, dass Antisemitismus bzw. Neonazismus in bewaffneten Einheiten wie der NVA oder DVP weit verbreitet waren. So feierten in Löbau (Bezirk Dresden) am 20. April 1977 an der Offiziershochschule acht Offiziersschüler des 1. Lehrjahres den Geburtstag von Hitler. Sowohl in der Unterkunft als auch in einer Gaststätte in Zittau gab es neonazistische und antisemitische Äußerungen, wie «es lebe der Nationalsozialismus» und die «Endlösung der Judenfrage ist noch nicht abgeschlossen». Vier Offiziersschüler wurden degradiert und in den Grundwehrdienst versetzt. Einer der Täter wurde zu einer Freiheitsstrafe von zehn Monaten auf Bewährung verurteilt. Die anderen blieben ohne Strafe, wurden aber «parteierzieherischen Maßnahmen» ausgesetzt.[186]

Am 13. Mai 1989 wurde ein in Berlin-Hohenschönhausen wohnender Unterführer auf Zeit, er war Oberwachtmeister bzw. Aufklärer in der DVP-Bereitschaft Basdorf, festgenommen. Gegen ihn war ein Ermittlungsverfahren gemäß StGB §§ 220 (1), Öffentliche Herabwürdigung, 139 (3), Verfolgung von Beleidigungen und Verleumdungen, 130, Bedrohung, durch die Militärstaatsanwaltschaft des Grenzkommandos Mitte (Berlin) eingeleitet worden.[187]

In Schwerin wurde am Anfang April 1989 ein Soldat der NVA, er leistete seine Grundwehrdienst ab, durch ein «Untersuchungsorgan der DDR gemäß § 95 StPO» nach seiner Einstellung zum Neonazismus und Rassismus befragt. Er bekannte sich dazu, dass er in der Kaserne gerne Lieder der «faschistischen deutschen Wehrmacht» sang, wie «Hohe Tannen», «Schwarzbraun ist die Haselnuss» oder «In einem Polenstädtchen». Außerdem äußerte er sich mehrfach antisemitisch und rassistisch mit «Judensau», «Polenpack», «Ausländerpack» oder «ungarisches Pack». Öfters zeigte er den «Hitlergruß» und rief «Heil Hitler» oder «Deutschland, Deutschland».[188]

Um die Jahreswende 1959/60 gab es in Westdeutschland einen sprunghaften Anstieg von Hakenkreuzschmierereien und antisemitischen Flugblättern. Allein zwischen dem 25. Dezember 1959 und dem 28. Januar 1960 ereigneten sich etwa 470 solcher Vorfälle, die zum Teil von Agenten der Staatssicherheit der DDR ausgeführt worden sind.[189] In einem Zusammenspiel zwischen der HA XX/4 des MfS mit der bundesdeutschen «Deutschen Reichspartei» (DRP) und der Redaktion ihrer Publikation «Reichsruf» sowie der «Hilfsgemeinschaft auf Gegen-

186 Eisenfeld 2002, S. 256f.

187 MfS, HA XX 478, Bl. 144.

188 BStU, MfS, Archiv Schwerin, Gerichtsakte 1, Archiv Nr. 683/89, Bl. 5, Bl. 9-19; BStU, MfS, Archiv Schwerin, Gerichtsakte 2, Archiv Nr. 683/89, Bl. 5, Bl. 14–15; BStU, MfS, Schwerin AU 683/89, Gesperrte Ablage, Bl. 24.

189 Wolffsohn 1995 S. 20ff.; Brochhagen 1994, S. 279ff.

seitigkeit der ehemaligen Angehörigen der Waffen-SS e. V.» plante und organisierte das MfS 1961 im Zusammenhang mit dem Prozess gegen den ehemaligen SS-Offizier Adolf Eichmann in Jerusalem die «Aktion Vergißmeinnicht».[190]

Weitere antisemitische Hetzbriefe wurden im MfS entworfen und an westdeutsche Nazis, aber auch an Juden verschickt:

> «Die Hetze von Euch Juden wird unerträglich. Wir haben doch nicht genug vergast. Verschwinde, oder wir holen Dich und machen Dich fertig! Juden raus! (ein deutscher SS-Mann).»[191]
>
> «Habt Ihr noch nicht genug, Ihr Judenschweine? 5 Millionen reichen Euch wohl noch nicht? Dich hat man wohl vergessen zu vergasen? Deutschland erwache! (1 Deutscher).»[192]
>
> «Merke Dir, Jude, wir waren Nationalsozialisten, wir sind Nationalsozialisten und wir bleiben Nationalsozialisten! Auch Du stehst auf unserer Liste. Wir werden vollenden, was unser Kamerad E i c h m a n n begonnen hat!»[193]
>
> «Ihr Juden glaubt wohl, weil Ihr unseren Kameraden E i c h m a n n gefangen habt, seid Ihr obenauf?
>
> E i c h m a n n war nur einer von uns.
>
> Seine Bestrafung wird auch Dich treffen!»
>
> «Sie erreicht dieser Kettenbrief, weil wir meinen, daß auch Sie zu uns gehören. Wir sind Kameraden der Waffen-SS, die es auf sich genommen haben, der Beschimpfung des deutschen Namens und der deutschen Ehre ein Ende zu setzen.
>
> Gerade heute, am Geburtstag unseres Führers fühlen wir uns, unserem Eide entsprechend, dazu verpflichtet.
>
> Das internationale Judentum mit seiner Plutokratie verbreitet Schauermärchen. Mit dem Prozeß gegen E i c h m a n n will die jüdische Unterwelt unsere Ehre, die Treue heißt, besudeln.
>
> Damit muß Schluß gemacht werden!
>
> Jahrelang haben wir uns zurückgehalten, denn es galt sich vorzubereiten.
>
> Es ist so weit!
>
> Unterstützung haben wir selbst von höchster Stelle, wenn auch noch nicht öffentlich.
>
> Dieser Brief soll zu Bereitschaft aufrufen, zum offenem Kampf gegen den jüdischen Bolschewismus.
>
> Wir haben den Kampf wieder aufgenommen. Unsere Kameraden haben bereits in verschiedenen Gauen gegen die Juden losgeschlagen.
>
> Wir rechnen mit Ihnen!

190 MfS, HA XX/4 513, Bl. 1–13.

191 MfS, HA XX/4 513, Bl. 10.

192 MfS, HA XX/4 513, Bl. 11; Zit. nach Meining, S. 273.

193 MfS, HA XX/4 513, Bl. 12.

Geben Sie diesen Brief an Kameraden weiter!
‹Unsere Ehre heißt Treue!›
Deutschland erwache!»[194]

Um ganz sicher zu gehen, entwarfen Offiziere des MfS einen anonymen Brief, der angeblich von einem verängstigten Juden stammte, der die Verhältnisse in Westdeutschland nicht mehr aushielt:

«Völlig sinnlos gestorben?
Ich habe eines der Flugblätter an die ‹Kameraden der SS› in die Hand gedrückt bekommen. Welche Ironie, ausgerechnet mir als Juden ein Flugblatt ‹an die Kameraden der SS› zu geben. Den Mann habe ich gesehen, der sie verteilte. Solche Gesichter kenne ich noch aus Dachau und Buchenwald. Das kann 1961 am Stachus in München, zu einer Zeit, in der Eichmann gerichtet wird, geschehen? Haben wir Juden nicht genug gelitten? Sind meine Brüder und Schwestern völlig sinnlos gestorben? [...]
‹Kameraden der SS›, ich hielt es nicht für möglich, sind wieder in der ‹Stadt der Bewegung› am Werk. Was soll ich tun? Diesmal ein antisemitisches Land rechtzeitig verlassen? Soll die große Flucht wieder beginnen? Es wird der einzige Weg sein, der meiner Familie und mir bleibt.
Sie sollen es wissen, warum wir Juden gehen, ein Deutschland verlassen, das uns nicht leben läßt.»[195]

Die HA VIII setzte mehrfach Agenten (IM) der Abteilung X der Hauptverwaltung Aufklärung ein, um den in der BRD grassierenden Rassismus zu befördern. Eine dieser Aktionen wurde um den Jahrestag der «Reichskristallnacht», vom 8. bis zum 10. November 1974, durchgeführt. Agenten von General Micha Wolf verbreiteten in Städten wie Düsseldorf, Heidelberg, Köln, Ludwigshafen und Mainz Flugblätter mit dem erfundenen Impressum «Deutsche Volksunion». Unter der Überschrift «Deutsche wehrt Euch!» wurden Westdeutsche aufgehetzt, Ausländer gewaltsam aus der BRD zu vertreiben.[196]

Die Hauptabteilung XX/4 des MfS, zuständig für die Überwachung und Unterdrückung der Religionsgemeinschaften, stellte am 27. Juli 1967 die Juden in der DDR unter Generalverdacht, indem sie von der Bundesvorstand für Staatssicherheit (BVfS) Berlin die sofortige Ausfertigung einer Judenliste forderte. Die politische Situation im Nahen Osten sollte eine namentliche Aufstellung aller Mitglieder der jüdischen Gemeinde Berlin (DDR) erforderlich machen. Diese Liste sollte bis zum 17. August 1967 vorliegen. Nach der «Judenliste» von 1953 war es also die zweite «Judenliste», die in der DDR angefertigt wurde. Die

194 MfS, HA XX/4 513, Bl. 16.

195 MfS, HA XX/4 513, Bl. 19; zitiert nach Meining, S. 273.

196 Meining, S. 274; zitiert nach Werkentin 1995: BStU, IM-Akte, MfS, XV 1801/70, Teil II, Bd. 5 u. 7, hier das Flugblatt, S. 217.

Liste sollte, das war eine der Konsequenzen aus den Erfahrungen von 1952/53, nur unter «strengster Wahrung der Konspiration» erstellt werden. Jede Form der Öffentlichkeit war dem MfS verhasst, hätte es doch wieder außenpolitisch zu unangenehmen Reaktionen führen können. «Judenlisten» können für die 1980er Jahre auch für die CSSR nachgewiesen werden. Es ist davon auszugehen, dass nach den Informationen aus der Sowjetunion und der DDR in allen Ostblock-Staaten solche Listen erstellt worden sind.[197]

Der Zuzug von Juden aus der Sowjetunion in den 1970er Jahren auch nach Berlin (West) wurde vom MfS als «feindseliger Akt gegenüber der DDR» bezeichnet. MfS und KGB arbeiteten im Mai 1978 in der Angelegenheit zusammen und sie wollten die Situation der Emigranten «sowjetischer Herkunft in Westberlin» aufklären. Diese «Aufklärungsarbeit» brachte dann antisemitische Klischeevorstellungen zu Tage, bei denen diese Emigranten als «arbeitsscheu» bzw. als «kriminell» diffamiert wurden.[198]

Anfang der 1980er Jahre ging es dem MfS noch immer darum, das Feindbild von den «kriminellen» Juden zu bestätigen: «Nach vorliegenden Hinweisen erteilte die Führung der Weltzionistenorganisation dem Vorsitzenden der jüdischen Gemeinde der DDR Kirchner zur Verstärkung der Emigration von Juden aus der UdSSR die Anweisung, fiktive Eheschließungen zwischen Juden aus der UdSSR und der DDR zu organisieren. Nach der legalen Ausreise der Sowjetbürger jüdischer Nationalität in die DDR wird ihre Auswanderung nach Israel und in andere Länder über Westberlin organisiert. Wir bitten, bei eventuellem Vorhandensein von Hinweisen zu der dargelegten Frage beim MfS der DDR die Leitung des KGB der UdSSR zu informieren.» Die Offiziere des MfS überprüften genau und sie kamen nach drei Monaten zu dem Ergebnis, dass es zwischen deutschen Juden in der DDR und sowjetischen Juden zu keinen Eheschließungen gekommen war.[199]

Die Mitglieder der jüdischen Gemeinden in der DDR standen seit den 1950er Jahren beim MfS unter dem Generalverdacht der konspirativen Unterstützung des Zionismus und der Verschwörung im Weltmaßstab. Im Geheimdienst formten sich mehrere Faktoren zu einem antijüdischen Stereotyp als Bestandteil eines dichotomischen Weltbildes mit einem klaren Feindbild: die «zionistischen Juden in Israel». Die tiefsitzenden antijüdischenVorurteile im MfS gebaren vorbeugende Maßnahmen der Infiltration und geheimen Überwachung. Bei einem Kongress in Berlin (West) von Christen und Juden im August 1982 hielten sich Teilnehmer auch in Berlin (DDR) auf. Dort wurden sie vom MfS überwacht und es wurden Personenbeschreibungen in rassistischer Manier erstellt, d.h. es

197 Meining, Ft. 7, S. 239.

198 Meining, S. 217.

199 Zitiert nach Hartewig 2000, BStU HA XX/4-1390, Bl. 16–17; BStU HA XX 4/2213, Bl. 34f.

wurden physiognomische Merkmale wie z. B. Größe, Augen, Gestalt, Haarfarbe, Stirn, Nase, Kopfform und Gesichtsfarbe beschrieben.[200]

Die Hauptverwaltung Aufklärung des MfS war der Auslandsnachrichtendienst der DDR und wurde von 1952 bis 1986 von Markus Wolf, Kommunist jüdischer Herkunft, geführt. Dieser Hinweis auf seine Herkunft ist deshalb von Bedeutung, weil er dadurch, ähnlich wie Albert Norden, ebenfalls Kommunist mit jüdischer Herkunft, für die kriminellen Aktionen und die schmutzige Propaganda gegen Juden oder Israel einzusetzen war. Als Mitglieder der SED mussten sie jegliche persönlichen Verbindungen zu Juden oder Israel aufgeben, ansonsten wären sie weder in ihre führenden Funktionen noch in ihre berufliche Existenzen im MfS bzw. in der SED gekommen. Wolf und Norden konnten ihre Funktionen nur als «ehemalige» Juden bekleiden und sie waren daher für die politische Führung die bestmöglichen Feigenblätter, mit denen die antisemitischen Aktivitäten der SED bzw. des MfS verdeckt werden sollten.

Einer der Schwerpunkte der Aktivitäten der HVA war die Denunziation der bürgerlichen Demokratie in Westdeutschland als einen von Nazis dominiertern Staat. Um dieses Ziel zu erreichen, ging Wolf politische Bündnisse mit Terroristen ein: «Ende der 70er Jahre waren das Ministerium und meine Abteilung in eine Reihe von Allianzen mit Kräften verwickelt, die Terror als eine Taktik benutzten: die PLO, der frei tätige Venezolaner Ilich Ramirez Sanchez, [...] der als Carlos, der Schakal, bekannt war und die westdeutsche Terroristengruppe, die sich selbst Rote Armee Fraktion (RAF) nannte, aber auch als Baader-Meinhof-Bande bekannt war, nach ihren Führern Andreas Baader und Ulrike Meinhof. Unser Enthusiasmus für solche Partnerschaften variierte von Fall zu Fall, weit mehr als ich je fähig gewesen wäre, dies damals zuzugeben.»[201]

Eine der zentralen im- und expliziten Bedingungen für diese Partnerschaften mit linken, aber auch mit rechten Terroristen waren Hass und die Bereitschaft bewaffnet gegen Juden und den Staat Israel vorzugehen. Das MfS bildete dafür Terroristen waffentechnisch aus, gab logistische Hilfe und verpflegte verwundete arabische Kämpfer.

Diese Antifaschisten gingen so weit, dass wenn die in den Archiven aufgefundenen Unterlagen nicht die gewünschten kompromittierenden Inhalte aufwiesen, sie «durch Dokumente aus eigener Fertigung» verfälscht wurden. Ein solcher Fälschungsvorgang brachte die von Norden in den 1960er Jahren betriebene Kampagne gegen den Bundespräsidenten Heinrich Lübke (CDU) hervor.[202] Lübke war bis 1945 Anhänger des Naziregimes gewesen und er gehörte als Ingenieur der Nazi-Funktionselite an, obwohl er nicht NSDAP-Mitglied war. In der DDR wurde zu seiner beruflichen Vita ein Deckblatt «erfunden», mit dem

200 Hartewig 2000, S. 609.

201 Igel 2012, S. 7; bei Markus Wolf: Man without a face, New York 1997, S. 268.

202 Knabe 2000, S. 121f.

Lübkes Mittäterschaft bei dem Bau eines KZ-Lagers in Neu-Staßfurt bewiesen werden sollte. In der Kopie des Deckblattes wich das Schriftbild vom «Original» ab und außerdem fehlte die Unterschrift Lübkes. Zweifel an der Echtheit der vorgelegten Dokumente blieben bestehen, wurde doch in dem Material aus der DDR jeweils die Paraphe «L» aufgefunden, während auf den Materialien aus dem Bundesarchiv die Paraphe «Lü» zu finden war. Im Kern waren die Vorwürfe des MfS zutreffend, jedoch wurden die Archivunterlagen so manipuliert, dass sie sich propagandistisch besser vermarkten ließen.[203]

Der konservative und antikommunistische Journalist Gerhard Löwenthal, Leiter und Moderator des «ZDF-Magazin» von 1969 bis 1987, geriet wegen seiner kritischen Berichterstattung über die DDR ins Visier des MfS. Löwenthal wurde 1922 in Berlin als Sohn eines jüdischen Textilfabrikanten und seiner zum Judentum konvertierten Mutter geboren. 1938 musste er als «Halbjude» die Schule verlassen und nach dem Novemberpogrom wurde er ins KZ Sachsenhausen eingeliefert. Mit Ausnahme seiner Eltern wurden alle jüdischen Familienangehörigen (Onkel, Tante, Vettern, Cousinen) in deutschen Konzentrationslagern ermordet. Die Großeltern wurden ins KZ Theresienstadt deportiert und ermordet.[204] Als die Verfolgung der Juden intensiviert wurde, schloss sich Löwenthal einer Gruppe an, die gefährdeten Menschen mit gefälschten Ausweisen, Lebensmittelkarten oder Pässen zu überleben half. Diese Aktionen wurden durch die Gestapo aufgedeckt, Löwenthal und sein Vater wurden im Sammellager in der Großen Hamburger Straße mehrere Monate eingesperrt, während die Ehefrau und Mutter als «Arierin» in ein Gefängnis gesperrt wurde. Das Sammellager in der Großen Hamburger Straße war das ehemalige Altersheim der jüdischen Gemeinde, das zu einem gefängnisähnlichen Lager umgebaut worden war und das von 1942 bis zum Frühjahr 1944 bestand.

Das MfS notierte 1974 über Löwenthal: «Löwenthal ist Halbjude. Während der Zeit des Faschismus unterlag Löwenthal daher bestimmten Beschränkungen. So musste er das Gymnasium zwangsweise verlassen und durfte kein Studium aufnehmen. Später wurde er festgenommen und war 70 Tage inhaftiert. Nach 1945 hat es Löwenthal immer verstanden, seine vorübergehende Festnahme als ‹KZ-Haft› und ‹politischen Widerstand› auszulegen und daraus Nutzen für seine berufliche Karriere zu ziehen.»[205]

Mitarbeiter der HA IX/11 recherchierten von 1975 bis 1979 erfolglos zu dessen Vergangenheit in der Nazizeit mit dem Ziel, Belege dafür zu finden, dass Löwenthal oder sein Vater für und mit der Gestapo bzw. mit anderen Nazi-Dienststellen zusammengearbeitet hatten. Dieser Ansatz wurde im Herbst 1987 erneut bearbeitet: «Ausgehend von der bisherigen Zuarbeit durch die Hauptab-

---

203 Leide 2006, S. 82; Knabe 1999, S. 83f.; Meining, S. 276; Vgl. Keil 2007.

204 Leide 2006, S. 403; Zitiert nach Knabe 1999, S. 85f, BStU, ZA, HA XX/4-513, S. 8.

205 Zitiert nach Leide 2006: BStU, MfS, HA IX/11 PA 3472, Bd. 4 (Teil V/1), Bl. 310-312, hier 312.

teilung IX [ist] noch einmal zu überprüfen, ob es belastende Materialien zum Verhalten des Gerhard Löwenthal aus der Zeit des Faschismus gibt. [...] Die Hauptabteilung IX/11 hat mit ihren spezifischen Mitteln nochmals zu prüfen, ob aus dem Verhalten des Gerhard Löwenthal in der Zeit des Faschismus Vorschläge für Maßnahmen abgeleitet werden können, die möglicherweise international verwertbar sind.»[206]

Mit diesem Auftrag sollte mittels eines fiktiven (erfundenen) Dokuments Löwenthal als Gestapo-Spitzel denunziert werden, der nach dem Krieg aktiv mit westlichen Geheimdiensten zusammengearbeitet hatte. Die Recherchen der 14 an dem Vorgang beteiligten Offiziere des MfS zur Vergangenheit des TV-Journalisten sowie des Verhaltens seiner Eltern und seines Bruders während der Nazizeit ergaben keine verwertbaren Resultate.[207]

Ähnlich wie Löwenthal erging es auch Simon Wiesenthal und Robert Havemann, die durch das MfS von Opfern der Nazis zu Kollaborateuren gemacht werden sollten. Wiesenthal war dem MfS negativ aufgefallen, weil er 1968 in einer Dokumentation berufliche und politische Kurzbiografien von 39 ehemaligen Nazis veröffentlichte, die in der DDR in einflussreichen Positionen tätig waren. Nach der Veröffentlichung wurden zwei Offiziere nach Polen geschickt, um Belastungsmaterial zu besorgen zur «Entlarvung des Leiters des Dokumentationszentrums des Bundes Jüdischer Verfolgter, Simon Wiesenthal, durch agitatorische Maßnahmen». Wiesenthal war in 13 Nazi-Lagern in Deutschland und Polen gefangen gehalten worden. Da keine Belege dafür gefunden wurden, dass Simon Wiesenthal Nazi-Kollaborateur war, wurde er, wie das so üblich war im MfS, als Agent westlicher Geheimdienste bezeichnet.[208]

Auch der oppositionelle Kommunist und Nazigegner Robert Havemann sollte zum Nazi-Kollaborateur uminterpretiert werden. Havemann äußerte sich ab Anfang der 1960er Jahre öffentlich systemkritisch zur DDR und wurde deshalb 1964 aus der SED ausgeschlossen, von der Humboldt-Universität fristlos entlassen und 1966 aus der Akademie der Wissenschaften der DDR ausgeschlossen. Weil er sich 1976 öffentlich kritisch zur Ausbürgerung von Wolf Biermann äußerte, erhielt Havemann von 1976 bis 1979 Hausarrest. Parallel zu diesen brutalen Maßnahmen wurde durch die HA IX/11 in Archiven nach Belegen für eine Nazi-Kollaboration von Havemann recherchiert. Und da die Offiziere des MfS nichts fanden, wurden gegen ihn Strafverfahren wegen «Devisenvergehen» eröffnet. Beide Urteile wurden durch das Bezirksgericht Frankfurt/O. im Juli 1991 aufgehoben und Havemann wurde damit posthum rehabilitiert.

Anderen ausgewiesenen Antifaschisten, wie die Sozialdemokraten Willy Brandt und Fritz Erler, erging es prinzipiell kaum anders als Löwenthal oder

206 Zitiert nach Leide 2006: BStU, MfS, HA IX/11; BStU, MfS, HA IX/11, PA 3472, Bd. 4 (Teil V/1), Bl. 8f, S. 406.

207 Leide 2006, S. 406; Vgl. Winckler 2012; Vgl. Hanfeld und Purschke 2006.

208 Leide 2006, S. 407.

Havemann. Das MfS in Gestalt der HVA versuchte Ende der 1950er, Anfang der 1960er Jahre die beiden Politiker im gleichen Stil zu diskreditieren, indem sie sie zu Kollaborateuren der Nazis machen wollten, um ihnen ihre Legitimation und Authentizität als Antifaschisten abzusprechen. Ausgangspunkt dieser Machenschaften war jedoch, wie auch in den anderen Fällen, die hier zur Sprache gekommen sind, dass das MfS damit unliebsame Kritiker der staatlichen und gesellschaftlichen Wirklichkeit der DDR «kompromittieren», also zum Schweigen bringen wollte, weil es zur Einsicht gelangt war: «dass die treibenden Kräfte, die heute von der SPD in Westdeutschland gegen unseren Arbeiter-u[nd]-Bauern-Staat die Feindtätigkeit durchführen, größtenteils dieselben Personen sind, die in der Illegalität aktiv gegen den Faschismus arbeiteten und nach 1945 mit den gleichen Methoden in der illegalen Arbeitsweise verstärkt ihre feindlichen Handlungen gegen die SED und unseren Arbeiter-u[nd]-Bauern-Staat fortsetzten».[209]

Herbert Wehner, er war Antifaschist und bis Kriegsende in Schweden im Exil, wurde vom MfS und KGB als «Verräter» dargestellt, der angeblich Mitglieder der antifaschistischen Untergrundbewegung an die Polizei verraten hatte. Die Führung dieser Schmutzkampagne lag beim ZK der SED und wurde erst auf persönliche Anordnung von Honecker 1978 eingestellt.[210]

Antizionistische Außenpolitik

Die DDR war das einzige Land des Rats für gegenseitige Wirtschaftshilfe (RGW), das keine diplomatischen Beziehungen zu Israel unterhielt. In Berlin (DDR) machte 1956 eine SED-Betriebsparteiorganisation im Zusammenhang mit dem Suezkrieg den Vorschlag, ein deutsches Freiwilligenbataillon zu gründen, das an der Seite Ägyptens gegen Israel, Frankreich und England kämpfen sollte. 1956/57 kam es in Ägypten zu Massenverhaftungen von Juden. Über 40.000 Jüdinnen und Juden verließen daraufhin das Land.[211] Es blieb nicht bei der publizistischen Unterstützung der Feinde Israels, denn wie schon 1956, als in der SED Überlegungen angestellt wurden, ob bewaffnete Freiwillige nach Ungarn geschickt werden sollten, «um den Sozialismus zu schützen», so beschloss das SED-Politbüro am 7. Oktober 1969 die Vorbereitung eines Einsatzes von Freiwilligenverbänden gegen Israel. Der Anlass dafür war ein Schreiben des Generalsekretärs der KPdSU, Leonid Breschnew, vom Jahr 1969 an Honecker, Mielke, Hoffmann und Ulbricht, wo er die Notwendigkeit des Einsatzes von Verbänden von Freiwilligen als Flieger, Panzerführer und

209 Zitiert nach Leide 2006: BStU, MfS, HA IX/11 ZA, VI 3820, Bl. 179, S. 408-412; Der Spiegel 40/1992, S. 142–148.

210 Knabe 1999, S. 159.

211 Timm 1997, S. 146.

Kampfgruppen zur Unterstützung arabischer Truppen im Krieg gegen Israel forderte.[212]

Im Februar 1970 wiederholte Ulbricht gegenüber dem sowjetischen Botschafter nochmals seine Idee, «sich mit Präsident Nasser über die Zweckmäßigkeit und den Zeitpunkt des Einsatzes von Freiwilligen aus sozialistischen Ländern zu konsultieren».[213] Wir wissen heute, dass es nicht dazu gekommen ist.

Für Albert Norden, Mitglied des Politbüros der SED, waren die Zeitungsberichte über den Krieg im Nahen Osten zu wenig zugespitzt und er forderte deshalb in einem internen Schreiben vom 9. Juni 1967 den ihm untergebenen Werner Lamberz auf, dafür Sorgen zu tragen, dass die israelischen Militäroperationen in der Öffentlichkeit der DDR so dargestellt würden, dass der Vergleich mit dem Überfall der Nazi-Wehrmacht auf die Sowjetunion naheliegend wäre.[214] Als Kandidat und späteres Mitglied des ZK der SED war Lamberz zuerst Leiter der Kommission für Agitation und Propaganda und später Leiter der Abteilung für Agitation im Zentralkomitee der SED und er war damit zuständig für eine wöchentlich stattfindende «Argumentationssitzung» mit den Chefredakteuren der Presse. Die Anweisung von Norden an Lamberz belegt zweierlei: Erstens zeigt sie, dass die autoritären Strukturen der marxistisch-leninistisch formierten SED in einem erheblichen Maß Übereinstimmungen zeigten mit denen in militärischen Verbänden, so dass hier von einer Ausschaltung dialektischer Vorgänge per se gesprochen werden muss, die diskursive Kommunikation von vornherein verunmöglicht. Zweitens ist hier eine quasi zeitnahe historische Quelle zu erkennen, von der aus die Infizierung großer Teile der radikalen Linken mit fraglichen Positionen begann. Mit der antizionistischen Argumentation verbindet sich unvollständige, ideologische Aufarbeitung des Nazismus sowohl in West- als auch in Ostdeutschland, d. h., dass die in diesem Vergleich vorgenommene, stillschweigende Verharmlosung den Versuch darstellt, die Deutschen und Deutschland von der psychischen Last der Nazi-Verbrechen zu entlasten. Diese Ideologie entfaltet ihre Suggestion in der Weise, dass sie die Israelis zu Tätern, ja zu faschistischen Verbrechern erklärt, die entweder genauso geworden sind, wie es die Nationalsozialisten waren, oder noch schlimmer. Diese propagandistische Offensive der SED zur neuen Beurteilung des Konflikts im Nahen Osten fand im Westen erstaunlich schnell Resonanz und es weist hin auf die vielschichtigen kommunikativen Chancen der SED-Führung, über den Rahmen der DDR hinaus in die linke Szene West-Deutschlands einzuwirken.

Die an der kurzen Leine der SED geführten Redaktionskollektive zeigten sich unterwürfig, die SED-Bezirkszeitung «Das Volk» veröffentlichte am 21. Februar 1967 einen Artikel, in dem von einer «Sonderform des hebräischen Sozial-

212 Neubert 2004, S. 838; Timm 1997, S. 233f; Wolffsohn 1995, S. 258.

213 Storkmann 2012, S. 205.

214 Timm 1997, S. 219.

faschismus» gesprochen wurde.[215] Die SED-Tageszeitung «Neues Deutschland» zierte Mitte August 1968 die Schlagzeile: «In Prag regiert der Zionismus».[216] Kurt Goldstein, Intendant der «Stimme der DDR», behauptete 1973, Israel würde «in der ganzen Welt einen geheimen Krieg» führen.[217] Ein Kommentator der «Stimme der DDR» sprach ebenfalls 1973 von der «Nazi-Luftwaffe Israels» und Ende März 1978 beschrieb die Nachrichtenagentur ADN die Situation im Nahen Osten wie folgt: «Die Juden – einst Opfer – wurden zu Henkern, und es scheint als gingen die Zionisten jetzt auf die gleiche Weise vor wie einst die Nazis. Heute sind es die Juden, die unterdrücken und ausrotten und die Palästinenser sind die Opfer. [...] Natürlich weichen die Verfahrensweisen voneinander ab, weil die Umstände andere sind. Die Zionisten verwenden keine Verbrennungsöfen [...] ihnen genügen Napalm, Kriegsflugzeuge, Kriegsschiffe und Armee-Einheiten.»[218]

1982 titelte das «Neues Deutschland» nach den Kämpfen in den palästinensischen Flüchtlingslagern in Beirut (Sabra und Schatila), als militärische Einheiten christlicher Milizen hunderte Kinder, Frauen und Männer töteten, «Israel betreibt die Endlösung der Palästina-Frage.»[219] In der außenpolitischen Wochenzeitung «Horizont» wurden (1982) nicht nur die Ereignisse in Beirut mit den Nazi-Massakern von Lidice und Oradour gleichgesetzt, sondern es wurde behauptet, dass die Israelis dort einen «von langer Hand vorbereiteten Holocaust» durchführten.[220] Die NVA-Zeitschrift «Volksarmee» verglich (1982) das Vorgehen der israelischen Armee mit den Massenmorden der Nazis wie folgt: «Die am 6. Juni d.J. begonnene Aggression Israels gegen das palästinensische und libanesische Volk ist mit den Verbrechen deutscher Faschisten im Zweiten Weltkrieg und des US-Imperialismus in Vietnam zu vergleichen.»[221]

Ab 1967 lieferte die DDR Waffen und militärisches Know-how an die Feinde Israels (Ägypten und Syrien).[222] Ende 1973 wurden im Rahmen der «Geheimoperation Aleppo» Waffen und Munition an Syrien geliefert, darunter befanden sich 12 Abfangjagdflugzeuge MiG-21F mit jeweils 3 Kampfsätzen Munition und Raketen sowie kompletter Bodenausrüstung, 62 mittlere Panzer vom Typ T-54 AM inklusive 3 Kampfsätzen Munition, 300 Panzerbüchsen RPG-7, 75.000 Artilleriegranaten diverser Art und 30.000 Panzerminen TM-46. Die 12

215 Timm 1997, S. 224.
216 Siegler 1997, S. 125.
217 Siegler 1991, S. 128.
218 Siegler 1991, S. 128; zitiert nach Maier.
219 Siegler 1991, S. 128.
220 Timm 1997, S. 284.
221 Timm 1997, S. 283 f.
222 Timm 1997, S. 210–217.

MiG-21F wurden von Angehörigen der NVA in Aleppo zusammengebaut und an die syrische Luftwaffe übergeben.[223]

Die militärische Zusammenarbeit zwischen Syrien und der DDR war bereits im Juni 1967, zwei Tage nach Beginn des «Sechs-Tage-Krieges», von Ulbricht in die Wege geleitet worden, als er den Minister für Nationale Verteidigung beauftragte, Vorschläge für den Ausbau der Beziehungen zwischen der NVA und dem syrischen Militär auszuarbeiten.

1973 schloss die DDR einen Vertrag mit der PLO, der die Lieferung von Waffen und die Pflege von verwundeten Kämpfern der PLO beinhaltete.[224] 1982 lieferte die DDR auch Waffen an die PLO.[225] In einem Gespräch mit dem PLO-Chef Jassir Arafat erklärte Honecker im März 1982: «Ich habe gestern mit Genossen Hoffmann (Minister für Nationale Verteidigung, HW) gesprochen. Auf dem Gebiet der panzerbrechenden Waffen gibt es bei uns eine Produktion. Im Kampf gegen die israelischen Streitkräfte stehen natürlich panzerbrechende Waffen im Vordergrund. Diese Waffen sind durchaus in der Lage, israelische Panzer zu durchschlagen. Ich habe mir das einmal angesehen, wie das vor sich geht. Ich hätte nie gedacht, dass diese Dinger durch so dicke Panzer hindurchgehen. Das sind Spezialgeschosse. Dazu kommen dann noch andere Fragen, so Fragen der Entfernung mit Hilfe von Laser.»[226]

Diese massive Ausrüstung der Feinde Israels ist sowohl ein Ausdruck einer «antiimperialistischen» Politik im Nahen Osten als auch des tiefsitzenden Antisemitismus, der mit der antizionistischen Ideologie nur notdürftig bemäntelt worden ist. Zwar muss der Autor (Storkmann) die Waffenlieferungen als «Ausdruck der DDR-Gegnerschaft zu Israel» qualifizieren, aber dies wäre nicht «Ausdruck einer Feindschaft zu Israel als dem *jüdischen* Staat; vielmehr ordneten sie sich in das Schema des Ost-West-Konflikts ein.»[227] So kann man das auch darstellen, jedoch ist die Tatsache der Belieferung der Todfeinde Israels mit Waffen und Munition ein Ausdruck einer gemeinsamen Haltung von Verbündeten, die bei identischer Zielsetzung arbeitsteilig vorgehen.

Die Verbindungen der obersten politischen Führung der SED mit Jassir Arafat und den weiteren Vertretern der PLO bestanden seit den 1960er Jahren und sie wurden kontinuierlich von Erich Honecker ab den 1970er Jahren ausgebaut, außerdem wurden Vereinbarungen getroffen, die u. a. umfangreiche Waffenlieferungen zum Inhalt hatten.[228]

---

223 Wolffsohn 1995, S. 255; Storkmann 2012, S. 60–61 u. S. 222.

224 Vgl. Jander.

225 Timm 1997, S. 279; http://de.wikipedia.org/wiki/Geheimoperation_Aleppo; Vgl. Meining, 2008.

226 Storkmann 2012, S. 67.

227 Storkmann 2012, S. 62.

228 Timm 1997, S. 279.

Ab 1982 stellte die DDR der PLO Ausbildungsplätze für Offiziersschüler der Fachrichtungen Artillerie, Waffentechnischer Dienst und später auch angehende Panzer-, Mot.-Schützen- und Pionieroffiziere. Ab 1987 war die Ausbildung der Schiffsmaschinenoffiziere und Seeoffiziere geplant.[229] Die Zugehörigkeit der Offiziersschüler zur PLO wurde «grundsätzlich vor jedermann» geheim gehalten und in den Unterlagen wurden sie verklärend als «Arabische Militärkader» bezeichnet. Ihnen wurde untersagt, an der NVA-Uniform das Hoheitszeichen zur PLO zu tragen.[230] Die DDR hat mit Syrien ein ähnliches, etwas umfangreicheres Abkommen (1984/85) zur Ausbildung von insgesamt 510 Offizier- und Unteroffiziersschülern in der DDR abgeschlossen.[231]

Ab Ende der 1960er Jahre erhielt die Propaganda der Gleichsetzung von Nationalsozialismus und Zionismus ihren festen Platz in der Politik der Staaten des sowjetischen Imperiums mit dem Begriff vom «zionistischen Rassismus».[232] Danach hatte sich in kurzer Zeit diese Ideologie des antisemitischen Antizionismus in großen Teilen der Linken in West- und Ost-Deutschland durchgesetzt und Israel wurde unisono mit dem Nazismus und mit dem südafrikanischen Apartheidregime verglichen und gleichgesetzt.[233]

Im Einklang mit der KPdSU hat die SED ihre Politik gegenüber Israel, den arabischen Staaten und der «Palestine Liberation Organisation» (PLO) konsequent über Jahrzehnte hinweg antizionistisch betrieben.[234] Deckungsgleich dazu gab es in der außerparlamentarischen Linken in Westdeutschland kaum eine Partei oder Gruppe, die nicht ebenfalls eine solche antizionistische Politik betrieben hat. Dieser Antizionismus war verbunden mit der nationalistischen Ideologie der Befreiung von imperialistischer und kolonialistischer Herrschaft, die im Bündnis der RGW-Staaten mit den Arabern und den arabischen Staaten zu Tage trat.[235] Die Ideologie des Antizionismus als sublimierter, weil gesellschaftlich latent vorhandener Antisemitismus trat ab dem «Sechs-Tage-Krieg» von 1967 offen zutage.[236] Davon betroffen sind alle relevanten legalen oder subversiven Organisationen der leninistischen bzw. autoritären deutschen Linken in beiden deutschen Staaten.[237] «Es war kein Zufall, daß das antisemitische Vermächtnis der Nazis nirgendwo anders so begierig aufgegriffen wurde wie in jenen Ländern, die nach 1948 den islamischen Heiligen Krieg gegen Israel ausriefen. [...] Die Kreuzzüge des Mittelalters hatten die moslemische Welt irritiert,

229 Storkmann 2012, S. 398.
230 Storkmann 2012, S. 481f.
231 Storkmann 2012, S. 400f.
232 Wistrich 1987, S. 363.
233 Vgl. Ullrich 2008.
234 Vgl. Medwedew 1984.
235 Claussen 1992, S. 15f.
236 Vgl. Haury 1998 und 2001.
237 Haury 2001, S. 1; raf 1983, S. 422–435.

doch einen wirklichen Schock, der die traditionelle Welt des Islam bis in ihre Grundfesten erschütterte, löste erst die Unterwerfung der arabisch-moslemischen Welt durch die europäischen Kolonialmächte im 18. und 19. Jahrhundert aus. Das antiwestliche Moment, das dem modernen arabischen Nationalismus und der ‹islamischen Wiedergeburt› innewohnt, resultiert ganz überwiegend aus dieser niederschmetternden Erfahrung.»[238]

Die politische, ökonomische und militärische Zusammenarbeit der arabischen Nationalisten mit den linken Nationalisten des sowjetischen Imperiums basierte besonders auf den antiwestlichen Einstellungen der ungleichen Partner. Dass große Teile der arabischen Eliten in Ägypten, im Irak, in Syrien oder Jordanien sich nach 1945 mit dem untergegangenen Nazi-Deutschland in einvernehmlichen Übereinkünften befanden, zeigt sich an Äußerungen des ägyptischen Präsidenten Anwar as-Sadat im September 1953, als er in der Kairoer Wochenzeitung «Al Musawar» eine Lobeshymne auf Adolf Hitler veröffentlichte.[239] Ebenso ist die Zusammenarbeit deutscher Antisemiten seit den 1940er Jahren ebenso gestützt auf eben der antiwestlichen Haltung sowie dem unübersehbaren eliminatorischen Antisemitismus der Nazis und der arabisch-islamischen Faschisten. «Eine aktuelle Kritik des Antisemitismus muß zur Kenntnis nehmen, daß sich das Zentrum der *offenen* antisemitischen Agitation nach 1945 von Europa in den arabisch-islamischen Raum verschoben hat.»[240]

Die ideologischen Angriffe erfolgten in der DDR auf systematische Weise durch Norden, der, zuständig für die Kontrolle der Massenmedien, diese «Sprachregelung» für alle Redaktionen in der DDR durchsetzte.[241] Dieser antisemitisch durchsetzte Antizionismus zeigt Einstellungen und Befindlichkeiten, die entweder in der Arbeiterbewegung zu Hause waren oder die aus der Ideologie des bürgerlichen Deutschland aufgenommen worden sind und er bedient ein antisemitisches Klischee, das weiterhin Teil der geschichtsrevisionistischen Propaganda ist: Israelis oder Juden – ihre Differenz ist hier nicht relevant – werden zu Faschisten erklärt, die im Auftrag der US-amerikanischen Hegemonialmacht Palästinenser oder Araber aus rassistischer, also zionistischer Motivation ermorden.

Die antizionistische Außenpolitik gegenüber Israel bedeutet letztlich im Wesentlichen nichts anderes als die Umsetzung revisionistischer Vorstellungen, wie sie ansonsten noch bei Neonazis oder nationalistischen Konservativen üblich waren und sind. Hier wird sichtbar, dass geschichtsrevisionistische Kräfte nicht nur in der BRD, sondern eben auch in der DDR zu finden waren.

---

238 Wistrich 1987, S. 310f.

239 Wistrich 1987, S. 314.

240 Grigat 2014, S. 123.

241 Wolffsohn 1995, S. 202. Dort ist der Hinweis auf die Quelle: Albert Norden an Werner Lamberz, Genosse Ulbricht zur Kenntnis, SAPMO-BA ZPA, NL 182/1339.

Am 8. Februar 1990 bekannte sich die Regierung der DDR zur Verantwortung aller Deutschen für den Holocaust. Hans Modrow, Vorsitzender des Staatsrats, erklärte die «Bereitschaft zur solidarischen materiellen Unterstützung ehemaliger Verfolgter des Naziregimes jüdischer Herkunft». Im April 1990 erklärte die Volkskammer: «Wir bitten das Volk von Israel um Verzeihung für Heuchelei und Feindseligkeit der offiziellen DDR-Politik gegenüber dem Staat Israel und für die Verfolgung und Entwürdigung jüdischer Mitbürger auch nach 1945 in unserem Land.»

Modrows persönliche Erklärung zu dieser Problematik ist äußerst aufschlussreich: «Dass wir überhaupt kein Verhältnis zu Israel hatten, reflektierte ich erst während meiner Amtszeit [Vorsitzender des Ministerrates, H.W.]. Für uns war das vorher nie ein Thema.»[242]

An diesen Äußerungen wird sichtbar, wie bei einem Spitzenfunktionär der SED eine Verschmelzung mit der herrschenden Ideologie stattfand, die keinen persönlichen Standpunkt erlaubte und die bis zur völligen Blind- und Taubheit führte.

Verdrängung und Verleugnung über 1990 hinaus

Es gab in der DDR Neonazismus, dessen Elemente institutionalisierter und gesellschaftlicher Antisemitismus und Rassismus waren und von dessen Ausmaß niemand wusste, weil niemand es wissen sollte. Die Fakten werden bis heute grundsätzlich angezweifelt und sie sind damit ein Hindernis, um den wahren Charakter der Gefahr zu erkennen. In einem Leserbrief aus Magdeburg an die Tageszeitung «Der Tagesspiegel» wurde behauptet, in den neuen Bundesländern hätte es gar keine Neonazis oder Rassisten gegeben bzw. diejenigen die da sind, wären aus dem Westen gekommen.[243] Andere ultraharte Verteidiger der DDR bestreiten sogar, dass es in der DDR jemals antisemitische, rassistische oder gar neonazistische Erscheinungen gegeben hat. An vorderster Front der Leugner befindet sich der ehemalige Historiker der Humboldt-Universität und Mitglied der Linkspartei Prof. Dr. Kurt Pätzold, der mich bzw. die Macher der Ausstellung: «Das hat es bei uns nicht gegeben – Antisemitismus in der DDR» mit dem Ober-Nazi Goebbels verglichen hat. Meine grundlegenden Forschungsergebnisse – sie haben Eingang in die Dauerausstellung gefunden – bezeichnete er als Lüge und zitierte dazu das biblische 9. Gebot «Du sollst nicht falsch Zeugnis abgeben».[244]

242 Der Tagesspiegel, 8.2.2000.

243 Der Tagesspiegel, 18.12.2011.

244 Neues Deutschland, 7.4.2007.

Im Frühjahr 2007 war in Berlin diese Wanderausstellung eröffnet worden. Drei Jahre später hat die für die Organisation verantwortliche Amadeu-Antonio-Stiftung ein Begleitbuch zur Ausstellung veröffentlicht, in dem sechs Aufsätze aufgeführt werden. Pätzold setzt sich hier, wie schon früher, mit dem Thema Antisemitismus in der DDR auseinander und charakterisiert gleich zu Beginn seines Buches diese Ausstellung als «Teil der anhaltenden Propagandakampagne, deren Ziel die Verteufelung der Deutschen Demokratischen Republik – die oft zitierte Delegitimierung ist eine akademische Verbrämung und Beschönigung des tatsächlichen Anliegens – war und geblieben ist».[245]

In seiner Broschüre gibt Pätzold seine wissenschaftlichen Prämissen bekannt und merkt nicht, dass er sich damit selbst entlarvt, wenn er schreibt: «Wer sich daran macht, ein Buch [...] über ein wissenschaftliches Thema zu schreiben, kann sich die Arbeit ungemein erleichtern, wenn er darauf verzichtet, zu lesen und zu beachten, was andere vor ihm zum gleichen Thema gedacht und publiziert haben. [...] Die so vorgehen, sind nicht ohne Verwegenheit, um von Skrupellosigkeit nicht zu reden. Sie vertrauen darauf, dass ihre Leser die Literatur, deren Aussagen den ihren entgegensteht oder diese zweifelhaft macht, einfach nicht kennen. Sie spekulieren auf ein zur Glaubensfähigkeit verurteiltes Publikum.»[246]

Dieses Urteil trifft auf den Autor selbst zu, weigert er sich doch seit über zwei Jahrzehnten, die zeithistorischen Tatsachen über neonazistische Angriffe in der DDR wahrzunehmen.[247] Er nimmt diese Auseinandersetzung «persönlich» und so spricht er auch als ehemaliger Professor für Geschichtswissenschaft zwei Autorinnen des Begleitbuches zur Ausstellung mehrfach direkt an, wenn er behauptet, «dass diese Erziehung [‹wider Rassismus und Antisemitismus›] zum Respekt vor anderen Rassen, Nationen und Ethnien, zum Bruch mit jedwedem Nationalismus und Nationalchauvinismus aber fester Bestandteil der Arbeit von Pädagogen an Schulen allen Typs war, ist zumindest einigen Autoren des Begleitbuches gut bekannt [...]».[248]

Dass die SED über Jahrzehnte eine nationalistische Politik betrieben hat, muss Pätzold «übersehen» haben oder sein Erinnerungsvermögen lässt ihn im Stich. Die einzige Aufgabe seines Buches ist, die DDR gegen alle Anfechtungen

245 Pätzold 2010, S. 6.

246 Pätzold 2010, S. 11.

247 Vgl. Waibel: Rechtsextremismus in der DDR, Köln 1996; Neofaschismus in Ostdeutschland, in: «Ost-West-Gegeninformationen», Vierteljahresschrift. Nr. 4/1996, Dossier; Rechtsextremismus in der DDR, in: «Deutsche Lehrerzeitung» (DLZ). 28. März 1996, Ausgabe 13, S. 7; Kritik des Antisemitismus in der DDR, in: Sozial. Geschichte Heft 3/2006, Zeitschrift für historische Analysen des 20. und 21. Jahrhunderts, (auch veröffentlicht auf Shoa.de); Kritik des Anti-Faschismus in der DDR, in: sozial.geschichte.extra 3. Dezember 2007 PDF.

248 Pätzold 2010, S. 15.

in Bezug auf Neonazismus und Antisemitismus (und Rassismus) zu verteidigen.

Neben der Reinwaschung der DDR von allen Übeln gilt Pätzolds Aufmerksamkeit der Frage, wie effektiv der Prozess der Entnazifizierung gewesen ist. Und – welche Überraschung – auch hier kann er analog zu seinen Ausführungen über den Neonazismus und Antisemitismus nur feststellen, dass die Entnazifizierung in der DDR gelungen sei, nur in der BRD wären alte Nazis «an die Ruder von Verwaltung und Staat» gelangt.[249] Er behauptete das eben, obwohl er wissen konnte, ja wissen musste, dass sich in der DDR ebenfalls ehemalige Nazis in obersten Positionen im Staat und in der Gesellschaft befanden. Pätzold, ehemaliges Mitglied der SED und nun Mitglied der Partei «Die Linke», bescheinigt geschichtsklitternd seiner Partei: «Es wird in der Bundesrepublik Deutschland noch immer eine zweite Partei gesucht, deren Mitgliedschaft und Umfeld sich mit der eigenen Vergangenheit so gründlich, in manchen Teilen gründlich bis zum Selbstquälerischen, auseinandersetzt.»[250]

Was die Themen Neonazismus und Antisemitismus in der DDR anlangt, lässt sich seine Aussage nicht verifizieren, da sich seine Partei inklusive Rosa-Luxemburg-Stiftung und den ihr nahestehenden Publikationsorganen bis heute weigert, die historischen Tatsachen wahrzunehmen.

Mit Pätzold auf einer Linie liegt der ehemalige Professor für Staats- und Rechtstheorie an der Sektion Rechtswissenschaft der Humboldt-Universität Berlin, Dr. Detlef Joseph. Beide Autoren meinen, sie hätten eine schier unüberwindliche Verteidigung entwickelt, die darin besteht, alle Bücher oder Filme aufzuführen, die in der DDR zu den Themen Faschismus, Antifaschismus oder Juden veröffentlicht wurden. Im Anhang von Josephs Buch «Die DDR und die Juden» befindet sich unter dem Titel «Jüdisches in Publikationen aus DDR-Verlagen 1945–1990» eine Bibliografie, in der in Rubriken für verschiedene Genres Bücher von «Sachliteratur» bis «Kinderbücher» auf über 130 Seiten aufgelistet werden.

Joseph brachte es fertig, in seinem Buch «Nazis in der DDR» (erschienen 2002) auf 2/3 der Seiten über Nazis in der BRD zu schreiben. In einem Aufsatz für das «Mitteilungsblatt der Kommunistischen Plattform» wiederholte er (2007) seine geschichtsklitternden Verschwörungsfantasien, mit denen er versuchte eine DDR darzustellen, in der es keine Neonazis oder Antisemiten gegeben hat.[251] 2006 hat er eine überarbeitete und stark erweiterte Auflage seines Buches von 2002, in dem er sich mit Entwicklungen befassen wollte, die sich seit der Erstauflage ergeben haben, und wo er der Frage nachgeht: «Wie antifaschistisch war die DDR?», publiziert.[252] Seine Antworten sind gleichförmig:

249 Pätzold 2010, S. 23.

250 Pätzold 2010, S. 54.

251 Joseph 2002; Joseph 2007.

252 Joseph 2006.

In der DDR gab es einen «konsequenten Antifaschismus» und im Gegensatz zu den Verhältnissen in der BRD hätten ehemalige Nazis in der DDR sich in den Dienst der neuen Ordnung gestellt. Der Antifaschismus der SED würde deshalb angegriffen, damit nicht nur eine «Diffamierung der DDR» vollbracht, sondern weil damit auch eine Delegitimierung der staatlichen und gesellschaftlichen Ordnung der DDR vorgenommen werden sollte. In seiner Publikation: «Die DDR und die Juden. Eine kritische Untersuchung – mit einer Bibliografie von Renate Kirchner» (2010) geht es so weiter, wie es bereits in den beiden vorangegangen Büchern vonstattenging: Er verteidigt wortreich die DDR gegen wissenschaftliche und publizistische Angriffe aus dem «Westen», denn bei objektiver Betrachtung sei es unstreitig, dass in der Sowjetischen Besatzungszone wie in der DDR prinzipiell der Antisemitismus abgelehnt und bekämpft wurde. Das läge im Antifaschismus begründet, dem die Herrschenden in der DDR selbstverpflichtet gewesen wären und für den sie vor 1945 oftmals unter Einsatz ihres Lebens gestritten hätten. Von dieser Tatsache wäre auszugehen, wenn man sich mit dem Problem Neonazismus bzw. Antisemitismus und DDR befassen möchte.[253] Besonders hat es ihm eine Dokumentation angetan, in der Schändungen jüdischer Friedhöfe in der DDR aufgelistet wurden.[254]

Die selbstgestellte Aufgabe von Joseph ist es zu behaupten, es hätte in der DDR keine Rassisten, keine Antisemiten und keine Neonazis gegeben. In der Regel wehrt er solche Informationen ab mit dem Hinweis darauf, dass Klaus Kinkel (FDP), Bundesminister der Justiz, 1991 «den bundesdeutschen Richtern den Auftrag erteilte, mit ihrem Wirken die DDR zu delegitimieren. [...] Und es versteht sich, dass seitdem die verschiedenen Aspekte antifaschistischer Realität der DDR negativ kritisch beleuchtet wurden und werden.»

Im Kapitel «Von der vorgeblichen Identität von Antisemitismus und Antizionismus» behauptet Joseph, dass es bei der Nahost-Politik der SED darum gegangen sei, «die Blockadehaltung der BRD gegen die internationale Anerkennung der DDR zu durchbrechen». Gleichzeitig verschweigt er die enormen Waffen- und Munitionslieferungen an die Feinde Israels, gegen deren Bedeutung die Bedrohung Israels durch propagandistische Verlautbarungen nachgerade unerheblich erscheinen. Eine weitere prominente Leugnerin ist die Schriftstellerin Daniela Dahn, die ebenfalls behauptete, Neonazismus bzw. Antisemitismus habe es in der DDR nicht gegeben.[255]

Die Reaktion auf die von der Amadeu-Antonio-Stiftung organisierten Wanderausstellung zur Aufklärung über den Antisemitismus in der DDR «Das hat es bei uns nicht gegeben» sind durchsetzt von Hysterie und Angst und bestätigt auf ihre Weise die Notwendigkeit einer öffentlichen Debatte über die Ursa-

253 Joseph 2010, S. 9.
254 Vgl. Schmidt 2007.
255 Freitag, 20.7.2007.

chen und den Verlauf neonazistischer Einstellungen und Gewalttaten in der DDR. Damit steht die wissenschaftliche und politische Qualität der antifaschistischen Aufklärung der SED in der medialen Öffentlichkeit zur Diskussion. Bereits 1992/93 diskutierten in der Monatszeitschrift «Konkret» mehrere ehemalige Wissenschaftler der SED über Antifaschismus und Antisemitismus in der DDR. Einer von ihnen war Olaf Groehler, der in zwei längeren Artikeln seine Kritik am Antifaschismus der SED vorgetragen hat. Andere, unter ihnen Pätzold, verteidigten den Antifaschismus der DDR.[256] Diese Protagonisten spitzen immer wieder den Vorwurf zu, die Aufklärung über den Rassismus und Antisemitismus hätte die Funktion, den «antifaschistischen Nimbus der DDR» zu zerstören. Lediglich aus ideologischen Absichten würde der Antizionismus in «verkappten Antisemitismus umgefälscht», um damit die DDR insgesamt zu «delegitimieren». Diesen Positionen stellen sie die Vielfalt der antifaschistischen Bemühungen in Filmen, in der Literatur und im Schulunterricht entgegen. Doch diese Verteidigungsbemühungen sind absurd: Gibt es doch niemand Ernstzunehmenden, der behauptet, in der DDR hätte es keine antifaschistische Aufklärung gegeben. Dass Redaktionen einem solchen reaktionären Unsinn eine publizistische Plattform ermöglichen, ist verantwortungslos. Dazu kommt eine autoritäre Ausrichtung dieser Diskussion, die kritischen Wissenschaftlern kaum eine Möglichkeit gibt, ihre Thesen darzustellen. Es muss darauf gepocht werden, dass historische Tatsachen anerkannt werden, denn anstatt darüber zu diskutieren, was an der Realität der DDR kritisiert werden muss, werden potemkinsche Dörfer aufgebaut, die aus dem Wunschdenken erwachsen, wenigstens beim «Antifaschismus» sei alles perfekt gewesen.

Am 3. September 2012 wurde in Berlin die Wanderausstellung: «Bruderland ist abgebrannt» gezeigt, die sich den Lebens- und Arbeitsbedingungen der ausländischen ArbeiterInnen («Vertragsarbeiter») widmete. Es gab ein Rahmenprogramm mit Vorträgen zu den Themen: «Neonazis in der DDR», «Antisemitismus in der DDR – Ein aktuelles Thema?» und «Fremd und Fremd-Sein in der DDR». Zum Ende dieser Vortragsreihe fand am 31. Oktober 2012 eine Podiumsdiskussion statt mit dem Thema: «Mythos Antifaschismus. Die DDR und ihr ‹verordneter Antifaschismus›». Teilnehmer waren die Historiker Carl-Friedrich Höck, Wolfgang Wippermann sowie Gregor Gysi. Moderiert wurde die Veranstaltung von Fritz Burschel von der Rosa-Luxemburg-Stiftung, die zusammen mit «Helle Panke e. V.» und dem «Zentrum für Demokratie Treptow-Köpenick» die Veranstalter war. Die Wanderausstellung war schon seit 2008 in Berlin und in Städten in Sachsen und Thüringen gezeigt worden. Sowohl die Ausstellung selbst war von der Berliner «Reistrommel e. V.» konzipiert worden und sollte einen Einblick geben in die Lebens- und Arbeitsbedingungen der ausländischen ArbeiterInnen in der DDR. Dazu sollten «berührende Einzelpor-

256 Daran waren u. a. Groehler und Pätzold beteiligt.

traits von Vertragsarbeiter_innen aus Mosambik, Kuba, Angola und Vietnam» dargestellt werden und es sollten «Erinnerungen von Deutschen» zu vernehmen sein, die mit Ausländern zu tun hatten.[257] Die Ausstellung als auch die Vortragsveranstaltungen wurden publizistisch reflektiert und die Ausstellungseröffnung im «Zentrum für Demokratie in Treptow-Köpenick» war sehr gut besucht. Die Tageszeitung «Junge Welt» hatte einen Korrespondenten geschickt, dessen Veranstaltungsbericht am 5. September 2012 veröffentlicht wurde. Die «Arbeitsgemeinschaft Cuba si» der Partei «Die Linke» hatte mobilisiert und so hatten sich Kritiker in beträchtlicher Anzahl eingefunden, die an diesem Abend «die Diskussionshoheit inne» hatten. Mehrere Redner, die zu Zeiten der DDR in verschiedenen beruflichen Funktionen mit Ausländern beschäftigt waren, kritisierten nicht nur die Intention und den Inhalt der Ausstellung, sondern sie kamen, auf Grund ihrer eigenen persönlichen Erfahrungen zu abweichenden Schlussfolgerungen. Es wurde behauptet, diese Ausstellung hätte der «Konrad-Adenauer-Stiftung» zur Ehre gereicht, aber für die «Rosa-Luxemburg-Stiftung» wäre sie eine «Zumutung». Ein Reporter beklagte, dass von den Ausstellungsmachern keinerlei Belege gezeigt worden wären, die auf rassistische Diskriminierungen in der DDR hinweisen würden. Die persönlichen Erinnerungen einzelner «Vertragsarbeiter» gefielen dem Journalisten sehr, weil dort offensichtlich keine Bestätigungen für rassistische Angriffe zu finden waren. Es zeige sich in diesen persönlichen, dass die Probleme der Menschen erst nach dem Ende der SED-Herrschaft entstanden wären: «Arbeitslosigkeit, Rassismus, drohende Abschiebung».[258]

Diese Beispiele zeigen klar und deutlich wie autoritär, ja wie anti-dialektisch vorgegangen wird und sie zeigen wie degenerativ die Auseinandersetzungen um das Geschichtsbild der DDR im Allgemeinen und mit dem Antisemitismus im Besonderen von den Verleugnern und Verharmlosern geführt werden. Und es zeigt sich hier, mit welcher hartnäckigen Borniertheit operiert wird, weil man sich vor einem Geschichtsbild fürchtet, dass sich von der bisher in West- bzw. Ostdeutschland herrschenden Meinung wesentlich abhebt. Bei dem Historiker Manfred Scharrer wird zur Frage der Legitimation durch Geschichtsschreibung klar und deutlich formuliert, um was es zu gehen hat und was dabei zu bedenken ist: «Es gibt die Auffassung, deren Vertreter glauben, Geschichtsschreibung müsse ihre Parteilichkeit aus den Legitimationsbedürfnissen und politischen Absichten einer Partei oder anderer Interessenverbände ableiten. Diese Parteilichkeit führt oder verführt dann in aller Regel zu mehr oder weniger eklatanten Geschichtsklitterungen.»[259]

257 http://netzwerk-selbsthilfe.de/foerderung/bruderland-ist-abgebrannt/;http://www.rosalux.de/event/46711/bruderland-ist-abgebrannt.html.

258 junge Welt, 5.9.2012; Neues Deutschland, 20.10.2012.

259 Vgl. Scharrer 1984, S. 12.

Erstaunlicherweise verdrängen nicht nur die Verteidiger der orthodoxen Linken diese dunkle Seite der DDR, sondern auch die etablierte Zeitgeschichtsforschung. Dennoch muss an dieser Stelle mit aller Nüchternheit, die der Bedeutung dieser Thematik zukommt, gesagt werden, dass die Lehr- und Geschichtsbücher über die DDR in der Weise verändert werden müssen, dass die Existenz von Neonazis, Rassisten und Antisemiten dort ihren Platz findet. In ähnlicher Weise trifft dies auch auf die historische Forschung über die Opposition in der DDR zu, der es bisher nicht gelungen ist, den Neonazismus als besonderen Teil der Opposition zu berücksichtigen. Der Nestor der westdeutschen DDR-Historiographie, Hermann Weber, hat in seiner neuen Einleitung (1999) zum Standardwerk «Geschichte der DDR» ex cathedra die DDR von diesen Anfechtungen freigesprochen.[260] Ebenfalls unterliegt Angelika Timm in ihrer Studie dem Zwang, die ostdeutsche Bevölkerung unisono von antisemitischen und damit auch neonazistischen Gefühlen freizusprechen.[261] Diese Positionen werden nicht bestehen bleiben können und es kann nur eine Frage der Zeit sein, bis auch das akademische Establishment der Geschichtswissenschaft die Authentizität der belegten Tatsachen anerkennt.

Rot-Braune Querfront

Die Sehnsucht der ostdeutschen Kommunisten nach einem von ihnen gelenkten deutschen Volk ging so weit, dass nicht nur eine Vielzahl ehemaliger Nazis in das Herrschaftssystem der SED integriert wurden, sondern dass die Führung der SED in einen jahrelang anhaltenden Dialog (1949 bis 1952) eintrat mit ehemaligen Nazis, die sich in der BRD inoffiziell organisiert hatten. Otto Grotewohl, Ministerpräsident der DDR, schrieb am 30. November 1950 einen Brief an Bundeskanzler Konrad Adenauer, der «einen nationalen Notstand durch die Spaltung Deutschlands und die Einbeziehung Westdeutschlands in die Pläne zur Kriegsvorbereitung» postulierte.[262] Damit wurde der Vorschlag unterbreitet, dass Verhandlungen zur Bildung eines gesamtdeutschen, konstituierenden Rates stattfinden sollten, um gesamtdeutsche Wahlen für eine Nationalversammlung und für einen Friedensvertrag der vier Siegermächte mit Deutschland durchzuführen.[263]

Neun ehemalige HJ-Führer wollten Ende 1950 zwischen der Bundesregierung und der Regierung der DDR vermitteln und schrieben zwei gleichlautende Briefe, von denen einer am 18. Dezember 1950 vom ehemaligen HJ-Bannführer Hans-Joachim Feilcke dem Ministerpräsidenten der DDR, Grotewohl, überge-

260 Weber 2004, S. 14.

261 Timm 1997, S. 220.

262 Bach 2009, S. 8.

263 Vgl. Schönecker 2011.

ben wurde. Der ehemalige HJ-Bannführer Siegfried Zandke zum anderen musste den an Bundeskanzler Adenauer adressierten Brief einem Ministerialbeamten des Gesamtdeutschen Ministeriums übergeben, weil Adenauer ein Treffen mit ihm ablehnte. Einige Wochen später schickten die gleichen Antworten einen Brief an den Bundespräsidenten Theodor Heuss, der es ablehnte, sich persönlich mit den ehemaligen HJ-Führern zu treffen.[264]

Die beiden westdeutschen ehemaligen Führer der Hitler-Jugend, Hans Schmitz und Wilhelm Jurzek, organisierten für den 3. Januar 1951 ein Treffen in Hamburg, das als Vorbereitung für ein größeres Treffen am 12. Januar 1951 diente, das wiederum ein großes Treffen von ehemaligen Nazis aus Westdeutschland mit Vertretern des Zentralrats der FDJ am 30./31. Januar 1951 im Gemeinderaum der Kapernaum-Kirche in Berlin-Wedding vorbereitete. Bei einem weiteren Treffen am 13. Januar 1951, an dem Wilhelm Jurzeck, Jochen Jecht, Georg Jost und Horst Rogeé teilnahmen, wurden die letzten Festlegungen vereinbart.[265] In einem Exposé findet sich der folgende aufschlussreiche Satz: «Um einem weiteren Auseinanderfallen unseres deutschen Volkes entgegenzuwirken, haben wir uns entschlossen, über alles Trennende hinweg mit maßgebenden Vertretern des öffentlichen Lebens der Organisationen und Parteien Ostdeutschlands in ein Gespräch zu kommen, damit das uns alles Verbindende verwirklicht wird. [...] In der vollzogenen Teilung Deutschlands in Ost und West, die den natürlichen Interessen unseres Volkes widerspricht, sehen wir eine der verhängnisvollsten Maßnahmen, die das Weiterbestehen unseres Volkes und unserer Nation gefährden.»[266] Am 14. Januar fand in Hamburg im Marinehaus ein Treffen von «70 ehem. Höhcren HJ Führern» statt, die u.a. aus Frankfurt/M., Mainz, Stuttgart, Heidelberg, Kiel, Bremen angereist waren. Jurzeck, ehemals HJ-Oberbannführer, er war einer der Organisatoren dieser Gruppe, traf sich danach in Berlin mit Erich Honecker, damals Erster Sekretär der FDJ, Abgeordneter der Volkskammer, Mitglied des ZK der SED und Kandidat für das Politbüro, der dann das «Exposé und konkrete Vorschläge» für die Hauptkonferenz bearbeitete.

Schirmherr des Treffens am 29. und 30. Januar 1951 war Bischof Otto Dibelius, Probst Heinrich Grüber hatte die Gesprächsleitung. Zuerst wurde in dem Tagungsraum der Kapernaum-Kirche diskutiert und am Tag danach fand das Treffen in einem Klubhaus in Berlin-Weißensee statt. Die FDJ-Zeitung «Junge Welt» titelte anschließend dazu: «Jugendliche (sic!) aus ganz Deutschland trafen sich in Westberlin.» Unter den Teilnehmern der Delegation der SED/FDJ waren Erich Honecker sowie Margot Feist, seine spätere Ehefrau, zu dem Zeitpunkt Sekretärin des Zentralrats der FDJ, Abgeordnete der Volkskammer und

264 Der Spiegel, 27. März 1951.

265 BStU, MfS, Zentralarchiv, Allg. S, Band I, 79/56, Bl. 20f; Bach 2009, S. 16.

266 BStU, MfS, Zentralarchiv, Allg. S, Band I, 79/56, Bl. 15.

Vorsitzende der Pionierorganisation. Außerdem waren auf DDR-Seite mit Dieter Schmotz, Horst Rogeé, Hans Schönecker, Sonja Klinz, Siegfried Dallmann und Horst Dreßler-Andres mindestens sechs ehemalige Nazis beteiligt. Darunter befanden sich außerdem hauptamtliche FDJ-Funktionäre (7), Parteifunktionäre (4), politische Mitarbeiter des Nationalrates (2) und je ein Mitarbeiter aus der Regierung bzw. dem FDGB. Auf der westdeutschen Seite waren Vertreter der ehemaligen Reichsführung der Hitler-Jugend in der BRD, u.a. Karl Cerff, ehemaliger Obergebietsführer der HJ, und andere alte Nazis wie z.B. ehemalige Offiziere der Wehrmacht und der Waffen-SS beteiligt.[267]

Am Abend des 30. Januar 1951 stießen zu einem «gemütlichen Beisammensein» Honecker und Heinz Lippmann, jüdischer Kommunist und inhaftiert u.a. in den Konzentrationslagern Auschwitz-Monowitz und Buchenwald. Bei den Gesprächen wird möglicherweise Honecker den alten Nazis verraten haben, dass er «selbst einmal HJ-Mitglied» war, als er 1935 aus dem Saarland nach Berlin kam.[268]

Atmosphärisch zum Gelingen des Abends beigetragen hat möglicherweise der Plan, dass «Unter Ausnutzung eines günstigen Zeitpunktes während der Tagung» durch eine «Delegation Junger Pioniere allen Tagungsteilnehmern Blumensträuße überreicht werden» sollten.[269]

Bei den Gesprächen standen Fragen der Vermeidung eines deutschen Bruderkrieges, der Zusammenarbeit auf der Ebene des Sports, der Kultur, des Jugendaustausches, der Wirtschaft und der Berufsbildung im Mittelpunkt. Das Ziel der ehemaligen Nazi-Funktionäre war der Abschluss eines Friedensvertrages mit den Alliierten und die Wiederherstellung eines gesamtdeutschen Staates in den alten Grenzen des Deutschen Reiches – die «Oder-Neiße-Grenze» lehnten sie kategorisch ab. Nach dem Protokoll äußerte sich «Fräulein Margot Feist» u.a. wie folgt: «Letzten Endes ist es doch so, daß viele von uns vor 1945 und die meisten nach 1945 verschiedene Wege gegangen sind. Aus dieser Erkenntnis heraus, dass bestimmte Dinge da sind, über die wir uns nicht gleich verständigen können. Ich bin zu der Auffassung gekommen, daß am Schluss unseres Gespräches viel gemeinsames ist, daß durch die Aussprache über verschiedene Gebiete, die doch auf einer Plattform passieren, die Sorge um die Zukunft unserer Jugend, die Dinge uns einander näher gebracht haben. Ich möchte noch einmal ausdrücken, was Herr Cerff ausdrückte, die Frage des menschlichen Näherkommens, die Verbindung von Mensch zu Mensch. Auch auf diesem Gebiet sind wir im Verlauf unseres Gesprächs ein Stück vorwärts gekommen. [...] Es ist nicht so, dass man nicht zueinander kommen konnte. Es gibt die

267 BStU, MfS, Zentralarchiv, Allg. S, Band I, 79/56; Neubert, S. 841; Bach 2000, S. 20, S. 65f; Aktennotiz an Erich Honecker über die Besprechungen von Vertretern des ZR der FDJ mit ehemaligen HJ-Führern, 27.01.1951, SAPMO-BArch, DY 30/ IV 2/16/166.

268 Der Spiegel, 27. März 1951.

269 BStU, MfS, Zentralarchiv, Allg. S, Band I, 79/56, Bl. 24.

Möglichkeiten, dass Menschen verschiedener Auffassung, dass diese Menschen zusammenkommen können.»[270]

Die versammelten Rechten und Linken waren sich darin einig, dass sie gemeinsam eine Remilitarisierung der BRD verhindern wollten. Dazu passend forderte am 30. Januar 1951 die Volkskammer vom Deutschen Bundestag: «Deutsche an einen Tisch».

Dieses Zitat wurde dann fast sechzig Jahre später zum Titel einer Publikation des ehemaligen SED-Mitglieds und Wissenschaftlers an der Akademie für Gesellschaftswissenschaften beim ZK der SED Roland Bach, die den hübschen Untertitel «Versuche gesamtdeutscher Verständigung» trägt. In den Vorbemerkungen entwickelt Bach eine Argumentation, die suggerieren möchte, dass dieses Treffen vom Januar 1951 überhaupt nichts Anrüchiges hatte, gerade auch, was den Antifaschismus der SED anlangte.[271] Tatsache ist, dass die Bemühungen der SED nicht dazu führten, ihre Ziele zu erreichen, was bestimmt auch daran lag, dass die ehemaligen Nazis als Gruppe nicht über die programmatische und organisatorische Kohärenz verfügten, die nötig gewesen wäre, um gesellschaftspolitisch aktiv zu sein.

Alle nationalistisch orientierten Kreise in West- bzw. Ost-Deutschland, das war die übergroße Mehrheit, waren darauf fokussiert, die Ausgangssituation, die durch die Konferenzen in Jalta und Potsdam gegeben war, zu überwinden. Anfang der 1950er Jahre war die Führung der DDR bereits, spektakuläre Schritte zu gehen, um eine Vereinigung mit den drei ehemaligen westlichen Besatzungszonen zu erreichen. Diese als «Stalin-Note» bezeichnete Offerte der Sowjetunion zur Überwindung der Teilung Deutschlands wurde vom Westen unisono abgelehnt. Diese Bedingungen – sie beinhalteten das Angebot zu einer Verpflichtung zur Neutralität für das größere Deutschland – wurden von den westdeutschen Eliten – sie befanden sich im Einklang mit den westlichen Alliierten – abgelehnt. Ihr Ziel war, die DDR zu zerschlagen, um einem vereinten Deutschland Platz zu machen und dasselbe Ziel hatten sowohl die Neonazis im Osten als auch im Westen. Die machtpolitisch motivierte, sowohl interne als auch externe Verschmelzung der SED mit ehemaligen Nazi-Funktionären hatte insofern weitreichende Folgen, als dadurch die traditionell autoritäre Ausrichtung der deutschen Kommunisten zementiert wurde.

An diesen Schnittstellen verbinden sich nationalistisch-völkische Ansprüche der Nazis mit national-bolschewistischer Ideologie und Praxis der KPD. Wissenschaftliche Vergleiche zwischen diesen beiden extremen Formierungen sind mit politischen und parteipolitischen Vorgaben belastet, und es muss deshalb betont werden, dass es sich hierbei um Vergleiche handelt und nicht um ihre Gleichsetzung, was sich schon deshalb von selbst verbietet, weil Geschichte

---

270 BStU, MfS, Zentralarchiv, Allg. S, Band I, 79/56, Bl. 133f.

271 Bach 2009, S. 5.

und Programmatik beider politischen Strömungen fundamental unterschiedlich waren und sind. Doch die vorhandenen Gemeinsamkeiten müssen genannt werden, das gebietet die Verpflichtung zur historischen Wahrheit. Die historischen Erfahrungen aus der Geschichte der DDR ermöglichen insofern nicht nur, theoretische und konkrete Lehr- und Lernprozesse über den fehlgeschlagenen Versuch Ursachen und Folgen des Nazismus aufzuarbeiten, sondern eben auch den Verlauf und das Scheitern des kommunistischen Antifaschismus in Deutschland zu verstehen. Der Umgestaltungsprozess nach 1945 war widersprüchlich: Mit der Übernahme sowjetischer Unterdrückungsmethoden, dem Auf- und Ausbau der kommunistisch gesteuerten Staats- und Parteienbürokratien wurden soziale und politische Fortschritte weitgehend zunichte gemacht. Aus vorgeblichem «Volkseigentum» an der Volkswirtschaft wurde bloßer Staatsbesitz, den niemandem verantwortliche Apparatschiks verwalten und missbrauchen konnten. Die Spitzenpolitiker entwickelten sich zu einer neuen feudalistischen Klasse, Parteien und Massenorganisationen, voran die SED, wurden zu Vereinen von Jasagern umfunktioniert und alle Volksvertretungen und Medien waren gleichgeschaltet. Progressive Kräfte wurden in ihrer Entfaltung behindert und die Abwehrfähigkeit des Staates gegenüber äußeren und inneren Feinden, wie z. B. Rassismus und Autoritarismus, wurde erheblich geschwächt. Von der Reglementierung aller gesellschaftlichen Aktivitäten bis hin zu pomphaften, zugleich aber inhaltsleeren Massenmanifestationen und zum Führerkult wurden partei-kommunistische Muster, aber auch Muster aus Deutschlands reaktionärer Vergangenheit übernommen.[272]

Die KPD trug ihren Anteil daran, dass die Nazis 1933 die Macht ergreifen konnten, denn sie bekämpfte die bürgerliche Demokratie der Weimarer Republik und ebenso die SPD, die als «Sozialfaschisten» gebrandmarkt wurde.[273] Die KPD und ihre Hinwendung zum völkischen Nationalismus in den 1920er, 1930er und 1940er Jahren war der ideologische und politische Vorläufer für die Politik der SED, die mit der DDR einen Staat erhalten hatte, in dem sie diese Programmatik zur Staatsraison erheben konnte. Die völkisch-nationale Politik der KPD waren kein Ausdruck von «Einzelfällen» oder gar «politische Ausrutscher», sie war elementarer Bestandteil ihrer Politik und Ideologie.

So verwunderte es kaum noch jemanden, als die linke Tageszeitung «Neues Deutschland» (ND) am 31. Juli 1998 einen Text von Roland Wehl veröffentlichte – ein rechter Nationalist, der ab 1993 für die rechte Wochenzeitung «Junge Freiheit» schrieb. Mitten im Wahlkampf widmete sich das ND der Frage «Wie national muß die Linke sein?» und in diesem Kontext erscheint der Text von Wehl: «[...] Vieles von dem, was in der DDR ‹links› war, gilt im vereinten Deutschland als ‹rechts›. Das betrifft nicht nur die Haltung zur Armee, Polizei und ‹Recht und

272 Vgl. Behrend.

273 Vgl. Elias 1990, S. 537.

Ordnung›. Es betrifft auch das gemeinschaftliche Denken, das in der DDR so stark entwickelt war. Es betrifft die Fürsorge gegen den Nächsten und die Liebe zum eigenen Land. In den Haßgesängen eines Teils dieser Jugendlichen drückt sich auch die Wut über diesen Verlust aus. Darin zeigt sich die Sehnsucht nach etwas ganz anderem: nach Liebe und einer heilen Welt, die in der Erinnerung der DDR ähnelt. Auf diese Sehnsucht muß die Linke eine Antwort haben. Die Antwort kann nicht aus einem Aufguß alter westlinker Stereotypen bestehen. Die PDS darf nicht die Fehler einer alten West-Linken wiederholen, für die das ‹Volk› immer nur eine reaktionäre Größe war.»[274]

Michael Nier, ein weiterer rechter Autor und Mitglied der NPD, erhielt ebenfalls im «Neuen Deutschland» die Möglichkeit, seine kruden nationalistischen und faschistoiden Ansichten für die Bildung einer Querfront von ganz links bis nach ganz rechts zu verbreiten.

Der Antifaschismus der KPD basierte auf den historischen Vorgaben ab den 1920er Jahren, als der V. Kongress der Kommunistischen Internationale 1924 in seiner «Resolution über den Faschismus» festlegte, Faschismus und Sozialdemokratie wären «die beiden Seiten ein und desselben Werkzeuges der großkapitalistischen Diktatur». Stalin selbst charakterisierte diese beiden ungleichen Strömungen als «Zwillingsbrüder». Der «Sozialfaschismus» führte nicht nur zur «Verengung» des antifaschistischen Kampfes, sondern auch zur Niederlage der Arbeiterbewegung und zum Sieg der faschistischen und rassistischen Kräfte in Deutschland.[275] Das geheime Abkommen der Delegationen der KPdSU (B) und der KPD im Exekutivkomitee der Komintern in Moskau vom 29. Februar 1928 beinhaltet als ersten Punkt die Festlegung, dass die SPD «die Hauptgefahr darstellt».[276] Die Generallinie der KPD lautete ab 1929: Kampf gegen die parlamentarische Republik und für die Diktatur ihrer Partei («Diktatur des Proletariats») nach dem Vorbild der Sowjetunion. Die KPD war eine Sektion der Komintern und sie richtete auf der Grundlage der Anweisungen Stalins ihre Hauptangriffe auf die Sozialdemokraten.[277] Die verhängnisvolle Politik der Kommunisten bestand in der Gleichsetzung der repräsentativen Demokratie mit dem Nationalsozialismus, also von NSDAP und SPD. Damit hat die KPD-Politik – entgegen den SED-Legenden – zum Sieg der Nazis beigetragen. Auch danach blieben die Kommunisten bei ihrer Unterschätzung der Nazi-Diktatur.[278]

Obwohl die Niederlage der KPD bereits 1933 tiefgreifend war, behauptete die Parteiführung, es handelte sich um einen «geordneten Rückzug» und bis 1935 wurde verbreitet, die «Parteilinie» sei richtig gewesen. Ein besonders

274 Vgl. Wehl 1998.
275 Coppi, S. 328.
276 Weber/Bayerlein 2003, S. 111f.
277 Weber 2005, S. 2.
278 Weber 2005, S. 2.

bedrückendes Kapitel stellen die Kommunisten dar, die vor den Nazis in die Sowjetunion geflüchtet waren und dort von den «Säuberungen» Stalins erfasst wurden: «Allein von den 1.400 Spitzenführern der KPD zwischen 1919 und 1945 kam fast jeder Dritte gewaltsam ums Leben, davon 222 als Opfer des Hitler-Terrors, aber 178 auch des Stalin-Terrors. Und von der obersten KPD-Führung, dem Politbüro, wurden mehr unter Stalin ermordet (sieben, nämlich Hugo Eberlein, Leo Flieg, Heinz Neumann, Hermann Remmele, Hermann Schubert, Fritz Schulte und Heinrich Süßkind) als unter Hitler (sechs, nämlich Karl Becker, John Schehr, Ernst Schneller, Werner Scholem, Walter Stoecker und Ernst Thälmann.»[279] Die Propaganda der SED hat die Wirklichkeit zwischen 1933 und 1945 durch ein Lügengebäude verschleiert, d. h. sie funktionalisierte den Widerstandskampf der Kommunisten zu einem Instrument um, das ihre Diktatur historisch-politisch rechtfertigen sollte. Die grundlegenden antifaschistischen Positionen der KPD kommen auch im Manifest des Nationalkomitees «Freies Deutschland» zu einem völkisch-nationalistischen Ausdruck, wo auf vier DIN-A-4-Seiten die Begriffe «Deutschland» bzw. «Deutsche» (42-mal), «Volk» (23-mal), «Hitler» (21-mal), «National» (12-mal), «Vaterland» (6-mal) und «Heimat» (2-mal) vorkommen. Als «völkischen Nationalismus» bezeichne ich einen Nationalismus, der die eigenen deutsch-nationalen Forderungen und Interessen über die anderer Völker stellt und damit nationale Überheblichkeiten fördert, kulturelle oder «rassische» Überlegenheit behauptet und militärische Gewaltpolitik favorisiert. Bis 1914, also bis zum Beginn des I. Weltkrieges, war diese Ausrichtung im Wesentlichen bei rechten Parteien, Vereinen oder Publikationen zu finden, die entweder rassistisch, antisemitisch oder beides waren. Die SPD hatte noch bis zum Juli 1914 Massendemonstrationen für Frieden und Widerstand gegen den drohenden Krieg organisiert. Am 2. August 1914 hingegen entschied der SPD-Fraktionsvorstand mit vier gegen zwei Stimmen für die Bewilligung der Kriegskredite. Bei der Abstimmung in der Fraktion stimmten 78 für und 14 gegen die Bewilligung, die dann bei der Abstimmung im Reichstag am 4. August ohne Gegenstimmen erfolgte. Bei der zweiten Sitzung des Reichstags zu neuen Kriegskrediten am 2.12.1914 stimmte Karl Liebknecht, er war der zweitgeborene Sohn von Wilhelm Liebknecht, als einziger dagegen. Am 20. März 1915 stimmte Otto Rühle zusammen mit Karl Liebknecht gegen weitere Kriegskredite. Liebknecht wurde 1916 wegen seiner Ablehnung der «Burgfriedenspolitik» aus der Fraktion ausgeschlossen und danach wegen «Kriegsverrat» zu vier Jahren Zuchthaus verurteilt. Die von ihm zusammen mit Rosa Luxemburg 1919 gegründete KPD entwickelte nach der Ermordung der beiden Linksradikalen durch Soldaten einer faschistischen «Bürgerwehr» in den 1920er und 1930 Jahren eine völkisch-nationalistische Propaganda und Programmatik, vorgeblich um den rechten Parteien, wie z. B. der NSDAP oder dem «Stahlhelm

279 Weber, 2005, S. 2.

– Bund der Frontsoldaten», der paramilitärische Arm der völkischen DNVP, bei den Massen den Rang abzulaufen. Unter dem Einfluss der KPdSU und dem von ihr gesteuerten und kontrollierten Exekutivkomitee der Kommunistischen Internationale (EKKI) verwob sich dieser, erst als Taktik verstandene und ausgegebene völkische Nationalismus mit der Programmatik der KPD bzw. SED.

Karl Radek baute ab 1918/19 mit anderen zusammen die KPD in Deutschland auf und wurde 1920 in Moskau, als führender Vertreter der KPD, Mitglied des EKKI. Am 20. Juni 1923 hielt Karl Radek auf einer Sitzung der erweiterten EKKI ein Referat, das später als «Schlageter-Rede» in die Geschichte einging. In seiner Rede versuchte Radek, dem Leben des von einem französischen Militärkommando wegen Sabotage und Spionage erschossenen Albert Leo Schlageter einen Sinn zu geben.[280] Schlageter war, so Radek, ein «deutscher Faschist, der zum Tode verurteilt und erschossen wurde von den Schergen des französischen Imperialismus. Die Geschicke dieses Märtyrers Albert Leo Schlageter des deutschen Nationalismus sollen nicht verschwiegen, nicht mit einer abwerfenden Phrase erledigt werden. Schlageter, der mutige Soldat der Kontrarevolution, verdient es, von uns Soldaten der Revolution männlich-ehrlich gewürdigt zu werden.» Und weiter: «Will Deutschland imstande sein, zu kämpfen, so muss es eine Einheitsfront der Arbeitenden darstellen. Die Sache des Volkes zur Sache der Nation gemacht, macht die Sache der Nation zur Sache des Volkes. Wir glauben, dass die große Mehrheit der national empfindenden Massen nicht in das Lager des Kapitals, sondern in das Lager der Arbeit gehört. Wir werden alles tun, daß Männer wie Schlageter, die bereit waren, für eine allgemeine Sache in den Tod zu gehen, nicht Wanderer ins Nichts, sondern Wanderer in eine bessere Zukunft der gesamten Menschheit werden.» Da in Deutschland alle Schichten der Bevölkerung von einer nationalistischen Welle erfasst seien, müsse auch die KPD dieser Stimmung Rechnung tragen, denn bislang habe die gesamte kommunistische Bewegung diesen Gesichtspunkt völlig vernachlässigt, doch die nationale Unterdrückung sei schuld an der derzeitigen Lage, so Radek weiter.[281] Der Aufruf der KPD zum Widerstand gegen die französische Besatzung und der Bekämpfung des Versailler Vertrages wies nicht wenige Forderungen auf, die auch völkische Nationalisten teilen konnten. Das Echo auf diese Kursänderung war groß. In der Folgezeit kam es zu zahlreichen Diskussionen und Veranstaltungen zwischen Vertretern der nationalen Rechten und Kommunisten. So sprach etwa der KPD-Reichstagsabgeordnete Hermann Remmele in Stuttgart am 2. August 1923 auf einer Versammlung der NSDAP: «Sie, die Faschisten, geben nun an, das jüdische Finanzkapital zu bekämpfen. Schön. Tun Sie das! Einverstanden. (Stürmischer Beifall bei den Faschisten) Aber Sie dürfen eines nicht vergessen, das Industriekapital! (Zurufe bei den Faschisten: ‹Bekämpfen

280 Dupeux 1985, S. 185.
281 Dupeux 1985, S. 187f.

wir genauso!) Denn in Wirklichkeit ist das Finanzkapital nichts anderes als jenes Industriekapital.»[282] Und in einer Rede vor völkischen Studenten erklärte Ruth Fischer, Mitglied der Zentralkomitees der KPD: «Sie rufen auf gegen das Judenkapital, meine Herren? Wer gegen das Judenkapital aufruft, meine Herren, ist schon Klassenkämpfer, auch wenn er es nicht weiß. [...] Tretet die Judenkapitalisten nieder, hängt sie an die Laterne, zertrampelt sie. Aber, meine Herren, wie stehen sie zu den Großkapitalisten?» Dass war kein «politischer Ausrutscher», denn während der bayerischen Landtagswahl im April 1924 beschlagnahmte die Polizei in einem Büro der KPD in Nürnberg Flugblätter mit der Aufschrift «Nieder mit der Judenrepublik». In der «Roten Fahne», dem Zentralorgan der KPD, wurde nun offen mit Nationalisten wie den Schriftstellern Ernst Graf Reventlow und Arthur Möller van den Bruck diskutiert.[283] Ab den 1920er Jahren hatte sich in der KPD ein antisemitischer Antizionismus breitgemacht, der inhaltlich dem entsprach, was während der Existenz der DDR und in Teilen der außerparlamentarischen Linken im Westen ab den 1970er Jahren bis heute vertreten wird.[284]

Die Stationen auf dem Weg von einer für revolutionäre Umwälzung gegründeten Partei hin zu einer Partei, die voll und ganz auf die vermeintliche Verteidigung von «Volk» und «Nation» setzt – und das in den wenigen Jahren der Existenz der «Weimarer Republik» – ist von besonderer historischer Bedeutung. Das ZK der KPD veröffentlichte 1930 eine «Programmerklärung zur nationalen und sozialen Befreiung des deutschen Volkes», mit der ich mich an anderer Stelle ausführlich beschäftige.[285] Es kam zu einem «Redneraustausch» zwischen der KPD und der NSDAP und am 22. Januar 1931 traten bei einer gemeinsamen öffentlichen Diskussion der Gauleiter der NSDAP von Berlin, Dr. Joseph Goebbels, und der kommunistische Reichstagsabgeordnete Walter Ulbricht auf.[286] Beim «Berliner Mieterstreik» 1932 und beim Streik der Beschäftigten der Berliner Verkehrsbetriebe am 2. November 1932 kam es zur gemeinsamen Aktion, als sich in der BVG-Streik-Leitung SPD- und KPD-Mitglieder zusammen mit zwei Funktionären der «Nationalsozialistischen Betriebszellenorganisation» (NSBO) betätigten.

In der Haft in Bautzen schrieb Ernst Thälmann, Vorsitzender der KPD, an einen Mitgefangenen: «Mein Volk, dem ich angehöre und das ich liebe, ist das deutsche Volk, und meine Nation, die ich mit großem Stolz verehre, ist die deutsche Nation. Eine ritterliche, stolze und harte Nation. Ich bin Blut vom

282 Dupeux 1985, S. 200; http://www.rote-ruhr-uni.com/Die-KPD-und-der-Antisemitismus.html.
283 Dupeux 1985, S. 199f; Becker et al. 1997, S. 51.
284 Vgl. Kistenmacher 2014.
285 Rote Fahne, 24. August 1930, zitiert nach Teidelbaum.
286 http://www.dhm.de/lemo/html/weimar/innenpolitik/bvgstreik/index.html.

Blute und Fleisch vom Fleische der deutschen Arbeiter und bin deshalb als ihr revolutionäres Kind später ihr revolutionärer Führer geworden.»[287]

Leo Trotzki, seit 1929 auf der Flucht vor Stalins Schergen und schließlich im Exil, kritisierte Thälmann im August 1931, er habe mit Hitler und seinen Banditen eine «Einheitsfront» gebildet und ihm ginge es in Wirklichkeit um «nationale Befreiung» nicht um die proletarische Revolution. Trotzki: «‹Der Hauptfeind steht im eigenen Land!› lehrte früher Karl Liebknecht. Habt ihr das vergessen, Freunde? Oder taugt diese Lehre vielleicht nicht mehr? Für Thälmann ist sie offensichtlich veraltet.»[288]

Die Auswirkungen der Entscheidung Stalins zum Aufbau eines «Sozialismus in einem Land» gipfelten in einem autoritären Führerkult, im Mythos des Vaterlandes und der totalen Herrschaft durch den Staat über seine Bevölkerung.

In der «Programmerklärung zur nationalen und sozialen Befreiung des deutschen Volkes» von 1930 ging es der KPD mehr um die «nationale Befreiung Deutschlands» als um eine sozialistische Gesellschaft.[289] Die Erklärung war der erste programmatische Text der KPD seit dem Gründungsprogramm von 1919 und ging auf einen Vorschlag des KPD-Parteivorsitzenden Ernst Thälmann zurück. Das Programm stelle ein «ganz von nationalen Gefühlen durchtränktes Selbstbildnis» dar, so die Selbsteinschätzung der Parteiführung. Mit dieser Programmerklärung schlug die KPD nun auch offiziell einen völkisch-nationalistischen Kurs ein und begab sich damit in die Nähe zur NSDAP. Neben die sozialistischen Programmpunkte traten nun nationalistische Forderungen, nicht zuletzt diejenigen einer nationalen und sozialistischen Volksrevolution der ausgebeuteten Klassen, die die Fixierung auf das Industrieproletariat ersetzte. Mit diesem Programm versuchte die KPD-Führung, sich an die Spitze des nationalen Widerstandes gegen die Folgen des «Versailler Diktats» zu setzen. So heißt es in der Programmerklärung: «Wir Kommunisten sind gegen die auf Grund des Versailler Gewaltfriedens durchgeführte territoriale Zerreißung und Ausplünderung Deutschlands. [...] Wir werden den räuberischen Versailler ‹Friedensvertrag› und den Youngplan, die Deutschland knechten, zerreißen, und werden alle internationalen Schulden und Reparationszahlungen, die den Werktätigen Deutschlands durch die Kapitalisten auferlegt sind, annullieren. Wir erklären feierlich vor allen Völkern der Erde, vor allen Regierungen und Kapitalisten des Auslandes, daß wir im Falle unserer Machtergreifung alle sich aus dem Versailler Frieden ergebenden Verpflichtungen für null und nichts erklären werden, daß wir keinen Pfennig Zinszahlungen für die imperialistischen Anleihen, Kredite und Kapitalanlagen in Deutschland leisten werden. [...] Wir Kommunisten sind

287 Vgl. Teidelbaum 2013.

288 Bozic 2008; Schüddekopf 1960, S. 292f.

289 Schüddekopf 1960, S. 100.

die einzige Partei, die sich den Sturz des Imperialismus und die Befreiung der Völker von der Macht des Finanzkapitals zum Ziele setzt.»[290]

Die Forderungen in diesem Programm wurden auch mit den berechtigten sozial- und wirtschaftspolitischen Interessen der durch die Weltwirtschaftskrise proletarisierten Volksmassen verbunden: «Die Regierungsparteien und die Sozialdemokratie haben Gut, Leben und Existenz des werktätigen deutschen Volkes meistbietend an die Imperialisten des Auslands verkauft. Die sozialdemokratischen Führer sind nicht nur die Henkersknechte der deutschen Bourgeoisie, sondern gleichzeitig die freiwilligen Agenten des französischen und polnischen Imperialismus. Alle Handlungen der verräterischen, korrupten Sozialdemokratie sind fortgesetzter Hoch- und Landesverrat an den Lebensinteressen der arbeitenden Masse Deutschlands. [...] Wir Kommunisten bringen den Werktätigen das Programm ihrer sozialen Befreiung vom Joche des Kapitals. Wir werden die Begeisterung der Massen zum Siege über die Bourgeoisie, zur sozialen und zugleich zur nationalen Befreiung des werktätigen deutschen Volkes entfachen. Nur der Hammer der proletarischen Diktatur kann die Ketten des Youngplans und der nationalen Unterdrückung zerschlagen. Nur die soziale Revolution der Arbeiterklasse kann die nationale Frage Deutschlands lösen. [...] Mit eisernem proletarischem Besen werden wir alle Schmarotzer, Großindustriellen, Bankiers, Junker, Großkaufleute, Generale, Bürgerliche Politiker, Arbeiterverräter, Spekulanten und Schieber aller Art hinwegfegen.»[291]

Dieses Programm war von Heinz Neumann, Mitglied des Politbüros und Reichstagsabgeordneter, auf unmittelbare Anweisung von Stalin verfasst worden. Im Sommer 1931, als die KPD auf Befehl Stalins dazu überging die Nazis zu tolerieren, fiel Neumann in Ungnade. Er wurde am 27. April 1937 im Exil in der UdSSR vom NKWD verhaftet. Am 26. Oktober 1937 verurteilte ihn das Militärkollegium des Obersten Gerichts der Sowjetunion zum Tode durch Erschießen.[292]

Trotz Kritik aus den eigenen Reihen hielt die KPD-Führung an ihrem neuen nationalen und sozialistischen Kurs fest. Bestätigt sah sich die KPD-Führung in ihrem neuen Kurs, als im März 1931 der ehemalige Reichswehroffizier Richard Scheringer von der NSDAP zur KPD überlief. Viele NSDAP-Mitglieder folgten ihm. Durch die Kehrtwende der KPD in der nationalen Frage war der Wechsel von Mitgliedern in das jeweilige andere feindliche Lager keine Seltenheit mehr.[293]

Von der SA in Berlin wurde eine Umfrage durchgeführt, der zufolge bei einzelnen SA-Stürmen sogar bis zu 55 Prozent der Mitglieder ehemalige Kommunisten waren. Bei einem Aufmarsch der Nationalsozialisten in Braunschweig

290 Dupeux 1985, S. 438–447.

291 Weber 1963, S. 60.

292 Schüddekopf 1960, S. 289, S. 484.

293 Dupeux 1985, S. 453–460.

trug eine Berliner Gruppe der SA sogar noch die Uniform des «Kampfbundes gegen den Faschismus» und war nur durch die Armbinden als SA zu erkennen. In vielen Bezirksparlamenten und sogar auf Reichstagsebene kam es zur Aktionseinheit beider Organisationen. Die KPD beteiligte sich 1931, unter massivem Druck Stalins, gemeinsam mit dem «Stahlhelm», der DNVP und der NSDAP am Volksentscheid zur Auflösung des sozialdemokratischen Landtages in Preußen.[294]

Während des II. Weltkrieges baute die Exil-KPD ab 1943 das «Nationalkomitee Freies Deutschland» (NKFD) auf, das als Erkennungszeichen die Farben des Kaiserreiches Schwarz-Weiß-Rot hatte und in dessen Manifest zur Gründung wurde u. a. gefordert: «Deutschland darf nicht sterben.» Um den Sieg über die Nazis zu erringen, sei eine «wahrhaft deutsche Regierung» die Voraussetzung und entscheidend für den Ausgang dieses «Freiheitskampfes» wären «die volks- und vaterlandstreuen Kräfte in der Armee».[295] Die völkischen und nationalistischen Vorstellungen des NKFD gingen eindeutig auf entsprechende programmatische und politische Entwicklungen der KPD in den 1920er und 1930er Jahren zurück. Das Manifest erklärte die Person Hitler zur Ursache aller Übel.

Auch im Nachkriegsdeutschland war die nationale Frage in der Kommunistischen Partei präsent. Im Wahlaufruf vom 11. Juni 1945 proklamierte die KPD im Zeichen ihrer Bestrebungen zur Wiedervereinigung den «nationalen Protest», die «nationale Selbsthilfe» und den «nationalen Befreiungskampf». Sie forderte die «Schaffung einer nationalen Front, die alle ehrlichen Deutschen umfasst, die ihr Volk und ihr Vaterland lieben» und nannte sich selbst die «einzig wahrhaft nationale Partei». Im Programm der KPD zur «nationalen Wiedervereinigung Deutschlands» von 1952 heißt es außerdem: «Nach dem Krieg geriet Westdeutschland in die Sklaverei der amerikanischen, englischen und französischen Imperialisten. Die westdeutsche Wirtschaft ist als Folge der Imperialisten ‹Hilfe› von Grund auf ‹überfremdet› und desorganisiert. Zugleich führt der amerikanische Imperialismus einen systematischen Kampf gegen die deutsche Nationalkultur. Er möchte den Deutschen vergessen machen, dass sie Deutsche sind und dass sie eine große Vergangenheit als selbstständige und begabte Nation besitzen.» Des Weiteren heißt es dort: «Wir wollen, dass unser großes Kulturerbe dem deutschen Volk erhalten bleibt und verlangen Schutz unseres Kulturerbes gegen amerikanische Zerstörung. [...] Kein Quadratmeter deutscher Heimaterde darf preisgegeben werden! Schütz den deutschen Bauern, seinen Hof und seine Scholle. Schützt unsere Frauen und Mädchen vor der Willkür der fremden Soldateska.»[296]

294 Spiegel, S. 150f; Weber 2005, S. 2; Schüddekopf 2005, S. 287–305.

295 http://www.dhm.de/lemo/html/dokumente/manifest/index.html

296 Flechtheim 1973, S. 292–299; Vgl. Teidelbaum 2013; Weber 1963, S. 527–539.

Dieser Text enthält auch eine ideologische Festlegung der Ursachen des Faschismus in Deutschland. Nur die Person Hitler und einige wenige Parteigänger wurden verantwortlich gemacht. Seitenweise wird vom «totalen Krieg Hitlers», vom «Hitlerregime», von «Hitlerdeutschen», von «Hitlerarmeen», von der «Hitlerei» und schließlich vom «Hitlerfaschismus» gesprochen und so nicht nur die ab 1933 gültige Dimitroff-These verschwiegen, sondern ebenso die von der KPdSU über die Kommunistische Internationale verordnete, Position des «Sozialfaschismus», mit der eine Zusammenarbeit zwischen den Arbeiterparteien gänzlich verunmöglicht wurde.[297]

In der DDR kam es dann zur ungehemmten, vollen Entfaltung dieser Tendenzen, denn die KPD bzw. SED hatte die soziale Revolution voll und ganz der nationalen Befreiung untergeordnet und das wiederum hatte in der DDR ökonomische Ausbeutung und politische Unterdrückung zur Folge.[298] Ein zentraler Ausdruck dieses Nationalismus war die Parole von der militärischen Verteidigung der «Nation DDR». Dieser chauvinistische Nationalismus der SED war ein exzessiver Nationalismus mit militärischer Prägung und so heißt es 1956 in einer Entschließung des V. Pädagogischen Kongresses: «So glühend wie die Liebe zu Deutschland, die wir in unseren Herzen zu entzünden imstande sind, so heiß wird der Haß unserer Jugend gegen alle Feinde des deutschen Volkes sein, und so stark ihre Bereitschaft und ihr Wille [...] die Deutsche Demokratische Republik gegen jeden Angriff, gegen jede Schädigung zu verteidigen.»

Sofort nach dem II. Weltkrieg waren offiziell selbst Kriegsspielzeug und Marschmusik verpönt und erst durch die Entfachung des «neuen» militärischen Geistes zur Aufrüstung wurde eine Entwicklung hin zum Militarismus in Theorie und Praxis angeschoben. So wurden dann nationalistische Einstellungen und Ideen benützt, um die Herrschaft der SED zu zementieren, da die «sozialistischen» Vorstellungen immer unglaubwürdiger wurden. In der Sowjetunion hatte sich unter Stalin eine Geschichtsschreibung durchgesetzt, die «einen antimarxistischen, großrussischen Nationalismus und Chauvinismus ohnegleichen entwickelt» hatte, der 1951 und 1952 die zaristische Unterdrückungspolitik gegenüber Ukrainern, Kaukasusvölkern und Kirgisen für ‹fortschrittlich›» erklärte. Zu diesem Zeitpunkt unternahmen auch die Historiker in der DDR eine Kehrtwendung zur «nationalen» Tradition, die zu einem Bestandteil der herrschenden Ideologie wurde. Je mehr der Pazifismus in der deutschen Bevölkerung des Nachkriegsdeutschlands unterdrückt wurde, umso stärker wurden die «nationalen» Traditionen aus der deutschen Geschichte in den Vordergrund gerückt.[299]

297 Spiegel, S. 33f.

298 Marcuse 1999, S. 32f.

299 Weber/Pertinax 1958, S. 131f.

Mit Honecker verschoben sich die politischen und ideologischen Grundaussagen endgültig und die Schwerpunkte lagen nun auf einer Propaganda für die «sozialistische Nation in den Farben der DDR». Nation, Heimat und Vaterland sollten nun geliebt, geachtet und verteidigt werden. Die nationalistische Propaganda der Partei- und Staatsführung wurde in den Krisenjahren der zweiten Hälfte der 1980er Jahre verstärkt eingesetzt, um der auseinanderdriftenden ostdeutschen Gesellschaft einen Halt zu geben. Die Notwendigkeit der Konstitution einer «Nation DDR» wurde mit den «egoistischen Klasseninteressen» der Herrschenden in der BRD begründet, die letztlich nach 1945 die Spaltung Deutschlands verursacht und somit eine einheitliche deutsche Nation verhindert hätten. Die nationalen Interessen Gesamtdeutschlands seien durch eine «Politik des nationalen Verrats» aufgegeben worden und die Auflösung des einheitlichen deutschen Staates sei so von den Kommunisten nicht mehr zu verhindern gewesen. Die wahren Interessen der gesamten deutschen Nation würden in der DDR beheimatet sein und gepflegt werden. Deshalb, so die SED auf ihrem VIII. Parteitag 1971, sei die deutsche Frage bereits entschieden und es gebe keine «offene deutsche Frage» mehr. Ziel der DDR sei es nun, alle Klassen und Schichten der DDR «zu einer nationalen Gemeinschaft» zusammenzuschließen.

Die SED propagierte eine (ost-)deutsche Gemeinschaft des Volkes, in der den jungen Deutschen die Aufgabe zukam, die «humanen und sozialen Errungenschaften der Nation» militärisch zu verteidigen. Kinder bis hin zu Absolventen der Ober- und Hochschulen wurden von dieser Militarisierung erfasst und der Mobilisierungsdruck wurde im Wesentlichen von der FDJ, den Thälmann-Pionieren sowie der GST entfaltet. Die jungen Ostdeutschen wurden dazu erzogen, die Heimat und das Vaterland zu lieben, zu verteidigen und die «imperialistischen Feinde» zu hassen – ein solcher ideologischer Zangenangriff auf das Bewusstsein mehrerer Generationen von Heranwachsenden konnte nicht ohne Folgen bleiben. Anfang 1979 führte die FDJ Versammlungen durch zum Thema: «Die DDR – mein sozialistisches Vaterland» und zu Beginn des Jahres 1984 entwickelte die FDJ-Führung eine neue Variante der politischen Indoktrination; ab sofort stand die Verbandsarbeit unter dem Motto die «Liebe und Treue jedes Jugendlichen zu seinem Vaterland zu festigen». Diese vaterländisch ausgerichteten Parolen lösten die militärischen Losungen von 1982 ab, wie z. B. «Der Frieden muss verteidigt werden – der Frieden muss bewaffnet sein». So bewegte sich die politische Führung in Berlin auf einem Weg der nationalen Orientierung, bis hin zur «rückhaltlosen Liebe» der Heimat und des Vaterlandes. Die positiv gesetzte emotionalisierende Ansprache sollte die abdriftende Jugend enger an die DDR binden und abseits stehende Jugendliche sollten wieder «zurückgeholt» werden. Die bisherige Propaganda war als zu defensiv kritisiert worden, weil zur Bewältigung der «negativen» Kräfte nun offensive und lebendige Diskussionen nötig wären. Es wurde gefragt: «Warum bist du stolz auf deine Heimat? Was gefällt dir an deiner Heimat?» und die Ergebnisse dieser Gespräche zeigten den Funktionären, dass die Jugendlichen einen gewissen Stolz auf das «sozialistische Vaterland» und dessen Errungenschaften im «harten Klassenkampf» zeigten und sich dazu bekannten, die Errungenschaften des «realexistierenden Sozialismus» militärisch zu verteidigen. Die Pionierorganisation schuf 1983 das Ferienspiel «Meine Heimat DDR», mit dem Kinder und Jugendliche ihr «sozialistisches Vaterland» besser kennen lernen sollten. Die Parteifunktionäre erhofften sich dadurch eine politische Stärkung und Sicherung der DDR. Diese politische Indoktrination diente dem Zweck der Herausbildung «grundlegender Überzeugungen» und sollte den Verstand und die Gefühle der Kinder und Jugendlichen gleichermaßen ansprechen. Die Inhalte dieser im Spiel vermittelten Positionen waren im Wesentlichen die «Aneignung revolutionärer und humanistischer Traditionen der Arbeiterklasse, das Werden und Wachsen der DDR, die Leistungen der SED, die unzerstörbare Freundschaft zur Sowjetunion und der Kampf um den Frieden sowie die internationale Solidarität mit allen um ihre Freiheit kämpfenden Völkern». Die SED setzte auf eine Emotionalisierung der Beziehungen der Bevölkerung zu Heimat und Vaterland. Den «imperialistischen und neofaschistischen Einflüssen aus dem Ausland» wurde die «realsozialistische Sicherheit und Geborgenheit» gegenübergestellt. Die Losung für das 40. Jubiläum der Staatsgründung 1989 lautete: «All' unsere Liebe und Treue und unsere Tat gehören unserem sozialistischen Vaterland, der Deutschen Demokratischen Republik! Stärken und schützen wir es mit unseren Taten!»

Dieser vaterländische Aufruf, die DDR solle geliebt und geschützt werden, war die «letzte» große Propagandaübung der SED. Welche voluntaristischen Verrenkungen die Funktionäre dabei begehen mussten, zeigt der Inhalt eines Aufrufs, in dem vorab eine «Kampfdemonstration als leidenschaftliches Bekenntnis der Jugend zu ihrem sozialistischen Vaterland gestaltet wird. Geprägt wird sie vom offensiven und optimistischen Auftreten der Teilnehmer, von einer einheitlichen Gestaltung des politischen Inhaltes, der Musik, des Gesanges, der Sprache und vielfältigen optischen Gestaltungsmitteln.»[300]

Sowohl Ulbricht als auch Honecker, beide waren schon in der Weimarer Republik Mitglieder der KPD, behaupteten, die DDR sei der wahre Hort der deutschen Nation. Schon deshalb, weil die westdeutsche Bourgeoisie letztlich die deutsche Teilung nach 1945 verursacht und somit eine einheitliche deutsche Nation verhindert hätte. Die nationalen Interessen Gesamtdeutschlands wären durch eine «Politik des nationalen Verrats» aufgegeben worden und die Auflösung des einheitlichen deutschen Staates sei so von den deutschen Kommunisten nicht mehr zu verhindern gewesen.

300 Vorlage an das FDJ Sekretariat Nr. 18/10/88, den 15.2.1988, SAPMO-BArch, DY 24/ A 11.436, S. 1.

So wurde eine Ideologie entfaltet, mit der gleichzeitig zu einer «Liebe für die Heimat» und zum «Haß auf die imperialistischen Feinde» erzogen wurde. Mit den nationalistischen Parolen bewegte sich die SED auf einem Weg der nationalen Orientierung bis hin zu den Forderungen zu einer «rückhaltlosen Liebe für Heimat und Vaterland». Besonders in den krisenhaften 1980er Jahren hatte diese auf Emotionen setzende Indoktrination die Aufgabe, die Bevölkerung eng an die SED zu binden. Die Führung der SED wusste anhand der Ergebnisse demoskopischer Umfragen des «Zentralinstituts für Jugendforschung» (ZIJ), dass nennenswerte Teile der Bevölkerung sich bereits seit längerer Zeit von den für sie legitimatorisch wichtigen Inhalten, der offiziell gültigen Geschichtsschreibung und der herrschenden Politik distanziert hatten und dass nationalistische oder faschistische Einstellungen und Strömungen nicht mehr zu übersehen waren. Auch in der DDR wurde suggeriert, es habe sich ab 1945 um einen völligen Neubeginn gehandelt. Hier erweist sich, dass der Grad der Aufklärung über die polykausalen Ursachen des deutschen Faschismus und seine Auswirkungen auf post-faschistische Gesellschaften unabdingbar gebunden ist an den Grad der gesellschaftlichen Freiheit und «daß die Ursache des Rückfalls von Aufklärung in Mythologie nicht so sehr bei den eigens zum Zweck des Rückfalls ersonnenen nationalistischen [...] Mythologien zu suchen ist, sondern bei der in Furcht vor der Wahrheit erstarrenden Aufklärung selbst.»[301]

Die SED-Propaganda der «Liebe für Heimat und Vaterland» wurde ergänzt durch die Aufforderung der Abwehr «imperialistischer und neofaschistischer Einflüsse aus dem Ausland», denen die «realsozialistische Sicherheit und Geborgenheit» in der DDR gegenübergestellt wurde.[302] Dass dem im Jahr 1989 der Ruf «Wir sind das Volk» entgegenschlug, zeigt, dass ein nationalistischer Kontext, gerade weil er so intensiv und über einen so langen Zeitraum betrieben werden konnte, am Ende zu einem circulus vitiosus gerät. Die parteikommunistische Entwicklung zum völkischen Nationalismus war eingebettet in das vom «Marxismus-Leninismus» vorgegebene manichäische Weltbild, im Grunde genommen eine Freund-Feind-Struktur, bei dem der Teil der Welt, der sich unter der Führung der KPdSU befand, zu den «Guten» gehörte und die anderen, die Feinde, die sich unter der Führung der imperialistischen USA befanden, waren die absolut «Bösen».[303] Die Theorie von Marx und Engels hingegen ist, ihrer ganzen Substanz nach, international. Der Nationalismus ist nur in einer Stufe des historischen Prozesses progressiv, einer Stufe, die von der fortgeschrittenen westlichen Welt bereits überschritten worden war. Dem Sowjetmarxismus ist es «niemals gelungen den Widerspruch zwischen seinem eigenen Nationalismus und dem Marxschen Internationalismus zu versöhnen – weder in seiner Stra-

301 Horkheimer/Adorno 1981, S. 3.

302 Persönliche Information, FDJ BL Erfurt vom 7.11.1977, SAPMO-BArch, DY 24/ A 9.301, S. 3f.

303 Vgl. Haury o. J.

tegie noch in seiner Ideologie, wie die mühsamen Unterscheidungen zwischen ‹bourgeoisem Kosmopolitismus› und echtem Internationalismus, zwischen Chauvinismus und ‹Sowjetpatriotismus› zeigen.»[304]

Die ideologischen und politischen Übereinstimmungen der Nazi-Ideologie mit völkisch-nationalistischen Vorstellungen der KPD haben ihre eigene Geschichte, sowohl in den zugrunde liegenden Gemeinsamkeiten der in Deutschland bis 1945 tradierten Kultur (Rassismus, Autoritarismus etc.) als auch in ihrer anti-demokratischen Theorie und Praxis. Gemeinsamkeiten wurden sichtbar durch gemeinsame politische Aktivitäten zwischen der NSDAP und der KPD während der Weimarer Republik, sie führten bis zum Hitler-Stalin-Pakt und schließlich bis zu den Geheimverhandlungen Honeckers mit Vertretern von Gruppen alter Nazis. Mit der Kooperation zwischen den kommunistischen Antifaschisten an der Spitze der DDR und der mittleren Funktionselite aus ehemaligen Nazis, entstand mit der DDR ein kleinbürgerlich dominierter deutscher Staat, mit autoritärem, nationalistischem und militaristischem Charakter, der rassistische Erscheinungen nur auf repressiver, administrativer oder propagandistischer Ebene bekämpfen konnte. Auch hier kam es, gleich wie in der BRD, zum großen Frieden mit den Tätern. Den Rückkehrern aus dem östlichen und westlichen Ausland stand am 8. Mai 1945 eine demoralisierte Masse aus Frauen und Männern (auch Kindern) gegenüber, von denen viele bis zum Schluss Anhänger des Nazismus geblieben waren. Für den Aufbau und den Bestand der DDR benötigten die deutschen Kommunisten für die mittlere Ebene der Machtausübung die erfahrenen Nazi-Funktionäre, die die Geschäfte des staatskapitalistischen Systems betrieben. Sie verflochten ihre subkutan vorhandenen, zwar gebrochenen und verdrängten, aber nach wie vor wirksamen rassistischen Einstellungen mit den neuen Erfordernissen des staatssozialistischen Landes. Aus diesem Gemisch entwickelte sich dort im Laufe der Zeit nicht nur eine autoritäre und rassistische Ideologie, sondern eine ebenso abstoßende gesellschaftliche Wirklichkeit.

304 Marcuse 1969, S. 154f.

Neonazismus

Für die Beschreibung der Ursachen neonazistischer Bewusstseinsinhalte und -strukturen bei Jugendlichen der DDR sind Analysen des autoritären Staats- und Gesellschaftsgefüges notwendig, denn mehrere Generationen wurden in diesem ideologischen und gesellschaftlichen Kontext sozialisiert. Eine zentrale Vermittlungsinstanz – neben den Schulen und den Familien – war die FDJ als «einheitliche sozialistische Massenorganisation». Für die gesamte Tätigkeit der FDJ waren das Programm und die Beschlüsse der SED grundlegend und bindend. Der Führungsanspruch der SED über die gesamte Jugend produzierte über umfangreiche Repressionen, Disziplinierungen und Bespitzelungen autoritäre Bewusstseinseinstellungen, die als ein präpositionales Feld für neonazistische Einstellungen angesehen werden können.[305]

Ulbricht erläuterte in einer Rede vor dem Politbüro im August 1961 seine Vorstellungen über die ostdeutsche Jugend: «Die erste Aufgabe für die Jugend ist, wenn das Vaterland ruft, sich zum Schutz der Deutschen Demokratischen Republik zur Verfügung zu stellen. Das gilt nicht nur für die Vorhut der Jugend, das gilt für alle Jugendlichen. Wir haben einige Maßnahmen gegen feindliche Elemente durchgeführt. Jugendliche, die nicht arbeiten wollen, werden es in Arbeitslagern lernen. Aber die Einrichtung von Arbeitslagern ist nicht so zu verstehen, dass wir auf Jugendliche einen Druck ausüben wollen. Wir müssen offen diskutieren, auch mit den Banden. Wir dürfen nicht den Eindruck erwecken, dass wir sofort einsperren, dazu haben wir noch Zeit.»[306]

Diese Rede, noch ganz unter dem Eindruck der Errichtung des «antifaschistischen Schutzwalls», vermittelt einen Einblick in die intentionalen Vorstellungen der SED-Führung beim Umgang mit abweichenden Auffassungen. Der Widerspruch zwischen Zwang, Disziplin und Ordnung einerseits und dem Anspruch andererseits, die Jugend solle in offener Spontaneität das System begrüßen, bestimmte die Geschichte der DDR bis zu ihrem Ende.

Auf der politischen Ebene wurde bis in die 1960er Jahre vorwiegend die FDJ gegen die sich entwickelnde Neonazi-Szene instrumentalisiert. Der Zentralrat der FDJ entwickelte ein Strategiekonzept zur Auseinandersetzung mit gewalttätigen Jugendgruppen, zu denen auch Neonazis und Rassisten gezählt wurden. Drei Bereiche wurden dabei genannt:

1. Alle Fälle mit «Rowdytum» und «Bandenbildung» sollten aufgelistet werden.
2. Die daran beteiligten Personen sollten mit wie immer auch gearteten Kontakten mit dem Westen in Verbindung gebracht werden.

---

305 Statut der Freien Deutschen Jugend, in: X. Parlament der Freien Deutschen Jugend, Hrsg. vom Zentralrat der Freien Deutschen Jugend, Berlin (Ost), 1976, S. 446.

306 W. Ulbricht im SED-Politbüro am 22.8.1961, VV, SAPMO-BArch, DY 24 / A 3.727, S. 1 und S. 6.

3. Die subalternen Ebenen des Verbandes wurden aufgefordert, Vorschläge zur Minimierung des Problems einzureichen.

Die führenden Funktionäre im Zentralrat hatten festgestellt, dass die verschiedenen Leitungen der FDJ äußerst mangelhaft reagierten, denn die Problematik sei nicht ernst genommen worden, weil irrtümlich davon ausgegangen worden sei, dass die Jugendlichen und ihre Aktionen nur eine kleine, unbedeutende Minderheit repräsentierten. Diese Leitungen hatten offensichtlich nicht erkannt, dass der «Gegner» versuchte, mit Hilfe dieser Jugendlichen «unser sozialistisches System zu diffamieren und dagegen zu hetzen». Das Sekretariat der FDJ verwies mit Nachdruck auf die bereits eingeleitete Gründung von Ordnungsgruppen auf Bezirks- und Kreisebene, die speziell in den Gebieten mit sogenannten Jugendbanden forciert werden sollten. Eine weitere Maßnahme zur Eindämmung der Aktivitäten war der Kinofilm: «Du bist nicht allein», der in Jugendclubs oder anderen Jugendeinrichtungen gezeigt wurde. Nach den Filmvorführungen sollten Diskussionen stattfinden. Die FDJ legte in diesem Schreiben offen, dass es der Generalstaatsanwaltschaft, der Hauptverwaltung der Volkspolizei, dem Ministerium für Volksbildung und dem Ministerium des Innern vorgeschlagen habe, Maßnahmen zu treffen, die «ein schnelles Erkennen und Eingreifen in solche Erscheinungen» ermöglichen sollte.[307] So wurde an der Oberschule «Deutsch-Sowjetische Freundschaft» in Magdeburg Ende der 1960er Jahre ein Hakenkreuz geschmiert und eine rote Fahne entwendet, woraufhin die Stadtleitung Magdeburg der FDJ beschloss nach Abstimmung mit der Kriminalpolizei in allen vier Stadtbezirken Ordnungsgruppen einzusetzen, um weitere Vorfälle zu verhindern.[308] Ihre Mitglieder waren uniformiert mit Barett, Hemd und Armbinde, politisch-ideologisch erzogen und vertraut in paramilitärischen «Einsatzformen und -methoden» wie Exerzier- und Zweikampfausbildung, verbunden mit sportlichen Aktivitäten und Kenntnissen über «sozialistisches Recht». Die Kenntnisse und Fertigkeiten wurden den Jugendlichen in fachspezifischen Schulungsmaßnahmen durch Angehörige der «Justiz-, Schutz- und Sicherheitsorgane» vermittelt.[309] Diese paramilitärisch ausgebildeten und geführten Ordnungsgruppenverbände machten einen Teil der polizeilich-militärischen Struktur aus und sie waren primär vorgesehen für die Durchsetzung von «Disziplin, Ordnung, Sauber-, Höflich- und Ehrlichkeit» bei Jugendlichen. Ob in einer Diskothek in der Stadt oder auf dem Land oder bei

307 Sekretariat des Zentralrates der FDJ, SAPMO-BArch, DY 30/ IV 2/16/230.

308 Übersicht über Besondere Vorkommnisse während der Vorbereitung des Volksentscheides (Volksentscheid über eine neue DDR-Verfassung am 6.4.1968, HW), Abteilung Verbandsorgane, den 24.4.1968, Bezirksorganisation Erfurt, SAPMO-BArch, DY 24/ E 6.152, S. 1.

309 FDJ-Vorschlag für die Auswahl und den Einsatz von 1000 Funktionären der FDJ als Agitatoren in der Zeit vom 15. bis 22.6.1988, FDJ Abteilung Verbandsorgane, SAPMO-BArch, DY 24 / A 11.448, Anlage S. 2.

nationalen Großveranstaltungen wurden Ordnungsgruppen mobilisiert und eingesetzt. Die Struktur der Verbände der Ordnungsgruppen gliederte sich auf in Kreis-, Bezirks- und Zentralebene.[310]

Im Jahr 1963 wurden faschistische Symbole vorwiegend von «Kindern von 8–12 Jahren, auffallend viele 8Jährige», geschmiert. Erwähnenswert war für das MfS, dass auch «gute Pioniere» als Täter erfasst wurden. Darunter befanden sich auch «mehrfach auffällig gewordene Kinder und pathologische Fälle».[311]

Im Jahr 1968 wurden 128 faschistische Losungen bzw. Symbole und Hetzschriften festgestellt. Davon wurden 27 Delikte mit 33 Tätern aufgeklärt. 23 Ermittlungsverfahren wurden eingeleitet und 13 konnten abgeschlossen werden. Es gab Gruppen mit Jugendlichen, die «sich nach dem Vorbild nazistischer Verbände» organisierten, ohne dass sie sich «in jedem Fall über die Tragweite ihrer Handlungen im klaren» zu sein schienen.[312]

Besonders nach dem Wechsel von Ulbricht zu Honecker zeigten sich mehr und mehr militaristische Zuspitzungen in politischen und ideologischen Bereichen, Kinder und Jugendliche wurden an entsprechende Formen und Inhalte herangeführt. In Ferienspielen für Pioniere, also Kinder und Jugendliche unter 14 Jahren, wurden sogenannte soldatische Tugenden eingeübt: «Die Pioniere des Zentralen Pioniertages ‹Seifhennsdorf› lösten bei der Aktion ‹Heimsichthöhe›, gemeinsam mit der Kampfgruppe des VEB Waggonbau, Aufgaben des illegalen Grenzkampfes aus der Zeit des antifaschistischen Widerstandskampfes.»[313]

Am 8. Februar 1988 hielt Honecker vor den Kreissekretären der FDJ eine Rede, in der er die Jugendfunktionäre an seine unmittelbaren Nachkriegserfahrungen erinnerte. In seiner Rede wurde deutlich, dass der autoritäre Anspruch auf Erfassung und Beeinflussung aller Jugendlichen subjektive historische Erfahrungen bei ihm selbst zum Ausgangspunkt hatte, und dass dieser Anspruch zur handlungsleitenden Maxime der gesamten Jugendpolitik geworden war. Der Anlass für diese Rede war das bevorstehende 40. Jubiläum der Staatsgründung. Honecker betonte, dass dafür «eine große Initiative der Jugend zur Vorbereitung des 40. Jahrestages der Deutschen Demokratischen Republik» nötig sei. Er erinnerte die Funktionäre der FDJ an die Aufbauarbeit nach 1945, als Jugendliche im Auftrag der KPD und der SPD zusammen mit ehemaligen Mitgliedern aus der Hitlerjugend und dem Bund Deutscher Mädchen «Trümmer beiseite geräumt und die Dächer der Häuser, soweit möglich, wieder in Ordnung gebracht» hätten. So hätten diese ehemaligen Hitlerjungen und BDMler, die vom «Naziregime für seine reaktionären Ziele mißbraucht worden waren, wieder

310 FDJ Vorlage an das Sekretariat Nr. 1/31/88, Aufgaben der Leitungen der FDJ auf dem Gebiet der sozialistischen Rechtserziehung, 22.3.1988, SAPMO-BArch, DY 24 / A 11.442, S. 2 und S. 5.

311 BStU, MfS, HA XX Nr. 6190, Teil 1 von 2, Bl. 12.

312 BStU, MfS, HA XX Nr. 5711, Bl. 6–10.

313 Information zur Durchführung des Kinder- und Jugendaustausches mit VR Polen in der Bezirksorganisation Dresden, FDJ BL Dresden, Juli 1986, SAPMO-BArch, DY 24 / A11.191, S. 2f.

Mut» gefunden und hätten «mehr und mehr zu ihren wahren Idealen» finden können. Er schloss seine Rede mit der Aufforderung, «durch eine lebensnahe, anregende und herausfordernde FDJ-Arbeit alle Jugendliche zu erreichen, sie einzubeziehen und keinen zurückzulassen».[314] Seine Rede hielt er zu einem Zeitpunkt, als die Presse der DDR zum ersten Mal über ostdeutsche Skinheads berichtet hatte, doch diese Entwicklung in «seinem» Land erwähnte er mit keinem Wort und seine Aufforderung, jeden in die Arbeit zu integrieren, musste vor diesem Hintergrund mehr als verwirrend wirken. Ein Funktionär vermerkte dazu, dass die Rede des Generalsekretärs «heute noch eindrucksvoll (zeige), wie wichtig es war, alle Jugendlichen in die Arbeit der FDJ einzubeziehen».[315]

Die politische Führung der DDR bekämpfte von Anfang an Neonazis und setzte dafür die Sicherheitsorgane, d. h. das MdI (Volkspolizei, Transportpolizei etc.) und das MfS, ein. Im Jahr 1959 wurden 1.418 «Hetzlosungen und faschistische Schmierereien» bekannt, was im Vergleich zum Jahr 1958 eine Reduktion von 40 Prozent bedeutete. Den größten Anteil hatten die Bezirke Karl-Marx-Stadt (20 Prozent), Magdeburg (15 Prozent), Dresden (13 Prozent), Halle (12 Prozent) und Berlin (10 Prozent). Zu 40 Prozent wurden die Hetzlosungen in Betrieben und zu 60 Prozent in der Öffentlichkeit geschmiert. 1959 gab es 646 Vorkommnisse mit offener mündlicher Hetze; 362 Personen wurden wegen «hetzerischen und staatsverleumderischen Äußerungen» von der DVP inhaftiert. Im Jahr 1958 lag die Zahl bei 1.027 Vorfällen. 34 Prozent aller Täter waren Arbeiter und Bauern und 27 Prozent waren Jugendliche. 14 Prozent der bekannt gewordenen Delikte hatten «faschistischen Charakter».[316] Das MdI registrierte im Jahr 1960 ca. 3.000 neonazistische und ca. 600 antisemitische Schmierereien. In mehreren Bezirken gab es neonazistische Gruppen (16 bis 22 Jahre), die sich u. a. «Kampfbund nationalsozialistischer Erneuerer des großdeutschen Reiches» oder «Faschistische Lehrlingspartei» nannten.[317] Vom Juni 1962 bis zum März 1963 wurden acht «Untergrundgruppen» aufgedeckt, von denen vier neonazistisch waren und die jeweils 5 bis 6 Mitglieder (bis 21 Jahre) hatten. Etwa die Hälfte aller im Jahr 1965 festgestellten Straftaten mit «schriftlicher Hetze» betraf neonazistische Symbole und Losungen.[318]

Organisierte und unorganisierte Neonazis waren hervorstechende Akteure und sie blieben es bis zum Untergang der DDR. Ab den 1970er Jahren traten gewaltbereite Hooligans in und vor Fußballstadien hinzu und ab den 1980er Jahren entwickelten sich die durch Glatzen und Kleidung uniformierten neona-

314 Dokumente. Treffen des Generalsekretärs des ZK der SED Erich Honecker mit dem Zentralrat und den 1. Kreissekretären der Freien Deutschen Jugend, Berlin, 08.02.1988, SAPMO-BArch, DY 24 / B 5.286.

315 Information der FDJ BL Rostock, 8.3.1988, SAPMO-BArch, DY 24 / E 13265.

316 BStU, MfS, ZAIG Nr. 314, Bl. 1–9.

317 Schmidt 2007, S. 80.

318 Eisenfeld 2006, S. 4.

zistischen Skinheads. Diese gewaltbereiten Individuen und Gruppen entstanden aus einem rassistischen und autoritären Klima in der Bevölkerung insgesamt und ihre politischen Einstellungen wurden ab den 1970er Jahren sichtbar bei vielen gewalttätigen Auseinandersetzungen, gerade auch, wenn sich Deutsche zu einem rassistischen Mob versammelten und zuschlugen.

In sieben Monaten des Jahres 1977 gab es circa 600 «neofaschistische» Vorkommnisse, bei denen Schüler der Polytechnischen und Erweiterten Oberschulen sowie der Betriebsberufsschulen (POS, EOS und BBS) und der Kinder- und Jugendsportschulen als Täter festgestellt wurden.[319] 1978/79 wurden ca. 190-mal neonazistische bzw. rassistische Symbole und Losungen vorgefunden, es wurde «Heil Hitler» gegrölt und antikommunistische Parolen verbreitet, wobei circa 75 Prozent der Vorkommnisse auf Schüler (14 bis 16 Jahre) entfielen. Bereits in diesem Zeitraum grölten in den Fußballstadien der Oberliga der DDR Hooligans neonazistische Parolen.[320]

Vom 1. Januar 1978 bis zum 20. Mai 1978 wurden in Schulen etwa 600 faschistische Hetzparolen und Symbole (Hakenkreuze und SS-Runen) geschmiert, Hitler und andere Nazis verherrlicht, der faschistische Gruß gezeigt und faschistische Lieder gesungen. Ebenso gab es antisemitische Äußerungen und faschistische Orden und Ehrenzeichen wurden gesammelt und verbreitet. Darunter gab es Gruppen, die sich «regelmäßig mit faschistischen Ideen» beschäftigten und in der Öffentlichkeit «provokatorisch» auftraten. Diese 600 Vorfälle verteilten sich im Wesentlichen auf Schüler aus POS, EOS und BBS. Der Diktion des MfS nach hat es sich in der Regel nur um «Einzelerscheinungen» gehandelt und bis auf «einzelne Ausnahmen» waren «keine staatsfeindlichen Zielstellungen» verfolgt worden. Die Gruppen agierten vorwiegend im Freizeitbereich, wären «lose und instabil» organisiert gewesen und hätten «keineswegs staatsfeindlichen Charakter» gehabt. Die Mehrzahl der Taten mit neofaschistischem «Gedankengut» (sic!) an POS, EOS und BBS «erreichte keine Öffentlichkeitswirksamkeit», suggerierte sich das MfS selbst. Diese Einstellungen und Taten hätten nur deshalb geschehen können, weil die Erziehungsverantwortlichen die Täter nicht daran gehindert hatten sich «dem Einfluß westlicher Rundfunk- und Fernsehstationen» auszusetzen. MfS-Offiziere der Zentralen Auswertungs- und Informationsgruppe (ZAIG) in Berlin meinten offensichtlich damit, dass die aufgereihten neonazistischen Straftaten nicht gegen die politische oder staatliche Ordnung der DDR verstießen. Die Wirksamkeit der «Erziehungsträger» in der Volks- und Berufsbildung entsprächen «oftmals nicht den Erfordernissen einer offensiven Bekämpfung neofaschistischer und anderer Einflüsse der politisch-ideologischen Diversion». Unter anderem waren neonazistische Taten

319 BStU, BF1/B Bernd Eisenfeld, 22.2.2001.

320 Eisenfeld 2006, S. 4.

«weder den zuständigen Organen mitgeteilt (worden) noch den vorgesetzten Schulbehörden», weil versucht wurde, diese Vorfälle «intern» zu klären.[321]

Ende der 1970er Jahre war bei Schülern und Lehrlingen verstärkt ein Anstieg von Gewaltandrohungen gegen andere Schüler, Lehrlinge und Erzieher beobachtet worden. Es wurden Kleidungsstücke und Gegenstände «mit NATO-Symbolen» getragen und das wurde allgemein als ein Nachahmen westlich-dekadenter Lebensweise wahrgenommen. In der Sprache von Schülern und Jugendlichen fanden «in zunehmendem Maße Vokabeln und Ausdrücke aus der Zeit des Faschismus Verwendung». Die dynamisch verlaufende rechte Bewegung in der DDR steigerte sich enorm ab den 1980er Jahren und so betrafen 1985 und 1986 ein Viertel aller Ermittlungsverfahren des MfS neonazistische Vorkommnisse, wobei das Höchstalter der Täter von 20 auf 26 Jahre angestiegen war.[322] Vom 1. Oktober 1987 bis zum 20. Januar 1988 wurden insgesamt 40 Ermittlungsverfahren gegen 108 Neonazis eingeleitet, wobei 94 Personen inhaftiert wurden. Für das gesamte Jahr 1987 wurden über 800 Neonazis (16 bis 25 Jahre) erfasst. Im Unterschied zum Jahr 1988 wurden 1989 in allen Bezirken Skinheads-Gruppen beobachtet, wobei Berlin und Potsdam regionale Schwerpunkte darstellten. Insgesamt wurden über tausend Skinheads und Sympathisanten in circa 40 Gruppen gezählt.[323] Nach Angaben der Nachfolgeorganisation des MfS, dem Amt für Nationale Sicherheit (AfNS), wurden seit Jahresbeginn 1988 etwa 188 Ermittlungsverfahren wegen neonazistischer oder rassistischer Ereignisse eingeleitet.[324] Von Januar bis Dezember 1989 gab es insgesamt 289 Strafverfahren mit einem neonazistischen Hintergrund.[325]

Anfang September 1989 hat die SED erneut versucht, sich ein Bild von der Dimension des Neonazismus zu machen. Ein Beschluss des SED-Politbüros bestätigte die Dringlichkeit von Maßnahmen, da «Teile der Jugend den permanent vorgetragenen ideologischen Angriffen des Gegners, insbesondere durch westliche Rundfunk- und Fernsehstationen», unterlegen seien. Gleichzeitig unternahm die FDJ immer noch den Versuch, mit allen Jugendlichen, nachgerade mit den Neonazis, in Kontakt zu kommen, in der Weise, dass ihnen erklärt werden sollte, welche Konsequenzen ihr chauvinistisches Denken und Verhalten hatte und dass sie sich davon abwenden sollten. Lokale Schwerpunkte waren 1988 in den meisten Bezirkshauptstädten beobachtet worden. Fatale Folgen hatte die Umsetzung von Honeckers Anordnung, die Funktionäre müssten mit allen Jugendlichen zusammenarbeiten, egal, welche politischen oder ideologischen Überzeugungen sie hätten. Jedoch mussten Funktionäre, die auf dieser

321 BStU, MfS, ZAIG 4465, Bl. 2, Bl. 12f.

322 BStU, BF1/B Bernd Eisenfeld, 22.2.2001.

323 Ministerrat der DDR an das MfS, Stellvertreter des Ministers an die BV Berlin, Stellvertreter Operativ, Einschätzung der HA XX, VVS, MfS-Nr. o008-14/88, Berlin, 2.2.1988, S. 3–11.

324 Hirsch/Heim 1991, S. 109.

325 Madloch 2000, S. 81.

politischen Grundlage mit Neonazis ins verordnete Gespräch kamen, resigniert feststellen, dass die jahrzehntelang praktizierte Strategie der Vereinnahmung abdriftender Jugendlicher in den 1980er Jahren nicht mehr zu realisieren war. Hinter dieser gescheiterten Strategie der Vereinnahmung antihumaner Potentiale stand die falsche Vorstellung, Neonazis seien ohne weitere kritische und tiefgreifende gesellschaftliche Selbstreflexion in die herrschende Politik zu integrieren.

Anfang November 1989 stellte die Hauptabteilung IX/Auswertungs- und Kontrollgruppe (AKG), Arbeitsbereich Auswertung, eine Information zusammen, die auf 188 Ermittlungsverfahren (EV) fußte; 1988 waren es 44 EV, bei denen Täter «durch Äußerungen faschistischen, rassistischen oder militaristischen Charakters in Erscheinung getreten waren». Darunter befanden «sich 43 Personen, deren Straftaten unmittelbar mit dem 20.4.1989 (100. Geburtstag Hitlers) in Verbindung standen». Die Täter kamen aus den Bezirken Berlin (33), Frankfurt/O. (36), Rostock (29), Neubrandenburg (19), Potsdam (18), Leipzig (14), Halle (11), Dresden (8), Suhl (6), Erfurt (4), Karl-Marx-Stadt (4), Magdeburg (3), Schwerin (2) und Gera (1).

Die Bearbeitung der EV erfolgte gemäß Strafgesetzbuch § 220 «Öffentliche Herabwürdigung» und § 215 «Rowdytum» mit 172 Personen, § 206 «Unbefugter Waffen- und Sprengmittelbesitz» mit 7 Personen, § 220 u. a. «Staatsverleumdung», § 225 «Unterlassung der Anzeige», § 177 «Diebstahl persönlichen oder privaten Eigentums» und § 140 «Beleidigung wegen Zugehörigkeit zu einer anderen Nation oder Rasse». Von den Tätern wurden 133 Personen rechtskräftig verurteilt, bei 32 Personen waren die Verfahren bei Gerichten noch anhängig und 15 Personen waren damals noch in Untersuchungshaft. Die Verurteilten erhielten Freiheitsstrafen zwischen einem Jahr und drei Jahren. Acht EV betrafen jugendliche Personen und wurden wieder eingestellt.[326]

Der Leiter der Hauptabteilung IX/AKG, Arbeitsbereich Auswertung, listete in einem Vermerk die Schlussfolgerungen auf, die sich für ihn aus einer Absprache vom 11. Mai 1989 mit Mitarbeitern der Generalstaatsanwaltschaft, Karl-Heinrich Borchert (SED) und Therese Heyer (SED), ergaben: Erstens wurde festgelegt, dass der § 220 (3) «Öffentliche Herabwürdigung» bei «faschistischen und rassistischen Handlungen» nicht mehr angewandt werden sollte, sondern es wären «die Begehensweisen in den Dokumenten direkt» hervorzuheben, wie z. B. der Täter «hat in der Öffentlichkeit Äußerungen faschistischen Charakters kundgetan, indem er [...]». Dieser Mangel in der Beschreibung neonazistischer, antisemitischer oder rassistischer Straftaten bestand bis zu diesem Maitag 1989 und hatte dazu geführt, dass die Analysen und Statistiken der Justizbehörden keine Aussagekraft hatten, weil ein Einblick in die sich dynamisch entwickelnde rechte Bewegung dadurch nicht möglich war. Die Kehrtwende in der Vertu-

326 BStU, MfS, HA IX Nr. 20139, Bl. 12.

schung der Erfassung dieser Straftaten kam viel zu spät und konnte daher keine Wirksamkeit mehr entfalten.

Die zweite Schlussfolgerung dieses Treffens mit Vertretern der Generalstaatsanwaltschaft betraf die zu diesen Straftaten abzuschließenden Ermittlungsverfahren, die vor ihrem Abschluss «zentral mit dem zuständigen Stellvertreter des Generalstaatsanwaltes» abzustimmen wären. Dazu sollten in einem Erfassungsbogen die wesentlichen Fakten notiert werden, mit dem «eine einheitliche, differenzierte und konsequente Rechtsanwendung» erfolgen konnte.[327]

Die Reduktion von Neonazi-Gruppen auf einen oder mehrere «Rädelsführer» verengte die Analyse und Bewertung der Gefahren durch Neonazis insgesamt, weil dadurch ihre Anzahl auf ein weniger dramatisches Niveau heruntergedrückt und damit das wahre Ausmaß der gesellschaftspolitischen Bedrohung in der Statistik minimiert wurde.

Eine zweite Tätergruppe waren Mitglieder neonazistischer Gruppen, die sich «durch ihre strafbaren Aktivitäten als ‹Skinheads› zu erkennen» gaben und die «aus bereits erhaltenen Jugend- und anderen Vorstrafen keine positiven Lehren gezogen haben oder die neben ihrer aktiven Beteiligung an den Ausschreitungen solcher Gruppierungen weitere Straftaten der allgemeinen Kriminalität begangen haben.»

Eine dritte Tätergruppe waren diejenigen Hooligans, «die insbesondere bei der Ausreise zu oder Teilnahme an Fußballveranstaltungen in der DDR und CSSR als Initiatoren bzw. Inspiratoren von Sprechchören oder Gesängen nationalistischen oder faschistischen Charakters in Erscheinung» getreten waren.

Des Weiteren wurde in diesen Unterlagen eingegangen auf vier begünstigende Umstände für die Fehlentwicklung von Jugendlichen in der DDR hin zu neonazistischen Straftätern. Erstens machten die Offiziere des MfS «zerrüttete familiäre Verhältnisse in den Elternhäusern der Beschuldigten, aus denen die permanenten Verletzungen der Erziehungs- und Aufsichtspflichten gegenüber den zumeist minderjährigen Jugendlichen ebenso resultieren wie das Fehlen von Ansprechpartnern oder von Bindungen der Jugendlichen zu den Erziehungsberechtigten» verantwortlich, was auch als Kritik an der gesellschaftlichen Wirklichkeit zu verstehen ist, aber auch als Ausdruck einer sozialpädagogischen, in diesem Fall auch paternalistischen Sichtweise und Bewertung. Der zweite Punkt betraf die «ungenügende Wirksamkeit der schulischen Bildungs- und Erziehungsarbeit, die sich vor allem in fehlender Kritikfähigkeit der Jugendlichen gegenüber der politisch-ideologischen Diversion und negativen Einflüssen sowie in Defiziten hinsichtlich eines antifaschistischen Geschichtsbewusstseins, politisch-moralischen Grundhaltungen und kultureller bzw. kunsthistorischer Wertvorstellung äußert». Hier richtet sich die implizit vorgetragene Kritik der Hauptabteilung IX gegen einen Grundpfeiler der staatstragenden Ideologie, den

327 BStU, MfS, HA IX Nr. 20139, Bl. 38.

Antifaschismus der SED bzw. die Defizite des antifaschistischen Geschichtsbewusstseins. Es wird hier festgestellt, dass diesen Jugendlichen eine wirksame Kritikfähigkeit durch Schule und Familie nicht zur Verfügung stand, um sich gegen die angeblichen bzw. vermeintlichen Einflüsse aus dem Westen zur Wehr setzen zu können. Der dritte Bereich betraf eine «fehlende Einflußnahme auf die Gestaltung und Kontrolle einer sinnvollen Freizeitgestaltung der Jugendlichen durch den Jugendverband, die Lehrbetriebe oder Arbeitskollektive, insbesondere auch bereits bei vorbestraften oder erkennbar kriminell gefährdeten Jugendlichen, sowie Defizite im Freizeitangebot der Wohngebiete, Städte und Gemeinden». Auch hier findet eine Kritik an vielen Bereichen der Gesellschaft statt, wie den Lehrbetrieben und Arbeitskollektiven, die wie die FDJ in der Arbeit mit Jugendlichen tätig waren. Besonders vorbestrafte und kriminelle Jugendliche konnten nicht beeinflusst werden. Der letzte Punkt dieser, für die offiziellen DDR Verhältnisse radikalen, wenngleich verdeckten Systemkritik, war: «unkontrollierte Zugriffsmöglichkeiten zum Alkohol, dessen Wirkung in der Mehrzahl der rowdyhaften Ausschreitungen eine Rolle spielt und der insbesondere aus den unbeaufsichtigten Kaufhallen angeboten, z. T. in großen Mengen entwendet bzw. bei Jugendveranstaltungen konsumiert» wurde.

Aus diesen Einsichten «erfolgte im Ergebnis der Bearbeitung der Emittlungsverfahren eine breit gefächerte Öffentlichkeitsarbeit», die die «Einbeziehung gesellschaftlicher Kräfte in die Bekämpfung von derartigen Straftaten durch Kollektivaussprachen in Schulen, Lehr- und Arbeitsstellen» durchführen sollte, gerade auch bei den Tätern, «gegen die keine strafprozessualen Maßnahmen eingeleitet» worden waren. Des Weiteren sollten öffentliche, gerichtliche Hauptverhandlungen in Berlin, Potsdam, Oranienburg, Zossen und Demmin durchgeführt werden, bei denen Vertreter der SED, der FDJ, der örtlichen Staatsorgane, der Volksbildung und der Arbeitskollektive und auch Leiter von Jugend- oder Sportclubs anwesend sein sollten. Die Auswertung solcher Gerichtsverfahren sollte durch den Kreisstaatsanwalt auf einer Parteiaktivtagung bzw. in einer Dienstberatung des Staatsapparates des Kreises Demmin und im Rahmen der medienpolitischen Arbeit durch Publikationen über die Einleitung von Ermittlungsverfahren sowie über die Verurteilung der Täter stattfinden. Schließlich war vorgesehen, dass Partei- und andere Informationen zur Überwindung von Ursachen und begünstigenden Bedingungen für neonazistische Straftaten gegen die staatliche und öffentliche Ordnung gefertigt werden sollten.[328]

328 BStU, MfS, HA IX Nr. 20139, Bl. 46.

Bewegung der neonazistischen Skinheads

Die ersten Skinheads wurden ab den 1980er Jahren nach Angriffen auf Arbeiter oder Studenten aus Mosambik, Libyen oder Algerien von der Volkspolizei gefasst und vor Gericht gestellt. Die Ausläufer der Bewegung der Skinheads aus Großbritannien, deren Feindbild zu Beginn Hippies und Punks waren, erreichten auch die DDR. Durch den Einfluss neonazistischer Gruppen und Ideologen fand auch in Deutschland eine rechte Unterwanderung dieser Szene statt, ähnlich wie bei den Hooligans. Seitdem ist ihre politische Ausrichtung als rassistisch zu bezeichnen. Sie sind permanent bemüht, durch Singen oder Skandieren rassistischer oder den Nazismus verherrlichender Lieder und Parolen Aufmerksamkeit auf sich zu lenken. Mit dem Einfluss des international agierenden rassistischen Netzwerkes «Blood and Honour» und mit dem Zusammenschluss der westdeutschen Skinheads mit den Skinheads aus der DDR wurde ab 1990 eine dynamische Weiterentwicklung der Neonazi-Szene möglich, die dann Anfang der 1990er Jahre auch zu den erschreckenden rassistischen Angriffen auf Flüchtlinge in Hoyerswerda und Rostock führte.

In den Bezirken der DDR gab es Anfang 1989 insgesamt 1.129 Skinheads und 1.151 Heavy-Metal-Fans.[329] Das MfS wusste, dass es in der BRD, auf der Grundlage von Schätzungen der Sicherheitsbehörden, offiziell «rund 2000 Skinheads» gab, wobei jeder zweite Skinhead den Neonazis zugerechnet wurde. Vergleicht man diese Angaben mit denen aus der DDR, so zeigen die Zahlen, dass es Ende der 1980er Jahre in der DDR, relativ gesehen, drei- bis viermal mehr Skinheads (inkl. neonazistischer Heavy-Metal-Anhängern) gegeben hat als in der BRD.[330] Diese grundlegende Einsicht in die Kräfteverhältnisse lässt sich entlang der nach 1990 registrierten rechten Propaganda- und Gewaltstraftaten im vereinten Deutschland, also im Vergleich der östlichen Bundesländer mit den westlichen Bundesländern, feststellen.

Dabei bilden die Bezirke Berlin und Potsdam die Spitze der Entwicklung. Die 4- bis 7-fache Steigerung im Vergleich zu den beiden Jahren zuvor wurde hier als «keine rückläufige Tendenz» beschrieben. Diese Skinheads würden sich aus «ehemaligen Punkern» rekrutieren, «die unter Nutzung der Lage in Berlin und Potsdam die günstigsten Möglichkeiten für Kontakte zu Westberliner Skinheads finden» konnten. Die Skinheads in der DDR hatten «Verbindungen und Kontakte» zwischen den Bezirken, jedoch war es dem MfS nicht möglich, «Hauptorganisatoren» für überörtliche Treffen zu personifizieren. Basis der Kontakte

329 BStU, MfS, Arbeitsbereich Mittig Nr. 53, Bl. 11ff.; Bericht über die Verwirklichung des Beschlusses des Politbüros des ZK der SED vom 2.2.1988 «Maßnahmen der FDJ zur Verbesserung der politisch-ideologischen Arbeit mit allen Jugendlichen» (Beschluß des Sekretariats des Zentralrates der FDJ vom 6.9.1989, Anlage 1: Übersicht über Skinheads, Sympathisanten und ihre Gruppierungen nach Bezirken (Kopie im Besitz von HW).

330 BStU, MfS, ZAIG 29767, Bl. 1f.

war die Bewegung der Hooligans, da viele Skinheads «im negativen Fußballanhang» der Oberligaklubs verankert waren. Ihre Zielvorstellung war identisch bei der Bekämpfung von «Andersdenkenden», beim «rowdyhaften Vorgehen gegen Ausländer» sowie gemeinsamer sportlicher Betätigung bei «vorwiegend Kraft- und Kampfsportarten». Dieser Sport sollte «maßgeblich der Schaffung von körperlichen und technischen Voraussetzungen für [...] Auseinandersetzungen» dienen. Der Besuch von Disco- und Fußballveranstaltungen war «überwiegend verbunden [...] mit einem übermäßigen Alkoholgenuß» und deshalb sei es bei den Skinheads «häufig zu rowdyhaften Ausschreitungen und neofaschistischen Äußerungen» gekommen. Die Skinheads trafen sich vorwiegend in Gaststätten und Jugendklubs sowie überbezirklich im Plänterwald in Berlin. Die Mehrheit stand dem Wehrdienst nicht ablehnend gegenüber, denn «militärische Ausbildung» gehörte zum «Deutschtum», wie sie es für sich bestimmten. Eine Mehrheit der Bezirksverwaltungen des MfS berichtete über «Vorkommnisse mit Skinheads», wobei es sich vorwiegend um «Körperverletzungen und Rowdytum sowie Widerstand gegen staatliche Maßnahmen» handelte. Vom 1. Oktober 1987 bis zum 5. April 1988 wurden durch das Dezernat II der Hauptabteilung Kriminalpolizei der DVP 68 Ermittlungsverfahren gegen «Skinheads und Anhängern von dekadenten Gruppierungen» durchgeführt, bei denen 154 Täter festgestellt worden waren, 112 Täter befanden sich in Haft.[331] Im März 1988 gab es, nach Erhebungen der BVfS Berlin, im Bezirk Berlin 267 Skinheads und 18 Skinhead-Gruppen. Der Höchststand war im September 1988 erreicht, als 447 Skinheads in 17 Gruppen festgestellt wurden. 1989 sank die Zahl der ermittelten Skinheads von 431 im Januar auf 369 im September/Oktober mit 19 Gruppen. Die Zahl von 120 Heavy-Metal-Anhängern blieb von März 1988 bis Oktober 1989 konstant. Insgesamt bildeten die Ost-Berliner Skinheads und Heavy-Metal-Fans, absolut gesehen, den größten Teil der «negativ-feindlichen» Szene in der DDR.

Ende März 1989 musste die HA XX feststellen, dass sich «Das skinheadtypische Aussehen insgesamt [...] gewandelt» hatte. Skinheads traten nun «mit den für die Hitlerjugend typischen Kurzhaarfrisuren, bekleidet mit Baseball-Mützen, Baseballjacken oder Jogginganzügen in Erscheinung. Durch Veränderung ihres äußeren Erscheinungsbildes versuchen sie, eingeleiteten Maßnahmen zu entgehen bzw. sich staatlichen Maßnahmen zu entziehen. Somit hatten sie ungehinderten Zutritt zu Freizeitzentren bzw. gastronomischen Einrichtungen.[332] Skinheads ließen auch in den Strafanstalten erkennen, «daß sie nicht bereit» waren, «ihre Anschauungen zu ändern». Durch «inoffizielle Hinweise» wusste das MfS, dass «stabile Informationsbeziehungen zwischen den inhaftierten Skinheads und den in Freiheit befindlichen existieren. Bereits im Strafvollzug wurden

331 BStU, MfS, HA XX Nr. 478, Teil 2 von 2, Bl. 342.

332 BStU, MfS, ZAIG Nr. 11327, Bl. 11 und Bl. 28.

Pläne für die Zeit nach der Entlassung geschmiedet, Instruktionen nach außen gegeben und vermeintliche ‹Verräter› kenntlich gemacht. Aus den Haftanstalten entlassene Skinheads werden immer wieder in ihre alte Gruppe integriert. Des Weiteren lagen Hinweise vor, daß es einigen inhaftierten Skinheads, auch in den UHA und StVE (Untersuchungshaftanstalten, Strafvollzugseinrichtungen, HW) gelingt, Anhänger und Sympathisanten zu werben. Durch ihr dortiges Auftreten übernehmen sie z. T. bei ihren kriminellen Mithäftlingen die Initiative.»[333]

Im September 1988 befanden sich 121 Neonazis in Strafvollzugseinrichtungen der DDR. Sie waren in speziellen Gefängnissen, sowohl zentralisiert als auch dezentralisiert, untergebracht. Die Abteilung 8 der HA VII konnte ihre Disziplin, ihre Arbeitsleistungen und das Verhalten gegenüber anderen Gefangenen «bis auf Einzelerscheinungen» nicht beanstanden. Als besonders «gefährlich» eingestufte gefangene Neonazis wurden nach ihrer Freilassung durch die HA IX/AGS überwacht.[334]

Durch ihre Kontakte und Verbindungen kam es «zu spontanen überörtlichen Zusammentreffen von Skinheads aus mehreren Bezirken bei Fußballspielen der Oberliga oder bei Großveranstaltungen. Besonders Skinheads aus den Bezirken Potsdam und Frankfurt/O. «nutzten die Anonymität der Hauptstadt Berlin, um sich an Zusammenkünften und Handlungen der Berliner Skinheads zu beteiligen, um somit gesellschaftlicher Einflußnahme zu entgehen. Des Weiteren ist festzustellen, daß sich Personen aus dem NSA, vorrangig aus Berlin (West), an Fahrten von Berliner Skinheads in andere Bezirke der Republik beteiligten. In diesen Fällen handelte es sich jedoch ausschließlich um Fahrten zu Fußballspielen der beiden Berliner Oberligaklubs.»[335]

Die überwiegende Mehrheit der «Vorkommnisse mit Skinheads waren faschistische, rassistische und nationalistische Äußerungen, z. T. verbunden mit Tätlichkeiten gegen ausländische Bürger, Angehörige bewaffneter Organe und andere Bürger (vor allem gegen Punker oder Homosexuelle) sowie rowdyhafte Handlungen in der Öffentlichkeit». Dabei wurde festgestellt, daß «die brutale Gewalt bei Vorkommnissen» zunahm.[336]

Skinheads eigneten sich «in konspirativen Räumlichkeiten Fertigkeiten in Kraft- und Kampfsportarten» an, um bei gewalttätigen Auseinandersetzungen «körperlich überlegen zu sein». Zunehmend setzten sie Baseballschläger, Schlagringe, Rasierklingen u. ä. ein, auch bei «Widerstandshandlungen gegen staatliche und gesellschaftliche Maßnahmen», d. h. gegen Volkspolizisten und Mitarbeiter des MfS.[337]

---

333 BStU, MfS, ZAIG Nr. 11327, Bl. 11 und Bl. 28.

334 Wagner 2014, S. 463ff.

335 BStU, MfS, ZAIG Nr. 11327, Bl. 12 und 29.

336 BStU, MfS, ZAIG Nr. 11327, Bl. 12 und 29.

337 BStU, MfS, Arbeitsbereich Mittig Nr. 53, Bl. 16.

Das MfS musste feststellen, dass der gesellschaftliche Widerstand gegen die Skinheads «zu gering» war und Zeugen von Straftaten reagierten entweder mit Angst oder «auch oftmals mit Gleichgültigkeit». Insgesamt wurde eingeschätzt, dass im April 1989 die «Zurückdrängung» der Skinheads, gemäß den Vorgaben des Politbürobeschlusses vom 2. Februar 1988, «noch nicht im umfassenden Maße» dieser Anforderung gerecht wurde.[338] Deshalb sollten u. a. «erhöhte Anstrengungen unternommen werden, die inoffizielle Basis zu verstärken», d. h. das «solche IM» geschaffen werden sollten, «die zum harten Kern negativ-dekadenter Jugendlicher» gehörten, «um rechtzeitig Informationen über geplante Aktivitäten und Vorhaben zu gewinnen». Es sollten vor allem inoffizielle Mitarbeiter gewonnen werden, «die fest in negativ-dekadente Personenkreise, insbesondere in Gruppierungen von Skinheads, integriert» waren. Zu oft sei noch versucht worden, «diese Lücken durch periphere IM's abzudecken». Die IM sollten «in Schlüsselpositionen und mit Einflußmöglichkeiten, sowie [...] in den Lern- und Ausbildungseinrichtungen, Jugendfreizeitzentren, FDJ-Grundorganisationen und im Gaststättenwesen stärker zu Durchsetzung von Maßnahmen der Disziplinierung und Kontrolle bzw. Zersetzung» einbezogen werden.[339] In dieser als «Streng geheim» deklarierten Information der HA XX vom 10. April 1989 musste das MfS eingestehen, dass es nicht nachweisen konnte, dass es eine «zielgerichtete Steuerung bzw. Organisierung von Zusammenschlüssen negativ-dekadenter Jugendlicher, insbesondere sogenannte Skinheads bzw. Gruppierungen mit neofaschistischen Tendenzen, durch gegnerische Zentren, Organisationen, Einrichtungen und Kräfte» gegeben hat.[340]

Eine «Information zur Formierung von neofaschistischen Personen» von der HA XVIII vom 3. November 1989 beinhaltete Angaben «aus zuverlässigen Quellen, daß es in der DDR ‹knallharte Neonazis›, vor allem junge Leute gäbe, die in konspirativen Dreiergruppen organisiert wären. Ein gegenseitiges Kennen wäre nur auf der Führerebene vereinbart. Das äußere Auftreten wäre durch äußerst korrekte Verhaltensweisen, gepflegtes Äußeres sowie kurze Haarschnitte geprägt. Weiteres Merkmal wäre, daß sie sich gezielt bei der VP oder dem MfS bewerben, um für ‹ihren Tag› an der richtigen Stelle zu sitzen. Nach Meinung der Quelle könnten derartige Typen auch am 7. Oktober 1989 schon ‹action gemacht› haben und weitere Demos gezielt nutzen, um Unruhe unter der Bevölkerung zu schaffen und Schutz- und Sicherheitsorgane in negative Stimmungslage bringen.» Diese Information sollte nicht weiter präzisiert werden und wurde inoffiziell erarbeitet von der HA XVIII/6, durch «Abschöpfung einer für die HVA/VI/B/1 erfaßten Person».[341] Dieser Bericht bezog sich unmittelbar auf die vorangegangenen Monate (September, Oktober 1989 etc.).

338 BStU, MfS, ZAIG Nr. 11327, Bl. 16.
339 BStU, MfS, ZAIG Nr. 11327, Bl. 18.
340 BStU, MfS, ZAIG Nr. 11327, Bl. 18.
341 BStU, MfS, ZAIG Nr. 11327, Bl. 3.

Den Skinheads gelang es dann mit ihrer Verwandlung ab 1988/89 die aufkeimenden öffentlichen Proteste der Bürgerbewegung zu infiltrieren. Allein bei den heimlich geschmierten Naziparolen oder bei antisemitischen Gesängen in den Fußballstadien war von ihnen und ihrer Gesinnung zu lesen bzw. zu hören. Bei den Demonstrationen und Aktionen ab dem Oktober 1989 waren die Neonazis selbstverständlich aktiv beteiligt. Leider ist diese Tatsache in der Fülle der dominierenden Berichte, auch von Autoren der Bürgerbewegung, kaum wahrgenommen worden. Interessant sind hier zwei Äußerungen, dass erstens «dem MfS [...] kein Fall bekannt» war, «bei dem Skinheads durch die Sicherheitsorgane zu gesetzwidrigen Handlungen veranlaßt worden wären» und zweitens wären durch das MfS «anläßlich des 100. Geburtstages Hitlers allein 43 Ermittlungsverfahren eingeleitet» worden.[342]

Ende 1989 bildeten etwa 5.000 Neonazis unter der Reichsflagge «Schwarz-Weiss-Rot» den militanten, ideologisch verfestigten Kern der rechtsradikalen Bewegung. Um sie herum gab es, nach Einschätzungen der DVP bzw. des GLKA, etwa weitere 10.000 neonazistische Sympathisanten.[343] Betrachtet man die gerichtlichen Verurteilungen in den Jahren von 1982 bis 1986, so wird die Dimension der Kriminalisierung der rechten Bewegung in der DDR sichtbar. Bei diesen Verurteilungen fanden sich die Täter in den drei Standardgruppen der Justiz wieder: «negativ-dekadente» Jugendliche (Skinheads, Hooligans, Heavy-Metal-Fans, Punks, Grufties), «kriminelle und gefährdete Personen» und «neonazistische Rowdys».

Die Statistik der Verurteilung krimineller Jugendlicher weist folgende Fakten aus:

Rechtsradikale		davon Freiheitsstrafen
1982	8.073	2.192
1983	6.937	1.001
1984	6.210	1.542
1985	5.595	1.241
1986	5.075	1.185[344]

In der Kriminalstatistik der DDR wird sichtbar, dass der Anteil der jugendlichen Täter von Anfang 1960 bis 1989 konstant bei etwa vierzig bis fünfzig Prozent verharrt.[345] Der Kampf gegen die sich entwickelnde rechtsradikale Bewegung wurde in der Regel unter dem Deckmantel der Kriminalitätsbekämpfung geführt und damit konnte die politische Dimension der Taten vor der Öffentlichkeit geheim gehalten werden. Die Täter wurden entweder als Verführte westli-

342 BStU, MfS, HA XXII Nr. 16560, Bl. 21.

343 Wagner, S. 564.

344 Wagner 2014, S. 413.

345 BStU, MfS, JHS Nr. 21910, Bl. 25; BStU, MfS, HA VII 2738, Bl. 49ff., Bl. 60.

cher Medien vorgeführt oder ihre Einstellungen wurden zurückgeführt auf ihre Herkunft aus «asozialen» Familien. Die völkisch-nationalistische Militanz der Neonazis wurde in ihrer gesellschaftspolitischen Relevanz nicht erkannt und die politische Dimension der neonazistischen Angriffe wurde auf die sicherheitsrelevante Gewalt reduziert. Die Jugendlichen in der DDR sollten durch die verschärfte Repression abgeschreckt werden, jedoch erwies sich diese Strategie der SED-Führung nicht nur als völlig untauglich, sondern verkehrte sich schließlich Ende der 1980er Jahre sogar in ihr Gegenteil. Die Mängel der Abwehr drückte sich auch in den äußerst unscharfen Erfassungs- und Meldekriterien aus, mit denen das Wesen der nazistischen Taten herausgearbeitet werden sollte, andererseits sollten genau diese Tatbestände kaschiert werden, um jede Öffentlichkeitswirksamkeit zu unterbinden. MfS und DVP nahmen jahrzehntelang die rechte Bewegung ausschließlich unter dem Blickwinkel eines Jugendproblems wahr, bei der die jugendlichen Kriminellen durch «politisch-ideologische» Angriffe des Westens und seiner Medien dazu gebracht worden wären, sich als Neonazis zu äußern. So ist es auch nicht verwunderlich, dass die neonazistische Bewegung bis 1988 nicht von der polizeilichen Kriminalstatistik erfasst wurde.[346] Die gesamte Szene wurde verharmlosend als «negativ-dekadente» Jugendliche bestimmt und erfasst. Das Gros der Volkspolizisten hatte bis 1988/89 keine gesicherten Erkenntnisse über das Ausmaß der rechten Bewegung in der DDR, was auf das Verschweigen durch das MdI zurückzuführen ist, wo die entsprechenden Dienststellen, ebenso wie das MfS, keine Strategie bzw. keinen Plan hatten, wie die dynamische Bewegung der Rechten im Allgemeinen und der Neonazis im Besonderen zu bekämpfen sei, außer der gebetsmühlenartigen Anwendung der üblichen Polizei-Methoden. Erst ab der zweiten Hälfte des Jahres 1988 wurde im MdI eine «Dokumentation R» erstellt – «R» wie «Rowdy» – in der Rechtsradikale erfasst wurden. Jedoch wurden neonazistische Hooligans, sie waren als «Fußballrowdys» kategorisiert, nicht in diese Dokumentation aufgenommen, was insofern verheerend war, da diese Fußballfans die Massenbasis für die Skinheads und Neonazis darstellten.

Die folgenden Beispiele von der Basis der Gesellschaft erlauben Ein- und Überblicke über die Entwicklung der neonazistischen Skinheads in der DDR: In Gotha (Bezirk Erfurt) gab es 1984/85 eine Skinhead-Gruppe, die «durch rowdyhaftes Verhalten in Erscheinung» getreten war und die «durch zielgerichtete politisch-operative Maßnahmen im Zusammenwirken mit der DVP zersetzt» werden konnte. Zwei Mitglieder der Gruppe wurden durch Operatives Ausgangsmaterial (OAM) «Verblendung» der KDfS Gotha aufgeklärt.[347]

In Berlin-Hohenschönhausen feierten am 21. April 1985 in einer Diskothek etwa 40 Skinheads, weitere 150 andere Jugendliche waren noch anwesend,

346 Wagner 2014, S. 413ff.

347 BStU, MfS, HA XX Nr. 6014, Bl. 170.

öffentlich den Geburtstag von Adolf Hitler. Dabei standen sie zeitweise auf Tischen, zeigten den Hitlergruß und sangen das «Deutschlandlied». Weder das Gaststättenpersonal noch die Gäste oder die FDJ-Ordnungsgruppe schritten ein und eine Meldung an die Volkspolizei erfolgte ebenfalls nicht.[348]

In Berlin wurden am 31. Mai 1986 in einer Wohnung, im Anschluss an das FDGB-Pokal-Endspiel zwischen 1. FC Lok Leipzig und 1. FC Union Berlin, faschistische Lieder gesungen und es wurden faschistische Symbole gezeigt. «Inoffiziell» wurde beschrieben, dass eine Atmosphäre «wie auf einem Kameradschaftstreffen» herrschte. Ein Täter wurde inhaftiert.[349]

In Apolda (Bezirk Erfurt) wurden 1986 zwei Skinheads verhafteten. Einer der beiden Skinheads wurde im Dezember 1986 gemäß §§ 220 (1) und (3) Öffentliche Herabwürdigung, 137 Beleidigung und 139 (2) Verfolgung von Beleidigungen und Verleumdungen StGB zu einer Freiheitsstrafe von einem Jahr auf Bewährung verurteilt. Der andere Skinhead wurde im November 1984 gemäß § 214 (2) Beeinträchtigung gesellschaftlicher Tätigkeit in Verbindung mit § 66 Schuldfähigkeit StGB zu einer Freiheitsstrafe von zwei Jahren auf Bewährung verurteilt. Er sollte aus «zerrütteten Familienverhältnissen» stammen. «Die Aufklärung und Kontrolle dieser beiden Personen» erfolgte durch die KDfS Apolda im Zusammenwirken mit der DVP.

Im Bezirk Erfurt gingen Skinheads 1986 mehrheitlich «einer geregelten beruflichen Tätigkeit nach» und sie zeigten an ihren «Arbeitsstellen zufriedenstellende Leistungen. Offene ablehnende Verhaltensweisen und Äußerungen gegen den Wehrdienst [...] sind bisher nicht zu verzeichnen. Im Verantwortungsbereich gibt es keinen Skinhead, der den Wehrdienst ohne Waffe bzw. total ablehnte. Die Skinheads trafen sich vor allem in Gaststätten, Jugendklubs und Privatwohnungen. [...] Regelmäßige Kontakte von Skinheads zu kirchlichen Gruppen gibt es nicht. [...] Mehrere Skinheads gingen aus der Punkbewegung hervor.» Im Bereich des Bezirks Erfurt gab es keine «Erkenntnisse über Kontakte/Verbindungen von DDR-Skinheads zu Skinheads in der BRD und in Westberlin sowie weiterer Personen des NSA».[350]

Im Bezirk Halle hielten sich am 8. November 1986 u. a. vier Punker in einer Wohnung auf und im Verlauf des Abends verschafften sich vier Skinheads Zutritt zur Wohnung. Sie grüßten mit «Heil Hitler» und erklärten, dass Hitler ihr Vorbild sei. Sie vertraten die «faschistische Rassentheorie», sprachen sich mit SS-Dienstgraden an und reagierten auf Kritik mit brutaler Gewalt. Es wurde ein Ermittlungsverfahren eingeleitet und ein Täter wurde inhaftiert.[351]

In Zeuthen (Bezirk Potsdam) wurden im Februar 1987 Einrichtungen der Deutschen Reichsbahn (DR) durch 10 Skinheads zerstört und in Brand gesetzt.

348 BStU, MfS, BV Magdeburg, Abt. XX Nr. 3758, Bl. 41.

349 BStU, MfS, BV Berlin, Abt. XX Nr. 7157, Bl. 52; BStU, MfS, HA VII 2738, Bl. 136.

350 BStU, MfS, HA XX Nr. 6014, Bl. 171ff.

351 BStU, MfS, HA VII 2738, Bl. 136.

Daraufhin wurden 5 Ermittlungsverfahren mit Haft gegen 5 Skinheads aus dem Kreis Königs Wusterhausen eingeleitet.[352]

In Berlin-Marzahn wurde am 22. März 1987 ein Angehöriger der NVA von sechs Skinheads brutal zusammengeschlagen und am 29. März 1987 überfielen mehrere Skinheads einen Bungalow in Hellersdorf, in dem sich Punks aufhielten. Daraufhin wurden sieben Ermittlungsverfahren eingeleitet.[353]

In Berlin schlug ein Skinhead am 26. April 1987 einen Mann «brutal zusammen». Ein Ermittlungsverfahren gemäß § 215 Rowdytum wurde eingeleitet und er wurde zu einer Freiheitsstrafe von drei Monaten verurteilt.[354]

In Frankfurt/O. waren seit Mai 1987 «etwa 15–20 Jugendliche und Jungerwachsene als Skinhead-Gruppierung in Erscheinung» getreten. Sie verhielten sich bei Fußballspielen rowdyhaft und im Stadtgebiet, im «Cafe Nord» und in der Wohnung eines «Rädelsführers» grölten sie, meistens unter Alkoholeinfluss, «Sieg Heil», «Heil Hitler», «Deutschland-Vaterland», «Die Fahne hoch, die Reihen festgeschlossen – SA marschiert». Es wurde ein Ermittlungsverfahren eingeleitet.[355]

Auf dem Bahnhof Neudietendorf, Kreis Erfurt (Bezirk Erfurt), schoben Skinheads am 5. Juni 1987 einen «Gepäckwagen auf ein Gleis», der von einem Zug erfasst wurde. Dabei entstand ein Sachschaden von circa 8.000 Mark. Die DVP leitete gegen den Täter ein Ermittlungsverfahren ein.[356]

In Berlin-Hohenschönhausen randalierten am 26. Juni 1987 in einem Jugendclub über 100 Skinheads, Anhänger des Fußballclubs BFC Dynamo Berlin, Teile des negativen Union-Anhanges sowie eine Skinhead-Gruppierung aus Hennigsdorf, «wonach der Veranstalter gegen 23.00 Uhr die Disco abbrach», woraufhin Mobiliar und Gläser von den Skinheads zerstört wurden. Danach zogen etwa 50 Skinheads zur Gaststätte «Schillerglocke», um dort an einer Tanzveranstaltung teilzunehmen, was der Anlass dafür war, dass es zwischen der anwesenden FDJ-Ordnungsgruppe und den Skinheads zu gewalttätigen Auseinandersetzungen kam. Dabei erlitten zwei Skinheads so schwere Verletzungen, dass sie mit einem «Sankra» zur stationären Behandlung abtransportiert werden mussten. Ordner erlitten ebenfalls Verletzungen.[357]

In Erfurt wurden am 1. Juni 1987 von Mitgliedern einer «jugendlichen Gruppierung» an öffentlichen Stellen, wie «Müllcontainer, Häusermauern, Fußgängerunterführungen» und an einer Brücke, faschistische Symbole und Losungen angebracht: «Bund Deutscher Mädchen», «Wir werden siegen», «Deutschland

352 BStU, MfS, Arbeitsbereich Mittig Nr. 53, Bl. 16f; BLHA, 471 BDVP Potsdam, 444, 449, 464; BStU, MfS, HA VII 2738, Bl. 136.

353 BStU, MfS, BdL/Dok.-Nr. 008324, Bl. 5.

354 BStU, MfS, BV Berlin, Abt. XX Nr. 7157, Bl. 52.

355 BStU, MfS, HA IX Nr. 10712, Bl. 45f.

356 BStU, MfS, HA XX Nr. 6014, Bl. 172.

357 BStU, MfS, HA XX Nr. 478, Teil 2 von 2, Bl. 414f.

über alles» und «Der Führer ruft». Dazu schmierten sie mehrere Hakenkreuze und SS-Runen.[358]

In Erfurt fiel im Juli 1987 zum wiederholten Mal eine 10-köpfige Skinhead-Gruppe auf, «in der sich die einzelnen Mitglieder öffentlich mit dem Hitlergruß» begrüßten, faschistische Ordenszeichen austauschten oder an der Kleidung trugen. Sie bezeichneten sich selbst als «Neonazis» und wollten als «Hitlerjugendfans» angesehen werden. Zu ihrer Kontrolle wurde durch die KDfS Erfurt die Operative Personenkontrolle (OPK) «Kreuz» eingeleitet.[359]

Der Kreis Arnstadt (Bezirk Erfurt) hatte sich im Sommer 1987 zu «einem Schwerpunkt von Aktivitäten neofaschistischen Charakters» durch Neonazis entwickelt. Im Mai 1987 stahl in Erfurt ein Jugendlicher eine «Thälmann-Büste» mit der Begründung, «Thälmann habe die faschistische Entwicklung Deutschlands gestört». Gleichzeitig wurden in der Stadt «15 öffentlich angebrachte Symbole und Losungen faschistischen Charakters festgestellt. Als Täter wurde eine jugendliche Gruppierung von sieben Personen festgestellt, die sich mit faschistischem und militaristischem Gedankengut» befasste. Nach Aussagen der Täter sollte es in Arnstadt sowie in Marlishausen und Bornheim Neonazi-Organisationen von bis zu 14 Jugendlichen geben, die sich «NS-Gruppe Marlishausen», «Marlishäuser Wehreinheit», «Deutsche Befreiungsfront», «NS-Gruppe Eisernes Kreuz» und «NS-Gruppe Stahlhelm» nannten.[360]

Der Kreis Weimar (Bezirk Erfurt) bildete einen Schwerpunkt «negativ-dekadenter Jugendlicher». So traten in Weimar Skinheads «im internen Kreise ebenfalls mit faschistischen Verhaltensweisen (Hitlergruß) in Erscheinung».[361]

Am 17. Oktober 1987 fuhren Skinheads und Hooligans des 1. FC Lok Leipzig mit dem D 660 nach Berlin. Während der Fahrt versuchten zwei Skinheads einem Punk mit einem Taschenmesser die Haare abzuschneiden. Ein Skinhead trat dem Punk mehrmals ins Gesicht.[362]

Ein markantes Beispiel für die Verbindung von antisemitischer und neonazistischer Ideologie war der Angriff von Skinheads auf circa 500 Konzertbesucher nach dem Rockkonzert der Punk-Gruppe «Element of Crime» aus Berlin (West) und der ostdeutschen Band «Die Firma» in der Zionskirche in Berlin (DDR) am 17. Oktober 1987. Dieser Überfall zeigte die bis dahin gepflegte Verdrängung dieser rechten Bewegung, weil die Massenmedien zum ersten Mal klar und deutlich über die Existenz von Neonazis berichten konnten. Dem Angriff auf die Zionskirche ging eine jahrelange Entwicklung voraus, die von der SED in ihrem Ausmaß und ihrer Gefährlichkeit nicht verstanden und daher

358 BStU, MfS, HA XX Nr. 6014, Bl. 203.
359 BStU, MfS, HA XX Nr. 6014, Bl. 186.
360 BStU, MfS, HA XX Nr. 6014, Bl. 186.
361 BStU, MfS, HA XX Nr. 6014, Bl. 187.
362 BStU, MfS, HA VII 2738, Bl. 136.

nicht beherrscht werden konnte.[363] Bereits am Nachmittag hatten sich etwa 80 bis 100 Hooligans und Skinheads zu einer privaten Feier in der HO-Gaststätte «Sputnik» versammelt und von dort aus machten sich etwa 30 von ihnen auf den Weg zur Zionskirche, um die Konzertbesucher anzugreifen. Auf ihrem Weg zur Kirche wurde ein Mädchen brutal zu Boden gerissen, ein junger Mann wurde verprügelt und es wurden faschistische Parolen gegrölt. Die Neonazis, unter ihnen mehrere Hooligans des BFC Dynamo, stürmten die Zionskirche mit Parolen wie: «Sieg Heil», «Judenschweine», «Deutschland», «Oi, Oi, Oi», «Skinhead-Power», «Juden raus» und «Schweine und Linke – raus aus deutschen Kirchen» und sie zeigten den Hitlergruß. Mehrere Konzertbesucher «erlitten Schnittverletzungen, Prellungen und Hautabschürfungen; eine verletzte Person musste in der Charité medizinisch versorgt werden». Augenzeugen berichten, dass Volkspolizisten dabei zugesehen hätten, ohne jedoch einzugreifen.

Bei den Untersuchungen wurden vom 21. bis zum 29. Oktober 1987 insgesamt 26 Personen, davon 24 männliche und 2 weibliche Personen, zugeführt und 7 weitere Zeugen wurden vernommen. Unter den Zugeführten befanden sich 22 Skinheads und 4 Punks, 24 in Berlin und 2 davon lebten in Frankfurt/O. Davon waren 5 Personen im Alter bis 18 Jahre, bis 21 Jahre waren es 15 und bis 26 Jahre wurden 6 Personen registriert. 18 Personen hatten einen Schulabschluss einer 10. Klasse, 17 Personen waren Facharbeiter und 7 waren Lehrlinge. Von den in Berlin wohnenden 24 Personen waren 7 Personen nicht organisiert. Die anderen Verdächtigten waren Mitglieder im FDGB, in der FDJ, in der GDSF, in der GST, im DTSB oder im DRK. 8 Personen waren vorbestraft wegen Rowdytum und Missachtung staatlicher Symbole. Gegen zwei Personen wurde wegen des Verdachts auf Rowdytum ermittelt und drei Personen aus den Berliner Bezirken Mitte, Prenzlauer Berg und Treptow hatten einen Antrag auf «Übersiedlung» in den Westen gestellt. 7 Personen wurden zu jener Zeit bereits aktiv bearbeitet durch die BVfS Berlin wegen vorbeugender Verhinderung von Straftaten gemäß §§ 214 «Beeinträchtigung staatlicher oder gesellschaftlicher Tätigkeit», 218 «Vereinsbildung zur Verfolgung gesetzeswidriger Ziele» und 220 «Öffentliche Herabwürdigung» StGB. Zu den 26 Verdächtigten wurden die folgenden Entscheidungen getroffen: Gegen 5 Personen wurden Ermittlungsverfahren mit Haft wegen Rowdytums eingeleitet, gegen 8 Personen Ordnungsstrafverfahren und gegen 13 Personen wurden schriftliche Belehrungen ausgesprochen. Der BVfS schlug eine Vorgehensweise mit insgesamt 17 Punkten vor. Der erste Punkt dieser Liste war, dass gegen 5 Beschuldigte eine «gerichtliche Hauptverhandlung vor geladener Öffentlichkeit» vor dem Stadtbezirksgericht Berlin-Mitte am 27. November, am 30. November sowie am 1. Dezember 1987 durchgeführt werden sollte. Nach Abstimmung mit dem Generalstaatsanwalt von Berlin und dem Direktor des Stadtgerichts Berlin sollten gegen die An-

363 BStU, MfS, BdL/Dok.-Nr. 008324, Bl. 5.

geklagten «Freiheitsstrafen mit Präventivcharakter» ausgesprochen werden, es sollte eine Wiedergutmachung des Schadens stattfinden und sie sollten sich dazu verpflichten, sich am Arbeitsplatz zu bewähren. Des Weiteren sollte das Gericht Kontrollmaßnahmen und Aufenthaltsbeschränkungen aussprechen.[364] Unter Punkt 3 erfolgte die Sprachregelung der Inhalte, die für die Öffentlichkeit bestimmt waren. Dazu sollten Textvorschläge abgestimmt werden für «Presseveröffentlichungen», in denen «über die Einleitung der Ermittlungsverfahren sowie die Ergebnisse der gerichtlichen Hauptverhandlung und Prüfung der Veröffentlichung eines umfassenden Beitrages in der Rubrik ‹Gerichtsbericht› der «Junge Welt» berichtet werden sollte.

Wegen Beteiligung an dem Überfall auf die Zionskirche verurteilte die Strafkammer des Stadtbezirksgerichtes Berlin-Mitte die Skinheads Ronny B., bereits zum fünften Mal vor Gericht, Torsten B., zuvor einmal in Haft wegen «Rowdytums», Sven E. und Frank B. zu Freiheitsstrafen zwischen einem Jahr und zwei Jahren sowie zur Begleichung von Schadensersatz.

Die «Junge Welt» intervenierte durch ihren Chefredakteur gegen diese Urteile, weil sie sie als zu mild einstufte und folgerichtig härtere Strafen forderte. In den Berichten der FDJ-Leitungen aus verschiedenen Bezirken wurde von «staatsfeindlichen» Aktionen in und vor der Zionskirche gesprochen und es wurde gefragt, warum denn ein Berufungsverfahren nötig sei. Es sollte vom Gericht allein auf Grund der Aktenlage, also ohne neues Gerichtsverfahren, ein höheres Strafmaß ausgesprochen werden.[365]

Dennoch kam es Anfang 1988 beim zweiten Zionskirchen-Prozess in der Beurteilung der Vorgänge wieder zu einem Rückschritt, denn die Täter wurden zu Handlungsgehilfen von West-Berliner Skinheads umdefiniert, d. h. ein West-Berliner Skinhead, Spitzname «Bomber», sollte der Anführer der Neonazi-Horde gewesen sein. Damit zog in die öffentliche Debatte über die Ursachen des Neonazismus wieder eine wohlbekannte Argumentation ein. Die Richter folgten den Anträgen der Staatsanwaltschaft und verurteilten vier Angeklagte zu höheren Freiheitsstrafen: Ronny B. erhielt nun vier Jahre, Torsten B. zwei Jahre und sechs Monate, Sven E. wurde zu einem Jahr und acht Monaten sowie Frank B. zu einem Jahr und sechs Monaten Freiheitsentzug verurteilt. Im Urteil wurde hervorgehoben, dass an den Ausschreitungen in und um die Zionskirche «Skinhead-Rowdys» aus West-Berlin beteiligt waren, doch die Verfassung und Gesetze der DDR böten Garantien für die Sicherheit der Bürger der DDR, was zu jeder Zeit und an jedem Ort gewährleistet sei.[366]

---

364 BStU, MfS, HA IX 772, Bl. 33.

365 Junge Welt, 4.12.1987 und 12/13.12.1987.

366 Neue Bunte Illustrierte, (NBI) 7/88; Junge Welt, 12/13.12.1987; Junge Welt, 4.12.1987; Der Morgen v. 5.2.1988; Persönliche Information November 1987, FDJ BL Suhl, SAPMO-BArch, DY 24/ 13.262, S. 4; Neues Deutschland, 23.12.1987; Junge Welt, 23.12.1987 und 4.2.1988; Frankfurter Allgemeine Zeitung, 6.1.1988.

Der Überfall auf die Zionskirche weichte die strenge Zensur für einige Monate auf und spätestens ab dem ersten Verhandlungstermin vor dem Stadtbezirksgericht Berlin-Mitte war die gesamte Öffentlichkeit offiziell über die Existenz und Wirkungsweise von Neonazis informiert. Die Berichterstattung zeigte dann deutliche Betroffenheit über das unerwartete Ausmaß dieser Entwicklung.

Dem Chefredakteur der auflagenstarken Tageszeitung «Junge Welt» gelang es, in einem Leitartikel kritische Schriftsteller, engagierte Kirchenleute und die «Rowdys mit faschistischem Vokabular» zusammen als vom Feind inspirierte und ausgestattete Figuren darzustellen.[367] Damit schloss er die Argumentationskette, den die bisherigen Analysen und Kommentare hervorgebracht hatten, auf einer höheren Ebene wieder zusammen. Nach den Vorfällen in und um die Zionskirche setzte in den Publikationsorganen eine neue Orientierung nur insofern ein, als den Jugendlichen bewusst gemacht werden sollte, welche Auswirkungen der Nationalsozialismus für Juden hatte. Die «Junge Welt» richtete sogar eine ständige Kolumne ein, in der über die von FDJ-Mitgliedern durchgeführten Aufräumarbeiten auf jüdischen Friedhöfen berichtet wurde. Diese öffentlichkeitswirksamen Demonstrationen sind im Zusammenhang damit zu sehen, dass Honecker die Beziehungen zur USA verbessern wollte.

Der ehemalige Offizier der DVP, B. Wagner, sieht in den Vorgängen um den Überfall auf die Zionskirche «eine Zäsur in der Wahrnehmung des Rechtsradikalismus in der DDR».[368] Jedoch hielt diese «Veränderung» leider nicht lange an, denn die Verantwortlichen in den Berliner Ministerien verschlossen die tatsächlich entstandene Lücke in der Mauer des Verschweigens zur Existenz von Neonazis (Skinheads und Hooligans) recht bald wieder und der alte Zustand des Verdrängens und Leugnens wurde wiederhergestellt. Die politischen und sicherheitspolitischen Maßnahmen, die im Zusammenhang mit dem Angriff auf das Konzert in der Zionskirche getroffen worden waren, erreichten die Adressaten überhaupt nicht mehr – die Angriffe von Skinheads auf Punks, Ausländer und Unbeteiligte gingen unvermindert weiter und Berichte dazu gab es nicht oder sie wurden ihres politischen Kerns entledigt.

Die Ermittlungen zur Aufklärung des Angriffs auf die Zionskirche ergaben, dass es bereits am 6. Oktober 1987 in der Kaskelstraße in Berlin-Lichtenberg zu gewalttätigen Auseinandersetzungen zwischen Skinheads und Punks gekommen war. Eine Person war dabei so schwer verletzt worden, dass sie im Oskar-Ziethen-Krankenhaus medizinisch versorgt werden musste. Seit dem Frühjahr 1987 wohnten in der Kaskelstraße 45 mehrere Skinheads und im nahegelegenen Wohnhaus in der Pfarrstraße 94–96 wohnten mehrere Punks. Nach Aussagen

367 Junge Welt, 12./13.12.1987.

368 Wagner, S. 123–133.

von «Zugeführten» gehörten die Skinheads «zu den negativen Fußball-Fans des BFC Dynamo, des 1. FC Union Berlin und der BSG Rotation Berlin».[369]

Am 25. November 1987, einen Monat nach dem Überfall auf das Konzert in der Zionskirche, durchsuchten Mitarbeiter der Staatssicherheit und Staatsanwaltschaft die Räume des Friedens- und Umweltkreises in der Zionskirche. Zahlreiche fortschrittliche Oppositionelle aus Friedens-, Umwelt- und Menschenrechtsgruppen aus Berlin und anderen Städten wurden verhaftet; am 10. Dezember 1987 wurden zehn Mitglieder der Initiative für Frieden und Menschenrechte verhaftet. Mit dieser Aktion setzte die Führung der DDR ein Zeichen, dass die politischen Überzeugungen der Frauen und Männer, die sich in und um die Zionskirche befanden, als kriminell angesehen wurden, ebenso wie die Angreifer vom 17. Oktober 1987.

Die Sicherheits- und Justizorgane benutzten für solche «Vorkommnisse» synonyme Begriffe wie § 215 «Rowdytum» oder § 220 «Öffentliche Herabwürdigung» des Staates bzw. Staatsverleumdung, unter die politische Ereignisse subsumiert wurden, die in ihrem wahren Kern nicht bekannt werden durften. Da dieser Teil der Realität aus politischen Gründen verschwiegen wurde, musste die Erfassung politisch motivierter Straftaten und -täter in anderen kriminalsoziologischen Kategorien rubriziert werden, wie z. B. «Verbrechen gegen den Staat und die Tätigkeit der Staatsorgane», «Körperverletzung» und «Hetze gegen den Staat» oder «Staatsverleumdung». In der Statistik der Generalstaatsanwaltschaft war ein neuer Paragraph eingeführt worden: «Andere Delikte mit rowdyhaftem Charakter», der mit der Einführung des neuen Strafgesetzbuches, am 1. Juli 1968, unter § 215 StGB Gesetzeskraft erhalten hatte. Auch in den Medien wurde der Begriff «Rowdy» dazu benutzt, den politischen Kern bei rassistischen und antisemitischen Taten zu vertuschen bzw. zu verdrängen.

Im Bezirk Erfurt existierten im Oktober bzw. November 1987 in den Kreisen Apolda, Erfurt, Gotha, Nordhausen und Weimar Skinheads, die in losen Gruppen organisiert waren. In der Stadt Erfurt umfassten die Skinhead-Gruppen etwa 23 Personen, unter denen sich Arbeiter, Lehrlinge und Schüler befanden. Sie unterhielten «lose Kontakte zu Skinheads» in den Bezirken Berlin, Gera, Halle, Karl-Marx-Stadt, Leipzig und Magdeburg.[370]

In der Stadt Erfurt gab es eine weitere Skinhead-Gruppe mit ca. 5 Mitgliedern. Der «Anführer» verfügte über eine «feindlich-negative Einstellung zu den gesellschaftlichen Verhältnissen in der DDR. Er gehörte in der Vergangenheit zum negativen Anhang des FC ‹Rot-Weiß› Erfurt. [Name geschwärzt, HW] trat in der Vergangenheit mehrfach durch die Initiierung von Schlägereien in von

369 BStU, MfS, HA IX 772, Bl. 26–38.
370 BStU, MfS, HA XX Nr. 6014, Bl. 164–170.

Jugendlichen frequentierten Gaststätten der Bezirksstadt in Erscheinung und wurde bereits wegen Rowdytums strafrechtlich zur Verantwortung gezogen.»[371]

In Weimar (Bezirk Erfurt) existierte Ende 1987 «eine lose Gruppierung von Anhängern der Skinheads, der [...] sieben Personen» angehörten, die als Arbeiter bzw. Lehrlinge tätig waren. Die Abteilung K des VPKA Weimar legte zu diesen Skinheads die Kriminalakte «Club» an. Die «Aufklärung und Bearbeitung» erfolgte im politisch-operativen Zusammenwirken (POZW). Die Mitglieder entstammten «in der Mehrheit zerrütteten Familienverhältnissen» und waren bereits mehrfach durch «rowdyhafte Ausschreitungen und Straftaten der allgemeinen Kriminalität (Rowdytum, Körperverletzung, Widerstand gegen staatliche Maßnahmen) aufgefallen.[372]

In Havelberg (Bezirk Magdeburg) wurde im November 1987 eine Skinhead-Gruppe beobachtet, die «aggressiv und gewalttätig» den Faschismus verherrlichte. Die 6 Mitglieder wurden im Vergleich zu anderen Skinhead-Gruppen in Berlin oder Dresden als «zahlenmäßig kleine Gruppe» angesehen, die aber «in ihrer aggressiven und gewalttätigen Art den anderen in nichts» nachstand. 4 Jugendliche aus dieser Szene waren am 20. Februar 1988 zu Besuch in Plauen, wo sie 2 unbekannte Bürger «niederschlugen». Gegen die 4 Täter wurde vom Kreisgericht Haftbefehl erlassen.[373]

In Berlin-Mitte wurden am 21. November 1987 im Jugendclub in der Sophienstraße vier Skinheads wegen «faschistischer Äußerungen» festgenommen und der VPI Mitte zugeführt. Sie hatten das SA-Lied «Es zittern die morschen Knochen ...» gegrölt und sich antisemitisch geäußert. Gegen sie wurde ein Ermittlungsverfahren eingeleitet. Gegen zwei Täter wurden Haftbefehle beantragt. Wegen Absingen «faschistischer Lieder» im Jugendklub «Sophienstraße» wurden vier EV mit anschließender Haft eingeleitet.[374]

Nach Angaben der HA XX des MfS gab es 1987 in der DDR etwa 800 Skinheads (16 bis 25 Jahre), die in ca. 38 Gruppen organisiert waren. Sie glorifizierten das «Heldentum des deutschen Soldaten im II. Weltkrieg», deren «Kraft und Stärke», «Leistungsvermögen und Nationalstolz» sowie «Zucht und Ordnung» und öffentlich traten sie mit neonazistischen, rassistischen und revanchistischen Äußerungen auf. Im Gegensatz zu «anderen negativ-dekadenten Jugendlichen» waren sie am Arbeitsplatz diszipliniert und wurden von «den Arbeitskollektiven anerkannt».[375]

In Berlin-Lichtenberg gab es am 11. Dezember 1987 im Jugendclub in der Dolgenseestraße ein «antiimperialistisches Solidaritätskonzert» mit zwei chileni-

---

371 BStU, MfS, HA XX Nr. 6014, Bl. 167.

372 BStU, MfS, HA XX Nr. 6014, Bl. 167ff.

373 BStU, MfS, BV Magdeburg, KD Havelberg, Nr. 3810, Bl. 37f.; BStU, MfS, Abt. XX 4710, Bl. 4ff.

374 BStU, MfS, Arbeitsbereich Mittig Nr. 53, Bl. 16f.; BStU, MfS, HA IX 9832, Bl. 64f.

375 Langer 1993, S. 77.

schen und einer nicaraguanischen Gesangsgruppe, die damit Spenden sammeln wollten für «den Bau eines Krankenhauses in Nikaragua». Unter den Gästen befanden sich auch acht namentlich bekannte Skinheads, die sich im «hinteren Raum um einen großen Tisch platzierten», von wo aus sie das Konzert mit Gegröle und Rufen wie «Kanaken» sowie «Kanakenmusik» störten. Es wurde der rechte Arm zum Hitlergruß erhoben und zweimal «Sieg Heil» gerufen. Die Zeugen waren «jedoch nicht in der Lage, konkret anzugeben, welcher der Anwesenden das gerufen hat, so daß bisher keine Hinweise zu den Tätern vorliegen». Gegen 22.00 Uhr beobachtete der Leiter der FDJ-Ordnungsgruppe einen Skinhead, der den «rechten Arm zum Hitlergruß» erhob. Der Täter wurde daraufhin «zwecks Personalienfeststellung in den Büroraum des stellvertretenden Jugendclubleiters [geschwärzter Name, HW] geführt». Andere Skinheads folgten den beiden und bei dem entstandenen Wirrwarr entkam der Skinhead, ohne «daß seine Personalien festgestellt» werden konnten. Als die Volkspolizei eintraf, hatte der Großteil der Skinheads bereits den Jugendclub verlassen. Durch umfangreiche Ermittlungen der KDfS Lichtenberg, im Zusammenwirken mit der VPI Lichtenberg, wurde ein geständiger Skinhead ermittelt, der zugab, dass er einmal den Hitlergruß gezeigt hatte. Gegen ihn wurde ein Ermittlungsverfahren gemäß § 220 (3) «Öffentliche Herabwürdigung» StGB mit Haft eingeleitet, das sich beim Dezernat II in Weiterbearbeitung befand. Am 13. Dezember 1987 wurde durch die Abteilung K des TPA Berlin ein Ermittlungsverfahren wegen Rowdytums gegen einen weiteren Skinhead eingeleitet. Ebenso wurde am 13. Dezember 1987 durch die VPI Lichtenberg ein Ermittlungsverfahren wegen «Gefährdung der öffentlichen Ordnung durch asoziales Verhalten» gegen einen weiteren Skinhead eingeleitet. Auch dieses Verfahren wurde am 18. Dezember 1987 an das Dezernat II zur weiteren Bearbeitung übergeben. Die Offiziere des MfS sahen am 23. Dezember 1987 Gegenüberstellungen mit Zeugen vor und in der Woche ab dem 28. Dezember 1987 sollten «die anderen am 11.12.1987 anwesenden ‹Skinheads›» zugeführt werden.[376]

In Berlin randalierten am 13. Dezember 1987 fünf Skinheads (eine Frau befand sich unter ihnen) während der Fahrt mit der S-Bahn zwischen Schönhauser Allee und Ostkreuz. Sie äußerten: «Wir sind Skinheads – Kommunisten behaupten Deutsche zu sein – Kommunisten behaupten rot zu sein – doch wir wissen es besser.» Am Bahnhof Ostkreuz wurde die Aufsicht der Deutschen Reichsbahn (DR) gewalttätig angegriffen. Zwei Täter wurden ermittelt und Haftbefehl beantragt.[377]

In Lichtenberg wurde am 17. Dezember 1987 ein Kochlehrling, Skinhead, von der Volkspolizei wegen Rowdytum, «öffentlicher Herabwürdigung und vorsätzlicher Körperverletzung» festgenommen. Er war Mitglied einer Skin-

376 BStU, MfS, BV Berlin, KD Lichtenberg Nr. 13091, Teil 1/2, Bl. 64ff.

377 BStU, MfS, HA IX 9832, Bl. 27f.

head-Gruppe und hatte am 11. Dezember den Hitlergruß gezeigt. Die Gruppe verkehrte bevorzugt im Café «Petit Fleur» und in der Gaststätte «Bärenschaufenster». Am 25. April 1988 ist er vom Bezirksgericht Lichtenberg zu einer Freiheitsstrafe von 1 Jahr und 8 Monaten verurteilt worden.[378]

In Berlin grölten am 19./20. Dezember 1987 vier Skinheads in und vor der HOG «Prag» in der Leipziger Straße sowie auf dem U-Bahnhof Spittelmarkt: «Deutschland, Deutschland über alles, über alles in der Welt», «Mein Vater war ein SS-Soldat ...», «SA marschiert» und das «Horst Wessel Lied». Außerdem riefen sie «Deutsche Frauen – Deutsches Bier – Schwarz-Rot-Gold – wir stehen zu dir» und «Kommunistenköpfe rollen». Durch die VPI/K Mitte wurde gegen alle vier Täter ein Ermittlungsverfahren gemäß «§§ 220 und 215 eingeleitet und Haftbefehle erlassen. Die Beschuldigten wurden in die Untersuchungshaftanstalt (UHA) Berlin eingeliefert und die weitere Bearbeitung erfolgte durch die VPI/K.[379]

In Lichtenberg kam es am 27. Dezember 1987 in und vor der Clubgaststätte «Kalinka» in der «Straße der Befreiung» zu gewalttätigen Auseinandersetzungen zwischen circa 10 Skinheads und anderen Gästen. Einer Frau wurde grundlos mit dem Fuß ins Gesicht getreten. Gegen einen Täter wurde ein Ermittlungsverfahren gemäß § 215 Rowdytum StGB eingeleitet.[380]

Ebenfalls am 27. Dezember 1987 wurde in Berlin-Prenzlauer Berg Skinheads der Einlass zu einer Tanzveranstaltung im Jugendclub «Ernst Knaack» nicht erlaubt. Später wurde an der Außenwand des Lokals die Parole «Nazis rein» vorgefunden. Daraufhin wurden fünf Skinheads (17 bis 20 Jahre) der VPI K Prenzlauer Berg zugeführt. Gegen zwei Täter wurden Ermittlungsverfahren wegen «Öffentlicher Herabwürdigung» eingeleitet.[381]

Am 31. Dezember 1987 versammelten sich in einer Wohnung etwa 15 Skinheads, die «lautstark faschistische Parolen» brüllten und «nazistische Lieder» grölten. In der «Operativ-Information» der Abteilung XXII vom 7. Januar 1988 – sie basierte auf Informationen eines «Inoffiziellen Mitarbeiters» (IM) – wird im Betreff angegeben, dass es sich bei einem der Neonazis um den Sohn «eines Mitarbeiters des MfS» handelte. Der IM wurde unterwiesen, «keine Maßnahmen zu realisieren, bei denen die Eltern einbezogen werden» müssten. Die Information endet mit der Bitte um «Kenntnisnahme und unbedingte Gewährleistung des QUELLENSCHUTZES».[382]

Vom 1. Oktober 1987 bis 20. Januar 1988 wurden durch das MfS und die DVP «40 Ermittlungsverfahren» gegen insgesamt 108 Neonazis eingeleitet, da-

378 BStU, MfS, HA VII Nr. 2217, Bl. 18 u. Bl. 40f.

379 BStU, MfS, BV Berlin, KD Lichtenberg Nr. 13091, Teil 1/2, Bl. 295–297; BStU, MfS, HA IX 9832, Bl. 23ff.; BStU, MfS, BV Berlin, KD Lichtenberg Nr. 13091, Teil 1/2, Bl. 290, Bl. 295f.

380 BStU, MfS, HA IX 9832, Bl 6f.

381 BStU, MfS, HA IX 9832, Bl. 9f.

382 BStU, MfS, HA XXII Nr. 242/6, Bl. 5f.

von wurden 94 Täter in Haft genommen. Die «Einschätzung» des MfS vom 2. Februar 1988 endet mit der Behauptung, die neonazistischen Krawalle und Auseinandersetzungen wären «dem Sozialismus wesensfremd». Die «Ursachen wären allein im imperialistischen System» begründet und wären «durch das Einwirken von neofaschistischen Kräften aus der BRD bei einzelnen Personen hervorgerufen» worden.[383]

In Königs Wusterhausen (Bezirk Potsdam) wurde im November 1987 von einem Skinhead eine Hakenkreuzbinde getragen. Ein anderer Skinhead trug eine Armbinde mit der Aufschrift «Deutsche Reichsjugend». Ein weiterer Skinhead fiel im September 1987 «bei umfangreichen Schmierereien von Hakenkreuzen» auf.[384]

Wenige Wochen nach dem gewalttätigen Angriff auf die Zionskirche in Berlin kam es in Velten, Kreis Oranienburg (Bezirk Potsdam), bei einer Tanzveranstaltung am 31.10./1.11.1987 vor der Gaststätte «Weimann» zu «schweren rowdyhaften Handlungen» von neun Skinheads. Es gab mehrere Verletzte, die Einrichtung der Gaststätte wurde zerstört und Volkspolizisten wurden tätlich angegriffen. Skinheads reagierten später auf das Eingreifen der staatlichen Organe und zerstörten nach einem Gaststättenverbot aus Rache die Fenster des Lokals. Die Volkspolizei war von der Inhaberin der Gaststätte gerufen worden. Zwei Volkspolizisten wurden von etwa 10 bis 15 Personen mit «diffamierenden Äußerungen beschimpft» und körperlich brutal misshandelt. Einer der Angreifer schlug «mit einem ca. 10 cm starken und ca. 3 m langen Rundholz» auf die Volkspolizisten ein. Einer der beiden Volkspolizisten gab mit seiner Dienstpistole drei Warnschüsse ab, woraufhin sich die Angreifer fluchtartig entfernten. Der Funkstreifenwagen wurde mit einer Gehwegplatte beschädigt und zwei Volkspolizisten mussten im Krankenhaus Hennigsdorf medizinisch versorgt werden. 15 geflüchtete Skinheads griffen anschließend in der Nähe des Bahnhofes Velten zwei Personen tätlich an und misshandelten sie, d. h. ein Mopedfahrer wurde niedergeschlagen und sein Fahrzeug wurde geraubt. Eine Familie, die zu Fuß unterwegs war, wurde gewalttätig angegriffen, doch es gelang den Opfern zu flüchten und sich zu verstecken. Zwei weitere Personen wurden von diesem rechten Mob überfallen und zusammengeschlagen – sie konnten bis zu jenem Zeitpunkt nicht ermittelt werden. Die Untersuchungen wurden zu neun Beteiligten (17 bis 24 Jahre) geführt, gegen die Ermittlungsverfahren mit Haft gemäß § 215 Rowdytum – zum Teil in Tateinheit mit § 212 Widerstand gegen staatliche Maßnahmen StGB – eingeleitet wurden.[385] Bei der Zuführung der Täter erkannte ein Volkspolizist «einige Personen wieder, die ihn und einen weiteren

383 BStU, MfS, BdL/Dok.-Nr. 008324, Bl. 6.

384 BStU, MfS, Außenstelle Potsdam, AKG 1927, Bl. 15 und Bl. 20.

385 BStU, MfS, HA IX 1479, Bl. 17f., Bl. 26f; BStU, MfS, HA IX 10711, Bl. 123–133.; BStU, MfS, BV Potsdam, AKG 1579, Teil 1 von 2, Bl. 423ff.; BStU, MfS, BV Berlin, KD Lichtenberg Nr. 13095, Bl. 246f.; BStU, MfS, HA VII 2738, Bl. 136.

Genossen bereits am 28. Oktober 1987 auf dem Bahnhof Velten massiv mit Tätlichkeiten bedroht hatten, denen sich die Genossen nur durch aufspringen auf die fahrende S-Bahn entziehen konnten.» Eine entsprechende Anzeige wegen der Drohungen lag bereits vor. Bei einer Wohnungsdurchsuchung wurden «erhebliche Mengen neonazistischen Schriftgutes und faschistischer Literatur sichergestellt».[386]

In Oranienburg (Bezirk Potsdam) verurteilte Anfang Mai 1988 eine Strafkammer des Kreisgerichts neun Skinheads (18 bis 25 Jahre) zu Haftstrafen zwischen sechseinhalb Jahren und einem Jahr und neun Monaten. Anlass für die Verhaftung der neun Jugendlichen war eine Schlägerei während einer Tanzveranstaltung. Dabei wurden Volkspolizisten tätlich angegriffen und ein Streifenwagen demoliert. Während des Gerichtsverfahrens waren auch einige Taten, die sie als Einzeltäter oder als Gruppe verübt hatten, bekannt geworden, die sie seit 1987 zu verantworten hatten. Die Skinheads waren im Kreis Oranienburg aufgefallen, weil sie in Gaststätten, Jugendclubs und Bahnhöfen randaliert und «Sieg Heil» oder «Heil Hitler» gebrüllt hatten. Unbeteiligte Passanten waren überfallen worden und einige Menschen wurden schwer verletzt. Im Sinne von: «Bei uns in der DDR kann nicht sein, was nicht sein darf», wurden die Angeklagten freigesprochen, weil man sie als «Verführte» und «Opfer» von westlichen Einflüssen nicht zur Verantwortung ziehen könne. Sie wären, so das Gericht, nicht auf die Anklagebank gekommen, wenn es den RIAS Berlin nicht gegeben hätte. Ein Gerichtsreporter beantwortete eine diesbezügliche Leseranfrage mit der Erklärung, es würde sich hier nicht um ein «sozialistisches Entwicklungsproblem, sondern um einen Westimport» handeln.[387]

In Berlin wurde vor der OPK «Glatze» ein Lehrling überprüft, der «Anführer einer Skinheadgruppierung von Lehrlingen der BBS» gewesen sein soll. Von November 1987 bis Januar 1988 soll er mündlich mit «feindlichen Hetzlosungen faschistischen Inhalts in Erscheinung getreten» sein. Außerdem soll er mit anderen Jugendlichen «einen S-Bahn-Wagen mutwillig zerstört» haben. Mit der OPK sollten verschiedene Straftatbestände geprüft werden, es sollten «relevante(r) Handlungen an der BBS und im Freizeitbereich» aufgeklärt werden und Motive und Ursachen der Skinheads sollten herausgearbeitet werden.[388]

In Berlin-Lichtenberg wurde am 30. Januar 1988 ein Skinhead überprüft, der «feindlich-negative Auffassungen» vertrat; im Tierpark spielte er eine Musikkas-

---

386 Ministerrat der DDR an das Ministerium für Staatssicherheit, Stellvertreter des Ministers an die BV Berlin, Stellvertreter Operativ, VVS-oOO8, MfS-Nr. 14/88, 2.2.1988, Einschätzung der HA XX, Bl. 6f.; BStU, MfS, BV Potsdam, AKG 1579, Teil 1 von 2, Bl. 423ff.; BStU, MfS, HA XXII Nr. 841/8, Bl. 5f.; BStU, MfS, HA XXII Nr. 841/8, Bl. 5f; BStU, MfS, HA IX 10711, Bl. 8; BStU, MfS, ZAIG 3665, Bl. 1f.

387 Junge Welt, 5.5.1988 u. 12.5.1988; Neues Deutschland, 12.5.1988; Frankfurter Allgemeine Zeitung, 13.5.1988; Frankfurter Rundschau, 13.5.1988.

388 BStU, MfS, BV Berlin, Abt. XX Nr. 7157, Bl. 13.

sette mit faschistischen Liedern ab, er war Organisator einer neonazistischen Feier anlässlich des 55. Jahrestages der Machtergreifung der Nazis und plante für den 8. Mai eine Kranzniederlegung für deutsche Soldaten, die «im Kampf gegen den Kommunismus» gefallen waren.[389]

In Rostock-Schmarl gab es 1988 eine Gruppe, die durch OAM «Platte» der Abteilung XX/2 überprüft worden war, weil bei ihnen u. a. der Faschismus verherrlicht wurde. Die Gaststätte «Zum blauen Peter» entwickelte sich im Januar und Februar 1988 «zu einem Konzentrationspunkt negativ dekadenter und feindlich-negativer Jugendlicher, die äußerlich als Skinheads in Erscheinung traten und faschistische und rassistische Äußerungen in der Öffentlichkeit» tätigten. Von einem Mitglied der Gruppe ist überliefert, dass es «massiv nationalistisches Gedankengut» verbreitete, etwa: «Raus mit den Kanackern, damit wir uns frei entfalten können» und er war der Meinung, dass «die Regierung» beseitigt und «ein einiges Deutschland geschaffen» werden sollte. Das Ziel des MfS war nun, zusammen mit der Abteilung IX der BV Rostock und der KD Rostock «offensive Maßnahmen zur Zurückdrängung derartiger Verhaltensweisen einzuleiten, den Konzentrationspunkt aufzulösen und die Gruppierung um OPK ‹Rabatz› und OAM ‹Platte› zu zersetzen».[390]

Im Prenzlauer Berg wurde am 28. Februar 1988 im Jugendclub «Ernst-Thälmann-Park» einem Besucher von einem Skinhead «grundlos ein Glas in das Gesicht» geschlagen. Die Tat wurde gemäß §§ 215 Rowdytum, 115 Vorsätzliche Körperverletzung, 63, 64, 65 StGB «einqualifiziert» und es wurde ein Ermittlungsverfahren eingeleitet.[391]

In Lichtenberg-Rummelsburg drangen am 4. März 1988 mehrere Skinheads in Abwesenheit der Mieterin in deren Wohnung ein und zerstörten das Mobiliar. Der Angriff erfolgte aus «Rache», weil sich die Frau anscheinend von ihrem Freund, er war Skinhead, getrennt hatte.[392]

In Potsdam schlugen am 4. März 1988 drei Skinheads am Schillerplatz einen Unterfeldwebel der NVA in Zivil so brutal zusammen, dass er zur Rettungsstelle gebracht werden musste.[393]

Im März 1989 gab es «Ausschreitungen» von vier Skinheads – sie waren Schulabgänger der 8. Klasse der POS aus Hennigsdorf und Hohen Neuendorf (Bezirk Potsdam). Sie verübten am 24. März im S-Bahn-Bereich im Kreis Oranienburg Gewalttaten, die durch «erhebliche Brutalität und zielgerichtete Aggressivität charakterisiert» waren. Unter Alkoholeinfluss hatten sie während und nach einer Tanzveranstaltung in Lehnitz zwei Angehörige der bewaffneten

389 BStU, MfS, BV Berlin, Abt. XX Nr. 7157, Bl. 5f.

390 BStU, MfS, HA XX/AKG Nr. 5941, Bl. 4.

391 BStU, MfS, BV Berlin, Abt. XX Nr. 7157, Bl. 7.

392 BStU, MfS, BV Berlin, Abt. XX Nr. 7157, Bl. 8.

393 BStU, MfS, HA XX/AKG Nr. 1346, Bl. 120; BStU, MfS, HA IX 1252, Bl. 250; BStU, MfS, HA XXII Nr. 17399/6, Bl. 13.

Organe provoziert, beleidigt und schließlich brutal verletzt. In Schönfließ, sie wechselten dort die S-Bahn, kamen zwei Soldaten der NVA hinzu, die nach dem Verlassen der S-Bahn in Bergfelde ebenfalls brutal zusammengeschlagen wurden. Die Opfer mussten medizinische Hilfe in Anspruch nehmen. Bis auf einen Täter waren alle einschlägig vorbestraft, aber 1987 amnestiert worden. Zwei von ihnen waren bis 1987 aktive Judo- bzw. Boxsportler. Sie waren bewaffnet mit Schlaggeräten und Ketten. Es wurde ein Ermittlungsverfahren wegen Rowdytum eingeleitet.[394]

In Berlin gab es am 5. März 1988 eine «Schlägerei», für die drei Skinheads «als Täter ermittelt» werden konnten. Es wurden Haftbefehle beantragt.[395]

In Lichtenberg fand am 8. März 1988 am «Restaurant des Bauarbeiterhotels» in der Siegfriedstraße 185 eine gewalttätige Auseinandersetzung statt. Ein Ordner verweigerte einem Skinhead den Eintritt, woraufhin er angegriffen wurde.[396]

Eine Chilenin wurde in Berlin am 11. März 1988 von fünf Skinheads überfallen, beschimpft und gewalttätig angegriffen. Als geübte Judo-Kämpferin konnte sie die Angreifer in die Flucht schlagen.[397]

In Berlin-Köpenick gab es am 11. März 1988 bei einer Disco-Veranstaltung in der BBS des VEB Technische Gebäudereinigung in der Wattstraße «rowdyhafte Ausschreitungen» von Skinheads. Täter konnten nicht ermittelt werden, da die «Information erst 1 Woche später erfolgte». Es wurde durch «staatliche Leiter» festgelegt, dass «solche Veranstaltungen nicht mehr stattfinden» sollten.[398]

In Berlin gab es am 12. März 1988 in der Rathauspassage «Auseinandersetzungen» durch Skinheads und Hooligans des BFC Dynamo und dabei wurde gegrölt: «Deutschland den Deutschen», «Kanacken raus – Türken raus» und «Schwule raus». Zwei Täter wurden durch die Volkspolizei zugeführt und es wurden Ordnungsstrafverfahren eingeleitet.[399]

In Berlin-Hohenschönhausen wurde am 18. März 1988 in der Gehrenseestr./Wollenberger Straße ein Mann von «zwei bisher unbekannten Skinheads» überfallen, mit Fäusten ins Gesicht geschlagen und mit Füßen in die Nierengegend getreten. Auf Grund der vorliegenden Personenbeschreibungen konnten ein Ermittlungsverfahren und eine Allgemeinfahndung gegen «unbekannt» eingeleitet werden.[400]

394 BStU, MfS, BV Potsdam, AKG 1579, Bl. 396ff.
395 BStU, MfS, BV Berlin, Abt. XX Nr. 7157, Bl. 8.
396 BStU, MfS, BV Berlin, Abt. XX Nr. 7157, Bl. 8.
397 BStU, MfS, BV Berlin, Abt. XX Nr. 7157, Bl. 9.
398 BStU, MfS, BV Berlin, Abt. XX Nr. 7157, Bl. 9.
399 BStU, MfS, BV Berlin, Abt. XX Nr. 7157, Bl. 9f.
400 BStU, MfS, BV Berlin, Abt. XX Nr. 7157, Bl. 10.

In der Chemnitzerstraße in Berlin-Hellersdorf überfielen am 19. März 1988 fünf Skinheads einen Mann, der einen Faustschlag erhielt und dem mit «einem dünnen rautenähnlichen Gegenstand» in Nacken und auf die Hände geschlagen wurde. Es wurde ein Ermittlungsverfahren gegen «unbekannt» eingeleitet.[401]

In der S-Bahn Berlin-Friedrichsfelde-Wartenberg riefen am 19. März 1988 während der Fahrt etwa zwanzig Skinheads und Hooligans des BFC Dynamo: «Und die Massen rufen wie einst im Mai und Adolf Hitler, ist auch dabei». Die Neonazis waren unterwegs zu einem Fußballspiel ihres Vereins gegen BSG Stahl Brandenburg.[402]

In der Konsumgaststätte «Am Rosenhag» in Berlin-Hellersdorf fand am 25. März 1988 ein Treffen von Skinheads aus den Bezirken Berlin, Frankfurt/O. und Potsdam statt, von denen 19 Teilnehmer identifiziert werden konnten.[403]

Im Jugendclub «Weißenseer Spitze» randalierte am 27. März 1988 ein Skinhead und beschimpfte Volkspolizisten. Gegen ihn wurde ein Ermittlungsverfahren wegen «Öffentliche Herabwürdigung der staatlichen Ordnung» eingeleitet.[404]

In Berlin-Treptow im Kulturpark Plänterwald marschierten am 1. April 1988 17 Personen, die den Heavy-Metal-Fans zugeordnet wurden, «im Gleichschritt unter dem Kommando einer Person auf den Eingang zu». Volkspolizisten verwehrten der Gruppe das Betreten des Parks. Die Teilnehmer wurden personifiziert.[405]

In einem Ferienheim des Elektro-Apparate-Werk (EAW) Treptow in Serwest, Kreis Eberswalde (Bezirk Frankfurt/O.) äußerten sich am 2. April 1988 sieben Berliner Skinheads: «Wir brauchen wieder einen starken Führer», «Konzentrationslager waren gar nicht schlecht» und «Wir würden die Polen schon zum Arbeiten bringen». Weitere Aufklärung sollte durch die Abteilung XVIII der BVfS Berlin erfolgen.[406]

In Berlin-Niederschöneweide gab es am 3. April 1988 im Jugendclub im Bruno-Bürgel-Weg gewalttätige Auseinandersetzungen, an denen Skinheads beteiligt waren, die der Skinheadgruppe «Melle» angehörten.[407] Am 10. April 1988 gab es durch Mitglieder der Gruppe «Melle» im Jugendclub erneut gewalttätige Auseinandersetzungen. Zu den beiden «Vorkommnissen» konnten keine Geschädigten festgestellt werden. Im Zusammenwirken zwischen KDfS Treptow,

401 BStU, MfS, BV Berlin, Abt. XX Nr. 7157, Bl. 10.
402 BStU, MfS, BV Berlin, Abt. XX Nr. 7157, Bl. 14.
403 BStU, MfS, BV Berlin, Abt. XX Nr. 7157, Bl. 14.
404 BStU, MfS, BV Berlin, Abt. XX Nr. 7157, Bl. 14f.
405 BStU, MfS, BV Berlin, Abt. XX Nr. 7157, Bl. 15.
406 BStU, MfS, BV Berlin, Abt. XX Nr. 7157, Bl. 15.
407 BStU, MfS, BV Berlin, Abt. XX Nr. 7157, Bl. 15.

der HA XX/2 und der zuständigen VPI wurden «Vorbeugungs- und Zersetzungsmaßnahmen zu der Gruppierung ‹Melle› eingeleitet».[408]

In Köpenick (Bezirk Berlin) kam es am 5. Februar 1988 im Jugendclub «Arthur Becker» zu gewalttätigen Auseinandersetzungen, als etwa zehn Skinheads Besucher angriffen. Eines ihrer Opfer wurde verletzt und musste ambulant behandelt werden. Von der KDfS Köpenick wurde gegen unbekannt ein «Operativer Vorgang» eröffnet.[409]

In Roßlau (Bezirk Halle) gab es im Februar 1988 eine Gruppierung die den Faschismus verherrlichte. Die KDfS bearbeitete diese Skinhead-Gruppe mit fünf Mitgliedern, die bereits «mehrfach öffentlichkeitswirksam» faschistische Parolen verbreitet hatte. Gegen einen Täter wurde ein Ermittlungsverfahren mit wegen «Öffentlicher Herabwürdigung» und gegen die anderen Täter wurden nur «Ordnungsstrafverfahren» eingeleitet.[410]

Im Kreis Zeitz (Bezirk Halle) wurde am 19. März 1988 in einem Personenzug der Deutschen Reichsbahn zwischen Rehmsdorf und Tröglitz ein Soldat der Grenztruppen in Zivil grundlos von Skinheads angegriffen und niedergeschlagen. Gegen die Täter wurde ein Ermittlungsverfahren wegen vorsätzlicher Körperverletzung eingeleitet. Unter ihnen befanden sich zwei Skinheads aus dem Bezirk Gera.[411]

In Berlin-Friedrichshagen gab es am 9. April 1988 in der Kalkseestraße/ Löchnitzstraße gewalttätige Auseinandersetzungen, als Skinheads Personen schlugen und auf sie eintraten. Sie entfernten sich vom Tatort und grölten faschistische Lieder und Parolen.[412]

In der Hellersdorfer Straße in Berlin zeigte am 20. April 1988 ein Skinhead «den faschistischen Gruß in Wort und Tat». Nach seinen Aussagen ist er von der Mehrzweckgaststätte in der Feuchtwangerstraße gekommen, wo mit «bisher nicht bekannten Personen des Geburtstages Hitlers» gedacht worden war.[413] Im Mai 1988 konnten vier weitere Skinheads personifiziert werden, gegen die ein Ermittlungsverfahren gemäß §§ 215 Rowdytum, 220 Öffentliche Herabwürdigung StGB eingeleitet wurde.[414]

In Berlin schlug am 23. April 1988 eine Person, die «zum harten Kern der Skinheads [...]» gehörte, einen Jugendlichen zusammen und «trat auf den am Boden liegenden mit den Füßen ein». Es wurde ein Ermittlungsverfahren wegen Rowdytum eingeleitet.[415]

408 BStU, MfS, BV Berlin, Abt. XX Nr. 7157, Bl. 16.
409 BStU, MfS, BV Berlin, Abt. XX Nr. 7157, Bl. 3; BStU, MfS, BV Berlin, Abt. XX Nr. 7157, Bl. 3.
410 BStU, MfS, BV Halle, Abt. XX Sachakten Nr. 3897, Bl. 2.; BStU, MfS, HA XX 979, Bl. 179.
411 BStU, MfS, HA XX/AKG Nr. 5939, Bl. 28, Bl. 31.
412 BStU, MfS, BV Berlin, Abt. XX Nr. 7157, Bl. 16.
413 BStU, MfS, BV Berlin, Abt. XX Nr. 7157, Bl. 16.
414 BStU, MfS, BV Berlin, Abt. XX Nr. 7157, Bl. 22.
415 BStU, MfS, BV Berlin, Abt. XX Nr. 7157, Bl. 22.

Ein Skinhead aus Berlin-Köpenick tätigte am 23. April 1988 im Sportmuseum in Leipzig «vor Bildern der Olympischen Spiele 1936 den faschistischen Gruß». Die weitere Bearbeitung erfolgte durch die VPI/K Köpenick.[416]

In der 11. Klasse der Oberschule in Berlin-Köpenick brachte am 27. April 1988 eine Schülerin «auf ihrer Schulbank Schmierereien mit faschistischem Inhalt (Hakenkreuz, Deutschland erwache, Judenschwein) an. Sie wollte damit die Skinheads verherrlichen». Gegen sie wurde ein Ermittlungsverfahren wegen «Öffentlicher Herabwürdigung» – ohne anschließende Haft – eingeleitet.[417]

In Berlin wurden am 30. April 1988 im Jugendclub «Arthur Becker» in der Hirschgartenstraße 14 während einer Veranstaltung «durch bisher unbekannte Täter Schmierereien mit herabwürdigenden Charakter angebracht». Zur Aufklärung und zur vorbeugenden Verhinderung ähnlicher Straftaten wurde durch die KDfS Köpenick der OV «Annonce» angelegt.[418]

In Berlin zeigte ein Skinhead auf dem Alexanderplatz den faschistischen Gruß. Die Volkspolizei führte ihn zu und entließ ihn nach einer schriftlichen Belehrung.[419]

In den Untersuchungshaftanstalten UHA I und UHA II in Berlin verweigerten am 11. Mai 1988 drei Skinheads «die Nahrungsaufnahme. Das Ziel aller drei Personen bestand darin, Druck hinsichtlich der Genehmigung ihrer laufenden ÜSE auszuüben». Am 12. Mai und am 13. Mai 1988 beendeten die Skinheads die Aktion.[420]

In Berlin-Marzahn existierte im April bzw. Mai 1988 eine «Skinhead-Gruppierung», die sich «Oi-Terror-Berlin» nannte. Die Mitglieder der Gruppe verkehrten hauptsächlich in der HO-Gaststätte «Uckermärker Krug».[421]

In Berlin-Köpenick schlugen am 28. Mai 1988 zwei Skinheads im Jugendclub «Pneumant» in Schmöckwitz «grundlos auf einen Bürger ein». Gegen sie wurde ein Ermittlungsverfahren wegen Rowdytum eingeleitet.[422]

In Berlin fand am 4. Juni 1988 im «Stadion der Weltjugend» das FDGB-Pokal-Finale zwischen BFC Dynamo und FC Carl Zeiss Jena statt. Dabei kam es zu gewalttätigen Auseinandersetzungen zwischen den Hooligans der beiden Vereine. Es entstanden Zerstörungen und gegen die Ordnungskräfte wurde gewalttätig vorgegangen. Gegen einen Hooligan aus Berlin wurde ein Ermittlungsverfahren wegen «Rowdytum» und «Beeinträchtigung staatlicher oder gesellschaftlicher Tätigkeit» eingeleitet. Gegen drei Hooligans aus Berlin wurde

---

416 BStU, MfS, BV Berlin, Abt. XX Nr. 7157, Bl. 23.

417 BStU, MfS, BV Berlin, Abt. XX Nr. 7157, Bl. 23.

418 BStU, MfS, BV Berlin, Abt. XX Nr. 7157, Bl. 23.

419 BStU, MfS, BV Berlin, Abt. XX Nr. 7157, Bl. 24.

420 BStU, MfS, BV Berlin, Abt. XX Nr. 7157, Bl. 24

421 BStU, MfS, HA XXII Nr. 1243, Bl. 131f.

422 BStU, MfS, BV Berlin, Abt. XX Nr. 7157, Bl. 29.

ein Ermittlungsverfahren wegen «Rowdytum» und «Öffentlicher Herabwürdigung» eingeleitet.[423]

In Berlin-Hohenschönhausen warf vor dem Jugendklub «Rotkamp» am 4. Juni 1988 ein Skinhead «grundlos und aus Mißachtung der Regeln des sozialistischen Gemeinschaftslebens eine leere Flasche in eine Gruppe Jugendlicher (Gruftys) mit der Absicht, eine Person zu verletzen. Die Flasche zersprang am Kopf des Geschädigten, der Schnittverletzungen an der linken Schläfe und dem Nasenbein erlitt, die chirurgisch versorgt werden mußten.» Der Täter war als Skinhead bereits im Stadtbezirk Hohenschönhausen aufgefallen und deshalb wurde die Jugendstaatsanwältin darüber informiert. Es wurde ein Ermittlungsverfahren wegen «Rowdytum» eingeleitet.[424]

In Berlin-Kaulsdorf äußerte 1988 ein Skinhead an seiner Arbeitsstelle: «Heil Hitler, Obersturmbannführer [Name geschwärzt, HW] meldet sich zur Arbeit.» Gegen ihn wurde ein Ermittlungsverfahren wegen «Öffentlicher Herabwürdigung» eingeleitet.[425]

In der Clubgaststätte «Akaziengrund» in Berlin griffen am 16. Juni 1988 zwei «unbekannte Skinheads» einen Jugendlichen an, forderten sein Bargeld und schlugen «nach dessen Weigerung auf ihn ein». Es gab ein Ermittlungsverfahren wegen «Rowdytum». Die weitere Bearbeitung erfolgte durch die VPI Marzahn.[426]

Am 18. Juni 1988 wurde gegen einen Berliner Skinhead ein Ermittlungsverfahren wegen «Öffentlicher Herabwürdigung» mit Haft eingeleitet, da «er von März bis April 1988 öffentliche Herabwürdigungen in mündlicher und schriftlicher Form» begangen hatte.[427]

Ende Dezember 1987 unternahm die HA XX eine Einschätzung vor über die existierenden Skinheads bzw. Skinhead-Gruppen sowie über die Ergebnisse und Wirksamkeit der politisch-operativen Arbeit zur «Verhinderung und Unterbindung der von derartigen Jugendlichen ausgehenden Gefährdungen der Sicherheit und Ordnung». Damit war der Versuch verbunden, einen Überblick über diesen Teil der neonazistischen Szene zu erhalten. Dabei wurden die beiden Bezirke Berlin und Potsdam als «territorialen Schwerpunkte» der Skinheads dargestellt, an denen sich Skinheads in den anderen Bezirken orientierten. In der Datei über neonazistische Angriffe – sie ist als Download beim Verlag erhältlich – werden in den Rubriken für den Bezirk Berlin und den Bezirk Potsdam weitere politische Straftaten aufgeführt.[428]

423 BStU, MfS, BV Berlin, Abt. XX Nr. 7157, Bl. 29.
424 BStU, MfS, BV Berlin, Abt. XX Nr. 7157, Bl. 35.
425 BStU, MfS, BV Berlin, Abt. XX Nr. 7157, Bl. 30.
426 BStU, MfS, BV Berlin, Abt. XX Nr. 7157, Bl. 30.
427 BStU, MfS, BV Berlin, Abt. XX Nr. 7157, Bl. 30.
428 BStU, MfS, Arbeitsbereich Mittig Nr. 53, Bl. 16f.

In Berlin-Treptow gab es am 24. Juni 1988 im Jugendclub «Fritz Schmenkel» gewalttätige Auseinandersetzungen zwischen «Klubmitgliedern und einer Gruppe von 20 Skinheads», bei denen einige Personen leicht verletzt wurden. Es lag eine Anzeige und Zeugenaussagen vor, jedoch konnten keine «beweisrechtlich» relevanten Täterhinweise erarbeitet werden.[429]

In Berlin-Marzahn versuchte ein Skinhead am 14. Juli 1988 in einer Kaufhalle in der Albert-Norden-Straße zwei Flaschen Alkohol zu stehlen und wurde dabei erwischt. «Gegenüber dem Verkaufspersonal und einer Funkstreifenwagen-Besatzung trat er aggressiv und provozierend auf, hob den Arm zweimal zum Hitler-Gruß. Er war im Besitz eines Fotos auf dem 3 Personen bei der Durchführung des Hitler-Grußes abgebildet waren.» Es wurde ein Ermittlungsverfahren wegen «Öffentliche Herabwürdigung» und «Rowdytum» eingeleitet und Haftbefehl erlassen.[430]

In Berlin-Köpenick trat am 15. Juli 1988 an der Haltestelle VEB KWO/ Wilhelminenhofstraße ein Skinhead «mehrmals auf eine 52jährige Frau ein und bedrohte sie mit einem Messer. Dabei stand er unter starkem Alkoholeinfluß». Gegen ihn wurde ein Ermittlungsverfahren mit Haft wegen «Rowdytum» eingeleitet. Die weitere Bearbeitung erfolgte durch die VPI Berlin-Köpenick/K.[431]

In Berlin-Köpenick schlugen am 16. Juli 1988 in einem Wagen der Straßenbahnlinie 25, zwischen Bahnhofstraße und Seelenbinderstraße, fünf unbekannte Skinheads einen Mitfahrenden zusammen. Es wurde ein Ermittlungsverfahren gegen «Unbekannt» eingeleitet.[432]

In Berlin beleidigten auf dem Alexanderplatz am 23. Juli 1988 drei Skinheads zwei Frauen unter anderem mit den Worten: «Hitler würde dich vergasen, wenn er wüßte, daß du schwanger bist. Das ist doch ein Judenkind, so was muß ab ins KZ zur Vergasung.» Es wurden Ermittlungsverfahren wegen «Öffentlicher Herabwürdigung» gegen zwei Täter mit Haft und gegen den dritten Täter ohne Haft eingeleitet. Die Bearbeitung erfolgte durch die VPI Mitte/K.[433]

In Berlin-Hellersdorf griffen am 29. Juli 1988 im Jugendclub «Kotte» am Cottbuser Platz zwei Skinheads Mitglieder einer polnischen Reisegruppe an. Sie schlugen mit Fäusten und traten mit Füßen und beleidigten sie «mit nationalistischen Äußerungen». Ein Ermittlungsverfahren wegen «Rowdytum» und «Beleidigung wegen Zugehörigkeit zu einer anderen Rasse oder Nation» mit Haft wurde eingeleitet.[434]

Auf einem Zeltplatz in Baabe bzw. Göhren, Kreis Rügen (Bezirk Rostock) beschädigten 39 Berliner Skinheads «8 Strandkörbe und steckten weitere 5

429 BStU, MfS, BV Berlin, Abt. XX Nr. 7157, Bl. 36.
430 BStU, MfS, BV Berlin, Abt. XX Nr. 7157, Bl. 37.
431 BStU, MfS, BV Berlin, Abt. XX Nr. 7157, Bl. 38.
432 BStU, MfS, BV Berlin, Abt. XX Nr. 7157, Bl. 38.
433 BStU, MfS, BV Berlin, Abt. XX Nr. 7157, Bl. 39 und 45.
434 BStU, MfS, BV Berlin, Abt. XX Nr. 7157, Bl. 45.

Strandkörbe in Brand». Der entstandene Schaden betrug ca. 4 000 Mark. Gegen drei Skinheads, sie waren zu «Rädelsführer» erklärt worden, wurde ein Ermittlungsverfahren wegen «Rowdytum» eingeleitet.[435]

In Zinnowitz, Kreis Wolgast (Bezirk Rostock) kam es am Strand am 6. August 1988 zu gewalttätigen Auseinandersetzungen zwischen 15 Punks und 15 Skinheads, wobei Latten und Stöcke eingesetzt wurden. Sie waren aus den Bezirken Berlin, Gera, Karl-Marx-Stadt und Neubrandenburg an die Ostsee gekommen. Es wurden Ermittlungsverfahren wegen «Öffentliche Herabwürdigung» gegen zwei Beteiligte eingeleitet. Zu welcher Seite sie gehörten, geht aus der Zusammenfassung des MfS nicht hervor. Gegen weitere 29 Personen wurden Ordnungsstrafverfahren eröffnet. Während der Auseinandersetzungen hatten sich etwa 300 Urlauber angesammelt, die zuschauten, aber nicht ins Geschehen eingriffen.[436]

In Berlin-Friedrichshain wurden am 7. August 1988, im Bereich des U-Bahnhofes Frankfurter Tor, Passanten von zwei Skinheads mit «Heil Hitler» gegrüßt. Es wurden «Beleuchtungskörper zerschlagen und einschreitende Bürger bedroht und beschimpft». Ein Ermittlungsverfahren wegen «Beeinträchtigung staatlicher oder gesellschaftlicher Tätigkeit», «Rowdytum» und «Öffentlicher Herabwürdigung» StGB wurde eingeleitet.[437]

Im Jahresarbeitsplan für 1989, einer Geheimen Verschlußsache (GVS-o001) vom 29. Dezember 1988, den der Leiter der BVfS Berlin, Generalmajor Hähnel, für MfS-Chef Mielke verfasst hatte, wird das Wolkenkuckucksheim der Führung des MfS sichtbar: «Intensivierung der politisch-operativen Bearbeitung des politisch-motivierten Rowdytums und gewaltorientierter Jugendlicher, Zusammenschlüsse von Jugendlichen und Jungerwachsenen mit rechtsradikalen und neofaschistischen Anschauungen, von sogenannten Randgruppen und rowdyhaften Fußballanhängern sind in der Entstehungsphase zu liquidieren bzw. vorhandene sind zu kontrollieren und offensiv operativ zu bearbeiten, um Straftaten, öffentlichkeitswirksame Handlungen und Provokationen konsequent zu unterbinden.»[438]

In Berlin wurde am 19. Juni 1988 ein Maurer von zwei Offizieren der Kriminalpolizei zu seiner Entwicklung zum Skinhead befragt. Er sagte aus, dass er von 1987 bis zu seiner Inhaftierung am 13. April 1988 Mitglied einer Skinheadgruppe war, die sich «Frankfurter Allee Süd» (FAS) nannte. Sie trafen sich in der Regel in der Wohnung eines Mitglieds der Gruppe, im Bierpark «Arkade» des Nikolaiviertels und in der Clubgaststätte «FAS». Die Gruppe verherrlichte den Nazismus und es wurden entsprechende Lieder gegrölt, wie z. B. «Mein Vater

435 BStU, MfS, BV Berlin, Abt. XX Nr. 7157, Bl. 46.

436 BStU, MfS, HA XX/AKG Nr. 80, Bl. 17; BStU, MfS, HA IX 1037, Bl. 273; BStU, MfS, BV Berlin, Abt. XX Nr. 7157, Bl. 47.

437 BStU, MfS, BV Berlin, Abt. XX Nr. 7157, Bl. 47.

438 BStU, MfS, BV Berlin, GVS Bln. o001-1./89, Bl. 33.

war ein SS-Soldat – mir liegts auch im Blut – solange ich ...» oder das «Horst-Wessel-Lied».[439]

In Berlin-Treptow beschimpften und bedrohten am 31. August 1988 am Eingang des Kulturparks fünf Skinheads, sie waren Schüler der 20. Oberschule und mit Baseballschlägern bewaffnet, drei Jemeniten, verfolgten und schlugen sie nieder, bespuckte sie und forderten sie auf, «Deutschland» zu verlassen; ihre Motivation war «Ausländerhaß und Freude an Gewalttätigkeiten». Ein Jemenit wurde an der Kreuzung Köpenicker Landstraße «auf die Fahrbahn gestoßen, wodurch ein Pkw-Fahrer zum Ausweichen gezwungen wurde, um einen Unfall zu vermeiden». Es wurden Haftbefehle beantragt. Ein Skinhead wurde in Untersuchungshaft genommen. Am 3. Oktober 1988 fand in der Schulklasse durch den Jugendstaatsanwalt eine «erste Auswertung» statt. Alle Schüler «verurteilten die Tat». Ein Termin für eine Gerichtsverhandlung stand noch nicht fest.[440]

In den Bezirken Berlin-Prenzlauer Berg und Berlin-Friedrichshain schlugen am 2. September 1988 fünf Skinheads wahllos auf Passanten ein und äußerten sich «mit faschistischem Inhalt». Sie grölten lautstark das «Deutschlandlied» und brüllten «Sieg Heil». Ein Opfer erlitt ein Schädelhirntrauma 3. Grades und musste stationär behandelt werden. Ein Ermittlungsverfahren wegen «Rowdytum» und «Öffentlicher Herabwürdigung» wurde eingeleitet.[441]

In Berlin beschimpfte in der Berliner Straße am 11. September 1988 ein Skinhead einen «Angehörigen der VP/WKM als ‹Rote Sau› und schlug nach dem Posten». Ein Ermittlungsverfahren wegen «Rowdytum» wurde eingeleitet.[442]

In Berlin-Prenzlauer Berg wurde am 15. September 1988 einer junge Frau von einem Skinhead mit einem Faustschlag eine Kronenfraktur der Schneidezähne zugefügt. Andere Skinheads raubten einem Mann gewaltsam die Jacke, schlugen und traten ihn.[443]

In Berlin wurde am 17. September 1988 in einem U-Bahn-Wagen ein Unbekannter von fünf Skinheads angegriffen, beleidigt und unter Androhung von Gewalt wurde seine Armbanduhr gestohlen.[444]

In Leipzig kam es am 17. September 1988 auf dem Hauptbahnhof und in der Gemeinde Großlehna, Kreis Leipzig-Land, durch Leipziger Skinheads «erneut zu provokativen Handlungen, faschistischen Äußerungen sowie Tätlichkeiten vor allem gegen farbige Ausländer». Sternförmig marschierten mehrere Gruppen, insgesamt waren es «etwa 50 Personen», zur Gaststätte «Eisenbahn»

---

439 BStU, MfS, BV Berlin, KD Lichtenberg Nr. 13091, Teil 12, Bl. 205ff.

440 BStU, MfS, BV Berlin, Abt. XX Nr. 3142, Bl. 55; BStU, MfS, HAXX/AKG Nr. 5936, Bl. 125 und Bl. 136; BStU, MfS, BV Berlin, Abt. XX Nr. 7157, Bl. 56 und 94; Willmann 2007, S. 150.

441 BStU, MfS, BV Berlin, Abt. XX Nr. 7157, Bl. 57 und 97.

442 BStU, MfS, BV Berlin, Abt. XX Nr. 7157, Bl. 57.

443 BStU, MfS, BV Berlin, Abt. XX Nr. 7157, Bl. 97.

444 BStU, MfS, BV Berlin, Abt. XX Nr. 7157, Bl. 58.

in Großlehna, zerstörten dort das Inventar und griffen Unbeteiligte massiv an. Es wurden Morddrohungen ausgestoßen und Personen wurden drangsaliert und bedroht. Auf dem Hauptbahnhof in Leipzig wurden Ausländer mit dunkler Hautfarbe angegriffen. Aus Angst vor «Vergeltungsmaßnahmen» der Täter widerriefen Zeugen ihre Aussagen, «so daß keine strafbaren Handlungen nachgewiesen werden konnten». Während der Tanzveranstaltung in Großlehna wurde die Parole gegrölt: «Wir sind Skinheads – ihr seid rot, wir sind Deutsche – ihr seid tot» und ein Jugendlicher wurde gewalttätig angegriffen. Obwohl, so der Leiter der Abteilung XX der BVfS Leipzig, ein strafrechtliches Vorgehen gegen die Rädelsführer unter den bekannten Skinheads nicht durchführbar war, wurde inoffiziell erarbeitet, dass durch die Zuführungen, Vernehmungen und Gegenüberstellungen dieser Personenkreis verunsichert wurde. Das wäre dadurch zum Ausdruck gekommen, dass diese Skinheads nicht wie geplant zu einem Fußballspiel des 1. FC Lok Leipzig zum 1. FC Magdeburg fuhren. Durch die Fortsetzung der Überprüfungs- und Ermittlungshandlungen konnte ein Skinhead als weiterer Täter ermittelt werden. Durch das Dezernat II der BdVP Leipzig wurde gegen ihn ein Ermittlungsverfahren ohne Haft wegen «Rowdytum» eingeleitet. Bei der Befragung gestand der Täter, dass der mittels der «Karatebeintechnik» dem Ausländer gegen das Kniegelenk und in die Magengegend getreten war. Die weitere Bearbeitung des Falles erfolgte durch das Dezernat II der BdVP im Zusammenwirken mit der Abteilung IX und der Abteilung XX/2 der BVfS Leipzig.[445]

In Leipzig-Süd entwickelte sich 1988 der Jugendclub «Erich Zeigner» zu einem «Konzentrationspunkt» Leipziger Skinheads und Hooligans des 1. FC Lok Leipzig, von wo aus es zu «brutalem Vorgehen gegenüber geschädigten Personen verbunden mit Straftaten der allgemeinen Kriminalität sowie faschistischen Äußerungen und Handlungen in der Öffentlichkeit» kam. Am 3. Februar 1988 gab es eine gewalttätige Auseinandersetzung zwischen einem Skinhead und einem Punker.[446]

In Leipzig-Grünau gab es 1988 eine Gruppierung mit etwa 50 Jugendlichen, die sich «mit neonazistischen Ideen identifiziert» hatten und die sich am äußeren Erscheinungsbild von Skinheads orientierten. Einige von ihnen zogen randalierend durch die Stadtteile Grünau und Miltitz.[447]

In Berlin-Kaulsdorf-Nord wurde am 28. September 1988 gegen 23.30 Uhr ein äthiopischer Student von der Hochschule für Ökonomie – er war in Begleitung einer Freundin – von zwei Berlinern angegriffen, mit Fäusten geschlagen und mit Füßen getreten und dabei trug er Verletzungen an der Nase und an der Brust davon. Er musste im Krankenhaus Kaulsdorf ambulant medizinisch

445 BStU, MfS, HA XX Nr. 5147, Bl. 7; BStU, MfS, HA XX/AKG Nr. 5939, Bl. 154, Bl. 166.

446 BStU, MfS, HA XX/AKG Nr. 5939, Bl. 153; BStU, MfS, BV Leipzig, Abt. XX 1369, Bl. 58.

447 BStU, MfS, BV Leipzig, Abt. XX 122/05, Bl. 9f.

behandelt werden. Die beiden Verdächtigen wurden im VP-Revier 111 in Gewahrsam genommen.[448]

In Berlin-Lichtenberg warfen am 28. Oktober 1988 elf Skinheads leere Bierflaschen gegen die Außenwand einer «Kaufhalle» in der Hauptstraße und belästigten Bürger. Sie wurden zugeführt und befragt, woraufhin gegen vier Skinheads ein Ermittlungsverfahren wegen «Rowdytum» eingeleitet wurde. Vier weitere Angreifer wurden mit einem Ordnungsstrafverfahren (OSV) «zur Verantwortung gezogen und 3 Personen wurden nach Belehrung entlassen».[449]

In Berlin randalierten am 2. Dezember 1988 im S-Bahntunnel Otto-Winzer-Straße vier Skinheads, grölten Lieder und beschädigten am S-Bahnhof Beleuchtungsanlagen. Einschreitende Volkspolizisten wurden beleidigt: «Deutsche Polizisten, Mörder und Faschisten, Scheiß Stasi.»[450]

In Leipzig im Kulturhaus «Albert Norden» kam es am 25. Dezember 1988 zu gewalttätigen Auseinandersetzungen durch eine Gruppe Skinheads. Es gab Verletzte, die mit Schädelverletzungen in ein Krankenhaus gebracht werden mussten. In der Gaststätte entstand «erheblicher Sachschaden».[451]

In Leipzig wurden Anfang Mai 1988 an den Wänden im Treppenaufgang des Wohnhochhauses in der Wilhelm-Pieck-Allee 30 wiederholt «faschistische(r) Symbole» aufgefunden. Die «Operativinformation» der Abteilung VII der BVfS Leipzig vermutete, eine größere Gruppe Skinheads wäre dafür verantwortlich. In der Regel zogen sie in den Nächten von Freitag auf Samstag in Marschformation von der Gaststätte «Völkerfreundschaft», das verbotene Deutschlandlied singend und den Hitlergruß zeigend, nach Hause.[452]

In Hennigsdorf (Bezirk Potsdam) überfielen im April 1988 mehrere Skinheads eine Veranstaltung im Gemeindehaus der evangelischen Kirche.[453]

In Leipzig wurden am 3. August 1988 vier Jugendliche vor dem «Filmtheater der Freundschaft» von vier Skinheads überfallen und zusammengeschlagen. Einem Opfer wurde die Jacke entwendet. Drei Angreifer wurden inhaftiert und nach dem flüchtigen vierten Skinhead wurde eine Fahndung zur Verhaftung ausgeschrieben.[454]

In Merseburg (Bezirk Halle) kam es am 6. August 1988 vor der Gaststätte «Olympischer Alltag» zwischen Skinheads und Punks zu gewalttätigen Auseinandersetzungen, an denen insgesamt 15 Personen (17 bis 22 Jahre) beteiligt waren. Ein Volkspolizist und ein Skinhead wurden verletzt und mussten ambulant

---

448 BStU, MfS, HA XX Nr.478, Teil 2 von 2, Bl. 104.

449 BStU, MfS, BV Berlin, Abt. XX Nr. 7157, Bl. 61.

450 BStU, MfS, BV Berlin, Abt. XX Nr. 7157, Bl. 97.

451 BStU, MfS, BV Leipzig, Abt. XX 1369, Bl. 105; BStU, MfS, BV Leipzig, Abt. XX 123/08, Bl. 45; BStU, MfS, BV Leipzig, KD Leipzig-Stadt 39/02, Bl. 46.

452 BStU, MfS, BV Leipzig, Abt. XX 123/08, Bl. 79.

453 BStU, MfS, HA XX/AKG Nr. 80, Bl. 16; BStU, MfS, HA IX Nr. 20139, Bl. 42.

454 BStU, MfS, BV Leipzig, KD Leipzig-Stadt 4464, Bl. 24.

behandelt werden. Gegen drei Täter wurden Ermittlungsverfahren wegen «Widerstand gegen staatliche Maßnahmen» und «Beeinträchtigung staatlicher oder gesellschaftlicher Tätigkeit» eingeleitet und es wurden Haftbefehle erlassen. Gegen weitere zwölf Personen wurden Ordnungsstrafverfahren eröffnet.[455]

In Bansin (Bezirk Rostock) traten am 7. August 1988 auf der Strandpromenade Skinheads aus Leipzig und Altenburg «negativ in Erscheinung».[456]

In Leipzig wurde am 14. September 1988 ein Ermittlungsverfahren mit Haft gegen drei Skinheads durch das Kommissariat VII des VPKA Leipzig eingeleitet. Sie raubten am 3. August unter Gewaltandrohung und mittels Tätlichkeiten zwei Jugendlichen in der Innenstadt «eine sogenannte Bomberjacke».[457]

In Frankfurt/O. existierte eine Skinhead-Gruppe, die bei Fußballspielen des FC Vorwärts Frankfurt/O. und teilweise beim BFC Dynamo auftrat. Die Mitglieder zettelten «Randalen» an und bei Treffen in Gaststätten wurden «Äußerungen mit faschistischem, rassistischem sowie nationalistischem Charakter getätigt».[458]

In Bernau (Bezirk Frankfurt/O.) existierte eine Skinhead-Gruppe, die Kontakte zu Skinheads in den Bezirken Berlin und Potsdam hatte und die sich aus «gemeinsamer Haftzeit» kannte. Sie identifizierten sich «mit extrem anarchistischem, faschistischem Gedankengut und lehnte jegliche staatliche und gesellschaftliche Ordnung ab. Charakteristisch ist weiterhin, daß bei fast allen Personen Hinweise zu Delikten gem. §§ 213, 215 StGB vorliegen».[459]

In Berlin wurden vor der Gaststätte «Mecklenburg» am 30. Oktober 1988 zwei Personen «von mehreren Tätern umringt und grundlos geschlagen und getreten». Eines der Opfer war der Sohn eines irakischen Staatsbürgers, der als Dolmetscher an der Botschaft der Republik Irak tätig war. Die Mutter des Opfers war «DDR-Bürgerin». Gegen zwei Skinheads wurde ein Ermittlungsverfahren wegen «Rowdytum» eingeleitet. Ein Verfahren gegen einen weiteren Angreifer «läuft ohne Haft».[460]

In Potsdam wurden von August 1987 bis Januar 1988 in mindestens acht Fällen «homosexuelle Bürger und dunkelhäutige Ausländer» gewalttätig angegriffen.[461]

In Potsdam hatten sich 1988 vor dem Kreisgericht fünf Skinheads wegen tätlicher Auseinandersetzungen mit Körperverletzung zu verantworten. Ein Student (20 Jahre), er war Boxsportler, erhielt eine Freiheitsstrafe von drei Jah-

455 BStU, MfS, HA IX 1037, Bl. 273; BStU, MfS, HA IX 771, Bl. 18.

456 BStU, MfS, BV Leipzig, KD Leipzig-Stadt 39/02, Bl. 46, Bl. 50f. An diese Information waren Anlagen angehängt, in denen 22 Skinheads aus Leipzig und sieben Skinheads aus Altenburg namentlich aufgeführt worden sind.

457 BStU, MfS, HA XX/AKG Nr. 5939, Bl. 155.

458 BStU, MfS, BV Frankfurt/O., BdL, 4277, Bl. 1.

459 BStU, MfS, BV Frankfurt/O., BdL, 4277, Bl. 1.

460 BStU, MfS, BV Berlin, Abt. XX Nr. 7157, Bl. 62.

461 BStU, MfS, HA IX Nr. 20139, Bl. 42.

ren und sechs Monaten. Zwei Jugendliche erhielten jeweils ein Jahr und zehn Monate sowie ein Jahr und sechs Monate Freiheitsentzug. Zwei weitere Jugendliche wurden zu Bewährungs- und Geldstrafen verurteilt. Die vier Jugendlichen aus Belzig im Kreis Potsdam hatten sich 1987 kennengelernt. Sie waren bereits seit Mitte der achtziger Jahre in Belzig als Skinhead-Gruppe aufgetreten und reisten u. a. nach Köpenick zu Treffen mit anderen Skinheads, z. B. aus Dessau. Auf solchen Festen in und um Berlin wurde nach gewaltverherrlichenden Liedern getanzt, auf «Deutschland» und inhaftierte Skinheads getrunken sowie der «Hitlergruß» gezeigt. In Potsdam wurden willkürlich Punks, «Ratten» genannt, verprügelt. Die Skinheads hatten in einem Zug nach Karl-Marx-Stadt zwei Ausländer «provoziert» und physisch angegriffen. Insgesamt wurden dem «Rädelsführer» sieben «Rowdyhandlungen» und eine Körperverletzung zugeordnet.[462]

In Schmölln (Bezirk Leipzig) äußerte 1988 ein Skinhead auf die Frage des Kellners, was er verzehrt habe: «einen Juden.»[463]

In Berlin-Mitte wurde am 7. November 1988 ein Student aus Mosambik – er war zu Besuch in Berlin und hielt sich sonst in Staßfurt in der «Schule der Freundschaft» auf – in der Nähe der «Mocca-Bar» von drei Skinheads rassistisch beleidigt, geschlagen und mit Füßen getreten. Dabei erlitt das Opfer eine Prellung im Rückenbereich und musste in eine Klinik eingeliefert werden. Anrückende Volkspolizisten wurden durch zwei Täter «beschimpft» und ein dritter Skinhead «erhob den rechten Arm zum faschistischen Gruß und führte herabwürdigende Reden». Gegen zwei Täter wurden Haftbefehle erlassen.[464]

In Berlin randalierten am 21. November 1988 in der Gaststätte «Gastmahl des Meeres» in der Spandauer Straße drei Skinheads, bewarfen Gäste mit Speiseresten, warfen Einrichtungsgegenstände um und beschimpften einen einschreitenden Gast mit «Judenschwein, Kommunistenschwein, SED-Schwein, dich machen wir fertig». Ein Ermittlungsverfahren gemäß §§ 215 Rowdytum, 220 Öffentliche Herabwürdigung StGB wurde eingeleitet und die weitere Bearbeitung erfolgte durch die VPI Mitte.[465]

In Berlin-Weißensee schlug ein Mitglied der Neonazi-Rocker-Gruppierung «Vandalen» am 26. November 1988 im Jugendclub «Maxim Gorki» eine Frau und verletzte sie leicht. Daraufhin wurde der Leiter des Clubs bedroht: «Wenn der [Name geschwärzt, HW] wegen dir abgeht, dann betonieren wir dich unter die Langhansstraße.» Ein Ermittlungsverfahren wegen «Rowdytum» ohne Haft wurde eingeleitet.[466]

In Berlin-Mitte wurde ein Skinhead, er gehörte einer Gruppe an, die sich um den Monbijou-Park versammelte, am 30. November 1988 der VPI Mitte

462 Märkische Volksstimme, 19.8.1988; Frankfurter Rundschau, 25.8.1988.
463 BStU, MfS, BV Leipzig, Abt. XX 123/05, Bl. 13.
464 BStU, MfS, HA XX, Nr.478, Teil 2 von 2, Bl. 287.
465 BStU, MfS, BV Berlin, Abt. XX Nr. 7157, Bl. 72.
466 BStU, MfS, BV Berlin, Abt. XX Nr. 7157, Bl. 73.

zugeführt, da der Verdacht bestand, er besitze eine «Panzerfaust». Die Wohnungsdurchsuchung ergab, dass er in einem stillgelegten Schornsteinschacht ein – nach Einschätzung des Munitionsdienstes – panzerbrechendes Geschoß ohne Triebkraft mit Sprengstoff versteckt hatte. Dabei wurden die folgenden Materialien gefunden:

«1 panzerbrechendes Geschoß ohne Treibsatz mit Sprengstoff (versteckt in einem stillgelegten Schornsteinschacht);
2 Geschoßhülsen
1 selbstgefertigter Ausweis ‹Deutsches Reich› mit der Unterschrift des Reichsführers SS Himmler und der Selbstbezeichnung als Mitglied der NSDAP und SS-Hauptsturmführer;
1 rote Armbinde mit schwarzem Kreis und Hakenkreuz aus Straßensteinen;
1 Paar schwarze Handschuhe, Finger abgeschnitten mit Hakenkreuz und SS-Runen aus Straßsteinen;
3 Eiserne Kreuz (1813, 1914–1918, 1939 mit Band);
1 Kriegsverdienstmedaille 1939;
1 Anstecker mit Hakenkreuz;
1 Reichsadler mit Hakenkreuz;
1 Aufkleber Eisernes Kreuz;
div. faschistische Literatur.»[467]

Ein Ermittlungsverfahren gemäß § 206 Unbefugter Waffen- und Sprengmittelbesitz StGB wurde eingeleitet. Die weitere Bearbeitung erfolgte durch das Dez. II des PdVP unter Mitarbeit der Abteilung IX der BVfS Berlin.[468] Diese Berliner Gruppe wollte im November/Dezember 1988 ein Treffen von «Grufti's» in einer Wohnung stürmen und beschädigte im Hausflur böswillig Gegenstände. Auf der Straße grölten sie «Sieg Heil», «Adolf Hitler ist unser Führer» und «Deutschland erwache». «Im Zuge bisher durchgeführter Ermittlungen wurden weitere Straftaten (umfangreiche Diebstähle, vorsätzliche Körperverletzungen, Vorbereitung zu ungesetzlichem Grenzübertritt u.a. rowdyhaftes Verhalten) bekannt.»[469]

In Berlin-Blankenburg wurde am 10. Dezember 1988 in einem Bus der Linie 42 ein Mosambikaner von sechs Rockern der Gruppe «Vandalen» angegriffen und verletzt. Die Täter waren an der Haltestelle «Heinersdorfer Krug» zugestiegen und schlugen auf den Afrikaner ein, wodurch er Verletzungen im Gesicht (Prellungen und Platzwunde) erlitt. Er musste im Krankenhaus Weißensee ambulant behandelt werden. Er war seit April 1987 als Schlosser im Reichsbahnausbesserungswerk (RAW) in Schöneweide beschäftigt. Es wurden mehrere Funkstreifenwagen (FStW) eingesetzt und der «K-Dienst» der VPI Weißensee war im

467 BStU, MfS, BV Berlin, AKG Nr. 4443, Bl. 44.
468 BStU, MfS, BV Berlin, Abt. XX Nr. 7157, Bl. 74.
469 BStU, MfS, BV Berlin, Abt. XX Nr. 7157, Bl. 97.

Einsatz. Gegen drei Täter wurde ein Ermittlungsverfahren wegen «Rowdytum» eingeleitet. Gegen einen Täter wurde am 14. Dezember 1988 Haftbefehl erlassen. Für einen zweiten Täter wurde durch die Staatsanwaltschaft Weißensee «kein Haftantrag gestellt, da [...] kein dringender Tatverdacht begründet» war.[470]

In Altenburg (Bezirk Leipzig) gab es 1988/1989 eine Gruppe mit sieben Skinheads, die sich am 1. Mai 1988 vor dem Ausländerwohnheim in der Lamberzstraße ausländerfeindlich äußerten. Diese Information wurde der KDfS inoffiziell bekannt. Diese Gruppe hatte Verbindungen zu Skinheads in Leipzig. Bei Fußballspielen des 1. FC Lok Leipzig war sie am 2. April und am 3. September 1988 aufgefallen. Am 3. Juni 1988 beteiligte sie sich an gewalttätigen Auseinandersetzungen im Jugendclubhaus «Rosa Luxemburg», was die Sicherheitskräfte nur durch «inoffizielles Bekanntwerden» erfahren hatten. Sie hatte Kontakte zu einer dreiköpfigen Skinhead-Gruppe in Leipzig. Ein Mitglied der Gruppe aus Altenburg war als «Inoffizieller Mitarbeiter» (IMS) für das MfS tätig. Im Zusammenwirken mit der DVP wurden Maßnahmen wegen «Ordnungswidrigkeiten» durchgeführt, ohne dass einzeln aufgeführt wurde, auf welche Delikte sich das bezog, und es wurden Ermittlungsverfahren eingeleitet. Außerdem wurden mit Tätern Vorbeugungs- und Disziplinierungsgespräche durchgeführt und sie wurden schriftlich belehrt. Bei einem der Täter «zeigte das Disziplinierungsgespräch nur kurzzeitige Wirkung» und er sollte daher in einer Operativen Personenkontrolle (OPK) bearbeitet werden. «Mit der Einleitung eines EV mit Haft wurde das operative Ausgangsmaterial bis zur Haftentlassung storniert.» Bei der Bearbeitung von Taten dieser Gruppe bei Fußballspielen ergaben sich «wiederholt Probleme», die teilweise in der «ungenauen Identifizierung der Täter und der Tathergangsbeschreibung» begründet waren. Bei Taten mit geringerer Relevanz erfolgte eine verspätete Erstinformation, d. h. das MfS bzw. die DVP wurden zuerst nicht vollständig über alle neonazistischen Taten informiert.[471] Für die BVfS Leipzig war «das generelle Ziel, bis zum 40. Jahrestag der DDR [7. Oktober 1989, HW] die lose Gruppierung von Skinhead-Anhängern in Altenburg aufzulösen».[472]

In Leipzig trafen sich am 31. Dezember 1988 «Mitglieder der Gruppierung um [Name geschwärzt, HW] des Fanclubs Heavy-Metal God's und des Fan-Clubs ‹Black Angels› des 1. FC Lok Leipzig in der ehemaligen Wohnung des Skinheads [Name geschwärzt, HW] zu einer Silvesterfeier. Dabei kam es zu Störungen der öffentlichen Ordnung und Sicherheit (unzumutbarer Lärm, Urinieren im Treppenhaus, vorschriftswidrige, personengefährdende Anwendung von Feuerwerkskörpern, Inbrandsetzung eines Briefkastens der Deutschen

470 BStU, MfS, HA XX Nr. 478, Teil 2 von 2, Bl. 277 und 280ff.; BStU, MfS, BV Berlin, Abt. XX Nr. 7157, Bl. 74 und 95.

471 BStU, MfS, BV, Abt. XX 122/04, Bl. 21ff.; BStU, MfS, HA XX/AKG Nr. 5939, Bl. 160.

472 BStU, MfS, BV Leipzig, Abt. XX Nr. 122/04, Bl. 25.

Post. Diese Tätergruppe provozierte am 13. Januar 1989 in der Tanzgaststätte ‹Rote Diskothek› in Leipzig eine Schlägerei, in deren Folge die Veranstaltung abgebrochen werden mußte.» Zu den Ereignissen am 25.12.88, 31.12.88 und 13.1.89 wurden durch das «Dez. II der BDVP im Zusammenwirken mit Dez. I und dem MfS Untersuchungen und Ermittlungen geführt mit dem Ziel, [Name geschwärzt, HW] und andere Jugendliche des relevanten Personenkreises strafrechtlich zur Verantwortung zu ziehen».[473]

In Berlin griffen Skinheads («unbekannte Täter») am 7. Januar 1989 gegen 0.30 Uhr in der Greifswalder Straße grundlos einen jungen Mann (21 Jahre) an und traten ihm mit Füßen. Es wurde eine Anzeige wegen «Rowdytum» aufgenommen. Die weitere Bearbeitung wurde von der VPI Prenzlauer Berg übernommen.[474]

In Berlin drangen am 25. Januar 1989 an der 22. Oberschule bei einer Faschingsveranstaltung mehrere Skinheads ein und grölten rassistische bzw. antisemitische Parolen. Die Gruppe war bereits vorher durch lautstarke Äußerungen aufgefallen, wie «Sieg Heil oder «Deutschland über alles».[475]

In Berlin begingen am 9. Januar 1989 an der Nottreppe des Fernsehturms vier Skinheads Schmierereien mit faschistischem Inhalt: «Sieg Heil» und «Juden raus» und eine Lichtanlage wurde von einem Skinhead mit einem Fußtritt zerstört. Gegen ihn wurde ein Ermittlungsverfahren wegen «Rowdytum» und «Öffentliche Herabwürdigung» ohne Haft eingeleitet. Gegen die drei anderen Skinheads wurde wegen der Tatbeteiligung ein Ordnungsstrafverfahren eingeleitet.[476]

In Berlin kam es im Januar 1989 «zu mehreren Vorkommnissen mit 2 Jugendlichen der 10. POS Marzahn. Unter Anwendung von psychischem Druck raubten sie «Bomberjacken», begingen Körperverletzungen, benutzten faschistische Parolen und zeigten im Beisein von anderen Schülern den faschistischen Gruß. Ein Ermittlungsverfahren wurde eingeleitet und die weitere Bearbeitung erfolgte durch die VPI Marzahn.[477]

In Berlin im Bereich der Bushaltestelle Hellersdorfer Straße / Luzinstraße schlugen am 12. Januar 1989 zwei Skinheads «grundlos mehrfach auf ein Ehepaar ein». Ein Ermittlungsverfahren wurde eingeleitet.[478]

In Berlin wurde am 13. Januar 1989 ein Mann (28 Jahre) beim Aufschließen seiner Wohnung von mehreren Skinheads überfallen, zu Boden geschlagen und

473 BStU, MfS, BV Leipzig, Abt. XX 1369, Bl. 76f., 105.
474 BStU, MfS, BV Berlin, Abt. XX Nr. 7157, Bl. 105.
475 BStU, MfS, BV Berlin, Abt. XX Nr. 4057, Bl. 17.
476 BStU, MfS, BV Berlin, Abt. XX Nr. 7157, Bl. 104.
477 BStU, MfS, BV Berlin, Abt. XX Nr. 7157, Bl. 105.
478 BStU, MfS, BV Berlin, Abt. XX Nr. 7157, Bl. 105.

mit Füßen getreten. Es wurde eine Anzeige wegen «Rowdytum» aufgenommen.[479]

In Berlin-Mitte wurde am 20. Januar 1989 in der 17. POS ein Zettel mit Hakenkreuzschmierereien gefunden. Als Täter wurde ein Schüler einer 10. Klasse ermittelt, woraufhin disziplinierende Maßnahmen eingeleitet wurden.[480]

In Berlin beschimpfte am 28. Januar 1989 in der HO-Gaststätte «Alt Cöllner Schankstuben» ein Skinhead Gäste mit «Judas verrecke» und «Stasischweine». Ein Ermittlungsverfahren wegen «Rowdytum» wurde eingeleitet.[481]

In Magdeburg kam es am 26. Januar 1989 und am 2. Februar 1989 zu gewalttätigen Auseinandersetzungen zwischen Skinheads und anderen Jugendlichen.[482]

In Hennigsdorf (Bezirk Potsdam) wurden im Januar 1989 sechs Skinheads mit Hakenkreuzarmbinden und faschistischen Parolen in einer Wohnung festgestellt.[483]

In Berlin gab es am 28. Januar 1989 im Foyer der Clubgaststätte «Akaziengrund» «herabwürdigende Äußerungen faschistischen Inhalts», jedoch konnten Hinweise auf eine Straftat wegen «Öffentlicher Herabwürdigung» «nicht offizialisiert werden». Daher konnte die VPI Marzahn nur ein Ermittlungsverfahren wegen «Beleidigung» und «Verfolgung von Beleidigungen und Verleumdungen» einleiten.[484]

In Gera fand am 11. Februar 1989 eine Gerichtsverhandlung statt, bei der ein Skinhead zu einer Freiheitsstrafe von einem Jahr und sechs Monaten und zwei weitere Täter zu jeweils sechs Monaten Freiheitsstrafe verurteilt wurden. Die DVP sicherte das Gerichtsgebäude, so dass ein geplantes «öffentlichkeitswirksames Auftreten von Skinheads» verhindert werden konnte.[485]

In Gera verübten zwei Skinheads aus Erfurt vor einer Gaststätte eine Straftat wegen «Rowdytum» und «Öffentlicher Herabwürdigung» mit Haft.[486]

In Berlin-Marzahn wurde am 11. Februar 1989 ein Mitarbeiter des MfS von vier Skinheads überfallen, geschlagen und mit Füßen getreten. Ein Ermittlungsverfahren wegen «Rowdytum» wurde eingeleitet.[487]

In Berlin wurde am 18. Februar 1989 einem Israeli im Bereich des S-Bahnhofes Leninallee von zwei Skinheads «grundlos mit der Faust in das Gesicht

479 BStU, MfS, BV Berlin, Abt. XX Nr. 7157, Bl. 106.

480 BStU, MfS, BV Berlin, Abt. XX Nr. 7157, Bl. 107.

481 BStU, MfS, BV Berlin, Abt. XX Nr. 7157, Bl. 107.

482 BStU, MfS, BV Magdeburg, Abt. XX 4278, Bl. 100f.

483 Information des Genossen Jahn, SED BL Potsdam an alle Mitglieder und Kandidaten des Politbüros, 28. März 1989, SAPMO-BArch, DY 30/ 2291, S. 159.

484 BStU, MfS, BV Berlin, Abt. XX Nr. 7157, Bl. 121.

485 BStU, MfS, HA XX/AKG Nr. 5939, Bl. 67.

486 BStU, MfS, HA XX/AKG Nr. 5939, Bl. 67.

487 BStU, MfS, BV Berlin, Abt. XX Nr. 7157, Bl. 111.

geschlagen» und dabei grölten sie «Ausländer, Kubaner». Eine Anzeige wurde aufgenommen.[488]

In Berlin feierten am 20. April 1989 vor dem Kulturhaus des VEB Elektrokohle Lichtenberg (EKL) 25 bis 30 Skinheads den Geburtstag von A. Hitler. Es wurde gesungen «Happy Birthday, lieber Adolf» und der Hitlergruß wurde gezeigt. Sie liefen auf die Straße Richtung Jacques-Duclos-Straße, brannten Feuerwerkskörper ab und behinderten den Fahrzeug- und Straßenbahnverkehr. Die DVP führte 9 Skinheads (16 bis 21 Jahre) zu und leitete 8 Ermittlungsverfahren mit Haft ein. Bei 3 Beschuldigten stellte sich heraus, dass sie «Inoffizielle Mitarbeiter» der HA XX und der DVP waren. Die weitere Bearbeitung wurde von der «VPI Lichtenberg in Zusammenarbeit mit der Abteilung IX» der BVfS Berlin übernommen, die aufklären sollte, wer die Rädelsführer und Inspiratoren der Straftat waren.[489]

In Berlin wurden am 24. Februar 1989 auf dem Weg vom «Jugendklub Eldenaer Straße zum Gemeindehaus der Samaritergemeinde 7 Personen (darunter 2 Kinder des Pfarrers Eppelmann)» von etwa 20 Skinheads verfolgt und durch Fußtritte und Faustschläge angegriffen. Durch einen Geschädigten wurde eine Anzeige wegen «Rowdytum» erstattet. Am 26. Februar 1989 wurden vier Täter identifiziert und ein Ermittlungsverfahren wegen «Rowdytum» eingeleitet. Die weitere Bearbeitung erfolgte durch die Abt. K des PdVP.[490]

In Berlin wurden am 24. Februar 1989 drei Personen von drei Skinheads überfallen, geschlagen und verletzt. Die Überfallenen mussten sich in medizinische Behandlung begeben. Ein Ermittlungsverfahren gemäß § 215 Rowdytum StGB wurde eingeleitet. Die weitere Bearbeitung erfolgte durch die VPI Marzahn.[491]

In Berlin-Pankow wurde am 25. Februar 1989 der Direktorin der 28. Oberschule bekannt, dass ein Schüler «einen handgeschriebenen Zettel mit antisemitischen und rassistischen Texten bei sich hatte». Die Ermittlungen ergaben, dass er Mitglied einer Gruppe war, die sich «mit dem faschistischen Gruß begrüßten, Kassetten mit herabwürdigenden Texten abspielten und einer von ihnen während einer Klassenfahrt das Horst-Wessel-Lied im Beisein mehrerer Personen gesungen» hatte. Gegen vier Schüler wurden Ermittlungsverfahren wegen «Öffentlicher Herabwürdigung» eingeleitet.[492]

---

488 BStU, MfS, BV Berlin, Abt. XX Nr. 7157, Bl. 107.

489 BStU, MfS, BV Berlin, Abt. XX Nr. 7157, Bl. 116; BStU, MfS, HA XX/AKG Nr. 5937, Bl. 66; BStU, MfS, HA IX 10028, Bl. 25f.; BStU, MfS, HA XXII Nr. 17240, Bl. 2–8; BStU, MfS, BV Berlin, AKG Nr. 4047, Bl. 1–20; BStU, MfS, BV Berlin, AKG Nr. 4047, Bl. 23f.; BStU, MfS, HA XX/AKG Nr. 5937, Bl. 61; BStU, MfS, HA IX Nr. 19071, Bl. 5

490 BStU, MfS, BV Berlin, Abt. XX Nr. 7157, Bl. 108.

491 BStU, MfS, BV Berlin, Abt. XX Nr. 7157, Bl. 111.

492 BStU, MfS, BV Berlin, Abt. XX Nr. 7157, Bl. 112.

In Berlin wurden am 26. Februar 1989 in der Nähe des Marx-Engels-Forums vier Mitarbeiter des MfS von Skinheads gewalttätig angegriffen. Fünf Täter konnten identifiziert werden. Es wurde ein Ermittlungsverfahren wegen «Rowdytum» eingeleitet.

In Berlin wurden am 31. März 1989 vor der Clubgaststätte «Zur Mühle» zwei Mosambikaner von Skinheads geschlagen, die «als aggressiv, zu rowdyhaften Handlungen mit rassistischen Tendenzen neigend eingeschätzt» wurden. Die Gruppe sollte wegen dieser Straftat aufgeklärt und es sollte das «Entstehen einer feindlich-negativen Gruppierung» verhindert bzw. deren Zerschlagung erreicht werden.[493]

Am 6. April 1989 wurde ein Student (20 Jahre) der Ingenieurschule für Bauwesen und Ingenieurpädagogik Magdeburg, Außenstelle Potsdam, als aktiver Skinhead festgestellt. Er hatte von August 1987 bis zum Dezember 1987 zwei Soldaten der Grenztruppen und zwei «Ausländer mit dunkler Hautfarbe» tätlich angegriffen. Gegen ihn wurde ein Ermittlungsverfahren mit Haft wegen «Rowdytum» eingeleitet.[494] Seit 1987 unterhielt er Kontakte zu vier jungen Arbeitern, die in Belzig als Skinhead-Gruppe seit 1985/86 unterwegs waren. Alle waren Mitglieder der Ernst-Thälmann-Pioniere gewesen sowie später bei der FDJ. Einer von ihnen war Kassierer und Agitator und als stellvertretender Gruppensekretär war er verantwortlich für die Durchführung des FDJ-Studienjahres. Die jungen Männer traten 1986 aus der FDJ aus. Ihre mit brutaler Gewalt durchgeführten Angriffe richteten sich vorrangig gegen Punks, «Homosexuelle» sowie gegen Ausländer. Die rassistischen Angriffe begleiteten sie mit Rufen wie z.B. «Sieg Heil» oder es wurde der Hitlergruß gezeigt. Das Kreisgericht Potsdam sollte sich vom 9. bis zum 18. August mit den Mitgliedern der Gruppe befassen.[495]

In Berlin-Hohenschönhausen wurde am 7. März 1989 eine Disco-Veranstaltung an der 22. Oberschule durch Skinheads so gestört, dass sie abgebrochen werden musste. Gegen vier Täter wurden Ermittlungsverfahren wegen «Rowdytum» eingeleitet.[496]

In Berlin-Lichtenberg haben auf dem Bahnhof Lichtenberg am 20. April 1989 etwa einhundert Neonazis Fahrgäste und Bahnpolizisten angegriffen, antisemitische Parolen gegrölt und den Hitlergruß gezeigt.[497]

In Berlin drangen in der Gleimstraße am 21. April 1989 Skinheads gewaltsam in eine Wohnung ein, schlugen zwei Punks nieder, beschädigten Einrichtungsgegenstände, öffneten den Gashahn in der Küche und ließen so Gas un-

493 BStU, MfS, BV Berlin, Abt. XX Nr. 7157, Bl. 123.

494 BStU, MfS, BV Potsdam, AKG 1579, Bl. 396f.

495 BStU, MfS, HA XX Nr. 6175, Bl. 52ff.; BStU, MfS, BV Potsdam, AKG 1579, Teil 1 von 2, Bl. 396ff.

496 BStU, MfS, BV Berlin, Abt. XX Nr. 7157, Bl. 112.

497 BStU, MfS, HA IX Nr. 10712.

verbrannt ausströmen. Es wurden fünf Täter ermittelt, gegen die ein Ermittlungsverfahren wegen «Rowdytum» eingeleitete wurde.[498]

In Berlin wurde am 21. April 1989 in der HOG «Ahornblatt» der faschistische Gruß gezeigt und das «Deutschlandlied» gesungen. Gemäß § 220 StGB «Öffentliche Herabwürdigung» wurde eine Anzeige gefertigt.[499]

In Prenzlauer Berg sollte im April 1989 in einer leerstehenden Wohnung eine «Geburtstagsfeier» mit etwa vierzig Personen stattfinden. Dabei sollten faschistische Lieder abgespielt und es sollte eine Gedenkrede gehalten werden. Alle Vorhaben wurden von Diensteinheiten des MfS im Zusammenwirken mit der DVP unterbunden.[500]

In Berlin wurde am 29. April 1989 im Ernst-Thälmann-Park von Skinheads eine «Staatsflagge der DDR aus der Halterung gerissen und auf dem Fußboden geschleift». Ein Ermittlungsverfahren wegen «Öffentlicher Herabwürdigung» wurde eingeleitet.[501]

In Berlin wurde der Abteilung II der BVfS Anfang Mai 1989 inoffiziell bekannt, dass es am 22. April 1989 «im Vorfeld des S-Bahnhofes Friedrichsfelde/Ost und am 28./29.4.1989 vor dem Jugendclub ‹Linse›, Straße der Befreiung 70, direkt gegenüber der Dienststelle der BV Berlin, zu Zusammenrottungen von [...] Skinheads» gekommen war. Um «einer Konfrontation der sich feindlich gegenüberstehenden jugendlichen Gruppierungen, Skinheads und Punker vorzubeugen», waren die Mitglieder der FDJ-Ordnungsgruppe – sie sollten auch in diesem Club für «Ordnung und Sicherheit» sorgen – angehalten worden, «keinem Jugendlichen mit Skinheadähnlichem Aussehen Einlass» zu gewähren. Deshalb versammelten sich Skinheads am 22. April 1989 vor dem Bahnhof Friedrichsfelde/Ost und griffen nach Veranstaltungsende Besucher des Jugendclubs gewalttätig an. Durch einen Steinwurf eines Skinheads wurde einer der Jugendlichen «schwer verletzt». Als ein Funkstreifenwagen der VP eintraf, wurden die Hinweise auf die geflüchteten Skinheads von den Volkspolizisten nicht wahrgenommen. Statt die Maßnahmen gegen Skinheads zu richten, wurden sie gegen Punker gerichtet. Am 28. April 1989 randalierten 35 bis 40 Skinheads unmittelbar vor der «Linse». Erst vier mit Holzstöcken bewaffnete Mitglieder der FDJ-Ordnungsgruppe und die Besatzung eines Funkstreifenwagens der DVP «veranlaßten die Skinhead-Anhänger zum Rückzug. Dabei kam es kurzzeitig zur Beeinträchtigung des Straßenverkehrs in der Straße der Befreiung. Wie beim Vorfall am 22.4.1989 war die Handlungsweise der Angehörigen der Schutzpolizei nicht situationsgerecht und stand im völligen Widerspruch zu Ursache und Wirkung.» Gegen die Skinheads wurden keine Maßnahmen eingeleitet und ein

498 BStU, MfS, BV Berlin, Abt. XX Nr. 7157, Bl. 116; BStU, MfS, HA XX/AKG Nr. 5937, Bl. 105.

499 BStU, MfS, BV Berlin, Abt. XX Nr. 7157, Bl. 116; BStU, MfS, HA XX/AKG Nr. 5937, Bl. 105; BStU, MfS, HA XX Nr. 478, Teil 2 von 2, Bl. 171.

500 BStU, MfS, BV Berlin, AKG Nr. 4047, Bl. 1–20.

501 BStU, MfS, BV Berlin, Abt. XX Nr. 7157, Bl. 118.

durch die FDJ-Ordnungsgruppe festgenommener Skinhead wurde «nach einer kurzen Kontrolle des Personalausweises wieder freigelassen». Bei einer weiteren Veranstaltung am 13. Mai 1989 «erfolgte ein vorbeugender Einsatz» durch die VPI Lichtenberg, so dass es zu keinen weiteren Vorkommnissen kam.[502]

In Berlin grölten am 10. Mai 1989 auf einem Grundstück der KGA «Florafreunde» zwei Skinheads «faschistische Parolen». Es wurde ein Ermittlungsverfahren wegen «Öffentlicher Herabwürdigung» eingeleitet und am 23. Mai 1989 wurde ein «beschleunigtes Verfahren» durchgeführt.[503]

In Berlin-Prenzlauer Berg verherrlichten am 10. Mai 1989 zwei Schüler der 15. POS «offen faschistisches Gedankengut», indem sie «Ruhm und Ehre unserem Führer Adolf Hitler» äußerten. Ein Ermittlungsverfahren wegen «Öffentlicher Herabwürdigung» ohne Haft wurde eingeleitet und durch den Jugendstaatsanwalt erfolgte eine öffentliche Auswertung an der 15. POS.[504]

In Berlin wurde am 11. Mai 1989 bekannt, dass im Stadtgebiet ein «Trabant-Kombi» gesehen wurde, auf dem die «Odalsrune» geschmiert war. In dem Auto sollen drei Skinheads gesessen haben. Das Zeichen stand für die in West-Deutschland» operierende rassistische und neofaschistische «Wiking-Jugend» (WJ).[505]

In Berlin beschimpfte am 14. Mai 1989 ein Skinhead Delegierte aus Magdeburg, die zum Pfingsttreffen gekommen waren, mit «Judensau» und leistete Widerstand, als er von Volkspolizisten zugeführt wurde. Ein Ermittlungsverfahren wegen «Öffentlicher Herabwürdigung» und «Aktiver Widerstand gegen staatliche Maßnahmen» wurde eingeleitet.[506]

In Magdeburg machten Ende Mai 1989 mit Baseballschlägern bewaffnete Skinheads an mehreren Tagen Jagd auf Punks.[507]

In Berlin brüllten am 5. Juni 1989 Skinheads auf dem Alexanderplatz «Deutschland den Deutschen» und «Ausländer raus». Nach ihrer Zuführung wurde ein Ermittlungsverfahren wegen «Öffentlicher Herabwürdigung» eingeleitet und Haftbefehle verkündet.[508]

In Berlin versammelten sich am 17. Juni 1989 im «Sportobjekt Narva» im Bruno-Bürgel-Weg etwa 20 bis 25 Skinheads. Es wurden «faschistische Lieder gesungen und Angehörige der DVP sowie Mitarbeiter des MfS beschimpft. Durch das Zusammenwirken der Abteilung IX und XX der BVfS Berlin, der

---

502 BStU, MfS, BV Berlin, Abt. XX Nr. 7157, Bl. 119; BStU, MfS, BV Berlin, KD Lichtenberg Nr. 13095, Bl. 33f.

503 BStU, MfS, BV Berlin, Abt. XX Nr. 7157, Bl. 118; BStU, MfS, HA XX/AKG Nr. 5937, Bl. 106.

504 BStU, MfS, BV Berlin, Abt. XX Nr. 7157, Bl. 124.

505 BStU, MfS, BV Berlin, Abt. XX Nr. 3142, Bl. 16.

506 BStU, MfS, BV Berlin, Abt. XX Nr. 7157, Bl. 119.

507 Hirsch/Heim 1991, S. 124.

508 BStU, MfS, BV Berlin, Abt. XX Nr. 7157, Bl. 125; BStU, MfS, HA XX Nr.478, Teil 2 von 2, Bl. 137.

KDfS Treptow und der VPI Treptow wurde erarbeitet, «daß es sich bei der Personenansammlung um drei unterschiedliche, voneinander unabhängig handelnde Gruppen handelte». Eine Gruppe mit fünf bis sechs Mitgliedern aus dem Kreis Königs Wusterhausen war anwesend, die bei der Vorbeifahrt eines Fahrgastschiffes laut «Stasi raus» und «Bullen raus» brüllten. Ebenfalls wurde das «Deutschlandlied» gesungen und «Sieg Heil» gebrüllt. Die Ermittlungen wurden durch die VPI Treptow weitergeführt.[509]

In Berlin kam es am 19. Juni 1989 im Wohnbereich Karl-Lade-Str. / Ecke Ho-Chi-Minh-Str. zu gewalttätigen Auseinandersetzungen zwischen «unbekannten Skinheads und Bürgern Mosambiques». Die weitere Bearbeitung des Falles erfolgte durch die DVPI/K Lichtenberg. Bereits zwei Jahre zuvor erschienen im Sommer 1987 «in Abständen von zehn bis zwölf Tagen regelmäßig in späten Abendstunden Gruppen Jugendlicher», die durch «Krakeelen faschistischer Lieder und Parolen und aggressive Verhaltensweisen in Erscheinung» getreten waren. Die weitere Bearbeitung erfolgte durch die VPI/K Lichtenberg.[510]

In Berlin stießen im Juni 1989 auf dem Alexanderplatz 4 Studenten aus der Volksrepublik Kongo auf ungefähr 15 Skinheads, die nicht nur «Negerschweine» und «Ausländer raus» grölten, sondern sie auch gewalttätig angriffen. 4 Angreifer – ihnen schrieb die Staatsanwaltschaft eine besonders aktive Rolle zu – kamen vor Gericht. 3 Angeklagte (19 Jahre) befanden sich bis zur Verhandlung bereits drei Monate in Untersuchungshaft. Ein vierter Angeklagter (15 Jahre) wurde als besonders aktiver Schläger eingestuft. Im Ermittlungsverfahren sagte er aus, er fühle sich den Skinheads zugehörig und bekannte sich zu «Nationalstolz», zu «Kameradschaftlichkeit» und zum «Ausländerhass». Diese Aussage widerrief er in der Hauptverhandlung und behauptete, er sei nie Skinhead gewesen. In seiner Wohnung wurden Schnürstiefel mit Stahlkappen und fotokopierte Zeitungen aus der Zeit des Nationalsozialismus gefunden und beschlagnahmt. Während der Gerichtsverhandlung bekräftigte er seine rassistisch motivierte, grundsätzliche Ablehnung gegen alle dunkelhäutigen Menschen. Sein Vater unterstützte ihn vor Gericht bedingungslos und behauptete, sein Sohn sei kein Skinhead. Sibyllinisch erklärte der Vater außerdem, für die Schwierigkeiten seines Sohnes wären andere verantwortlich. Das Gericht verurteilte ihn zu einem Jahr Gefängnis, zwei weitere Angeklagte zu je zehn Monaten Freiheitsentzug. Alle drei Jugendlichen hatten den angerichteten Schaden zu ersetzen.[511]

In Berlin wurde am 21. Juni 1989 in einem Straßenbahnanhänger der Linie 25 «Republikaner leben hoch – Deutschland über alles» gegrölt und ein Haken-

509 BStU, MfS, BV Berlin, Abt. XX Nr. 7157, Bl. 125.

510 BStU, MfS, BV Berlin, Abt. XX Nr. 7157, Bl. 130; BStU, MfS, HA XX/AKG Nr. 5937, Bl. 118; BStU, MfS, BV Berlin, KD Lichtenberg Nr. 13095, Bl. 320.

511 Junge Welt, 8.6.1989.

kreuz vorgefunden. Gegen die unbekannten Täter wurde ein Ermittlungsverfahren wegen «Öffentlicher Herabwürdigung» eingeleitet.[512]

In Berlin wurde am 22. Juni 1989 in der Herrentoilette der Gaststätte «Jägerstübchen» eine Schmiererei festgestellt: «Heil Hitler», «Sieg Heil», «Standarte Berlin» und ein Hakenkreuz. Gegen die unbekannten Täter wurde ein Ermittlungsverfahren wegen «Öffentlicher Herabwürdigung» eingeleitet.[513]

In Berlin wurden am 24. Juni 1989 auf dem Alexanderplatz sieben Personen «wegen auffälligen Verhaltens und Kleidung, ähnlich der HJ-Uniform» dem VP-Revier 13 zugeführt. Bei der Befragung ergab «sich kein Verdacht für eine Straftat»; sie wurden durch «die Heimat-VPKA abgeholt und zurückgeführt».[514]

In Berlin kam es am 13. Juli 1989 in der Gaststätte «Sophieneck» zu gewalttätigen Auseinandersetzungen zwischen zwei Skinheads und anderen Gästen, wobei ein Opfer in der Charité ambulant medizinisch behandelt werden musste. Gegen beide Täter wurde ein Ermittlungsverfahren mit Haft eingeleitet und die weitere Bearbeitung erfolgte durch die VPI/K Mitte.[515]

In Berlin wurden am 18. Juli 1989 in einer Straßenbahn der Linie 22 C auf Sitzen und Scheiben und an einer Straßenbahnhaltestelle der Linie 22 faschistische Schmierereien festgestellt, die den «Skinheads zugeordnet werden» konnten: «Juden raus. Das ist Berlin, die Hauptstadt des deutschen Reiches. [...] Deutschland den Deutschen. Hakenkreuze. Deutsches Reich 1939. Hitlerjugend steht zu Deutschland. Deutsche Frauen, deutsches Bier, schwarz-rot-gold – wir stehn zu dir [...]». Am 25. Juli kam ein Skinhead zur VPI Pankow und «gestand obengenannte Handlung. Als Motiv gab er den Einfluß westlicher Medien und Geltungsbedürfnis an. Beweismittel wurden gesichert.» Ein Ermittlungsverfahren wegen «Öffentlicher Herabwürdigung» wurde eingeleitet.[516]

In Berlin schlugen am 22. Juli 1989 drei Skinheads «grundlos» auf Jugendliche ein. Gegen die Täter wurde ein Ermittlungsverfahren wegen «Rowdytum» eingeleitet.[517]

In Berlin-Marzahn wurden am 22. Juli 1989 an mehreren Gebäuden «Schmierereien festgestellt, die den Skinheads zugeordnet werden» konnten. U.a. waren das Parolen wie «Ausländer raus» und «Deutschland einig Vaterland». Die Bearbeitung erfolgte durch VPI Marzahn und KDfS Marzahn.[518]

512 BStU, MfS, BV Berlin, Abt. XX Nr. 7157, Bl. 126.

513 BStU, MfS, BV Berlin, Abt. XX Nr. 7157, Bl. 126.

514 BStU, MfS, BV Berlin, Abt. XX Nr. 7157, Bl. 130f.

515 BStU, MfS, BV Berlin, Abt. XX Nr. 7157, Bl. 130; BStU, MfS, ZOS Nr. 2858, Bl. 114; BStU, MfS, HA XX/AKG Nr. 5937, Bl. 118.

516 BStU, MfS, BV Berlin, Abt. XX Nr. 7157, Bl. 129.

517 BStU, MfS, BV Berlin, Abt. XX Nr. 7157, Bl. 135.

518 BStU, MfS, BV Berlin, Abt. XX Nr. 7157, Bl. 129 und 134.

In Stadtroda (Bezirk Erfurt) gab es am 22. Juli 1989 vor dem Jugendclub gewalttätige Auseinandersetzungen zwischen Skinheads aus Weimar, Erfurt und Leipzig einerseits und mosambikanischen «Vertragsarbeitern» andererseits.[519]

In Berlin wurde am 23. Juli 1989 von Skinheads «vor dem Jugendclub im Ernst-Thälmann-Park mehrfach der faschistische Gruß ausgeführt». Gegen die Täter wurde ein Ermittlungsverfahren wegen «Öffentlicher Herabwürdigung» eingeleitet.[520]

In Berlin-Marzahn wurde am 1. August 1989 ein Arbeiter aus der Mongolei von einem Skinhead «grundlos zusammengeschlagen. Als Motiv für diese Tat wurde die Zugehörigkeit des Geschädigten zu einer anderen Rasse ermittelt.» Gegen den Täter wurde ein Ermittlungsverfahren wegen «Rowdytum» eingeleitet.[521]

In Berlin wurde am 10. August 1989 im Biergarten der HO-Gaststätte «Alextreff» ein Punk aus Sangerhausen (Bezirk Halle) von einem Berliner Skinhead geschlagen. Ein Ermittlungsverfahren wegen «Rowdytum» wurde eingeleitet.[522]

In Berlin-Hellersdorf wurde am 12. August 1989 «ein Bürger» von einem Skinhead «tätlich angegriffen und durch Faustschläge und Fußtritte verletzt». Ein Ermittlungsverfahren wegen «Rowdytum» wurde eingeleitet.[523]

In Berlin drangen am 12. August 1989 «mehrere gewaltorientierte Jugendliche in das Zeltlager ‹Wilhelm Pieck›, 1130 Berlin, Herzbergstr. 2 ein und verletzten zwei polnische Studenten durch Schläge leicht». Gegen zwei Täter wurde ein Ermittlungsverfahren wegen «Rowdytum» eingeleitet.[524]

In Berlin kam es am 18. und 22. August 1989 jeweils zu gewalttätigen Auseinandersetzungen zwischen Punks und Skinheads. In beiden Fällen gab es «mehrere Verletzte». Die Untersuchung der beiden Vorkommnisse erfolgte durch die VPI Mitte.[525]

In Berlin wurde im August/September 1989 gegen drei Personen einer Skinheadgruppe eine OPK eingeleitet. Die Mitglieder der Gruppe trafen sich regelmäßig jedes Wochenende im «Operncafe»; von ihnen gingen [...] wiederholt Schlägereien aus. Auch zukünftig wurden von ihnen Schlägereien u. a. auch mit in Berlin (West) wohnhaften türkischen Staatsbürgern erwartet. Das «Bearbeitungsziel war die Aufklärung und Zersetzung dieser Gruppierung zur Verhinderung weiterer Vorkommnisse».[526]

519 BStU, MfS, KD Weimar 139, Bl. 4.

520 BStU, MfS, BV Berlin, Abt. XX Nr. 7157, Bl. 131 und 134.

521 BStU, MfS, BV Berlin, Abt. XX Nr. 7157, Bl. 135.

522 BStU, MfS, BV Berlin, Abt. XX Nr. 7157, Bl. 136.

523 BStU, MfS, BV Berlin, Abt. XX Nr. 7157, Bl. 136.

524 BStU, MfS, BV Berlin, Abt. XX Nr. 7157, Bl. 136.

525 BStU, MfS, BV Berlin, Abt. XX Nr. 7157, Bl. 136.

526 BStU, MfS, BV Berlin, Abt. XX Nr. 7157, Bl. 139.

In Berlin störten am 25. August 1989 zwei Skinheads eine Tanzveranstaltung im Jugendclub «Mikado» mit «dem faschistischen Gruß». Ordner wurden beschimpft und es wurden ihnen Schläge angedroht.[527]

In Berlin-Weißensee wurden am 29. August 1989 im Wartehaus Schwarzelfenweg/Roelkestraße faschistische Schmierereien entdeckt. Die Bearbeitung erfolgte durch die VPI in Koordinierung mit der KDfS Weißensee.[528]

In Berlin brüllten am 1. September 1989 in der HO-Gaststätte «Storchennest» Skinheads faschistische Parolen, woraufhin die Veranstaltung abgebrochen wurde. Die Volkspolizei wurde nicht verständigt.[529]

In Berlin-Friedrichshain beleidigten am 3. September 1989 Skinheads beim Volksfest «An der Weberwiese» mehrere «Verkaufskräfte, schlugen Fensterscheiben und Türfüllungen ein und gingen gewaltsam gegen andere Personen vor». Ein Ermittlungsverfahren wegen «Rowdytum» wurde eingeleitet.[530]

In Berlin grüßte am 9. September 1989 ein Skinhead während einer Tanzveranstaltung mit dem faschistischen Gruß und drohte einem unbekannten Jugendlichen: «Bevor du nicht Heil Hitler sagst, gehst du nicht nach Hause!» Ein Ermittlungsverfahren wegen «Öffentlicher Herabwürdigung» wurde eingeleitet.[531]

In Berlin kam es am 25. September 1989 zu «Handgreiflichkeiten mit mehreren Angehörigen des Wachregiments des MfS» und Skinheads, dabei wurden zwei Angehörige des Wachregiments verletzt. Ein Ermittlungsverfahren gemäß § 215 Rowdytum StGB wurde eingeleitet. Die Bearbeitung erfolgte durch die K/PdVP.[532]

In Halle kam es 1989 bei einer Demonstration zu gewalttätigen Auseinandersetzungen durch Skinheads, die «Wiedervereinigungsforderungen laut grölten und sofort gegen andere Meinungsäußerungen gewalttätig vorgingen».[533]

In Leipzig entdeckten zwei SED-Mitglieder am 8. November 1989 eine «neofaschistische Gruppierung» mit etwa zwanzig Mitgliedern.[534]

1989 verwüsteten in Leipzig Neonazis und Skinheads Häuser, die von Linken besetzt waren.[535]

In Frankfurt/O. attackierten Skinheads im Dezember 1989 im Jugendhotel «Freundschaft» polnische Gastarbeiterinnen, weil sie nicht «arisch» wären.[536]

527 BStU, MfS, BV Berlin, Abt. XX Nr. 7157, Bl. 140.
528 BStU, MfS, BV Berlin, Abt. XX Nr. 7157, Bl. 140.
529 BStU, MfS, BV Berlin, Abt. XX Nr. 7157, Bl. 141.
530 BStU, MfS, BV Berlin, Abt. XX Nr. 7157, Bl. 141.
531 BStU, MfS, BV Berlin, Abt. XX Nr. 7157, Bl. 141.
532 BStU, MfS, BV Berlin, Abt. XX Nr. 7157, Bl. 142.
533 BStU, MfS, HA XX Nr. 11150, Bl. 4; BStU, MfS, BV Halle, Abt. XX Sachakten Nr. 3897, Bl. 4.
534 BStU, Abt. XX Nr. 122/01, Bl. 1.
535 Madloch 2000, S. 93.
536 Hirsch/Heim 1991, S. 109.

In Nordhausen (Bezirk Erfurt) kam es am 28. April 1990 zu neonazistischen Krawallen. Die Stadtverwaltung hatte ein Skinhead-Konzert verboten und daraufhin randalierten etwa 1.000 Skinheads. Sie schlugen Fenster an Häusern und Autos ein und ein Teil von ihnen besetzte eine Gaststätte, die von der Volkspolizei geräumt wurde. Etwa 150 Skinheads wurden vorläufig festgenommen.[537] In einer Gaststätte grölten sie «Heil Hitler», sangen neofaschistische Lieder, beschimpften Gäste, bewarfen Autos mit Flaschen und Bierbüchsen und zerschlugen Fensterscheiben der Gaststätte. Die Volkspolizei löste das Treffen gewaltsam auf und es wurden Schlagringe, Messer, Reizgas-Dosen, Schlagstöcke und Schusswaffen beschlagnahmt.[538]

In Gera kam es 1990 vor einem besetzten Haus zu Ausschreitungen zwischen Hausbesetzern und Skinheads.[539]

In Leipzig wurde 1990 ein Mann in der Nähe des Bahnhofs von einem Skinhead so schwer mit Stiefeltritten verletzt, dass er aus der Straßenbahn fiel. Lebensgefährlich verletzt kam er in ein Krankenhaus.[540]

In Berlin-Lichtenberg überfielen am 5. Mai 1990 etwa vierhundert Neonazis ein Wohnheim für ausländische Arbeiter im Hans-Loch-Viertel.[541]

Ebenfalls in Berlin-Lichtenberg kam es am 13. Mai 1990 zwischen mit Baseball-Schlägern und Eisenstangen bewaffneten Skinheads und Volkspolizisten zu gewalttätigen Auseinandersetzungen, wobei rassistische Parolen gegrölt wurden. Die DVP führte etwa dreißig Neonazis zu.[542]

In Berlin prügelten am 2. Juni 1990 etwa 150 Neonazis auf Besucher des multikulturellen «Tacheles» in der Oranienburger Straße in Berlin (DDR) ein und warfen mit Molotow-Cocktails.[543]

1990 überfielen in Berlin-Prenzlauer Berg Skinheads mehrere Jugendklubs, z. B. das «Info-Café» in der Schliemannstraße.[544]

In Berlin prügelten 1990 beim S-Bahnhof Ostkreuz etwa zehn Skinheads in der S-Bahn vier mitreisende Vietnamesen mit Stöcken und einem Beil und verletzten zwei schwer.[545]

In Berlin-Lichtenberg grölten 1990 im Kulturhaus des VEB Elektrokohle mehrere Neonazis.[546]

537 Hirsch/Heim 1991, S. 114f; Borchers 1992, S. 15.
538 Hirsch/Heim 1991, S. 116; Neubert 1997, S. 205.
539 Hirsch/Heim 1991, S. 117.
540 Hirsch/Heim 1991, S. 145.
541 Wagner 2014, S. 51.
542 Hirsch/Heim 1991, S. 115; Borchers 1992, S. 15.
543 Hirsch/Heim 1991, S. 118.
544 Hirsch/Heim 1991, S. 118; Madloch 2000 S. 52.
545 Wagner 2014, S. 52; Hirsch/Heim 1991, S. 120.
546 BStU, MfS, HA IX, Nr. 10712.

In Berlin-Lichtenberg randalierten 1990 in der Weitlinger- und der Kückstraße mehrere Neonazis, verletzten 21 Volkspolizisten zum Teil schwer, beschädigten vier Mannschaftswagen und andere Fahrzeuge der DVP.[547]

In Erfurt erschlugen am 5. Juli 1990 zwei Skin-Bräute als Mutprobe einen 57-jährigen Bauarbeiter mit Ziegelsteinen.[548]

In Erfurt drangen Skinheads 1990 gewaltsam in ein Jugendzentrum ein. Die Volkspolizei nahm zehn Neonazis fest.[549]

In einem Zug der Deutschen Reichsbahn (D-558) von Erfurt nach Berlin prügelten 1990 etwa zehn Skinheads mit Stöcken auf Mitreisende ein. Ein Vietnamese wurde durch den Zug gehetzt; er konnte seinen Verfolgern entgehen, weil er sich an der Außenseite eines fahrenden Waggons festklammerte.[550]

Skinheads oder Hooligans sahen in ihrer Verurteilung durch die Justiz der DDR zumeist keinen Makel, allenfalls galt dies als Ausweis ihrer Opferbereitschaft für die «nationale Sache». Die Justizvollzugsanstalten der DDR waren personell und ideologisch nicht auf so viele derartige Häftlinge vorbereitet. Da sich die Neonazis sehr diszipliniert verhielten, konnten sie sich mit Gleichgesinnten besprechen und wurden so bekannt mit «Kameraden» aus anderen Bezirken. Hier wurden auch programmatische Texte für die neofaschistische Szene in der DDR erarbeitet. So entwarf der mehrfach vorbestrafte Neonazi Thomas Kreyßler aus Arnstadt in der JVA Untermaßfeld (bei Meiningen) das Programm für eine noch zu gründende «Nationale Arbeiterpartei Deutschlands» (NAPD). Noch vor der Wende gründete er die «Deutsche Volkspartei» (DVP), die es in Arnstadt auf bis zu dreihundert Mitgliedern bzw. Sympathisanten brachte.[551]

Die Bewegung der neonazistischen Hooligans

Seit Anfang des 20. Jahrhunderts haben Rassismus und Antisemitismus im europäischen Fußball ihren besonderen Stellenwert. Der Faschismus beendete in Deutschland und Österreich den jüdischen Vereinsfußball, Vereine wurden aufgelöst, Fußballspieler mit jüdischem Hintergrund in Lager eingesperrt und ermordet. Antisemitische und rassistische Diskriminierungen im Fußball waren auch nach 1945 weiterhin Teil des sportlichen Geschehens in Europa und in den beiden deutschen Staaten.[552]

Die Anfänge des Hooliganismus liegen in den 1970er Jahren in Großbritannien, als Vertreter der «National Front» und vom «British Movement» in

547 Hirsch/Heim 1991, S. 119.

548 Madloch 2000, S. 96; Schäfer-Vogel 2007, S. 54.

549 Hirsch/Heim 1991, S. 122.

550 Hirsch/Heim 1991, S. 114.

551 Madloch 2000, S. 82.

552 John/Schulze-Marmeling 1993, S. 133–158.

verschiedene lokale Parlamente gewählt wurden. Sie symbolisierten damit die verschärften rassistischen Entwicklungen in der britischen Gesellschaft insgesamt. Aktivisten dieser beiden neofaschistischen Organisationen agitierten die Fans auf den Sportplätzen mit rassistischen Parolen und hier wurde auch der Begriff «Hooligan» popularisiert, der jugendliche Zuschauer betrifft, deren besondere Merkmale einerseits in der bedingungslosen Identifikation mit «ihrer» Mannschaft und andererseits in der militanten Ablehnung und Bekämpfung von Hooligans aus auswärtigen Städten bestehen. Noch bis vor kurzem wurde im deutschen Sprachgebrauch in diesem Zusammenhang sinnigerweise von «Schlachtenbummlern» gesprochen. Hooligans entwickelten Organisationsformen mit offenen Bezügen zu rassistischen Ideologien und Organisationen.[553]

Im Fußball der DDR kam es, ebenso wie in vielen anderen west- und osteuropäischen Staaten, zu neonazistischen Propaganda- und Gewaltstraftaten, die sich in erster Linie gegen die Anhänger gegnerischer Mannschaften richteten. Eine weitere Ebene bilden die Zuschauer in den Stadien, die für die Demonstrationen rechter Gewalt und Sprechchöre missbraucht wurden und werden. Hier wurden jeweils tausende Besucher mit antisemitischen, rassistischen und neonazistischen Parolen und Gesängen konfrontiert, was eben nur in einem Stadionrund möglich ist. Die SED bzw. das MfS konnten die Bewegung der Hooligans – sie waren der zahlenmäßig stärkste und am besten organisierte Teil der rechten Bewegung in der DDR – nie unter Kontrolle bringen. Der zunehmenden Aggressivität auf den Fußballplätzen der Oberliga standen Politik und Sicherheitskräfte hilflos gegenüber. Doch nicht nur während der Spiele hatte die Ordnungsmacht mit Fußballanhängern Schwierigkeiten, sondern auch bei den An- und Abreisen, wo durch Schlägereien unbeteiligte Mitreisende verletzt und Wagen der Deutschen Reichsbahn zerstört wurden.

In der Spielzeit 1983/84 gab es bei 30 Prozent aller Spiele in der Oberliga «Störungen» und 1985/86 waren es schon 43 Prozent. In der Saison 1985/86 gab es insgesamt 960 Straftaten, davon fanden knapp über 400 in den Stadien statt, 282 im jeweiligen Stadtgebiet und 250 Straftaten bei der Deutschen Reichsbahn. In der Zeit wurden insgesamt fast 1.000 Hooligans festgenommen.

Mit den folgenden Beispielen werden Einblicke in die Entwicklung von Fanausschreitungen und Hooliganismus in der DDR möglich:

Bereits am 16. April 1950 kam es zu «schweren Zuschauerausschreitungen», nachdem die SG Dresden-Friedrichstadt mit 1:5 gegen die ZSG Horch Zwickau verlor und dadurch nur Vize-Meister wurde.[554]

In Halle kam es am 16. November 1960 nach einem Fußballspiel zwischen SC Chemie Halle und dem ASK Vorwärts Berlin zu gewalttätigen Auseinandersetzungen, bei denen etwa 150 Fußballfans versuchten, einen Pkw der NVA

553 Gehrmann 1990, S. 99–150; Taylor/Skrypietz 1993, S. 73–106.

554 Leske 2004, S. 430.

umzukippen. Als das nicht gelang, wurden die hinteren Scheiben des Fahrzeugs eingeschlagen. Die Ursachen dafür wurden, wie gewohnt, dem «Gegner» aus dem Westen zugeschrieben.[555]

In Leipzig kam es während des Fußball-Intercup-Spieles zwischen Chemie Leipzig und Pogon Szczecin am 17. Juli 1965 zu «provokatorischen und hetzerischen Äußerungen» gegen die polnischen Spieler: «Polacken raus», «Polenschweine, hängt sie verkehrt herum auf», «Ersäuft sie», «Haut die Schweine und Lumpen», «Haut ihnen die Knochen kaputt» und «Schlagt sie tot». Deshalb wurden von der DVP fünf Jugendliche (18 bis 25 Jahre) und ein 37-Jähriger, sie waren als «Initiatoren in Erscheinung getreten», festgenommen. Gegen sie wurden Ermittlungsverfahren wegen staatsgefährdender Propaganda und Hetze eingeleitet. Die Täter waren stark angetrunken.[556]

In Leipzig fand am 31. Oktober 1965 das Qualifikationsspiel für die Fußballweltmeisterschaft in England zwischen der DDR und Österreich im Zentralstadion statt. Dabei kam es vor, während und nach dem Spiel zu «Provokationen» von deutschen Fans. Kurz nach 17 Uhr kam es vor dem Filmtheater «Capitol» zu einer Zusammenrottung von circa fünfzig Fußballfans, die «offen ihr Missfallen über die von der VP angewandten Methoden zur Auflösung der Zusammenrottung am Vormittag zum Ausdruck brachten. Diese Gruppe wurde sofort aufgelöst.»[557]

Ende 1965 wurde in Leipzig «aufgrund von Hinweisen aus den Untersuchungen [zu den Auseinandersetzungen um «Beat-Anhänger», HW]» bekannt, dass es «bei den Fußballspielen der Oberligamannschaft BSG Chemie Leipzig wiederholt» zu rowdyhaften Ausschreitungen und Knallereien gekommen war. Deshalb, so die Einzelinformation Nr. 993/54, sollte konkret differenziert werden «zwischen fanatischen Fußballanhängern und eventuellen Anzeichen einer Untergrundtätigkeit».[558]

Anfang der 1970er Jahre wurden in der DDR gewaltbereite Fußballfans in fast allen Standorten der Fußball-Oberliga registriert und im weiteren Kontext als politische Akteure eingestuft.[559] Durch Hooligans wurden «strafbare Handlungen bzw. Ordnungswidrigkeiten, wie z. B. Werfen von Flaschen und anderen Gegenständen aus den Fenstern des Zuges, Belästigungen von Mitreisenden, sich entwickelnde Schlägereien, die Sicherheit des Bahnbetriebes gefährdendes rhythmisches Springen durch Personengruppen, Zerstören der Einrichtungen, Rauchen in Nichtraucherabteilen und weitere Konfrontationspunkte mit anderen Reisenden» begangen.[560]

555 Vgl. Zimmermann 2004, S. 85.
556 BStU, MfS, ZAIG 1078, Bl. 1.
557 BStU, MfS, ZAIG 1129, Bl. 1–5.
558 BStU, MfS, ZAIG 1133, Bl. 4.
559 Persönliche Information FDJ BL Frankfurt/Oder, SAPMO-BArch, DY 24/ A 9.622, S. 10.
560 BStU, MfS, BV Berlin, Abt. XX 3540, A 854/4, Bl. 72f.

Am 28. Oktober 1970 kam es anlässlich des Oberligaspiels zwischen den Berliner Clubs BFC Dynamo und dem 1. FC Union in der Steffenstraße «zu groben Ausschreitungen» von Anhängern des 1. FC Union. Es wurde «Mörder» und «Haut sie auf die Schnauze» gerufen. Im Anschluss an das Spiel gab es gewalttätige Auseinandersetzungen zwischen den Hooligans und den «eingesetzten Sicherheitskräften», wobei es zu «erheblichen Störungen der Ordnung und Sicherheit» kam. Für Generalmajor Wichert, er berichtete als Leiter der Staatssicherheit im Bezirk Berlin über diese Vorgänge, handelte es sich hier «um den Mißbrauch der Anhängerschaft zu einem Fußballclub zur Durchführung negativer bis staatsfeindlicher Handlungen». Wichert wies an, dass die Abteilung XX federführend die operative Aufklärung übernehmen sollte, um «daraus gezielte Maßnahmen zur Auflösung dieser Konzentration negativer Kräfte ableiten und durchführen zu können». Kurzfristig sollten schnell zuverlässige IM «aller Diensteinheiten der Verwaltung Groß-Berlin» einbezogen werden, um festzustellen, welche Personen des 1. FC Union zu den negativen Kräften gehörten und in welchen Betrieben, Einrichtungen und Schulen sie sich befinden. Es sollte dabei auch geklärt werden, welche IM persönliche Verbindungen zu Spielern des 1. FC Union unterhalten und welche IM geeignet wären, «kurzfristig in diese negative Konzentration einzudringen, um die erforderlichen Aufklärungsarbeiten zu leisten». Die gewonnenen Informationen sollten direkt dem Leiter der Abteilung XX «zur operativen Auswertung» übersandt werden.[561]

Während der Fußball-Weltmeisterschaft im Juli 1974 in der BRD gab es in der NVA und den Grenztruppen «Sympathiekundgebungen für die BRD-Mannschaft». So sangen vier Angehörige der Hauptnachrichtenzentrale im Ministerium für Nationale Verteidigung am 7. Juli 1974 das verbotene «Deutschlandlied». Dasselbe geschah auch am gleichen Tag in der 13. Kompanie des Nachrichtenregiments 2 (NR-2). Die Abteilung MfNV der Hauptabteilung I des MfS musste konstatieren, dass «aus fast allen Einheiten [...] einzelne NVA-Angehörige bekannt (wurden), die in lauten, fast ‹nationalchauvinistischen› Beifallsäußerungen und anderweitigen, nicht begrüßenswerten Handlungen die Leistungen der BRD-Fußballmannschaft überbewerteten und besonders herausstellten».

Nach einem Spiel zwischen HFC Chemie (Halle) und 1. FC Union Berlin kam es am 11. September 1976 bei der Rückfahrt der Berliner Hooligans im Zug zu Sachbeschädigungen. Die Transportpolizei leitete gegen Täter Ordnungsstrafverfahren ein.[562]

Bei der Hin- und Rückfahrt anlässlich des Fußballspiels zwischen 1. FC Magdeburg und 1. FC Union am 13. August 1977 in Magdeburg wurden durch

561 BStU, MfS, BV Berlin, Abteilung III, 311, Teil 4/4, Bl. 371f.

562 BStU, MfS, ZAIG 2731, Bl. 2ff.

Berliner Hooligans zwei Reisezugwagen der Reichsbahn «erheblich demoliert», wobei ein Sachschaden in Höhe von 14.000 Mark entstand.[563]

Vor der Abfahrt des D-Zugs 649 aus Magdeburg nach Berlin drangen 1977 etwa 30 Berliner Hooligans «in rücksichtsloser und rüpelhafter Weise» in einen Wagen ein und «belästigten Frauen mit Kleinstkindern und ältere Bürger». Die Angreifer mussten durch die Transportpolizei mit «körperlicher Gewalt» zum Verlassen des Reisezugwagens gezwungen werden.[564]

Am 7. Oktober 1977 kam es anlässlich eines «Volksfestes» zum 28. Jahrestag der Gründung der DDR und zum 60. Jahrestag der «Großen Sozialistischen Oktoberrevolution» auf dem Alexanderplatz zu gewalttätigen Auseinandersetzungen zwischen neonazistischen Hooligans und Einheiten der Volkspolizei. Die Ausschreitungen gehörten, was Ausmaß und Intensität der Krawalle anlangt, zu den größten Straßenkämpfen in der DDR. Hooligans von Union Berlin zogen durch die Straßen und riefen «antisozialistische, partei- und staatsfeindliche» Parolen wie z.B. «Ras dwa tri – Russen werden wir nie – Nieder mit der Bullen-Elf». Die gewalttätigen Auseinandersetzungen entwickelten sich, «als im Ergebnis des Absturzes von 9 Jugendlichen gegen 19.00 Uhr in einen Lüftungsschacht am Fernsehturm während des Auftritts der Beat-Formation ‹Express› der Einsatz eines Zuges VP-Bereitschaften zwecks Absicherung des Unfallortes, Hilfeleistung und Sicherung des Einsatzes von Schnellhilfewagen des DRK erfolgte».

Einheiten der Volkspolizei wurden von etwa einhundert Demonstranten mit Steinen beworfen, in zwei Fällen wurden Volkspolizisten mit feststehenden Messern bedroht und es wurden Uniformmützen verbrannt und in die Luft geworfen; dagegen setzte die Volkspolizei Hunde ein, auch um die Angreifer in Schach zu halten. «Unter dem Einfluß der neofaschistischen Welle in der BRD riefen darüber hinaus einige Personen u.a. faschistische Losungen», wie «Deutschland erwache», «Adolf Hitler – unser großer Führer», «Nieder mit der DDR», «Hängt ihn auf das grüne Schwein» [die Uniformen der DVP waren grün, HW] und mehrfach wurde das «Deutschlandlied» gesungen. Die Volkspolizei wurde mit herausgerissenen Pflastersteinen, mit Abfall, mit Feuerwerkskörpern und Papierkörben beworfen.[565] «Die Zusammenrottung konnte von den Sicherheitskräften erst gegen 23.30 Uhr aufgelöst werden. Dabei wurden 66 Volkspolizisten «erheblich verletzt und großer Sachschaden verursacht. Mit Ausnahme eines in den Lüftungsschacht abgestürzten Jugendlichen konnten bis zum 5.11.1977 alle verletzten VP-Angehörigen und Jugendlichen aus den Krankenhäusern entlassen werden.»[566]

563 BStU, MfS, ZAIG 2731, Bl. 16–33.

564 BStU, MfS, ZAIG 2731, Bl. 1ff.

565 BStU, MfS, ZOS Nr. 3939; BStU, MfS, HA IX Nr. 17150, Bl. 22 und Bl. 52; Neubert 1997, S. 205f.; SAPMO-BArch DY 30 / IV D-2/3/110, SAPMO-BArch DY 30 / IV D-2/5/490.

566 BStU, MfS, HA IX Nr. 17150, Bl. 20f; Protokoll der außerordentlichen Sitzung des Sekretariats

Es gab 83 Verletzte und noch am Abend waren 313 Personen und bis zum 5. 11.1977 weitere 155 Personen vorläufig festgenommen (zugeführt) worden. Es stellte sich heraus, dass die meisten von ihnen aus den Bezirken Lichtenberg, Köpenick und Treptow kamen; unter ihnen befanden sich 210 Lehrlinge, 98 Facharbeiter, 72 Schüler und 63 sonstige Arbeiter. «Die Zuführungen betrafen fast ausschließlich Jugendliche im Alter von 16 bis 21 Jahren, davon gehörten 218 der FDJ» an. «Bei der Bekämpfung der Ausschreitungen wurden insgesamt 66 Angehörige der Volkspolizei (5 Offiziere sowie 61 Wachtmeister und Unterführer) verletzt (Platzwunden, Prellungen, Hämatome sowie Schnittwunden). Darüber hinaus wurde durch die Zertrümmerung von Fensterscheiben und andere Sachbeschädigungen ein Schaden von ca. 50 000 Mark verursacht.»[567]

Diese Auseinandersetzungen inspirierten eine Gruppe in Karl-Marx-Stadt – unter ihnen befanden sich vier Vorbestrafte – in eine «Ausbildungsstätte der GST» einzubrechen, um «in den Besitz von Schusswaffen und Munition» zu kommen, mit denen sie zukünftig gegen die Sicherheitskräfte vorgehen konnten. Ein Strafgefangener der StVA in Brandenburg und ein Arbeiter aus Halle fertigten «mehrere Hetzflugblätter mit gegen die gesellschaftlichen Verhältnisse und führende Repräsentanten der DDR gerichteten bzw. den Faschismus verherrlichenden Losungen [...] und verbreiteten diese».[568]

Nach Informationen der Generalstaatsanwaltschaft vom 9. Januar 1978 wurden insgesamt gegen 183 Personen Ermittlungsverfahren gemäß Rowdytum und Zusammenrottung eingeleitet, wovon 163 Personen in Untersuchungshaft genommen wurden. Gegen 77 Personen waren Ordnungsstrafverfahren durchgeführt worden und 207 Personen wurden nach Belehrungen und Verwarnungen aus dem Polizeigewahrsam entlassen. «Rädelsführer und Initiatoren» sowie «Vorbestrafte und Asoziale» wären mit der «gebotenen Strenge zur Verantwortung gezogen» worden. 95 Täter wurden als «Rädelsführer» zu Freiheitsstrafen zwischen 4 Monaten und 3 Jahren verurteilt, davon wurden 38 Täter zu Freiheitsstrafen über ein Jahr verurteilt. 14 Täter erhielten Jugendhaft und 20 Täter Strafen auf Bewährung.[569]

Die Hooligans von Union Berlin waren bereits vor diesen gewalttätigen Auseinandersetzungen in Erscheinung getreten. Nach Meinung der Generalstaats-

---

der Bezirksleitung der SED Berlin, Vertrauliche 1/04 Verschlußsache, 10.10.1977, SAPMO-BArch DY 30 / IV D-2/3/110.

567 BStU, MfS, ZAIG 2743, Bl. 1ff.; SAPMO-BArch, DY 30/24930, SED Hausmitteilung von Abt. Staats-und Rechtsfragen an Genossen Honecker, 9.1.1978. Von Honecker am 10.1.1978 handschriftlich als erledigt gekennzeichnet.

568 BStU, MfS, HA IX Nr. 17150, Bl. 27.

569 SAPMO-BArch, DY 30/24930, SED Hausmitteilung von Abt. Staats-und Rechtsfragen an Genossen Honecker, 9.1.1978. Von Honecker am 10.1.1978 handschriftlich als erledigt gekennzeichnet; SAPMO-BArch, DY 30/24930, GStA der DDR, Information zu den rowdyhaften Ausschreitungen am 7. Oktober 1977 in Berlin, 31.10.1977; SAPMO-BArch, DY 30/24930, GStA der DDR, Abteilung III, 1.11.1977.

anwaltschaft handelte es sich bei den Tätern «in der Mehrzahl [...] um politisch zurückgebliebene Schüler oberer Klassen der POS und Lehrlinge, vorwiegend des 1. Lehrjahres, die leistungsschwach sind und eine ungenügende Einstellung zur Arbeit und zum Lernen aufweisen». Die verurteilten 95 Täter wären als «Rädelsführer» besonders aktiv gewesen und besonders «Vorbestrafte und Asoziale» wurden für ihr Verhalten «mit der gebotenen Strenge zur Verantwortung gezogen».

In den Medien wurde der politische Charakter der Auseinandersetzungen geleugnet. Es hätte sich hier nur um «Rowdytum» gehandelt.[570] Das öffentliche Statement gegen die Sowjetunion war jedoch eine politische Äußerung und mit «Bullenelf» war die gegnerische Elf vom BFC Dynamo Berlin gemeint, der als Stasi-Club galt (Mielke war Ehrenvorsitzender). Von den Tätern gehörten bis zu 50 Prozent «zum negativen Anhang des 1. FC Union Berlin».[571] In einer weiteren Information der SED-Bezirksleitung Berlin vom 31.10.1977 wurden Gerüchte über die angebliche «Anzahl der Toten» aufgegriffen. In einem «Stimmungsbericht» der HA I, Abt. MfNV an die Abt. Information, Auswertung und Kontrolle (IAK), wurde die Ansicht eines Leutnants der Militärpolitischen Hochschule (MPHS) wiedergegeben, dass die Informationen über die Krawalle am Alexanderplatz nicht übereinstimmten mit den Informationen, über die die «Politabteilung der MPHS» verfügte. Denn bei den Ausschreitungen seien «auch Tote zu beklagen» gewesen, sowohl bei der DVP als auch bei den Jugendlichen.[572] Mark Brayne, er war 1977 in der DDR Korrespondent der britischen Nachrichtenagentur «Reuters», berichtete am 12. Oktober 1977 von den gewalttätigen Auseinandersetzungen rund um den Alexanderplatz in Berlin, was «Der Spiegel» in seiner Ausgabe Nr. 47/1977 vom 14. November 1977 publizierte. Brayne gab an, dass drei Menschen getötet worden worden – ein Mädchen sei beim Sturz in den Luftschacht gestorben, ein Volkspolizist wäre erstochen und ein weiterer Volkspolizist wäre mit einem vollen Bierkasten erschlagen worden. Am Ende des Artikels im «Spiegel» wurde auf eine «parteiinterne Information» der SED hingewiesen, nach der nicht nur zwei Volkspolizisten bei den Unruhen getötet worden, sondern auch zwei weitere Volkspolizisten ihren Verletzungen

570 Information über Meinungen zu den Ausschreitungen von Jugendlichen am 7.10.1977, SED Abteilung Parteiorgane, 13.10.1977, SAPMO-BArch, DY 30/ (BPA) IV-2/5/490, S. 4; Information über Meinungen zu Problemen der Innen- und Außenpolitik, aus Kreisleitungen und Grundorganisationen bis 03.10.1977, SED Abtg. Parteiorgane, Berlin, 11.10.1977, SAPMO-BArch, DY 30/ (BPA) IV – 2/5/490, S. 7; Protokoll der außerordentlichen Sitzung des Sekretariats der Bezirksleitung der SED Berlin, VVS 1/04, 10.10.1977, SAPMO-BArch, DY 30/ (BPA) IV D – 2/3/110. In einem weiteren Papier der SED-BL Berlin vom 31.10.1977 wurde dieses Gerücht erneut aufgegriffen und die fehlende Aufklärung durch das «Neue Deutschland» beklagt; Willmann 2007, S. 156.

571 Informationen über Meinungen zu Problemen der Innen- und Außenpolitik, SED Abteilung Parteiorgane, Berlin, 11.10.1977, SAPMO-BArch DY 30/ IV – 2/5/490, S. 7.

572 BStU, MfS, HA I Nr. 19110.

erlegen wären.[573] Die weiteren «Untersuchungen konzentrierten sich auf die weitere Personifizierung von Rädelsführern und anderen Mittätern der Ausschreitungen am 7.10.1977». In der außerordentlichen Sitzung des Sekretariats der Bezirksleitung der SED Berlin am 10.10.1977 wurden die Ausschreitungen vom 7.10.1977 als «Ausdruck des Wirkens der verstärkten politisch-ideologischen Diversion des Gegners unter Jugendlichen» eingestuft, was sich auch in der «Zunahme rowdyhafter Handlungen» zeige. Der Bericht und die Schlussfolgerungen wurden «dem Generalsekretär des Zentralkomitees der SED, Genossen Erich Honecker», übermittelt.[574]

Die Union-Anhänger randalierten bei Auswärtsspielen in Halle, Frankfurt/O. und Riesa sowie in Berlin im Stadion der Weltjugend. Es wurden Feuerwerkskörper gezündet, geleerte Alkoholflaschen und andere Gegenstände auf das Spielfeld geworfen und unbeteiligte Zuschauer belästigt und bedroht. Verbunden wurde dieses Auftreten mit dem Grölen von: «Der 1. FC Union räumt alles ab, für die Reichs-Hauptstadt», «Was ist Deutschlands größte Schande, Lauck [Reinhard Lauck wechselte 1973 von Union zum BFC Dynamo, HW] mit seiner roten Bande» oder «30 Meter im Quadrat, hohe Mauer, Stacheldraht, zwischen hohen Häusern Minen, das ist unser Ost-Berlin». Gegen «negativ-dekadente Jugendliche aus dem Anhang des 1. FC Union Berlin wurden seit dem Beginn der 1. Halbserie [...] 1976/77 wegen begangener Straftaten 23 Ermittlungsverfahren eingeleitet, 74 Ordnungsstrafverfahren durchgeführt und 45 Verwarnungen mit Ordnungsgeld ausgesprochen».[575]

Auf der Rückfahrt vom Spiel HFC Chemie Halle gegen 1. FC Union Berlin am 15. Oktober 1977 zogen Hooligans im Zug von Halle nach Berlin die Notbremse, wodurch der Zug 62 Minuten Verspätung hatte. Es wurden Feuerlöscher benutzt und eine Schlägerei veranstaltet. Die Transportpolizei konnte keine «Rädelsführer» ermitteln. Insgesamt wurden 58 Hooligans verhaftet, davon waren 24 Personen in Berlin, 26 Personen im Bezirk Potsdam sowie fünf Personen in Halle und drei Personen in Frankfurt/O. wohnhaft. Es wurden wegen «Öffentlicher Herabwürdigung» fünf Ermittlungsverfahren eingeleitet, 17 Ordnungsstrafverfahren durchgeführt, 14 Verwarnungen mit Ordnungsgeld ausgesprochen und 22 Belehrungen erteilt. Gegen zwei Hooligans aus Berlin (15 und 18 Jahre) wurde ein Ermittlungsverfahren eingeleitet, weil sie während des Spiels «lautstark Lieder faschistischen Inhalts gegrölt hatten. Nach der Melodie des Schlagers ‹Schmidtchen Schleicher ...› sangen sie den Text: ‹Oh, Adolf Hitler

573 Der Spiegel Nr. 47/1977, 14.11.1977.

574 BStU, MfS, HA IX Nr. 17150, Bl. 15f.; Protokoll der außerordentlichen Sitzung des Sekretariats der Bezirksleitung der SED Berlin, Vertrauliche 1/04 Verschlußsache, 10.10.1977, SAPMO-BArch DY 30 BPA, IV D-2/3/110; Informationen über Meinungen zu Problemen der Innen- und Außenpolitik, SED Abteilung Parteiorgane, Berlin, 11.10.1977, SAPMO-BArch DY 30/ IV – 2/5/490, S. 1; BStU, MfS, ZAIG Nr. 2743, Bl. 1–5.

575 BStU, MfS, ZAIG 2731, Bl. 16–33.

mit den elastischen Beinen, | wie er gefährlich durch die Frontlinien schleichen kann› und ‹Oh, Hitler mit den elastischen Beinen, | er hat 'ne Bombe in der Hand | die Russen werden ihren Kreml nie wiederseh'n›. Des weiteren schrien sie, auf den Schiedsrichter bezogen, antisemitische Hetzparolen, wie ‹Judenbalg› und ‹Der schwarze Mann, das Judenschwein, wird wieder fröhlich sein›».[576]

Die Aktionen der Hooligans wurden unter dem juristischen Allerweltsparagraphen «Rowdytum» subsumiert und die Akteure von den Offizieren des MfS als «dekadent-negative», «feindlich-negative» oder als «politisch-negative Elemente» rubriziert.[577] Anfang der 1980er Jahre schätzte das MfS den Fanblock des 1. FC Union Berlin als mehrheitlich von «Asozialen und Chaoten» unterwandert ein. Ab diesem Zeitpunkt verstärkte sich der Einfluss der neonazistischen Ideologie insgesamt in den Fußballstadien. Propagandamaterial und die jeweiligen Kleidungsstücke kamen teilweise aus dem Westen, von aus der DDR ausgereisten «Kameraden» oder von Naziorganisationen. So unterstützte die Nationalistische Front (NF) den Fanblock des BFC Dynamo und die Jungen Nationalen (JN) unterstützten den Fanclub des 1. FC Union Berlin. In den Stadien kam es zu Sprechchören wie «Wir machen Judenverbrennung», «Hängt ihn auf, das schwarze Schwein», «Gib Gas, gib Gas wenn der ... durch die Gaskammer rast», «Fußball in der Mauerstadt, Union spielt jetzt hinter Stacheldraht – was Neues in der DDR, der BFC ist jetzt der Herr – Zyklon B für Scheiß Union – in jedem Stadion ein Spion – selbst Ordner sind in der Partei – Deutschland, Deutschland, alles ist vorbei».[578] Neonazistische und antisemitische Beschimpfungen und Übergriffe wurden gegrölt oder vermeintliche Fehlentscheidungen von Schiedsrichtern wurden mit «Juden raus» Rufen begleitet.[579]

In Erfurt fand Anfang September 1979 vor dem Kreisgericht Erfurt-Mitte ein Prozess gegen sieben Jugendliche / junge Erwachsene wegen «Rowdyhandlungen in und außerhalb von Erfurt» statt. Die Täter waren Anhänger des FC Rot-Weiß Erfurt und sie griffen in den Städten Rostock, Leipzig, Jena, Halle, Aue, Zwickau, Gera, Riesa, Wernigerode und Erfurt Anhänger anderer Fußballvereine gewalttätig an. In mehreren Fällen wurde die Innenausstattung von Eisenbahnwaggons demoliert, mit Messern Sitzpolster aufgeschnitten, Aschenbecher, Gepäckhalter und Fensterbretter heruntergerissen. In einem Fall wurde versucht, während der Fahrt einen Waggon abzukoppeln, was zur Beschädigung der Bremsanlagen führte.

In Aue (Bezirk Karl-Marx-Stadt) drangen Erfurter Hooligans in ein Hotelrestaurant ein, plünderten das Büfett oder nahmen den Gästen Speisen von

576 BStU, MfS, ZAIG, 2731, Bl. 34–37; Protokoll der BL der SED Berlin, VVS I/04, 10.10.1977, SAPMO-BArch, DY 30/ (BPA) IV D-2/3/110.

577 Protokoll der außerordentlichen Sitzung des Sekretariats der BL der SED Berlin, Vertrauliche Verschlußsache, 10.10.1977, SAPMO-BArch, DY 30/ IV D-2/3/110.

578 Vgl. Teschner: Junge Faschisten in der DDR.

579 Siegler 1991, S. 68f.

ihren Tischen und Tellern. In Halle überfielen sie eine Drogerie, bedrohten die Beschäftigten und entwendeten Spirituosen, Reinigungsmittel, Toilettenpapier und warfen die Gegenstände zum Teil gegen Häuserwände. Mädchen und Frauen wurden durch unsittliches Verhalten beleidigt. In den Stadien wurden Knallkörper gezündet, Volkspolizisten beleidigt, lautstark gesungen und Sprechchöre skandiert.[580]

In Berlin-Köpenick kam es am 20. August 1980 nach einem Fußballspiel zwischen Union Berlin und Chemie Schönebeck auf dem S-Bahnhof Berlin-Köpenick zu gewalttätigen Auseinandersetzungen, bei denen es Sprechchöre gab wie z.B. «Schlagt die Bullen tot» und «Ras twa tri – Russen werden wir nie» u.a.m. Als vom Personal des Bahnhofes ein Jugendlicher im Dienstraum arretiert worden war, versuchten andere Jugendliche den Festgesetzten zu befreien. Transportpolizisten griffen ein und führten insgesamt 28 Jugendliche dem Volkspolizei-Revier 256 zu. Darunter befanden sich auch 3 Kinder und viele Jugendliche unter 16 Jahren. Wegen ihres Alters und untergeordneter Tatbeteiligung wurde auf die Einleitung strafrechtlicher Maßnahmen verzichtet. Mit ihnen sollte nach Beendigung der Schulferien eine schulische «erzieherische Auswertung» veranlasst werden. Gegen 2 Personen wurden durch die Volkspolizei-Inspektion Lichtenberg Ermittlungsverfahren wegen «Rowdytum» eingeleitet und es war vorgesehen, gegen sie vor dem Stadtbezirksgericht Berlin-Lichtenberg ein beschleunigtes Verfahren durchzuführen, mit dem Ziel der Verurteilung zu einer Freiheitsstrafe. Die Verurteilung sollte noch vor Beginn der Fußballsaison 1980/81 in der Presse veröffentlicht werden.[581]

Am 10. Mai 1980 wurden bei dem Spiel 1. FC Union gegen FC Vorwärts Frankfurt/O. 43 Hooligans festgenommen (zugeführt), davon kamen 6 wegen «Rowdytum» und 4 wegen «Widerstand gegen staatliche Maßnahmen» zustande.

Am 20. August 1980 wurden beim Spiel zwischen Chemie Schönebeck und 1. FC Union Berlin 28 Hooligans wegen «Rowdytum» festgenommen.

Am 3. Mai 1980 wurden beim Spiel 1. FC Union gegen BFC Dynamo Berlin 19 Hooligans wegen «Widerstand gegen staatliche Maßnahmen» festgenommen und das, obwohl bei Partien gegen BFC Dynamo «eine hohe Präsenz der Sicherungs- und Ordnungskräfte zu verzeichnen» war und damit bereits eine «Eindämmung von Ausschreitungen erreicht» werden sollte.[582]

Von Februar bis Oktober 1980 gab es von insgesamt 140 untersuchten Fußball-Oberliga-Begegnungen bei 24 Spielen nach dem Abpfiff «gesellschaftswidrige Verhaltensweisen».[583]

580 BStU, MfS, HA XX Nr. 6086, Bl. 199ff.

581 BStU, MfS, HA IX Nr. 10097, Bl. 181ff.

582 FS der BDVP Leipzig an das MdI und BDVP Rostock, 10.11.1982, SAPMO-BArch, DY 24/10.632; Der Generalstaatsanwalt, Berlin, 5.4.1983.

583 BStU, MfS, JHS Nr. 21910, Bl. 333.

Zu einem Spiel des BFC Dynamo gegen 1. FC Lok Leipzig reisten 1980 sechs Hooligans aus Leipzig nach Berlin. Sie beleidigten in Berlin-Schönefeld Transportpolizisten, am S-Bahnhof Plänterwald versuchten sie erfolglos einen Briefmarkenautomaten und einen Lebensmittelkiosk aufzubrechen. Eine Plastik stießen sie «kurzerhand vom Sockel». Zwei Männer kamen der Gruppe entgegen, denen sie «grundlos den Weg versperrten» und die sie ins Gesicht schlugen, in den Rücken und Bauch traten. Bei der Gegenwehr der beiden Passanten stach einer der Rowdys mit einem Messer zu. Beide Männer wurden «bewußtlos und blutend am Boden liegend gefunden». «Fahnenschwingend» zog die Gruppe weiter und demolierte dann noch «drei Gartenlauben, in denen sie eigentlich schlafen wollten». Dort wurden sie dann von «bewaffneten Organen» aufgegriffen und in eine Untersuchungshaftanstalt eingeliefert. Der Passus des «Zentralen Operativstab» (ZOV) endet mit der resignierenden Bemerkung, dass «die Erscheinungsformen der im Zusammenhang mit Fußballspielen aufgetretenen Vorkommnisse und Ausschreitungen im Vergleich mit westlichen Zuständen zwar ähnlich sind, aber in ihrem gesellschaftlichen Bezug keine Identität aufweisen».

Einem Mantra gleich beteten die Offiziere des MfS diese ideologischen Festlegungen wieder und wieder, denn eine Ermittlung von DDR-spezifischen Ursachen für das Verhalten von Jugendlichen und jungen Männern, die in der DDR geboren worden sind und dort ihre gesamte Sozialisation erlebten, war nicht erlaubt, nach dem Motto: Was nicht erlaubt ist, kann nicht sein.[584] Die Analyse des ZOV endet mit einer Aufstellung von 14 Gesetzen und Verordnungen, die vom Strafgesetzbuch (StGB) bis zur Stadtordnung reichen, mit denen Maßnahmen gegen Hooligans durchgesetzt werden sollten. Dazu kam noch eine Auflistung von Paragraphen des StGB, die von § 114 «Körperverletzung» bis § 220 «Öffentliche Herabwürdigung» reichten, die die rechtlichen Möglichkeiten zur Absicherung von Großveranstaltungen garantieren sollten.[585]

Der ZOV analysierte im Juni 1981 die Problematik der Ausschreitungen bei Fußballspielen von 1978 bis 1981 und kam zum Schluss, dass «in der DDR die sozialen Grundlagen» für derartige Aktivitäten fehlten aber es «würde der Umstand ausgenutzt, daß westliche Rundfunk- und Fernsehstationen in der DDR zu empfangen sind, um negative und zum Rowdytum neigende Personenkreise in der DDR zu beeinflussen, Ausschreitungen bei Fußballspielen zu provozieren». Dadurch, so die Offiziere des MfS, würden «labile Charaktere und leicht beeinflussbare Personen» ausgenutzt, die die Vorgänge im Westen als ihr Vorbild nehmen würden. Durch die Berichte in den Medien wären die Hooligans zu «entsprechenden Haltungen animiert» worden und in den «westlichen Presseorganen» würde dann breit darüber berichtet werden. Deshalb konnten die

584 BStU, MfS, HA XXII Nr. 18438, Bl. 13f.

585 BStU, MfS, HA XXII Nr. 18438, Bl. 29f.

Ursachen für den Hooliganismus in der DDR mit seinen Erscheinungsformen wie Rowdytum, Sachbeschädigungen und «feindlich-negative Äußerungen» nicht «im sozialen Bereich» der Gesellschaft der DDR gesucht bzw. gefunden werden. Die «negativ-dekadenten» Personenkreise hätten, basierend auf ihrer negativen Randeinstellung, «unkritisch» westliche Gepflogenheiten übernommen, was einherging mit einer «Verherrlichung der westlichen Lebensweise und einer Glorifizierung des Profifußballs allgemein».[586]

1982 wurde deutlich, dass einige FDJ-Mitglieder unter den Fußball-Anhängern «keinen gefestigten Klassenstandpunkt» vertraten. Sie zeigten Sympathien für die westdeutsche Nationalmannschaft, die sie als «ihre» Mannschaft ansahen, und die Niederlage gegen Algerien bei der WM wurde von Hooligans als eine «Schande für ganz Deutschland» deklariert.[587]

Zwischen Fußballanhängern aus Leipzig und Rostock sowie Volkspolizisten kam es 1982 zu verbalen und physischen Auseinandersetzungen. Im gesamten Jahr war es im Zusammenhang mit Fußballspielen zu tätlichen Angriffen auf Personen und zu erheblichen Sachbeschädigungen gekommen, bei denen «antisozialistische» Motive für das Verhalten der Täter verantwortlich gemacht wurden. Insbesondere in Berlin zeigten sich «Sammelpunkte negativ-dekadenter Jugendlicher und Rowdys», von denen ein größerer Personenkreis «Spiele des 1. FC Union nutzten, um negative bzw. feindliche Sprechchöre zu intonieren, rowdyhafte Ausschreitungen in öffentlichen Verkehrsmitteln zu provozieren und zahlreiche Sachbeschädigungen zu verüben». So waren im Zeitraum vom 23. Februar bis zum 7. Dezember 1980 von den insgesamt 472 Festnahmen (Zuführungen), 245 (52 Prozent) bei Spielen des 1. FC Union vorgenommen worden.

Vor dem Fußballspiel zwischen Motor Hennigsdorf und 1. FC Union Berlin kam es am 28. Februar 1982 zu antisowjetischen Protesten. Es wurde gerufen: «Ras, dwa, tri, Russen werden wir nie» und gleichzeitig wurden russische Soldaten und ihre Militärfahrzeuge mit Steinwürfen angegriffen und dabei wurde die Scheibe eines Fahrzeugs zerstört. Mehrere solcher Aktionen haben stattgefunden und sie wurden von vielen Jugendlichen und auch von Älteren wohlwollend beurteilt.[588]

In Berlin fand am 5. Mai 1984 das Fußballspiel BFC Dynamo gegen SG Dynamo Dresden statt. Nach dem Spiel kam es zu gewalttätigen Auseinandersetzungen zwischen Berliner und Dresdener Hooligans. Anschließend wurde von ihnen in der Torstraße, Ecke Cantianstraße ein «namentlich nicht» ermittelter Mann mit Fausthieben niedergeschlagen und als er am Boden lag, wurde er mit

586 BStU, MfS, HA XXII Nr. 18438, Bl. 2–11.

587 Monatliche persönliche Information, FDJ BL Erfurt, 7.7.1982, SAPMO-BArch, DY 24/ 10.590, S. 5; Persönliche Information für den Monat Juni 1982, FDJ BL Suhl, o.J., SAPMO-BArch, DY 24/ 10.601, S. 4.

588 Willmann 2007, S. 170.

mehreren Fußtritten verletzt, bis er das Bewusstsein verlor und sich nicht mehr bewegte.[589]

In Halle wurde am 12. Mai 1984 vor dem Fußballspiel HFC Chemie gegen BFC Dynamo von einem Anhänger des BFC «Sieg Heil» gerufen, der von «2 Genossen des BFC Dynamo der VP» zugeführt wurde. Vor und während des Fußballspiels wurden insgesamt 6 Berliner festgenommen, wovon 2 Personen nach einer Belehrung wieder entlassen wurden. 2 weitere Hooligans erhielten Ordnungsstrafverfahren in «Höhe von 50 Mark». Nach dem Spiel marschierten die Berliner Hooligans «geschlossen zum Bahnhof». Auf der Rückfahrt nach Berlin-Lichtenberg gab es im Zug rassistische Angriffe auf 26 mitreisende Kubaner, wobei es auf beiden Seiten Verletzte gab. Die 26 Kubaner waren zur Berufsausbildung im VEB «Elektroprojekt und Anlagenbau» in Berlin tätig und auf der Rückfahrt von einer Exkursion zu den Gedenkstätten in Weimar und Buchenwald. Ihnen wurde der Eintritt in die Mitropa-Gaststätte verwehrt: «Nur für Weiße», und ihre deutschen Begleiterinnen wurden als «Nutten» tituliert. Es wurden Flaschen und Flaschenteile als Schlagwaffen eingesetzt. In Sprechchören wurde gerufen «Kanaken raus», «Juden raus», «Kubaner raus», «Ausländer raus», «Deutschland den Deutschen» und «Halt! Dahinten ist nur für Weiße». Außerdem wurde das «Deutschlandlied» gesungen. Eine Verletzung eines BFC-Fans wurde zum Anlass genommen, das Abteil der Kubaner zu stürmen. Beim Halt im Bahnhof Jüterbog wurde eine Segregation durchgeführt, d.h. die Kubaner wurden in den ersten Wagen geführt und die BFC-Fans wurden nicht weiter als bis zum dritten Wagen durchgelassen. Weiterhin wurden drei Reisezüge beschädigt. Bei dem Umzug kam es zu «schweren Auseinandersetzungen» zwischen den Kubanern und etwa 150 BFC-Fans. Dabei wurden volle und leere Flaschen als Schlagwaffen und Schotter- und Pflastersteine als Wurfgeschosse eingesetzt, wobei 5 Deutsche und 6 Kubaner verletzt wurden. Ein BFC-Anhänger musste zur stationären Behandlung ins Oskar-Ziethen-Krankenhaus in Jüterbog eingeliefert werden. Bei der Ankunft im Bahnhof Lichtenberg wurden zuerst die Deutschen aus dem Zug geleitet und der Wagen der Kubaner wurde durch eine Sperrkette der Volkspolizei gesichert. Die zum Teil vermummten BFC-Fans versuchten jedoch mehrfach, diese Kette zu durchbrechen, um zu den Kubanern vorzustoßen. Es wurden antisemitische, faschistische und rassistische Parolen gegrölt, das faschistische «Horst-Wessel-Lied» gesungen und der Hitler-Gruß gezeigt. Der Wagen mit den Kubanern wurde dann auf ein anderes Gleis gefahren und da befürchtet werden musste, dass die Rassisten die Adresse des Wohnheims der Kubaner in der Kowalkestraße kannten, wurde die Sicherung des Gebäudes über den ODH des PdVP veranlasst. 29 Deutsche wurden namentlich festgestellt und 12 Ermittlungsverfahren wegen «Rowdytum» sowie 216 «schwere Fälle von Rowdytum» eingeleitet. Es wurden 7 Ordnungs-

589 BStU, MfS, ZOS Nr. 3847, Bl. 129.

strafverfahren und mehrere Belehrungen ausgesprochen. Insgesamt waren 39 Deutsche als Täter identifiziert worden, wobei 9 von ihnen zum Teil mehrfach vorbestraft waren. Gegen 8 deutsche Täter wurden Ermittlungsverfahren wegen «Rowdytum» eingeleitet und gegen 9 Täter wurde Haftbefehl erlassen. Als einer der Rädelsführer wurde ein in Erkner wohnender Deutscher ermittelt; gegen 2 weitere Täter wurde die «Rädelsführerschaft» geprüft. Dieses Pogrom konnte geschehen, obwohl seitens der BVfS Berlin 2 «operative Mitarbeiter zur Absicherung des Fußballanhangs und seitens des BFC 6 hauptamtliche Mitarbeiter sowie 20 Sportordner zum Einsatz» kamen. Der ODH des Zentralen Operativstabes, das war vorab festgelegt worden, sollte vom ODH der BVfS Halle über «Vorkommnisse und Zuführungen» informiert werden. An diesem 25. Spieltag der Fußball-Oberliga der DDR wurden in Halle 100 Mitarbeiter des MfS, 250 Angehörige der DVP und 150 Sportordner eingesetzt. Am 17. Mai 1984 wurden weitere 14 Berliner (17 bis 25 Jahre) durch die DVP verhaftet. Gegen sie wurden 4 Ermittlungsverfahren wegen Rowdytum eingeleitet. Dazu kamen 4 Ordnungsstrafverfahren (zwischen 100 und 350 Mark) und es wurden 4 Belehrungen durchgeführt. Am 18. Mai 1984 wurden weitere 9 Berliner (17 bis 21 Jahre) durch die DVP verhaftet. Gegen sie wurden 3 Ermittlungsverfahren wegen Rowdytum eingeleitet. Außerdem wurden 3 Ordnungsstrafverfahren (zwischen 250 und 500 Mark) und 3 Belehrungen durchgeführt.[590]

Beim Spiel 1. FC Magdeburg gegen Chemie Leipzig am 12. Mai 1984 wurde gegen einen Leipziger (19 Jahre) – er war vorbestraft wegen vorsätzlicher Körperverletzung – wegen Widerstandshandlungen gegenüber Volkspolizisten ein Ermittlungsverfahren wegen «Widerstand gegen staatliche Maßnahmen» eingeleitet.[591]

In der Stadt Brandenburg (Bezirk Potsdam) kam es am 18. August 1984 durch circa «80 negativ-dekadente Anhänger des 1. FC Magdeburg [...] im Stadtgebiet zu erheblichen Beeinträchtigungen/Störungen der öffentlichen Ordnung und Sicherheit. So wurden Einwohner der Stadt belästigt und mit Flaschen beworfen sowie Knallkörper gezündet. Durch den konzentrierten Einsatz der DVP und unter Anwendung des Schlagstockes erfolgte die Auflösung dieser Ansammlung. Insgesamt wurden 58 Personen durch die DVP zugeführt».[592]

Am 18. August 1984 wurden beim Fußballspiel des 1. FC Lokomotive Leipzig gegen BSG Stahl Riesa «Vorkommnisse» festgestellt und daraufhin fünf

590 BStU, MfS, HA IX 9594, Bl. 2-11, Bl. 11; BStU, MfS, HA VII Nr. 365, Bl. 92ff.; BStU, MfS, BV Berlin, Abt. XX Nr. 3077, Bl. 1–16; Blaschke 2007, S. 31; BStU, MfS, BV Berlin, Abt. XX Nr. 3070; BStU, MfS, ZOS Nr. 3847, Bl. 56–72, 77, 85, 97f., 112–128, 158–159; BStU, MfS, HA VII 2804, Bl. 56ff.

591 BStU, MfS, ZOS Nr. 3847, Bl. 58.

592 BStU, MfS, BV Leipzig, Abt. XX 258, Bl. 33.

Leipziger Hooligans vorläufig festgenommen. Vier Täter sollten mit Ordnungsstrafverfahren belegt und einer belehrt werden.[593]

Ebenfalls am 18. August 1984 gab es beim Fußballspiel der SG Dynamo Dresden gegen BSG Chemie Leipzig «Vorkommnisse», woraufhin acht Leipziger Hooligans vorläufig festgenommen (Zuführungen) wurden. Vier Täter sollten mit Ordnungsverfahren belegt werden, einer wurde zu Ordnungsgeld verurteilt, einer erhielt einen Stadionverweis und gegen zwei Täter wurden keine Maßnahmen ergriffen.[594]

In Leipzig wurden am 13. Oktober 1984 «Kräfte der Schutzpolizei [...] von negativen Anhängern der BSG Chemie Leipzig mit Steinen und Bierflaschen beworfen. Ein Angehöriger der Schutzpolizei wurde durch einen unbekannten Täter am Kopf durch einen Schlag mit einer Flasche verletzt.»[595]

In Helbra (Bezirk Halle) gründeten Jugendliche – sie waren Fußballfans des Halleschen FC Chemie – Ende 1984 den Fan-Club «Olle Molle». Zwei von ihnen begrüßten sich «lautstark mit dem Hitlergruß» und animierten die anderen Club-Mitglieder zu faschistischen Sprechchören. Durch einen «Operativen Vorgang» (Neonazi) wurde gegen die beiden Hooligans ein Ermittlungsverfahren mit Haft gemäß § 220 Öffentliche Herabwürdigung StGB durchgeführt und zwei weitere Jugendliche wurden «diszipliniert».[596]

In Fürstenwalde (Bezirk Frankfurt/O.) spielte am 24. März 1985 Union Berlin gegen Dynamo Fürstenwalde, wozu circa 1.000 Anhänger aus Berlin angereist waren. Auf dem Rückweg vom Stadion zum Bahnhof kam es zu gewalttätigen Angriffen auf Angehörige der DVP. Ein Oberleutnant der DVP wurde durch eine Fensterscheibe eines Blumengeschäfts gestoßen und ein weiterer Volkspolizist wurde stark im Gesicht verletzt. Beide Opfer konnten keine Angaben zu den Tätern machen. Die Hooligans wurden auf dem Bahnhofsgelände «eingekesselt», um die Täter für die Angriffe zu personifizieren. Dabei wurde ein Leutnant der Transportpolizei gewalttätig angegriffen. Während der Abreise wurden faschistische Lieder gesungen und «Sieg Heil», «Groß Berlin» und «Deutsches Reich» gegrölt.[597]

Eine Information der Abteilung für Sicherheitsfragen und der Abteilung Sport des Büros der Leitung (BdL) dokumentierte die «Lage auf den Fußballplätzen» der Saison 1984/85 für eine «bessere Gewährleistung von Ordnung und Sicherheit im Zusammenhang mit Fußballspielen». Obwohl sich Leitungen der SED, die Schutz-und Sicherheitsorgane, der DTSB und andere gesellschaftliche Kräfte bereits wiederholt sich mit diesem Thema beschäftigt hatten, entsprachen die erreichten Ergebnisse «noch nicht überall den Erfordernissen».

593 BStU, MfS, BV Leipzig, AKG 474/01, Bl. 37; BStU, BV Leipzig, KD Leipzig-Stadt 3875, Bl. 1.

594 BStU, MfS, BV Leipzig, KD Leipzig-Stadt 3875, Bl. 1.

595 BStU, MfS, BV Leipzig, Abt. XX 258, Bl. 33.

596 BStU, MfS, BV Halle AKG Sachakten Nr. 1239, Bl. 79.

597 BStU, MfS, HA IX 9694, Bl. 17ff.

Mehr als zwei Millionen Menschen besuchten pro Spieljahr die Spiele der Oberliga und die überwiegende Mehrheit sei «sportbegeistert» und diszipliniert und beachte «die Regeln des sozialistischen Zusammenlebens. Nur eine Minderheit verstößt gegen Ordnung und Disziplin. Wenngleich es sich um eine kleine Gruppe von Fußballanhängern handelt – darunter Jugendliche im Alter von 14–22 Jahren –, beeinträchtigen sie doch nachhaltig die sportliche Atmosphäre in den Stadien und stören die öffentliche Ordnung bei ihrer An- und Abreise zu den Fußballspielen.» Hooligans beleidigten und provozierten Zuschauer, Passanten, Angehörige bewaffneter Organe und Ordner, sie belästigten lautstark und gewalttätig auf Bahnhöfen und in Reisezugwagen Reisende und Zugpersonal. Es wurden «pyrotechnische Erzeugnisse» geworfen und Teile der Einrichtungen in Reisewagen wurden beschädigt und verunreinigt. Es wurden Zugtüren während der Fahrt geöffnet, die Notbremse grundlos gezogen und es wurde das Fahrgeld geprellt. Weitere Straftaten waren Sachbeschädigungen und Körperverletzungen, die alle in der Regel unter Alkoholeinfluss begangen wurden. Zur unmittelbaren Sicherung der Fußballspiele 1984/85 wurden im Durchschnitt pro Spieltag über 4.000 Mitarbeiter der Schutz- und Sicherheitsorgane, rund 350 freiwillige Helfer der Volkspolizei und über 1.100 Ordner der Klubs eingesetzt. Damit «Ordnung und Sicherheit» bei Fußballspielen besser gewährleistet wurde, wurden von den Autoren der Abteilung für Sicherheitsfragen und der Abteilung Sport Schlussfolgerungen und Vorschläge beschrieben, bei denen «der Schwerpunkt auf politisch-ideologische, erzieherische und organisatorisch-vorbeugende Maßnahmen» gelegt wurde. Der DTSB und der Deutsche Fußballverband (DFV) sollten der «Erziehung der Spieler, Trainer und Sportfunktionäre größere Aufmerksamkeit» schenken, um durch ihre Vorbildfunktion besser auf die Fußballfans einzuwirken. Symbole, Transparente und Fahnen, die dem «Charakter des sozialistischen Staates und der sozialistischen Sportbewegung» widersprachen, durften in den Stadien nicht zu sehen sein, auch weil damit «die Werbung an den Stadienbanden» nicht verdeckt werden sollte.[598]

Im D-Zug 887 wurde am 13. April 1985 auf dem Streckenabschnitt Eilenburg – Falkenberg ein Mitreisender von Dresdner Hooligans mit Fäusten verletzt, «nur, weil dieser sich nicht zur SG Dynamo Dresden öffentlich bekennen wollte». Es wurde ein Ermittlungsverfahren mit Haft wegen Körperverletzung eingeleitet.[599]

In Leipzig wurde am 4. Mai 1985 ein Passant von Anhängern der BSG Chemie Leipzig «ohne erkennbaren Grund mehrfach mit der Faust geschlagen. Nachdem dieser bereits am Boden lag, erfolgten Fußtritte ins Gesicht. (Täter konnten nicht ermittelt werden).»[600]

598 BStU, MfS, BdL/Dok., Nr. 8098, 1. Ex., Bl. 3–10; BStU, MfS, BVfS Leipzig, Abt. XX 258, Bl. 33ff.

599 BStU, MfS, BV Leipzig, Abt. XX 258, Bl. 33.

600 BStU, MfS, BV Leipzig, Abt. XX 258, Bl. 33.

Die KD des MfS Annaberg (Bezirk Karl-Marx-Stadt) schlug im Juni 1985 vor, eine OPK gegen einen Handwerker einzuleiten, weil er «den Faschismus verherrlichte» und Gleichgesinnte, oft Vorbestrafte, um sich versammelte. Er war Mitglied einer Gruppe von Hooligans der BSG Wismut Aue, die 1985 von der Abt. K des Volkspolizei-Kreisamtes Annaberg aufgelöst worden war. Seit März 1985 trat er verstärkt in Gaststätten und Tanzveranstaltungen mit «faschistischen Äußerungen und ähnlichen» auf. Darüber hinaus stand er im Verdacht, zusammen mit anderen 1984 und 1985 eine «Feier zu Hitlers Geburtstag organisiert und durchgeführt zu haben».[601]

In Leipzig stand 1985 ein Tiefbauarbeiter (20 Jahre) wegen «rowdyhafter» Handgreiflichkeiten vor Gericht. Nach dem Fußballspiel 1. FC Lok Leipzig gegen Dynamo Dresden hatte er einen Fan aus Leipzig bewusstlos geschlagen. Da er wegen ähnlicher Vergehen bereits zweimal vorbestraft war, erhielt er wegen «Rowdytum im schweren Fall» ein Jahr und sechs Monate Freiheitsentzug.[602]

In Leipzig wurde ein Hausmeister und Heizer (20 Jahre) 1985 wegen «Rowdytum in Tateinheit mit Körperverletzung» zu neun Monaten Freiheitsentzug auf Bewährung verurteilt. Vor dem Oberligaspiel BSG Chemie Leipzig gegen FC Rot-Weiß Erfurt zog er mit einer Gruppe von circa achtzig Personen zum Hauptbahnhof und attackierte dort Fußballfans aus Erfurt. Er versetzte einem Erfurter einen Faustschlag, streckte ihn zu Boden und trat mit Füßen gegen den Kopf des am Boden Liegenden.[603]

Beim FDGB-Pokalspiel Motor Suhl gegen Dynamo Berlin wurden 1985 vier «Fußball-Rowdys» festgenommen und Ordnungsstrafen ausgesprochen. Die Jugendlichen waren wegen «Beleidigung» und wegen «ordnungsstörenden Verhaltens» aus dem Stadion verwiesen worden.[604]

In Dresden zündeten am 6. November 1985 beim Europacupspiel von Dynamo Dresden gegen Helsinki JK Hooligans Feuerwerkskörper und erhielten dafür Ordnungsstrafen. Ein Lehrling (17 Jahre) kam vor Gericht, weil er mit einem Feuerwerkskörper einen anderen neben ihm stehenden Lehrling getroffen hatte. Das Kreisgericht Dresden-Mitte verurteilte ihn zu einer Geldstrafe und außerdem hatte er den Schaden zu ersetzen.[605]

In Luckenwalde (Bezirk Potsdam) wurden am 22. November 1985, bei einer Tanzveranstaltung in der Gaststätte «Siedlerheim», drei sowjetische Zivilangestellte und ein Leutnant der Sowjetarmee (in Zivilkleidung) von mehreren Deutschen verbal angegriffen. Am Ende der Veranstaltung wurden zwei sowjetische Bürger beim Verlassen des Gasthauses tätlich angegriffen und es wurde gerufen: «Schleunigst verschwinden», was sie auch befolgten. Anschließend ver-

601 BStU, MfS, HA XX 6071, Teil 1 von 2, Bl. 38.
602 Sächsische Zeitung, 30.7.1985.
603 Leipziger Volkszeitung, 22.8.1985.
604 Freies Wort, Suhl, 17.10.1985.
605 Sächsisches Tagblatt, 12.11.1985.

ließen die beiden anderen sowjetischen Bürger das Lokal und sie wurden von mehreren Deutschen angegriffen und einer von ihnen wurde niedergeschlagen und mit Füßen getreten. Gleichzeitig wurden antisowjetische Äußerungen von mehreren Angreifern gerufen. Gegen acht «Beschuldigte» wurden Ermittlungsverfahren wegen «Rowdytum» oder «Beleidigung wegen Zugehörigkeit zu einer anderen Nation oder Rasse» eingeleitet. Keiner der an den Tätlichkeiten beteiligten Deutschen hatte den Vorfall an die Schutz- und Sicherheitsorgane gemeldet (sic!). Alle Täter zählten sich als «Union-Fans» zu den Hooligans des 1. FC Union Berlin. Am 18. Dezember 1985 fand vor dem Kreisgericht Luckenwalde ein Prozess statt, bei dem «eine politische Motivation» der Täter nicht nachgewiesen werden konnte. Der «Initiator» der Auseinandersetzungen erhielt eine Jugendhaftstrafe von zwei Monaten. Die anderen Angeklagten wurden zu Bewährungsstrafen verurteilt. Gegen die Leiterin der Gaststätte wurde ein Ordnungsstrafverfahren «wegen Nichtwahrnehmung bzw. Vernachlässigung ihrer Pflichten» eingeleitet.[606]

In Dresden fand am 5. März 1986 zwischen SG Dynamo Dresden und Bayer Leverkusen ein Europapokalspiel der Pokalsieger statt. Berliner Hooligans aus den Bezirken Mitte, Friedrichshain und Lichtenberg fuhren mit dem Zug D 923 nach Dresden. Während der Fahrt wurden vier Personen in einem Abteil von «nicht identifizierten ‹Skinheads› durch Faustschläge und Fußtritte gegen den gesamten Körperbereich angegriffen, in deren Folge es zu Verletzungen bei den Bürgern» kam. Einige Menschen retteten sich vor weiteren Übergriffen der Hooligans dadurch, dass sie sich in der Toilette einschlossen. In Elsterwerda stiegen zwei Dresdner Anhänger in den Zug, die von den Berliner Fans mit Fäusten geschlagen, mit Füßen getreten und gezwungen wurden, ihre Fanutensilien (Schal und Mützen) «aus dem Zugfenster zu werfen». Von der Transportpolizei Dresden, Abt. K, wurde gegen acht namentlich bekannte Skinheads ein Ermittlungsverfahren wegen «Rowdytum» eingeleitet. «Das Präsidium der Deutschen Volkspolizei Berlin wurde zwischenzeitlich vom gesamten Sachverhalt in Kenntnis gesetzt, um Einleitung eines Ermittlungsverfahrens gemäß § 215 Rowdytum StGB gegen [Name geschwärzt, HW] und weiterführende Maßnahmen zu dem gesamten Personenkreis ersucht.»[607]

In Frankfurt/O. verließen am 29. März 1986 zwei Jugendliche (15 Jahre) das «Stadion der Freundschaft», nachdem sie dort dem Spiel FC Vorwärts Frankfurt/O. gegen Wismut Aue zugeschaut hatten. Vor dem Stadion kamen ihnen zwei Jugendliche (13 Jahre) entgegen. Einer von ihnen zückte ein Taschenmesser und bedrohte die beiden. Sie mussten sich in eine Pfütze setzen, das Gesicht mit Dreck beschmieren, in eine Tonne kriechen und sie sollten sich gegenseitig schlagen. Die beiden Täter hatten sich vor dem Kreisgericht

606 BStU, MfS, BV Potsdam, AKG 775, Bl. 409–414, Bl. 419ff.

607 BStU, MfS, HA XX Nr. 478, Teil 2 von 2, Bl. 382ff.

Frankfurt/O. zu verantworten und sie wurden wegen «Rowdytum» verurteilt. Der eine erhielt eine Freiheitsstrafe von zehn Monaten und wegen einer früheren Bewährungsstrafe wurde die Freiheitsstrafe sofort wirksam. Er erhielt eine dreimonatige Jugendhaft.[608]

In Dresden randalierten am 6. September 1986 sieben Hooligans (17 bis 19 Jahre) des BFC Dynamo, die in Riesa das Fußballoberliga-Spiel zwischen BSG Stahl Riesa gegen BFC Dynamo besucht hatten. Im Bereich des Alten Marktes schlugen und traten sie grundlos mit Fäusten und Füßen auf Passanten ein, wobei ein Mann niedergeschlagen wurde. Beim Kulturpalast wurden fünf Mitarbeiter des MfS Berlin, Verwaltung Rückwärtige Dienste (VRD), angegriffen und verletzt. Ein Mitarbeiter erlitt eine Nasenbeinfraktur. Die Mitarbeiter hielten sich zu einer «Auszeichnungsreise» in Dresden auf. Die Verletzten wurden durch den Medizinischen Dienst der BVfS Dresden ambulant versorgt. Es wurde ein Ermittlungsverfahren wegen «Rowdytum» eingeleitet und ein Haftantrag gestellt.[609] Die BVfS Dresden informierte die Hauptabteilung Kader und Schulung und die Verwaltung Rückwärtige Dienste (VRD). Im Einsatz waren Mitarbeiter der BVfS Dresden, Abteilung IX und der KDfS Dresden-Stadt. Die weitere Bearbeitung erfolgte durch die Abt. K des VPKA Dresden.[610]

Drei Jugendliche aus Magdeburg reisten am 27. September 1986 zu einem Fußballspiel nach Leipzig. Dort schlugen sie auf fünf Leipziger ein und raubten ihnen Geld und Kleidungsstücke. Das Kreisgericht Leipzig-Mitte verurteilte einen der Täter zu einem Jahr und zehn Monaten, den zweiten zu einem Jahr und den dritten zu sieben Monaten Gefängnis. Da zwei von ihnen bereits früher Bewährungsstrafen erhalten hatten, mussten sie noch zusätzliche sieben bzw. sechs Monate Freiheitsstrafe verbüßen.[611]

Beim Oberligaspiel FC Carl-Zeiss Jena gegen FC Rot-Weiß Erfurt kam es am 25. November 1986 durch Hooligans zu Tätlichkeiten und zur Beschädigung eines Pkw. Zwei Erfurter wurden als Täter ermittelt, Ermittlungsverfahren wurden eingeleitet und Haftbefehle erlassen.[612]

Im Stadion Alte Försterei kam es am 16. August 1986 bei einem Spiel zwischen Union Berlin und Lok Leipzig zu «Vorkommnissen», als ein «Spieler und ein Betreuer des 1. FC Lok Leipzig» durch Zuschauer des Union Berlin angegriffen und geschlagen wurden. Ein Angreifer wurde in «einem Schnellverfahren des Gerichts» zu sechs Monaten Freiheitsentzug verurteilt.[613]

Ein Skinhead, er war Fußballfan (18 Jahre) des FC Carl-Zeiss Jena, stand 1987 wegen «Rowdytums und Beleidigung» vor Gericht. Er war mit der Reichs-

608 Neuer Tag, 13.12.1986.

609 BStU, MfS, HA IX 9831, Bl. 11.

610 BStU, MfS, HA XX Nr. 478, Teil 2 von 2, Bl. 385.

611 Leipziger Volkszeitung, 18.12.1986.

612 Das Volk, 2.4.1986.

613 BStU, MfS, BV Berlin, Abt. XX 3540, A 854/4, Bl. 64.

bahn unterwegs gewesen und belästigte wiederholt Fahrgäste, bedrohte einen Soldaten der NVA, trat einem älteren Mann ans Schienbein und beschimpfte dessen Frau. Ebenso wurden Sicherheitskräfte der Deutschen Reichsbahn verunglimpft.[614]

Die Fußballmannschaft von Chemie Leipzig wurde 1987 von neonazistischen Hooligans begleitet. Sie marschierten zu Hunderten im Gleichschritt durch ostdeutsche Kleinstädte und brüllten dabei «Sieg», sangen SA-Lieder und trugen abgewandelte Nazisymbole.[615]

Zwei Hooligans, ein 20-Jähriger und 18-Jähriger, aus Ludwigslust, besuchten 1987 in Rostock ein Spiel des Hansa Rostock gegen Union Berlin. Bei einer Fahrtunterbrechung in einer Mitropa-Gaststätte schlugen sie auf einen Mann ein, zerbrachen dessen Brille und Zahnprothese. Die Jugendlichen gingen mit brutaler Härte vor, malträtierten den regungslos auf dem Boden liegenden Mann mit Faustschlägen und Fußtritten. Wegen «Rowdytums und vorsätzlicher Körperverletzung» wurden sie zu zehn Monaten Freiheitsentzug auf Bewährung verurteilt.[616]

In Dresden kam es beim Oberligaspiel zwischen Dynamo Dresden und Rot-Weiß Erfurt am 10. April 1987 zu Ausschreitungen durch 7 Jugendliche aus dem negativen Rot-Weiß-Anhang. Dabei wurden 4 Ordnungsstrafverfahren sowie 3 Ermittlungsverfahren, darunter 2 mit Haft, gegen Hooligans eingeleitet. Die BVfS Dresden leitete gegen einen Erfurter Fan ein Ermittlungsverfahren mit Haft ein. Gegen ihn wurde ein beschleunigtes Strafverfahren gemäß § 214 Beeinträchtigung staatlicher oder gesellschaftlicher Tätigkeit StGB durchgeführt. Trotz vorheriger Kenntnis der Pläne und Absichten des negativen Fußballanhangs durch die Abteilung XX und die KDfS Erfurt «konnten die rowdyhaften Ausschreitungen nicht verhindert werden».[617]

In Berlin spielte am 8. August 1987 Dynamo Berlin gegen den FC Magdeburg und Fans aus Magdeburg grölten dabei «Juden Berlin» und «Deutschland, Deutschland» und zerstörten Sitzbänke.[618]

In Halle spielte am 17. Oktober 1987 – dies war der Tag des Überfalls auf die Zionskirche in Berlin – Dynamo gegen den HFC Chemie. Dabei wurden Ordner als «SS-Schweine» beschimpft, der Hitlergruß gezeigt und «Heil Hitler» gegrölt.[619]

In Berlin spielte am 6. April 1988 Dynamo Berlin gegen Dynamo Dresden. Bis zu circa 250 Dresdener Hooligans grölten, auch in Sprechchören u. a.: «Juden Berlin», «Judensau» und «Türkenführer». Räumungsversuche der DVP blie-

614 Das Volk, 30.4.1987.

615 Madloch 2000, S. 80.

616 Schweriner Volkszeitung, 11.12.1987.

617 BStU, MfS, HA XX Nr. 6014, Bl. 204f.

618 Leske 2004, S. 443.

619 Lorke 2012, S. 4.

ben erfolglos und die Gewalt der Dresdner eskalierte weiter, als nach dem Spiel Sitzbänke zerstört wurden. Die gewalttätigen Auseinandersetzungen wurden dann auf dem Alexanderplatz fortgeführt und es wurde u. a. gerufen: «Juden raus aus Berlin» und «Judenschweine». Zwei Straftäter (20 und 17 Jahre) aus Beilrode und Torgau, beide im Bezirk Leipzig, wurden als «Rädelsführer» aus der Menge herausgelöst und zugeführt. Gegen sie wurden Ermittlungsverfahren wegen «Öffentlicher Herabwürdigung» und «Rowdytum» eingeleitet.[620]

In Brandenburg (Bezirk Potsdam) wurde ein Arbeiter 1988 zu einer Geldstrafe verurteilt, weil er während des Fußballspiels zwischen Stahl Brandenburg und Union Berlin Angehörige der Volkspolizei in übler Weise beschimpft hatte.[621]

In Berlin-Hohenschönhausen in der Leninallee 297 hatten Hooligans des Union Berlin im Jahr 1989 in einem Keller einen Clubraum eingerichtet. Nach dem Verlassen des Raumes grölten sie lautstark Parolen wie z. B. «Sieg Heil» oder «Deutschland über alles».[622]

Hooligans aus Halle reisten Anfang Juli 1988 nach Nove Jicin (CSSR) zu einem Fußballspiel zwischen Banik Ostrau gegen den HFC Chemie. Dabei kam es im Sonderzug zu Beschädigungen und Verschmutzungen der Zugwagen. Vor und nach dem Spiel kam es zu «Sprechchören mit faschistischem und nationalistischem Inhalt» und Angehörige der Miliz wurden beschimpft und gewalttätig angegriffen. Gegen die «11 ermittelten Rädelsführer wurden Haftstrafen zwischen 6 Monaten bis 2 Jahre, 6 Monate sowie Ordnungsstrafverfahren in Höhe zwischen 1000 Mark und 1500 Mark ausgesprochen». Das MfS musste erkennen, dass bei den Hooligans des HFC Chemie «die beabsichtigte zielgerichtete positive Beeinflussung des negativen Fußballanhangs durch staatliche und gesellschaftliche Erziehungsträger [z. B. in Nove Jicin, HW] nicht durchgängig gelungen» war. Das wurde auch darauf zurückgeführt, dass «sich eine große Anzahl der sogenannten Fans einer Einflußnahme entziehen, Desinteresse zeigen und weiterhin die Ordnung und Sicherheit stören». Auch mit der Bildung «positiver Fan-Clubs als Gegenpol» konnte das MfS keine Wende herbeiführen. Zu diesem Zeitpunkt hatte der BVfS Halle im Verantwortungsbereich insgesamt 87 IM/GMS unter «negativ-dekadenten Jugendlichen/Jungerwachsenen» im Einsatz. Zum direkten Einsatz kamen unter den Skinheads vier IM, unter Punks sieben IM, unter Gruftis neun IM und unter Heavy-Metal-Fans waren es acht IM. Von den 87 sich im Einsatz befindlichen IM waren einige als Angehörige der Kreisleitung der FDJ und als Mitarbeiter der Abteilung Volksbildung nicht unmittelbar in den «negativ-dekadenten Personenkreisen» einsetzbar. Die Schlussfolgerungen in der BVfS Halle sahen vor, dass die Aufgabenstellungen

620 BStU, MfS, HA XX Nr. 6175, Bl. 58.

621 Märkische Volksstimme, 18.3.1988.

622 BStU, MfS, BV Berlin, AKG Nr. 4047, Bl. 170.

weiter konsequent und zielgerichtet durchgesetzt werden sollten. Dazu sollte die Basis der Inoffiziellen Mitarbeiter bei diesen Jugendlichen und den Hooligans zielgerichtet erweitert werden und speziell sollten unter den 18-jährigen weitere IM-Kandidaten angeschafft werden. Des Weiteren sollte eine breite gesellschaftliche Front gebildet werden und das sozialistische Recht sollte konsequente Anwendung durch strafrechtliche Verfolgung der negativ-feindlichen und kriminellen Taten finden.[623]

In Leipzig kam es am 2. September 1988 zu Schmierereien: «DDR – nein danke» und «Deutschland erwache», die dem «negativ-dekadenten Anhang des 1. FC Lok Leipzig» zugeordnet wurde. Es wurde ein Ermittlungsverfahren mit Haft eingeleitet, die vom Kommissariat III des VPKA Leipzig durchgeführt worden war.[624]

Am 3. September 1988 fand in Berlin das Oberligaspiel Union Berlin gegen Lok Leipzig statt. Vor dem Spiel kam es in Berlin-Mitte «durch ca. 30 negativdekadente jugendliche Lok-Anhänger [...] zur Störung der öffentlichen Ordnung und Sicherheit». Die Hooligans aus Leipzig, Grimma und Altenburg begingen «Raubhandlungen», Gewalttätigkeiten gegen einen Volkspolizisten, gegen einen Passanten sowie gegen «dunkelhäutige Ausländer». Nachdem die Leipziger Fans zum Ende der ersten Halbzeit im Stadion eingetroffen waren, provozierten sie die Union-Anhänger durch ihr Verhalten. Die Deutsche Volkspolizei ermittelte drei Jugendliche als Täter und leitete Ermittlungsverfahren ein; zwei von ihnen befanden sich in Untersuchungshaft, einer wegen Raub und einer wegen Widerstands gegen staatliche Maßnahmen, indem er auf einen Volkspolizisten einschlug. Gegen eine weitere Person wurde wegen Hehlerei ohne Haft ermittelt. Die Gewährleistung der BVfS bezog sich also ausschließlich auf die Fußballplätze selbst und eben nicht auf den An- und Abmarsch der Hooligans. Die Bedeutung dieser Aufspaltung der Wahrnehmung des Verhaltens von Hooligans hängt im Wesentlichen damit zusammen, dass selbstverständlich Aktionen in einem Stadion eine ungleich höhere Massenwirksamkeit besaßen, es sie also unter allen Umständen zu verhindern galt, stand doch auch das Image der «antifaschistischen» DDR auf dem Spiel.[625]

In Berlin-Hellersdorf wurden vier Schüler der 1. Oberschule und Anhänger von Union Berlin ausfindig gemacht, die 1988 bei Fußballspielen «neofaschistische(n) und rassistische(n) Losungen» grölten. Auf ein Ermittlungsverfahren wurde verzichtet.[626]

Am 24. September 1988 reisten 20 bis 30 Skinheads bzw. Hooligans des BFC Dynamo mit dem IEx 75 von Berlin nach Dresden zu einem Spiel ihres Vereins

623 BStU, MfS, HA XX 979, Bl. 182–184.

624 BStU, MfS, HA XX/AKG Nr. 5939, Bl. 155.

625 BStU, MfS, BV Leipzig, Abt. XX Nr. 1369, Bl. 105; BStU, MfS, HA XX/AKG Nr. 5939, Bl. 154; BStU, MfS, HAXX/AKG Nr. 5936, Bl. 136.

626 BStU, MfS, BV Berlin, Abt. XX Nr. 3142, Bl. 70.

gegen Dynamo Dresden. Während der Hinfahrt waren im Zug faschistische und nationalistische Gesänge zu hören und es wurden Losungen gerufen, wie «Wir sind deutsch» und «Sieg Heil». Ein Liedteil war «Wir werden weitermarschieren, bis alles in Scherben fällt». Der Zug wurde von Transportpolizisten begleitet, die jedoch «während der Fahrt nicht wirksam» wurden. In Dresden am Hauptbahnhof angekommen, bewegten sich die Skinheads in «Marschformation ohne derartige Gesänge» zum Stadion. Obwohl reichlich «Kräfte der Transportpolizei» eingesetzt wurden, gab es «keine Zuführungen aus dem Kreis der Skinheads, was durch die Reisenden mit Unverständnis registriert» wurde. Als die Hooligans das Bahnhofsgebäude verlassen hatten, standen sie nicht mehr «unter sichtbarer polizeilicher Kontrolle».[627]

Im gleichen Zeitraum (1988) wurde der Direktor der 1. Oberschule in Berlin-Hellersdorf durch die VPI Hellersdorf darüber informiert, dass gegen vier Schüler ermittelt wurde, weil sie faschistische Losungen, Parolen und Gedichte verbreiteten, wobei die Väter von zwei Verdächtigen bei den «bewaffnete(n) Organen» beschäftigt waren. Die Schüler waren Fans des 1. FC Union Berlin und sie gaben an, dass sie im Stadion durch Hooligans mit neofaschistischen und rassistischen Losungen konfrontiert» worden waren und so «zu eigenen Äußerungen angeregt worden zu sein». Schließlich teilte die VPI Hellersdorf den Informierten dieser Straftat mit, dass «kein Ermittlungsverfahren durchgeführt» werden sollte.[628]

In Berlin verließen mehrere Berliner Hooligans beim Oberligaspiel des BFC Dynamo gegen Lok Leipzig am 4. November 1988 etwa zehn Minuten vor Spielende das Stadion. Sie warfen dann mit Steinen Scheiben von Omnibussen ein und auf dem Bahnhof Lichtenberg «provozierten» sie den Anhang der Leipziger Mannschaft. Bei Heimspielen des BFC Dynamo kam es wiederholt zu «Störungen der Ordnung und Sicherheit [...] seitens der Gästeanhänger. Besonders auffällig sind dabei Rufe mit antisemitischem Charakter (‹Jude Berlin›, ‹Judenschwein›) und Zerstörungen der Sitzbänke».[629]

Gegen die Berliner Hooligans, die in der 1. Halbserie 1988/89 wiederholt aufgefallen waren, wurden «verstärkt befristete Stadionverbote (13 Personen) ausgesprochen. Bei Auswärtsspielen des BFC Dynamo wurden eine Ordnungsgruppe und Angehörige der Schutz- und Sicherheitsorgane eingesetzt und zusätzlich wurde eine ständige Gruppe «Zentrale Kräfte Schutzpolizei» (ZKS) in Uniform eingesetzt. Die Zusammenarbeit mit den «Mitarbeitern der Abteilung XX/2 der BVfS Berlin mit den Genossen der VP (Einsatzleiter, ZKS, Transportpolizei)» wurde vom Leiter der Abteilung XX/2 als wirksam eingeschätzt.[630]

627 BStU, MfS, HA, XIX Nr. 4822, Bl. 81.
628 BStU, MfS, BV Berlin, Abt. XX Nr. 3142, Bl. 70.
629 BStU, MfS, HA XX Nr. 478, Teil 2 von 2, Bl. 259, 363.
630 BStU, MfS, HA XX Nr. 478, Teil 2 von 2, Bl. 365.

Eine Gruppe Hooligans aus Riesa (Bezirk Dresden) reiste am 8. November 1988 mit einem Schnellzug nach Dunajská Streda in die CSSR, wo im Rahmen des Europacups der FC Bayern München spielte. Ein Hooligan begrüßte im Zug Fußballfans aus Leipzig mit «Heil Hitler» und er rief «Bayern», «Sachsen», «Preußen» und «Deutschland erwache». Bei einem Aufenthalt des Zuges in Prag riefen mehrere Fans «Ole, Adolf Hitler, Ole» und «Bullen- und Kommunistenschweine». Der hier erwähnte Hooligan wurde von den Sicherheitsorganen der CSSR zugeführt und in die DDR ausgewiesen. Am 12. November 1988 wurde er in Riesa festgenommen und es wurde ein Ermittlungsverfahren wegen «Rowdytum» und «Öffentlicher Herabwürdigung» eingeleitet. Der Täter wohnte in Riesa und war 1986 wegen Diebstahls persönlichen Eigentums zu fünf Monaten Jugendhaus verurteilt worden.[631]

In Leisnig (Bezirk Leipzig) verbreiteten Ende des Jahres 1988 Mitglieder einer neonazistischen Gruppe von Hooligans faschistische und nationalistische Ansichten. Sie waren Anhänger der Fußballvereine 1. FC Lok Leipzig und BSG Chemie Leipzig. Sie bewegten sich nach Röderau, Kreis Riesa, wo sie in acht Fällen sowjetische Soldaten, Kubaner und Vietnamesen angriffen und verletzten. Es wurden 23 Ordnungsstrafen und 3 Ermittlungsverfahren eingeleitet.[632]

Eine Arbeitsgruppe aus Vertretern des Zentralrats der FDJ, dem Ministerium des Innern, der Generaldirektion Jugendtourist, der FDJ-Bezirksleitungen Berlin und Leipzig und dem Leiter des Jugendklubs des 1. FC Union Berlin suchte 1988 nach Lösungen für die Eindämmung der zunehmenden Gewalttaten in und um Fußballstadien. Zur Fahrt nach Leipzig wurde daher ein Sonderzug ohne Alkoholausschank organisiert. So reisten 210 Berliner Fußballfans, inklusive FDJ Ordnungsgruppenmitgliedern, nach Leipzig. Neben dem Besuch der Sportveranstaltung war, gedacht als pädagogische Maßnahme, ein Besuch des Sportmuseums vorgesehen. Vor einer Büste zur Erinnerung an Werner Seelenbinder, er war antifaschistischer Sportler und wurde 1944 im Zuchthaus Brandenburg-Görden von den Nazis ermordet, zeigte ein Hooligan den Hitlergruß. Daraufhin entwickelte sich eine gewalttätige Auseinandersetzung zwischen ihm und zwei anderen Hooligans einerseits und der mitgereisten FDJ Ordnungsgruppe andererseits. Mitglieder der Ordnungsgruppe wurden beschimpft und bespuckt. Im Stadion selbst befanden sich etwa einhundert Berliner Jugendliche, die separat angereist waren. Unter ihnen waren ungefähr zehn Skinheads, die sich besonders auffällig und aggressiv verhielten.[633]

Fünf Magdeburger (21 bis 25 Jahre) waren 1988 vor Gericht angeklagt, weil sie bei einem Auswärtsspiel ihres Vereins in Brandenburg auf der Hinfahrt im Zug und dann auch in der Stadt Brandenburg randaliert und erheblichen Sach-

631 BStU, MfS, HA IX 10026, Bl. 185.

632 BStU, MfS, BV Leipzig, Abt. XX 122/07, Bl. 13f.

633 Information des ZR der FDJ zum Fußballspiel 1. FC Lok Leipzig gegen 1. FC Union Berlin am 23.4.1988, SAPMO-BArch DY 24/ A 11.447, S. 1ff.

schaden angerichtet hatten. Vier der fünf Angeklagten wurden verurteilt, zwei zu Freiheitsstrafen von einem Jahr bzw. sechs Monaten, zwei erhielten Bewährungsstrafen und ein Angeklagter wurde freigesprochen.[634]

In Leipzig gab es 1988 heftige Diskussionen zu den Ausschreitungen während der letzten beiden Heimspiele des 1. FC Lok Leipzig.[635]

Am 3. Dezember 1988 kam es nach einem Oberligaspiel in Jena zwischen dem FC Carl Zeiss Jena und dem 1. FCL in einem Personenzug zwischen den Bahnhöfen Großheringen (Bezirk Erfurt), Weißenfels (Bezirk Halle) und Halle zu gewalttätigen Auseinandersetzungen zwischen Anhängern des 1. FCL und ebenfalls im Zug befindlichen Fans des 1. FC Magdeburg, die von einem Auswärtsspiel aus Erfurt kamen. Auf dem Bahnhof in Weißenfels stellte die Volkspolizei «mittels Schlagstock die Ordnung und Sicherheit» wieder her. Es wurde «Judenschweine» gegrölt. Fünf Leipziger wurden vorläufig festgenommen, davon waren zwei Ordner des 1. FCL. Gegen drei Täter wurde ein Ermittlungsverfahren mit Haft wegen «Rowdytum» eingeleitet. Die beiden Ordner wurden von ihrer Funktion entbunden. [636]

In Berlin wurden am 10. Dezember 1988, während des FDGB-Pokalspiels zwischen dem 1. FC Union Berlin und BFC Dynamo aus dem Union-Fanblock rassistische Parolen gegrölt.[637] Bereits vor dem Spiel waren in der Straßenbahn von Berliner Hooligans faschistische Lieder gesungen worden: «[...] Hakenkreuz am Stahlhelm, schwarz-rot-goldnes Band, Sturmstaffel Hoffmann wurden wir genannt ...». Es wurde auch «das bekannte Lied ‹Spaniens Himmel› im verfälschten Text (statt ‹Freiheit› wurde ‹Deutschland› im Refrain gesungen) sowie das sogenannte BFC-Lied der Skinheads: ‹An einem schönen blauen Samstag spielt unser BFC›; ein ‹Sieg Heil› und gute Laune, das ist unser Milieu» gesungen. Reaktionen durch mit in der Straßenbahn fahrende Bürger sind nicht bekannt. Zeugen zur Offizialisierung dieser gesellschaftswidrigen Aktivitäten wurden nicht ermittelt.» Vor dem Stadion «Alte Försterei» ließ eine Person [Name geschwärzt, HW] «alle anwesenden Skinheads antreten». Es waren ca. 50–100 Skinheads in 5er Reihen, die so formiert den Eingang an der Tankstelle (am Bach) benutzten. Das MfS schätzte, dass von den etwa 500 BFC-Hooligans im Gästeblock etwa «150 Skinhead-Anhänger bzw. -Sympathisanten waren».[638]

In Potsdam kam es am 10. Dezember 1988 vor der Gaststätte «Atlas» zu gewalttätigen Auseinandersetzungen zwischen Punks und Skinheads. Die Punks wurden von der DVP festgenommen und am 22. März 1989 wurden sie vor dem Stadtgericht Potsdam wegen «Rowdytum» verurteilt. Leute des Civil-Wai-

634 Junge Welt, 26.5.1988.

635 Vorlage an das Sekretariat zur Information über die aktuell-politische Diskussion unter der Jugend, FDJ Abteilung Verbandsorgane, Berlin, 16.05.1988, SAPMO-BArch, DY 24/ 11.451, S. 9.

636 BStU, MfS, BV Leipzig, Abt. XX 196/04, Bl. 11f.

637 BStU, MfS, HA IX Nr. 20139, Bl. 119; BStU, MfS, BV Berlin, Abt. XX Nr. 2884, Bl. 73f.

638 BStU, MfS, BV Berlin, Abt. XX Nr. 2884, Bl. 73f.

senhauses und Studenten der evangelischen Ausbildungsstätte für Gemeindepädagogik protestierten angeblich «in provokatorischer Art und Weise» gegen die Verurteilung der Angeklagten und gegen den «Schutz der Neonazis» durch die staatlichen Organe. Das MfS wollte mit den verantwortlichen Theologen vereinbaren, sie sollten Einfluss darauf nehmen, dass die Jugendlichen in ihrem Verantwortungsbereich so diszipliniert würden, dass sie am 20. April, zu Hitlers Geburtstag, keine Aktivitäten durchführten.[639]

Der Leiter der Arbeitsgruppe «Aktionen und Einsätze» der Bezirksverwaltung Leipzig berichtete am 27. Dezember 1988 «über die Ergebnisse der Erhöhung von Sicherheit und Ordnung bei Fußballspielen» in ihrem Verantwortungsbereich in der 1. Halbserie der Saison 1988/89. Dabei wurde auf der Grundlage von inoffiziellen und offiziellen Informationen geschätzt, dass die «Sicherheit und Ordnung bei Fußballspielen des 1. FC Lokomotive Leipzig (FCL), der BSG Chemie Leipzig, der TSG Markkleeberg, der BSG Chemie Böhlen, der BSG Aktivist Borna und der BSG Motor Grimma gewährleistet war». Doch entgegen dieser puren ideologischen Darstellung der Wirklichkeit wurden am 5. Oktober 1988 beim Spiel des FCL gegen FC Aarau (Schweiz) zwei Personen vorläufig festgenommen. Am 26. Oktober 1988 spielte der FCL im Zentralstadion vor etwa 80.000 Zuschauern gegen den SSC Neapel (Italien). Dabei wurden 20 Zuschauer vorläufig festgenommen, von denen 14 Personen aus dem Bezirk Leipzig waren. Bei fünf Auswärtsspielen, davon vier Oberligaspiele und ein FDGB-Pokalspiel, störten Hooligans des FCL die öffentliche «Ordnung und Sicherheit». In der Sprache des MfS wurden diese Vorfälle folgendermaßen dargestellt: «Auch hierbei wurde tendenziell deutlich, daß der negativ-dekadente Lok-Anhang seine Aktivitäten vorwiegend auf die An- und Abmarschwege konzentriert, um tätliche Auseinandersetzungen, zum Teil auch mit unbeteiligten Bürgern, zu provozieren.»[640]

In Leipzig kam es am 31. Dezember 1988 auf dem Hauptbahnhof und danach in einer Wohnung zu gewalttätigen Auseinandersetzungen durch Hooligans von Lok Leipzig.[641]

In der ersten Halbserie der Saison 1988/89 wurden bei Oberliga-, FDGB-Pokal- und Europacup-Spielen insgesamt 48 Anhänger des 1. FCL vorläufig festgenommen. Es gab 6 Ermittlungsverfahren mit Haft wegen «Beeinträchtigung staatlicher oder gesellschaftlicher Tätigkeit», «Öffentliche Herabwürdigung», «Raub», «Rowdytum», «Vorsätzliche Körperverletzung», «Widerstand gegen staatliche Maßnahmen» und «Hehlerei». Wegen «Hehlerei» wurde gegen eine Person ein Ermittlungsverfahren ohne Haft eingeleitet. Es wurden 30 Ordnungsstrafverfahren mit Geldstrafen zwischen 50 und 500 Mark eingeleitet.

---

639 BStU, MfS, BV Potsdam, AKG 1579, Teil 1 von 2, Bl. 376–388.

640 BStU, MfS, BV Leipzig, Abt. XX 196/04, Bl. 10f.

641 BStU, MfS, BV Leipzig, Abt. XX 123/08, Bl. 45.

8-mal wurde Ordnungsgeld verhängt und 3-mal gab es Belehrungen ohne Sanktionen. Die Altersstruktur lag bei 11 zugeführten Anhängern des 1. FCL unter 18 Jahren, 31 Personen waren unter 25 Jahre und sechs Personen waren über 25 Jahre. Der Leiter der Arbeitsgruppe, Hauptmann Klose, wies darauf hin, «daß die überwiegende Mehrheit der zur Verantwortung gezogenen Personen zum Teil unter erheblichem Alkoholeinfluß standen, den Weisungen der Sicherungskräfte nicht Folge leisteten und im angetrunkenen Zustand in der Öffentlichkeit Bürger und andere Zuschauer belästigten».[642]

Bei Auswärtsspielen der BSG Chemie Leipzig wurden insgesamt 12 Hooligans vorläufig festgenommen. Es gab ein Ermittlungsverfahren wegen «Öffentlicher Herabwürdigung» und eine Prüfung auf eine Straftat wegen «Widerstand gegen staatliche Maßnahmen». Es wurden 10 Ordnungsstrafverfahren mit Geldstrafen eingeleitet. Hier waren 2 Personen unter 18 Jahren und 10 Personen unter 25 Jahren.[643] Im Bereich des Leipziger Hauptbahnhofes wurden durch die Transportpolizei 20 Verhaftungen durchgeführt und gegen 5 Personen wurden Ermittlungsverfahren wegen «Widerstand gegen staatliche Maßnahmen» und «Rowdytum» eingeleitet. Dazu kamen 8 Ordnungsstrafverfahren und in 12 Fällen wurden Ordnungsgelder ausgesprochen.[644]

Nach statistischen Erhebungen des MfS für die Saison 1987/88 wurden 73 Prozent aller Störungen bei Fußballspielen von Anhängern der Gastmannschaften verursacht, dabei erfolgten 42 Prozent aller Taten in den Stadien, 35 Prozent bei den Spielorten und 23 Prozent im Bereich der Deutschen Reichsbahn. Es gab in diesem Zeitraum über 1.000 Zuführungen, davon waren 59 Ermittlungsverfahren (20 mit Haft) und 929 Ordnungsstrafverfahren. Mehr als die Hälfte der Straftaten ging auf die Hooligans aus Halle (188), Union (171), Rostock (146), Erfurt (128), Magdeburg (88) und Dresden (83) zurück. Zu den Taten der Fans des BFC Dynamo wurden keine Angaben gemacht.

Gegen diese Gewalt mobilisierten die Funktionäre der SED uniformierte und zivile Kräfte der DVP und des MfS, Ordnergruppen, FDJ-Ordnungsgruppen, Soldaten der NVA und Einheiten der Kampfgruppen.[645]

In Schwerin wurden 4 Hooligans (19, 20 und 21 Jahre) des FC Hansa Rostock «wegen ihrer differenzierten Beteiligung an Straftaten der öffentlichen Herabwürdigung, des Rowdytums, der Mißachtung staatlicher Symbole sowie weiterer Angriffe auf die staatliche Ordnung» zu Freiheitsstrafen zwischen 2 Jahren 6 Monaten und 1 Jahr bzw. Bewährungsstrafen verurteilt. Darüber hinaus wurden sie zu «Zusatzgeldstrafen und zum Schadenersatz» für Zerstörungen und Diebstähle verurteilt. Sie hatten sich mit anderen Personen aus Kreisen des Bezirks Schwerin zum «Hansa-Fanclub Alf» seit der Saison 1987/88 zu-

642 BStU, MfS, BV Leipzig, Abt. XX 196/04, Bl. 14.

643 BStU, MfS, BV Leipzig, Abt. XX 196/04, Bl. 14.

644 BStU, MfS, BV Leipzig, Abt. XX 196/04, Bl. 15.

645 Leske 2004, S. 446.

sammengeschlossen und waren Anfang April 1988 öffentlich aufgetreten. Seit der Zeit verbreiteten sich in der Gruppe «neofaschistisches Gedankengut nach dem Vorbild von Skinheadgruppierungen in der BRD». Sie orientierten sich an der neofaschistischen «Borussen-Front», deren Mitglieder «durch brutale Schlägereien und [...] Verherrlichung faschistischen Gedankengutes in der BRD in Erscheinung» traten. Die Mitglieder der «Alf-Front» passten ihr Äußeres durch kurze Haarschnitte und einheitliche Bekleidung an. In der Öffentlichkeit wurden faschistische Lieder gesungen und entsprechende Losungen gegrölt. Fans anderer Fußballmannschaften wurden brutal angegriffen und verletzt. Eines der Mitglieder trat besonders in Erscheinung, weil es «in mindestens 18 Fällen Texte und Lieder mit faschistischem Inhalt von sich» gegeben hatte und «in 4 Fällen» hatte es den Hitlergruß gezeigt. Einem anderen Angeklagten wurde «10mal das Absingen bzw. Rufen derartiger Texte nachgewiesen». Bei diesen Inhalten handelte es sich «vor allem um Äußerungen, die in besonders menschenverachtender Weise die Vernichtungspraktiken in faschistischen Konzentrationslagern verherrlicht» haben. Einer der Rufe, die in Reisezügen und auf Bahnhöfen häufig gegrölt wurde, war: «Der Führer ist zurück, wir werfen die Öfen wieder an, wir rollen den Stacheldraht aus und machen das Zyklon B fertig.» Es wurde auch gesungen: «Heute gehört uns Deutschland und morgen die ganze Welt.» In einer Mitropa-Gaststätte in Leipzig wurde «ein älterer Bürger», unter Bezugnahme auf die Niederlage des Hitlerfaschismus, als «deutscher Versager» beleidigt. Bei dieser Fahrt am 4. November 1988 nach Dresden zum Fußballspiel des FC Hansa Rostock gegen Dynamo Dresden kam es im Reisezug D 971 «zu einer Eskalation der Gewalt und rowdyhaften Ausschreitungen durch die sechs Hooligans aus dem Bezirk Schwerin, wobei die Zerstörungen im Zug einen Schaden von über 2.600 Mark ergaben. Reisende wurden «mit faschistischen Parolen beschimpft» und ihre Gesundheit wurde durch Gewalttätigkeiten bedroht. Durch Sicherheitsorgane wurden die Täter festgenommen und gerichtlich bestraft.[646]

Anhänger des 1. FC Magdeburg reisten im Februar 1989 mit dem Zug nach Berlin, um ein Spiel ihres Clubs gegen BFC Dynamo zu besuchen. Während der Zugfahrt kam es zwischen einem Magdeburger Hooligan und einem Reisenden zum Streit. Daraufhin griffen bis zu zwanzig Hooligans in die Auseinandersetzung ein. Wahllos wurden Fahrgäste geschlagen und getreten und erst eine beherzte Frau, die die Notbremse zog, beendete die Schlägerei. Die Hauptverhandlung vor der Strafkammer des Kreisgerichts Roßlau im Bezirk Halle verurteilte einen Angeklagten, er war bereits zweimal wegen «Rowdytums» vorbestraft, zu einer Freiheitsstrafe von einem Jahr und fünf Monaten. Ein anderer wurde als «Rädelsführer» eingestuft und zu einem Jahr und zwei Monaten Haft

646 BStU, MfS, ZAIG 11327, Bl. 54ff.

verurteilt. Ein weiterer Täter erhielt sechs Monate Gefängnis auf Bewährung und eine Geldstrafe von fünfhundert Mark.[647]

In Halle grölten am 24. Februar 1989 circa einhundert BFC Dynamo-Hooligans am Bahnhof «Wir sind Deutsche» und der Hitlergruß wurde gezeigt.[648]

In Berlin fand am 11. März 1989 das Pokalhalbfinalspiel zwischen BFC Dynamo und Rot-Weiß Erfurt statt. Vor Beginn sangen drei Erfurter Hooligans in einem Biergarten im Nicolaiviertel in Berlin-Mitte das «Deutschlandlied», riefen «Ausländer raus» und belästigten Passanten und Gäste. Einen Jugoslawen, er war Busfahrer in Berlin-West, schlugen sie grundlos zusammen, so dass er ambulant behandelt werden musste. Gegen zwei Hooligans wurde ein Ermittlungsverfahren wegen «Vorsätzlicher Körperverletzung», «Widerstand gegen staatliche Maßnahmen» und «Rowdytum» mit Haft eingeleitet. Gegen den dritten Täter wurde ein Ermittlungsverfahren wegen «Öffentlicher Herabwürdigung» ohne Haft eingeleitet. Weitere Hooligans wurden wegen «Trunkenheit, Rufen unsportlicher Worte und Zünden von pyrotechnischen Erzeugnissen» zugeführt und mit Ordnungsstrafverfahren bzw. mit OG abgestraft.[649]

In Dresden fand am 11. März 1989 das vorgezogene Spiel zwischen Dynamo Dresden und der Sachsenring Zwickau statt, wobei insgesamt 27 Hooligans verhaftet wurden. Circa 25 Zwickauer Hooligans gingen vom Hauptbahnhof zu Fuß zum Dynamo-Stadion. Unterwegs liefen sie über «Rasenflächen und verhielten sich sehr lautstark. 2 Anhänger begaben sich in ein Treppenhaus, demolierten dort Hausbriefkästen und eine Kellertür. Weiterhin wurden Passanten geschlagen und getreten. Ein Fan trug eine Jeansweste mit militärischen Symbolen auf dem Rückenteil sowie eine Fahne mit den Aufschriften ‹Neuplanitzer Fanclub› und ‹Borussenfront› bei sich, welche zeitweilig aufgerollt getragen wurde.» Aus dieser Gruppe wurden 7 Personen verhaftet und gegen 6 wurden Ermittlungsverfahren wegen «Rowdytum», davon 4 Ermittlungsverfahren mit Haft und 2 Ermittlungsverfahren ohne Haft eingeleitet. Weitere Gründe für die Verhaftungen waren das «Werfen von pyrotechnischen Erzeugnissen, Belästigung von Bürgern unter starkem Alkoholeinfluß. Die zugeführten Personen wurden in OSV bzw. mit OG abgestraft.»[650]

In Leipzig kam es am 25. März 1989 gegen 12.00 Uhr zu gewalttätigen Auseinandersetzungen in der Umgebung des Karl-Marx-Platzes. Hooligans von Lok Leipzig hatten Union-Fans angegriffen und verletzten mehrere Personen. Diese Übergriffe wurden erst am 20. April bekannt als Ergebnis von «Ermittlungstätigkeit».[651]

647 Freiheit, 18.2.1989.

648 Lorke 2012, S. 4.

649 BStU, MfS, HA XX 478, Teil 2 von 2, Bl. 356.

650 BStU, MfS, HA XX 478, Teil 2 von 2, Bl. 356; BStU, MfS HA XX/AKG Nr. 5938, Bl. 93.

651 BStU, MfS, BV Leipzig, Abt. IX 103/02, Bl. 80.

In Zwickau (Bezirk Karl-Marx-Stadt) randalierten im März 1989 während und nach einem Heimspiel der Fußballmannschaft Sachsenring Zwickau mehrere Hooligans und störten die öffentliche «Ordnung und Sicherheit». Sie warfen Feuerwerkskörper und nach dem Spiel «provozierten» sie gewalttätige Auseinandersetzungen, die von Ordnungskräften beendet werden konnten. Gegen neun Hooligans wurden Ordnungsstrafen und Stadionverbote ausgesprochen.[652]

Am 1. April 1989 kam es nach dem FDGB-Pokalfinale zwischen BFC Dynamo und 1. FC Karl-Marx-Stadt in der Friedrichstraße und auf dem Alexanderplatz zu «rowdyhaften Handlungen» aus einer Ansammlung von Skinheads und deren Sympathisanten heraus. In der Nähe des S-Bahnhofs Alexanderplatz wurden sieben Türken vom rassistischen Mob überfallen und zusammengeschlagen. Nach dem Spiel zogen circa zweihundert Skinheads und Hooligans in Marschformation durch die Friedrichstraße und durchbrachen eine Sperrkette der DVP. Unbeteiligte Passanten blieben verletzt auf der Straße liegen. Die Hooligans zogen dann weiter zum Alexanderplatz und ins Nikolaiviertel und warfen mit Steinen und Blumentöpfen. Ein Pole wurde von ihnen überfallen und schwer verletzt. Drei Anhänger des FC Karl-Marx-Stadt wurden beschimpft, mit Blumenkästen und Flaschen beworfen und schließlich geschlagen. Spezialeinsatzkräfte der VP, wie die Gruppe Zentrale Kräfte Schutzpolizei (ZKS), und des MfS, Einsatzgruppe 40, wurden eingesetzt, blieben jedoch unter den in sie gesetzten Erwartungen zurück, u. a. auch deshalb, weil es bis circa 18 Uhr den Einsatzleitungen von VP und MfS nicht gelang, «ein planmäßiges Zusammenwirken» zu realisieren. Die rund um den Alexanderplatz postierten Funkstreifenwagen der DVP wurden nicht eingesetzt, so dass die Randalierer unbehelligt den Tatort verlassen konnten. Die eingeleiteten Maßnahmen zur Aufklärung der Vorkommnisse erbrachten zuerst «keine konkreten personenbezogenen Tathinweise». Erst durch weitere Untersuchungen der rowdyhaften Ausschreitungen konnten fünf Täter ausgemacht werden, die «aktiv an den Ausschreitungen beteiligt waren». Die Untersuchungen «zu weiteren Tätern» wurden weitergeführt. Die Abteilung XX zog aus den Vorkommnissen u. a. die Konsequenz, dass in «größerem Umfang [...] gezielt Einsatzgruppen des MfS gebildet werden, die aus physisch ausgebildeten Genossen» bestehen sollten. Gerade auch um «gewaltorientierte Handlungen im Ansatz» unterbinden zu können und auch um vor allem «Rädelsführer und besonders brutal agierende Personen gezielt zu identifizieren und zuzuführen. In diesem Zusammenhang sollte auch der gezielte Einsatz der TSK geprüft werden.» Damit war die Spezialabteilung der BVfS Berlin «Territoriale Spezifische Kräfte des MfS u. a. zur Terrorabwehr» gemeint. Dieses Statement der Abteilung XX für den Einsatz einer Anti-Terror-Einheit

652 Freie Presse, 11.3.1989.

war auch das Eingeständnis des Scheiterns des «Straßenkampfes» der konventionellen Sicherheitskräfte gegen rechte Gewalttäter.[653]

Am 8. April 1989 grölten in Berlin im Bereich der Jannowitzbrücke Hooligans von Union Berlin Parolen wie «Deutschland den Deutschen», «Ausländer raus» und «Ausländer vertreiben – Nazis bleiben». Die VPI Mitte leitete zu sieben Personen Ermittlungsverfahren wegen «Rowdytum» und «Öffentlicher Herabwürdigung» ein; die Haftanträge wurden abgelehnt.[654]

In Gera kam es am 8. April 1989 zu «rowdyhaften Handlungen im Stadtgebiet» durch fünf Hooligans (18 bis 24 Jahre) aus Leipzig, die zum Spiel Wismut Gera gegen Chemie Leipzig angereist waren. Sie belästigten und beleidigten eine «ausländische Reisegruppe (Sowjetunion)» und der Reisebus der Touristen wurde von einer Flasche getroffen. Es wurde wiederholt «Juden raus» gerufen. Gegen vier Täter wurden Ermittlungsverfahren wegen «Rowdytum» und «Öffentlicher Herabwürdigung» eingeleitet und zwei wurden in Untersuchungshaft genommen.[655]

Am 30. April 1989 kam es im Bezirk Cottbus zu gewalttätigen Auseinandersetzungen zwischen Deutschen und Mosambikanern, die erst durch die Volkspolizei beendet werden konnten. Hooligans aus Guben, die Anhänger der SG Dynamo Dresden waren, beleidigten auf dem Bahnhofsvorberg zufällig angetroffene Mosambikaner mit Äußerungen und Sprechchören wie «Neger raus», «Fahrt nach Hause», «Neger weg» und «Raus aus Deutschland». Die Hooligans waren unterwegs zu einem Fußballspiel von Lok Guben. Am Tag davor, am 29. April, waren sie in Cottbus bei einem Spiel zwischen Energie Cottbus und Dynamo Dresden gewesen. Bei der Befragung von Mitarbeitern der BVfS Cottbus begründeten die Hooligans ihre Abneigung gegen die Afrikaner damit, dass Freundinnen von ihnen «belästigt und provoziert» worden wären. Außerdem hätten die Afrikaner «bereits mehrfach» die öffentliche Ordnung gestört und sie hätten «insbesondere Frauen» belästigt und bedroht. «Eine generelle Ausländerfeindlichkeit zu haben, bestritten sie in der Befragung.» Insgesamt stellte das MfS 14 Hooligans fest, die alle in Guben wohnten.[656]

Am 3. Juni 1989 waren drei Fans (Arbeiter) des 1. FC Union Berlin mit dem Zug IEX 75 zum Spiel ihres Vereins gegen Dynamo Dresden gereist. Dabei schlugen sie einen unbekannten Mitreisenden «grundlos mehrmals mit Fäusten und Füßen in das Gesicht und auf den Körper». Gegen die Täter wurde ein Ermittlungsverfahren wegen «Rowdytum» eingeleitet und ihre vorläufige

653 BStU, MfS, BV Berlin, Abt. XX Nr. 2884, Bl. 2f.; BStU, MfS, HA XX/AKG Nr. 5937, Bl. 66, Bl. 103f.; BStU, MfS, BV Berlin, AKG Nr. 4047, Bl. 90–91; BStU, MfS, HA XX Nr. 478, Teil 1 von 2, Bl. 13; BStU, MfS, BV Berlin, Abt. XX Nr. 7157, Bl. 115f.

654 BStU, MfS, HA XX/AKG Nr. 5937, Bl. 66.

655 BStU, MfS, BV Leipzig, Abt. XX Nr. 119/01, Bl. 23; BStU, MfS, HA XX/AKG Nr. 5939, Bl. 67, 164.

656 BStU, MfS, BV Cottbus, AKG 1542, Bl. 11–16; Wagner 2014, S. 183; Madloch 2000, S. 86.

Festnahme und Einlieferung in die Untersuchungshaftanstalt Dresden wurde verfügt.[657]

Aus Zwickau (Bezirk Karl-Marx-Stadt) reisten im Juli 1989 acht Hooligans (16 bis 19 Jahre) zu einem Spiel von Sachsenring Zwickau nach Dresden. Auf dem Weg zum Stadion raubten sie Dresdner Fans aus und beschädigten einen Hausflur. Vor dem Stadion trafen sie auf einen Fan, mit dem sie zuvor bereits ein Wortgefecht ausgetragen hatten. Er wurde umgestoßen, ins Gesicht und auf den Oberkörper geschlagen und, bereits am Boden liegend, noch mit Fußtritten malträtiert. Zwei andere Dresdner Fans wurden ebenfalls geschlagen. Ein weiterer Geschädigter erlitt eine beidseitige Fraktur des Unterkiefers und musste sich für sechs Wochen in stationäre Behandlung begeben. Wegen «Rowdytums und schwerer Körperverletzung» verurteilte die Strafkammer des Kreisgerichts Zwickau die angeklagten Jugendlichen, drei waren bereits einschlägig vorbestraft, zu Freiheitsstrafen zwischen sechs Monaten und einem Jahr und sechs Monaten. Außerdem mussten sie den entstandenen Schaden ersetzen. Zwei Angeklagte erhielten Bewährungsstrafen, da Kollegen aus der Lehrfirma «Bürgschaften» vorlegten.[658]

In Karl-Marx-Stadt wurden am 1. August 1989, während eines Freundschaftsspiels zwischen dem FC Karl-Marx-Stadt und Fortuna Düsseldorf, rassistische Ausschreitungen aktenkundig, die sich besonders gegen einen dunkelhäutigen Spieler aus Düsseldorf (Anthony Baffoe) richteten. Als er nach seiner Auswechslung Bildkarten mit seiner Unterschrift verteilte, wurde gerufen: «Nigger raus aus Deutschland!», «Was hast du in der Bundesliga zu suchen!» und er wurde angespuckt.[659]

In Dresden wurden am 12. August 1989 vor dem Spiel SG Dynamo gegen Halle von Hooligans aus Halle antisemitische Gesänge gegrölt: «Judensäue im Sachsenland, heut' werdet ihr abgebrannt.»[660]

In Gera kam es auf dem Hauptbahnhof am 4. November 1989 gegen 19.05 Uhr zu gewalttätigen Auseinandersetzungen, als Hooligans des FC Carl Zeiss Jena mehrere Angehörige des TPA Gera tätlich angegriffen hatten. «Diese Angriffe konnten nur mit Anwendung des Schlagstockes (lang) abgewehrt werden.» Drei Polizisten wurden leicht verletzt.[661]

Am 20. April 1990 zogen 500 bis 1.000 Neonazis, Skinheads und Hooligans nach einem Fußballspiel in Berlin randalierend vom Stadion in Prenzlauer Berg zum Alexanderplatz ins Nikolaiviertel und skandierten dabei «Happy Birthday, lieber Adolf». Unterwegs wurden Passanten und Volkspolizisten angegriffen.[662]

657 BStU, MfS, BV Berlin, KD Lichtenberg Nr. 13095, Bl. 8f.

658 Freie Presse, 4.7.1989.

659 BStU, MfS, Chemnitz, XX 3026, Bl. 3f.

660 Lorke 2012, S. 4.

661 BStU, MfS, Sekr. Neiber Nr. 439, Bl. 38.

662 Madloch 2000, S. 96; Hirsch/Heim 1991, S. 112f.

Im April 1990 verwüsteten Berliner Hooligans die Innenstadt von Jena.[663]

In Berlin zogen circa 300 neonazistische Hooligans am 26. Mai 1990 nach dem Spiel des BFC Dynamo gegen Wismut Aue vom Fußballstadion ins Berliner Zentrum, beschädigten Autos, warfen Fensterscheiben ein und am Marx-Engels-Denkmal stellten sich etwa 200 Neonazis zu einem 50 mal 50 Meter großen Hakenkreuz auf. Die Volkspolizei nahm 23 Neonazis fest und beschlagnahmte Messer und Schlagwerkzeuge.[664]

In Schwerin randalierten am 8. September 1990 anlässlich eines Fußballspiels circa 50 Hooligans aus Berlin. Sie riefen neonazistische Parolen, griffen Ausländer an und zerstörten eine Fensterscheibe eines Informationsbüros der PDS.

In Leipzig randalierten am 9. September 1990 nach einem Fußballspiel zwischen Lok Leipzig und Bayern München Neonazis unter Rufen wie «Sieg Heil» und «Heil Hitler». Drei Neonazis griffen drei Volkspolizisten in einem Streifenwagen an, die ihre Schusswaffen einsetzten. Zwei Angreifer wurden mit Schusswunden ins Krankenhaus eingeliefert.[665]

Bei einem Spiel zwischen Lok Leipzig und Carl Zeiss Jena in Leipzig am 29. September 1990 setzte die Volkspolizei Schusswaffen ein.[666]

Die Vereinigung der beiden deutschen Staaten war am 3. November 1990 gerade einen Monat alt, da gab es nach dem Fußballspiel zwischen FC Sachsen Leipzig und dem FC Berlin (ehemals BFC Dynamo) in Leipzig eine Straßenschlacht zwischen circa 500 ostdeutschen Hooligans und Einheiten der Polizei. Dabei wurde der Hooligan Mike Polley (19 Jahre) aus Berlin-Malchow von einem Polizisten erschossen und in der Leipziger Innenstadt sind dabei mehr als 30 Geschäfte demoliert worden.[667] Die neonazistischen und rassistischen Ausschreitungen bei Fußballspielen in Regional- und Oberligen konzentrieren sich seit 1990 auf ostdeutsche Sportplätze und sie haben heute bereits traditionelle Züge angenommen.[668] Diese Beispiele zeigen, welche destruktiven Emotionen im Umfeld von Fußballveranstaltungen mobilisiert und ausgelebt werden konnten. In diesem öffentlichen Raum wurden individuell und kollektiv militante Aggressionen ausgeprägt und repräsentierten so in der Gesellschaft staatlich nicht sanktionierte Inseln der Bereitschaft und Anwendung von Gewalt. Skinheads und andere gewaltorientierte Jugendliche verknüpften sich mit den aktionistischen Hooligans zu einem Kern der rassistischen Szene insgesamt. Die Aktionen der Hooligans bildeten den Rahmen und den Inhalt zur Entwicklung und Verfestigung der neonazistischen Strukturen und Einstellungen. Wo der

663 https://de.wikipedia.org/wiki/Mike_Polley.

664 Siegler 1991, S. 35; Hirsch/Heim 1991, S. 115; Wagner 2014, S. 404.

665 Hirsch/Heim 1991, S. 121; Wagner 2014, S. 216.

666 https://de.wikipedia.org/wiki/Mike_Polley, Langer, S. 16.

667 Madloch, S. 80f, S. 96, S. 148.

668 Vgl. Spitzer; Madloch, S. 80f, S. 96, S. 148.

Übergang von gewaltbereiten Fußballfans zu politischen Ideologien der Neonazis stattfindet, wird von Hooligans gesprochen.[669]

Neonazistische Gruppen

Die Hauptabteilung XX erstellte am 14. Juni 1982 eine «Analyse zur politisch-operativen Lage unter jugendlichen Personenkreisen in der DDR» und erfasste damit die Anzahl neonazistischer Zusammenschlüsse. Von den insgesamt etwa 400 Gruppen republikweit waren 81 Hooligans, 11 Heavy-Metal-Fans, 52 Faschistische und 85 Gruppen mit «Rowdys», «Kriminellen» und «negativ-dekadenten» bzw. «feindlich-negativen» Jugendlichen.[670]

In einer Diplomarbeit an der Juristischen Hochschule Potsdam mit dem Titel: «Darstellung operativ-bedeutender Erscheinungen und Handlungen neonazistischer Potentiale des Operationsgebietes [damit war die BRD gemeint, HW], deren Auswirkungen auf die DDR und daraus resultierende Schlußfolgerungen» aus dem Jahr 1986 wurden «relevante Erscheinungen mit neonazistischem Inhalt im Innern der DDR» beschrieben. Der Autor führt die Existenz von wehrsportähnlichen Gruppen in der DDR auf die Vorbildwirkung von in der BRD agierenden «Wehrsportgruppen» zurück, die vorwiegend über «westliche Massenmedien» vermittelt würden. Hinweise darauf, dass westdeutsche Neonazi-Gruppen «direkt auf DDR-Bürger» inspirierend und organisierend eingewirkt hätten, konnten nicht erarbeitet werden. Die Bildung von Wehrsportgruppen in der DDR zeigt jedoch deutlich, dass «sich vor allem Jugendliche und Jungerwachsene mit der neonazistischen Ideologie beschäftigen bzw. identifizieren und darüber hinaus in differenzierter Art und Weise feindlich-negativ in Erscheinung» traten. Von 1981 bis 1986 wurden mehrere solcher Vorgänge durch das MfS bearbeitet und dabei wurde sichtbar, dass diese Aktivitäten einhergingen «mit Straftaten gegen die staatliche Ordnung, wie öffentliche Herabwürdigung, unbefugter Waffen- und Sprengmittelbesitz und Rowdytum». 1984 umfasste die Verherrlichung des Faschismus und die Verbreitung von neonazistischem «Gedankengut» 13,5 Prozent aller Delikte der staatsfeindlichen Hetze gemäß § 106 StGB. Es gab Formulierungen wie z. B. «Hitler unser Freund», «Es lebe Adolf Hitler», «Es lebe die NSDAP» und «Juden raus». Es wurden nationalistische Forderungen geäußert, wie z. B. «Die deutsche Nation muß erhalten bleiben» oder «Es lebe das deutsche Reich».[671]

Die folgenden Beispiele geben Einblicke in die Szene der Neonazi-Gruppen in der DDR:

---

669 Hafke 1991, S. 108–112.

670 BStU, MfS, HA XX/AKG Nr. 1487, Bl. 174–180.

671 BStU, MfS, JHS 20411, Bl. 31ff.

In Beeskow (Bezirk Frankfurt/O.) bildeten fünf Schüler (13 bis 14 Jahre) 1959 an der Polytechnischen Oberschule eine «Bande». Ihr Anführer, sie nannten ihn «SS-Offizier Paulisch», behandelte sie nach dem Vorbild der «SS». Zehn Jugendliche wurden verhaftet und gegen insgesamt 13 Personen wurden staatsanwaltschaftliche Ermittlungsverfahren eingeleitet. Bei Hausdurchsuchungen beschlagnahmte die Volkspolizei neben «Schund- und Schmutzliteratur» eine Luftdruckpistole, ein Steinkatapult und drei Bleirohre, die als Schlagstöcke zu verwenden waren. Bestandteil des schriftlichen Materials waren 24 Bücher mit nationalsozialistischen Inhalten, darunter «Mein Kampf» von Hitler, sowie kriegsverherrlichende Bücher und Schallplatten mit Nazi-Liedern. Einige Mitglieder der «Bande» waren Angehörige der FDJ. Im Wesentlichen handelte es sich um «Schmutz- und Schundliteratur», darunter subsumierten die Sicherheitsorgane die Literatur, die nicht durch sie genehmigt worden war.[672]

In Truckenthal-Schalkau, Kreis Sonneberg (Bezirk Suhl) wurden Anfang des Jahres 1960 Mitglieder einer «Bande» festgenommen. Zwei Angehörige der Volkspolizei und der Sicherheitsbeauftragten der SED-Kreisleitung Sonneberg waren von ihnen zusammengeschlagen und in einer Schule waren Hakenkreuze gemalt worden. Die Täter sollen «Schundliteratur aus der BRD» gelesen haben. Es wurde Kleinkaliber-Munition und selbstgefertigte Bilder über Mordszenen gefunden. Zur verstärkten Kontrolle der Jugendlichen im Kreis Sonneberg stellte die FDJ daraufhin mehrere Ordnungsgruppen auf.[673]

In Berlin-Hohenschönhausen waren 1960 über vierzig Neonazis im MfS-Untersuchungsgefängnis inhaftiert, weil sie in Potsdam-Nedlitz den Aufbau einer «rechtsradikalen Untergrundbewegung» betrieben hatten. Zwei Drittel der Neonazis waren Mitglieder der FDJ und der Anführer war ein Student (22 Jahre) aus Potsdam. In einem Kellerraum, er diente ihnen als Treffpunkt, wurden mehrere Hakenkreuzfahnen, eine Hitlerbüste und nationalsozialistische Literatur gefunden. In Berlin (DDR) und an der Staatsgrenze zur BRD hatten sie antisemitische Schmierereien angebracht. Die Verhaftungen sowie die gesamten Ermittlungsvorgänge wurden von den verantwortlichen Funktionären als «streng geheim» klassifiziert.

Im selben Jahr wurden in Leipzig 18 Jugendliche wegen Hakenkreuzschmierereien festgenommen.[674]

---

672 Kurzinformation 3/60 über Feindtätigkeit, FDJ Abteilung Organisation Instrukteure, VVS I/13, Berlin, 18.2.1960, SAPMO-BArch, DY 24/ 3.725, S. 1–3; Berliner Zeitung, 22.1.1960; SED Hausmitteilung von der Abteilung Sicherheitsfragen an die Abteilung Jugendfragen vom 16.1.1960, SAPMO-BArch, DY 30 / IV 2/16/230; Rapport Nr. 343 für die Zeit vom 10.12.1959 4.00 Uhr bis 11.12.1959 04.00 Uhr, Vertrauliche Dienstsache der DVP, Operativstab Berlin, 10.12.1959, SAPMO-BArch, DY 30/ IV 2/16/230, S. 5.

673 Kurzinformation über Feindarbeit, VVS I/13, FDJ Abteilung Organisation-Instrukteure, 21.01.1960, SAPMO-BArch, DY 24/ 3.725.

674 Kurzinformation 3/60 über Feindtätigkeit, FDJ Abteilung Organisation-Instrukteure, VVS I/13, Berlin, 18.2.1960, SAPMO-BArch, DY 24/ 3.725, S. 1f.

Das MfS registrierte 1960 in mehreren Bezirken Neonazi-Gruppen (16 bis 22 Jahre). In Leipzig bildeten drei Schüler der «Karl-Marx-Oberschule» konspirativ einen «Kampfbund nationalsozialistischer Erneuerer des großdeutschen Reiches». In ihrem Gruppenstatut stellten sie sich «das Ziel, faschistische Traditionen zu pflegen und zu verbreiten», wobei sie sich Hitler, Himmler, Richthofen u. a. zu Vorbildern nahmen. Im Einzelnen legten sie fest, «Verbindungen zu westlichen Agentenorganisationen aufzunehmen, Personalausweise zu stehlen und an diese Agentenorganisationen zu verkaufen, Ärzte und andere Personen durch Versenden von Drohbriefen und fingierten Anrufen zur Republikflucht zu verleiten, das Gebäude der jüdischen Religionsgemeinschaft in der Löhrstraße in Leipzig mit Hakenkreuzen und antisemitischen Losungen zu beschmieren, Pistolen, Schlagringe und andere Waffen aus Westberlin und durch einen bekannten Angehörigen der NVA zu beschaffen, Neuwerbung feindlich eingestellter Jugendlicher für die Gruppe, wobei bereits 8 namentlich bekannt waren.»[675]

Sie waren sich ihrer «Staatsfeindlichkeit» bewusst und organisierten deshalb zur Tarnung einen «Bill-Haley-Club», eine «Wirtschaftsgemeinschaft Finanzen und Optik» sowie eine «philatelistische Interessengemeinschaft». Dazu wurden Decknamen und Tarnbezeichnungen benutzt und «für die Aufrechterhaltung der Verbindung mit noch zu werbenden Jugendlichen in anderen Städten wurden Parolen und Kennkarten festgelegt» und eine «Taktik für die Neuwerbung» ausgearbeitet, die den Methoden der «Agentenzentralen» entsprach. Unsichere Gruppenmitglieder, die die Existenz der Gruppe hätten gefährden können, sollten «durch Zyankali» liquidiert werden. «U. a. sollte das mit dem Angehörigen der NVA, der zur Beschaffung von Waffen ausgenutzt werden sollte, geschehen. Das Gift befand sich bereits im Besitz der Gruppe.»[676] Der Vater eines Gruppenmitglieds war «Dr. phil.» und er war in einem Verlag in Leipzig tätig, gehörte der SED an und war als «Verfolgter des Naziregimes» anerkannt. Der Vater des zweiten Gruppenmitgliedes war Hauptmann der faschistischen Wehrmacht gewesen und 1959 verstorben. Ein Großvater war Mitglied der NSDAP gewesen und während der Nazi-Diktatur in einem Landmaschinenbetrieb in Bernburg tätig. Er beeinflusste seinen Enkel «stark im antisemitischen Sinne», der wiederum die Mitglieder des «Kampfbundes» entsprechend beeinflusste. Das dritte Mitglied stand stark «unter dem Einfluß» seiner beiden Kumpanen. Sein Vater war Lehrer an einer Oberschule in Leipzig und Mitglied der SED. Alle drei Schüler waren «als gute und strebsame Schüler» eingeschätzt worden und alle waren Mitglied der FDJ, ohne sich an der «gesellschaftlichen Arbeit zu

675 BStU, MfS, ZAIG Z 286, Bl. 1f.
676 BStU, MfS, ZAIG Z 286, Bl. 2.

beteiligen». Sie «hörten Westsender ab», lasen faschistische Literatur, z.B. Hitlers «Mein Kampf» und «Kriegsliteratur, die sie untereinander austauschten».[677]

In Leipzig wurde 1960 eine weitere Neonazi-Gruppe mit acht Mitgliedern aufgedeckt; vier von ihnen waren Lehrlinge und vier waren Arbeiter und bewegten sich «vorwiegend in Leipzig-Süd». In ihren Diskussionen forderten sie einen «neuen faschistischen Putschversuch» und den Sturz der Regierung der DDR. Im August 1960 stellten sie Plakate her mit der Losung: «Macht Schluß mit der roten Diktatur», die sie am 9. Oktober 1960 an Litfaßsäulen anbrachten. Mielke war der Autor der «Einzel-Information über staatsfeindliche Gruppenbildung von Jugendlichen in Leipzig», die an Ulbricht, Neumann, Honecker und an die HA V ging. «Weitere Untersuchungen zur Aufklärung der Verbindungen dieser Jugendlichen mit feindlichen Zentralen» sollten weitergeführt werden.[678]

In Jena (Bezirk Gera) wurde 1960 eine Gruppe mit 13 Mitgliedern vom MfS «wegen Verdacht der fasch. Schmierereien bearbeitet». Sie bewegten sich vorwiegend im Südviertel Jenas und dort in der Tatzendpromenade und der Fritz-Reuter-Straße. Sie wollten «eine Art NSDAP aufbauen», wozu sie auch ältere und erfahrene Menschen brauchten. Treffpunkte waren das Haus des FDGB, das Haus der Jugend und andere Lokale. Im November 1960 befanden sich sieben Jugendliche in Untersuchungshaft in Jena, weil sie bei einer Tanzveranstaltung in Jena-Lichtenhain (Schottviertel) einen Volkspolizisten in Zivil niedergeschlagen hatten. Der jüngste der Verhafteten (18 Jahre) war Malergehilfe in der PGH Maler. Er erschien den Ermittlern des MfS und dem Staatsanwalt als «am wenigsten» belastet. Er sagte aus nicht gewusst zu haben, dass der Niedergeschlagene Volkspolizist war, dass er seine Tat bereute und seinen Fehler wieder gutmachen wollte. Er hatte sich zur Nationalen Volksarmee gemeldet. Das käme nun wegen einer strafbaren Handlung nicht mehr in Frage. Seine Eltern, so die Ermittlungen, wären strebsame, loyale Bürger, die beim VEB Schott berufstätig waren, wo sie «arbeitsmäßig gut eingeschätzt» wurden. Die Großmutter des Malergehilfen war beim Besuch des Staatsrates (Walter Ulbricht) in Jena als Ehrengast zum Bankett delegiert worden und seine Schwester sei «eine aktive FDJ-lerin», die gerade ihr Studium in Jena als Ingenieurin beendete. Als Konsequenz aus dieser Geschichte wurde der Jugendliche von der KDfS Jena als «Geheimer Informant» (GI) angeworben.[679]

In Halberstadt (Bezirk Magdeburg) existierte vom Frühjahr 1960 bis März 1962 eine «Rowdybande», deren Mitglieder «Terror und Gewaltakte begingen». 1960 und 1961 rissen sie rote Fahnen ab, verbrannten sie und «brachten 35 selbstgefertigte Hakenkreuzplakate und 40 Hetzflugblätter, die teils zum Mord aufriefen, an Häusern an und schmierten mit weißer Ölfarbe auf Straßen 12

677 BStU, MfS, ZAIG Z 286, Bl. 3.

678 BStU, MfS, ZAIG Z 286, Bl. 3ff.

679 BStU, MfS, BV Gera, AOP 1630/65, Beiakte, Bl. 43, Bl. 48ff.

Hetzlosungen an. Im September 1961 warfen sie die 119 Grabsteine des sowjetischen Ehrenfriedhofes in Halberstadt um und verwüsteten die Friedhofsanlage völlig. Bereits einen Monat später verübten sie einen Anschlag auf den Reichsbahnverkehr, indem die Mitglieder der Bande eine 2,50 m lange Eisenschwelle auf der Strecke Halberstadt – Wernigerode legten, auf der ein Güterzug auffuhr. [...] Darüber hinaus zerstörten sie Leuchtreklamen und Feuermelder mit Steinen, setzten den Inhalt von Briefkästen in Brand, benutzten unbefugt Kraftfahrzeuge, warfen PKW's um und führten Automaten-, Motorrad- und andere Diebstähle durch.»[680]

In Bad Blankenburg (Bezirk Gera) wurde 1961 im Kreiskinderheim eine «Bande» aufgedeckt, die unter der Führung eines Schülers «Provokationen» beabsichtigte. Dieser Gruppe gehörten neun Schüler an – einen von ihnen nannten sie «Führer». Sie hatten sich Mitgliedsausweise mit Hakenkreuzen und Fingerabdrücken gefertigt, die Volkspolizei stellte Armbinden mit Hakenkreuzen sicher. Die Schüler wurden aus der FDJ ausgeschlossen.[681]

Im Bezirk Frankfurt/O. wurden am 19. August 1961 vier Mitglieder einer «Terrorbande» festgenommen. Sie hatten am 16. August 1961 bei Strausberg «eine mit Futtermitteln und Erntegut gefüllte Feldscheune der LPG Typ III Wilkendorf» in Brand gesetzt und einen Tag später Hetzlosungen geschmiert. Vom 13. bis 15. September 1961 fand in Strausberg vor dem Bezirksgericht gegen fünf Mitglieder ein Prozess statt. Dabei handelte es sich um zwei Oberschüler und drei Arbeiter aus Strausberg. «Den Angeklagten wurde nachgewiesen, daß sie von Januar 1961 bis zum 18. August 1961, dem Tage ihrer Festnahme, in Strausberg und Umgebung planmäßig und fortgesetzt handelnd die Grundlagen sozialistischer Gesellschaftsordnung der DDR angriffen hatten, mit dem Ziel, die Volkswirtschaft und Verteidigungsfähigkeit unserer Republik zu untergraben. Sie versuchten durch Gewaltakte und Drohung mit Gewaltakten das Vertrauen der Bevölkerung zu unseren Staatsorganen zu erschüttern und forderten in von ihnen verbreiteten konterrevolutionären Losungen Tätlichkeiten gegen gesellschaftlich aktive Bürger.»[682] Das Bezirksgericht befand die Angeklagten im Sinne der Anklage für schuldig und verurteilte den Oberschüler Gerd R. (18 Jahre) und den Schlosserlehrling Michael G. (17 Jahre) «zu lebenslänglicher Zuchthausstrafe» und den Schlosser Karl-Heinz L. (17 Jahre), den Malergehilfen Gerd-Peter R. (19 Jahre) sowie den Oberschüler Jürgen H. (18 Jahre) «zu 15, 12 bzw. 6 Jahren Zuchthaus».[683]

In den Kreisen Altenburg, Borna, Böhlen, Döbeln, Leipzig-Land und schwerpunktmäßig auch in der Stadt Leipzig (Bezirk Leipzig) wurden 1962 ge-

680 BStU, MfS, ZAIG Nr. 10.458, Bl. 55–58.

681 Der Generalstaatsanwalt der DDR an das ZK der SED, Abteilung Staats- und Rechtsfragen, Berlin, 26.8.1961, SAPMO-BArch, DY 30/ IV 2/13/423, Bl. 2.

682 BStU, MfS, ZAIG Nr. 10.458, Bl. 80ff.

683 BStU, MfS, ZAIG Nr. 10.458, Bl. 58, 63–72.

waltbereite Jugendgruppen registriert. Plakate waren abgerissen oder mit «Hetzlosungen» versehen worden, mit denen gegen die DDR und ihre Funktionäre polemisiert wurde. Jugendliche der Jahrgänge 1943/44 sollen hier besonders anfällig für die Parolen des «Feindes» gewesen sein.[684]

In Jena berichtete im November 1962 die Arbeitsgruppe V der Kreisdienststelle des MfS über eine Gruppe Jugendlicher im Schottviertel, die in der Mehrheit junge Arbeiter und Lehrlinge waren und beim VEB Zeiss, beim VEB Kraftverkehr, in der PGH Maler und in Instituten arbeiteten. Über zwei Jahre hinweg waren sie als Neonazis aufgefallen, die mit «Heil Hitler» grüßten, faschistische Lieder («Deutschlandlied») sangen und sich antisemitisch äußerten: «Wir sind gute Deutsche und keine Juden.» Bei der Vernehmung gab eines der Mitglieder an, dass sie auf dem «Schottplatz» Ausbildungsübungen durchführten, bei denen Judogriffe und Ähnliches angewandt wurden. Sie wollten sich in West-Berlin Braunhemden besorgen und im Untergrund eine Gruppe bilden, die «faschistische Versammlungen» durchführt. Erst im Juli 1962 war die Bearbeitung der Gruppe durch die Arbeitsgruppe der KDfS Jena wieder aufgenommen worden, weil es im Südwerk des VEB Zeiss zu Schmierereien gekommen war. Insgesamt wurden neun Jugendliche erfasst, von denen bereits fünf wegen verschiedenen kriminellen und gesellschaftsgefährdenden Delikten aufgefallen waren und deswegen Freiheitsstrafen verbüßt hatten. Am 18. Oktober 1965 wurde von der KDfS Jena der Beschluss gefasst, dass der Operative Vorlauf eingestellt wird, da die Gruppe «nicht mehr in feindlicher Richtung» tätig sei.[685]

In Halle gab es eine weitere Untergrundgruppe, die vom MfS «Gruppe Mundt» genannt wurde. Sie stellten mittels einer Schreibmaschine etwa achthundert Flugblätter her. Seit dem 16. März 1962 gab es ein Ermittlungsverfahren, das im Juli 1962 abgeschlossen wurde.[686]

Im Bezirk Karl-Marx-Stadt gab es die «Gruppe Böhme», die sich selbst «Großdeutscher Geheimbund» nannte. Sie umfasste fünf Personen, war bevorzugt im Raum Oelsnitz-Lugau-Gersdorf tätig und verbreitete faschistische Losungen und Symbole. Außerdem richtete sie sich gegen die in der DDR stationierten sowjetischen Truppen. Am 4. März 1963 war ein Ermittlungsverfahren ohne Haft eingeleitet worden.[687] In Magdeburg-Prester gab es in der 4. VP-Bereitschaft eine «Gruppe Karste», in der fünf Volkspolizisten organisiert waren. Ein Ermittlungsverfahren wurde am 22. Dezember 1962 eingeleitet. Ihre Treffen führte die Gruppe in der von Karste verwalteten Waffenkammer im

---

684 Information über Feindtätigkeit und Besondere Vorkommnisse aus Informationen der Bezirksleitungen, FDJ Abteilung Organisation-Instrukteure, Berlin, 15.2.1962, SAPMO-BArch, DY 24/3.726, S. 1.

685 BStU, MfS, BV Gera, 1289/62 und 1630/65, Fahndungsvorg., Bl. 28f., Bl. 52–57, Bl. 79f, Bl. 185f.

686 BStU, MfS, HA IX / MF 11884, Bl. 3.

687 BStU, MfS, HA IX / MF 11884, Bl. 3.

Objekt der 4. VP-Bereitschaft Magdeburg-Prester durch. Sie verherrlichten den Faschismus.[688]

Im Bezirk Schwerin gab es eine Gruppe mit einem gewissen Hans-Joachim Schröder und weiteren vier Personen. Ein Ermittlungsverfahren war seit dem 28. September 1962 eingeleitet worden.[689]

In Groß-Berlin existierte die «Gruppe Berger», die aus zwei Personen bestand. Gegen sie ist am 31. Oktober 1962 ein Ermittlungsverfahren eingeleitet worden.

Die hier aufgeführten Untergrundgruppen hatten das Ziel, die «Verhältnisse in der Deutschen Demokratischen Republik zu unterminieren», um auf diese Weise eine «Wiedervereinigung Deutschlands» zu erreichen. Als vordringlichste Aufgabe, so die Offiziere des MfS, sahen sie «die Organisierung einer systematischen und wirkungsvollen Hetzpropaganda an, um die Bevölkerung gegen die in der DDR bestehenden Machtverhältnisse und ihre Regierung aufzuwiegeln, das Vorhandensein einer ‹Widerstandsbewegung› zu demonstrieren, fortschrittliche Kräfte einzuschüchtern und damit eine breite Basis für die Verwirklichung der erstrebten Veränderungen in der Deutschen Demokratischen Republik zu schaffen».[690] Hauptsächlich wurden von den Gruppenmitgliedern Hetzflugblätter verteilt und Hetzparolen geschmiert. Nur die Gruppe Karste betrieb ausschließlich «Hetze in mündlicher Form». Die Gruppen Hengst, Läbe, Lindner und Böhme besaßen Handfeuer- und Stichwaffen, die «zur Absicherung ihrer Aktionen Verwendung finden sollten».[691]

In Dresden nannte sich 1963 eine Gruppierung «Postplatzbande». Sie betrieb staatsgefährdende Propaganda und Hetze.[692]

In Wurzen (Bezirk Leipzig) gab es 1963 eine Gruppe, die sich «Wolfsbande» nannte und die staatsgefährdende Propaganda und Hetze betrieb.[693]

In Finsterwalde (Bezirk Cottbus) gab es 1963 eine Gruppierung, die sich «Stammtisch zur deutschen Eiche» nannte und deren Mitglieder staatsgefährdende Propaganda und Hetze betrieben.[694]

Im Bezirk Suhl gab es 1963 eine Gruppierung, die sich «Stenerbande» nannte und die staatsgefährdende Propaganda und Hetze betrieb.[695]

Am 18. März 1963 erstellte die HA IX für Minister Mielke einen Bericht «über die bisherigen Ergebnisse der Untersuchungen gegen Untergrundgruppen» in der DDR. So wurden vom MfS «in mehreren Bezirken Untergrund-

688 BStU, MfS, HA IX / MF 11884, Bl. 3.
689 BStU, MfS, HA IX / MF 11884, Bl. 3.
690 BStU, MfS, HA IX / MF 11884, Bl. 6.
691 BStU, MfS, HA IX / MF 11884, Bl. 12.
692 BStU, MfS, HA XX Nr. 6190, Teil 1 von 2, Bl. 16.
693 BStU, MfS, HA XX Nr. 6190, Teil 1 von 2, Bl. 16.
694 BStU, MfS, HA XX Nr. 6190, Teil 1 von 2, Bl. 16.
695 BStU, MfS, HA XX Nr. 6190, Teil 1 von 2, Bl. 16.

gruppen liquidiert, die in der Regel seit etwa Anfang oder Mitte des Jahres 1962 tätig waren und sich in fast allen Fällen ausschließlich aus Personen unter 21 Jahren zusammensetzten. Diese Gruppen hatten zum Teil sehr weitgehende und gut durchdachte Pläne zur Organisierung einer umfangreichen und systematischen Untergrundtätigkeit und befaßten sich [...] hauptsächlich mit der Herstellung und Verbreitung von Hetzflugblättern und dem Schmieren von Hetzparolen sowie teilweise mit Vorhaben von Terror- und Diversionsakten. Einige der Gruppen hatten einzelne Handfeuerwaffen und Sprengmittel in ihrem Besitz. Charakteristisch ist ferner, daß [...] nationalistische und ausgesprochen faschistische Tendenzen zum Ausdruck kamen.»[696]

In Leipzig existierte eine «Organisation Freies Deutschland» (OFD), die sechs Personen umfasste und die faschistische Losungen und Symbole verbreitete.[697] Am 15. Februar 1963 wurde ein Ermittlungsverfahren eingeleitet. Ein Mitglied war Bernd Hengst, der 1963 wegen Terroranschlägen zu zehn Jahren Zuchthaus verurteilt wurde. Nach seiner frühzeitigen Entlassung flüchtete er 1966 in die BRD und wurde 1967 Mitglied der NPD.[698]

In Jena gab es die «Gruppe Läbe» mit fünf Personen, gegen die am 11. Februar 1963 ein Ermittlungsverfahren eingeleitet wurde.[699]

In Dessau-Rodleben (Bezirk Halle) existierte 1963 im Hydrierwerk eine Gruppierung, die sich «Deutsche Befreiungsfront» nannte und die staatsgefährdende Propaganda und Hetze betrieb. Die vier Mitglieder waren in der FDJ organisiert und zwei von ihnen waren in «Funktionen» tätig. Sie konnten in der Regel «gute schulische Leistungen aufweisen, waren aktive Pioniere (Gruppenratsmitglieder)» und nahmen an der Jugendweihe teil. Am 2. Januar 1963 wurde gegen sie ein Ermittlungsverfahren eingeleitet. Ein Mitglied der Gruppe hieß «Lindner». Das Tätigkeitsgebiet der Gruppe war der Raum Dessau-Roßlau-Bitterfeld. Sie stellten mittels einer Schreibmaschine Flugblätter her.[700]

Im Jugendwerkhof (JWH) Johanngeorgenstadt-Neuoberhaus (Bezirk Karl-Marx-Stadt) hatten sich Jugendliche 1963 zu einer «faschistischen Bande» zusammengeschlossen, den «Hitlergruß» gezeigt und «Rangabzeichen der ehemaligen Waffen-SS» getragen. Die Mitglieder redeten sich untereinander mit «SS-Dienstgraden» an und sangen faschistische Lieder. Schwächere Jugendliche wurden mit Gummiknüppeln geschlagen, mit dem Ziel «sie zu echten Deutschen zu machen».[701]

---

696 BStU, MfS, HA IX / MF 11884, Bl. 2.

697 BStU, MfS, HA IX / MF 11884, Bl. 12.

698 BStU, MfS, HA IX / MF 11884, Bl. 2.

699 BStU, MfS, HA IX / MF 11884, Bl. 2.

700 BStU, MfS, HA XX Nr. 6190, Teil 1 von 2, Bl. 16–23, Bl. 26, Bl. 44, Bl 48f.; BStU, MfS, HA IX / MF 11884, Bl. 3.

701 Zitiert nach Zimmermann, 2004 S. 331, BAB, DO 1/34/25942 – Information zur politisch-operativen Lage und Situation an den Jugendwerkhöfen der DDR.

1964 wurden im Kreis Güstrow, in Demmin, Templin (Bezirk Schwerin) und Neubrandenburg (Bezirk Neubrandenburg) Gruppen festgestellt, die mit Gewalt vorgingen. In Templin waren es sieben Jugendliche (16 bis 18 Jahre), die sich mit Pistolen, Säbel und Seitengewehren bewaffnet hatten. «Anführer» der Gruppe war ein Oberschüler, dessen Vater eine verantwortliche Funktion bei der Volkspolizei innehatte.[702]

In Weimar (Bezirk Rostock) existierte im Oktober 1965 eine «jugendliche Rowdygruppe, die illegal über Waffen» verfügte, welche sich «Rolling Stones-Fans» nannte. «Im Zusammenhang mit einer staatsfeindlichen Äußerung» wurde ein Oberschüler einer Befragung unterzogen, weil er beim Durchfahren einer Militärdelegation in der Puschkinstraße geäußert hatte: «Man müsste mit dem Maschinengewehr auf die Wagen schießen.» Acht Jugendliche aus Weimar wurden vernommen, weil sie verdächtig waren, dass sie sich «gegen führende Staatsfunktionäre der DDR diffamierend geäußert» hatten. Bei drei Jugendlichen wurden je eine Pistole und Munition aufgefunden. Am 20., 21. und 22. Oktober 1965 wurden von ihnen in Weimar öffentlich Schüsse abgeben, wobei «ein großer Teil der anwesenden Jugendlichen Kenntnis von dem illegalen Waffenbesitz» hatte. «Eine staatsfeindliche Zielstellung konnte [...] nicht nachgewiesen werden.» Gegen drei Jugendliche wurden Ermittlungsverfahren nach §§ 1 und 2 der Waffenordnung eingeleitet. Gegen die Eltern eines 14-jährigen Schülers wurde ein Ermittlungsverfahren wegen Vernachlässigung der Aufsichtspflicht eingeleitet. Gegen ihn selbst wurde wegen seines Alters kein Verfahren eingeleitet.[703]

Anfang November 1965 verfasste die Zentrale Auswertungs- und Informationsgruppe einen Bericht über «Gruppierungen Jugendlicher». Nach den «[...] vorliegenden – jedoch unvollständigen und voneinander abweichenden – Einschätzungen der Bezirke» waren in der DDR circa 864 Gruppen bekannt. Etwa 180 Gruppen hatten «ausgesprochen westlich-dekadenten Charakter», d. h. es waren Gruppen mit «Beat-Anhängern, Gammler, Party-Gruppen, Film- und Starclubs u. ä.», die «nicht offen feindlich oder kriminell» auftraten. Ungefähr 400 Gruppen und «Konzentrationen» betrafen «Rowdygruppen, kriminelle und staatsfeindliche Gruppen und Banden». Über 260 Gruppen betrafen «Laienmusikgruppen, vorwiegend Gitarrengruppen mit Beat-Charakter». Schwerpunkte waren in den Bezirken Rostock (84 Gruppen), Potsdam (64 Gruppen), Halle (61 Gruppen), Frankfurt/O. (52 Gruppen), Karl-Marx-Stadt (51 Gruppen), Berlin (45 Gruppen) und Leipzig (34 Gruppen) zu finden. Die Mehrzahl der Gruppen hatte keine festen Organisationsformen, jedoch bestand «ein fester Kern», um den sich wechselnd Jugendliche scharten. Sie hatten ihre Treffen vorwiegend dort, «wo sie sich jeder öffentlichen Kontrolle» entzogen wissen

702 Analyse der Gruppentäterschaft, 21.1.1965, SAPMO-BArch, DY 24/ E 4.125, S. II/13.
703 BStU, MfS, ZAIG 1133, Bl. 1f.

konnten, wie z. B. in Privatwohnungen, Lauben, Kellern, Ruinengrundstücken usw. Wiederholt mussten die Sicherheitsbehörden feststellen, «daß sich negative Gruppierungen unter dem Deckmantel fortschrittlicher Betätigung in Interessengemeinschaften und Zirkeln der FDJ, GST und anderer gesellschaftlicher Organisationen» zusammenfanden. Nach den beim MfS vorliegenden Erkenntnissen gab es zwischen den verschiedenen Kategorien der Gruppen keine «schematischen und festen Abgrenzungen», da sich «Charakter und Zielstellung [...] unter bestimmten Bedingungen sehr schnell verändern» konnten. Die altersmäßige Zusammensetzung in den Gruppen bewegte sich zwischen 14 und 25 Jahren und ihre soziale Zusammensetzung war vielschichtig, d. h. es waren Schüler, Lehrlinge, Studenten, Arbeiter und kleinbürgerliche und bürgerliche «Elemente» zu finden. «In verschiedenen Bezirken zeigen sich jedoch noch andere Erscheinungsformen und Tendenzen des Rowdytums und der Kriminalität, die sich entweder durch besondere Brutalität, Erkennungszeichen, Organisationsformen, Zusammensetzung oder durch faschistische, militaristische und staatsfeindliche Tendenzen usw. auszeichnen. [...] Besonders bemerkenswert ist, daß bei einer Reihe erkannter Gruppierungen Tendenzen der Verwendung faschistischer Bezeichnungen, Symbole, Abzeichen usw. auftreten. Solche Gruppen wurden aus verschiedenen Bezirken bekannt.»[704]

In Grimma (Bezirk Leipzig) sprachen sich 1965 die Mitglieder einer «Rowdygruppe» untereinander mit «Gauleiter, Reichsführer» usw. an. In Magdeburg tätowierten sich Lehrlinge aus dem Walzwerk Burg/Magdeburg auf den Unterarm Hakenkreuze. In Rathenow, Nauen und Luckenwalde wurde, wie auch in anderen Gruppen, «der Faschismus verherrlicht und der faschistische Gruß gebraucht». Ebenso gab es in der Stadt Brandenburg (Bezirk Potsdam), in Lauchhammer (Bezirk Cottbus), in Finow (Bezirk Frankfurt/O.), in Weixdorf (Bezirk Dresden) und in Berlin-Weißensee Gruppen mit faschistischen Tendenzen.[705]

In Berlin-Karow wurde am 3. Mai 1965 festgestellt, dass Geschichtsbücher der Klasse 10a «mit Hetzlosungen bzw. faschistischen Symbolen beschmiert waren. Insgesamt wurden bei einer Durchsicht der Geschichtsbücher 63 Hetzlosungen und eine größere Anzahl faschistischer, vorwiegend Hakenkreuzschmierereien, festgestellt. Durch Schriftvergleiche wurden insgesamt elf Schüler der Klassen 10a und 10b als Täter ermittelt. «Von der Einleitung eines Ermittlungsverfahrens wurde wegen der Masse der Täter der beteiligten Schüler Abstand genommen. Über diese staatsfeindlichen Vorkommnisse wurde im Kollektiv der beteiligten Klassen an der Schule eine Aussprache durchgeführt.»[706]

In Berlin wurde im November 1965 an der 4. Oberschule eine Gruppe entdeckt, die sich «Gruppe der Antikommunisten» (Antiko) nannte. Der Direktor

704 BStU, MfS, ZAIG Z 4608, Bl. 4f., Bl. 18, Bl. 21.
705 BStU, MfS, ZAIG Z 4608, Bl. 21.
706 BStU, MfS, ZAIG 1133, Bl. 1f.

gab die Unterlagen an die Abt. K der VPI Prenzlauer Berg zur weiteren Bearbeitung. In der Klasse und in einer Elternversammlung wurde der Vorfall im Beisein von VP-Angehörigen ausgewertet. «Von einer strafrechtlichen Verfolgung wurde abgesehen.»[707]

In Güstrow (Bezirk Schwerin) haben Schüler einer 10. Klasse an der Kinder- und Jugendsportschule 1965 eine «Bande mit faschistischer Ideologie» gebildet. Sie kannten die Lebensläufe von Hitler, Göring und Goebbels und bewunderten die Wehrmacht. Sie wurden aus der FDJ ausgeschlossen und vier von ihnen wurden darüber hinaus von der Schule verwiesen.

Über ehemalige Schüler einer Volleyball-Klasse gab es lose Verbindungen zum SC Traktor Schwerin und dort zu einem Spieler, der für die Olympiamannschaft 1972 vorgesehen war.[708]

In Ahrendsee, Kreis Prenzlau (Bezirk Neubrandenburg) drangen 1966 drei Jugendliche (14 bis 19 Jahre) in ein Mädcheninternat ein. Ein Ehepaar forderte sie auf, das Gelände zu verlassen, woraufhin ein Jugendlicher auf die Frau einschlug und sie erheblich am Kopf verletzte, so dass sie ins Krankenhaus eingeliefert werden musste. Die Jugendlichen hatten sich nach dem Vorbild des «Ku-Klux-Klan» maskiert und trugen brennende Fackeln mit sich. Gegen zwei der Jugendlichen wurden Haftbefehle beantragt.[709]

Der Direktor der 17. Oberschule Berlin-Lichtenberg, Ortsteil Biesdorf, fand 1966 in der Mappe eines Schülers (16 Jahre) einer 10. Klasse schriftlich festgelegte Satzungen einer Gruppe, zu der drei weitere Schüler (16 Jahre) der Klasse gehörten. Die Väter der Jugendlichen hatten privilegierte und hervorgehobene Berufe, ein Major der Nationalen Volksarmee, ein Major der Volkspolizei, ein Wissenschaftlicher Mitarbeiter beim Magistrat von Groß-Berlin und ein Leiter einer Konsum-Gaststätte. Durch diese Ermittlungen wurde eine weitere Gruppe mit sechs Schülern ausfindig gemacht, die sich ebenfalls eine faschistische Satzung erarbeitet hatten und sich «Bund Deutscher Jugend» nannten. Sie wollten in Deutschland einen Staat nach dem Vorbild des Nationalsozialismus errichten. Mitglied konnte nur sein, wer germanischen Ursprungs war, «Nichtarier» und Juden wurden daher nicht aufgenommen. Zeichen der Gruppe waren das germanische Runenkreuz und der Hitlergruß. Ihre Vorbilder waren die ehemaligen Führer des nationalsozialistischen Deutschlands, mit deren Namen sich die Jugendlichen ansprachen. Bei Taschenkontrollen wurden schriftliche «Hetzlosungen» gefunden. Seit mehreren Monaten war der Klassenlehrerin aufgefallen, dass die Schüler bei der Behandlung von politischen Tagesfragen eine «ablehnende» Haltung gegen die DDR äußerten. Hier waren die meisten Väter dieser Schüler

707 BStU, MfS, ZAIG 1133, Bl. 1.

708 BStU, MfS, ZAIG 1164, Bl. 1-5; Aktennotiz zu den Vorkommnissen an der KJS Güstrow und die festgelegten Maßnahmen zur Verbesserung der politisch-ideologischen Arbeit, 1966, SAPMO-BArch, DY 24/ 20952 (E 4.127), S. 1ff.

709 Ebenda.

Offiziere der Nationalen Volksarmee. Die Untersuchungen zur Klärung dieser Vorfälle lagen in den Händen der Kriminalpolizei Berlin-Lichtenberg, der Kreisdienststelle des MfS sowie der Staatsanwaltschaft.[710]

Man kann hier, wie auch in vielen anderen Fällen, bei denen Täter aus Familien mit einem Partei- bzw. MfS-Hintergrund gefasst wurden, davon ausgehen, dass die Untersuchungen bereits in einem frühen Stadium nicht nur streng geheim gehalten wurden, sondern auch sang- und klanglos in den Archiven «begraben» wurden.

In Dömitz, Kreis Ludwigslust (Bezirk Schwerin) wurde 1968 eine Neonazi-Gruppe mit zehn Jugendlichen (17 bis 19 Jahre) aufgedeckt. Einer der Jugendlichen stellte sich mit «Sturmbannführer Hacker» vor. Die Jugendlichen stammten aus privilegierten Familien, mehrere Väter bzw. Mütter waren z. B. Mitglieder der SED, zwei Väter waren Offiziere der Volkspolizei, einer war Offizier in der Nationalen Volksarmee, einer war hauptamtlicher SED-Sekretär und eine Mutter war Mitglied der SED-Leitung in Dömitz. Auch in diesem Fall bagatellisierten einige Eltern das Verhalten ihrer Kinder oder versuchten, es ins «Lächerliche» zu ziehen.[711]

In Greifswald (Bezirk Rostock) gab es eine studentische Gruppe, die Kontakte zu kirchlichen Kreisen und Professoren hatte, «die ehemalige faschistische Offiziere» waren. Sie traten in der Öffentlichkeit «loyal in Erscheinung» und waren bemüht, «ihre negative Einstellung zu verbergen.[712]

In Berlin-Mitte wurden am 20. Oktober 1971 zwei Männer und eine Frau von Transportpolizisten festgenommen, weil die Männer in der Gaststätte «Goldbroiler» sichtbar faschistische Symbole trugen. Gegen alle drei Täter wurden Ermittlungsverfahren wegen «Staatsverleumdung» bzw. «Öffentliche Herabwürdigung» eingeleitet.[713]

In Genthin (Bezirk Magdeburg) wurde 1972 der 2. Sekretär der FDJ-Kreisleitung seines Postens enthoben, weil er zu einer illegalen Gruppe gehörte, die Waffen besaß.[714]

In Motzen (Bezirk Potsdam) wurden am 20. Mai 1973 zwei sowjetische Zivilangestellte der GSSD von fünf Neonazis (17 bis 23 Jahre) überfallen, niedergeschlagen und mit Zaunlatten und Steinwürfen schwer verletzt. Gegen die rassistischen Angreifer wurden Ermittlungsverfahren wegen «Rowdytum» und «Terror» eingeleitet. Die Untersuchungen ergaben, dass die Täter «eifrige Hörer westlicher Rundfunk- und Fernsehsender» und in der Vergangenheit durch rowdyhafte Handlungen bei öffentlichen Veranstaltungen aufgefallen waren. Einer

710 Vertrauliche Dienstsache vom 11.11.1966, SAPMO-BArch, DY 24/ 20951 (E 4.126); Besondere Vorkommnisse in Berlin, FDJ Abteilung Wohngebiete, Jugend und Staat, Vertraulich, Berlin, den 11.11.1966, SAPMO-BArch, DY 24/ 20951 (E 4.126).

711 Fakten und Tendenzen v. 27.9.1968, SAPMO-BArch, DY 24/ E 6.152.

712 BStU, MfS, HA XX Nr. 5711, Bl. 23.

713 BStU, MfS, HA XX Nr. 6231, Bl. 3.

714 FDJ BL Magdeburg an den ZR der FDJ, 29.09.1972, SAPMO-BArch, DY 24/ A. 9.135, S. 5.

der Täter war der Sohn eines Oberstleutnants der Grenztruppen der NVA und seine Mutter war Lehrerin.[715]

In Gingst, Kreis Rügen (Bezirk Rostock) kam es am 10. Februar 1974 in und vor der Konsum-Gaststätte gegen 22 Uhr zu gewalttätigen Auseinandersetzungen zwischen fünf polnischen Arbeitern und mehreren Deutschen. Drei Polen wurden schwer verletzt und mussten im Kreiskrankenhaus Bergen stationär behandelt werden. Zwei Opfer wurden ambulant behandelt. Gegen den Haupttäter namens Schmidt wurde ein Ermittlungsverfahren mit Haft eingeleitet.[716]

In Uder, Kreis Heilbad Heiligenstadt (Bezirk Erfurt) wurde 1975 im Oberschulkombinat eine Gruppe aufgelöst, die Hitler und den «Nationalsozialismus» verehrte. Der Anführer war ein stellvertretender FDJ-Sekretär, der «einmal groß dastehen» wollte.[717]

In zwei Kreisen im Bezirk Dresden traten 1977 mehrere Jugendliche in Gruppen auf, die nationalsozialistische Symbole trugen. Ihre Vorbilder sahen sie in der SS und der Wehrmacht, deren militärische Rangbezeichnungen sie übernommen hatten.[718]

Im Kreis Sonneberg (Bezirk Suhl) wurde 1977 eine Gruppe von Schülern entdeckt, die faschistische Traditionen verherrlichten. Die rasche Aufdeckung wurde darauf zurückgeführt, dass es der FDJ gelungen sei, die «politische Wachsamkeit» zu erhöhen.[719]

In Rostock kam es 1977 auf dem «Platz der Jugend» zu gewalttätigen Auseinandersetzungen, als Volkspolizisten von Neonazis mit Steinen und Flaschen beworfen wurden. Dabei wurde ein antisemitisches Lied: «Hurra, ich bin ein Jude und nicht klein, ich find' den Weg zur Kammer schon allein. Hei, wie macht das Duschen Spaß, aus jeder Ecke strömt das Gas» gesungen.[720]

Im Kreis Eberswalde (Bezirk Frankfurt/O.) wurde 1977 von den Behörden eine Gruppe zerschlagen, die sich «Organisation zur Wiedervereinigung Deutschlands» (OWD) nannte. Die Gruppe bestand aus sechs Schülern (15 bis 17 Jahre) und zwei Lehrlingen (18 und 24 Jahre). Sie schufen sich einen «Gesetzentwurf», der aus den ihnen zugänglichen Programmteilen der NSDAP stammte. Als Mutprobe zur Aufnahme in die Gruppe «mußten Einbruchsdiebstähle durchgeführt werden».[721]

715 BStU, MfS, ZAIG Nr. 2185, Bl. 1–4, Streng Geheim; BStU, MfS, HA IX AKG 10028.

716 BStU, MfS, HA IX / MF / 15591, Bl. 82f.

717 Besondere Vorkommnisse unter der Jugend im Zeitraum vom 27.5.1975–28.7.1975, FDJ Abteilung Verbandsorgane, Berlin, den 30.7.1975, Vertraulich, SAPMO-BArch, DY 24/ A 9.636, Bl. 5.

718 Persönliche Information – Juni 1977, FDJ BL Dresden, 7.7.1977, SAPMO-BArch, DY 24/ 9.300, S. 1f.

719 Persönliche Information März 1977, FDJ BL Suhl, 11.4.1977, SAPMO-BArch, DY 24/ 9.310, Bl. 5.

720 BStU, MfS, HA XX Nr. 6059, Teil 2 von 2, Bl. 282f., Bl. 287–292.

721 BStU, MfS, HA XX/AKG Nr. 6815, Bl. 123; BStU, MfS, HA XX Nr. 14278, Bl. 79.

Im Kreis Zeitz (Bezirk Halle) wurde 1977 ein Jugendlicher (19 Jahre) inhaftiert, weil er eine «staatsfeindliche» Gruppe nach faschistischem Vorbild initiierte, die sich «Kampfgruppe Groß-Deutschland» nannte. Die Gruppenmitglieder hatten selbst gefertigte Ausweise, auf denen SS-Ränge vermerkt waren. Am 5. März 1977 verbreiteten sie «Hetzschriften» mit «Es lebe die NSDAP», «Es lebe der Führer», «Nieder mit Honecker» und «Tötet Honecker». Außerdem haben Mitglieder der Gruppe in etwa 75 Fällen Diebstahlshandlungen begangen und damit einen Schaden von «insgesamt 4.000 Mark verursacht».[722]

Im Kreis Güstrow (Bezirk Schwerin) haben 1977 drei Schüler (16, 17 und 18 Jahre) einer 10. Klasse der POS «Artur Becker» eine «Partei» gegründet, die sie «NSDAP» nannten. Mittels eines Druckkastens haben sie sich Mitgliedsbücher ausgestellt und sie wollten durch öffentlich wirksame Aktionen andere Personen «zum Widerstand» aufrufen. In der Nacht vom 5. auf den 6. März 1977 verbreiteten sie an verschiedenen Stellen «antisozialistische und faschistische Losungen und Hakenkreuze» und sie klebten selbstgefertige Plakate an Häuserwände und an Pkws: «Nieder mit HONECKER, es lebe der Führer, es lebe die NSDAP, Heil Hitler, nieder mit HONECKER», «Das deutsche Volk steht nach wie vor zum Führer», «Werdet nie die Pioniertat des Führers in der Geschichte vergessen, Heil Hitler», «Das Vaterland ist gefährdet, legt die Arbeit nieder», «Kampf für das deutsche Volk», «Schmeißt Du nicht raus die Russenpest, dann machen wir ernst, wirst du die NSDAP nicht anerkennen, wirst du bald vorm Hauptquartier hängen» und «Tötet Honecker». Nach intensiven Ermittlungen wegen «Staatsverleumdung» bzw. «Öffentlicher Herabwürdigung» Abs. 1 Ziff. 1 und 2 Abs. 2 StGB durch die Untersuchungsabteilung der BVfS Schwerin wurden drei Jugendliche ermittelt und Haftbefehle erwirkt. Zwei Väter waren Mitglied der SED und der dritte Vater war Zivilangestellter bei der Nationalen Volksarmee (NVA).[723] Diese für die SED und das MfS heikle Verbindung der Neonazis mit Vätern, die mit dem politischen System tatsächlich oder scheinbar konform tatsächlich oder scheinbar gingen, gab es immer wieder. So hatten 1966 in Berlin-Lichtenberg jeweils mehrere Schüler unabhängig voneinander zwei neonazistische Gruppen gegründet und in beiden Fällen waren die Väter Offiziere der NVA oder in hervorgehobenen politischen oder ökonomischen Berufen tätig.

In Hoyerswerda (Bezirk Cottbus) gab es im Jugendclubhaus am 7. Oktober 1977 gewalttätige Auseinandersetzungen, die anrückende DVP nahm deswegen 2 Jugendliche fest. Etwa dreißig Minuten danach erschienen im VPKA 11 Jugendliche und forderten die Freilassung der beiden Festgenommenen. Im entstandenen Gerangel wurden 2 Volkspolizisten von einem Jugendlichen gewalttätig angegriffen und beleidigt. Er wurde vorläufig festgenommen und gegen ihn wurde am 8.

722 BStU, MfS, HA XX/AKG Nr. 6815, Bl. 123.

723 BStU, MfS, Archiv Schwerin, Gerichtsakte, Archiv Nr. 1028/77, Bl. 2-7, Bl. 30–32, Bl. 158f.; BStU, MfS, BV Schwerin, XII/Archiv, AU 1028/77, Bl. 14ff-, Bl. 43–47; BStU, MfS, HA XX/AKG, Nr. 6815, Bl. 123; BStU, MfS, HA XX Nr. 14278, Bl. 79f.

Oktober 1977 ein Ermittlungsverfahren wegen «Staatsverleumdung» bzw. «Öffentlicher Herabwürdigung» eingeleitet. Am Schluss einer Kulturveranstaltung am 9. Oktober 1977 begaben sich etwa 15 Jugendliche auf die Bühne, sangen Lieder und riefen im Sprechchor: «Eins – zwei – drei, laßt Büchner wieder frei!» Damit war der Jugendliche gemeint, der am 7. Oktober vorläufig festgenommen worden war. Danach wurden 6 Jugendliche von der DVP vorläufig festgenommen und es sollte geprüft werden, ob ein Ermittlungsverfahren wegen «Beeinträchtigung staatlicher oder gesellschaftlicher Tätigkeit» eingeleitet werden sollte.[724] In diesem Zusammenhang wurden in der Nacht vom 9. zum 10. Oktober 1977 auf der Verbindungsstraße von Falkenhain nach Golßen, Kreis Luckau, 24 Hakenkreuze in einer Größe von 50 cm bis 1 m geschmiert.[725] Am 15. Oktober 1977 randalierten etwa 25 Jugendliche in einem Linienbus in Bernsdorf. Sie forderten ebenfalls die Freilassung des inhaftierten Jugendlichen und dabei grölten sie: «Wollt ihr Arbeit? Nein! Wollt ihr den totalen Krieg? Ja!» Zu einem weiteren rowdyhaften Vorkommnis kam es am 16. Oktober 1977 in einem Linienbus von Bautzen nach Hoyerswerda, zwischen Groß-Särchen und Hoyerswerda. Etwa 40 Jugendliche hatten diesen Bus in Groß-Särchen nach einer Diskothek in der Gaststätte «Weintraube» bestiegen. Während der Fahrt sprangen sie auf der Stelle, trampelten bzw. schlugen mit den Händen auf die Fensterscheiben. Einige riefen «NSDAP, he, he, he» und «Wir wollen Adolf wiederhaben». Es gab Sprechchöre «Wollt ihr Kanonen oder Butter? Nein wir wollen Butter, da rutschen unsere Panzer besser an die Ostfront» und «Wir wollen Polen wiederhaben!». Außerdem wurde das «faschistische Deutschlandlied» gesungen. Ein Fahrgast, dem das nicht gefallen hatte, wurde von einem Angreifer mit der Faust ins Gesicht geschlagen. Drei Angreifer wurden vernommen und es musste dann «über weitere strafprozeßuale Maßnahmen» entschieden werden. «Gleichzeitig wurden geeignete Maßnahmen festgelegt, um weitere rowdyhafte Ausschreitungen zu verhindern und die Ordnung und Sicherheit zu gewährleisten.»[726]

In Berlin-Biesdorf und -Marzahn gab es von Ende 1977 bis Mitte 1979 eine Neonazi-Gruppe, die mehrfach auf der Straße faschistische Lieder wie «SA marschiert» und «Deutschlandlied» sangen und den Hitlergruß zeigte. Sie nannten sich «Partei Demokratischer Nationalisten Deutschlands». Es gab eine Satzung, es wurden Mitgliedsbeiträge erhoben und «sie gaben sich Dienstgradbezeichnungen der faschistischen SS». Sie hatten eine «schwarz-weiß-rote Fahne mit Hakenkreuz auf rotem Grund» selbst gefertigt. Mitglieder der Gruppe zerstörten Sitzpolster, Beleuchtungseinrichtungen und Fensterscheiben in S-Bahnzügen und auf S-Bahnhöfen. Diese Information des MfS führte diese Entwicklung darauf zurück, dass imperialistische Kräfte «gegen die sozialisti-

---

724 BStU, MfS, BV Cottbus, AKG 080, Bl. 4f.; SAPMO-BArch DY 30 / 2207, Monatsbericht der SED-BL Cottbus v. 28.10.1977, S. 193ff.

725 BStU, MfS, BV Cottbus, AKG 080, Bl. 6.

726 BStU, MfS, BV Cottbus, AKG 080, Bl. 19f.

schen Staaten vorwiegend über Massenmedien [...] in zunehmendem Maße eine Popularisierung faschistischer, neofaschistischer und antikommunistischer Ideen beinhaltet, [...] was nachgewiesenermaßen im ursächlichen Zusammenhang mit der Entschlußfassung zur Verbreitung neofaschistischen Gedankengutes durch Kinder und Jugendlichen in der DDR» stünde. Besonders Schüler der 7. bis 10. Klassen waren in diesem Zusammenhang angetroffen worden. Außerdem waren solche Jugendliche in Erscheinung getreten, «bei denen die bisherige politisch-ideologische Erziehungsarbeit aller Erziehungsträger nicht im entsprechenden Maße wirksam wurde, die einen labilen Charakter besitzen bzw. bei denen ein gestörtes Leistungs- und Sozialverhalten vorhanden ist (leistungsschwache Schüler); Schüler mit Ordnungs- und Disziplinschwierigkeiten sowie mangelnde Lerneinstellung und -haltung; Schüler und Lehrlinge mit Hang zum Rowdytum usw.)».[727] Diese Kinder und Jugendlichen, die mit der «Verbreitung neofaschistischen Gedankengutes in Erscheinung» getreten waren, wären sich «in der Regel der politischen Verwerflichkeit und Tragweite ihrer Handlungen nicht bewußt». Sie besäßen «überwiegend nur verzerrte Kenntnisse über den Charakter des Faschismus, kannten in der Regel nur einzelne Verse der von ihnen gesungenen faschistisch-militaristischen Lieder oder schmierten faschistische Symbole oft seitenverkehrt. Eine staatsfeindliche Zielstellung wurde nur in den seltensten Fällen verfolgt.» Die Information (Streng geheim! Um Rückgabe wird gebeten!) vom 8. Januar 1979 empfahl am Schluss, dass die «genannten Hinweise zu Vorkommnissen und Erscheinungen der Verbreitung neofaschistischen Gedankengutes durch Kinder und Jugendliche an Schulen und Einrichtungen der Berufsausbildung seitens zuständiger zentraler Organe (Ministerium für Volksbildung, Staatssekretariat für Berufsausbildung) in geeigneter Form zu überprüfen und im Zusammenwirken mit gesellschaftlichen Organisationen (Freie Deutsche Jugend) entsprechende Maßnahmen zur vorbeugenden Verhinderung weiterer derartiger Handlungen und Vorkommnisse einzuleiten» seien.[728]

Insgesamt betrachtet ist die verlangte «vorbeugende Verhinderung» neonazistischer Angriffe vollständig gescheitert, da bereits Ende der 1970er Jahre die rechte Bewegung in der DDR einen solchen Zulauf hatte, dass nur noch in Ausnahmefällen, etwa um den 20. April 1989 herum, als in mehreren Städten und Gemeinden der DDR der 100. Geburtstag Hitlers gefeiert werden sollte, die Vorbeugung halbwegs gelingen konnte.

In Neustadt (Bezirk Gera) deckte die Volkspolizei 1978 eine neonazistische Gruppe (12 bis 17 Jahre) auf, die sich «Wölflinge» nannten. Sie bezeichneten sich untereinander mit Namen von Nazis, wie z. B. «Hitler», «Goebbels» oder «Göring». Ihre politischen Ziele waren die Befreiung des ehemaligen Hitler-

727 BStU, MfS, BV Berlin, AKG 1398, Bl. 1.

728 BStU, MfS, HA XX Nr. 6204, Bl. 52; BStU, MfS, ZAIG Nr. 2872, Bl. 5f.

Stellvertreters Rudolf Heß aus dem Gefängnis in Berlin-Spandau, der Kampf gegen die DDR und die Vereinigung Deutschlands.[729]

In Berlin wurde eine Neonazi-Gruppe ermittelt, die aus fünf Schülern der 9. und 10. Klasse der 1. Oberschule «Bruno Baum» in Prenzlauer Berg und der 2. OS in Marzahn und einem «Hilfsarbeiter bei der Städtischen Friedhofsverwaltung Berlin Friedrichsfelde» bestand. Gegen sie wurde «wegen dringenden Verdachts der öffentlichen Herabwürdigung der staatlichen Ordnung gem. § 220 StGB» ermittelt. Unter der Bezeichnung «Deutsch-Nationaler Jugendbund» stellten sie im April 1979 insgesamt 141 Flugblätter mit folgendem Text her:

> «Deutsches Volk!
> Gehe am 20. Mai nicht zur Wahl! Zeige deine Stärke!
> Kämpfe gegen deine Unterdrückung und für deine Freiheit!
> Jagt die Russen und Sozischweine davon.
> Unser Vaterland muß DEUTSCHLAND heißen!
> Der Funke ist da entfache die Flamme!
> Sieh nicht zu wie sich die ROTEN Hunde auf des Arbeiters
> Tasche sattfressen und in Prunk leben!
> DEUTSCHLAND ROT_FRONT
> ERWACHE VERRECKE
> DEUTSCH-NATIONALE SAMMLUNG»

Die Flugblätter wurden am 17. Mai 1979 in Prenzlauer Berg und Mitte in Post- und Hausbriefkästen verbreitet. Die gerichtliche Hauptverhandlung vor dem Stadtbezirksgericht Berlin-Pankow sollte «unter Teilnahme eines geladenen Kreises von Funktionären der FDJ-Bezirksleitung und der FDJ-Kreisleitungen der Hauptstadt» durchgeführt werden. Das Ermittlungsverfahren «gegen einen Beschuldigten sollte wegen fehlender Schuldfähigkeit» eingestellt werden und bei allen weiteren Beschuldigten sei «eine gerichtliche Verurteilung auf Bewährung anzustreben». Das Mitglied des Politbüros des ZK der SED und 1. Sekretär der Bezirksleitung der SED Berlin, Genosse Konrad Naumann, erhielt eine Kopie der Information der BVfS Berlin vom 6. August 1979.[730]

In Rostock wurde am 6. Mai 1979 in und vor der HO-Gaststätte «Kosmos» eine Neonazi-Gruppe mit fünf Personen aufgelöst. Die Information (Streng vertraulich! Um Rückgabe wird gebeten!) der BVfS Rostock hielt fest, dass sich bei den Tätern durch den «ständigen Empfang von Sendungen westlicher Rundfunk- und Fernsehstationen» nicht nur ihre «Begeisterung für den Faschismus sowie den Neofaschismus in der BRD», sondern auch «ihre ablehnende Haltung gegenüber der DDR» verfestigte. Auch die Geheimhaltung solcher un-

729 BStU, MfS, HA XX Nr. 6104, Bl. 51; Neubert/Eisenfeld 2001, S. 262.

730 BStU, MfS, BV Berlin, AKG 1398, Bl. 2ff.

erfreulichen Informationen ist hier ersichtlich, da die Information wieder an die ausstellende Behörde zurückgegeben werden musste, um die Gefahr einer unkontrollierten Weitergabe der brisanten Inhalte auszuschalten bzw. zu minimieren. Einer der Neonazis gab an, dass er 1976 während seiner Dienstzeit in der NVA ca. 600 g Sprengstoff entwendet und in einem Waldgebiet gezündet hätte, um anderen Neonazis seine Kenntnisse als Pioniersoldat zu demonstrieren. Wegen «seiner positiven Entwicklung» – er arbeitete im Rahmen der FDJ-Initiative in Berlin in einer Brigade des Wehrbezirkskommandos (WBK) Rostock – und weil er Delegierter zum «Nationalen Jugendfestival» war, wurde gegen ihn kein Ermittlungsverfahren eingeleitet. Über diesen Sachverhalt wurden die 1. Sekretäre der Stadtleitung Rostock der SED und der FDJ informiert. Gegen drei Neonazis wurden Ermittlungsverfahren eingeleitet wegen öffentlicher Herabwürdigung und unbefugten Benutzens von Fahrzeugen. Zwei Neonazis wurden belehrt. Am 15. Mai 1979 wurde gegen sechs Personen ein Ermittlungsverfahren mit Haft eingeleitet wegen unbefugten Waffenbesitzes, öffentlicher Herabwürdigung und Rowdytums. Diese neonazistische Gruppe bestand seit 1977 und die Mitglieder trafen sich in der Wohnung des «Rädelsführers», die als «Führerhauptquartier» bezeichnet wurde. In Gaststätten in Schwaan oder Rostock wurde der «Hitler-Gruß» gezeigt und andere Personen wurden als «Rote Säue», «Judensau» oder «Kommunistenschweine» bezeichnet. Es wurden faschistische und antisemitische Lieder gesungen, wie z. B. das «Deutschland-Lied», das «Horst-Wessel-Lied» und das Lied «Die Fahne hoch ...».[731]

In Berlin-Pankow gab es im Oktober 1979 eine Neonazi-Gruppe, die aus sechs Schülern bestand. Sie trafen sich auf dem Masurenplatz, grüßten mit dem Hitlergruß und sprachen sich mit Namen von Nazis an: «Göbbels, Himmler, Göring, Dönitz». Mehrere Mitglieder hatten in Berlin an verschiedenen Stellen Hakenkreuze geschmiert. Gegen zwei Mitglieder der Gruppe wurde ein Ermittlungsverfahren mit Haft angestrebt und bei den anderen Mitgliedern wurden wegen «geringerer Tatbeteiligung» Belehrungen ausgesprochen.[732]

In Karl-Marx-Stadt wurde am 9./10. März 1980 auf ein Panzerdenkmal der sowjetischen Armee ein Sprengstoffanschlag verübt. Die Täter waren ein Ehepaar und zwei weitere Personen. Der Haupttäter erhielt eine lebenslange Freiheitsstrafe. Ein weiterer Täter, ehemaliger Offizier der NVA, erhielt zwölf Jahre Freiheitsentzug. Die Ehefrau wurde zu zwei Jahren Freiheitsstrafe verurteilt. Nach 1990 wurden die Tat und die Täter von Neonazis entsprechend gewürdigt.[733]

In Radebeul (Bezirk Dresden) bestand im Juni 1980 eine neonazistische Gruppe mit 12 bis 15 Mitgliedern, die «seit Mitte der 70er Jahre» existierte und

731 BStU, MfS, HA XX Nr. 6059, Teil 2 von 2, Bl. 289ff.

732 BStU, MfS, BV Berlin, AKG 2550, Bl. 1ff.

733 BStU, MfS, BV Dresden, KD Großenhain Nr. 10126, Teil 2/2, Bl. 497ff.

die sich seit 1978 als «Wehrsportgruppe Kiel» bezeichnete. Der Kern der Gruppe «war im Besitz von Waffen und Munition». Die Gruppe führte Karateausbildungen durch und es wurden «Märsche» in unbekanntem Gelände in der Umgebung von Dresden geübt. Ihr Ziel war die Schaffung eines «freien Deutschlands». Die BVfS Dresden ließ prüfen, ob die Hakenkreuze vom 16./17. Juli 1980 im Kreis Pirna (Bezirk Dresden) durch diese Gruppe geschmiert worden waren. Am 1. August 1980 wurde die entsprechende OPK zu einem OV «Degen» umgewandelt. Die Gruppenmitglieder knüpften Kontakte zu Altstoffhändlern, um in den «Besitz faschistischer Literatur und Symbole zu gelangen», außerdem «waren Einbrüche in Gedenkstätten, wie zum Beispiel dem ehemaligen KZ-Sachsenhausen geplant». Eine Straßenbahn sollte mit faschistischen Symbolen beschmiert werden. Unter Nutzung verschiedener Möglichkeiten versuchten die Täter in den «Besitz von Schußwaffen zu kommen». So wurden «zielgerichtet Kontakte zu sowjetischen Soldaten bzw. Zivilangestellten gesucht, um von diesen Pistolen und dazugehörige Munition» kaufen zu können. Des Weiteren waren Einbrüche in Waffenkammern, insbesondere der Gesellschaft für Sport und Technik, geplant. Die Seelower Höhen im Bezirk Frankfurt/O., dort fanden zum Ende des II. Weltkrieges umfangreiche Kampfhandlungen statt, wurden abgesucht, um in den Besitz von «Waffen, Munition, Waffenteilen und anderen militärischen Ausrüstungsgegenständen» zu gelangen. Ein Täter entwickelte Aktivitäten zur «Herstellung eines Sprengkörpers [...] der anläßlich eines politischen oder gesellschaftlichen Höhepunktes zur Detonation gebracht werden sollte». In einzelnen Fällen wurde gewalttätig gegen Einrichtungen bzw. Fahrzeuge der GSSD vorgegangen, indem z. B. Feuer gelegt bzw. ein Fahrzeug beschädigt werden sollte.[734]

In Eberswalde (Bezirk Frankfurt/O.) kam es am 14. August 1980 gegen 22 Uhr vor dem Wohnheim des VEB Kranbau Eberswalde zu einer Ansammlung von circa dreißig Rassisten. Diesem Auflauf waren im Vergnügungspark zuvor bereits gewalttätige Auseinandersetzungen vorangegangen. Unter ihnen befanden sich auch «einschlägig vorbestrafte Personen», die mit Zaunlatten bewaffnet gegen Kubaner vorgehen wollten. Volkspolizisten und Angehörige der KDfS konnten den Angriff verhindern. Sechs Deutsche (17 bis 22 Jahre) wurden dem VPKA zugeführt; gegen zwei Täter wurde ein Ermittlungsverfahren wegen «Rowdytum» eingeleitet.[735]

In Berlin-Friedrichshain bestand 1980 eine neonazistische Gruppe, die sich «NSDAP-Reichsleitung» nannte. Ehemalige FDJ-Funktionäre hatten diese Gruppe gegründet, die sich auch «HJ = Honecker Jugend» nannte. Bereits während ihrer Zeit als Soldaten in der NVA waren sie mit rechtsradikalen Äu-

734 BStU, MfS, HA XXII Nr. 5609/1, Bl. 1–11; BStU, MfS, JHS 20411, Bl. 33f., 42, 79–91.

735 BStU, MfS, HA IX 8577, Bl. 192f.

ßerungen aufgefallen. «Reichspropagandaleiter» war ein ehemaliger FDJ-Propagandist.[736]

In Rostock hatten mehrere Schüler der 23., der 30. und einer weiteren Oberschule 1980 eine Gruppe gebildet, deren Mitglieder sich neonazistisch und antisemitisch äußerten: «Die Juden muß man alle abschlachten» oder «Jude verrecke». Zwei Schüler wurden Ende April vom Kreisgericht Rostock wegen «Öffentlicher Herabwürdigung» nach § 220 StGB zu Haftstrafen zur Bewährung verurteilt. Außerdem hatten sie fünf Tage «gesellschaftlich-nützliche Arbeitszeit» zu verrichten.[737]

In Meerane, Kreis Glauchau (Bezirk Karl-Marx-Stadt) bildeten Schüler der Goethe-Oberschule im Oktober 1980 eine Wehrsportgruppe nach dem Vorbild der westdeutschen «Wehrsportgruppe Hoffmann». Sie hatten sich Dienstgrade der «SS» zugesprochen, zeigten den «Hitler-Gruß» und sangen das «Deutschlandlied». Sie fertigten faschistische Embleme und Symbole und waren im Besitz «faschistischer Druckerzeugnisse» und Bücher von und über Hitler, die von den Eltern eines Mitglieds kamen. Mehrfach schmierten sie auf Bänke im Stadtpark Hakenkreuze sowie die Buchstaben «WMG» (Wehrmachtsgruppe). Als «Mutproben» führten sie Ladendiebstähle durch. Gegen zwei Schüler wurde durch das VPKA Zwickau am 18. November 1980 ein Ermittlungsverfahren mit Haft wegen «Rowdytum» und «Öffentlicher Herabwürdigung» eingeleitet. In schriftlichen Erklärungen der beiden Jugendlichen bereuten sie ihre «feindlich-negativen» Aktivitäten, die sie wiedergutmachen wollten. Aufgrund ihres jugendlichen Alters und der vorliegenden Erklärungen schlug das MfS vor, von strafrechtlichen Maßnahmen abzusehen. Sie sollten in geeigneter Form zu gemeinnütziger Arbeit herangezogen werden. An der Goethe-Oberschule und der Willi-Börner-Oberschule Meerane sollte mit dem Kreisschulrat, Vertretern der FDJ-Kreisleitung Glauchau, den Eltern der Beteiligten und der Schüler der jeweiligen Klassen eine «prinzipielle Auswertung» vorgenommen werden. Damit sollten Schlussfolgerungen für die Erziehungsarbeit sowohl der Schule als auch der Elternhäuser gezogen werden.[738]

In Ludwigslust (Bezirk Schwerin) wurde am 24. Juli 1981 der DVP bekannt, dass eine Neonazi-Gruppe mit dem Namen «Neofaschistischer Deutscher Jugendring» existierte, deren Mitglieder Schüler einer 10. Klasse der POS «Fritz Reuter» in Grabow und der Klasse 10/3 der EOS in Ludwigslust waren. Sie fertigten Mitgliedsausweise in der Größe von Personalausweisen mit einem Emblem «NDJ», einem Hakenkreuz und einer SS-Rune. Als gemeinsamen Gruß vereinbarten sie «Sieg Heil» mit «gespreiztem Zeige- und Mittelfinger sowie die Bezeichnung Standartenführer und Obersturmbannführer».[739]

736 BStU, MfS, HA IX Nr. 10097, Bl. 181f.

737 Archiv der Hansestadt Rostock, 2.1.1/7557.

738 BStU, MfS, HA XX Nr. 6202, Bl. 111–117.

739 BStU, MfS, HA IX Nr. 301, Bl. 136–138; BStU, MfS, ZAIG 3217, Bl. 6.

In Leipzig existierte 1982 eine «Reichsleitung», d.h. eine Gruppe mit etwa zweihundert Aktivisten, die sich als «NSDAP» etabliert hatte. Ein Arbeiter aus dem Braunkohletagebau war der «Reichsleiter» und er organisierte Feierlichkeiten jeweils zum 20. April (Hitlers Geburtstag), 30. Januar («Machtergreifung» der NSDAP) und dem 9. November («Reichspogromnacht»). Die Mitglieder der Gruppe suchten in Kneipen und Diskotheken Mitstreiter für einen «deutschen Liederclub».[740]

In Berlin wurde 1982 die neonazistische Heavy-Metal-Gruppe «Vandalen» gegründet.[741]

In Berlin wurde 1983 eine neonazistische Gruppe aufgedeckt, die sich in verschiedenen Gaststätten in und um Berlin getroffen hatte. Sie verherrlichte den Nazismus und Militarismus und sie gab sich faschistische Dienstgrade wie z.B. «Sturmbannführer» oder «Gauleiter». Einer von ihnen trug um den Hals ständig an einem Band ein «Eisernes Kreuz» I. Klasse aus dem I. Weltkrieg.[742]

Im Kreis Rochlitz (Bezirk Karl-Marx-Stadt) gab es im April 1983 «eine Konzentration renitenter Jugendlicher», die insbesondere zu Groß- und Tanzveranstaltungen gemeinsam auftraten. Nach Informationen eines IMB «Gerd» gehörten der «feindlich-negativen Gruppierung» circa zwanzig Personen an, die «bereits wegen Rowdytum vorbestraft» waren. Ein im VEB Stern-Radio in Rochlitz beschäftigter Graveur stellte für die Gruppe Plaketten her, auf denen die Initialen «BdF» standen. Gegenüber anderen Jugendlichen wollten sie zum Ausdruck bringen, dass sie sich als «Bund der Flaschisten», im Sinne von Bierflasche bzw. Trinker, bezeichneten. In der Öffentlichkeit jedoch wurde dieses Abzeichen als «Bund der Faschisten» bewertet. Mit einer Information vom 2. März 1983 zur Existenz einer «feindlich-negativen Gruppierung in Rochlitz, die sich als ‹Bund der Faschisten› bezeichnete», beschrieb der Leiter der KDfS Karl-Marx-Stadt die Lage. Der Oberstleutnant kam zu dem Schluss, dass der «Charakter und der Umfang dieser Gruppierung weiter aufzuklären» sei und danach sollte «eine Prüfung der strafrechtlichen Verantwortlichkeit» stattfinden, um diese Gruppierung zu zerschlagen. Am 11. April 1983 kam der Leiter der KDfS Rochlitz jedoch, ebenfalls nach intensiven Recherchen, zu dem Schluss, dass «die Existenz eines ‹Bundes der Faschisten› offensichtlich nicht den Tatsachen» entsprach.[743]

1983 bestand im Bezirk Frankfurt/O. eine neonazistische Gruppe mit etwa zehn Mitgliedern aus den Kreisen Eberswalde, Bad Freienwalde und Frankfurt/O. Bei Veranstaltungen wurden Tonbandmaterial und Filme mit antisowjetischen und nazistischen Inhalten eingesetzt. Anscheinend trafen ihre Aktivitäten auf große Aufnahmebereitschaft und sie begannen eine «Wehr-

740 BStU, MfS, BV Leipzig, Abt. IX 433/1, Bl. 34.

741 Madloch 2000, S. 76f.

742 BStU, MfS, BV Berlin, Abt. XX Nr. 3018, Bl. 53.

743 BStU, MfS, BV Chemnitz, AKG-642, Band 1, Bl. 48ff., Bl. 60ff.

sportgruppe aufzubauen». So wurde mit einem Zivilbeschäftigten, der bei der GSSD angestellt war, Kontakt aufgenommen, um an Waffen zu gelangen. Die Gruppe sah sich selbst in der Tradition der «Division Brandenburg», die als Spezialeinheit der Wehrmacht militärische Operationen hinter feindlichen Linien durchführte.[744]

In Riesa (Bezirk Dresden) wurde eine neonazistische Gruppe mit dem Namen «Volkssturm Pronitz» bekannt, deren Mitglieder am 18. August 1983 in der Öffentlichkeit das «Deutschlandlied» sangen und den Hitlergruß zeigten. Deshalb wurde gegen zwei Brüder eine Operative Personenkontrolle «Fanatiker» durchgeführt wegen des Verdachts von «Staatsfeindlicher Hetze» sowie «Öffentliche Herabwürdigung». Die Abteilung IX der BVfS Dresden kam zu dem Schluss, dass der Sachverhalt «kein Vorgehen mit strafrechtlichen Mitteln» ermöglicht, da die «öffentliche Herabwürdigung gemäß § 220 StGB in mündlicher Form, strafpolitisch eine unmittelbare Reaktion verlangt, was im Falle des Absingens des ‹Deutschlandliedes› mit erhobenem Arm im August 83 nicht erfolgte und andererseits das Verbot der doppelten Strafverfolgung gemäß § 14 StPO besteht, weshalb auf die Äußerung des [geschwärzt, HW] am 09.06.84, welche die Deutsche Volkspolizei mit einem Ordnungsstrafverfahren ahndete, nicht mehr reagiert werden kann».[745]

In Potsdam untersuchte die Abteilung XX mit der OPK «Braun» einen Neonazi (23 Jahre), der im Dezember 1983 mit weiteren Jugendlichen «eine Wehrsportgruppe» aufbauen wollte.[746]

In Rechlin, Kreis Neustrelitz (Bezirk Neubrandenburg) wurde am 10. Mai 1984 gegen eine Gruppe mit drei Mitgliedern (20 bis 24 Jahre) ein Ermittlungsverfahren mit Haft wegen «Staatsverleumdung» eingeleitet. Sie hatten sich am 5. Mai 1984 bei einer Diskoveranstaltung faschistisch geäußert und den Hitler-Gruß gezeigt.[747]

In Eberswalde (Bezirk Frankfurt/O.) wurde am 28. Juni 1984 «gegen 2 Täter aus einer Gruppe von 9 Jugendlichen» ein Ermittlungsverfahren mit Haft wegen «Staatsverleumdung» eingeleitet. Nach Ansicht der HA XX/2 hatten die Neonazis aus dem «Westfernsehen» faschistische Texte auf Tonbänder übernommen und wiederholt abgespielt. Deshalb hätten sie sich «als neofaschistische Gruppierung entwickelt und wollten die Bildung einer Wehrsportgruppe vollziehen».[748]

In Magdeburg wurden zwei «Rädelsführer» (24 und 33 Jahre) einer neofaschistischen Heavy-Metal-Gruppe entdeckt, die am 5. Juli 1984 gegründet worden war. Die Gruppe war hierarchisch organisiert, jedes Mitglied hatte einen

744 Wagner 2014, S. 167, S. 229.

745 BStU, MfS, Dresden, OPK, 3003/86, Bl. 27f.

746 BStU, MfS, HA XX Nr. 14172, Bl. 4.

747 BStU, MfS, HA XX Nr. 14172, Bl. 1.

748 BStU, MfS, HA XX Nr. 14172, Bl. 1.

entsprechenden Ausweis und es wurden Monatsbeiträge kassiert. Sie feierten eine faschistische «Party» und sie wurden verdächtigt, in der Stadt neofaschistische Schmierereien angebracht zu haben.[749]

In Fürstenwalde (Bezirk Frankfurt/O.) wurde seit dem 9. Juli 1984 eine Neonazi-Gruppe bearbeitet, deren Mitglieder zwischen 20 und 27 Jahre waren. Sie hatten am 20. April 1984 in der HO-Gaststätte «Maxim Gorki» «öffentlich» den Geburtstag Hitlers gefeiert. Durch die «Befragung von 6 Zeugen» ergab sich ein eindeutiger Tatverdacht.[750]

In Gardelegen (Bezirk Magdeburg) gab es ebenfalls eine neonazistische Heavy-Metal-Gruppe wie die in Magdeburg. Es wurde ein «Rädelsführer» bestimmt, gegen den die KDfS vorging, weil er «faschistische Tendenzen» vertrat. Die Gruppe sollte «Verbindungen nach Westberlin» haben und am 21. August 1984 soll sie Vietnamesen gewalttätig angegriffen haben.[751]

In Nordhausen (Bezirk Erfurt) führte das örtliche VPKA Mitte September 1984 bei einem Jugendlichen eine Hausdurchsuchung durch, weil er im Besitz eines «Trommelrevolvers» gewesen sein sollte. Tatsächlich wurden ein Revolver sowie Orden, Ehrenzeichen, Uniformzeichen, Seitengewehre und Stahlhelme aus dem I. und II. Weltkrieg festgestellt. Daraufhin wurden weitere fünf Jugendliche ermittelt, bei denen ebenfalls Hausdurchsuchungen stattfanden und Orden und Ehrenzeichen, selbstgefertigte Schlagstöcke und Tarnanzüge gefunden wurden. Es wurden größere Mengen «faschistischer Literatur sichergestellt». Dazu kam, dass «umfangreiche Bestände an Chemikalien, die den Tätern zur Herstellung von Sprengmitteln dienten», aufgefunden wurden. In einer Höhle in einem Waldgebiet sowie an einem Mauerwerk einer stillgelegten Eisenbahnbrücke hatten sie zwölf Sprengungen durchgeführt. Die Chemikalien wurden im Handel gekauft und ein Täter entwendete an seiner Arbeitsstelle beim VEB Tierzucht Nordhausen, wo er als Giftbeauftragter eingesetzt war, weitere Chemikalien. Als Behältnisse dafür benutzten sie ausrangierte Druckbehälter von Feuerlöschern, die sie im VEB Metallaufbereitung Nordhausen stahlen. Sie entfalteten ein Gruppenleben in der Weise, dass sie gemeinsam an Wochenenden zelteten, wobei sie am Lagerfeuer «faschistische Soldatenlieder sangen». Alle Mitglieder bezeichneten sich als «Faschisten», deren Vorbilder «SS-Kommandos», die Wehrsportgruppe Hoffmann und der Neonazi Michael Kühnen aus der BRD waren. Gegen sie wurde ein Ermittlungsverfahren mit Haft wegen «Unbefugten Waffen- und Sprengmittelbesitz», «Öffentlicher Herabwürdigung» und «Unterlassung der Anzeige» eingeleitet.[752]

In Staßfurt (Bezirk Magdeburg) wurde am 23. September 1984 der KDfS bekannt, dass mehrere Jugendliche aus der Stadt auf einem Zeltplatz bei einem

749 BStU, MfS, HA XX Nr. 14172, Bl. 1f.

750 BStU, MfS, HA XX Nr. 14172, Bl. 4.

751 BStU, MfS, HA XX Nr. 14172, Bl. 2.

752 BStU, MfS, HA XVIII Nr. 7995, Bl. 1f.; BStU, ZOS 2244, Bl. 1f.

Motorrad-Rennen in Brno (CSSR) «faschistische Äußerungen getätigt» hatten. Ein Jugendlicher (23 Jahre) wäre durch «Führerreden» in Erscheinung getreten.[753]

Bei Auslandsaufenthalten in Staaten des Ostblocks wie in der CSSR, in Polen oder Bulgarien zeigten Deutsche aus der DDR überhebliche nationalistische Einstellungen. In Brno waren im August 1984 bei einem Motorrad-Rennen mehrere Deutsche aus dem Bezirk Suhl «durch rowdyhafte Handlungen» und durch das «Grölen faschistischer und militaristischer Parolen» aufgefallen. Die Sicherheitsbehörden beim BV Suhl und der Kreisdienststelle Bad Salzungen befragten acht Tatverdächtige. Am 21. August 1984 kamen sie in Brno an und randalierten mit Feuer und Müll, dabei sangen sie das «Deutschlandlied» und riefen in Sprechchören «Deutschland, Deutschland», «Deutschland erwache», «Russen raus» und «Verbrennt die Juden». Es wurde der rechte Arm zum «faschistischen Gruß» erhoben und es wurden antisowjetische und rassistische Rufe gegrölt. Es wurde festgelegt, keine Ermittlungsverfahren gegen die Verdächtigen einzuleiten. Jedoch sollten Ordnungsstrafverfahren durchgeführt werden.[754]

Die Abteilung XIX der BV Magdeburg eröffnete 1984 eine Operative Personenkontrolle «Faschist» zu einem Matrosen (17 Jahre). Eine Kontrolle der Wasserschutzpolizei fand ihn in «faschistischer Kleidung auf». Er verherrlichte in seinem Heimatort Niederfinow (Bezirk Frankfurt/O.) zusammen mit seinem «Freundeskreis» den Faschismus.[755]

In Hasselfelde, Kreis Wernigerode (Bezirk Magdeburg) wurde im März 1984 über einen Operativen Vorgang «Ballon» und eine Operative Personenkontrolle «Kanone» ein «Rädelsführer» und dessen Gruppe mit «weiteren 5 bis 6 Personen» kontrolliert. Sie wurden verdächtigt, illegal Waffen und faschistische Bilder, Uniformen, Orden und Stahlhelme zu besitzen. Sie hörten Texte, in denen «die Judenvernichtungsaktion der Faschisten verherrlicht» wurde. Bei jährlichen Besuchen von Motorrad-Rennen in Brno sollen sie «Westverbindungen unterhalten» haben.[756]

In Bischofswerda (Bezirk Dresden) wurde ein «Wortführer» (20 Jahre) einer Neonazi-Gruppe «operativ bearbeitet». Weitere «10 Mitglieder dieser Gruppierung» sollen «alle SS-Runen» getragen haben.[757]

In Zittau (Bezirk Dresden) wurde 1984 eine Neonazi-Gruppe entdeckt, der sechs Mitglieder angehörten. Bei ihren Zusammenkünften sangen sie «faschistische Lieder» und sie trugen «Aufnäher mit faschistischen Zeichen».[758]

753 BStU, MfS, HA XX Nr. 14172, Bl. 2.
754 BStU, MfS, HA IX Nr. 10098, Bl. 151ff.
755 BStU, MfS, HA XX Nr. 14172, Bl. 3.
756 BStU, MfS, HA XX Nr. 14172, Bl. 3.
757 BStU, MfS, HA XX Nr. 14172, Bl. 3.
758 BStU, MfS, HA XX Nr. 14172, Bl. 4.

In Riesa (Bezirk Dresden) wurden 1984 zwei Brüder (22 und 28 Jahre) als Rädelsführer mit der OPK «Fanatiker» kontrolliert. Sie gehörten zu einer Neonazi-Gruppe mit drei weiteren Mitgliedern und nannten sich «Volkstum Promnitz». Die Gruppe feierte jährlich den Geburtstag von Hitler. Zu einem ehemaligen Bürger aus Riesa, der nun in der BRD lebte, hielten sie Kontakt, auch durch Treffen in der CSSR.[759]

In Cottbus «bearbeitete» Ende 1984 die Abt. XX/5 in der OPK «Maja» einen Neonazi, der als Leiter einer Gaststätte «öffentlich faschistische» Lieder sang und sich faschistisch äußerte. Aus der SED war er ausgeschlossen worden. Er soll Jugendliche (Punks) neonazistisch beeinflusst haben.[760]

In Meerane (Bezirk Karl-Marx-Stadt) gab es einen Neonazi (18 Jahre), der durch die OPK «Idol» «bearbeitet» worden war. Er äußerte sich «öffentlich» faschistisch und verkaufte Nazi-Symbole. Zusammen mit einem weiteren Neonazi (34 Jahre) nannten sie ihre Gruppe «Kämpfer für das Reich».[761]

In Berlin hatte die Abteilung XX gegen zwei Neonazis (22 Jahre) eine OPK «Freitag» eingeleitet. Die beiden waren Mitglieder einer Wehrsportgruppe, die sich am Vorbild der WSG Hoffmann aus der BRD orientierte. Sie waren Angehörige der Hooligans des 1. FC Union Berlin und sie sollten «Verbindung zu Skinheads in der BRD» pflegen.[762]

Ein in Halle-Neustadt wohnender Lehrling des VEB Buna-Werkes eröffnete Ende 1984/Anfang 1985 im Keller (Trockenraum) seines Wohnhauses einen nicht genehmigten «Jugendclub», wo ständig bis zu zwanzig Jugendliche/Jungerwachsene verkehrten. Im Jahr 1986 gingen sie dazu über, «faschistisches Gedankengut zu verbreiten». Am 20. April 1985 und 1986 wurde dort Hitlers Geburtstag gefeiert. Der Betreiber des Jugendclubs «wurde inhaftiert».[763]

In Oranienburg (Bezirk Potsdam) wurde am 17. Mai 1985 eine Neonazi-Gruppe mit sieben Jugendlichen entdeckt, die sich «Terrororganisation Anton-Seiss-Inquart» nannte. Wahrscheinlich war hier Arthur Seyß-Inquart gemeint, Mitglied der NSDAP sowie Reichsminister ohne Geschäftsbereich. Seyß-Inquart wurde vom Internationalen Militärgerichtshof in Nürnberg schuldig gesprochen und als Kriegsverbrecher hingerichtet. Schüler der Comenius-Oberschule Oranienburg hatten sich ab Dezember 1984 zusammengetan und in einem anonymen Schreiben an den Leiter des Bahnhofes Oranienburg kündigten sie zerstörerische Handlungen an und sprachen telefonische Bombendrohungen aus. Die Mitglieder dieser Gruppe hatten sich faschistische Dienstgrade und Funktionen gegeben. Der Rädelsführer, sein Berufswunsch war Offizier der

759 BStU, MfS, HA XX Nr. 14172, Bl. 4.
760 BStU, MfS, HA XX Nr. 14172, Bl. 4f.
761 BStU, MfS, HA XX Nr. 14172, Bl. 5.
762 BStU, MfS, HA XX Nr. 14172, Bl. 5.
763 BStU, MfS, BV Halle AKG, Sachakten Nr. 1239, Bl. 159f.

NVA, hatte sich über sechzig Biografien von Nazigrößen erarbeitet und teilweise auswendig gelernt.[764]

In Riesa war durch den «Inoffiziellen Kriminalpolizeilichen Mitarbeiter» (IKMR) «Rolf» seit September 1985 bekannt, dass sich aus Kreisen u.a. der Rechtsbrecher und Asozialen ein «Konzentrationspunkt Jungerwachsener entwickelt hat, welcher eine faschistische Entwickelungstendenz aufweist». Der IKMR «Rolf» wurde in Abstimmung mit der KDfS Riesa zielgerichtet eingesetzt und er berichtete erstens über den Rädelsführer der Gruppe und zweitens über einen weiteren Mann aus Riesa, der «gegenwärtig seinen Ehrendienst in der NVA» ableistete und der ihm in seiner Wohnung «eine Stange Sprengstoff sowie die dazugehörige Zündschnur» zeigte. «Rolf» wollte erfahren haben, dass bei ihm «noch weitere 4 Stangen im Besitz» waren. Diese Informationen gab «Rolf» weiter an den Waffenmeister der «Waffenkammer der VPKA Riesa», der aufgrund der vorgelegten Beschreibung feststellte, dass «es sich um Sprengstoff Trotyl» handeln könnte, der «in den VP-Bereitschaften bzw. in der NVA verwendet» wurde. Das MfS wusste durch «Rolf», dass der Sprengstoff auf dem Dachboden eines Verdächtigen lagerte. Daraufhin wurde, um einen Anlass für eine Hausdurchsuchung zu haben, «mit einer Eingabe der Gebäudewirtschaft Riesa betreffs der bei Baumaßnahmen festgestellten Unordnung auf dem Boden des Grundstücks [geschwärzt, HW] legendiert», d.h. am 14. Februar 1986, gegen 13.30 Uhr, wurde «durch die Abt. F die Brandschutzkontrolle durchgeführt. Sie führte zum Auffinden von 5 Sprengpatronen Trotyl» sowie dem dazugehörigen Zündsatz. Die Abteilung F erstattete daraufhin beim VPKA Riesa Anzeige und nachdem nun offiziell der Sachverhalt bekannt war, «wurde die Bearbeitung durch die KD MfS Riesa übernommen». Am Sonnabend, den 15. Februar 1986 wurden zwei Täter verhaftet und sie waren geständig. Noch an diesem Sonnabend wurde ein weiterer Täter gefasst, «bei dem weitere 4 Stangen Trotyl sowie der dazugehörige Sprengsatz sichergestellt» werden konnten, die er «während seines Ehrendienstes bei der NVA» entwendete». Durch die BVfS Dresden wurde ein Ermittlungsverfahren gemäß § 206 (1) «Unbefugter Waffen- und Sprengmittelbesitz» mit Haft StGB gegen drei Täter eingeleitet. Einer der Beschuldigten war von 1975 bis 1986 als Facharbeiter in einer privaten Schmiede beschäftigt, nur unterbrochen von seinem Grundwehrdienst von Mai 1979 bis Oktober 1980 bei den Grenztruppen der NVA. Seit 1961 war er Mitglied des DTSB und seit 1984 Mitglied der NDPD. Von 1971 bis 1975 war er Mitglied der FDJ und der DSF. Der Leiter der Abteilung schlug vor, beim Gericht eine Strafe ohne Freiheitsentzug zu beantragen.[765]

In Berlin-Köpenick hatte sich an der 3. POS von Januar bis April 1985 eine Neonazi-Gruppe mit circa 15 Schülern der Klassen 8a, 8b, 9a und 9c hervorge-

764 BStU, MfS, BV Potsdam, AKG 775, Bl. 104ff.; BStU, MfS, HA XX, Nr. 6727, Bl. 82ff.

765 BStU, MfS, Dresden, OPK 3003/86, Bl. 275f., Bl. 283ff.

treten. Sie befasste sich mit «faschistischem Gedankengut», grüßte mit dem Hitlergruß und erzählte «Judenwitze». Sie wollten eine Gruppe unter dem Namen «Der Führer» bilden und am 20. April 1985 wollten sie in der Freiluftgaststätte «Mecklenburger Dorf» auf den Geburtstag Hitlers trinken. Die Schulleitung und die Pädagogen machten «in dieser Hinsicht keinerlei Feststellungen», d.h. sie ließen die jungen Neonazis stillschweigend gewähren. «Eine verstärkte Hilfe durch den Rat des Stadtbezirks, Abteilung Volksbildung» erschien der KDfS Köpenick erforderlich.[766]

Eine Heavy-Metal-Gruppe, «18 negativ-dekadente Jugendliche» aus Eisenhüttenstadt (Bezirk Frankfurt/O.), trat 1985 in Brno «mit rowdyhaften Verhaltensweisen in Erscheinung. Ihre Zielstellung war, selbst einmal mit einem großen Personenkreis an Krawallen und groben Mißachtungen der Normen des sozialistischen Gemeinschaftslebens teilzunehmen. Es wurden Ermittlungsverfahren gegen 5 Personen mit Haft und gegen 13 Personen ohne Haft eingeleitet.[767]

In Karl-Marx-Stadt gab es im Dezember 1985 eine Neonazi-Gruppe, gegen die ein Operativer Vorgang gemäß §§ 106 «Staatsfeindliche Hetze», 107 «Staatsfeindliche Gruppenbildung» mit Haft StGB eingeleitet wurde. Die Mitglieder der Gruppe verherrlichten in der Öffentlichkeit den «Faschismus/Militarismus» und sie wollten eine neonazistische Gruppe nach dem Vorbild der in der BRD verbotenen «Wehrsportgruppe Hoffmann» aufbauen, deren Name «Nationale Partei Chemnitz» (NPC) lauten sollte. Sie wollten in erster Linie Personen gewinnen, die durch den DTSB, die GST bzw. in den bewaffneten Organen eine Spezialausbildung im Zwei- und Nahkampf absolvierten hatten. In der Gaststätte «Güldener Bock» waren Mitglieder der Gruppe durch «faschistische, neonazistische sowie rassistische Äußerungen in Erscheinung» getreten. Der faschistische Gruß wurde gezeigt und es gab antisemitische und rassistische Äußerungen wie «Judenschweine», «Niggerschweine», «Deutschland» oder «diese Kneipe bleibt deutsch».[768]

In Stedten (Bezirk Halle) wurde im Dezember 1985 inoffiziell bekannt, dass «durch mehrere Jugendliche [...] Äußerungen faschistischen Charakters in der Öffentlichkeit gemacht wurden». Daraufhin wurde gegen drei Jugendliche (17 bis 20 Jahre) ein Ermittlungsverfahren gemäß § 220 «Öffentliche Herabwürdigung» StGB mit Haft und gegen zwei Jugendliche ohne Haft durchgeführt. Die Täter hatten sich von Oktober 1985 bis Februar 1986 in Diskotheken über die DDR herabwürdigend geäußert und «über die DVP faschistische Parolen lautstark geäußert». Nach der Haftentlassung traten die Jugendlichen bis dahin

766 BStU, MfS, BV Berlin, AKG 4863, Bl. 1f.

767 BStU, MfS, BV Frankfurt/Oder, BdL, 4277, Bl. 5.

768 BStU, MfS, HA XX 6071, Teil 1 von 2, Bl. 62f.

«mit faschistischen Verhaltensweisen und Äußerungen» nicht wieder in Erscheinung.[769]

In Bitterfeld (Bezirk Halle) wurde im Dezember 1985 durch die KDfS eine «negativ-dekadente» Gruppierung bekannt, deren Mitglieder im Jugendclub Stansdorf bei Bitterfeld den Faschismus verherrlichten und faschistische Symbole sammelten.[770]

In Eisleben (Bezirk Halle) existierte von 1984 bis 1987 eine «lose Gruppierung» mit ca. 10 Jugendlichen. Im Juni 1986 wurden zu 6 Jugendlichen Ermittlungsverfahren, u.a. wegen Rowdytum, eingeleitet. In den Vernehmungen zeigte sich, dass 3 dieser Jugendlichen (17 und 19 Jahre) «Träger faschistischen Gedankengutes waren. Durch sie wurden die Geburtstage Hitlers unter Anwesenheit von Mitgliedern der Gruppe» begangen, wobei seine Leistungen besonders hervorgehoben wurden. Es wurden faschistische Parolen und das «Deutschlandlied» gegrölt. Durch die Einleitung von «strafprozessualen Maßnahmen konnte die Gruppierung zersetzt werden. Die inzwischen aus der Haft entlassenen Jugendlichen werden inoffiziell unter Kontrolle gehalten.»[771]

In Eisleben (Bezirk Halle) gab es im April 1986 eine 5-köpfige Neonazi-Gruppe, die den Faschismus verherrlichte, den Hitlergruß zeigte und gewalttätige Angriffe «anzettelte». Der Abschluss des Operativen Vorgangs «Neonazi» sah vor, dass zwei Ermittlungsverfahren mit Haft eingeleitet und ein «IM-Vorlauf» eingerichtet wurden.[772] Ein weiterer Operativer Vorgang «Gruß» wurde angelegt, weil sich zwei Neonazis in der Öffentlichkeit faschistisch geäußert hatten. Der Fall wurde an die Volkspolizei übergeben, die gegen drei Täter ein Ermittlungsverfahren mit Haft wegen «Öffentlicher Herabwürdigung» und gegen zwei Täter ein Ermittlungsverfahren ohne Haft einleitete.[773]

In Cottbus wurden im Einleitungsbericht zur Operativen Personenkontrolle «Rechts» vom Anfang August 1986 zwei Arbeiter aus Cottbus genannt, die Mitglieder einer «feindlich-negativen» Gruppierung mit «faschistischem und revanchistischem Charakter» waren. Der Bericht stützte sich auf den vom VPKA Cottbus, Abteilung K I erarbeiteten Sachverhalt, dass am Südstrand auf dem Campingplatz «Stausee Spremberg» eine Gruppe mit fünf oder sechs Mitgliedern festgestellt wurde, die sich nach eigenen Angaben als «Rechtsradikale» bezeichneten. Sie trugen «eine gewisse Uniformierung in ihrer Kleidung, Schnürstiefel, graue Drillichhose, weiße Hemden, breite Hosenträger». Sie trugen kurzgeschnittenes Haar und waren mit einem selbstgefertigten Gummiknüppel, Fahrtenmessern und einem angeschliffenen Campingbeil bewaffnet. Durch inoffizielle Informationen wurde eingeschätzt, dass «ca. 10–15 Jugendliche zur

769 BStU, MfS, BV Halle AKG, Sachakten Nr. 1239, Bl. 79.

770 BStU, MfS, BV Halle AKG, Sachakten Nr. 1239, Bl. 127.

771 BStU, MfS, BV Halle AKG, Sachakten Nr. 1239, Bl. 79.

772 BStU, MfS, BV Halle AKG, Sachakten Nr. 2201, Bl. 8; BStU, MfS, HA XX, Nr. 900, Bl. 358.

773 BStU, MfS, BV Halle AKG, Sachakten Nr. 2201, Bl. 8.

Gruppierung» gehörten, die «Provokationen gegenüber ausländischen Staatsbürgern» begangen hatten. Zusammen mit der Abteilung IX wurde von der Abteilung XX/5 ein Ermittlungsverfahren wegen «Ungesetzlichen Grenzübertritt» gegen eine Person eingeleitet. Die Gruppe war in Cottbus-Sandow gegen Ausländer vorgegangen und provozierte mehrfach Gewalttätigkeiten mit dunkelhäutigen Ausländern. Sie verehrten Hitler, den Nazismus und verbreiteten Parolen wie z. B. «Heil Hitler, «Deutschland erwache, der Endsieg ist unser» und «Ausländer raus». Ein Treffpunkt der Rassisten war eine Kommissionsgaststätte in Cottbus, deren Leiter Mitglied der SED war. Sowjetische Gäste, Angehörige der GSSD, bezeichnete dieser als «Unmenschen» oder «lästige Personen». Er hatte eine Sammlung von ca. 25 Hieb- und Stichwaffen, u. a. Seitengewehre/Bajonette, ein Bild von Hitler, einen Bildband über Hitler und einen Bildband eines SS-Führers, die bei Treffen der Gruppe in der Gaststätte ausgestellt wurden. Der Leiter der Gaststätte wurde verwarnt und belehrt, jedoch wurde von einem Ermittlungsverfahren abgesehen, da in einem Gespräch mit ihm festgestellt worden war, dass er «kein Feind der Republik» wäre.[774] Der 1. Strafsenat des Kreisgerichts Cottbus erhöhte, nach einem Protest des Staatsanwaltes, die Freiheitsstrafen für sechs von acht angeklagten Neonazis. Die erste Instanz hatte laut Staatsanwaltschaft zu wenig berücksichtigt, dass die Angeklagten «faschistisch und antihumanistisch» ausgerichtet waren und ihre politischen Vorstellungen mit Gewalt durchsetzen wollten. Drei Jugendliche wurden wegen «verbrecherischen Rowdytums» zu Gefängnisstrafen zwischen zwei Jahren und sechs Monaten sowie drei Jahren, drei weitere zu Haftstrafen von einem Jahr und sechs Monaten bis zwei Jahren verurteilt. Für einen Jugendlichen (14 Jahre) blieb es bei der erstinstanzlichen Freiheitsstrafe.[775]

In Berlin wurden 1986 von Skinheads die neonazistischen Gruppen «Lichtenberger Front», «Ostkreuz-Front» und «Oranienburger» gegründet.[776]

In Weißenfels (Bezirk Halle) wurde durch den Operativen Vorgang «Fraktion» eine «Konzentration von Jugendlichen mit feindlich-negativen Verhaltensweisen und teilweiser Bereitschaft zu feindlich-negativen» gewaltsamen Handlungen, die sich «insbesondere gegen Angehörige der GSSD und der NVA richteten, festgestellt.[777]

Im Kreis Weißenfels (Bezirk Halle) wurde 1986 ein «Wortführer» einer Gruppierung bekannt, die den Faschismus verherrlichte. Ihr gehörten ein Schüler und drei Lehrlinge (15 bis 19 Jahre) an, die über selbstgefertigte Schlagwaffen und Nazi-Symbole verfügten und die Karate-Training betrieben. Zwei Jugendli-

774 BStU, MfS, HA XX/AKG, Nr. 1353, Bl. 4–9; BStU, MfS, HA XX 6046, Teil 2/2, Bl. 199–205, Bl. 303ff.

775 Lausitzer Rundschau, 2.7.1988.

776 Madloch 2000, S. 75; BStU, MfS, BV Magdeburg, KD Havelberg, Nr. 3810, Bl. 45.

777 BStU, MfS, BV Halle, AKG, Sachakten Nr. 2201, Bl. 9.

che waren Anwärter als «Berufsunteroffiziere» der NVA. Ihren Arbeitstag in der Werkstatt begannen sie mit dem Hitlergruß.[778]

An der Erich-Weinert-Oberschule in Quedlinburg (Bezirk Halle) wurde 1986 eine neonazistische Gruppe bekannt, deren Mitglieder sich mit Äußerungen hervortaten wie z.B. «Heil Hitler» oder «Jude verrecke». Außerdem besaßen sie Abzeichen, Dokumente, Literatur, Stahlhelme und Schutzmasken aus der Nazizeit. Den Pädagogen an der Schule und der Abteilung Jugendhilfe/Heimerziehung beim Rat des Kreises Quedlinburg war die Gruppe «seit 2 Jahren bekannt», jedoch wurden «keine Maßnahmen zum konsequenten Einschreiten durchgeführt».[779] Förderlich für solche neonazistischen Tendenzen in Quedlinburg waren nach Ansicht des Leiters der Kreisdienststelle des MfS die «Vernachlässigung der Erziehungs- und Aufsichtspflichten durch die Eltern und Erziehungsträger» sowie «ungeordnete Familienverhältnisse, Ehekonflikte bis asoziale Verhaltensweisen». Besonders auffällig für die «Ausprägung faschistischer Verhaltensweisen» waren nach seiner Ansicht «Jugendliche mit geringem geistigen Potential».[780] Ein Schüler der POS «Erich-Weinert» bekundete 1986 «in 40–50 Fällen» auf dem Schulhof «faschistische Äußerungen» und zeigte den Hitlergruß. In seiner Wohnung wurden «faschistische Literatur und Orden» aufgefunden. Einer seiner Mitschüler, ebenfalls aus Quedlinburg, brachte an der Wandzeitung der Aula der Schule «faschistische Losungen und Symbole an. Die beiden Schüler gehörten einer «Heavy-Metal-Gruppe» an.[781]

In Wittenberg (Bezirk Halle) gab es 1986 eine Neonazi-Gruppe, deren Mitglieder den Hitlergruß zeigten und die sich mit faschistischen Titeln ansprachen. Sie sammelten und verbreiteten faschistische Orden und Literatur und feierten den Geburtstag von Hitler.[782]

In Wittenberg (Bezirk Halle) in der HO-Gaststätte «Helgoland» verherrlichten 10 bis 15 Neonazis den Faschismus und sprachen sich ständig mit «faschistischen Dienstgraden (Standartenführer, Reichsführer u.a.)» an, sangen faschistische Lieder und traten durch «rowdyhaftes Verhalten in Erscheinung». Sie waren im Besitz von «faschistischer Literatur und Ehrenzeichen. Am 20. April 1986 wurde unter «Bagatellisierung und Duldung des Gaststättenleiters» von diesen Neonazis der Geburtstag Hitlers gefeiert. 4 Täter wurden inhaftiert und ein Ermittlungsverfahren mit Haft wegen «Öffentlicher Herabwürdigung» eingeleitet. Im Zusammenwirken der KDfS mit der Abt. K der DVP wurden am 17. April 1986 «Maßnahmen zur Zersetzung/Zerschlagung dieser Gruppierung

778 BStU, MfS, BV Halle, AKG, Sachakten Nr. 1239, Bl. 38f.

779 BStU, MfS, BV Halle AKG, Sachakten Nr. 1239, Bl. 121f.

780 BStU, MfS, BV Halle AKG, Sachakten Nr. 1239, Bl. 123.

781 BStU, MfS, BV Halle AKG, Sachakten Nr. 1239, Bl. 162.

782 BStU, MfS, JHS 21161, Bl. 71.

eingeleitet». Am 28. August 1986 verherrlichte ein Arbeiter aus Wittenberg in dieser Gaststätte den Faschismus. Er wurde inhaftiert.[783]

In Wittenberg (Bezirk Halle) wurde im Februar/März 1986 eine neonazistische Gruppe von Schülern und Lehrlingen bekannt, die sich im Schlosshof versammelten. Sie belästigten Passanten, führten rowdyhafte Handlungen durch und sie wollten am 20. April 1986 den Hitler-Geburtstag feiern, was durch die Auflösung der Gruppe verhindert werden konnte. Gegen vier Mitglieder wurden Ermittlungsverfahren eingeleitet, der «Rädelsführer» wurde inhaftiert.[784]

In Aue (Bezirk Karl-Marx-Stadt) wurde Ende März 1986 ein «Operativ-Vorgang» gegen einen Arbeiter eröffnet, wegen des Verdachtes strafbarer Handlungen gemäß § 106 «Staatsfeindliche Hetze» bzw. § 220 «Öffentliche Herabwürdigung» StGB. Er war Mittelpunkt einer Gruppe «negativer» Jugendlicher, die er entsprechend beeinflusste. Der Verdächtigte wurde bereits 1986 «operativ bearbeitet» und zu zehn Monaten Freiheitsstrafe verurteilt. Nach seiner Entlassung aus der Strafhaft soll er am 14. März 1986 in der Gaststätte «Glück Auf» Folgendes geäußert haben: «Wenn ich zur Fahne komme, sehe ich sowieso schwarz. Wenn ich an der Macht wäre, würde es so was nicht geben. Die Schweine, die die Leute ziehen, würde ich über den Haufen schießen, in die Gaskammer stecken und Zyklon B schnuppern lassen. Mit dem alten Sturmgewehr MG 16, wie es die Deutschen im II. Weltkrieg hatten, würde ich die alle umnieten, an den Füßen aufhängen, Kopf abschneiden und ausbluten lassen.» Der Täter war in Aue bereits am 5. und 6. März in der Gaststätte «Neues Erzgebirge» mit ähnlichen Äußerungen in Erscheinung getreten. Mit dem «Operativ-Vorgang» sollten «Beweise für strafbare Handlungen gemäß § 106 Staatsfeindliche Hetze bzw. § 220 Staatsverleumdung bzw. Öffentliche Herabwürdigung StGB, in der vorbeugenden Verhinderung weiterer Straftaten sowie in der Zersetzung der negativ-dekadenten jugendlichen Gruppierung» erbracht werden.[785]

In Zwickau (Bezirk Karl-Marx-Stadt) wurde im Oktober 1986 von der KDfS der Operative Vorgang «Front» vorgeschlagen, um wegen des Verdachts von Straftaten gemäß § 220 StGB die Einleitung eines Ermittlungsverfahrens mit Haft zu ermöglichen. Der Verdächtige war Mitglied der neonazistischen Gruppierung «Sachsenfront» in Zwickau, deren Mitglieder den Faschismus verherrlichende Äußerungen und Handlungen begingen. Am 3. April 1986 wurde der Operative Vorgang «Front» gegen ein Mitglied der Gruppe wegen Verdacht auf strafbare Handlungen gemäß §§ 106 «Staatsfeindliche Hetze» und 220 «Öffentliche Herabwürdigung» StGB angelegt. Bereits 1984 war durch das VPKA Zwickau gegen ihn ein Ermittlungsverfahren wegen «Öffentlicher Herabwürdigung» eingeleitet und er zu vier Monaten Freiheitsentzug verurteilt worden. Am

783 BStU, MfS, BV Halle AKG, Sachakten Nr. 1239, Bl. 162; BStU, MfS, BV Halle, AKG, Sach. 2201, Bl. 7f.

784 BStU, MfS, HA XX Nr. 900, Bl. 359; BStU, MfS, BV Halle AKG, Sachakten Nr. 1239, Bl. 161.

785 BStU, MfS, HA XX, 6071, Teil 2 von 2, Bl. 179; BStU, MfS, HA IX 1036, Bl. 49.

31. August 1986 war bereits gegen ein Mitglied der Gruppe durch das VPKA Reichenbach ein Ermittlungsverfahren mit Haft wegen «Öffentlicher Herabwürdigung», «Mißbrauch von Scheck- und Kreditkarten» sowie «Asozialität» eingeleitet worden. Diese Gruppierung wurde als «negativ-dekadent» klassifiziert, was hier eine Verhüllung ihres «faschistischen und antisemitischen Gedankenguts» darstellt. Durch diese Maßnahmen wurden die Mitglieder der Gruppe «verunsichert» und der Operative Vorgang «Front» konnte so vom Leiter der KDfS abgeschlossen werden.[786]

In Hoyerswerda (Bezirk Cottbus) besuchten am 14. Oktober 1986 zwei uniformierte Neonazis die HO-Gaststätte «Kosmos». Sie waren schwarz bekleidet, ihre braunen Hemden hatten Kragenspiegel, sie trugen Schulterriemen und schwarze Springerstiefel. Sie zeigten den Hitlergruß und riefen «Heil Hitler». Sie waren Mitglieder einer Gruppe von Neonazis aus Cottbus, die rassistische und neonazistische Ideologie verbreitete.[787]

In Königs Wusterhausen existierte 1986 eine Neonazi-Gruppe, deren Mitglieder «mit rowdyhaften Verhaltensweisen» auftraten und faschistische Lieder sangen.[788]

In Potsdam trat 1986 eine Neonazi-Gruppe auf, die den Faschismus verherrlichte, faschistische Schmierereien anbrachte und in der Öffentlichkeit rowdyhaft auftrat. Ihre Mitglieder sammelten faschistische Orden und Bücher.[789]

In Ronneburg (Bezirk Gera) befasste sich 1986 eine Gruppe jugendlicher Werktätiger der SDAG Wismut, einige von ihnen waren mehrfach vorbestraft, mit «der Planung von Sprengstoffanschlägen». Zur Verhinderung ihrer Vorhaben wurden ein OV «Zünder» und die erforderlichen Maßnahmen eingeleitet.[790]

In Merseburg (Bezirk Halle) ging das MfS mit dem Operativen Vorgang «Baum» gegen zwei Neonazis vor, die Anfang 1986 als «Initiatoren» einer Neonazi-Gruppe in Merseburg hervorgetreten waren. Sie sangen Lieder, in denen sie die gesellschaftlichen Verhältnisse in der DDR «verunglimpften» und den Faschismus verherrlichten. Gegen sie wurde ein Ermittlungsverfahren mit Haft wegen «Öffentlicher Herabwürdigung» eingeleitet.[791]

In Merseburg (Bezirk Halle) stellte das Referat A/I der KDfS bei einer Recherche zu Erscheinungen der «Verherrlichung des Faschismus durch Jugendliche/Jungerwachsene» von 1985 bis Mai 1987 fest, dass am 21. April 1985 im Jugendklub Merseburg-West während einer Tanzveranstaltung Hitlers Geburtstag gefeiert und der Hitlergruß gezeigt wurde. Am 31. Januar 1986 wurden im

786 BStU, MfS, Karl-Marx-Stadt, «Front», Nr. 4412/86, Bl. 51ff., Bl. 70f.

787 BStU, MfS, BV Cottbus, AKG 892, Bl. 6–10.

788 BStU, MfS, JHS 21161, Bl. 71.

789 BStU, MfS, JHS 21161, Bl. 72.

790 BStU, MfS, HA XX/AKG Nr. 97, Bl. 17. BStU, MfS, BV Halle Sachakte Nr. 2201, Bl. 9.

791 BStU, MfS, HA IX 1037, Bl. 273; BStU, MfS, HA IX 771, Bl. 18.

Klubhaus Leuna das faschistische «Deutschlandlied» gesungen, der Hitlergruß gezeigt und es wurde gerufen: «Sieg Heil», «Heil Hitler», und «Lang lebe der Führer». Außerdem wurde das faschistische Lied gesungen: «Wir werden weitermarschieren, bis alles in Scherben fällt.» DVP und das MfS konnte neun Lehrlinge und Arbeiter aus Leuna und Merseburg als Täter namhaft machen. Im Kreis Merseburg wurde 1986 der «Wortführer» einer Gruppierung bekannt, die den Faschismus verherrlichte.[792] Die KDfS Merseburg analysierte die «Erscheinungsformen mit faschistischem Inhalt», die von 1985 bis Mai 1987 im Kreis stattfanden, und stellte fest, dass «16 Verfahren mit 18 Angeklagten» durch das Kreisgericht Merseburg durchgeführt worden waren. Dabei gab es vier Verfahren gemäß § 220 «Öffentliche Herabwürdigung» und 12 Verfahren gegen 14 Angeklagte gemäß §§ 137 und 139 Abs. 3 «Beleidigung» StGB. «In 16 Fällen standen die Täter unter erheblichem Alkoholeinfluß. 11 Täter waren vorbestraft. Die nicht vorbestraften Täter, bis auf 2 Ausnahmen, zeigen erhebliche Mängel in der Arbeitsdisziplin oder lebten gänzlich asozial.» Die Straftaten bestanden im «Absingen faschistischer Lieder, des Nazigrußes und in dem Wortschatz der Faschisten entlehnter Beschimpfungen wie Kommunistenschwein, Rote Sau, Judensau und Jude», die meistens bei Auseinandersetzungen mit Volkspolizisten oder mit Bürgern begangen wurden, «die sich für Ordnung und Sicherheit» einsetzten. Die Antwort der KDfS war dreigeteilt: Es sollte die «inoffizielle Basis» auf die Vorbeugung gerichtet werden, die Personifizierung der entsprechenden Personenkreise sollte durchgeführt und die Einleitung von positiven Maßnahmen der Beeinflussung aller Erziehungsträger gewährleistet werden. Schwerpunktmäßig sollten die Konzentration von «Heavy-Metal-Fans» in den Jugendclubs in Merseburg-West, in Merseburg-Zentrum sowie in der Gaststätte «Freundschaft» in Merseburg-West bearbeitet werden. Dieser Personenkreis bestand aus Schülern der 8. bis 10. Klassen, Lehrlingen verschiedenster Berufe sowie jungen Facharbeitern, die zwischen 15 und 25 Jahren alt waren. In Merseburg ging das MfS mit dem Operativen Vorgang «Baum» gegen zwei Neonazis vor, die Anfang 1986 als «Initiatoren» einer Gruppe in Merseburg hervorgetreten waren. Sie sangen Lieder, in denen sie die gesellschaftlichen Verhältnisse in der DDR «verunglimpften» und den Faschismus verherrlichten. Gegen sie wurde ein Ermittlungsverfahren mit Haft wegen «Öffentlicher Herabwürdigung» eingeleitet.[793]

In Dresden wurden mit dem OV «Kleeblatt» im März 1987, ergänzend zu den Untersuchungen, die bereits am 14.10.1986 begonnen hatten, drei «Rädelsführer» einer Neonazi-Gruppe gemäß § 220 «Staatsverleumdung» StGB bearbeitet. Einer von ihnen soll «das nazistische Gedankengut» in die Gruppe eingebracht haben, indem er fünf selbstgefertigte Armbinden verteilte. Die Gruppe

792 BStU, MfS, BV Halle AKG, Sachakten Nr. 1239, Bl. 38f.

793 BStU, MfS, HA IX 1037, Bl. 273; BStU, MfS, HA IX, 771, Bl. 18.

traf sich regelmäßig «am Jugendtreff in 8020 Dresden, Am Friedensturm. Die Aufnahme weiterer Mitglieder [...] erfolgte in einer Höhle an der Mordgrundbrücke, Dresden-Weißer Hirsch». Nach der «Sachverhaltsprüfung» der Abt. IX wurde eingeschätzt, «daß die Handlungen keine Straftat gemäß Paragraph 220 StGB» darstellten, «da keine Öffentlichkeit gegeben war». Ein Ordnungsstrafverfahren wurde «aufgrund des jugendlichen Alters und fehlenden Einkommens «nicht als geeignet befunden». Das MfS legte lediglich Wert darauf, dass mit dem Staatsanwalt, den Eltern und den Jugendlichen «eine Aussprache» durchgeführt wurde.[794]

In Gera gab es 1987 eine 5-köpfige Gruppe, die in Kampfanzügen der NVA und mit militärischen Ausrüstungsgegenständen wehrsportliche Übungen im Forstgarten durchführte. Unter ihnen befanden sich vier Heiminsassen des Kinder- und Jugendheims «Willi Schröder» in Gera-Lusan und ein Jugendlicher aus der Nachbarschaft des Heims, der die EOS in Gera besuchte. Andere Personen wurden als «Judenschweine» und Ähnliches beschimpft. Im Dezember wurde der Gruppe von einem «Kumpel» aus Sangerhausen «etwa zwei Hände voll» gestohlener Plastik-Sprengstoff angeboten, die Gruppe war dafür mit vierzig Mark in Vorleistung gegangen.[795]

Im Kreis Bitterfeld (Bezirk Halle) gab es 1987/88 eine neonazistische Gruppe mit satanistischer Ausrichtung. Sie waren gegenüber Russen, Türken und Juden feindlich eingestellt und sie forderten deren «Vernichtung».[796]

In Bitterfeld (Bezirk Halle) gab es 1987 eine Skinhead-Gruppe, die den Faschismus verherrlichte und Rassenhetze und Ausländerfeindlichkeit betrieb.[797]

In Rostock-Schmarl wurde 1987 eine Skinhead-Gruppe von der DVP und dem MfS «zerschlagen». Die Mitglieder hatten sich wiederholt im Jugendklub «Bruno Kühn» und im Lehrlingswohnheim des Wohnungsbaukombinat Rostock getroffen und waren dort «mit Äußerungen faschistischen und rassistischen Charakters in Erscheinung» getreten. Es wurden Ermittlungsverfahren eingeleitet und im Juni 1987 verurteilte das Kreisgericht Rostock-Stadt zwei Täter zu Bewährungsstrafen. Bei weiteren drei Tätern wurde «von der Einleitung von Ermittlungsverfahren abgesehen».[798]

In Eisleben (Bezirk Halle) sangen vier Studenten der Ingenieurschule im Studentenclub das «Deutschlandlied». Dieser Vorfall wurde im Januar 1987 «inoffiziell» bekannt und es wurden daraufhin Maßnahmen zur Personifizierung und der weiteren Kontrolle eingeleitet. In dieser Information der KDfS Eisleben vom Juni 1987 stellte der Leiter (OTL) der Dienststelle fest, dass sich die Verherrlichung des Faschismus auf Jugendliche konzentrierte, bei denen es sich

794 BStU, MfS, KD Dresden-Stadt, Bl. 9–15.
795 BStU, MfS, BV Gera, Abt. XX SA 220, Bl. 30–35.
796 Wagner 2014, S. 251.
797 BStU, MfS, BV Halle AKG, Sachakten 1239, Bl. 38.
798 BStU, MfS, BV Halle AKG, Sachakten 1239, Bl. 38.

vorwiegend um kriminell gefährdete Personen handele, die 16 bis 20 Jahren alt waren. Bezeichnend für die Situation war sein Hinweis darauf, dass «solche Vorkommnisse und Erscheinungen» ausschließlich inoffiziell bekannt wurden und offizielle Anzeigen oder Informationen durch «Bürger oder staatliche und gesellschaftliche Einrichtungen» erst durch die «Einleitung operativer Maßnahmen» erfolgten.[799]

In Treuen, Kreis Auerbach (Bezirk Karl-Marx-Stadt) kam es in der Nacht von 19. auf den 20. September 1987 vor der Gaststätte «Treuener Hof» zu gewalttätigen Auseinandersetzungen zwischen circa 15 Deutschen und circa 15 Mosambikanern, wobei vier Deutsche und zwei Mosambikaner verletzt wurden. Die Auseinandersetzungen verlagerten sich dann auf die Straße in Richtung Wohnheim der Mosambikaner und vor das Wohnheim in der Hartmannsgrüner Straße, wo acht Fensterscheiben durch Steinwürfe zerstört wurden. 40 bis 60 Personen hatten sich als Zuschauer eingefunden.[800]

In Eisenach (Bezirk Erfurt) wurde 1987 von Lehrlingen (16 bis 17 Jahre) des VEB Eisenach und VEB Uhrenwerke Ruhla sowie von Schülern (14 bis 17 Jahre) der 8. Polytechnischen Oberschule Eisenach eine neonazistische Gruppe: «Antikommunistische Organisation» (AKO) gegründet. Einer der Lehrlinge ließ sich als «Führer» ansprechen, sie sprachen sich gegenseitig als «Heil Schüler» an und sie trugen selbstgefertigte Hakenkreuze auf der Kleidung. Es gab Beitrittserklärungen, bei denen sich jedes Mitglied bereit erklärte, «nach dem Prinzip des Nationalsozialismus zu handeln». Im Mai 1987 führten zwei Schüler eine Flugblattaktion durch, bei der sie DIN A4-Blätter mit «Hakenkreuzen versehen» in Briefkästen im Wohngebiet verteilten. Sie wollten damit die «Bevölkerung wachrütteln». Die Sicherheitsbehörden entschieden, dass «in Wertung aller zu beachtenden Umstände und der Persönlichkeitsstruktur» gegen diese Jugendliche «keine strafrechtliche Verfolgung» durchgeführt wurde. Jedoch sollten die Schüler und Lehrlinge durch die KDfS Eisenach «vorerst weiter unter Kontrolle gehalten» werden.[801]

In Oschersleben (Bezirk Magdeburg) bearbeitete die KDfS im Mai 1987 im Operativen Ausgangsmaterial (OAM) den Fall einer neonazistischen Gruppe mit etwa 20 Mitgliedern (15 bis 18 Jahre), die sich «Freiheit für Deutschland» (FFD) nannte. Sie hatten Mitgliedsbücher, selbstgefertigte Uniformteile mit Rangabzeichen und sie grüßen mit dem «Hitler-Gruß». Außerdem führten sie wehrsportliche Übungen durch und sorgten mit ihrem rowdyhaften Auftreten für Unruhe und Angst unter Teilen der Bevölkerung. Sie inszenierten und provozierten in der Öffentlichkeit Schlägereien mit Jugendlichen, die sie nicht mochten.[802]

799 BStU, MfS, BV Halle AKG, Sachakten Nr. 1239, Bl. 80.

800 BStU, MfS, HA VII Nr. 5476, Bl. 108; BStU, MfS, HA VII Nr. 2752, Bl. 115.

801 BStU, MfS, BV Erfurt, KD Eisenach 71, Bl. 53f.

802 BStU, MfS, BV Magdeburg, Abt. XX Nr. 3662, Bl. 11.

In der Kreisstadt Wernigerode (Bezirk Magdeburg) war im Mai 1987 eine «negativ-dekadente» Gruppe festgestellt worden, die den Faschismus verherrlichte. Die 21 Mitglieder (16 bis 20 Jahre) bezeichneten sich als «Punks» und sie trugen in der Öffentlichkeit selbstgefertigte Uniformteile, die der «Hitlerjugend» entsprachen. In der Schule und auf den Straßen äußerten sie faschistische Rhetorik und Gestik, belästigten Passanten und verhielten sich gegenüber Ausländern provokativ. In einem Fotogeschäft ließen sie sich in ihrer Nazi-Aufmachung fotografieren und verbreiteten dann die Fotos in Wernigerode und Berlin. Die Gruppe wurde durch «operative Maßnahmen» bearbeitet, d.h. die Aktivitäten wurden zurückgedrängt durch zwei Inhaftierungen wegen allgemeiner Kriminalität und einer Einweisung in einen Jugendwerkhof.[803]

In Erfurt wurde 1988/89 durch «Untersuchungshandlungen der Volkspolizei und der BVfS bekannt, dass sich fünf Jugendliche/Jungerwachsene (17 bis 20 Jahre) zu einer rassistischen und neofaschistischen Organisation zusammenschließen wollten. Es handelte sich um Facharbeiter, Lehrlinge, Schüler der 11. Klasse der EOS «Heinrich Mann» und einem weiblichen Fachverkäuferlehrling. Zwei Mitglieder waren im Clubrat eines Jugendclubs tätig, wo sie sich über «feindlich-negatives Gedankengut» und über Programmvorstellungen austauschten. Einer war «aktives Ordnungsgruppenmitglied im Jugendklub «Fritz Noack». Sie hatten sich in diesem Jugendklub kennengelernt und schlossen sich zu einer Gruppe «Deutsche schaffen Freiheit» (DSF) zusammen, die als Vorläufergruppe für die Gruppe «Deutsch-Nationale Monarchie» (DNM) anzusehen ist. Die formale Gründung der DNM war «für den 18.01.1989 bzw. 30.01.1989 vorgesehen». Da zu diesen Terminen keine Zusammenkunft erfolgte, sollte die Gründung im Februar 1989 stattfinden. Sie legten funktionelle Verantwortlichkeiten fest, wie «Propagandabeauftragter», «Kaderbeauftragter» und «Beauftragter für Frauenfragen». In ihren Papieren traten sie ein für die «Schaffung bzw. Wiederherstellung eines Deutschland in den Grenzen vor 1937», «Schaffung eines monarchistischen Herrschaftssystem mit Machtausübung durch einen Führer», «Schaffung eines reinrassigen deutschen Staates nach faschistischem Vorbild», «Einrichtung von ‹National-Werkstätten›, in denen die Ausländer 3 Jahre arbeiten sollten, bevor sie als ‹Deutsche› aufgenommen» würden, «Aufbau einer starken Reichswirtschaft» und «Erhaltung und Förderung der deutschen Sprache und Kultur». Bei Hausdurchsuchungen wurden faschistische, rassistische und militaristische Gegenstände beschlagnahmt, wie Schlagstöcke, Messer und selbstgefertigte Armbinden mit Hakenkreuzen. Außerdem wurden Munition und «militärisch pyrotechnische Substanzen» beschlagnahmt. Die patronierte Munition war bei der «vormilitärischen Ausbildung der GST» gestohlen worden. Faschistische Orden und Abzeichen waren für «Ausstellungszwecke» in Schaukästen anderen Personen zugänglich gemacht worden. Bücher, Bro-

803 BStU, MfS, BV Magdeburg, Abt. XX, Nr. 3662, Bl. 12.

schüren und Liedtexte aus der Zeit des Nationalsozialismus dienten der Gruppe als Anleitung für ihre Arbeit. Weshalb nach Abschluss der Untersuchungen von «der Einleitung strafprozessualer Maßnahmen Abstand genommen wurde, da bereits durch die Handlungen der Untersuchungsorgane ein hoher Disziplinierungsseffekt erzielt» werden konnte, erschließt sich dem Betrachter dieser Vorgänge in keiner Weise. Aus politischen Gründen wurde von der Zuführung eines Schülers der EOS «Heinrich Mann» abgesehen, da es sich «bei dem Vater des [Name geschwärzt, HW] um einen Mitarbeiter des Evangelischen Konsistoriums der Kirchenprovinz Sachsen» handelte.[804]

In Annaberg (Bezirk Karl-Marx-Stadt) wurde am 25. April 1988 ein «Operativer Vorgang» gegen einen Lagerarbeiter eröffnet. Dem Inhalt nach ging es um die Zerschlagung einer von ihm geführten «negativ-feindlich beeinflußten Gruppierung Jugendlicher, welche in zunehmenden Maße mit faschistischen Gedankengut, verbunden mit rowdyhaften Ausschreitungen in der Öffentlichkeit auftreten». Dem Leiter der KD des MfS Annaberg lagen Informationen vor, dass zu dieser Gruppe etwa zehn bis zwölf Heavy-Metal-Fans gehörten, die insbesondere während und nach Disco-Veranstaltungen im «Sportheim Sehma» und in der Kreisstadt Annaberg gewalttätig waren. Sie verbanden ihr Vorgehen mit der Verherrlichung von Faschismus und Rassismus und «progressive Bürger (wurden) als ‹Kommunistenschweine› und ‹Rote Schweine› verunglimpft». Volkspolizisten wurden in der Öffentlichkeit als «Polizeischweine» und «Bullenschweine» beleidigt. Das Ziel des OV war die «Beschaffung von Beweisen» zur strafrechtlichen Verfolgung und zur «Einleitung eines Ermittlungsverfahrens mit Haft gegen [Name geschwärzt, HW]». Der Eröffnungsbericht zum Operativen Vorgang «Stein», der die weiter oben aufgeführten Umstände dieser Gruppe beschreibt, endet mit der Einschätzung; dass sich unter dem maßgeblichen Einfluss des «[Name geschwärzt, HW]» die Gruppe zu einem «bedeutenden Unsicherheitsfaktor und Gefahrenherd für die staatliche Sicherheit, auf der Grundlage insbesondere faschistischer Anschauungen» entwickelt hätte.[805] Am 17. Mai 1988 wurde ein Ermittlungsverfahren wegen «Öffentlicher Herabwürdigung» gegen drei Mitglieder der Gruppe eingeleitet und in einem «beschleunigten Verfahren» wurden durch das Kreisgericht Annaberg zwei Neonazis zu sechs Wochen Haft und ein Neonazi zu drei Wochen Haft verurteilt. Gegen weitere vier Jugendliche wurde «mit Strafbefehl ein Ordnungsstrafverfahren» in Höhe von fünfhundert Mark durchgeführt. Damit war «die Gruppierung zerschlagen».[806]

In Erfurt wurde Anfang Februar 1989 eine Operative Personenkontrolle «Karzinom» gegen eine Skinhead-Gruppe, drei Schüler der POS 11 «Dr. Theo-

804 BStU, MfS, HA IX 1205, Bl. 31–43; BStU, MfS, HA XX Nr. 6014, Bl. 6–11; BStU, MfS, HA IX Nr. 14183, Bl. 19–29.

805 BStU, MfS, HA XX Nr. 6071, Teil 1 von 2, Bl. 17f.

806 BStU, MfS, HA XX/AKG, Nr. 5938, Bl. 61f.

dor Neubauer», eingeleitet. Sie verbreiteten mündliche und schriftliche Losungen, wie z.B. «Wir fordern die Grenzen von 1941», «Ein Reich, ein Volk, ein Führer», «Sieg Heil» und «Alle Kommunisten gehören an die Wand». Sie hatten Kontakt zu drei weiteren Skinheads in Erfurt. Der Lehrkörper der POS nahm kaum disziplinarischen Einfluss auf die drei Schüler.[807]

In Neukirchen, Kreis Karl-Marx-Stadt/Land (Bezirk Karl-Marx-Stadt) wurde eine Gruppe mit «neofaschistischem Charakter» bekannt. Durch die DVP wurde gegen die vier Mitglieder ein Ermittlungsverfahren mit Haft eingeleitet, die seit dem 11. März 1988 inhaftiert waren.[808]

In Cottbus kam es am 28. März 1988 durch vier Neonazis, sie waren im VEB Fleischkombinat Cottbus tätig, in der Öffentlichkeit zu «faschistischen Äußerungen. Sie begrüßten sich wiederholt mit «Heil Hitler» und sprachen sich gegenseitig mit Dienstgraden bzw. Rangabzeichen der SA bzw. SS an. Sie waren bereits «in der Vergangenheit im Betrieb schon mehrfach mit derartigen Äußerungen in Erscheinung getreten». Sie wurden von der Abt. K des VPKA Cottbus befragt und bis dahin war noch unklar, «welche Maßnahmen gegen diese Personen realisiert» werden sollten.[809]

In Dresden wurde 1988 eine Gruppe von Jugendlichen mit ca. 10 bis 15 Mitgliedern beobachtet, die mit einheitlicher Kleidung in Jugendclubs erschienen. Sie trugen braune Hemden, schwarze Krawatten und Bundschuhe und benutzten den Gruß: «88». Das Benehmen der jungen Leute wurde als «korrekt und anständig» beurteilt, und deshalb hatten Funktionäre auch keine Probleme, mit ihnen zu arbeiten. Dieses Beispiel zeigt, dass den kommunistischen Funktionären die Brisanz der Situation nicht deutlich war; für die meisten Kader war es ein äußerst problematischer Vorgang, Neonazis als politische Gegner einzustufen. Am deutlichsten wurde diese Wahrnehmung, wenn sie im Verhalten und Aussehen dem von den Funktionären vorgegebenen idealtypischen Bild eines «realsozialistischen» Jugendlichen nahekamen. Das lag auch darin begründet, dass die von den Funktionären internalisierten Werte wie Disziplin und Unterordnung mit denen der Neonazis durchaus vereinbar waren.[810]

Im Juli 1988 wurde in Wolgast (Bezirk Rostock) eine «Wolgaster-SS-Geheimorganisation» gegründet, der elf Neonazis, darunter auch einige Lehrer, angehörten und die sich im Juni 1989 in «SS-Division Walter Krüger» umbenannte. Die Volkspolizei fand Uniformen sowie Schlag- und Stichwaffen. Die Gruppe wollte Verbindungen zu der Partei «Die Republikaner» aufnehmen, Schulungen durchführen zum Faschismus, Revanchismus und Militarismus. Alle Mitglieder hatten Dienstgradabzeichen und Funktionen der SS erhalten und Anfang 1989

807 BStU, MfS, HA XX Nr. 6014, Bl. 11ff.

808 BStU, MfS, HA XX/AKG Nr. 5938, Bl. 61.

809 BStU, MfS, HA XX/AKG Nr. 5940, Bl. 19f.

810 Persönliche Information, Dresden, 9.5.1988, FDJ BL Dresden, SAPMO-BArch, DY 24/ 13.267, S. 6.

wurde beschlossen, eine Abteilung für innere Sicherheit aufzubauen. Schwerpunkt bei der militärischen Ausbildung waren Schießübungen. Es wurden zwei Luftdruckpistolen gekauft und es befanden sich ein Luftdruckgewehr, Schlagstöcke und Schlagringe in ihrem Besitz. Die Beschaffung von Handgranaten, Seitengewehren und Munition aus den Beständen der NVA war geplant. Die Zerschlagung der Gruppe durch «Mitarbeiter der Militärabwehr der 3. LVD» verhinderte jedoch diese Absichten. Abtrünnigen Mitgliedern der Gruppe wurde körperliche Gewalt angedroht und «in einem Fall konnten folterungsähnliche Mißhandlungen gegenüber einem weiblichen Gruppenmitglied nachgewiesen werden». Sechs Männer wurden wegen «staatsfeindlicher Ziele» zu Freiheitsstrafen zwischen 10 und 22 Monaten, zum Teil auf Bewährung, verurteilt.[811]

Das Kreisgericht Königs Wusterhausen (Bezirk Potsdam) verurteilte Ende Juli 1988 vier Neonazis (19 bis 21 Jahre) wegen Rowdytum zu Freiheitsstrafen zwischen 12 und 19 Monaten. Sie hatten bei Tanzveranstaltungen «Angst erzeugen» wollen und fragten ein Opfer, ob es «Jude» sei. Um ein «Geständnis» zu erzwingen, schlugen sie ihn mit Fäusten ins Gesicht. Ein anderes Opfer zwangen sie, auf den Boden zu knien und «Bekenntnisse zum deutschen Faschismus» nachzusprechen.[812]

Im Bezirk Suhl existierten 1988 mehrere «negativ-dekadente» Jugendgruppen, von denen eine Gefährdung der öffentlichen Sicherheit und Ordnung ausging; unter ihnen befanden sich insgesamt 19 Skinheads bzw. Sympathisanten. Gegen 4 Jugendliche wurden Ermittlungen und Ordnungswidrigkeitsverfahren eingeleitet.[813]

In Berlin-Mitte hatten Neonazis Mitte des Jahres 1988 bei einer Tanzveranstaltung in der HO-Gaststätte «Ahornblatt» Ordner und später Volkspolizisten angegriffen, geschlagen, getreten und bespuckt. Dabei riefen sie: «Folterknechte», «Kommunistenschweine» und «Wenn wir euch Kommunisten damals erwischt hätten, hätten wir euch aufgehängt». Die Mitglieder der Gruppe «30. Januar» hatten sich Waffen – darunter auch Kriegswaffen – beschafft und sie waren darauf aus, sich mit anderen Neonazis zu vernetzen.[814]

In Ahlbeck (Bezirk Rostock) wurde 1989 die neonazistische Gruppe «Freiheitliche Organisation zur Neugestaltung Deutschlands» gegründet.[815]

In Rostock-Schmarl «diffamierten Jugendliche und Jungerwachsene» über mehrere Monate des Jahres 1989 die DVP und sie verbreiteten «faschistisches Gedankengut». U. a. befürworteten sie die «faschistische(n) KZ» und den «Völ-

811 BStU, MfS, HA I 12242, Bl. 1f; Frankfurter Rundschau, 30.9.1989; BStU, MfS, BV Rostock, Abt. IX 96.

812 BStU, MfS, HA IX Nr. 17437, Teil 2 von 2, Bl. 325.

813 Persönliche Information, Mai 1988, FDJ BL Suhl, SAPMO-BArch, DY 24/ 13.268, S. 7f.

814 BStU, MfS, BV Berlin Abt. XX Nr. 7157, Bl. 96; BStU, MfS, HA XX/AKG Nr. 80, Bl. 16; BStU, MfS, ZAIG 11327, Bl. 30.

815 BStU, MfS, BV Rostock, 1988/89.

kermord ... an den Juden». In anderen Fällen verbreiteten sie ihr «neofaschistisches und ausländerfeindliches Gedankengut», ohne dass es zu nennenswerten «Gegenreaktionen anderer Bürger» gekommen ist. Andere Schüler, Lehrlinge, Arbeitskollegen und zum Teil auch Lehrer tolerierten ebenfalls und sogar in einem besonderen Maße die rassistischen Exzesse. An der Betriebsberufsschule (BBS) «August Lütgens» des VEB «Deutsche Seereederei» wurden die wiederholten «faschistischen und nationalistischen Äußerungen» von fünf Lehrlingen während des Unterrichts «nur unzureichend» beachtet und als «Dumme-Jungen-Streiche» bagatellisierend verharmlost.[816]

Im März 1989 wurde im Bezirk Potsdam eine lose neonazistische Gruppe aufgedeckt, die in einer Gaststätte den Hitlergruß zeigte und es wurden Trinksprüche ausgesprochen wie z.B. «Heil Hitler», «Der Führer lebt» oder «Der Führer lebe hoch» und faschistische und antisemitische Lieder gesungen, wie z.B. «Deutschland-Lied», «Wir werden weitermarschieren», «Die Fahne hoch ...». In der Gaststätte anwesende Seeleute aus der Sowjetunion wurden lautstark beleidigt: «Die Schweine machen sich hier breit, Russen und andere Ausländer müssen verschwinden, die fressen sich hier nur durch.»[817]

Eine Neonazi-Gruppe mit fünfzig bis sechzig Mitgliedern aus dem Bezirk Frankfurt/O. beteiligte sich 1989 mit «neofaschistischen und nationalistischen Äußerungen wiederholt an Demonstrationen in Berlin und Leipzig». Dabei trugen sie «schwarze(r) Lederbekleidung» und waren mit «Metallketten» behängt.[818]

In Berlin nannte sich 1989 die Neonazi-Gruppe «Lichtenberger Front» in «Bewegung 30. Januar» um. Sie arbeitete streng konspirativ und verfügte über ein breites Netzwerk zu anderen Gruppen. In der Gruppe waren «faschistische Rang- und Funktionsbezeichnungen» eingeführt worden.[819] Am 31. Januar 1990 wurde aus dieser «Bewegung» die Neonazi-Gruppe «Nationale Alternative» (NA).[820]

Die KDfS Bitterfeld (Bezirk Halle) nahm im Januar 1989 für die BVfS Halle bzw. Abteilung XX eine «Einschätzung der politisch operativen Lage unter negativ-dekadenten Jugendlichen» im Jahr 1988 vor. Danach gab es an POS und KBS/BBS, vorwiegend in Bitterfeld und Wolfen, neonazistische Äußerungen und an der KBS Bitterfeld verbreiteten Heavy-Metal-Fans faschistisches und rassistisches Gedankengut. Das MfS zersetzte einen «harten Kern» einer Skinheadgruppe, der bis zu vierzig Jugendliche angehörten. Es wurden Ermittlungsverfahren gemäß §§ 222, 215, 115 StGB mit und ohne Haft eingeleitet. Dazu kamen Ordnungsstrafverfahren, es wurden Jugendclub-Verbote und Verweise ausgesprochen und die DVP führte Disziplinierungsgespräche mit den Jugend-

816 BStU, MfS, BV Rostock, AKG Nr. 1100, Bl. 206–215.

817 BStU, MfS, BV Rostock, Abt. IX Nr. 48, Bl. 25f.

818 BStU, MfS, HA XX Nr. 11150, Bl. 3.

819 BStU, MfS, HA XX/AKG Nr. 80, Bl. 16; Madloch 2000, S. 76.

820 Madloch 2000, S. 90.

lichen. Über «Inoffizielle Mitarbeiter» «wurden Maßnahmen eingeleitet, diese Jugendlichen im gesellschaftlichen Leben zu integrieren».[821]

In Greifswald (Bezirk Rostock) wurde 1989 die Neonazi-Gruppe «Greifswalder Nationalsozialisten» gegründet.[822]

In Hennigsdorf (Bezirk Potsdam) wurde am 28. Januar 1989 [fälscherlicherweise wurde der Ort in dieser Information durchgehend als «Henningsdorf» angegeben, HW] ein Lehrling festgenommen, der «mit einer angelegten Hakenkreuzbinde im Stadtgebiet» unterwegs war. Gegen ihn wurde durch das VPKA Oranienburg am 29. Januar 1989 ein EV wegen «Öffentlicher Herabwürdigung» eingeleitet und Haftbefehl erwirkt. Bei diesen Untersuchungen wurde festgestellt, dass noch weitere fünf Lehrlinge und Schlosser des VEB Lokomotivbau Elektrotechnische Werke «Hans Beimler» in Hennigsdorf als Skinheads eine Neonazi-Gruppe gebildet hatten. Als gemeinsames Symbol hatten sie sich am linken Oberarm «EVH» eintätowieren lassen, was für «Elite von Hennigsdorf» stand. Der Lehrling hatte sich aus Bettlakenstoff selbst eine «12 cm breite mit einem 9 cm großen Hakenkreuz versehene Armbinde» gefertigt und diese dann am 28. Januar auf der Straße getragen. Der Schwerpunkt der Ermittlungsverfahren sollte dann die «Aufklärung der Verbindung der Gruppierung in die BRD» bilden und die Abteilung IX der Bezirksverwaltung Potsdam sollte die DVP weiter anleiten und kontrollieren.[823]

In Berlin wurden am 24. Juni 1989 sechs Jugendliche aus dem Bezirk Neubrandenburg auf dem Alexanderplatz entdeckt, die eine der HJ-Uniform ähnliche Kleidung trugen. Bei der Befragung gaben sie an, dass sie nach Berlin gekommen waren, um «etwas zu erleben». Sie wurden durch das «Heimat-VPKA abgeholt und zurückgeführt».[824]

In Jena (Bezirk Gera), so berichtete die Abteilung XX/2 der BVfS Gera Ende Juni 1989, hatte sich «eine jugendliche Gruppierung mit neonazistischen Einstellungen» gebildet. Außerdem stellte der Berichterstatter, ein Hauptmann, fest, «dass begünstigt durch die politisch-ideologische Diversion des Gegners insbesondere über elektronische Massenmedien Wirkungen besonders im Bereich der Schuljugend des Bezirkes zu verzeichnen» waren. Ein Ausdruck dafür war, dass seit Anfang März 1989 «12 außergewöhnliche Vorkommnisse neofaschistischen Inhalts an Schulen des Bezirk Gera festgestellt» worden waren, wobei sich besonders Schüler der 8. und 9. Klassen hervortraten. Es wurden «Gedichte mit nazistischem Inhalt» verfasst, mit denen antisemitisches und neonazistisches «Gedankengut» beschrieben wurde. Es wurde Hitler verherrlicht, Hakenkreuze und SS-Runen wurden in der Öffentlichkeit geschmiert, neofaschistische Lieder in der Öffentlichkeit gesungen und syrische Schüler wurden ausländerfeindlich

821 BStU, MfS, Abt. XX, Sachakten, Nr. 108, Bl. 18–23.

822 Madloch, S. 169.

823 BStU, MfS, HA IX 1304, Bd. 1, 20f.

824 BStU, MfS, HA XX/AKG Nr. 5937, Bl. 119.

diskriminiert. Die betroffenen Eltern zeigten oftmals dazu eine unkritische Haltung und alle zeigten sich überrascht und erklärten, dass ihre Kinder «als unreife, dumme Jungen» gehandelt hätten.[825]

In Schneeberg (Bezirk Karl-Marx-Stadt) begingen drei Mitglieder des FDGB und ein Unorganisierter einzeln und als Gruppe von 1988 bis zum 31. März 1989 gemäß § 220 Abs. 3 «Öffentliche Herabwürdigung» StGB. Sie bewunderten Hitler, den Faschismus und die Wehrmacht und sie zeigten den Hitlergruß. Für den 20. April 1989 war in der Wohnung eines Täters eine Feier zum Geburtstag von Adolf Hitler geplant, wobei sie auch in der Öffentlichkeit Trauerflor tragen wollten. Es wurden Ermittlungsverfahren eingeleitet und die Beschuldigten wurden in die Untersuchungshaftanstalt Zwickau eingeliefert.[826]

Ebensfalls in Schneeberg war 1989 an der POS ein dort als Heizer Beschäftigter Initiator «einer den Faschismus verherrlichenden losen Gruppierung».[827]

Die KDfS Zwickau (Bezirk Karl-Marx-Stadt) berichtete Anfang 1989, dass sich in ihrem «Verantwortungsbereich» zwei Gruppierungen gebildet hatten. Eine Gruppe «negativ-dekadenter Jugendlicher», sie gaben sich den Namen «Neuplanitzer Fanclub – Borussenfront», trat rowdyhaft bei Oberligaspielen in Erscheinung. Die zweite Gruppe bestand aus zehn «personifizierten Jugendlichen» aus dem Neubaugebiet in Eckersbach/Zwickau. Sie benutzten faschistische Begriffe, Parolen und Losungen. Beide Gruppen wurden vom MfS als «Heavy-Metal-Fans» eingeordnet, wobei der «Neuplanitzer Fanclub – Borussenfront» mit «westlichen Skinheads» sympathisierte.[828]

In Döbeln (Bezirk Leipzig) gab es Anfang 1989 eine Gruppe mit sechs bis zehn Mitgliedern, die «faschistisches, neonfaschistisches und nationalistisches Gedankengut» verherrlichte und die gegen Ausländer ein «besonders aggressives Verhalten» zeigte.[829]

In Neukirchen, Kreis Werdau (Bezirk Karl-Marx-Stadt) existierte eine Gruppe mit «faschistischem Charakter», bei der sich die Mitglieder mit SS-Dienstgraden ansprachen. Die DVP leitete gegen vier Personen ein Ermittlungsverfahren mit Haft ein.

In Berlin wurde im April 1989 bekannt, dass eine Skinhead-Gruppe «Aktionsfront Lichtenberg» existierte, «zu deren Stärke keine konkreten Angaben» vorlagen und deren Mitglieder sich vorrangig in der Clubgaststätte «Frankfurter Allee Süd» trafen.[830]

---

825 BStU, MfS, HA XX/AKG Nr. 5939, Bl. 71.

826 BStU, MfS, HA XX 6071, Teil 1 von 2, Bl. 103.

827 BStU, MfS, Außenstelle Chemnitz, StOp-456, Bl. 1f.

828 BStU, MfS, HA XX/AKG Nr. 5938, Bl. 103.

829 BStU, MfS, BV Leipzig, Abt. XX 123/07, Bl. 13–19; BStU, MfS, HA XX/AKG Nr. 5939, Bl. 160.

830 BStU, MfS, BV Berlin, KD Lichtenberg, Nr. 13095, Bl. 42f.

In Jena (Bezirk Gera) wurde im August 1989 eine neonazistische Organisation «Junge Wehrwölfe Jena» durch die AG I der K – VPKA Jena bekannt, die neun Mitglieder (16 bis 20 Jahre) hatte. Sie hatten mit «Decknamen» und «Deckadressen» operiert und wehrsportähnliche Ausbildungen durchgeführt. Maßnahmen «zur Objektivierung und Personifizierung wurden in Koordination mit der KD Jena und dem politisch-operativen Zusammenwirken mit der DVP eingeleitet.»[831]

Im Bezirk Halle gab es in mehreren Kreisen zwischen Oktober und Dezember 1989 «mehrfach Drohungen gegen das Leben und die Gesundheit von Parteifunktionären und gesellsch. Kräften sowie MfS und DVP». Des Weiteren gab es «Morddrohungen an Funktionäre» und «Aufforderung zur Lynchjustiz an ehem. Partei- und Staatsführern». Außerdem erhielten «Einrichtungen des gesellsch. Lebens sowie Kreisleitungen» Bombendrohungen.[832] Die Abteilung XX nahm im Januar 1989 eine «Einschätzung» zum Verhalten «negativ-dekadenter Jugendlicher» und ihrer Unterbindung und Zurückdrängung vor, die sich im Bezirk als Skinheads, Punks, Grufties und Heavy-Metal-Fans zeigten und die «auch in losen Gruppierungen» auftraten. U. a. wurden die gesellschaftlichen Verhältnisse «öffentlich» herabgewürdigt oder es gab «faschismusverherrlichende Äußerungen», übersteigerten Nationalismus und Rassenhetze.[833]

Im Bezirk Halle waren Anfang 1989 unter Jugendlichen insgesamt 49 IMs, davon waren 6 direkt auf Skinheads und 7 auf Punks angesetzt.[834]

In Wittenberg (Bezirk Halle) verfasste am 16. August 1989 die KDfS einen Eröffnungsbericht zum Anlegen des Operativ-Vorganges «Rotte», um gegen drei Arbeiter wegen des Verdachts der Begehung von Straftaten gemäß § 220 StGB zu ermitteln. Sie hatten sich am 13. August 1989 in den späten Abendstunden im Bereich der Bushaltestelle Hauptpost faschistisch geäußert:

«Deutschnational, rechtsradikal»
«Wir wollen keine Ausländerschweine»
«Deutsch ist deutsch»
«Wenn das der Führer will, dann steh'n die Deutschen still, denn Deutschland ist deutsch»
«Schlagt die Neger tot»
«Deutschland den Deutschen, Ausländer raus»
«Wir wollen keine Negerschweine»

Die Verdächtigen wurden in einer politisch-operativen Zusammenarbeit (POZW) mit dem VPKA, Abt. K ermittelt und es herrschte insofern Gewissheit, dass noch weitere Personen dazugehörten, die ebenfalls an der Straftat beteiligt waren.[835]

831 BStU, MfS, HA XX/AKG Nr. 5939, Bl. 74 und Bl. 76.

832 BStU, MfS, BV Halle, Abt. XX, Sachakten Nr. 3897, Bl. 3.

833 BStU, MfS, HA XX 979, Bl. 176ff.

834 BStU, MfS, HA XX 979, Bl. 198, Bl. 200f.

835 BStU, MfS, HA XX Nr. 11177, Bl. 1f.

In Weißenfels (Bezirk Halle) gab es im September 1989 eine Neonazi-Gruppe, die den Faschismus verherrlichte und rowdyhaft auftrat.[836]

Die BVfS Karl-Marx-Stadt notierte 1989 namentlich bekannte Neonazis, die in den Kreisen Annaberg, Aue, Brand-Erbisdorf, Freiberg, Glauchau, Hainichen, in der Stadt und im Kreis Karl-Marx-Stadt, Oelsnitz, Reichenbach, Rochlitz, Schwarzenberg, Werdau, Zschopau und im Kreis und in der Stadt Zwickau lokalen «Gruppierung(en) negativ-dekadenter Jugendlicher» angehörten.[837]

In Oschatz (Bezirk Leipzig) feierten am 20. April 1989 mehrere Neonazis den 100. Geburtstag Hitlers und es wurde der Hitlergruß gezeigt. Es wurden fünf Ermittlungsverfahren mit Haft und zwei Ermittlungsverfahren ohne Haft eingeleitet.[838]

In Wolkenburg, Kreis Glauchau (Bezirk Karl-Marx-Stadt) hielten vom Juli bis Ende September 1989 mehrere Neonazis in einer Garage Treffen ab, bei denen der «Hitler-Gruß» gezeigt wurde und wo sich die Mitglieder als «Standartenführer» u. ä. ansprachen. Es gab Äußerungen wie z. B. «Judensau – Ab nach Auschwitz» und die Meinung, Hitler hätte Großes geschafft. Zwei Rädelsführer wurden vorläufig festgenommen und es wurde ein Ermittlungsverfahren eingeleitet.[839]

In Berlin wurde «zuverlässig» bekannt, dass in Pankow eine «NSDAP-Gruppierung existieren sollte, die eine «Gesamtstärke von ca. 300 Personen» umfasste. Die Gruppe sollte sich auch aus Beschäftigten des Milchhofes Berlin zusammensetzen. Anscheinend sollte die Gruppe «Beziehungen bis in die Armee haben und sie sollte auch «Waffen» besitzen, die sie von «Offizieren der Armee» bekommen habe. Beim letzten Treffen der Mitglieder wurden «bereits Hakenkreuzbinden am Arm getragen».[840]

Pogrome und pogromartige Auseinandersetzungen

Neben den gewalttätigen Angriffen auf Wohnheime ausländischer Arbeiter waren die Pogrome und pogromartigen Angriffe eine weitere Form des Rassismus in der DDR. Die Hauptabteilung XVIII des MfS untersuchte im September 1987 die gewalttätigen Auseinandersetzungen, an denen jeweils massenhaft Ausländer und Deutsche teilnahmen, und stellte fest, «daß diese Ausländergruppe [Mosambikaner, HW] Provokationen durch negativ eingestellte, vorwiegend jugendliche DDR-Bürger ausgesetzt ist, die im Ergebnis zu tätlichen Auseinandersetzungen führen. Derartige Provokationen und auftretende Hetzlosungen

836 BStU, MfS, BV Halle, Abt. XX, Sachakten Nr. 3897, Bl. 2.
837 BStU, MfS, Außenstelle Chemnitz, StOp-456, Bl. 8–28.
838 BStU, BV Leipzig, Abt. XX 123/04, Bl. 4f.
839 BStU, MfS, HA XX 6071, Teil 1 von 2, Bl. 58.
840 BStU, MfS, HA XX Nr. 7253, Bl. 4 und 22.

wurden aus dem Bezirk Dresden und auch gegen dunkelhäutige Werktätige aus der VR Angola und der Republik Kuba bekannt. Hierbei ist eine Entwicklung zu erkennen, daß durch Rechtspflegeorgane (Staatsanwaltschaft) einseitig gegen die ausländischen Werktätigen vorgegangen wird.»[841] Gemeint ist damit eine ausufernde zwangsweise «Rückführung» von ausländischen Werktätigen, obwohl tatsächlich «Werktätige aus der Volksrepublik Mocambique häufig nicht die Auslöser für Vorkommnisse» waren, d.h. die Ausländer wurden dadurch implizit zu Schuldigen gemacht, ohne dass ein rechtsstaatliches Verfahren unter Berücksichtigung der Ursachen für Gewaltausbrüche stattfand. Das bedeutete auch, dass offiziell diese gegen Ausländer gerichtete Kriminalität von deutschen Tätern nicht stattgefunden hat.

1984 wurden 508 Personen aus dem «sozialistischen Ausland», die in der DDR inhaftiert bzw. festgenommen worden waren, in ihre Heimatländer zurückgeführt. Ein Jahr später, 1985, waren es 371 Personen, die zwangsweise ausreisen mussten.[842]

1986 wurden insgesamt circa 1.000 und bis zum 31. August 1987 mindestens 730 kubanische Arbeiter «vorzeitig» nach Kuba zurückgeführt. Bei den Vietnamesen waren es 1986 nur 60 und 1987 (bis zum 31.8.) nur 27 Arbeiter, die aus der DDR zwangsweise nach Vietnam gebracht wurden.[843]

Anfang August waren in Industriezweigen der Volkswirtschaft der DDR etwa 8.000 mosambikanische Arbeiter eingesetzt, vorwiegend in den Bezirken Dresden (2.300 Arbeiter), Karl-Marx-Stadt (1.220), Halle (720), Cottbus (720) Leipzig (610) und Berlin (570).[844]

Diese Information der HA XVIII endete: «Aus aktuellen Vorkommnissen im Zusammenhang mit mocambiquischen Werktätigen ergibt sich das Erfordernis, die massenpolitische Arbeit unter Teilen der Bevölkerung zu aktivieren, um möglichen Anfängen einer Ausländerfeindlichkeit wirksam zu begegnen.»[845] Dass die Autoren nicht angeben konnten, was genau sie unter «massenpolitischer Arbeit» verstehen, zeigt, wie durch ideologische Zwänge es verunmöglicht wurde, in der DDR eine wirksame antifaschistische Arbeit und Politik durchzuführen.

Im Chemiefaserwerk Premnitz (CFP) (Bezirk Potsdam) wurden 1988 24 Vertragsarbeiter_innen «unplanmäßig» nach Mosambik zurückgeführt. Darunter waren 22 schwangere Frauen, eine kranke Person und eine Person aus «disziplinarischen Gründen». Für 1989 waren «30 Zuführungen geplant, davon

841 BStU, MfS, HA XVIII Nr. 19422, Bl. 13.
842 BStU, MfS, Abt. X 1144, Bl. 1f.
843 BStU, MfS, HA XVIII Nr. 19422, Bl. 14.
844 BStU, MfS, HA XVIII Nr. 19422, Bl. 10.
845 BStU, MfS, HA XVIII Nr. 19422, Bl. 14.

20 im I. Quartal 1989». Als Ersatz für die 24 Zwangsausweisungen waren «30 vietnam.» Vertragsarbeiter_innen vorgesehen.[846]

In einer «Rückflußinformation zu operativ bedeutsamen Problemen [...] mit dem Einsatz ausländischer Werktätiger in verschiedenen Bereichen der Volkswirtschaft der DDR» der Hauptabteilung XVIII des MfS vom Anfang Februar 1989 wird ersichtlich, dass unter Teilen der Bevölkerung der DDR wegen der Vergabe von Wohnraum sowie der «Bereitstellung ausgewählter Nahrungsmittel» ausländerfeindliche Einstellungen festgestellt werden mussten, die in «diskriminierenden Verhaltensweisen» im Freizeitbereich, durch provokatorische Belästigungen, vor allem durch ablehnende Reaktionen durch deutsche Jugendliche sichtbar wurden. Dies führte seit etwa zwei Jahren zu einem Qualitätsverlust in der Volkswirtschaft, weil vorgegebene «zentrale staatliche Festlegungen [...] territorial nicht immer im vollen Umfang umgesetzt werden». Die von ausländischen Werktätigen, «insbesondere Bürger anderer Hautfarbe (z.B. der VR Mosambique bzw. der Republik Kuba)» begangenen bzw. zugeschriebenen Straftaten gegen Leben und Gesundheit «erregen unter Teilen der Bevölkerung nach wie vor größeres Aufsehen», da sie häufig zu körperlichen Schädigungen führten und vereinzelt auch «mit Todesfolgen» verbunden waren. U.a. war die «zunehmende Abneigung gegenüber Ausländern» in der Bevölkerung ein Ausgangspunkt für Gewalttätigkeiten. Vor allem sollte das Vorgehen der «Rechtspflegeorgane» darauf ausgerichtet sein, dass «vor allem gegen Rädelsführer die ordnungs- und strafrechtlichen Möglichkeiten ausgeschöpft» werden sollten. «Augenscheinlich einseitige Maßnahmen gegen die ausländischen Vertragsarbeiter» sollten vermieden werden, da sie bei den Betroffenen «nicht nur weitere Spannungen» hervorrufen würden, sondern es bestünde auch die Gefahr, dass es «auch Proteste der ausländischen Vertragspartner bewirken» könnte. Deshalb verweist diese «Rückflußinformation» darauf, dass in den jeweiligen Regierungsabkommen «vorzeitige Rückführungen in das Heimatland [...] als mögliche Konsequenzen» enthalten waren. Als Beispiel wurde auf das Staatssekretariat für Arbeit und Löhne hingewiesen, das in der Zusammenarbeit mit dem kubanischen Vertragspartner hier «positive Erfahrung» gemacht hatte.[847]

Die folgenden Beispiele für Pogrome und pogromartige Angriffe vermitteln Einblicke in die realen Gewaltverhältnisse an der Basis der DDR-Gesellschaft:

In Berlin beschimpften 1962 im «Klub der Jugend und Sportler» an der Karl-Marx-Allee fünf Neonazis (18 bis 21 Jahre) drei kongolesische Studenten wegen ihrer Hautfarbe. Es kam zu körperlichen Auseinandersetzungen, in die anrückende Volkspolizisten verwickelt wurden. Der Einsatzleiter eines Funkstreifenwagens verletzte sich leicht. Gegen zwei Fleischer, zwei Betonbauer und

846 Mitteilung 61 Nr. 812/88, BLHA, 471 BDVP Potsdam, Nr. 808.

847 BStU, MfS, HA II Nr. 20617, Bl. 8ff; BStU, MfS, Abt. X Nr. 336, Bl.18–24

einen Beifahrer wurden Ermittlungsverfahren wegen Landfriedensbruch eingeleitet. Anhaltspunkte für eine beständige Gruppierung ergaben sich nicht.[848]

In Wismar (Bezirk Rostock) wurde am 29./30. September 1963 zwei Studenten aus Guinea in Begleitung von zwei deutschen Frauen von fünf Deutschen aufgelauert. Sie wurden geschlagen und rassistisch beschimpft mit Sprüchen wie z. B. «Dreckige Neger, was wollt ihr hier in Deutschland, ihr habt hier nichts zu suchen. Ihr müsst euch erst waschen, wenn ihr mit unseren Frauen tanzt».[849]

Im Kombinat «Schwarze Pumpe» (Bezirk Cottbus) bei Spremberg kam es am 14. zum 15. März 1964 zu gewalttätigen Auseinandersetzungen zwischen Polen und Neonazis; zwei Polen wurden durch Messerstiche verletzt. Am 15. März gegen 17.30 Uhr wurden die Tätlichkeiten in der Gaststätte «Frohe Zukunft» fortgesetzt, wo Polen mit Holzlatten auf Gäste einschlugen. Drei Polen wurden festgenommen.[850]

In Lübbenau (Bezirk Frankfurt/O.) kam es am 22. März 1964 zu gewalttätigen Auseinandersetzungen zwischen Polen und Neonazis; drei Polen mussten wegen ihrer Verletzungen in ein Krankenhaus eingeliefert werden. Gegen vier Deutsche wurden Ermittlungsverfahren eingeleitet und Haftbefehl beantragt. Eine politische Dimension wurde negiert.[851]

In Tornow, Kreis Calau (Bezirk Cottbus) kam es am 7./8. Mai 1964 zu gewalttätigen Auseinandersetzungen zwischen Deutschen und Polen, wobei es mehrere Verletzte gab. Zwei Polen wurden von der DVP dem VP-Revier Lübbenau zugeführt. Wegen Körperverletzung wurde ein Ermittlungsverfahren eingeleitet.[852]

Im Kreis Zwickau (Bezirk Karl Marx-Stadt) fanden am 7. auf den 8. Mai 1964 in einer Gaststätte gewalttätige Auseinandersetzungen zwischen afrikanischen Studenten und Neonazis statt. Ausgangspunkt dieser Schlägerei wäre «ungehöriges Verhalten» eines Afrikaners gegenüber einer deutschen Frau gewesen. Auch in diesem Fall konstruierte das MfS eine Legende dahingehend, dass die Afrikaner früher schon durch «mangelhafte Disziplin und Bemängelung der Verpflegung und Unterkunft» negativ aufgefallen wären.[853]

In Hartenstein, Kreis Zwickau (Bezirk Karl-Marx-Stadt) gab es am 7. August 1964 im «Jugendklub» gewalttätige Auseinandersetzungen zwischen afrikanischen Studenten und Neonazis. Die Volkspolizei griff ein und brachte die Afrikaner zurück in ihre Unterkünfte. Der Anlass für die Auseinandersetzung sollte das ungebührliche Benehmen eines Afrikaners gegenüber einer deutschen

848 FDJ Notiz 2/873, SAPMO-BArch, DY 24/ 20952 (E 4.127).

849 BStU, MfS, ZAIG Nr. 803, Bl. 1f.

850 BStU, MfS, ZAIG Nr. 862, Bl. 1f.

851 BStU, MfS, ZAIG Nr. 862, Bl. 1ff.

852 BStU, MfS, ZAIG Nr. 896, Bl. 2f.

853 Poutrus 2005, S. 256f.

Frau gewesen sein. Ein Lehrer bezeichnete ihn als bekannten «Trinker und Schürzenjäger».[854]

In Wendisch-Rietz (Bezirk Frankfurt/O.) wurde Ende Dezember 1964 ein marokkanischer Lehrling von mehreren Neonazis rassistisch beleidigt und angegriffen. Er wurde durch mehrere Messerstiche beinahe getötet.[855]

In Magdeburg gab es beim Pressefest der «Volksstimme» am 13. Juni 1965 auf dem Festgelände gegen 18.15 Uhr und 22.15 Uhr «provokatorische Ausschreitungen durch jugendliche Rowdys». Als ein Jugendlicher verhaftet werden sollte, «rotteten sich ca. 250 Jugendliche zusammen, die gegen die VP-Angehörigen mit Faustschlägen und Fußtritten tätlich vorgingen». In Sprechchören forderten sie die Freilassung des Festgenommenen und es wurde gerufen: «Schweine» und «SS». Aufgrund der Haltung der Jugendlichen «wurde von der Zuführung des [Name geschwärzt, HW] abgesehen». Gegen 22.15 machte das Gerücht die Runde, dass ein deutscher Jugendlicher von einem Sowjetbürger «mit einer Flasche niedergeschlagen» worden sei. Dieser «Verdächtigte» wurde von circa 50 bis 80 Jugendlichen gestellt und es wurde gefordert, dass er an die DVP bzw. an die sowjetische Kommandantur übergeben werden sollte. Eine hinzukommende Streife der Sowjetarmee brachte den Bedrohten zu einem 400 Meter entfernt parkenden Omnibus. Dabei folgten ihnen die Jugendlichen, begannen zu randalieren und grölten im Sprechchor: «Lynchen», «Aufhängen», «Schlagt sie zusammen» und «Russen raus». Sie behinderten die Abfahrt des Busses und versuchten das Fahrzeug umzustürzen. Ein VP-Kommando zerstreute die Gruppe, jedoch wurden bei der Abfahrt des Busses Flaschen und Steine geworfen und eine Fensterscheibe wurde beschädigt. Die Angehörigen der VP-Einheiten wurden beim Abmarsch gröblichst beschimpft und mit Steinen beworfen. Gegen 23.20 Uhr kam es durch circa 30 Jugendliche erneut zu «hetzerischen Äußerungen gegen sowjetische Staatsbürger». Direkt an der Seeterrasse umringten sie zwei sowjetische Bürger und wiederholten in Sprechchören «die hetzerischen Äußerungen». Durch einen «erneuten Einsatz von VP-Sicherungskräften konnte die inzwischen auf ca. 150 Personen angewachsene Gruppe zerstreut werden, ohne dass es zu tätlichen Auseinandersetzungen kam». Danach kam es wieder zu Zusammenrottungen, bei denen gegen die DVP gegrölt wurde: «SS-Schwein», «Nazimethoden» und «Ihr habt wohl den 17. Juni vergessen». Es wurde aus Tischen und Stühlen eine Barriere gebaut, um die Volkspolizei am Vorrücken zu behindern. Insgesamt wurden 12 Jugendliche (16 bis 24 Jahre) festgenommen und gegen sie wurden Ermittlungsverfahren eingeleitet. Die Absicherung der Großveranstaltung wurde durch die DVP unterschätzt und der taktische Einsatz entsprach nicht den Erfordernissen, «sodass die Rädelsführer bei den Provokationen wiederholt entkamen und mehrfach

---

854 Poutrus 2006 S. 59–78; BStU, MfS, ZAIG Nr. 896, Bl. 1f.

855 BStU, MfS, ZAIG 862, Bl. 12ff.

Gruppen um sich scharen konnten». Eine Notiz der BStU in einer Fußnote der Einzelinformation Nr. 684/65 weist daraufhin, dass es sich um eine andere Veranstaltung gehandelt haben muss, da das Pressefest der «Volksstimme» erst am 20. Juni 1965 stattgefunden hatte.[856]

In Bernau (Bezirk Frankfurt/O.) fand am 1. Dezember 1965 am Ausländerinstitut der Hochschule des FDGB eine Theorie-Konferenz afrikanischer Studenten statt, an der von den dort insgesamt 120 Studenten circa 80 teilnahmen. Nach der Behandlung theoretischer Fragen erläuterte der stellvertretende Fakultätsleiter, der Genosse Franz Mayer, den versammelten Studenten die «Anordnung Nr. 3 der Direktion», die die innere «Sicherheit und Ordnung an der Hochschule» zum Inhalt hatte. Bei dieser Anordnung ging es um Hinweise zu der «bestehenden Schulordnung zur Einhaltung der Disziplin und Ordnung», die festlegte, «dass sich alle Besucher der Studenten des Ausländerinstituts bei Betreten des Objektes an der VP-Wache anmelden und ihren Personalausweis hinterlegen müssen und dass nur die offiziellen Räume des Instituts (Clubraum und Kantine) nicht aber die Wohnräume der Studenten aufgesucht werden dürfen». In der Vergangenheit wäre das nicht erfolgt und deshalb sei «keine ausreichende Kontrolle» möglich gewesen und «vornehmlich weibliche Personen (wären) durch Übersteigen der Zäune unkontrolliert in das Objekt gebracht» worden. Außerdem sah diese Anordnung Nr. 3 weiter vor, dass der Ausschank alkoholischer Getränke erst ab 17 Uhr erlaubt wurde. Des Weiteren legte Franz Mayer dar, dass zur Außenbewachung des Objektes «VP-Wachhunde» eingesetzt wurden. Diese Reglementierungen und Überwachungen wurden von afrikanischen Studenten als Ausdruck «rassistischer Erwägungen» verstanden und so gründeten sie ein «Komitee». Es bestand aus Studenten, «die als negativ» bei der SED und dem MfS angesehen wurden und die aus Uganda, Guinea und Kenia stammten. Am Morgen des 2. Dezember 1965 fand vor Beginn des Unterrichts vor dem Speisesaal ein «Meeting» statt, wo die Bildung des Komitees bekannt gegeben wurde. Die Direktion des Instituts wurde aufgefordert, die Anordnung Nr. 3 «sofort rückgängig» zu machen. Die übrigen Studenten wurden aufgefordert, «solange den Unterricht nicht zu besuchen», bis ihrer Forderung entsprochen wurde. Studenten aus der Mongolei sowie arabische und südafrikanische Studenten stimmten gegen diesen Streikaufruf und sie versuchten entsprechende, selbstgefertigte Plakate in der Empfangshalle zu entfernen und zu vernichten. Es wurden dann Streikposten aufgestellt, die das verhinderten.

Am Vormittag des 2. Dezember 1965 tagte die Direktion der Hochschule unter der Leitung von Prof. Dr. Karl Kampfert. Ebenfalls beteiligt waren Heinz Franke, stellvertretender Abteilungsleiter des Bundesvorstands des FDGB, Abt. «Internationale Verbindungen» und der Genosse Horst Köhler, Sektorenleiter

---

856 BStU, MfS, ZAIG Nr. 1087, Bl. 1ff.; Zitiert nach Zimmermann 2004, S. 110f., BStU, MfS, Magdeburg, Abt. XX 4237.

Afrika. Sie wiesen die Forderung der afrikanischen Studenten nach einer Vollversammlung zurück. Gegen 13 Uhr wurde erneut getagt und festgelegt, dass die Vollversammlung doch zwischen 15 bis 22 Uhr stattfinden dürfe. Prof. Dr. Kampfert erläuterte dort noch einmal die Notwendigkeit der Maßnahmen, die «sich keineswegs gegen die Studenten» richten, sondern «in ihrem eigenen Interesse liegen würden». Schließlich äußerte sich ein Mitglied des Komitees und erklärte sich einverstanden mit den Ausführungen des Direktors. Daraufhin entstand unter den Studenten ein «Tumult», bei dem ein Student aus Mali «die Vertreter der Direktion der Hochschule und des Bundesvorstandes des FDGB als Kolonialisten» und «Faschisten» bezeichnete. In der Eingangshalle «rotteten sich die negativ aufgetretenen Studenten zusammen und begannen – u.a. mit Flaschen – auf die positiv in Erscheinung getretenen Studenten» einzuschlagen. In der Zwischenzeit waren von der SED-Parteiorganisation deutsche Studenten mobilisiert worden und die gewalttätigen Auseinandersetzungen dehnten sich auf die Straßen und auf andere Gebäuden aus. Da die Auseinandersetzungen drohten, «auf das gesamte Gelände der Hochschule überzugreifen», wurde kurz nach 22 Uhr «Kampfgruppenalarm ausgelöst», der durch ein «herbeigerufenes Kommando des VPKA Bernau unterstützt» wurde. Vier Studenten, die als angebliche Initiatoren des «Komitees afrikanischer Studenten» das 12-Punkte-Programm ausgearbeitet hatten, wurden «vorläufig isoliert». Beim FDGB bestand die Absicht, sie von der Schule «zu verweisen». «Am 3.12.1965 haben etwa 78–80 Prozent der afrikanischen Studenten den Unterricht wieder aufgenommen. Geschlossen sind dem Unterricht lediglich die Delegationen aus Kenia, Uganda und Ghana ferngeblieben. Die Delegationen aus Kenia und Uganda verlangen erst die Rückkehr der o.g. Studenten, die wegen ihrer aktiven Beteiligung an diesen Vorkommnissen isoliert wurden. Die ‹Gründe› für das Fernbleiben der ghanesischen Delegation sind bisher noch nicht bekannt. Wie weiter bekannt wurde, hat ein nigerianischer Student die Absicht geäußert eine Resolution an die UNO und die OAU zu richten. (Entsprechende Maßnahmen zur Aufklärung und Verhinderung dieser Absicht wurden eingeleitet). Die arabischen Studenten haben sich mit dem Anliegen an die Direktion der Hochschule gewandt, ihren Schutz sicherzustellen. Vom MfS wurden die notwendigen Sicherungs- und Aufklärungsmaßnahmen eingeleitet.»[857] Zehn Studenten mussten medizinisch versorgt werden. Darunter befanden sich zwei Studenten aus Südafrika, die an der Hochschule für Ökonomie in Berlin-Karlshorst studierten und die sich besuchsweise an der Hochschule in Bernau aufhielten. Einer dieser Studenten erlitt einen Schädelbasisbruch und musste in das VP-Krankenhaus eingeliefert werden.[858]

857 BStU, MfS, ZAIG 1142, Bl. 1–9.
858 BStU, MfS, ZAIG 1142, Bl. 1–9.

In Haidemühl, Kreis Spremberg (Bezirk Cottbus) haben 1965 vier Jugendliche (15 Jahre) vor einer Gaststätte einen Polen (17 Jahre) niedergeschlagen und mit einem Messer verletzt. Sie haben ihr Opfer angegriffen, weil er Pole war und nicht gut Deutsch sprach. Die vier Neonazis begingen außerdem mehrere Sachbeschädigungen und gehörten einer Gruppe an, die durch einheitliche Kleidung auffiel. Alle vier Täter wurden festgenommen, die Bearbeitung des Falles wurde der Volkspolizei in Spremberg und der Bezirksdirektion der Volkspolizei in Cottbus übertragen.[859]

In Brüel, Kreis Sternberg (Bezirk Schwerin) gab es am 14./15. November 1965 vor und im Jugendclub gewalttätige Auseinandersetzungen zwischen Bauarbeitern vom VEB Spezialbaukombinat Magdeburg, Beton- und Kühlturmbau-Gleitbau Leipzig und Angehörigen der DVP, freiwilligen Helfern der DVP und Ortseinwohnern. «Die Gewalttätigkeiten waren mit Widerstand gegen die Staatsgewalt, Aufruhr und staatsverleumderischen Äußerungen verbunden. An den Ausschreitungen waren ca. 25–35 Arbeiter des o. g. Betriebes und ca. 15–20 Ortseinwohner beteiligt.» Dabei war ein Arbeiter mit einem Messer mit feststehender, 15 cm langen Klinge bewaffnet und ein weiterer Arbeiter war mit einem 50 cm langen Gummivierkant mit einem Durchmesser von 3,5 cm bewaffnet. Die eingreifenden Volkspolizisten wurden von den Bauarbeitern angegriffen, in die Flucht geschlagen und verfolgt, wobei u. a. geäußert wurde: «Schlagt die Judenschweine nieder», «Hängt die Kommunistenschweine auf», «Schlagt die SS-Verbrecher nieder» und die «Volkspolizei ist schlimmer als die Nazis». Dabei wurden zwei freiwillige Helfer der VP und drei Ortseinwohner niedergeschlagen. Zwei Volkspolizisten, zwei freiwillige Helfer der VP und drei Ortseinwohner mussten mit mittleren Verletzungen, hauptsächlich an Kopf- und Gesichtspartien, medizinisch behandelt werden und teilweise mussten sie arbeitsunfähig geschrieben werden. Nachdem sich die Volkspolizisten «weisungsgemäß in die Diensträume des Gruppenpostens» zurückgezogen hatten, hatten sich die Bauarbeiter aus ihren Unterkünften Arbeitsschutzhelme und Pickhämmer geholt, zogen vor den Gruppenposten, «forderten die VP-Angehörigen zum Verlassen des Gebäudes auf» und planten, die VP-Angehörigen dann niederzuschlagen. Dabei wurden erneut «verleumderische Äußerungen» gemacht. Nun wurde telefonisch das VPKA Sternberg informiert, Verstärkung angefordert und angefragt, «ob im Falle eines Eindringens der Bauarbeiter [...] von der Schusswaffe Gebrauch gemacht werden könne. Der Diensthabende des VPKA untersagte die Anwendung der Schusswaffe und der Amtsleiter des VPKA Sternberg wies außerdem an, dass sich die VP-Angehörigen so lange ruhig verhalten sollten, bis sich die Bauarbeiter nach Hause begeben. Dies geschah gegen 2.30 Uhr und die VP-Angehörigen hielten sich bis zu diesem Zeitpunkt in den Diensträumen auf.»

---

859 Notiz der FDJ Abteilung Organisation/Kader, besonderes Vorkommnis Nr. 352/65, Vertrauliche I/13 Verschlußsache, 18.12.1965, SAPMO-BArch, DY 24/ 20952 (E 4.127).

Seit dem Eintreffen der Bauarbeiter gab es in Brüel und Umgebung «wiederholt Ausschreitungen gegen die Bevölkerung und gegen die Tätigkeit staatlicher Organe und Einrichtungen, so u. a. am:

- 3.11.1965 – Belästigung verschiedener Bürger in verschiedenen Gaststätten und auf Straßen;
- 6.11.1965 – neun Bauarbeiter dringen in die Räume des Gruppenpostens der VP ein, nachdem ein Bauarbeiter wegen rowdyhaften Verhaltens zugeführt worden war;
- Störung des Schulunterrichts durch Eindringen in Klassenräume und Aufforderung an die Schüler, sich nach Hause zu begeben;
- Zerstörung eines Teils der Inneneinrichtung in der Gaststätte ‹Mecklenburger Hof› und Belästigung von Gästen;
- 14.11.1965 – Schlägereien in verschiedenen Gaststätten in Brüel und Umgebung.
- Außerdem wurden fortgesetzt Bürger bzw. Frauen belästigt, Ortseinwohner zu tätlichen Auseinandersetzungen provoziert, grober Unfug betrieben und öffentliches Ärgernis erregt.
- Bei Gaststättenbesuchen führten diese Bauarbeiter Pickhammer mit und schlugen damit Einrichtungsgegenstände entzwei.»[860]

Die inhaftierten Bauarbeiter bestätigten, «dass ihre Baubrigade auf mehreren Baustellen, z. B. in Rüdersdorf, Stralsund und Grimme, auf denen sie 1965 eingesetzt waren, rowdyhafte Handlungen, Schlägereien und Provokationen» organisiert hatte. Acht der «aktivsten Teilnehmer und Rädelsführer aus dem Meisterbereich [Name geschwärzt, HW] wurden durch das MfS inhaftiert und es wurde ein Ermittlungsverfahren mit Haft nach §§ 113 (Widerstand gegen die Staatsgewalt), § 115 (Aufruhr), § 125 (Landfriedensbruch) und § 223a (Gefährliche Körperverletzung) StGB und § 20 StEG (Staatsverleumdung) eingeleitet».[861]

In Berlin-Prenzlauer Berg kam es 1966 zu Tumulten, bei denen 31 Jugendliche von der Volkspolizei verhaftet wurden. Unter den Verhafteten befanden sich 10 Schüler, 16 Lehrlinge und 5 junge Arbeiter. 24 Täter waren zwischen 14 und 18 Jahren, 17 von ihnen waren männlich. 4 «Rädelsführer» sind von der Volkspolizei festgenommen worden, weil sie Aktionen geplant und «Hetzlosungen» ausgegeben haben. Einer wollte die Jugendlichen so organisieren, dass sie eine Übermacht gegenüber der Volkspolizei bildeten. Es sollen verbindliche Kontakte mit anderen Gruppen hergestellt werden.[862] Das Konstrukt der «Rädelsführerschaft» ist bei der Bekämpfung von Neonazis – die SED nannte sie

860 BStU, MfS, ZAIG 1136, Bl. 1ff.

861 BStU, MfS, ZAIG 1136, Bl. 1.

862 Besondere Vorkommnisse in Berlin, FDJ Abteilung Wohngebiete, Jugend und Staat, Vertraulich, Berlin, den 11.11.1966, SAPMO-BArch, DY 24/ 20951 (E 4.126), S. 1ff.; Information über besondere Vorkommnisse in Berlin, FDJ Abteilung Wohngebiete, Jugend und Staat, Vertraulich, Berlin, 11.11.1966, SAPMO-BArch, DY 24/ E 4.126.

«negativ-dekadente» Täter – ein gewichtiger Vorgang bei der institutionalisierten Verleugnung und Verdrängung der Gefahren, die von ihnen ausgehen, da wie dieses Beispiel von 1966 deutlich zeigt, dadurch die Zahl von insgesamt dreißig Beteiligten auf vier «Rädelsführer» verkleinert werden konnte. Bis zum Ende der DDR blieb diese Form der Reduktion der Anzahl der Beteiligten bei neonazistischen Angriffen Bestandteil des polizeilichen und juristischen Umgangs.

In Prenzlau (Bezirk Neubrandenburg) kam es am 1. Oktober 1967 in der HO-Gaststätte «Am Ueckersee» zu gewalttätigen Auseinandersetzungen zwischen mindestens zehn Deutschen und fünf oder sechs Polen. «Auf Grund der Anzeige eines geschädigten polnischen Bürgers» leitete das VPKA Prenzlau «wegen dringenden Verdachts des Landfriedenbruchs in Tateinheit mit gefährlicher Körperverletzung gemäß §§ 125 Verbreitung pornografischer Schriften, 223 a Beschädigungen öffentlicher Bekanntmachungen, 73 Geldstrafe als Hauptstrafe StGB» gegen neun deutsche Arbeiter ein Ermittlungsverfahren mit Haft ein. Gegen einen Beschuldigten wurde ein Ermittlungsverfahren ohne Haft eingeleitet. Da sich die Straftaten «gegen die deutsch-polnische Freundschaft» richteten und «der Verdacht der staatsgefährdenden Propaganda und Hetze gegeben war», übernahm die Abteilung IX der BVfS Neubrandenburg diese Ermittlungsverfahren. Alle «Beschuldigten sind überwiegend in geordneten familiären Verhältnissen aufgewachsen» und vier von ihnen durften zuhause «Hetzsendungen westdeutscher Rundfunk- und Fernsehstationen» sehen. Alle Beschuldigten waren passive Mitglieder der FDJ bzw. dem FDGB. Die in der Gaststätte anwesenden polnischen Gäste wurden als «Polenschweine» beschimpft und ihnen wurde Gewalt angedroht und angetan. Die Angriffe der Deutschen auf Polen, so der Bericht von Major Herzog von der HA IX/4 über die «Untersuchung eines Überfalls auf polnische Staatsbürger in Prenzlau», lagen begründet «in ihrem Haß gegen das polnische Volk, hervorgerufen durch die Einflüsse des Westfernsehens [...]». Mehrere Angreifer sagten aus, dass sie Gerüchte gehört hätten, mit denen kolportiert wurde, dass Polen Deutsche überfallen hätten und deshalb hätten sie sich zur Anwendung von Gewalt entschieden. Ein weiterer Angreifer sagte aus, dass er im Sommer 1967 von einem Polen bei einer Tanzveranstaltung angerempelt worden sei und er sei deshalb über Polen verärgert. Der Untersuchungsvorgang war der Bezirksstaatsanwaltschaft zur Anklageerhebung übergeben worden und am 25. Oktober 1967 sollte vor dem Bezirksgericht Neubrandenburg, unter Ausschluss der Öffentlichkeit, die Hauptverhandlung stattfinden. Vorschläge zu den zu erwartenden Strafen lagen zu jenem Zeitpunkt nicht vor. Das MfS wollte «über die politisch-operative Situation hinsichtlich des Verhältnisses der Bevölkerung zu den polnischen Arbeitern in Prenzlau geeignete Maßnahmen» festlegen, «um insbesondere den in der genannten Stadt verbreiteten, sich gegen die deutsch-polnische Freundschaft richtenden Gerüchten aktiv entgegenwirken zu können».[863]

In Arnstadt (Bezirk Erfurt) kam es am 15. September 1968 im Jugendclubhaus zu gewalttätigen Auseinandersetzungen zwischen zwei Afrikanern (Kongo) und mehreren Neonazis. Dabei wurde gerufen: «Schlagt die Schwarzen zusammen.» Es wurden 18 Personen vorläufig verhaftet und gegen 8 Täter wurden Ermittlungsverfahren mit Haft wegen «Rowdytum» eingeleitet.[864]

In Zielitz (Bezirk Magdeburg) kam es in der Nähe des Bahnhofes am 15. Januar 1971 zu gewalttätigen Auseinandersetzungen zwischen acht Neonazis und sieben Polen. Drei Deutsche wurden leicht und ein Pole lebensgefährlich verletzt.[865]

In Königsbrück (Bezirk Dresden) wurden am 22./23. Juli 1972 in der HO-Gaststätte «Schwarzer Adler» während und nach einer Tanzveranstaltung 4 bis 7 sowjetischen Soldaten bzw. Offiziere in Zivil von circa 25 bis 30 Deutschen gewalttätig angegriffen und zusammengeschlagen. Die Soldaten flüchteten und wurden von den Deutschen verfolgt und durch die Stadt getrieben, wobei «Schweine» gerufen wurde. In der Nähe der Baderbrücke wurde ein sowjetischer Offizier in Zivil grundlos niedergeschlagen, so dass er bewusstlos liegen blieb. Als die Flüchtenden vor der Kaserne waren, gab ein Soldat einer zufällig anwesenden Streife einen Warnschuss in die Luft ab. Anrückende Volkspolizisten nahmen 6 Angreifer fest und brachten sie zur Kommandantur. Die anderen Deutschen zogen daraufhin vor die Kommandantur und forderten lautstark die Freilassung der Festgenommenen, die dann gegen 2.30 Uhr wieder freigelassen wurden. Einsatzgruppen der Bezirksverwaltung des MfS, der Bezirksbehörde der VP und der Kreisdienststelle (KD) des MfS waren vor Ort tätig. 5 Angreifer wurden inhaftiert. 2 sowjetische Armeeangehörige erlitten Verletzungen im Gesicht und ein sowjetischer Offizier war bewusstlos. Einer der Inhaftierten war bereits 1971 in ähnlicher Weise aufgefallen, als er einen «Freiwilligen Helfer» der VP in Königsbrück öffentlich zusammengeschlagen hatte.[866]

In Erfurt waren am 29. Oktober 1972 bei einer Tanzveranstaltung im «Klub der Jugend und Sportler» etwa 170 Deutsche, etwa 100 Polen und etwa 80 Ungarn anwesend, zwischen denen es erneut gewalttätige Auseinandersetzungen gab. Zwei Tage zuvor war es vor einer Gaststätte zwischen einem Ungarn und einem Deutschen zu Gewalttätigkeiten gekommen. Um sich dafür zu rächen, griff der Ungar den Deutschen an. Danach kam es zu Schlägereien zwischen etwa 150 Deutschen und Volkspolizisten, wobei aus der Menge gerufen wurde: «Schlagt die Bullen tot.» 3 Volkspolizisten wurden leicht verletzt. Gegen 6 Erfurter, alle Arbeiter, wurden wegen «Rowdytum» und «Zusammenrottung»

863 BStU, MfS, Zentralarchiv, Allg. S, Band 2, 628/70, Bl. 108–117.

864 BStU, MfS, ZAIG 1578, Bl. 1f.

865 BStU, MfS, ZAIG 1891, Bl. 1–6.

866 BStU, MfS, BV Dresden 8413, Bl. 1f., Bl. 8f., Bl. 40f.

Ermittlungsverfahren mit Haft eingeleitet. Gegen einen Lehrling wurde wegen «Zusammenrottung» und «Staatsverleumdung» ein Ermittlungsverfahren mit Haft eingeleitet. Ein Ungar und ein Pole wurden von der Volkspolizei verhaftet. Die Abteilung K des VPKA Erfurt sollte prüfen, ob die an den «Vorkommnissen» beteiligten ungarischen und polnischen Arbeiter in «ihre Heimatländer» zurückgeschickt werden konnten.[867]

In Finow (Bezirk Frankfurt/O.) gab es am 28./29. Oktober 1972 von 19 bis 1 Uhr bei einer Veranstaltung der Volkssolidarität im «Hüttengasthof» gewalttätige Auseinandersetzungen zwischen Deutschen und Ungarn. Bei 6 Deutschen wurden Prellungen, Schürfwunden und Hämatome festgestellt. Gegen 5 ungarische Arbeiter wurden wegen «Rowdytum» Ermittlungsverfahren eingeleitet und da sie bei der «Zuführung» aktiven Widerstand geleistet hatten, wurden die Verfahren auf «Widerstand gegen staatliche Maßnahmen» ausgeweitet. Die Ungarn sollten deshalb durch den Bezirksstaatsanwalt in die Ungarische Volksrepublik zwangsweise zurückgeführt werden.[868] Am 29. Oktober 1972 versammelten sich vor der Volkspolizeiwache Eberswalde-Kupferhammer 37 Ungarn und forderten die Freilassung der 3 inhaftierten Landsleute. Vertreter der Werkleitung des VEB Kranbau Eberswalde und der Leiter der Abteilung K des VPKA Eberswalde erklärten den aufgebrachten Ungarn die Gründe der «Zuführung» und danach machten sie sich auf den Rückweg zu ihren Unterkünften.[869]

In Hartha, Kreis Döbeln (Bezirk Leipzig) kam es am 5. November 1972 zu Gewalttaten zwischen Deutschen und Ungarn in und vor der Gaststätte «Zum Schwan». Die angegriffenen Ungarn flüchteten, verfolgt von Deutschen, zu ihrer Unterkunft. Dort waren weitere ungarische Arbeiter alarmiert worden und die beiden Gruppen trafen sich an der Kreuzung Dresdner- und Wilhelm-Külz-Straße. Aus dieser Menschenmenge heraus kam es erneut zu Schlägereien, an denen etwa 20 Deutsche und etwa 30 Ungarn beteiligt waren. Abgerissene Zaunlatten und Knüppel wurden dabei als Waffen eingesetzt. Anrückende Volkspolizei konnte den Konflikt beenden. 7 Deutsche und 3 Ungarn mussten ambulant medizinisch behandelt werden. Ein Deutscher musste aufgrund einer Gehirnerschütterung stationär behandelt werden. Durch die polizeilichen Untersuchungen wurde festgestellt, dass es in der Vergangenheit bereits zu mehreren gewalttätigen Auseinandersetzungen gekommen war. Anlass für diese und die anderen Schlägereien waren nationalistische und rassistische Beleidigungen, wie «Puszta-Hengste» bzw. «Ungarnschweine». Gegen einen Deutschen, er war bereits wegen «Staatsverleumdung» und «vorsätzlicher Körperverletzung» vorbestraft, wurde wegen «Rowdytum» ein Ermittlungsverfahren mit Haft eingeleitet. Gegen einen Soldaten der NVA leitete die Militärstaatsanwaltschaft wegen

867 BStU, MfS, HA IX/MF/15591, Bl. 12f.
868 BStU, MfS, HA IX/MF/15591, Bl. 9ff.
869 BStU, MfS, HA IX/MF/15591, Bl. 11.

«Rowdytum» ein Ermittlungsverfahren ein. Die Gastwirtin («Zum Schwan») erklärte der Volkspolizei, dass sie an ihrer Gaststätte einen Aushang anbringen wollte, mit dem sie zum Ausdruck brachte, dass ungarische Arbeiter als Gäste nicht erwünscht waren.[870]

In Berlin-Friedrichshain (Bezirk Berlin) wurden 1973 sechs Seeleute durch die Besatzungen von zwei Funkstreifenwagen zur VPI zugeführt, weil sie «mehrere polnische Staatsbürger» mit Zaunlatten und Fußtritten angegriffen hatten, wobei ein Pole erheblich verletzt wurde. Die Polen waren im VEB Glaswerk Stralau in Berlin beschäftigt. Die Volkspolizei konnte keine Hinweise dafür finden, «daß diese tätlichen Angriffe der DDR-Bürger gegen die Staatsbürger der Volksrepublik Polen wegen ihrer Staatsangehörigkeit» erfolgt waren.[871]

In Buch (Bezirk Berlin) zogen am 31. Oktober 1973 zwischen 21.25 und 22.05 Uhr etwa 16 mit Schlagwerkzeugen bewaffnete Deutsche von Gaststätte zu Gaststätte, um jugoslawische Arbeiter zu treffen, an denen sie in Selbstjustiz «Rache» nehmen wollten. Ihr «Rachefeldzug» ging auf gewalttätige Auseinandersetzungen zurück, die bereits am 28. Oktober in der HO-Gaststätte «Schloßkrug» stattgefunden hatten, wobei 6 Jugoslawen teilweise erheblich verletzt wurden.[872] Der Bezirksstaatsanwalt Berlin-Pankow und die Abteilung K der Volkspolizei-Inspektion Pankow leiteten Ermittlungsverfahren mit Haft gemäß §§ 215, 216 Rowdytum StGB in schweren Fällen gegen 8 Deutsche und Ermittlungsverfahren ohne Haft gegen 3 Deutsche ein.[873]

Im Braunkohlekombinat «Schwarze Pumpe» (Bezirk Cottbus) fanden im Dezember 1974 in und vor drei Baracken Schlägereien zwischen Algeriern einerseits und Deutschen und Polen andererseits statt. Es wurden Messer, Schraubenzieher, Hämmer und Zangen eingesetzt. Es gab viele Verletzte.[874] 1974 stellte die «Gesellschaft für Sport und Technik» (GST) der Belegschaft Motorräder zur Verfügung, die sie in der Freizeit benutzen durften. Für Ausländer war das verboten worden.[875]

In Magdeburg wurden am 6. September 1975 gegen 23 Uhr drei vietnamesische Lehrlinge von zwei Deutschen auf der Hegelstraße überfallen und angegriffen. Zwei der Opfer wurden verletzt und mussten wegen Hämatomen und Schürfwunden ambulant behandelt werden. Bereits zuvor waren die Vietnamesen in einer Gaststätte angegriffen und geschlagen worden. Durch das VPKA Magdeburg wurden Ermittlungsverfahren wegen «Rowdytum» eingeleitet.[876]

---

870 BStU, MfS, HA IX/MF/15591, Bl. 15ff.

871 BStU, MfS, HA IX/MF/15591, Bl. 56ff.

872 BStU, MfS, HA IX/MF/15591, Bl. 67ff.

873 BStU, MfS, HA IX/MF/15591, Bl. 70f.

874 Bougherara 2011, S. 150.

875 Krüger-Potratz 1991, S. 51.

876 BStU, MfS, HA IX/MF/15591, Bl. 152f.

In Böhlen, Kreis Borna (Bezirk Leipzig) gab es am 19. Oktober 1975 in der Gaststätte des Kulturhauses Auseinandersetzungen zwischen fünf Deutschen und vier Algeriern. Die Deutschen bedrohten die Algerier mit einem «Zündhütchen-Trommelrevolver (Spielzeugpistole)» und griffen sie tätlich an. Ein Algerier wurde mit einer abgebrochenen Weinflasche am Oberarm verletzt und musste in das Kreiskrankenhaus Borna zur stationären Behandlung eingeliefert werden. Die BVfS Leipzig veranlasste die Bildung einer Einsatzgruppe beim Betriebsschutzamt der DVP Böhlen, Abteilung K, die im Zusammenwirken mit der BDVP Leipzig, Dezernat II, Arbeitsgruppe Ausländer, die weitere Bearbeitung übernehmen sollte. Gegen zwei Deutsche sollte eine Anzeige wegen «Rowdytum» aufgenommen werden. Gegen einen 22-jährigen Algerier sollte ein Ermittlungsverfahren wegen «Körperverletzung» ohne Haft eingeleitet werden.[877]

In Plauen (Bezirk Karl-Marx-Stadt) gab es 1976 bei einem Rockkonzert «schwere Auseinandersetzungen» zwischen Jugendlichen und der Volkspolizei.[878]

Im Clubhaus Coswig (Bezirk Dresden) kam es am 4. Januar 1976 zu einer verbalen Auseinandersetzung zwischen Algeriern und Deutschen, woraufhin 15 bis 20 Algerier «geschlossen das Klubhaus» verließen und «lärmend durch die Straßen des Zentrums von Coswig» zogen. Einige von ihnen hatten sich mit «abgerissenen Zaunlatten» bewaffnet. Ein Abschnittsbevollmächtigter (ABV) der DVP nahm 4 Algerier vorläufig fest und er veranlasste die sofortige Verständigung der Leitung des Wohnheims der Algerier. Es wurde vereinbart, dass am nächsten Tag, also am 5. Januar, an der Arbeitsstelle eine «Aussprache» stattfinden sollte. In Begleitung des Wohnheimleiters wurden die 4 zugeführten Algerier zum Wohnheim gebracht. Am 5. Januar verweigerten 28 algerische Arbeiter des VEB Betonwerk in Coswig und Cossebaude anlässlich der Frühschicht die Arbeit. Sie zeigten sich unzufrieden durch die Behandlung der DVP, forderten umgehend eine Aussprache und wollten erst wieder arbeiten, wenn die Aussprache erfolgt wäre.[879]

In Meuselwitz (Bezirk Leipzig) kam es am 10. Januar 1976 in der HO-Gaststätte «Stadthaus» während einer Tanzveranstaltung zu gewalttätigen Auseinandersetzungen zwischen Deutschen und Algeriern. Der Gaststättenleiter hatte Ordner eingesetzt, deren «Charaktereigenschaften für eine solche Funktion kaum geeignet waren». Dieser «Ordnungsdienst» entfernte zwar alle Algerier aus dem Gebäude, aber keine Deutschen. Die Auseinandersetzungen gingen vor dem Gebäude weiter und der ABV setzte dort den Schlagstock ein, wobei drei Algerier «erheblich verletzt» wurden. Sie wurden vom medizinischen

877 BStU, MfS, HA IX/MF/15591, Bl. 160ff.

878 Neubert 1997, S. 205.

879 BStU, MfS, HA XVIII Nr. 19633, Bl. 1f.

Bereitschaftsdienst notdürftig «verarztet» und, obwohl sie nicht arbeitsfähig waren, nicht krankgeschrieben und eine «unbedingt notwendige Röntgenuntersuchung unterblieb zunächst». Die algerischen Arbeiter entschieden, die Arbeit niederzulegen, was «zu 100 Stunden Arbeitsausfall führte». Nach Meinung des berichtenden Offiziers des MfS führten die Gaststättenverbote für Algerier und der «oft wenig einfühlsame Einsatz von Ordnungsgruppen [...] wiederholt zu vermeidbaren Auseinandersetzungen», die keine Einzelerscheinungen waren.[880]

In Berlin-Buchholz kam es 1976 in einer HO-Gaststätte zu Gewalttaten zwischen etwa 200 Jugendlichen und Besatzungen von 6 Funkstreifenwagen der Volkspolizei; dabei wurden Volkspolizisten mit «staatsverleumderischen» Äußerungen beschimpft und beleidigt.[881]

In Lübbenau (Bezirk Cottbus) kam es am 16. Mai 1976 gegen 13.15 Uhr am «Hafen der Freundschaft» zu rassistischen Pöbeleien von sieben oder acht Polen, die im VEB Kraftwerke Lübbenau-Vetschau beschäftigt waren. Ihr Ziel waren Delegierte des südafrikanischen ANC, die sich als Gäste des IX. Parteitages der SED im Spreewald aufhielten. Circa zwei Stunden später gab es ebenfalls am «Hafen der Freundschaft» und am Weg nach Lehde gewalttätige Auseinandersetzungen zwischen Polen und Deutschen, die von «polnischen Werktätigen provoziert worden waren». Die Schlägereien konnten erst kurz vor der Abfahrt West-Berliner Reisegruppen geschlichtet werden. Ein «Rädelsführer», er verletzte durch einen Faustschlag einen Hauptwachtmeister der VP, wurde am 27. Mai über Bad Muskau in die VR Polen zurückgeführt, d.h. er wurde an die polnischen «Sicherheitsorgane» übergeben. Inoffiziell wurde festgestellt, dass eine Gruppe Polen plante, alle Araber und Afrikaner zusammenzuschlagen, und falls die VP eingreifen sollte, sollte auch sie angegriffen werden. Daraufhin wurde eine «verstärkte vorbeugende Absicherung der polnischen Werktätigen» vorgenommen.[882]

In Aken, Kreis Köthen (Bezirk Halle) kam es Anfang 1976 zu gewalttätigen Auseinandersetzungen zwischen Algeriern und FDJ-Mitgliedern, an denen insgesamt etwa dreißig Personen beteiligt waren – darunter waren auch Mitglieder von FDJ-Ordnungsgruppen. Ein Angehöriger der Ordnungsgruppen wurde für die Auseinandersetzungen verantwortlich gemacht und verhaftet. Danach wurden feindselige Stimmungen gegen algerische Arbeiter festgestellt.[883]

In Berlin konzentrierten sich am 5. Juni 1976 auf dem Alexanderplatz zum «Fest der Jugend» zwischen zweihundert und dreihundert «dekadente und negative Jugendliche». Sie benahmen sich «in der Öffentlichkeit anstoßerregend»,

880 BStU, MfS, ZAIG 20640, Bl. 3; BStU, MfS, HA XVIII Nr. 19633, Bl. 1–28; BStU, MfS, ZAIG 2478, Bl. 1f.

881 Besondere Vorkommnisse unter der Jugend vom 5.5.1976 bis 30.6.1976, FDJ Abteilung Verbandsorgane vom 13.7.1976, Vertraulich, SAPMO-BArch, DY 24/ A 9.246, S. 5.

882 BStU, MfS, BV Cottbus, AKG 5091, Bl. 1f.

883 Besondere Vorkommnisse unter der Jugend vom 20.3.1976–4.5.1976, Vertraulich, FDJ Abteilung Verbandsorgane, 11.6.1976, SAPMO-BArch, DY 24/ A 9.246, Bl. 4.

indem sie Bier- und Weinflaschen und Biergläser zerschlugen, und sie «negierten die programmmäßigen Veranstaltungen».[884]

Beim Pressefest der «Freien Erde» am 19. Juni 1976 in Neubrandenburg wurde eine Jugendtanzveranstaltung «wegen Gefährdung der Ordnung und Sicherheit abgebrochen». Etwa 600 Jugendliche «setzten den VP-Kräften Widerstand entgegen und riefen hetzerische Äußerungen». Erst durch eine Verstärkung mit weiteren Kräften der VP und eines Wasserwerfers gelang es, die Jugendlichen zu zerstreuen. 66 Jugendliche wurden der VP zugeführt und gegen 32 Personen wurden strafrechtliche Maßnahmen bzw. Ordnungsstrafverfahren durchgeführt. Von 66 Zugeführten waren 21 Personen vorbestraft, u. a. gemäß §§ 212, 215, 216, 220, 222 StGB, und 14 waren Mitglieder der FDJ.[885]

Beim Pressefest der «Schweriner Volkszeitung» am 20. Juni 1976 in Schwerin traten «negative und dekadente Jugendliche in Erscheinung und leisteten Widerstand gegenüber der VP», woraufhin die VP 20 Jugendliche zuführte. Es wurden vier Ermittlungsverfahren gemäß §§ 212, 220 StGB eingeleitet und acht Ordnungsstrafverfahren wurden durchgeführt.[886]

In Altenburg (Bezirk Leipzig) gab es vom 9. bis zum 11. Juli 1976 bei einem Rockkonzert «schwere Auseinandersetzungen» zwischen Jugendlichen und der Volkspolizei. Etwa 2.500 Rocker und Hippies hatten sich zu verschiedenen Konzerten anlässlich der 1000-Jahr-Feier eingefunden. Bei den Angriffen der Volkspolizei auf die Jugendlichen wurde z. T. auch «Heil Hitler» gegrölt. Im Jahr davor war das 3. Blues- und Rock-Open-Air verboten worden. Diese Ereignisse wurden vom MfS so eingeschätzt, dass hier «eine gewisse Zäsur zu verzeichnen war, aus der sich neue sicherheitspolitische Erfordernisse» ergaben. Dies auch deshalb, weil die Ereignisse «auf Grund ihres Ausmaßes und ihrer großen Öffentlichkeitswirksamkeit auch zu negativen politisch-ideologischen Auswirkungen unter der Bevölkerung» führten, die sich «unter anderem darin äußerten, daß das Vertrauen der Bürger in die örtlichen Organe der Staatsmacht und die durch sie zu gewährleistende Rechtssicherheit untergraben wurde». Insgesamt wurden vom 8. bis zum 11. Juli 1976 über 100 Personen verhaftet und Ermittlungs- und Ordnungsstrafverfahren eingeleitet. Die Forschungsergebnisse zum Thema «Die politisch-operative Bekämpfung des feindlichen Missbrauchs gesellschaftswidriger Verhaltensweisen Jugendlicher» von der Juristischen Hochschule des MfS in Potsdam (Februar 1981) – daran hatten zwölf hochrangige Offiziere des MfS mitgewirkt – weisen darauf hin, dass es am 7. Oktober 1977 in Berlin, am 1. Mai 1978 in Wittenberg, am 8. August 1978 in Rostock, am 29. Mai 1978 in Erfurt u. a. m. ebenfalls zu «gleichartigen Tendenzen» gekommen ist. Bei Veranstaltungen im «sozialistischen Ausland», so bei Motor-

884 BStU, MfS, HA XX Nr. 14278, Bl. 12.
885 BStU, MfS, HA XX Nr. 14278, Bl. 12.
886 BStU, MfS, HA XX Nr. 14278, Bl. 12.

sportveranstaltungen 1979 und 1980 in Brno, beim Schwarzbierfest an Ostern 1979 in Prag, beim Jazz-Konzert 1979 in Warschau, beim Jazz-Festival 1979 in Czenstochowa (VR Polen) und beim «Tramper»-Treffen Ostern 1979 in Prag u. a. m. war es durch Jugendliche aus der DDR u. a. zu nationalistischen Äußerungen gekommen. Die Ursachen für das Verhalten solcher Jugendlichen wurde im Wesentlichen darauf zurückgeführt, dass die «bürgerliche Ideologie [...] massierte(n) Einflußnahme auf das Bewußtsein» der Jugendlichen nähme. Auf diese Weise würden «nicht nur charakteristische kleinbürgerliche Eigenarten, sondern auch antisozialistische Auffassungen und Haltungen wie Antisowjetismus, Antikommunismus, Nationalismus, Rassenvorurteile, neofaschistisches Gedankengut u. ä. direkt genährt und verbreitet».[887]

Aber auch im offiziellen organisatorischen Rahmen, wie z. B. in Schulklassen, Lehrlingskollektiven, Internatsgruppen, Interessengruppen von FDJ und GST «bis zu den kleinsten Einheiten (Gruppen) in militärischen Verbänden» war gemeinschaftlich gesellschaftswidriges Verhalten in Erscheinung getreten. Wiederholt mussten Verunglimpfungen des antifaschistischen Widerstandes beim Besuch von Gedenkstätten durch Schüler festgestellt werden. Ebenso fanden primitive und brutale «Terrorisierungen» von fortschrittlichen Jugendlichen in Lehrlingswerkstätten, Internaten und militärischen Einheiten statt.[888]

In Wittenberg (Bezirk Halle) kam es am 1. Mai 1978 zu gewalttätigen Auseinandersetzungen zwischen etwa vierhundert Jugendlichen und der Volkspolizei. Als eine Person von der Volkspolizei festgenommen wurde, begannen die Auseinandersetzungen, mit der Forderung nach der Freilassung des Zugeführten.[889]

In Erfurt fand am 27. und 28. Mai 1978 das Pressefest der SED-Bezirkszeitung «Das Volk» statt. Am ersten Tag wurden «durch zielgerichteten Einsatz der Sicherungs- und Ordnungskräfte» etwa 60 Jugendliche/Jungerwachsene «wegen renitentem Äußeren und Verhaltensweisen» vorläufig festgenommen (zugeführt). Am 28. Mai kam es gegen 19.10 Uhr zu größeren rowdyhaften Ausschreitungen, die bis «zu tätlichen Auseinandersetzungen mit eingesetzten Sicherungskräften der VP führten». Gegen 10 Schutzpolizisten, darunter drei Diensthundeführer mit Hund – sie waren zur Unterstützung der Ordner eingesetzt – leisteten etwa 80 bis 120 Jugendliche «aktiven Widerstand». Insgesamt wurden 6 Volkspolizisten verletzt, 2 mussten stationär behandelt werden. Ebenso wurden 2 Diensthunde verletzt, ein LKW W50 der NVA, er war zum Zwe-

887 BStU, MfS, ZAIG 5521, Bl. 1–15; BStU, MfS, JHS Nr. 21910, Bl. 48ff.; Neubert 1997, S. 205. In diesem Standardwerk zur Opposition gibt es keine Hinweise auf die fundamentale Opposition, die von Rechten (Neonazis, Hooligans, Skinheads usw.) in der DDR geleistet wurde.

888 BStU, MfS, JHS Nr. 21910, Bl. 137.

889 BStU, MfS, JHS Nr. 21910, Bl. 62.

cke einer militärpolitischen Veranstaltung auf dem Gelände stationiert, wurde beschädigt.[890]

In Dresden-Pieschen gab es anlässlich des 15. Pieschener Hafenfestes nach dem Veranstaltungsende Auseinandersetzungen zwischen circa 50 Jugendlichen und «Angehörigen der Ordnungs- und Sicherungskräfte». Gegen 6 Jugendliche wurde ein Ermittlungsverfahren eingeleitet und Untersuchungshaft angeordnet.[891]

In Graal-Müritz (Bezirk Rostock) kam es auf dem Zeltplatz am 15. Juli 1978 gegen 22 Uhr zu gewalttätigen Auseinandersetzungen zwischen Deutschen und Tschechoslowaken. Die Ermittlungen führten zu vorläufigen Festnahmen von sechs Jugendlichen bzw. Jungerwachsenen, die alle in Graal-Müritz wohnten.[892]

In Priort (Bezirk Potsdam) wurden am 6. August 1978 mehrere sowjetische Soldaten der GSSD von circa zehn Deutschen angegriffen. Ein sowjetischer Soldat gab mit seiner Pistole zwei Warnschüsse ab und auch nach dem Eintreffen von Sicherheitskräften der Kommandantur Elstal gingen die tätlichen Angriffe auf die sowjetischen Soldaten weiter. Gegen fünf «Rädelsführer und Hauptbeteiligten» wurden Haftbefehle erlassen.[893]

In Strausberg und Eggersdorf (Bezirk Frankfurt/O.) gab es von August 1978 bis Mai 1979 eine Neonazi-Gruppe mit 14 Mitgliedern, die sich in der Öffentlichkeit faschistisch äußerte und die «die öffentliche Ordnung und Sicherheit» gefährdeten. 4 vorbestrafte Arbeiter wurden als Rädelsführer durch dem Operativen Vorgang «Haken» bearbeitet. Während öffentlicher Veranstaltungen verhielten sich Mitglieder der Gruppe gewalttätig auch gegen Volkspolizisten und bei ihren eigenen Zusammenkünften erfolgte eine «Verherrlichung des Faschismus». In Eggersdorf grüßten Mitglieder der Gruppe «mit erhobener Hand» und mit den Worten «Für Führer, Volk und Vaterland». Am 28. April 1979 traf sich die Gruppe in einer Laube und insgesamt «waren 25–30 Personen an diesem Nachmittag und Abend anwesend».[894]

In Meißen (Bezirk Dresden) kam es am 16. September 1978 bei einem Volksfest «Rund um die Albrechtsburg» zu «ernsten Ausschreitungen und Provokationen», an denen etwa dreißig bis fünfzig Jugendliche aktiv und etwa vierhundert passiv beteiligt waren. Es wurde gerufen: «Ihr roten Schweine», «Wir machen euch fertig», «Ihr kommt alle hinter Gitter», «Bullenschweine» usw. Gegen die Einheiten der Volkspolizei widersetzten sich die Jugendlichen mit Steinwürfen, wobei zwei Volkspolizisten verletzt wurden. Nach Aussagen von Mitgliedern des Rates der Stadt und des Kreises Meißen war ein «planvolles» Vorgehen einiger Jugendlicher nicht auszuschließen. Anlass für solche Überlegungen gab die

890 BStU, MfS, HA XX Nr. 6086, Bl. 280f.

891 BStU, MfS, JHS 21910, Bl. 69.

892 BStU, MfS, HA IX/MF/15591, Bl. 243.

893 BStU, MfS, ZAIG Nr. 2843, Bl. 1f.; BLHA, 471 BDVP Potsdam, Nr. 595, Rapport Nr. 219/78.

894 BStU, MfS, HA XX Nr. 14558, Bl. 1–7.

Anwesenheit einer Berlinerin, die sich anscheinend zur Sprecherin der Jugendlichen gemacht hatte, und eines Mannes, der die Vorgänge fotografierte.[895]

In Erfurt wurde 1978 das «Pressefest» angeblich dadurch «gestört», dass sich Jugendliche auf einen Rasen setzten und den Aufforderungen von Ordnern und Helfern der Volkspolizei – den Rasen zu verlassen – nicht nachkamen. Anrückende Volkspolizisten wurden mit Flaschen, Scherben, Biergläsern und Steinen angegriffen. Ein Volkspolizist war von Jugendlichen eingekreist und tätlich angegriffen worden und erst mit zwei Warnschüssen aus seiner Schusswaffe konnte er sich aus seiner misslichen Lage befreien. Insgesamt wurden bei diesen, über Stunden anhaltenden Auseinandersetzungen sechs Volkspolizisten und zwanzig Ordner verletzt. Die FDJ wurde sogar aufgefordert, noch viel energischer gegen diejenigen vorzugehen, die «auf Kosten anderer leben». Jedoch gab es auch Stimmen von Schülern und Lehrlingen, die das brutale Vorgehen der Volkspolizei kritisierten und empört fragten, ob in der DDR auch Hunde und Schlagstöcke eingesetzt werden müssten, so wie es in der BRD üblich sei. Die eingesetzte Bereitschaftseinheit der Erfurter Volkspolizei erhielt nach dem «erfolgreichen» Einsatz Ehrenurkunden und Medaillen für ihre «hohe Einsatzbereitschaft, Mut und Konsequenz bei der Herstellung von Sicherheit und Ordnung».[896]

In Freiberg (Bezirk Karl-Marx-Stadt) kam es 1978 an der Bergakademie während der FDJ-Studententage zu gewalttätigen Auseinandersetzungen zwischen Deutschen und algerischen Arbeitern. Nach diesem Vorfall steigerten einige FDJ-Mitglieder die rassistische Stimmung. Die örtliche FDJ-Leitung unternahm nichts gegen die Hetze «aus den eigenen Reihen».[897]

In Karl-Marx-Stadt kam es am 7. Januar 1979 in der HO-Gaststätte «Ratskeller» zu gewalttätigen Auseinandersetzungen zwischen drei Kubanern und mehreren Deutschen sowie «Bürgern der UdSSR, der UVR und VRB». Gegen einen Kubaner wurde ein Ermittlungsverfahren wegen «Vorsätzlicher Körperverletzung» eingeleitet.[898]

In Bautzen (Bezirk Dresden) gab es am 10. Februar 1979 gegen 23.45 Uhr gewalttätige Auseinandersetzungen zwischen drei Kubanern und vier Algeriern, wobei «Knüppel, Ketten, Expanderfedern» eingesetzt wurden. Anschließend wurden die Auseinandersetzungen auf dem Bahnhofsvorplatz fortgesetzt.

895 BStU, MfS, JHS Nr. 21910, Bl. 55; Besonderes Vorkommnis anlässlich des Volksfestes «Rund um die Albrechtsburg» in Meißen, 16.9.1978, FDJ BL Dresden, 4.10.1978, SAPMO-BArch, DY 24/ 10.823, Bl. 1ff.

896 Monatliche persönliche Information, FDJ BL Erfurt, 5.6.1978, SAPMO-BArch, DY 24/ 9.621, S. 13ff.; Monatliche persönliche Information, FDJ BL Erfurt, 5.7.1978, SAPMO-BArch, DY 24/ 9.621, S. 8;

897 Persönliche Information der FDJ BL Karl-Marx-Stadt, 8.5.1978, SAPMO-BArch, DY 24/ 9.625, Anlage.

898 BStU, MfS, Abt. X Nr. 336, Bl. 169.

Gegen zwei Kubaner, sie waren im VEB Fortschrittwerk Singwitz beschäftigt, wurde ein Ermittlungsverfahren wegen «Vorsätzlicher Körperverletzung» eingeleitet und Haftbefehle erlassen.[899]

In Karl-Marx-Stadt kam es am 25. Februar 1979 in der HOG «Schlachthof» zu Schlägereien zwischen Kubanern und der FDJ-Ordnungsgruppe. Es wurden «Holzlatten und Metallgegenstände» eingesetzt. «Zuführungen zur VP» waren nötig.[900]

In Oelsnitz (Bezirk Karl-Marx-Stadt) kam es am 25. Februar 1979 in der HOG «Gewerkschaftshaus» zu gewalttätigen Auseinandersetzungen zwischen fünf Kubanern, sie waren im VEB Renak-Werke Reichenbach beschäftigt, und mehreren Deutschen.[901]

In Brandenburg (Bezirk Potsdam) fand am 17. März 1979 in der HOG «Philipp Müller» eine Discoveranstaltung statt, an der etwa 140 Deutsche und 10 bis 15 Kubaner teilnahmen, die im VEB IFA-Getriebewerk beschäftigt waren. Gegen 21.30 Uhr kam es zu einem Gewaltausbruch zwischen Kubanern und Deutschen, wobei von beiden Seiten «Flaschen geworfen» wurden. Von den Kubanern wurden auch Messer und Expanderfedern eingesetzt. Als ein Streifenwagen am Tatort eintraf, waren die Auseinandersetzungen bereits beendet. Die Kubaner hatten die Gaststätte bereits verlassen «und waren nicht mehr aufzufinden».[902]

Im Messesonderzug D 29606 kam es am 17. März 1979 zwischen 17.25 und 19.40 Uhr auf der Fahrt von Leipzig nach Berlin-Schönefeld zu Auseinandersetzungen zwischen Kubanern und Deutschen. Auf dem Bahnhof Berlin-Schönefeld wurden mehrere Kubaner und vier Deutsche durch die Schutzpolizei zum VP-Revier Schönefeld «zugeführt». Wegen «der unbedeutenden Auswirkungen der Handlungen und der geringen Schuld der Täter unter Berücksichtigung des Verhaltens der Geschädigten wurde in Abstimmung mit der Bezirksstaatsanwaltschaft Potsdam die Einleitung von Ordnungsstrafmaßnahmen und eine Auswertung im Kollektiv der kubanischen Werktätigen festgelegt».[903]

In Karl-Marx-Stadt kam es am 29. April 1979 in der HO-Gaststätte «Ratskeller» gegen 1 Uhr zu gewalttätigen Auseinandersetzungen zwischen Deutschen und neun Kubanern. Ein Deutscher und zwei Bürger der UdSSR wurden verletzt und mussten im Unfallkrankenhaus medizinisch behandelt werden. Zwei Kubaner wurden dem VPKA Karl-Marx-Stadt zugeführt. Die Ermittlungshandlungen der VP im Wohnheim der Kubaner wurden von «den kubanischen Heimbewohnern erschwert bzw. behindert».[904]

899 BStU, MfS, Abt. X Nr. 336, Bl. 169.

900 BStU, MfS, Abt. X Nr. 336, Bl. 169, Bl. 208.

901 BStU, MfS, Abt. X Nr. 336, Bl. 208, Bl. 241.

902 BStU, MfS, Abt. X Nr. 336, Bl. 170, Bl. 183f.

903 BStU, MfS, Abt. X Nr. 336, Bl. 185f.

904 BStU, MfS, HA IX, 8576, Bl. 296; BStU, MfS, Abt. X Nr. 336, Bl. 170, Bl. 174–184.

In Schwedt (Bezirk Frankfurt/O.) kam es am 27. Juli 1980 gegen 3.30 Uhr vor der HO-Gaststätte «Stadt Schwedt» zu gewalttätigen Auseinandersetzungen zwischen Deutschen und acht Jugoslawen. Die Zuführung eines Jugoslawen zum VPKA durch einen Streifenposten der DVP wurde durch mehrere Jugoslawen mit Gewalt verhindert. Die Jugoslawen entwendeten den Schlagstock und schlugen auf einen Obermeister der DVP ein, der mit «seiner Dienstpistole» einen Warnschuss und einen gezielten Schuss abgab. Die Besatzung eines eintreffenden Funkstreifenwagens der DVP sicherte den «Ereignisort» und führte einen Jugoslawen dem VPKA Schwedt zu. Der angeschossene Jugoslawe war nicht mehr vor Ort und das MfS nahm an, dass er sich, zusammen mit zwei weiteren Jugoslawen, mit einem PKW in Richtung Westberlin begeben hatte. Nach allen drei Personen wurden Fahndungsmaßnahmen über die Hauptabteilung VI eingeleitet. Durch die DVP wurde eine «Eilfahndung der Stufe Roem 2 – Verhaftung – [...] eingeleitet». Eine Einsatzgruppe aus den Abteilungen Roem 9, Roem 18, der KDfS Schwedt sowie aus der Ausländergruppe der BDVP Frankfurt/O. und des VPKA Schwedt war im Einsatz. Die Volkspolizei erhielt von der Firma Bosna Montaza – für sie waren die Jugoslawen in der DDR tätig – ein Schreiben, in dem berichtet wurde, dass der angeschossenen Jugoslawe «mit einer Schusswunde im rechten Oberschenkel in bewusstlosem Zustand in das Krankenhaus Prijedor [Jugoslawien, HW] eingeliefert» wurde. Bei Besserung des Zustands des Verletzten werde er zum Sachverhalt befragt und das Ergebnis würde dann dem VPKA Schwedt schriftlich mitgeteilt. Das Innenministerium hatte Anfang August noch nicht entschieden, ob das Ermittlungsverfahren gegen ihn vorläufig eingestellt oder ob es an den jugoslawischen Staat übergeben werden sollte. Gegen einen anderen Jugoslawen wurde nur ein Ordnungsstrafverfahren eingeleitet, da ihm eine Mittäterschaft bei der «Widerstandshandlung» nicht nachgewiesen werden konnte.[905]

In Werder (Bezirk Potsdam) wurden fünf junge Tschechoslowaken am 21. Juli 1979 gegen 21.10 Uhr beim Verlassen einer Discoveranstaltung im Jugendclub «Unter den Linden» von sieben Deutschen «angepöbelt». Die Tschechoslowaken flüchteten daraufhin zum Betriebslager der Gärtnerischen Produktionsgenossenschaft (GPG) «Frühling», wo sie wohnten. Auf diesem Weg wurden sie von den Deutschen «verfolgt und angegriffen und mit Faustschlägen körperlich mißhandelt». Zwei Opfer erlitten Verletzungen und ein Opfer kam mit einem «Schädeltrauma und Prellungen» in stationäre Behandlung. Es wurden sieben Handwerker, Arbeiter und Lehrlinge identifiziert und ein Ermittlungsverfahren wegen «Rowdytum» eingeleitet.[906]

In Leipzig kam es am 15. Juni 1980 gegen 21.15 Uhr in und vor der HO-Gaststätte «Goldener Löwe» zu gewalttätigen Auseinandersetzungen zwischen

905 BStU, MfS, HA IX 10097, Bl. 193ff., Bl. 199f., Bl. 203.
906 BStU, MfS, HA IX / MF / 15591, Bl. 255f.

23 Kubanern, sie waren im VEB Wälzlagerwerk und im VEB Blechformwerk in Leipzig beschäftigt, und mindestens 150 Deutschen. 2 Deutsche mussten «schwer verletzt» in ein Krankenhaus eingeliefert werden. Die Kubaner wurden durch eine Einsatzgruppe der DVP, Besatzungen von 8 Funkstreifenwagen und einer Mobilen Einsatzreserve der VP-Bereitschaft in die Gaststätte abgedrängt und dort festgehalten. Deutsche, die sich vor der Gaststätte versammelt hatten, forderten die «Herausgabe der Kubaner» oder riefen Parolen wie «Schmeißt die Kubaner aus der DDR raus» oder «Schlagt die Nigger und die Bullen, heute haben wir Gelegenheit dazu», was die Lynchatmosphäre deutlich werden lässt. Volkspolizisten mit Schlagstöcken lösten diese Menschenansammlung in und vor der Gaststätte auf. Ein Angehöriger der Abt. K des VPKA Leipzig zog seine Dienstwaffe zu «Abschreckungszwecken». Alle 23 Kubaner wurden dem VP-Revier zugeführt, wobei schließlich gegen 5 Kubaner ein Ermittlungsverfahren gemäß § 215 Rowdytum StGB ohne Haft eingeleitet wurde, das am 24. Juli abgeschlossen und zur weiteren Entscheidung an den Staatsanwalt der Stadt Leipzig «abverfügt» wurde. Das vorläufige Ermittlungsergebnis ließ den Schluss zu, dass sich die Kubaner in einer «Notwehrsituation» befanden. Deutsche Täter blieben zuerst unbehelligt und erst im Juli wurden gegen zwei Deutsche, sie waren u. a. wegen «Rowdytum» vorbestraft, Ermittlungsverfahren eingeleitet. Gegen eine ebenfalls vorbestrafte Deutsche wurde «ein Ermittlungsverfahren mit Haft wegen Beleidigung, Zusammenrottung und öffentlicher Herabwürdigung» eingeleitet. Sie war während der «Zusammenrottung» am 15. Juni mit rassistischen Äußerungen aufgefallen wie «Raus mit den verdammten Ausländern». Das Ermittlungsverfahren gegen die Kubaner wurde eingestellt.[907]

In Ludwigsfelde (Bezirk Potsdam) drangen am 24. August 1980 7 Deutsche in das Wohnheim für Vietnamesen ein und verletzten 11 Bewohner durch Faustschläge und mit Gegenständen. Die Angreifer gehörten zu einer «rowdyhaften Gruppierung» mit ca. 20 Mitgliedern, die «eine negative Einstellung zu in der DDR tätig werdenden ausländischen Bürgern» besaßen. Die «Rädelsführer» wurden am 25. August festgenommen und es wurden Ermittlungsverfahren eingeleitet.[908] Das Kreisgericht Zossen (Bezirk Potsdam) verurteilte 1981 zwei junge Arbeiter des LKW-Werks in Ludwigsfelde zu Freiheitsstrafen. Sie hatten ein Wohnheim für vietnamesische Vertragsarbeiter überfallen und anschließend behauptet, sie hätten die Vietnamesen deshalb angegriffen, weil diese die Normen übererfüllt hatten.[909]

In Leipzig kam es am 25. August 1980 nach 21 Uhr im Bereich der Friedrich-Ludwig-Jahn-Allee zu gewalttätigen Auseinandersetzungen zwischen Deutschen und Kubanern, die im VEB Fahrzeuggetriebewerk «J. Curie» beschäftigt waren.

907 BStU, MfS, HA IX 8577, Bl. 80, Bl. 190, Bl. 204–219.

908 BStU, MfS, HA IX Nr. 4303, Bl. 20.

909 Madloch, S. 85.

Die Volkspolizei griff ein und brachte 3 Kubaner aus der Gaststätte «Bratwurstglöckl» zum Funkstreifenwagen, um sie «in Sicherheit zu bringen». Mittlerweile versammelten sich circa 100 Jugendliche bzw. Jungerwachsene, die sich gegenüber der DVP herabwürdigend äußerten und Schottersteine warfen, mit denen Scheiben eines Taxis und einer Straßenbahn zerstört wurden. Eine Fensterscheibe eines Funkstreifenwagens wurde von einem Täter durch Faustschläge zerstört. Es wurden 5 Funkstreifenwagen und Kräfte der Bereitschaftspolizei eingesetzt, die 41 Personen abführten und gegen 22.40 Uhr die «öffentliche Ordnung» wiederhergestellt hatten. Gegen 7 Deutsche wurde ein Ermittlungsverfahren eingeleitet, wobei nach dem damaligen Stand der Untersuchungen eine organisierte Handlung ausgeschlossen wurden. Gegen die Verdächtigen wurde Ermittlungen wegen «Rowdytum», «Öffentlicher Herabwürdigung» und «Widerstand gegen staatliche Maßnahmen» mit Haft eingeleitet. Generalleutnant Mittig, stellvertretender Minister für Staatssicherheit, wurde vorab informiert und der Zentrale Operativstab (ZOS) telefonisch vorinformiert.[910]

In Kamenz (Bezirk Dresden) kam es am 25. Oktober 1980 in der HO-Gaststätte «Goldener Stern» zu gewalttätigen Auseinandersetzungen zwischen Algeriern und Deutschen. Der Leiter der Gaststätte informierte das VPKA Kamenz, von wo aus 5 Schutzpolizisten zur Gaststätte kamen, die aber nicht in der Lage waren, «Ruhe und Sicherheit» herzustellen. Deshalb wurde aus der Offiziershochschule der LSK/LV Kamenz ein «Einsatzzug» von 20 Soldaten in Ausbildungsuniform und Stahlhelm eingesetzt, weil die Möglichkeit bestand, dass Soldaten der NVA an den Auseinandersetzungen beteiligt waren. Dabei wurden 4 Deutsche verletzt und ein Verletzter musste mit einer Schädelfraktur zur stationären Behandlung in ein Krankenhaus eingeliefert werden. 7 Algerier wurden dem VPKA Kamenz zugeführt, wobei ein Algerier Widerstand leistete. Der Sachschaden im Saal der Gaststätte lag nach den ersten Schätzungen bei ca. 30.000 Mark, weil der neuverlegte Parkettboden und die Stuckdecke beschädigt wurden. Die DVP leitete ein Ermittlungsverfahren wegen «Rowdytum», «Widerstand gegen staatliche Maßnahmen» und «Vorsätzlicher Körperverletzung» gegen zwei Algerier ein. Dazu wurde ein Haftantrag gestellt. Gegen zwei weitere Algerier wurde ein Ermittlungsverfahren wegen «Rowdytum» ohne Haft eingeleitet.[911]

In Dresden-Leuben, im Niederseidewitzerweg 8/10, kam es am 1. Februar 1981 gegen 21.30 Uhr vor und in einem Wohnheim für polnische Arbeiter zu «rowdyhaften Handlungen durch mehrere Jugendliche». Die Polen waren als Arbeiter im VEB Kombinat Fortschritt – Anlagenbau Dresden tätig. Die Angreifer drangen in das Gebäude ein, beschimpften Polen mit «Kommt raus! Polenschw...!» und benutzten Feuerlöscher. Als die Volkspolizei am Wohnheim

910 BStU, MfS, HA IX 10097, Bl. 148–154.

911 BStU, MfS, HA IX 10097, Bl. 136f.

eintraf, «wurden die Jugendlichen flüchtig». Ein polnischer Betreuer informierte den verantwortlichen deutschen Betreuer, die Betriebsleitung sowie die Botschaft der VR Polen von diesem Ereignis. Am 3. Februar 1981 führten der polnische Betreuer mit dem Betriebsdirektor und dem Direktor für Arbeit eine Aussprache durch. Als Maßnahmen wurden erstens festgelegt, dass der Tathergang durch die KDfS Dresden-Stadt, mit der BV Dresden, Abteilung XVIII und mit dem VPKA Dresden, Abteilung K. geklärt werden sollte. Zweitens wurden Sicherungsmaßnahmen durch die DVP im Bereich des Wohnheimes eingeleitet. Drittens sollten die beteiligten Jugendlichen ermittelt werden und viertens wurde festgelegt, dass die weitere Bearbeitung durch die KDfS Dresden-Stadt, die BV Dresden, Abteilung XVIII, im Zusammenwirken mit dem VPKA Dresden-Stadt erfolgen sollte.[912]

In Schwedt (Bezirk Frankfurt/O.) fand in der HO-Gaststätte «Nowopolzk» am 21. Februar 1981 eine Faschingsveranstaltung statt, an der etwa 360 Frauen und Männer teilnahmen. Darunter befanden sich Gäste aus Polen und Jugoslawien. Im Veranstaltungsraum wurde ein Pole gewalttätig angegriffen und als Volkspolizisten eintrafen, waren die Auseinandersetzungen bereits beendet. Vor der Gaststätte standen «diskutierende Personengruppen», woraufhin die Angehörigen der Volkspolizei die Türe zum Vorraum abschlossen. «8 bis 10 Personen, die vor der Tür standen, verschafften sich durch Einschlagen der Scheiben und gewaltsames Aufdrücken der Tür Eintritt. Sie griffen die DVP-Angehörigen an, schlugen auf sie mit Fäusten ein und traten sie mit Füßen. Zwei Angehörige der DVP wurden dabei leicht verletzt. Durch den Einsatz einer weiteren Funkstreifenwagenbesatzung erfolgte die Zuführung» von fünf polnischen Arbeitern. Die Polen waren Arbeiter der Firma Polimex-Cekop, die in Schwedt tätig waren. Gegen zwei Polen wurde ein Ermittlungsverfahren wegen «Widerstand gegen staatliche Maßnahmen» mit Haft eingeleitet. Gegen zwei weitere Polen wurde ebenfalls ein Ermittlungsverfahren wegen «Widerstand gegen staatliche Maßnahmen» eingeleitet, wobei einer «vorläufig festgenommen» wurde und der andere wurde «nach Hause entlassen». Der fünfte Pole befand sich in Gewahrsam der DVP, stand «unter starkem Alkoholeinfluß» und war noch nicht vernehmungsfähig.[913]

In Jena-Lobeda (Bezirk Gera) wurde am 19. Februar 1981 ein deutscher Jugendlicher (18 Jahre) von «bisher nicht ermittelten» Mongolen auf seinem Heimweg vom Kulturhaus Jena-Lobeda überfallen und mit mehreren Messerstichen «nicht lebensgefährlich» verletzt.[914]

In Großkayna, Kreis Merseburg (Bezirk Halle) kam es am 16. August 1981 gegen 18 Uhr vor dem Clubhaus «Hans Marchwitzka» des VEB Braunkohle-

912 BStU, MfS, HA II Nr. 31940, Bl. 6f.

913 BStU, MfS, HA II Nr. 31940, Bl. 10f.

914 BStU, MfS, ZAIG 3120, Bl. 3; BStU, MfS, ZAIG 20633, Bl. 3.

werk Geiseltal zu Auseinandersetzungen zwischen Mosambikanern und Deutschen. Die Afrikaner hatten sich mit selbstgefertigten Schlagwerkzeugen (Holzstöcke mit Fahrradketten, Lederriemen mit Schnallen) bewaffnet und sie griffen geschlossen etwa 40 bis 50 Deutsche an, die sich ebenfalls vor dem Clubhaus versammelt hatten. Erst anrückende Volkspolizisten des VPKA Merseburg beendeten die Gewalt. 10 Deutsche und 1 Mosambikaner mussten ambulant medizinisch behandelt werden. Der Angriff der Mosambikaner stand, nach den Ermittlungen, «unter der Führung des offiziell eingesetzten mocambiquanischen Kommandeurs [Name geschwärzt, HW]», der im Wohnheim des BKW Geiseltal in Großkayna wohnte. Diese Auseinandersetzungen standen im Zusammenhang mit einem Vorfall in der vorangegangenen Nacht, als ein deutscher Arbeiter (25 Jahre) gegen 0.45 Uhr in Braunsbedra (Kreis Merseburg) nach einer Tanzveranstaltung im Kulturhaus einen Mosambikaner verletzte. Daraufhin beschlossen deutsche Funktionäre, dass eine ungenannte Anzahl Mosambikaner nach Afrika rückgeführt würden. Der zuständige Generaldirektor des VEB Braunkohlenwerk Geiseltal stellte «Anträge zur Rückführung des Kommandeurs und weiterer mocambiquanischer Bürger».[915]

In Dessau (Bezirk Halle) kam es am 10. September 1981 gegen 23:45 Uhr in der Kommissionsgaststätte «Meißner» zwischen fünf Deutschen und mehreren Algeriern zu Schlägereien. Fünf Deutsche wurden dabei leicht verletzt, jedoch waren sie «nicht arbeitsunfähig». Wegen «eines Schädelbruchs im Bereich der Stirnhöhle musste ein Algerier zur stationären Behandlung in das Bezirkskrankenhaus Dessau-Alten eingeliefert werden». Die BDVP Halle, Abteilung K übernahm die weitere Bearbeitung des Falles und es wurde geprüft, ob ein Ermittlungsverfahren gemäß § 215 Rowdytum StGB eingeleitet werden sollte.[916]

In Müllrose, Kreis Eisenhüttenstadt (Bezirk Frankfurt/O.) kam es am 25. Juni 1982 gegen 23 Uhr in der HO-Gaststätte «Am Kanal» zu gewalttätigen Auseinandersetzungen zwischen circa 20 Deutschen und circa 18 Mosambikanern, die im Staatlichen Forstwirtschaftsbetrieb Müllrose tätig waren. Ein Mosambikaner war zur «Wohnunterkunft» gegangen und hatte weitere Mosambikaner mobilisiert. Es gab gegenseitige Beschimpfungen und durch Steinwürfe wurden mehrere Fenster- und Türscheiben zerstört. Gegen 0:10 Uhr trafen ein Funkstreifenwagen der Volkspolizei, ein Abschnittsbevollmächtigter des VPKA Eisenhüttenstadt und die «alarmierte Freiwillige Feuerwehr von Müllrose» an der Gaststätte ein und beendeten die Auseinandersetzungen. Drei Deutsche wurden durch Messerstiche leicht verletzt. Eine Information der BVfS Frankfurt/O. stellte fest: «Die Gaststätte befindet sich außerhalb des Ortes

915 BStU, MfS, HA II Nr. 31940, Bl. 48f.

916 BStU, MfS, HA II Nr. 31940, Bl. 52.

Müllrose, so daß bis auf die anwesenden Gäste keine Öffentlichkeitswirksamkeit gegeben war.»[917]

In Freiberg (Bezirk Karl-Marx-Stadt) kam es am 5. Dezember 1982 während einer Tanzveranstaltung im Kreiskulturhaus «Tivoli» zu Tätlichkeiten zwischen Deutschen und Mosambikanern, die seit Anfang Dezember 1981 im VEB Leinenindustrie Freiberg tätig waren, an denen 80 bis 100 Deutsche und 35 bis 40 Afrikaner beteiligt waren. Es wurde mit Fäusten und abgebrochenen Zaunlatten geschlagen. Ein Deutscher (19 Jahre) erlitt eine Schädelfraktur und musste in das Kreiskankenhaus Freiberg stationär eingeliefert werden. Weitere 23 Deutsche und 3 Mosambikaner wurden leicht verletzt und wurden ambulant in der Poliklinik Freiberg behandelt. Als Verantwortliche bzw. Initiatoren der Auseinandersetzungen wurden drei deutsche Arbeiter ermittelt und festgenommen. Es wurde ein Ermittlungsverfahren wegen «Rowdytum» und «Beleidigung wegen Zugehörigkeit zu einer anderen Nation oder Rasse» mit Haft gegen zwei Beschuldigte aufgenommen und gegen den dritten Täter wurde eine Reststrafverbüßung aus einer vorangegangenen Verurteilung angeordnet.[918]

In Schwerin fand am 18. Februar 1983 im «Haus der Jugend» eine Tanzveranstaltung statt, an der etwa 200 deutsche Jugendliche und etwa 25 Libyer teilnahmen. Gegen 21:20 Uhr wurde dem ODH des VPKA Schwerin telefonisch mitgeteilt, dass es zu einer gewalttätigen Auseinandersetzung gekommen war, bei der zwei Deutsche durch «Messerstiche verletzt» worden waren. Als Polizeistreife und Kriminalpolizei eintrafen, waren die Auseinandersetzungen bereits beendet und die Verletzten waren bereits abtransportiert worden. Bis auf 4 Personen durchbrachen die Libyer die Absperrung der Schutzpolizisten am Eingang der Gaststätte und verließen den Ort, ohne dass ihre Personalien festgestellt werden konnten. Einer der Verletzten war ein Soldat der NVA in Zivil, dessen Lunge durch einen Messerstich verletzt worden war. Es bestand Lebensgefahr. Der zweite Verletzte wurde durch zwei Messerstiche verletzt, weshalb ihm die linke Niere «operativ entfernt werden» musste. Beide Verletzten waren am 20. Februar 1983 «außer Lebensgefahr». Die Befragungen von etwa 150 Deutschen, die im «Haus der Jugend» anwesend waren, ergaben, «daß libysche Bürger sich in der Veranstaltung ungehörig aufführten, Personen belästigten und eine Auseinandersetzung mit den Geschädigten hatten». Gegen einen libyschen Staatsbürger, er war Student beim VEB Plastmaschinenwerk Schwerin, wurde ein Ermittlungsverfahren wegen «Vorsätzlicher Körperverletzung» und «Schwerer Körperverletzung» eingeleitet. Durch das KG Schwerin-Stadt wurde ein Haftbefehl erlassen.[919]

917 BStU, MfS, HA IX Nr. 10098, Bl. 332ff.

918 BStU, MfS, HA IX Nr. 10098, Bl. 263f.

919 BStU, MfS, BV Schwerin, Abt. IX 1034, Bl. 1ff.

In Berlin-Köpenick wurde am 4. Juni 1983 das «faschistische(n) Deutschlandlied» mehrfach und in großer Lautstärke von mindestens fünf Arbeitern gesungen. Sie stoppten eine Straßenbahn, indem sie sich in den Gleisbereich stellten, und bedrohten die Fahrerin und die Fahrgäste mit Gewalt. Damit machten sie sich strafbar wegen «Öffentlicher Herabwürdigung» und «Rowdytum». Es wurden Ermittlungsverfahren eingeleitet, Wohnungen durchsucht und Haftbefehle beantragt.[920]

In Zittau (Bezirk Dresden) kam es 1983 in der Mensa der Ingenieurhochschule zu Tätlichkeiten zwischen FDJ-Mitgliedern und Studenten aus Libyen. Einem Funktionär wurde mit einer abgeschlagenen Flasche ein Arm aufgeschnitten, einem Libyer wurde ein Arm gebrochen, als eine FDJ-Ordnungsgruppe das Handgemenge beenden wollte. Die libyschen Studenten forderten die Bestrafung der FDJ-Mitglieder; falls dies nicht geschehe, würden sie zur Selbstjustiz greifen.[921]

Im Internat der Berufsschule Brandenburg (Bezirk Potsdam) wohnten 1984, im Rahmen eines deutsch-polnischen Lehrlingsaustauschs, polnische Lehrlinge. Nachts versuchten mehrere deutsche Jugendliche, in das Internat einzudringen, doch das Aufsichtspersonal konnte ihnen den Zugang zum Haus verwehren. Daraufhin wurden die Polen in «herabwürdigender Weise» beschimpft. Die Sicherheitsorgane ermittelten gegen die Täter.[922]

In Gusow, Kreis Seelow (Bezirk Frankfurt/O.) kam es 1984 zu gewalttätigen Auseinandersetzungen zwischen Deutschen und Polen, bei denen es Verletzte gab. Die Volkspolizei nahm zwei Deutsche für einige Tage in Untersuchungshaft.[923]

In Oberhof (Bezirk Suhl) wurden am 13. auf den 14. Juli 1984 an einer Bushaltestelle mehrere Namibier von Deutschen überfallen, rassistisch beleidigt und verletzt. Die gewalttätigen Auseinandersetzungen fanden einen Tag später eine Fortsetzung, als es wieder zu heftigen Schlägereien und rassistischen Beschimpfungen mit vielen Beteiligten kam. Es wurde gerufen: «Nigger verschwinde!» oder «Diese schwarzen Schweine bringen wir alle um» und «Man müsste die Schweine alle aufhängen». Der Sachstandsbericht der Bezirksdirektion Suhl endete mit dem Vorschlag, die Sache auf sich beruhen zu lassen, denn: «Unter Berücksichtigung aller Umstände, besonders des provozierenden Verhaltens von fast immer den gleichen DDR-Bürgern, die bei der Auseinandersetzung im Wesentlichen auch die Verletzungen erlitten, wird vorgeschlagen, von

---

920 BStU, MfS, BV Berlin, Abt. XX Nr. 3018, Bl. 63ff.

921 BStU, MfS, BV Dresden, KD Zittau Nr. 7295, Bl. 94, Bl. 138f; Information des GO-Sekretärs der IHS Zittau, 6.4.1983, SAPMO-BArch, DY 24 / 10.633.

922 FS der BDVP Potsdam, 19.07.1984, SAPMO-BArch, DY 24/ 10.822 und SAPMO-BArch, DY 24/ 10.821.

923 Fernschreiben der BDVP Frankfurt/O. an das MdI, an die BV MfS Frankfurt/Oder und an das VPKA Seelow vom 6.9.1984, SAPMO-BArch, DY 24/ 10.820.

der Einleitung eines Ermittlungsverfahrens gegen alle Beteiligten abzusehen und zu Verhinderung weiterer solcher Tätlichkeiten vorbeugende Aussprachen im Zusammenwirken mit dem Kreis-Staatsanwalt Suhl mit allen Beteiligten zu führen.»[924] Anfang August verfügte ein Oberstleutnant der Kriminalpolizei Suhl, dass von juristischen Maßnahmen gegen die rassistischen Übergriffe im Sommer 1984 in Oberhof abgesehen werde. Er begründete seine Entscheidung damit, dass «die DDR-Bürger nicht schuldlos» am Zustandekommen der Auseinandersetzungen wären. Ihre Handlungen wären, wie auch teilweise die der Namibier, zwar dem Wortlaut eines gesetzlichen Tatbestandes nach strafbar gewesen, jedoch wären die Auswirkungen der Taten auf die Rechte und Interessen der Gesellschaft und die Schuld der Täter unbedeutend, «weshalb in Abstimmung mit dem Staatsanwalt der Stadt und des Landkreises Suhl entschieden wurde, dass «keine Straftat vorliegt».[925]

In Kamenz (Bezirk Dresden) kam es am 24. Oktober 1984, gegen 23:15 Uhr, auf dem Platz der Befreiung zu gewalttätigen Auseinandersetzungen zwischen einem Syrer, er war der «Nationalitätenälteste», also der Sprecher der syrischen Studenten an der Offiziershochschule, und einem Deutschen. Am 25. November 1984 kam es erneut in der HO-Gaststätte «Goldener Stern» zu gewalttätigen Auseinandersetzungen, bei denen Volkspolizisten und Zivilpersonen zuschlugen und wo es zu Diskriminierungen (Beleidigungen) der Syrer kam. Am 28. November 1984 wurden die rassistischen Pogrome in der HO-Gaststätte «Goldener Stern» mit weiteren Schlägereien zwischen ca. 40 Syrern einerseits und einer unbekannten Anzahl von Volkspolizisten, Militärangehörigen und Zivilpersonen andererseits fortgesetzt. Die Syrer waren aus Rachegefühlen in den Tanzsaal gestürmt, hatten Biergläser umgestoßen und mit Knüppeln und Gürteln um sich geschlagen. Sechs deutsche Männer wurden verletzt. Ebenfalls betroffen von dem Gewaltausbruch waren drei Soldaten einer uniformierten Streife der Offiziershochschule. Die Syrer studierten an der NVA-Offiziershochschule der LSK/LV «Franz Mehring» in Kamenz. Der «Nationalitätenälteste» der Syrer wurde von der Volkspolizei als «Rädelsführer» eingestuft, weil er die Angriffe am 28. November angeführt hätte. Gegen ihn wurde von der Militärstaatsanwaltschaft ein Ermittlungsverfahren wegen «Rowdytum» eingeleitet und «die Arretierung veranlaßt». Die Militäroberstaatsanwaltschaft und das Militärobergericht wollten die «beiderseitigen Verträge (Rechtshilfevertrag etc.)» daraufhin prüfen, ob ein Haftbefehl erlassen werden konnte. Der Kommandeur der OHS Kamenz verhängte gegen die syrischen Studenten bis zur Klärung des Vorkommnisses eine Ausgangssperre. Das Vorgehen der Sicherheitskräfte in Kamenz bestand darin, dass die MfS-Kreisdienststelle Kamenz durch den IMS «Janke» am 28.11.1984 gegen 08:45 Uhr davon Kenntnis hatte,

924 BStU, MfS, HA IX/MF/15591, Bl. 275ff.

925 BStU, MfS, HA IX/MF/15591, Bl. 279f.; BStU, MfS, BV Suhl, KD Suhl Nr. 1659, Bl. 17ff.

dass «die syrischen Staatsangehörigen» am Abend den Angriff auf die Gaststätte planten. Zusammen mit dem Leiter der MfS-Kreisdienststelle Kamenz, dem Leiter der Abteilung K des VPKA, mit dem Leiter der Unterabteilung der HA I sowie mit Vertretern der Hochschulleitung wurden «vorbeugende Maßnahmen» veranlasst. Die bestanden im Einsatz von Angehörigen der DVP in Zivilkleidung im Tanzsaal der Gaststätte, in der verstärkten Streifentätigkeit durch die Schutzpolizei, Einsatz einer NVA-Streife in Stärke 1 : 2 unter Leitung des Genossen Major Kiesig. Im Saal der Tanzgaststätte war eine Offiziersstreife der NVA in Zivilkleidung und eine Bereitschaft eines Einsatzzuges der OHS in Stärke von 1:15 Genossen (abrufbereit im NVA-Objekt) anwesend. Es sollte eine Aussprache mit dem Nationalitätenältesten stattfinden und alle syrischen Staatsbürger sollten durch den Kommandeur der Sektion «Ausländische Militärkader», vom Genossen Oberst Fadranski, an der Offiziershochschule Kamenz belehrt werden. Die Syrer waren am Abend des 28. November 1984 in die von den Sicherheitsbehörden aufgestellte «Falle» gegangen, dadurch sollte ihnen ein warnendes Beispiel gegeben werden.[926]

In Kemnitz (Bezirk Potsdam) wurden 1985 fünf Polen von mehreren Rassisten, sie führten einen Schäferhund mit sich, verfolgt und mit Holzlatten geschlagen. In ihrer Unterkunft angelangt, zerstörten die Angreifer zwei Fensterscheiben.[927]

In Riesa (Bezirk Dresden) kam es am 1. Mai 1985 zu handfesten Auseinandersetzungen zwischen 7 Kubanern und ca. 70 Deutschen. Als die Kubaner vom Festgelände flüchteten, kamen Volkspolizisten an, die 3 Kubaner ohne Umschweife in den Streifenwagen brachten. Die Kubaner protestierten gegen dieses Vorgehen, woraufhin sie von einem Volkspolizisten mit dem Schlagstock geschlagen wurden. Als sie vor dem Volkspolizei-Kreisamt angekommen waren, kamen ca. 8 Volkspolizisten hinzu, die ebenfalls auf die 3 Kubaner mit Schlagstöcken einschlugen. Von 13:30 bis 15:30 wurden sie in einer Zelle inhaftiert und es fanden keine Befragungen statt. Auch blieben die Verletzten ohne jede medizinische Versorgung ihrer Wunden. Ein verletzter Kubaner war ins Krankenhaus Riesa eingeliefert worden, wo er, im Krankenbett liegend, von einem Offizier der VP drei Stunden lang verhört wurde. Nach der Freilassung der 3 Kubaner und ihrer Rückkehr ins Wohnheim wurde noch am 1. Mai ein Krankenwagen gerufen und nach zwei Anrufen erschienen ein Krankenwagen und ein Arzt, der entschied, dass einer der Verletzten ins Krankenhaus zu überführen sei. Dieser Arzt weigerte sich, die beiden anderen Verletzten, sie lagen in einem anderen Zimmer, zu behandeln. Am 2. Mai fuhr der Bezirksleiter mit diesen beiden bisher medizinisch unbehandelten Kubanern ins Krankenhaus Riesa. Am Sonnabend dem 4. Mai erschien der Leiter des VPKA Riesa im Wohnheim

926 BStU, MfS, HA IX Nr. 10098, Bl. 72–77.
927 BStU, MfS, ZOS Nr. 3961, Bl. 27ff.

der kubanischen Arbeiter, begleitet vom Leiter der Abteilung Kriminalpolizei und einer Sekretärin «und entschuldigten sich für das Geschehene». Anschließend fuhren sie zum Krankenhaus und entschuldigten sich auch dort bei dem stationär behandelten kubanischen Gruppenleiter. Am 6. Mai wurde der Gruppenleiter aus dem Krankenhaus entlassen und am 7. Mai wegen anhaltender Schmerzen, durch den Betrieb Cuba-Tecnica in Berlin veranlasst, ins Krankenhaus in Dresden eingeliefert. Doch zuvor fuhr der Krankenwagen wieder ins Krankenhaus in Riesa, wo der behandelnde Arzt Dr. König in grober Weise erklärte, dass jetzt (18.00 Uhr) «keine Untersuchung gemacht werden könne, da diese Arbeiten bis 16.00 Uhr durchgeführt» würden. Angesichts dieser Situation fuhr der Bezirksleiter selbst den Kranken zur Medizinischen Akademie Dresden, wo er «mit der Sorgfalt behandelt wird, die Krankenhäusern in der DDR sonst eigen ist».[928]

In Dresden kam es am 16. Mai 1985 gegen 20 Uhr auf dem Fucikplatz am Forsthaus zu gewalttätigen Auseinandersetzungen zwischen Mosambikanern und Deutschen, an denen schließlich 150 bis 250 Personen beteiligt waren. Durch den Einsatz von 46 Genossen der Abt. «S», von 4 Diensthundeführern, 9 Genossen der VK, von 10 Kriminalisten und 15 Freiwilligen Helfern der VP unter der Leitung des Leiters des VPKA «wurde die Ansammlung aufgelöst». Es wurden 12 Deutsche und 6 Mosambikaner verhaftet, aber keine Ermittlungsverfahren eingeleitet und es wurden auch keine weiteren polizeilichen Maßnahmen durchgeführt, da «diese Personen bisher nicht negativ aufgefallen» waren. Für den 18. Mai 1985 hatte die BVfS Dresden eine «kurze Pressemitteilung auf der Stadtseite der Sächsischen Zeitung vorgesehen». Die Prüfung der «politisch-operativen» Vorgänge soll demzufolge ergeben haben, dass die «eingesetzten VP-Kräfte polizeitaktisch am 16.5.85 richtig und zweckmäßig» gehandelt hätten.[929]

In Suhl kam es am 15. September 1985 in der HO-Gaststätte «Schulspeisung» zu Tätlichkeiten zwischen neun Kubanern und mehreren Deutschen, bei denen es mehrere Verletzte gab.[930]

Am Zeltplatz Schwarzhorn, Kreis Beeskow (Bezirk Frankfurt/O.) gab es am 16./17. Mai 1986 (Pfingsten) eine Konzentration von ca. 500 «negativ-dekadenten» Jugendlichen. Es kam zu Diebstählen sowie zu «rowdyhaften Verhaltensweisen» und die Sicherheitskräfte wurden «massiv beschimpft und bedroht». Anwesend waren die Heavy-Metal-Gruppen «The Bullets» und «Die Vandalen» aus Berlin, eine Gruppe mit 10 Skinheads aus Berlin und 8 Berliner Punks. Es wurden zwei Ermittlungsverfahren mit Haft und zwei Ordnungsstrafverfahren eingeleitet.[931]

928 BStU, MfS, BV Dresden, Abt. XVIII 12476/2/2, Bl. 173–184.

929 BStU, MfS, HA IX 9831, Bl. 175–183; BStU, MfS, ZOS Nr. 3961, Bl. 78–88.

930 BStU, MfS, ZOS Nr. 3961, Bl. 98f.

931 BStU, MfS, BV Frankfurt (O), BdL, 4277, Bl. 5.

In Weißwasser (Bezirk Cottbus) kam es am 29. April 1986 gegen 21 Uhr in unmittelbarer Nähe der Sportstätte der Kraftwerker in der Wilhelm-Pieck-Straße zu gewalttätigen Auseinandersetzungen zwischen vier Kubanern und fünf Deutschen, bei denen Schlag- und Stichwerkzeuge eingesetzt wurden. Ein Kubaner und fünf Deutsche «wurden zum Teil erheblich verletzt».[932] Zwischen dem 18. und 25. Mai 1986 kam es in den Bereichen «Halberdorfer See» und im Objekt «Waldsee» zu Belästigungen von deutschen Mädchen und Frauen durch Kubaner. Am 23. Mai kam es im Jahnbad zu «fortwährenden Ordnungswidrigkeiten» bzw. zu «Belästigungen junger Frauen und Mädchen» sowie zu «groben Verstößen gegen die bestehende Badeordnung». Da der Bademeister vom VPKA keine Unterstützung erhielt, organisierte er eine Selbsthilfegruppe, bestehend aus Rettungsschwimmern und männlichen Badegästen. Mit dieser Organisierung wollte man sich gewalttätig mit den Kubanern auseinandersetzen. Am 24. Mai, einen Tag später, wurde den Kubanern der Zutritt ins Jahnbad verweigert. Diese Selbstjustiz wurde in mehreren Gaststätten in Weißwasser begrüßt und man nahm sich vor, in größerer Zahl gemeinsam gewalttätig gegen die Kubaner vorzugehen. Dazu wollte man sich am 31. Mai, gegen 10 Uhr, im Jahnbad treffen, wozu es dann aber nicht kam. Einzelne Deutsche erklärten danach, sie würden in Erwägung ziehen, am 8. Juni deshalb nicht zur Wahl gehen. Die Information der KDfS Weißwasser endete mit dem Hinweis, es würde geprüft, «ob die Möglichkeit ihrer Rückführung nach Kuba» bestünde.[933]

In Ruhlsdorf (Bezirk Frankfurt/O.) kam es zwischen 1983 und 1986 bei den Musikfesttagen «zu Treffen von bis zu 200 Jugendlichen mit einer ungefestigten bzw. negativ-politischen Haltung».[934]

In Naumburg (Bezirk Halle) kam es 1987 in der Freiluftgaststätte «Bürgergarten» zu gewalttätigen Auseinandersetzungen zwischen etwa 10 ausländischen Militärangehörigen, Offiziersschüler des Instituts für Fremdsprachen der «Nationalen Volksarmee» (NVA), und ca. 50 Deutschen. Erst als anrückende Volkspolizisten mit der Anwendung von Schusswaffen gedroht hatten, wurden die Tätlichkeiten beendet. 10 Soldaten aus Afghanistan, Tunesien und anderen arabischen Ländern wurden zum Teil schwer verletzt und mussten in medizinischen Einrichtungen der NVA behandelt werden.[935]

In Leipzig kam es am 24. Juli 1987 auf dem Bayrischen Platz im Bereich der Freiluftgaststätte «Jugendtreff» zu gewalttätigen Auseinandersetzungen zwischen Deutschen und Afghanen, die mit Stöcken und anderen Gegenständen geführt wurden. Es hatte sich eine Menschenmenge von etwa 200 Personen gebildet, aus der es mehrfach Rufe gab wie z. B. «Ausländer raus», «Ausländerschweine», «Deutschland erwache», «Deutschland den Deutschen» oder «Die

932 BStU, MfS, BV Cottbus, AKG 800, Bl. 4f., Streng vertraulich! Um Rückgabe wird gebeten!

933 BStU, MfS, AKG 8118, Bl. 891ff.

934 BStU, MfS, BV Frankfurt (O), BdL, 4277, Bl. 6.

935 BStU, MfS, ZOS Nr. 2205, Bl. 124–141; BStU, MfS, ZOS Nr. 1893, Bl. 21.

Mauer muss weg». Es wurden 13 Streifenwagen, 1 Schutzpolizist und 8 freiwillige Helfer der DVP, 3 Offiziere, 9 Unteroffiziere und 54 Schüler der ABV-Schule in Wolfen, 6 Kriminalpolizisten, 2 ABV und 6 Diensthundeführer eingesetzt. Als die Einsatzkräfte am Tatort erschienen, «waren die Tätlichkeiten beendet und die Ansammlung hatte sich aufgelöst». Jedoch nahm die «Mehrzahl der am Eingang der Gaststätte befindlichen Bürger [...] gegen die Einsatzkräfte eine aggressive Haltung ein und warfen mit Gegenständen». Die Volkspolizisten setzten Schlagstöcke ein und 39 Deutsche wurden vorläufig festgenommen, von denen 14 Personen bereits vorbestraft waren. 17 Personen wurden ohne Maßnahmen entlassen. Bei 2 Personen stand eine Entscheidung noch aus. 3 Volkspolizisten wurden leicht verletzt und 1 Deutscher wurde mit Verdacht auf Gehirnerschütterung im Krankenhaus behandelt. Ein Afghane wurde am Kopf und am linken Bein verletzt.[936]

In Borna (Bezirk Leipzig) kam es im August 1987 vor dem Wohnheim des VEB BV Espenhain zu rassistischen Auseinandersetzungen zwischen Deutschen und Kubanern. Die Pförtnerin verschloss die Eingangstüren des Wohnheims, die aber von den deutschen Angreifern zerschlagen wurden. Es gab Verletzte.[937]

In Belzig (Bezirk Potsdam) wurden vom August 1987 bis Januar 1988 in mindestens acht Fällen «homosexuelle Bürger und dunkelhäutige Ausländer» gewalttätig angegriffen. Im Jugendclub wurde der Hitlergruß gezeigt.[938]

In Hettstedt, Kreis Eisleben (Bezirk Halle) gab es zwischen 1985 und 1987 eine Gruppe, die aus 12 bis 16 Personen bestand, deren «Anführer bzw. Initiator» versuchte, «Tendenzen zur Faschismus-Verherrlichung» in die Gruppe hineinzutragen. Die KDfS Eisleben leitete Maßnahmen «zur Zerschlagung der Gruppierung» ein, zur operativen Bearbeitung wurde ein «IM-Vorlauf» angelegt.[939] Die verleugnende Verdrängung des Neonazismus wurde in einen Code gefasst, der die Verläufe und die Ursachen dieser besorgniserregenden Entwicklung in einer den rassistischen Gehalt des jeweiligen Vorgangs verschleiernden Form beschrieb. So wurde im Bezirk Halle vom MfS in einer internen Analyse von einer «politisch-operativen Lage im Verantwortungsbereich» gesprochen, wo eine Reihe von «Vorkommnissen» mit und von ausländischen Arbeitskräften (Mosambikaner und Angolaner) bekannt wurden, wobei es sich hauptsächlich um gewalttätige Auseinandersetzungen bei Tanzveranstaltungen und Volksfesten handelte. Die «genannten Handlungen und Vorkommnisse» wären durch ausländische Arbeitskräfte verursacht worden, die die Ausländerfeindlichkeit

936 BStU, MfS, ZOS Nr. 2205, Bl. 111–117; BStU, MfS, ZOS Nr. 1893, Bl. 15f.; BStU, MfS, BV Leipzig, Abt. IX 261/02, Bl. 8–14; BStU, MfS, BV Leipzig, Abt. VII 796, Bl. 97ff; BStU, MfS, BVfS Leipzig, KDfS Leipzig-Stadt 3709, Bl. 5–11; BStU, MfS, BVfS Leipzig AKG 474/01, Bl. 35f.

937 Gruner-Domic 2011, S. 64.

938 BStU, MfS, HA IX 20139, Bl. 42.

939 BStU, MfS, BV Halle AKG, Sachakten Nr. 1239, Bl. 95f.

unter der deutschen Bevölkerung erheblich befördern würden. Die negative Entwicklung wäre noch gesteigert worden durch ein «Vorkommnis» vom 30. Juli 1989, als zwei deutsche Frauen von acht Angolanern vergewaltigt worden waren. Die negative Entwicklung kam in Meinungen zum Ausdruck, die Afrikaner «hätten hier Narrenfreiheit und könnten machen, was sie wollen, ihnen würde nicht viel passieren, sie würden schon seit langem in der Öffentlichkeit ein unmögliches Benehmen an den Tag legen, man solle diese Menschen nicht erst in die DDR lassen».[940] Die Straftaten wurden aufgeklärt und durch IM wurde «herausgearbeitet, daß die Festlegungen aus der Arbeitsberatung zu Fragen der Ordnung und Sicherheit bei der allseitigen Integration ausländischer Bürger in gesellschaftliche Bereiche des Territoriums des Kreises Hettstedt vom 30.05.89 noch nicht in vollem Umfang und wirksam durchgesetzt wurden.»
Deshalb leitete das MfS «zur Gewährleistung der Ordnung und Sicherheit im Zusammenwirken mit den Partnern des politisch-operativen Zusammenwirkens» folgende Maßnahmen ein:

- Gewährleistung einer verstärkten Sicherung von Großveranstaltungen im Zusammenwirken mit der DVP.
- Durchführung einer differenzierten Öffentlichkeitsarbeit (Presseveröffentlichungen) in Abstimmung mit der Kreisleitung der SED.
- Einsatz der IMS-Basis zur offensiven Einflußnahme auf die Gewährleistung von Ordnung und Sicherheit im Rahmen der Betreuung der ausländischen Arbeitskräfte sowie zur rechtzeitigen Information bei sich abzeichnenden personellen Schwerpunkten oder Konzentrationspunkten, von denen Gefahren für die öffentliche Ordnung und Sicherheit ausgehen können.
- Einflußnahme auf die Partner des politisch-operativen Zusammenwirkens zur konsequenten Realisierung der festgelegten Maßnahmen.

  Leiter der Kreisdienststelle Hettstedt
  Oberstleutnant»[941]

Damit war der Rahmen der politischen-administrativen Maßnahmen, neben dem polizeilich-justiziellen Vorgehen, abgesteckt. Deren Ziel war es, weitere rassistische Angriffe zu unterdrücken. In den vorausgegangenen Wochen und Monaten, insbesondere im Monat Mai 1985, war es in Teilen der Bevölkerung des Bezirkes verstärkt zu rassistischen Meinungsäußerungen «zum Verhalten und Auftreten ausländischer Werktätiger» gekommen, die sich «insbesondere auf Bürger der SR Vietnam, VR Mocambique und VR Angola» bezogen. Die Diskussionen und Meinungsäußerungen ließen «Ausländerfeindlichkeit» erkennen und sie wären durch «Begehungen von Straftaten der allgemeinen

940 BStU, MfS, BV Halle, AKG, Sach, Nr. 4629, Bl. 8f.
941 BStU, MfS, BV Halle, AKG, Sach, Nr. 4629, Bl. 8f.

Kriminalität und solchen, die gegen Leben und Gesundheit gerichtet sind, Arbeitsbummelei, Arbeitsverweigerung sowie Nichtbeachtung der Normen des gesellschaftlichen Zusammenlebens in den Freizeitbereichen und Wohnunterkünften, Erscheinungen von Schmuggel und Spekulation unter Missbrauch des grenzüberschreitenden Reiseverkehrs», stimuliert worden.

Von ausländischen Werktätigen «begangene Straftaten gegen Leben und Gesundheit von Deutschen, oftmals verbunden mit Beeinträchtigungen der öffentlichen Sicherheit und Ordnung, erregen unter Teilen der Bevölkerung nach wie vor größeres Aufsehen». Ausgangspunkt für gewalttätige Auseinandersetzungen waren u. a. «Probleme der Anpassung an Normen des gesellschaftlichen Zusammenlebens», Missverständnisse im Umgang mit Deutschen, Rivalitäten um Frauenbekanntschaften, aber auch eine zunehmende allgemeine Abneigung gegenüber Ausländern, was sich insbesondere in diskriminierenden Verhaltensweisen im Freizeitbereich, provokatorischen Belästigungen vor allem durch junge Deutsche, ablehnende Reaktionen im Zusammenhang mit nicht gesellschaftsgemäßem Verhalten im Wohn- und Freizeitbereich sowie bei Einkäufen zeigte, die über den persönlichen Bedarf hinausgingen. Obwohl durch die Leitung der Kombinate bzw. Betriebe und Einrichtungen große Anstrengungen unternommen wurden, «um den gewachsenen Anforderungen des Einsatzes ausländischer Werktätiger nachzukommen», verlief dieser Prozess in den einzelnen Einsatzbetrieben noch zu unterschiedlich, «wobei vorhandene positive Erfahrungen noch zu wenig genutzt» würden. Gewalttätige Auseinandersetzungen oder Arbeitskonflikte in den Betrieben mit ausländischen Werktätigen konzentrierten sich in den Kreisen Aschersleben, Eisleben, Hettstedt und Sangerhausen sowie im Leuna-Kombinat.[942] In diesem Bericht des MfS wird nicht nur Sozialneid sichtbar, der den Ausländern in der DDR als gewalttätiger Hass entgegenschlug, sondern er weist darauf hin, wie sehr rassistische Vorstellungen mit Sexismus verwoben sind.

In Zittau (Bezirk Dresden) kam es in der Äußeren Weberstraße am 18. August 1987 vor dem Wohnheim für Ausländer zu Auseinandersetzungen zwischen Mosambikanern und Deutschen, die mit Steinen und Holzlatten ausgetragen wurden. Gegen einen Deutschen wurde ein Ermittlungsverfahren wegen «Rowdytum» eingeleitet und gegen weitere Deutsche wurden Ordnungsstrafen verhängt. Am 15. August 1987 hatte es in Zittau bereits gewalttätige Auseinandersetzungen zwischen zwei Deutschen und Mosambikanern gegeben, die sich am 16. August 1987 vor der Gaststätte «Volkshaus» zu rassistisch motivierten gewalttätigen, pogromartigen Auseinandersetzungen zwischen etwa vierzig Deutschen und ebenso vielen Mosambikanern weiterentwickelten. Die Auseinandersetzungen waren in der Gaststätte von einem Deutschen «provoziert worden», erstreckten sich über zwei Stunden, wo u. a. auch Pflastersteine

942 BStU, MfS, BV Halle, AKG, Sach, Nr. 4629, Bl. 17f.

geworfen wurden und die zu einer «Straßenschlacht» ausarteten, die erst «durch den außerordentlich massiven Einsatz der Volkspolizei und der Feuerwehr unterbunden werden konnte».[943] Insgesamt wurden elf Personen verletzt, darunter befanden sich sieben Mosambikaner. Die DVP setzte Wasserwerfer ein. Die Mosambikaner wären in Rage gekommen, weil sie meinten, einer von ihnen sei von einem Deutschen totgeschlagen worden.[944] Der Staatsanwalt des Bezirkes Dresden resümierte in einem Schreiben vom 30. September 1987 an die BVfS Dresden über «zunehmend(e) [...] Straftaten von DDR-Bürgern gegen in der DDR zur Ausbildung weilende Werktätige der Volksrepublik Mocambique. Die Angriffe richteten sich vorrangig gegen die körperliche Integrität, trugen rowdyhaften Charakter und gingen in der Regel mit Beleidigungen rassistischen Inhalts einher. Dabei kam es in Zittau, Coswig, Niesky und Dresden im August und September [1987, HW] zu Vorkommnissen, an denen in größerem Umfang mocambiquanische Werktätige und DDR-Bürger beteiligt waren. Diese sind ausnahmslos durch DDR-Bürger im Jugend- und Jungerwachsenenalter provoziert und ausgelöst worden.» In Zittau gelang es nach diesen brutalen Auseinandersetzungen, die Lage insofern zu beruhigen, dass es gelungen war, aus den Reihen der Mosambikaner eine Ordnungsgruppe zu bilden, die zusammen mit einer deutschen Ordnungsgruppe des Einsatzbetriebes auftritt.[945]

In Havelberg (Bezirk Magdeburg) kam es am 2. September 1989 gegen 18.55 Uhr in der Gaststätte «Mühlenholz» während einer Discoveranstaltung zu gewalttätigen Auseinandersetzungen zwischen etwa achtzig Personen, in deren Folge Einrichtungsgegenstände zerstört wurden. Die Gruppe der Randalierer wurde von der DVP «unter Anwendung des Schlagstockes» in Richtung Wald aufgelöst. Zwei Volkspolizisten wurden durch Schnittverletzungen leicht verletzt und ein Angehöriger der DVP musste in die Medizinische Akademie eingeliefert werden. Drei Kompanien der VP-Bereitschaft mussten eingesetzt werden, um «Ruhe und Ordnung» wiederherzustellen. Zur Klärung des Sachverhaltes wurden dreißig Personen zugeführt. Es sollten wegen «Rowdytum» und «Verfolgung von Beleidigungen und Verleumdungen» sieben Ermittlungsverfahren, davon drei mit Haft, eingeleitet werden.[946]

In Niesky (Bezirk Dresden) kam es am 9. September 1987 auf der «Straße der Befreiung» zu gewalttätigen Auseinandersetzungen zwischen etwa 30 bis 100 Deutschen und etwa 25 Mosambikanern, die u. a. mit Zaunlatten ausgetragen

943 BStU, MfS, BV Dresden, Abt. VII Nr. 7448, Bl. 27ff.

944 BStU, MfS, HA XVIII Nr. 5881. Jahreseinschätzung zur politisch-operativen Lage; BStU, MfS, HA VII Nr. 2752, Bl. 114; BStU, MfS, ZOS Nr. 2205, Bl. 121f.; BStU, MfS, ZOS Nr. 1893, Bl. 19; BStU, MfS, Arbeitsbereich Mittig, Nr. 53, Bl. 35; BStU, MfS, Arbeitsbereich Mittig, Nr. 53, Bl. 35; BStU, MfS, BV Dresden Abt. XVIII 12591, Vertrauliche Verschlußsache des Bezirksvorstands des FDGB Dresden, Bl. 7.

945 BStU, MfS, BV Dresden, Abt. VII Nr. 7448, Bl. 27.

946 BStU, MfS, ZAIG Nr. 11327, Bl. 91.

wurden. 2 Deutsche wurden inhaftiert und gegen sie wurden Ermittlungsverfahren nach § 215 (Rowdytum) eingeleitet. Es gab rassistische Beschimpfungen und Beleidigungen. 6 namentlich bekannte Deutsche wurden verletzt. Gegen 2 Mosambikaner wurden Ermittlungsverfahren wegen «Vorsätzlicher Körperverletzung» eingeleitet.[947] Am 19. bzw. 20. September 1987 war es zu fünf Fällen von «Öffentlicher Herabwürdigungen» gekommen, als unbekannte Täter mehrere rassistische Parolen an mehreren Stellen in der Stadt, z. B. an einer Polytechnischen Oberschule (POS), an einem Garagentor oder auf zwei Parkbänken angebracht hatten, wie z. B. «Tötet die Nigger» und «Tot den Niggern».[948] Auch zu diesen pogromartigen Gewalttätigkeiten in Niesky resümierte der Staatsanwalt des Bezirkes Dresden, ähnlich wie auch zu den Vorgängen in Zittau, in seinem Schreiben vom 30. September 1987 an die BVfS Dresden, dass bei «allen Vorkommnissen [...] im Rahmen der geführten Ermittlungen eine abneigende bis ausgesprochen negative Einstellung der beteiligten DDR-Bürger (vorbestrafte und nicht vorbestrafte Personen) gegenüber den mocambiquanischen Werktätigen wegen deren Zugehörigkeit zu einer anderen Rasse als ein bestimmendes Motiv für ihr Handeln festgestellt» wurde. Bereits seit längerer Zeit waren in Niesky und Zittau «negative Äußerungen» und Haltungen gegenüber Mosambikanern offiziell bekannt geworden. «Ausgangspunkt» für diese Feststellungen waren «auch Gerüchte über die angeblich begangenen schweren Straftaten (Vergewaltigung, schwerwiegende Körperverletzungen u. a.) durch mocambiquanische Werktätige gegenüber DDR-Bürgern. In Wirklichkeit gab es lediglich einzelne strafbare Handlungen mocambiquanischer Bürger, zumeist Körperverletzungen mit unerheblichen Folgen, die aus individuellen Konflikten nach Auseinandersetzungen in und vor Gaststätten und unter Alkoholeinfluß resultierten.» Aus den Kreisen Dresden-Stadt, Zittau und Sebnitz gab es Informationen «über Belästigungen junger Mädchen und Frauen mit offensichtlich sexueller Motivation durch mocambiquanische Werktätige (u. a. in öffentlichen Verkehrsmitteln, Gaststätten, bei Tanzveranstaltungen und auf der Straße)». Diese Ereignisse hätten «zum Teil einseitig zu Voreingenommenheit gegenüber den mocambiquanischen Werktätigen insgesamt geführt und die sogenannte öffentliche Meinung negativ beeinflußt». Die Aufarbeitung der «Vorkommnisse in Niesky» ergab die Erkenntnis, dass die Mosambikaner «im Freizeitbereich weitestgehend (sich) selbst überlassen blieben».[949]

Die KDfS Leipzig informierte in ihrer monatlichen Berichterstattung «über die weitere Zurückdrängung und Verhinderung von Gefährdungen der Sicher-

947 BStU, MfS, HA VII 5476, Bl. 109; BStU, MfS, HA XVIII Nr. 5881. Jahreseinschätzung zur politisch-operativen Lage; BStU, MfS, ZOS Nr. 2205, Bl. 155–159; BStU, MfS, ZOS Nr. 1893, Bl. 22 u. Bl. 38; BStU, MfS, HA VII Nr. 2752, Bl. 114.

948 BStU, MfS, BV Dresden, Abt. XX Nr. 10851, Bl. 1ff.; BStU, MfS, BV Dresden, Abt. II Nr. 10073, Bl. 87–94; BStU, MfS, HA VII Nr. 2752, Bl. 114; BStU, MfS, HA VII Nr. 5476, Bl. 109.

949 BStU, MfS, BV Dresden, Abt. VII Nr. 7448, Bl. 27ff.

heit und Ordnung in Leipzig 1987/88. So randalierten am 9. September 1987 Erfurter und Leipziger Skinheads auf dem Gelände der «Kleinmesse». Zehn Skinheads wurden von der DVP zugeführt und zum Sachverhalt befragt. Es handelte sich hier um vier Personen aus Leipzig, eine Person aus Altenburg und fünf Personen aus Erfurt. Am gleichen Tag fand das Fußballspiel zwischen Lok Leipzig und dem Halleschen FC statt, wo durch Skinheads eine Körperverletzung verursacht wurde, die die DVP und das MfS nicht nachweisen konnten. Gegen alle Personen wurde ein Verbot weiterer Besuche der «Kleinmesse» ausgesprochen.[950]

In Karl-Marx-Stadt fanden am 24. Oktober 1987 in den Betrieben VEB Fritz-Heckert-Kombinat und im Kombinat Orsta-Hydraulik – VEB Industriewerke am 24. Oktober 1987 Veranstaltungen mit Heavy-Metal-Rockformationen statt, die «den Ausgangspunkt für schwere Straftaten bildeten». Ein Deutscher und zwei Kubaner erstatteten am 25. und 26. Oktober 1987 Anzeigen, weil sie im Speisesaal des Industriewerkes, im Bus der Linie 24 sowie an der Zentralhaltestelle «grob belästigt, brutal mißhandelt und [Name ist geschwärzt, HW] beraubt wurden». Mit kriminalpolizeilichen-operativen Kräften und Mitteln konnten die «unbekannten Täter personifiziert und der Handlungsablauf im wesentlichen festgestellt werden». Am 17. Dezember 1987 wurden strafprozessuale Maßnahmen eingeleitet und gegen fünf Personen wurden Haftbefehle erlassen.

Nach dem Konzert am 24. Oktober 1987 fuhren Rassisten in einem Bus der Linie 24 ins Stadtzentrum, wo sie auf zwei Kubaner trafen, die sie als «Ausländergelumpe», «Kanaken» beschimpften und die sie «grundlos durch gezielte Faustschläge und Fußtritte» verletzten. Dabei sangen die Angreifer das «Deutschlandlied». Als der Bus bei der Haltestelle angekommen war, wurden die kubanischen Arbeiter gewaltsam aus dem Bus geworfen. Das Dezernat I Karl-Marx-Stadt sah in diesem Verhalten «Ausschreitungen mit faschistischem Charakter». Passanten, die mit einem anderen Bus der Linie 24 zu dieser Haltestelle gekommen waren, bemerkten die verletzten Kubaner auf der Straße, griffen sie brutal an und verletzten sie noch erheblich. Nur durch Flucht konnten sich die Angegriffenen weiteren «Repressalien» entziehen. Eine Mitarbeiterin der Abteilung Inneres beim Rat des Stadtbezirkes Karl-Marx-Stadt/West, die im Bus der Linie 24 am 24. Oktober 1987 belästigt worden war, «weigerte sich aus Angst vor Repressalien der Täter als Zeuge [...] vor Gericht» auszusagen.[951]

Auf Grund von Zeugenaussagen wurde eine personelle Überprüfung der FDJ-Ordnungsgruppe des VEB Industriewerke durchgeführt. Demnach gehörten ihr damals insgesamt 18 Personen an, «von denen 11 Personen vorbestraft

950 BStU, MfS, HA XX Nr. 5147, Bl. 96f; BStU, MfS, BV Leipzig, Abt. XX 123/08, Bl. 105; BStU, BV Leipzig, Abt. XX 00122/02, Bl. 35–46;

951 BStU, MfS, Außenstelle Chemnitz, AKG 1766, Bl. 226ff; BStU, MfS, HA XX Nr. 6071, Teil 1 von 2, Bl. 7f.

bzw. kriminell in Erscheinung getreten» waren. 6 der Vorbestraften waren «wegen zum Teil gemeinschaftlich begangenen Rowdytum oder Körperverletzung kriminell geworden». 4 Personen hatten einen Antrag auf Übersiedlung in den Westen gestellt und ebenfalls 4 Personen waren bei gewalttätigen Auseinandersetzungen am 13. August 1987 im Bereich «Unter den Linden» in Berlin als Störer festgestellt, zugeführt und mittels Geldstrafen zur Verantwortung gezogen worden.

In Karl-Marx-Stadt fand am 19. Dezember 1987 im Speisesaal des VEB Industriewerke ein Heavy-Metal-Konzert statt. Unter den Zuhörern fielen etwa zehn Jugendliche und junge Erwachsene auf, die Lederbekleidung mit verschiedenen Aufschriften, Plaketten und Ledermützen mit einem Totenkopf und gekreuzten Knochen trugen. Sie verherrlichten faschistische Symbole. Bei den Krawallen, die diese Jugendlichen veranstalteten, schritt die FDJ-Ordnungsgruppe nicht ein, sondern «beteiligte sich selbst am Flaschenzerschlagen und provozierte Auseinandersetzungen mit Besuchern». Nach der Veranstaltung stimmten sie an der Bushaltestelle kurz das «Deutschlandlied» an.[952] An diesem 19. Dezember 1987 randalierten in einer Straßenbahn der Linie 5 Jugendliche und Jungerwachsene, beleidigten Mitreisende als «Judensau und Kommunistenschwein» und sie grölten neonazistische Parolen und Hochrufe auf Hitler. Zwei Täter wurden durch «beherztes Einschreiten der Bürger» der Volkspolizei zugeführt.[953]

Nur 4 Tage später wurde einem Afrikaner (Kamerun) nach einer Jugendtanzveranstaltung in der HO-Gaststätte «Montana» der Zustieg in einen Bus der Linie 31 zuerst verwehrt und dann wurde er im Bus grundlos angegriffen und geschlagen.[954]

In Rathenow (Bezirk Potsdam) wurde am 24./25. Dezember 1987 eine Mitternachtsmesse in der St. Marien-Andreas-Kirche von Rassisten gestört. Sie sangen die erste Strophe des «Deutschlandliedes», grölten «Gebt die Neger raus, wir wollen sie verprügeln» und drohten den sechs afrikanischen Besuchern Prügel an. Die Volkspolizei verhängte darauf eine Ausgangssperre – über die Mosambikaner, angeblich zu deren Schutz.[955]

In Leipzig besuchten am 29. Dezember 1987 5 jemenitische Studenten der Karl-Marx-Universität (KMU) eine Tanzveranstaltung in der Gaststätte «Marienbrunn». Nach der Veranstaltung machten sie sich auf den Weg zum Wohnheim und wurden dort in Lößnig von etwa 20 Deutschen «umkreist und mit Zaunlatten brutal zusammengeschlagen», die sie aus Vorgärten im Turmweg abgerissen hatten. Mehrere Studenten wurden «bis zur Bewußtlosigkeit geschlagen» (Schädel-Hirn-Trauma) und drei Verletzte mussten ambulant behandelt werden.

952 BStU, MfS, Außenstelle Chemnitz, AKG 1766, Bl. 232f.

953 BStU, MfS, Außenstelle Chemnitz, AKG 1766, Bl. 228.

954 BStU, MfS, Außenstelle Chemnitz, AKG 1766, Bl. 225–238.

955 BStU, MfS, ZOS Nr. 2205, Bl. 239f. u. Bl. 246-252.

Bei dem Angriff wurde «Nix Frieden! Ausländer raus aus Deutschland» gegrölt. Zeugen des Geschehens bestätigten unabhängig voneinander, dass die Jemeniten grundlos angegriffen wurden und diese keinen Anlass geboten hätten, der die Angreifer sichtlich provoziert haben könnte. Die Kriminalpolizei leitete gegen 4 Täter ein Ermittlungsverfahren wegen «Rowdytum» ein, jedoch konnten die Kriminialisten bei ihnen angeblich keine «ausländerfeindliche Einstellung gegenüber ausländischen Bürgern» feststellen und es würde sich, so der Leiter der KDfS, «um keine Skinheads oder um Anhänger von negativen Gruppierungen» handeln. Alle 4 Täter waren Mitglieder der FDJ-Ordnungsgruppe der Schülergaststätte und nach Aussagen der FDJ-Stadtbezirksleitung Leipzig-Süd handelte es sich «um die Beste [FDJ-Ordnungsgruppe, HW] der Schülergaststätte. Die Gründe für die Gewalttätigkeiten lägen im «übermäßigen Alkoholgenuß aller 4 Jugendlichen in der Schülertanzgaststätte Lößnig», die sie zuvor besucht hatten. Durch die Kriminalpolizei konnte nicht herausgearbeitet werden, dass die Jugendlichen eine feindliche Einstellung gegenüber Ausländern hatten. Im Bericht der Abteilung XX der BVfS vom 31. Dezember 1987 war jedoch die Aussage eines Zeugen festgehalten worden, der mehrere Angreifer kannte und der einen von ihnen als Skinhead identifizierte. Sie seien schon öfter durch «Ausländerhaß und rowdyhaftes Verhalten gegenüber Bürgern aufgefallen».[956] Am 31. Dezember 1987 informierten die angegriffenen Studenten die Abteilung Ausländerstudium des Direktorats Internationale Beziehungen (DIB) der KMU Leipzig und übergaben eine Erklärung über den Ablauf des rassistischen Angriffs, die den folgenden Betreff hatte: «Anschlag auf das Leben und die Gesundheit von 5 Studenten aus der VDR Jemen». Darin bestätigten sie den rassistischen Charakter der Gewalttätigkeiten mit dem Hinweis darauf, dass die Angreifer Losungen wie «Ausländer raus aus Deutschland!» gegrölt hatten. Ihre Mitteilung endet mit den Sätzen: «Wir wurden z. T. schwerverletzt und befinden uns in ärztlicher Behandlung. Das ist leider nicht das erste Mal, daß so etwas passiert. Auch Studenten aus anderen Ländern mußten Derartiges erleben. Wir fühlen uns nicht mehr sicher in Leipzig. Das, was wir über den Faschismus gelernt haben, erleben wir am eigenen Leibe. Wir bitten Sie, uns zu unterstützen, daß die Schuldigen gesucht und hart bestraft werden.»[957] Der Bericht der Abteilung XX endet mit der Information, dass beim DIB «beruhigend auf diesen Personenkreis [die jemenitischen Studenten, HW] eingewirkt (wurde), um Rachegefühle und Selbstjustiz zu unterbinden». Hier wurde auch angemerkt, dass zwei Volkspolizisten am Tatabend ihre Untersuchungen nur «oberflächlich und langsam» durchgeführt hatten, deshalb sollte die Untersuchung einen Tag danach von der BDVP Leipzig aufgenommen werden. Gründe für die gewalttä-

956 BStU, MfS, BV Leipzig, Abt. XX 145/04, Bl. 7f., Bl. 12f; BStU, MfS, BV Leipzig, Abt. XX 122/02, Bl. 36f.

957 BStU, MfS, BV Leipzig, Abt. XX 00145/04, Bl. 11, Bl. 13.

tigen Auseinandersetzungen waren dem MfS «nicht bekannt» und die Jemeniten hätten «keine Ansatzpunkte für eventl. tätliche Auseinandersetzungen gesetzt». Inoffiziell war dem MfS jedoch durch den IMS «Uwe Gärtner» bekannt geworden, dass es in den vorangegangenen Monaten in Leipzig «zu einer Reihe von Auseinandersetzungen dieser Art gegen ausländische Studenten» gekommen war. Es wurden Gruppen beobachtet, die «zur Vertreibung von Ausländern» aufriefen. Die Jemeniten fühlten sich «nicht mehr sicher vor derartigen Angriffen» und ihnen war es unbegreiflich, dass rechte Tendenzen «in einem sozialistischen Land, insbesondere in der DDR» stattfinden konnten.[958] Die Kriminalpolizei war nicht in der Lage, das Motiv «Rassismus» zu erkennen und behauptete so, dass weitere Motive für diese Straftat «nicht ermittelt werden» konnten. Folglich wurden die 4 Täter nicht in Untersuchungshaft genommen, weil sie «ihrer Arbeit regelmäßig nachgehen und vom Arbeitskollektiv alle positiv eingeschätzt» wurden. Einer der Täter war bereits polizeilich aufgefallen und unter «Beachtung der Verhältnismäßigkeit zur Tat, lag keine Unumgänglichkeit der Inhaftierung vor». Er erhielt ein «Ordnungsstrafverfahren», weil er bereits in Lößnig «Ordnungswidrigkeiten» begangen hatte. Nach dem Abschluss des Ermittlungsverfahrens sollte es an den Staatsanwalt übergeben werden und auf Grund des Straftatbestandes gegen die 4 Täter eine Anklage erfolgen. Die DVP informierte die Studenten aus Jemen persönlich über das «Ergebnis der Untersuchungen». Ihnen wurde deutlich gemacht, dass die Täter identifiziert und strafrechtliche Maßnahmen eingeleitet worden waren. Die DVP forderte sie mit Nachdruck dazu auf, «ihre zuständige Sektionsleitung an der KMU Leipzig über das Ergebnis zu unterrichten, damit auch dort bekannt wird, daß die Anzeige bearbeitet und geklärt wurde».[959]

In Leipzig wurden am 1. Januar 1988 gegen 0.30 Uhr drei syrische Militärkader und drei Frauen, eine war Kubanerin, auf der Ruststraße 19 von drei deutschen Jugendlichen (17 bis 19 Jahre) beleidigt und gewalttätig angegriffen. Einer der Syrer blieb auf der Straße zurück, während sich seine Begleiter in die Wohnung zurückbegaben, verteidigte sich mit einem Messer und verletzte die Angreifer. Die Verletzten wurden von anderen Deutschen zur medizinischen Versorgung gebracht und die drei Syrer wurden durch die Volkspolizei in Untersuchungshaft genommen, noch am 1. Januar wieder entlassen und an die Militärtechnische Schule (MTS) der NVA zurückgeführt. Die deutschen Jugendlichen gestanden bei der Befragung ein, dass sie die Angreifer waren. Auch Schadenersatzforderungen erhoben sie nicht. Der zuständige Militärstaatsanwalt hatte bis dahin kein Ermittlungsverfahren eingeleitet, da er die Befragung

958 BStU, MfS, BV Leipzig, Abt. XX 00145/04, Bl. 13; BStU, MfS, HA XXII Nr. 343/6, Bl. 7f.; BStU, MfS, HA XX AKG Nr. 1346, Bl. 58f.

959 BStU, MfS, HA XX Nr. 5147, Bl. 97; BStU, MfS, BV Leipzig, Abt. XX 00122/02, Bl. 36ff.; BStU, MfS, BV Leipzig, Abt. XX 00145/04, Bl. 2–8, Bl. 12f.; BStU, MfS, HA XXII Nr. 343/6, Bl. 7f.; BStU, MfS, HA XX AKG Nr. 1346, Bl. 58f.; BStU, MfS, BV Leipzig, Abt. XX 1369, Bl. 58.

erst dann durchführen konnte, wenn die behandelnden Ärzte dazu ihre Zustimmung gegeben hatten.[960] Am 11. Januar 1988 meldete ein Student aus dem Jemen dem Sektionsdirektor (Dekan) der Sektion Wirtschaftswissenschaften mehrere rassistische Gewaltverbrechen, denen Studenten aus dem Jemen ausgesetzt waren. Nach seinen Angaben bewegte sich am 8. bzw. 9. Januar 1988 «eine Gruppe jugendlicher Randalierer entlang der Wohnheime Lößnig, Joh.-R.-Becher-Straße, mit ausländer- und maxistisch-leninistisch feindlichen Äußerungen sowie mit faschistischem Gruß». Bereits am 18. Dezember 1987 war ein Student aus dem Jemen, er war von einer Sektionssitzung auf dem Weg zum Wohnheim, von «ca. 8 Jugendlichen [...] unter Androhung von Schlägen – gegen 21 Uhr der Straßenbahn verwiesen» worden. Er wusste von ausländichen Studenten der TH Leipzig, dass «man sich nach 22:00 Uhr nicht mehr auf die Straße» trauen sollte.[961]

In Premnitz (Bezirk Potsdam) kam es am 6. Februar 1988 vor der Gaststätte «Arbeiterversorgung» zu gewalttätigen Auseinandersetzungen zwischen Deutschen und Mosambikanern. Ein eingesetzter Volkspolizist richtete seine Waffe auf einen Mosambikaner. Vier Deutsche mussten ambulant medizinisch versorgt werden. Gegen zwei Mosambikaner wurden Ermittlungsverfahren wegen «Widerstand gegen staatliche Maßnahmen» und «Rowdytum» eingeleitet.[962]

In Rackwitz (Bezirk Leipzig) kam es am 20. Februar 1988 auf dem Bahnhof zu gewalttätigen Auseinandersetzungen zwischen Mosambikanern und vier Deutschen, wobei zwei Deutsche wegen des Verdachtes auf Schädelhirntrauma stationär in einem Krankenhaus behandelt wurden.[963]

In Münchehofe, Kreis Strausberg (Bezirk Frankfurt/O.) kam es von 1985 bis 1988 (Pfingsten) «zu einer Konzentration von jährlich über tausend negativ-dekadenten Jugendlichen auf dem Zeltplatz. In jedem Jahr kam es zu rowdyhaften Ausschreitungen» von Heavy-Metal-Fans aus der ganzen DDR. Die Bearbeitung erfolgte durch die K I Strausberg.[964]

In Annaberg (Bezirk Karl-Marx-Stadt) wurde am 25. April 1988 gegen einen Arbeiter wegen neonazistischer Rädelsführerschaft ein OV «Stein» eröffnet. Gegen ihn sowie weitere Rädelsführer sollten Ermittlungsverfahren mit Haft eingeleitet werden. Die zehn bis zwölf Personen starke Gruppe, wurde im Sportheim Sehma und in Annaberg gewalttätig und verherrlichte den Faschismus.[965]

960 BStU, MfS, HA I Nr. 18216, Teil 1 von 2, Bl. 201f.; BStU, MfS, BV Leipzig, Abt. IX Nr. 434/01, Bl. 6.

961 BStU, MfS, BV Leipzig, Abt. XX 00145/04, Bl. 3.

962 BStU, MfS, ZOS Nr. 1893, Bl. 41.

963 BStU, MfS, BV Leipzig, Abt. IX Nr. 434/01, Bl. 91, Bl. 100.

964 BStU, MfS, BV Frankfurt (O), BdL, 4277, Bl. 5.

965 BStU, MfS, HA XX Nr. 6071, Teil 1 von 2, Bl. 17f.

An der Talsperre in Pöhl (Bezirk Karl-Marx-Stadt) traten am 12. Juli 1988, anlässlich eines Strandfestes, Skinheads aus Leipzig und Altenburg «negativ in Erscheinung».[966]

Ein Jahr später wurden in Jocketa auf dem Touristenzeltplatz an selber Talsperre am 13. Mai 1989 an verschiedenen Stellen des Zeltplatzes und in der dortigen HO-Gaststätte «Talsperrenblick» mittels Radiokassettenrecorder mehrfach Teile einer «Hitlerrede» abgespielt. Die «öffentliche Ordnung und Sicherheit» wurde erheblich gestört und es kam «zu Gewalttätigkeiten, Drohungen und groben Belästigungen [...] sowie zu Beschädigungen von Einrichtungsgegenständen in der o. g. Gaststätte. [...] Teilweise waren bis zu 400 Personen versammelt.» Als sich die Jugendlichen von der Gaststätte zum Zeltplatz begaben, wurde «der fahrende Verkehr behindert und mit Flaschen nach PKW geworfen». Insgesamt sind «34 Personen zugeführt» und «2 Ermittlungsverfahren mit Haft» eingeleitet worden. Dazu wurden 12 Ordnungsstrafverfahren durchgeführt und «bei 19 Personen wurden Belehrungen durchgeführt». Nach Informationen der BVfS Karl-Marx-Stadt war es in den vorangegangenen Jahren regelmäßig über die Pfingstfeiertage zur Konzentration von Jugendlichen gekommen, aber ohne «operativ relevante Vorkommnisse». Solche «rowdyhaften Ausschreitungen» wie 1989 wären erstmalig zu verzeichnen gewesen.[967]

Offensichtlich war den Offizieren des MfS entgangen, dass es bereits am 12. Juli 1988 an der Talsperre zu ähnlichen Auseinandersetzungen gekommen war.

In Schwarzenberg (Bezirk Karl-Marx-Stadt) kam es am 25. März 1988 zu einer gewalttätigen Auseinandersetzung zwischen einem Deutschen und einem Mosambikaner, bei der der Deutsche verletzt wurde. Deutsche Jugendliche wollten am 30. März 1988 dafür Rache nehmen. Es kam dann auf dem Bahnhofsvorplatz zu gewalttätigen Auseinandersetzungen zwischen neun, mit Latten und Metallstäben bewaffneten Deutschen und mehreren Mosambikanern, die auch rassistisch beleidigt wurden. Erst Volkspolizisten konnten die Prügelei beenden. Daraufhin eröffnete die KDfS, unter dem Decknahmen «Gruft», einen «Operativen Vorgang». Dabei wurden drei Jugendliche aus Schwarzenberg und ein Jugendlicher aus Lauter geheim beobachtet und überwacht. Das MfS attestierte ihnen eine «feindliche Grundhaltung zu den gesellschaftlichen Verhältnissen in der DDR» und ein Unterleutnant der KDfS Schwarzenberg behauptete, sie «wären Anhänger der westlichen Lebensweise der Punks, Skinheads, Gruftis und Heavy Metal», was sie durch ihre Kleidung und ihr Auftreten in der Öffentlichkeit zur Schau stellten. Diese Jugendlichen, so der Bericht weiter, «sind Verfechter des Faschismus und der Rassendiskriminierung, dies zeigt sich besonders in ihrer Meinung gegen Angehörige anderer Nationalitäten, wie Türken,

966 BStU, MfS, BV Leipzig, KD Leipzig-Stadt, 39/02, Bl. 46.

967 BStU, MfS, HA XX 6071, Teil 1 von 2, Bl. 52; BStU, MfS, HA XX/AKG Nr. 5937, Bl. 61; BStU, MfS, ZAIG Nr. 11327, Bl. 5.

Bürger jüdischer Glaubensrichtung und Afrikaner. Ebenso verherrlichen sie die Gewalt.» Die Mosambikaner waren als «Vertragsarbeiter» im VEB Waschgerätewerk Schwarzenberg tätig. Bei den Vernehmungen zeigten die Täter «offen ihren Haß gegen Ausländer». Sie hatten eine Affinität zu Gewalttätigkeiten, so auch bei Tanzveranstaltungen, wo sie als «Urheber von Schlägereien» bekannt waren. Bei einer Hausdurchsuchung wurden Ketten, ein Schlagring sowie «neofaschistische Literatur» festgestellt.[968] Gegen fünf Personen wurden Ermittlungsverfahren wegen «Rowdytum» und «Beleidigung wegen Zugehörigkeit zu einer anderen Nation oder Rasse» eingeleitet. Gegen vier Personen wurden Ermittlungsverfahren wegen «Rowdytum» ohne Haft eingeleitet.[969] Die Ermittlungsverfahren wiesen nach, dass die Täter zielgerichtet den Entschluss fassten, die mosambikanischen «Staatsbürger» abzupassen und sie zusammenzuschlagen. Außerdem bewaffneten sie sich mit Zaunlatten, Stahlrohren u. ä. mehr. Dazu grölten sie rassistische Sprechchöre wie «Nigger raus», «Niggerschweine» und «Bum, bum, bum, die Nigger haun wir um». Daraufhin flüchteten die Mosambikaner auf das Betriebsgelände des VEB Waschgerätewerks. Einer der Angreifer drang, trotz des Verbots durch den «Aufsichtshabenden des VEB Waschgerätewerks», in das Betriebsgelände ein und schlug auf die Mosambikaner ein. Danach zogen sich die Rassisten zum Bahnhofsvorplatz zurück. Mittlerweile hatten sich die mosambikanischen Arbeiter mit Schläuchen von Waschmaschinen bewaffnet und bewegten sich zur Bushaltestelle, von wo aus der Schichtbus abfuhr, und die Angreifer flohen. Den ermittelnden Behörden wurde bekannt, dass diese Täter bereits am 20. April 1987 und am 20. April 1988 gemeinsam den Geburtstag Hitlers gefeiert hatten. In der Öffentlichkeit verbreiteten sie als Ausdruck ihres «neofaschistischen Gedankenguts» Losungen wie «Deutsch sein, heißt rein sein» oder «Hier ist die Ostfront». Zwei Mitglieder der Gruppe hatten sich neofaschistische Losungen tätowieren lassen. Insgesamt wurden durch die DVP fünf Ermittlungsverfahren mit Haft, vier ohne Haft und acht Ordnungsstrafen eingeleitet. Das Kreisgericht Schwarzenberg verurteilte neun Täter; der «Rädelsführer erhielt eine Freiheitsstrafe» von eineinhalb Jahren.[970] Gegen fünf Rassisten war vor dem Kreisgericht verhandelt worden und zwei Täter wurden zu Freiheitsstrafen zwischen 14 und 18 Monaten verurteilt, während drei Täter nur vorbeugenden, erzieherischen Maßnahmen unterzogen worden sind.[971]

In Dippoldiswalde-Schmiedeberg (Bezirk Dresden) kam es am 16. April 1988 vor dem Kulturhaus des VEB Gießerei und Maschinenbau «Ferdinand Kunert» zwischen etwa 30 Mosambikanern und etwa 25 Deutschen zu Gewalt-

968 BStU, MfS, BV Karl-Marx-Stadt, Nr. 1367/89, Reg.-Nr. XIV 679/88, Bl. 25f.; Bl. 121ff.

969 BStU, MfS, BV Karl-Marx-Stadt, Nr. 1367/89, Reg.-Nr. XIV 679/88, Bl. 25f.; Bl. 122f

970 BStU, MfS, HA XX/AKG Nr. 5938, Bl. 58; BStU, MfS, HA IX, Teil 2/ 2, Nr. 17437, Bl. 302; Die Welt, 26.8.1988.

971 BStU, MfS, BV Karl-Marx-Stadt, Nr. 1367/89, Reg.-Nr. XIV 679/88, Bl. 140ff.; BStU, MfS, HA IX, Teil 2 von 2, Nr. 17437, Bl. 302.

taten. Der zuständige ABV und zwei Schutzpolizisten konnten vor dem Kulturhaus die «Sicherheit und Ordnung» wiederherstellen.[972] Am 18. April 1988 liefen etwa 30 Mosambikaner in Marschordnung auf der Fernstraße F 170 und blockierten damit den gesamten Verkehr. Zwei deutsche Kollegen, beschäftigt beim VEB Gießerei und Maschinenbau «Ferdinand Kunert», fuhren gemeinsam auf einem Moped über die F 170 und dabei bildeten die Mosambikaner eine Gasse für sie, aber als sie passierten, erhielt der Sozius «mit einem Gegenstand einen Schlag an den Kopf, in dessen Folge seine Brille zerschlagen wurde und [Name geschwärzt, HW] selbst Augenverletzungen erlitt», die in der Medizinischen Akademie Dresden behandelt wurden. Beide deutschen Arbeiter erstatteten beim VPKA Dippoldiswalde Anzeigen wegen Körperverletzung. Aufgrund dieser beiden Vorkommnisse erstellte die BVfS Dresden am 22. April 1988 eine «Information über erhebliche Reaktionen der Bevölkerung des Kreises Dippoldiswalde, vornehmlich im Raum Schmiedeberg, in Verbindung der durch mocambiquische Werktätige verursachten Vorkommnisse», die zur Kenntnis an den 1. Bezirkssekretär der SED Dresden Modrow, an den Chef der BDVP Dresden W. Nyffenegger, «Streng vertraulich! Um Rückgabe wird gebeten!», geschickt wurde. Deshalb führte der 1. Sekretär der SED-KL Dippoldiswalde, Gen. Hensel, am 19. April 1988 eine Beratung durch, an der Vertreter des Rates des Kreises, des VPKA, der KDfS und Leitungskader des Staatlichen Forstwirtschaftsbetriebes Tharandt teilnahmen. Es wurde beschlossen, eine Vollversammlung mit allen Mosambikanern am 20. April durchzuführen, bei der «eine nochmalige Belehrung der ausländischen Arbeitskräfte zu ihrem Verhalten im Freizeitbereich» erfolgen sollte. Darüber hinaus wurde der Leiter des VPKA beauftragt, den Streifendienst der DVP in Schmiedeberg zu verstärken und «eine mobile Reserve zu bilden». Der Leiter der KDfS erhielt den Auftrag, die getroffenen Maßnahmen zu unterstützen und «über weitere Reaktionen der Bevölkerung unverzüglich den 1. Sekretär der SED-Kreisleitung Dippoldiswalde zu informieren».[973]

In Spremberg-Cantdorf (Bezirk Cottbus) wurden am 8. Mai 1988 etwa zwanzig Mosambikaner, sie waren im VEB Sprelawerke beschäftigt, nicht zu einer Discoveranstaltung in der Gaststätte «Lindenhof» eingelassen. Der Veranstalter behauptete, die Disco sei bereits ausverkauft und lediglich drei Mosambikaner könnten eingelassen werden. Unmittelbar danach kam es außerhalb des Gebäudes zu Angriffen auf die Afrikaner, die mit Stöcken geschlagen, mit Füßen getreten und mit Steinen beworfen wurden. Durch eine Gruppe von etwa dreißig Deutschen wurden die Angegriffen bis zu ihrem Wohnheim verfolgt und mit Steinwürfen wurden Fensterscheiben des Wohnheims beschädigt.[974]

972 BStU, MfS, HA XVIII Nr. 19548, Bl. 16ff.; BStU, MfS, HA XVIII Nr. 19548, Bl. 17.
973 BStU, MfS, HA XVIII Nr. 19548, Bl. 16ff.; BStU, MfS, HA XVIII Nr. 19548, Bl. 17f.
974 BStU, MfS, BV Cottbus, AKG 1270, Bl. 4f.

In Eilenburg (Bezirk Leipzig) kam es am 3. Juni 1988 zu Schlägereien zwischen circa 35 Deutschen und circa 25 Mosambikanern. Es wurden Steine geschmissen und sieben Deutsche und ein Mosambikaner wurden verletzt. Anrückende Volkspolizisten beendeten die Auseinandersetzungen gegen 1 Uhr morgens. Gegen zwei deutsche Täter wurden Ermittlungsverfahren eingeleitet und es wurde Haftbefehl erlassen.[975]

In Großenhain (Bezirk Dresden) kam es am 13. Juni 1988 nach einer Tanzveranstaltung im Jugendzentrum «Horizont» zu gewalttätigen Auseinandersetzungen zwischen mehreren Deutschen und Mosambikanern. Unter den etwa 350 Gästen befanden sich etwa 20 Mosambikaner. Nachdem die Afrikaner das Lokal verlassen hatten, folgten ihnen etwa 50 Deutsche bis zum Wohnheim auf dem Betriebsgelände des VEB Textilmaschinenbaus (Textima). Währenddessen wurde von beiden Seiten mit Flaschen und Steinen geworfen. Die Polizei wurde ebenso angegriffen und ein Volkspolizist musste einen Warnschuss abgeben, als er von 10 Jugendlichen aggressiv bedroht wurde. Mit einem Diensthund konnten die Angreifer vom Gelände des Wohnheims verjagt werden. 2 Deutsche und 2 Mosambikaner erlitten Verletzungen. Die Offiziere des MfS erklärten die Ursache dieser Auseinandersetzungen mit übermäßigem Alkoholkonsum der Mosambikaner. Gegen 4 Täter wurden Ermittlungsverfahren wegen «Widerstand gegen staatliche Maßnahmen» und «Rowdytum» mit Haft eingeleitet.[976] In einer «Vertraulichen Verschlußsache» des FDGB-Bezirksvorstands Dresden wurden für das Jahr 1988 «besondere Vorkommnisse» aufgeführt. Es wurde darauf hingewiesen, dass bei den Auseinandersetzungen in Großenhain die Deutschen «die Verursacher» für die Gewalttätigkeiten waren.[977]

In Wismar (Bezirk Potsdam) wurden am 29. Juli 1988 zwei ansässige Neonazis sowie zwei weitere Jugendliche aus Meißen von der DVP festgenommen, weil sie vor dem Arbeiterwohnheim des VEB Mathias-Thesen-Werft, in dem vietnamesische Arbeiter wohnten, randalierten und dabei neonazistische Parolen grölten: «Deutschland den Deutschen», «Deutschland erwache» und «Ausländer raus, wir stürmen euch». Gegen zwei Täter wurde ein Ermittlungsverfahren eingeleitet und Haftbefehl erlassen.[978]

In Rangsdorf (Bezirk Potsdam) drangen am 15. Juli 1988 vier Skinheads (17 bis 18 Jahre), «resultierend aus ihrer abneigenden Haltung gegenüber Ausländern, in das Gelände des Zeltplatzes Rangsdorf ein», um dort Touristen aus Polen «durch rowdyhaftes Auftreten und Grölen faschistischer Parolen in Angst und Schrecken zu versetzen und zum Verlassen des Zeltplatzes zu veranlassen». Die Angreifer beschädigten zwei Zelte und deren PKW. Sie zerschnitten mit

975 BStU, MfS, BV Leipzig, Abt. IX Nr. 438/06, Bl. 6, Bl. 8, Bl. 11; BStU, MfS, HA II Nr. 27433, Bl. 1.

976 BStU, MfS, HA IX 1037, Bl. 343f; BStU, MfS, HA XX, 979, Bl. 199; BStU, MfS, HA XVIII Nr. 19548, Bl. 20ff.

977 BStU, MfS, BV Dresden, Abt. XVIII Nr. 13529, Bl. 8.

978 BStU, MfS, HA XX/AKG Nr. 5941, Bl. 28f.

einem Messer ein Zelt und traten mit Füßen in die Schlafkabine und verletzten dabei die Mutter eines Kindes (1 Jahr und 4 Monate). Während des Angriffs wurden «faschistische Parolen» gegrölt. Die Täter wurden durch Mitarbeiter des VPKA Zossen festgenommen und zugeführt. Bei ihnen wurden Karabinerpatronen, Kal.7,62 mm und 6 Platzpatronen, Kal. 7,62 mm sowie 1 Verschlußstück mit Schlagbolzen und 1 Griffstück mit Lauf einer Pistole, Kal. 6,35 gefunden. Es wurde ein Ermittlungsverfahren wegen «Rowdytum» und «Unbefugter Waffen- und Sprengmittelbesitz» eingeleitet. Die Täter wurden am 15. Juli in die Untersuchungshaftanstalt Königs Wusterhausen eingeliefert. Die weitere Bearbeitung des Falles wurde von der Abt. K der BDVP Potsdam übernommen.[979]

In Berlin versammelten sich am 22. Oktober 1988 beim S-Bahnhof Alexanderplatz 250 bis 300 Neonazis und grölten antisemitische Parolen: «Juden Berlin», «Juden raus», «Bullen raus» und «Hooligan». Eine operative Fahndungsgruppe II wollte einen «Rädelsführer» kontrollieren und wurde dabei «von etwa 100 Skinheads umringt» und dadurch gelang dem Verdächtigten die Flucht. Erst im Nachhinein konnten noch weitere 9 Täter personifiziert werden. Weitere Maßnahmen waren dem Oberstleutnant als Leiter der Abteilung XX «nicht bekannt».[980]

In Berlin-Mitte wurden am 14. Januar 1989 gegen 20 Uhr im Bereich Neptunbrunnen vier afrikanische Studenten (Kongo) von neun Skinheads angegriffen und durch Tritte und Schläge mit Fäusten und Gürteln verletzt. Am 17. Februar wurden die Angreifer festgenommen und ein Ermittlungsverfahren wegen «Rowdytum» eingeleitet.[981]

Im Kreis Schwarzenberg, ebenso in den Kreisen Zwickau, Aue, Werdau und Stollberg (Bezirk Karl-Marx-Stadt) wurden 1989 bei Tanzveranstaltungen wiederholt Ausländer gewalttätig angegriffen. Die Musikgruppe «Nobody», ehemals «Argus Zwickau», spielte dabei in ihrem Lied «Bombenhagel» Teile des Deutschlandliedes. Ansonsten wurden Lieder mit «faschistischen» Inhalten gesungen und es kam zu Gewaltausbrüchen, so in Stollberg, als ein Mosambikaner von zwei Tätern rassistisch beleidigt und gewalttätig angegriffen wurde. Ein Jugendlicher (18 Jahre) aus Zwickau äußerte sich in seiner Befragung durch das MfS wie folgt: «Meine Einstellung zum faschistischen Deutschland ist gut. Hitler hat eben die Juden und Ausländer und alle Andersdenkenden zum Teil vertrieben und ausgerottet. Das finde ich in Ordnung, weil auch heutzutage wieder viele Ausländer bei uns sind und das ‹Viehzeug› weg muß, wie Nigger,

979 BStU, MfS, HA IX Nr. 748, Bl. 5; BStU, MfS, HA IX Nr. 20139, Bl. 43; BStU, MfS, HA XXII Nr. 17399/6, Bl. 42f; BStU, MfS, HA IX Nr. 19071, Bl. 5.

980 BStU, MfS, HAXX/AKG Nr. 5936, Bl. 135.

981 BStU, MfS, HA XX Nr.478, Teil 2 von 2, Bl. 232; BStU, MfS, BV Berlin, Abt. XX Nr. 7157, Bl. 106; BStU, MfS, ZOS Nr. 2858, Bl. 17f.

Kubaner, Vietnamesen und andere, damit wir wieder Wohnungen haben und in den Läden etwas zu kaufen haben.»[982]

In Dargun, Kreis Malchin wurden am 4. März 1989 vier Vietnamesen nach einem Discobesuch von drei Unbekannten überfallen und angegriffen. Die Angegriffenen flüchteten zum Arbeiterwohnheim, wo einem Heimbewohner von den Angreifern «mit einem Gegenstand auf den Kopf geschlagen wurde». Am 27. April 1989 gegen 22:20 Uhr wurden beim VEB Maschinenbau Dargun zwei Hakenkreuze entdeckt. Die Untersuchungen ergaben, dass sie von zwei Vietnamesen «aus langer Weile» geschmiert wurden. Sie gaben an, dass sie «keinerlei Kenntnisse über die Bedeutung» der Hakenkreuze hätten. Die Betriebsleitung wurde angewiesen, den vietnamesischen Kollegen die «Bedeutung dieser Symbolik zu erläutern».[983]

In Berlin-Hohenschönhausen überfielen am 7. März 1989 etwa zwanzig Neonazis eine Discoveranstaltung in der Turnhalle der 22. POS «Anna Seghers». Die Angreifer spielten ihre mitgebrachten Musikkassetten und zeigten den Hitlergruß. Lehrer und FDJ-Funktionäre drängten sie dann aus der Turnhalle, doch sie kehrten zurück. Es handelte sich vorwiegend um ehemalige Schüler der Schulen. Die DVP wurde erst zwei Tage später, am 9. März, von diesem Angriff informiert. Am 10. März wurden zwölf Personen zugeführt und fünf Angreifer wurden als Täter (17 bis 18 Jahre) ermittelt, von denen drei bereits vorbestraft waren.[984]

Seit es in Lauta, Kreis Hoyerswerda am 24. März 1989 zu einem gewalttätigen «Vorkommnis» zwischen Mosambikanern und Deutschen gekommen war, wurde verstärkt Schutzpolizei «zum Einsatz gebracht». Es wurde erwartet, dass circa 50 Deutsche sich formieren wollten, um das Wohnheim der Mosambikaner in der Thälmannstraße anzugreifen. Die Fensterscheiben sollten eingeschlagen, das Gebäude gestürmt und in Brand gesetzt werden. Um Auseinandersetzungen gerade auch in Gaststätten zu vermeiden, erreichte die Betriebsleitung des Kabelwerkes, dass sich die Mosambikaner ab dem 29. März «größtenteils im Wohnheim aufhalten und keine Gaststätten und Jugendtanzveranstaltungen» besuchten. Die Juniorenmannschaft der BSG Turbine Lauta, sie war involviert in diese rassistischen Machenschaften, wurde in einer Aussprache auf die rechtlichen Grundlagen und Konsequenzen hingewiesen.[985]

In Berlin wurden am 31. März 1989 vor der Gaststätte «Zur Mühle» in der Greifswalder Straße 2 Mosambikaner, aus einer Gruppe von 12 Jugendlichen heraus, von 2 Personen «ohne ersichtlichen Grund» geschlagen. Es wurde wegen «Rowdytum» gegen Unbekannt ermittelt.[986]

---

982 BStU, MfS, Außenstelle Chemnitz, StOp – 456, Bl. 2f.

983 BStU, MfS, BV Neubrandenburg, KD Malchin, Nr. 210, Bl. 1–5, Bl. 13–15.

984 BStU, MfS, BV Berlin, AKG Nr. 4047, Bl. 166f.; BStU, MfS, ZOS Nr. 2858, Bl. 73.

985 BStU, MfS, KD Hoyerswerda, 4183, Bl. 6ff.

986 BStU, MfS, HA XX/AKG Nr. 5937, Bl. 66; BStU, MfS, HA XX Nr. 478, Teil 2 von 2, Bl. 188.

In Berlin wurde am 8. April 1989 ein Mosambikaner von 2 Jugendlichen aus Hellersdorf beschimpft, gestoßen, verfolgt und verletzt. Es wurde ein Ermittlungsverfahren wegen «Rowdytum» ohne Haft eingeleitet.[987]

In Großräschen-Freienhufen, Kreis Senftenberg (Bezirk Cottbus) kam es am 8. April 1989 nach einer Tanzveranstaltung zu gewalttätigen Auseinandersetzungen mit Jugendlichen und der Volkspolizei, die Diensthunde «zum Einsatz gebracht» hatte. Es wurde gerufen: «Dich Bullenschwein bringe ich um, wenn du mal ohne Hund rumläufst», «Wir wollen raus aus der Zone, der Staat existiert nicht mehr lange und dann seid ihr dran» und «Jetzt wählen wir schon die Schwarzen in den Bezirkstag, ich gehe für die Schweine sowieso nicht wählen». Gegen zwei Täter wurden Ermittlungsverfahren mit Haft eingeleitet. Gegen weitere zwei Täter wurden Ermittlungsverfahren ohne Haft eingeleitet. Die vier Täter waren Arbeiter und in Großräschen wohnhaft. Vorbeugend erfolgte durch das MfS im Raum Großräschen «verstärkter IM-Einsatz», um frühzeitig informiert zu sein, falls erneut «Vorkommnisse» geschehen sollten. Die Zusammenarbeit des VPKA, Abteilung K mit dem Kreisstaatsanwalt war organisiert worden.[988]

In Lohsa-Litschen, Kreis Hoyerswerda (Bezirk Cottbus) kam es am 8. April 1989 in und vor der Gaststätte «Marco» zu gewalttätigen Auseinandersetzungen zwischen mehreren Deutschen und etwa zwanzig Vietnamesen, die u. a. mit Holzlatten ausgeführt wurden. Die Vietnamesen flüchteten in ihr Wohnheim, das dem staatlichen Forstwirtschaftsbetrieb Hoyerswerda gehörte. Von etwa sechzig nachrückenden Deutschen wurden dort mehrere Fensterscheiben eingeschlagen. Wegen «Rowdytum» wurde ein Ermittlungsverfahren gegen Unbekannt eingeleitet. Gegen einen Lehrling des VEB BKW «Glückauf» in Knappenrode, er wurde vom MfS als «Auslöser der Tätlichkeiten» angesehen, leitete die DVP in Abstimmung mit dem Kreisstaatsanwalt» lediglich ein Ordnungsstrafverfahren ein.[989]

In Hoyerswerda wurden am 15. April 1989 etwa zehn «ausländische Bürger dunkler Hautfarbe» (Mosambikaner, Kubaner) durch etwa zwanzig Deutsche auf dem «Platz des 7. Oktober» rassistisch angegriffen und beleidigt: «Schwarze schert euch raus», «Ihr schwarzen Schweine» und «Ausländer raus». Auf dem Weg zu ihrem Wohnheim folgten den Kubanern zwei Gruppen in Richtung Centrum-Warenhaus und sie ließen erst ab, als zufällig Volkspolizisten auftauchten. Die deutschen Angreifer flohen vor der DVP und entzogen sich damit der «Personalienfeststellung». Jedoch wurden ein Schüler, zwei Lehrlinge und ein Arbeiter dazu befragt und der Letztgenannte gab an, er wäre Erstwähler und ihm hätte es nicht gefallen, dass Ausländer Wahlrecht in der DDR erhalten hatten. Die Kubaner waren Arbeiter in verschiedenen Gewerken des VEB Gaskombi-

987 BStU, MfS, HA XX/AKG Nr. 5937, Bl. 66.

988 BStU, MfS, HA XX/AKG Nr. 5940, Bl. 62.

989 BStU, MfS, Cottbus, AKG 1510, Bl. 4f.; BStU, MfS, BV Cottbus, AKG 1505, Bl. 4f.; BStU, MfS, ZOS, Nr. 2858, Bl. 62.

nats «Schwarze Pumpe». Die DVP nahm eine Anzeige auf «gegen Unbekannt» und prüfte die Einleitung eines Ermittlungsverfahrens.[990] Im April 1990 wurde die Volkspolizei 14-mal gerufen, weil Ausländer rassistisch attackiert worden waren.[991] Am 17. April 1989 erhielt das VPKA Hoyerswerda über den Notruf 110 einen anonymen Telefonanruf, mit der Drohung: «Heute fließt das erste Ausländerblut.» Die DVP und die KDfS legten daraufhin «Maßnahmen der verstärkten Kontrolle in Wohn- und Arbeitsbereichen von Ausländern» fest.[992]

In Lauta, Kreis Hoyerswerda verließen am 15. April 1989 gegen 23:25 Uhr 6 Mosambikaner die Gaststätte «Wassermann». Vor dem Gebäude standen circa 20 Deutsche, die ihnen im Abstand von etwa 10 Schritten folgten und wiederholt «Ausländer raus!» riefen. Als die Volkspolizei erschien, verschwanden die Angreifer.[993]

In Guben (Bezirk Cottbus) kam es am 1. Mai 1989 zu einer «Massenschlägerei» zwischen Deutschen und Mosambikanern, die erst durch die Volkspolizei beendet werden konnte.[994]

In Bad Blankenburg (Bezirk Gera) kam es in der Nacht vom 1. auf den 2. Mai 1989, kurz vor Mitternacht, auf der Höhe des VEB Antennenwerk zu gewalttätigen Auseinandersetzungen zwischen etwa vierzig Deutschen und etwa zwanzig Mosambikanern, die mit Holzlatten und Steinen ausgetragen wurden, wobei drei Afrikaner verletzt wurden und im Krankenhaus behandelt werden mussten.[995]

In Sebnitz (Bezirk Dresden) kam es im Juni 1989 anlässlich der Betriebsfestspiele des VEB Erntemaschinen Neustadt zu gewalttätigen Auseinandersetzungen zwischen circa zehn Jugendlichen und Volkspolizisten, die mit «herabwürdigenden Äußerungen beschimpft» wurden: «Bullenschweine», «Kommunistenschweine», «Es lebe die DVU», «Deutschland erwache» und «Bullenschweine aufhängen». Die Abteilung K des VPKA Sebnitz leitete gegen neun Täter ein Ermittlungsverfahren mit Haft wegen «Beeinträchtigung staatlicher oder gesellschaftlicher Tätigkeit» ein.[996]

Auf einem Zeltplatz in Bansin, Kreis Wolgast kam es am 23. Juli 1989 zu gewalttätigen Auseinandersetzungen, bei denen 2 Personen zum Teil schwer verletzt wurden. Als Täter wurden 27 Skinheads, sie stammten aus Leipzig, Lieberwolkwitz und Neustrelitz, identifiziert.[997]

---

990 BStU, MfS, KD Hoyerswerda, 4183, Bl. 7–9; BStU, BV Cottbus, AKG 1512, Bl. 4f.; BStU, MfS, HA XX, Nr. 6046, Teil 1 von 2, Bl. 73f; BStU, MfS, HA XX/AKG, Nr. 5940, Bl. 61.

991 Hirsch/Heim 1991, S. 114.

992 BStU, MfS, KD Hoyerswerda, 4183, Bl. 25; BStU, MfS, BV Cottbus, AKG, 1509, Bl. 3f.

993 BStU, KD Hoyerswerda, 4183, Bl. 6ff.

994 Madloch 2000, S. 86.

995 BStU, MfS, HA XX Nr. 6047, Bl. 149ff.

996 BStU, MfS, HA XX/AKG Nr. 5940, Bl. 152f.

997 BStU, MfS, HA XX Nr. 22094, Bl. 57f.

In Jena-Lobeda (Bezirk Gera) wurde am 22. August 1989 das Studentenwohnheim «Salvador Allende», dort wohnten auch ausländische Studenten, von mehreren Neonazis «ausländerfeindlich» verbal und gewalttätig angegriffen. Es wurde gerufen: «Deutschland den Deutschen» und «Ausländer raus». Gegen zehn Angreifer «wurden strafrechtliche bzw. ordnungsrechtliche Maßnahmen geprüft bzw. eingeleitet», worüber die Abteilung XX «aktuell informiert» wurde. Durch die Abteilung VII wurden kein Operativer Vorgang bzw. keine Operative Personenkontrolle zu Skinheads oder anderen «negativ-dekadenten Jugendlichen» durchgeführt. Die Abteilung VII verfügte über keine IM unter diesem Personenkreis. Gegen vier Täter wurden Ermittlungsverfahren wegen «Rowdytum» mit Haft eingeleitet. Gegen weitere sechs Täter wurden Ordnungsstrafverfahren geprüft.[998]

In einen Schnellzug von Cottbus über Finsterwalde nach Doberlug-Kirchhain stiegen 1989 in Finsterwalde 2 Mosambikaner zu. Während der Fahrt und auf dem Bahnhofsvorplatz wurden die Afrikaner von mitreisenden Hooligans des FC Karl-Marx-Stadt – insgesamt befanden sich ca. 150 Fans im Zug – rassistisch beleidigt und mit Steinen und leeren Bierflaschen angegriffen. Ein Großteil dieser Hooligans rief rassistische Parolen, wie z. B. «Negerschweine» oder «Neger raus aus Deutschland». Danach stürzten sich mehrere Hooligans auf die beiden Opfer und misshandelten und verletzten sie. Erst als Volkspolizisten kamen und der zuständige Abschnittsbevollmächtigte seine Pistole gezogen hatte und drohte, davon Gebrauch zu machen, zogen sich die Hooligans in das Bahnhofsgebäude zurück. Als ein «Rädelsführer» wurde ein einschlägig vorbestrafter Straßenbauarbeiter identifiziert, der aus einer Arbeiterfamilie stammte, den Abschluss «der 8. Klasse-Hilfsschule» erreicht hatte, der den «Teilberuf Maurer erlernt» hatte und der «überall der absolute negative Führerkern» war.[999]

In Karl-Marx-Stadt wurde am 24. September 1989 gegen 00:30 Uhr «in einer Wohnung in der 3. Etage bei geöffneter Balkontür lautstark eine Rede Adolf Hitlers mittels Tonbandgerät abgespielt». Währenddessen zeigten acht Personen auf dem Balkon den faschistischen Gruß und brüllten mehrfach «Sieg Heil». Die Täter wurden vorläufig festgenommen und ein Ermittlungsverfahren wegen «Staatsverleumdung» bzw. «Öffentlichen Herabwürdigung» wurde eingeleitet. Sieben Arbeiter wurden in die Untersuchungshaftanstalt Karl-Marx-Stadt eingeliefert. Die achte Person wurde nach Hause entlassen.[1000]

In Leipzig wurde am 20. Dezember 1989 ein Wohnheim für ausländische Studenten des Herder-Instituts der Karl-Marx-Universität von Neonazis ange-

998 BStU, BV Gera, Abt. XX SA 196, Bl. 18f; BStU, MfS, ZOS Nr. 1893, Bl. 60; BStU, MfS, ZOS Nr. 2858, Bl. 86; BStU, MfS, HA XX/AKG Nr. 5939, Bl. 75.

999 BStU, MfS, Chemnitz, XX 3026, Bl. 2ff.

1000 BStU, MfS, HA XX Nr. 6071, Teil 1 von 2, Bl. 62.

griffen. Dabei wurden in größerem Umfang Waffen wie Gas- und Schreckschusspistolen, Baseballschläger, CS-Gas und Molotow-Cocktails eingesetzt.[1001]

In Weimar-Kirschbachtal (Bezirk Erfurt) wurden Ende des Jahres 1989 Bewohner eines Wohnheimes für Ausländer geschlagen und beleidigt. In vielen Restaurants wurden Ausländer nicht bedient.[1002]

In Leipzig wurden am 14. März 1990 im Anschluss an eine Wahlkundgebung mit Bundeskanzler Helmut Kohl «linksgerichtete Gegner einer deutschen Einheit» von 40 bis 50 Neonazis angegriffen. Diese flüchteten daraufhin in die Mensa der Universität. Mit den Rufen «Rote raus» versuchten die Neonazis ebenfalls in die Mensa einzudringen und dabei zerstörten sie Fensterscheiben mit Betonteilen und anderen Gegenständen. In der Mensa gab es 8 Verletzte, darunter befand sich eine Schwangere.[1003]

In Hoyerswerda kam es im April 1990 zu rassistischen Ausschreitungen. Die gewalttätigen Auseinandersetzungen wurden von circa 1.500 Schaulustigen verfolgt und ihre Reaktionen reichten von reiner Schaulust über wohlwollende Zustimmung bis zu anfeuernden Rufen. Einheiten der Volkspolizei gelang es, das Pogrom zu beenden.[1004] Am 1. Mai 1990 kam es erneut zu rassistischen Angriffen auf Wohnheime von Ausländern, ein Arbeiter aus Mosambik wurde dabei schwer verletzt.[1005]

In Welzow (Bezirk Cottbus) trauten sich beim VEB Braunkohlekraftwerk im Mai 1990 die dort beschäftigten Mosambikaner kaum noch in eine Gaststätte, weil sie damit rechnen konnten, rassistisch angepöbelt oder auch angegriffen zu werden. Manche nahmen im Winter keinen Arzttermin wahr, der in den Abendstunden lag, und selbst der Weg zum Nachtschichtbus wurde zum Problem. Dadurch sahen sich die Betreuer gezwungen, die Mosambikaner daraufhin zu orientieren, abends auch nicht mehr ins Kino zu gehen oder auch überhaupt in der Freizeit nicht mehr das Wohnheim zu verlassen. Im Kraftwerk gab es Arbeitsbrigaden, die es ablehnten, mit «Schwarzen» zusammen zu arbeiten. Am 1. Mai gab es in Welzow in der Nähe eines Vergnügungsparks brutale Auseinandersetzungen zwischen Mosambikanern und Rassisten, wobei die umstehenden Schaulustigen nicht eingriffen.[1006]

In Leipzig-Lieberwolkwitz wurde am 9. Mai 1990 ein Wohnheim für Ausländer von Neonazis angegriffen.[1007]

1001 Madloch 2000, S. 93.

1002 Siegler 1991, S. 66.

1003 Hirsch/Heim 1991, S. 112.

1004 Siegler 1991, S. 37f; Hirsch/Heim 1991, S. 117f; Borchers 1992, S. 32f.

1005 die tageszeitung, 2.1.1992.

1006 http://www.ddr89.de/ddr89/texte/welzow2.html. Interview, dass in der, vom VEB Braunkohlekraftwerk herausgegebenen, Welzower Betriebszeitung Nr. 23, 18.6.1990, veröffentlicht worden war.

1007 https://linksunten.indymedia.org/de/print/166704.

In Trebbin, Kreis Luckenwalde (Bezirk Potsdam) wurde am 26. August 1990 ein Wohnheim für ausländische Arbeiter, mehrheitlich aus Mosambik, von circa dreißig Rassisten angegriffen. Sämtliche Fenster des Wohnheims wurden zerstört. Es gab sechs Verletzte. Die Angegriffenen setzten sich zur Wehr und schlugen die Rassisten zurück. Die Volkspolizei kam erst nach drei Stunden an den Ort des Geschehens. Die Mosambikaner waren mehrheitlich im Autowerk Trebbin beschäftigt. Einen Tag vor dem ursprünglich geplanten Abflug einer Maschine nach Mosambik wurden mehrere Mosambikaner unter Polizeischutz zum Flughafen Berlin-Schönefeld gebracht und dann nach Mosambik zurückgeflogen.[1008]

In Eberswalde (Bezirk Frankfurt/O.) wurde die Gaststätte «Hüttengasthaus» im September 1990 von etwa vierzig Neonazis angegriffen. Dort befanden sich vorwiegend Arbeiter aus Mosambik. Die Volkspolizei griff nicht ein.[1009]

Tote bei gewalttätigen bzw. politischen Auseinandersetzungen

In Magdeburg-Sudenburg wurde am 1. April 1971 ein sowjetischer Zivilangestellter der GSSD von einem Unterleutnant der VP, Abteilung K/Komm. II angeschossen und tödlich verletzt. Gegen den Täter wurde ein Ermittlungsverfahren gemäß § 112 StGB Mord eingeleitet.[1010]

In Gößnitz, Kreis Schmölln (Bezirk Leipzig) wurde am 22. Oktober 1977 im Fluss Pleiße die Leiche eines Unterleutnants der Volkspolizei aufgefunden. Nach den Ergebnissen der «Überprüfungs- und Fahndungsmaßnahmen der DVP im Zusammenwirken mit dem MfS» wurden vier Täter ausfindig gemacht. Sie waren Mitglieder einer Neonazi-Gruppe, die sich gegenseitig «faschistische Abzeichen und Orden verlieh». Sie beschlossen am 21. Oktober 1977 einen ihnen bekannten ABV der DVP «zu überfallen und zu entwaffnen», um mit seiner Waffe entweder ein Flugzeug zu entführen oder einen gewaltsamen Grenzdurchbruch in die BRD durchzuführen. Gleichzeitig wollte einer der Täter sich am Volkspolizisten rächen, weil der gegen ihn ein Ermittlungsverfahren wegen Körperverletzung eingeleitet hatte, «wobei von vornherein dessen Tötung beabsichtigt war». Der Unterleutnant wurde gegen 22:45 Uhr von zwei Tätern überfallen – ein Dritter sicherte die Täter ab –, gewürgt und mit dem Griffstück der Pistole wurde dem auf dem Boden regungslos liegenden Opfer gegen dessen rechte Schläfe geschlagen. Der Tote wurde dann an den Füßen gezogen in die Pleiße gestoßen. «Als Todesursache wurde eine Hirnverletzung infolge erhebli-

1008 Hirsch/Heim 1991, S. 121; die tageszeitung, 29.8.1990.

1009 Hirsch/Heim 1991, S. 122.

1010 BStU, MfS, HA IX 240, Bl. 9.

cher Trümmerbrüche im rechten Schläfenbereich festgestellt.» Gegen drei Täter wurden Ermittlungsverfahren «wegen Terror in besonders schweren Fall, Mord, unbefugten Waffen- und Sprengmittelbesitzes» eingeleitet. Gegen den vierten Täter wurde ein Ermittlungsverfahren wegen Terror und versuchten ungesetzlichen Grenzübertritt eingeleitet und Haftbefehl erlassen. Gegen eine fünfte Person «wurde wegen Unterlassung der Anzeige gemäß § 225 Öffentliche Herabwürdigung StGB ein Ermittlungsverfahren ohne Haft eingeleitet».[1011]

In Eisenhüttenstadt (Bezirk Frankfurt/O.) fand die Volkspolizei am 18. Dezember 1977 an der HO-Gaststätte «Aktivist» einen Polen, der durch Messerstiche getötet worden war. Als Täter wurde ein Deutscher (19 Jahre) aus der Stadt festgenommen, gegen den ein Ermittlungsverfahren mit Haft wegen «Körperverletzung mit Todesfolge» eingeleitet wurde. Er war als Zimmerer beim BMK Ost Eisenhüttenstadt beschäftigt. Die weitere Bearbeitung erfolgte durch das VPKA Eisenhüttenstadt, Abteilung K, die die Botschaft der VR Polen in der DDR informierte.[1012]

In Merseburg (Bezirk Halle) kam es am 11. August 1979 gegen 23:30 Uhr nach einer Tanzveranstaltung zu gewalttätigen Auseinandersetzungen zwischen Ungarn und Kubanern, sie waren im VEB Leuna-Werke «Walter Ulbricht» beschäftigt, an der auch 15 bis 20 Deutsche beteiligt waren, die danach von der Konsumgaststätte «Saaletal» Richtung Stadtmitte zogen. Vor dem Kaufhaus in der Leninstraße bemerkten sie einen Kubaner, den sie grundlos niederschlugen. Von dort zogen sie weiter zur Marienstraße und im Bereich der Straßenbahnhaltestelle trafen sie auf 2 Kubaner, die sie ebenfalls niederschlugen. Diese Tätlichkeiten wurde von einer abseits stehenden Gruppe Kubaner beobachtet, die ihren Landsleuten zur Hilfe kamen. Dadurch fanden im Bereich der Haltestellen Allendeplatz und Bahnhofstraße gewalttätige Auseinandersetzungen statt, bei der von beiden Seiten mit Steinen und Flaschen geworfen wurde. Die Kubaner zogen sich danach in ihr Wohnheim in der Straße des Friedens Nr. 68 zurück, beratschlagten die Situation und beschlossen, am nächsten Tag einen «Racheakt» in der Gaststätte «Saaletal» durchzuführen. Am frühen Abend des 12. August 1979 kam es in der Gaststätte «Saaletal», es befanden sich etwa 230 Deutsche im Saal, zu Schlägereien, als 6 bis 10 Kubaner in den Saal stürmten und mit Ledergürteln, Holzstöcken und Kabelenden auf die Anwesenden einschlugen. Unmittelbar danach flüchteten die Kubaner vor das Gebäude, wo etwa 30 weitere Kubaner standen, die die heraus stürmenden Deutschen mit «Feldsteinen und Weinflaschen» bewarfen. Danach flüchtete der überwiegende Teil der Kubaner über die Saalebrücke in das Zentrum von Merseburg. 7 oder 8 Kubaner flüchteten entlang des Flussufers, verfolgt von etwa 30 bis 40 Deutschen. Da ihnen von anderen Deutschen dieser Weg versperrt wurde, sprangen

1011 BStU, ZAIG 2748, Bl. 1–5.

1012 BStU, MfS, HA IX / MF / 15591, Bl. 231ff.

sie in den Fluss und versuchten schwimmend das andere Ufer zu erreichen. Auf der Saalebrücke und am Ufer standen mehrere Deutsche, die das makabre Schauspiel beobachteten und von denen einige die schwimmenden Kubaner mit «Gegenständen», wie z. B. mit «Weinflaschen» und «Ziegelsteinen», bewarfen. Eine Deutsche, die am Ufer stand, sagte aus, dass sie eine leere Flasche auf einen Schwimmenden geworfen hatte und dass sie den Hinterkopf eines der Flüchtenden getroffen hatte. Ihrer Meinung nach hatte der Schlag Wirkung gezeigt und der Kubaner «geriet zeitweilig unter Wasser». Ein anderer Deutscher sprang in die Saale und versuchte einen untergehenden Kubaner zu retten, was ihm nicht gelang. Als die Volkspolizei an der Saale eintraf, war das Pogrom bereits beendet. Eine Information des MdI vom 14.08.1979 enthält bereits die verbindliche Weisung über die Vertuschung der Umstände des Todes von zwei Kubanern: «Gegen die am Vorkommnis vom 12.08.1979 beteiligten DDR-Bürger werden keine Ermittlungsverfahren eingeleitet, da sich ihre Handlungen auf die Abwehr richteten und demzufolge Notwehr vorlag. Die weiteren Untersuchungen werden durch die Abteilung Kriminalpolizei der BDVP Halle in Zusammenarbeit mit der zuständigen Dienststelle des Ministeriums für Staatssicherheit geführt.» Am 15. August wurde von der Wasserschutzpolizei in Höhe der Ortschaft Meuschau der Leichnam des ersten vermissten Kubaners gefunden. Der vorläufige Obduktionsbericht behauptete, dass seine Verletzungen im Stirnbereich erst «nach Todeseintritt» entstanden wären. Am 16. August wurde im Mittellandkanal, zehn Meter vor der Saalemündung, der zweite vermisste Kubaner tot aufgefunden. Die abschließende Information zu den Ereignissen am 12.08.1979 in Merseburg stammt vom 28.08.1979 und sie beendet die juristischen Untersuchungen. In einem internen Schreiben des MfS wurde am 16. Oktober Folgendes festgelegt: «Mit Zustimmung des zuständigen Stellvertreters des Generalstaatsanwaltes der DDR, Gen. Borchert, wurde ausgehend von den geführten Ermittlungen, insbesondere unter Berücksichtigung der brüderlichen Beziehungen zwischen der DDR und der Sozialistischen Republik Kuba entschieden, gegen die an dem Vorkommnis in Merseburg Beteiligten keine strafrechtlichen Maßnahmen einzuleiten und das Ermittlungsverfahren gegen UNBEKANNT einzustellen. Eine diesbezügliche Information an den Generalsekretär der SED und Vorsitzenden des Staatsrates, Gen. Honecker, erfolgte am 28.8.1979 durch das Ministerium des Innern.»

Am 5. Oktober 1979 trafen in Berlin im Ministerium für Auswärtige Angelegenheiten (MfAA) Julio Garcia Oliveras, kubanischer Botschafter in der DDR, in Begleitung des 1. Sekretärs der Botschaft mit drei Vertretern der DDR, zu einem Gespräch zusammen: Der stellvertretender Abteilungsleiter bei der Generalstaatsanwaltschaft, Saager, die stellvertretende Abteilungsleiterin König und die stellvertretende Abteilungsleiterin für die Sowjetunion/Kuba im Ministerium für Auswärtige Angelegenheiten (MfAA), Mollin. Außerdem war ein

Dolmetscher namens Krauße anwesend. Oliveras zeigte sich erstaunt, dass die Strafverfolgungsbehörden der DDR, nachdem bereits zwei Monate vergangen waren, noch nichts unternommen hatten, was überhaupt nicht den Vorstellungen der kubanischen Botschaft entsprach. Der Botschafter verlangte bei dieser Unterredung von den Vertretern der Regierung der DDR, dass «alle Schuldigen» zur «Verantwortung gezogen und abgeurteilt» werden müssten, denn der Tod der beiden Kubaner wäre zwar «durch Unfall» geschehen, jedoch müsste das als eine «Folge des vorausgegangenen Geschehens» angesehen werden. Die Vertreter der DDR ließen den kubanischen Botschafter dahingehend im Unklaren, dass sie ihm nicht mitteilten, dass die SED bereits Ende August aus politischen Gründen jegliche juristische Aktivitäten zur Untersuchung der Umstände des Todes der beiden kubanischen Arbeiter beendet hatte. Unter der Leitung des Stellvertretenden Generalstaatsanwaltes der DDR, Genosse Borchert, fand am 9.10.1979 eine Beratung statt, an der jeweils ein verantwortlicher Mitarbeiter der HA IX des MfS und der HA K des MdI teilnahmen. Hier wurde beschlossen, mit dem kubanischen Botschafter ein weiteres Gespräch zu führen, an dem der Genosse Foth, Leiter der ZK-Abteilung Internationale Verbindungen, und wieder der Genosse Saager teilnehmen sollten. Das Ziel war, dem Botschafter klar und deutlich zu verstehen zu geben, dass «eine Wiederaufnahme von Ermittlungshandlungen zur Feststellung der Tatbeteiligung einzelner kubanischer Staatsbürger unter Berücksichtigung möglicher politisch-negativer Auswirkungen zum 30. Jahrestag der DDR und der Tatsache, dass die zu untersuchenden Handlungen unter der Festlegung des Amnestieerlasses des Staatsrates fallen, nicht erfolgen kann». Dieses Treffen mit dem kubanischen Botschafter fand am 12.10.1979 im MfAA statt. Dabei hoben die Vertreter der DDR besonders hervor, «daß im Ergebnis der geführten Ermittlungen kein zweifelsfreier Nachweis über den Grad der Beteiligung einzelner kubanischer Bürger geführt werden konnte, so daß nach den strafprozessualen Bestimmungen der DDR Strafverfolgungsmaßnahmen nicht eingeleitet werden konnten». Der kubanische Botschafter, so das Memorandum vom 16. Oktober 1979, akzeptierte offensichtlich diese Erklärungen. So gelang es, in einer konzertierten Aktion von Volkspolizei, Ministerium des Innern, Ministerium für Staatssicherheit und dem Ministerium für Auswärtige Angelegenheiten, unter der Obhut der obersten politischen Führung der DDR, die Opfer als Schuldige zu konstruieren.

Es wird juristisch geklärt werden, ob die Eliminierung eines staatsanwaltschaftlichen Ermittlungsverfahrens zur Aufklärung der Umstände des Todes der beiden in der Saale aufgefundenen Kubaner nicht insofern noch heute Konsequenzen hervorruft, da Mord bzw. Totschlag nicht verjährt.

In Jena kam es am 5. März 1981 gegen 23:30 Uhr vor dem Kulturhaus zu gewalttätigen Auseinandersetzungen. Daran beteiligt waren etwa 20 Deutsche, darunter 7 Angehörige der NVA, und etwa 25 Mongolen, die als Lehrlinge im

VEB Porzellanwerk in Kahla beschäftigt waren und im Arbeiterwohnheim «Fritz Ritter» in Jena-Neulobeda wohnten. Ein Unteroffizier (21 Jahre) der NVA wurde durch Messerstiche tödlich verletzt und verstarb am 6. März 1981 gegen 2.30 Uhr an den Folgen der Verletzungen in der Universitätsklinik Jena. Der getötete Soldat war seit 1973 Mitglied der FDJ und er war am 8. Januar 1979 wegen vorsätzlicher Körperverletzung zu einem Jahr Freiheitsentzug auf Bewährung verurteilt worden. 3 weitere Soldaten der NVA «wurden durch Messerstiche leicht bis mittelschwer verletzt» und mussten ebenfalls zur stationären Behandlung in die Universitätsklinik in Jena gebracht werden. Die Soldaten waren Angehörige des Raketentechnischen Bataillons 3 in Jena-Jägerberg. Am 6. März 1981 war den Offizieren der BVfS die Ursache für die Gewalttaten «nicht bekannt». Die weitere Bearbeitung des Falles erfolgte durch das VPKA Jena, Abteilung K, in Zusammenarbeit mit der BDVP Gera, Abteilung K/MUK und im «Zusammenwirken mit der BV Gera, Abt. IX/SK, und dem zuständigen Militärstaatsanwalt». Es wurden 4 mongolische Arbeiter «als vermutliche Täter ermittelt». Einer von ihnen stand «im dringenden Tatverdacht, [Name geschwärzt, HW] die Stichverletzungen zugefügt zu haben». Alle 28 in Jena wohnenden männlichen Mongolen waren «zugeführt» und vernommen worden. 5 Mongolen, die sich noch in Gewahrsam befanden, wurden in den Abendstunden des 6. März 1981 entlassen. Wegen «Vorsätzlicher Körperverletzung mit Todesfolge» wurde ein Ermittlungsverfahren eingeleitet und am 7. März 1981 wurden gegen 3 Mongolen Haftanträge gestellt und sie wurden der Untersuchungshaftanstalt Gera übergeben.[1013]

In Altenburg (Bezirk Leipzig) kam es am 29. Oktober 1981 gegen 21:50 Uhr im «Volkshaus» «aus bisher ungeklärter Ursache» zu gewalttätigen Auseinandersetzungen zwischen zwei Algeriern und einem Deutschen, der als Gleisbauer bei der Reichsbahn beschäftigt war. Die Algerier waren als Bauschlosser im Erdölverarbeitungswerk in Rositz beschäftigt. Der Deutsche wurde durch Messerstiche schwer verletzt und verstarb am 30. Oktober 1981 an den Folgen der Verletzungen im Kreiskrankenhaus Altenburg. Es wurde ein Ermittlungsverfahren wegen «Körperverletzung mit Todesfolge» gegen die beiden Algerier eingeleitet und es wurde Haftantrag gestellt.[1014]

Im Bezirk Magdeburg erschoss am 17. April 1984 ein «gesellschaftlich aktiver Bürger» gezielt einen sowjetischen Soldaten.[1015]

In Binz (Bezirk Rostock) kam es am 4. auf den 5. August 1984 gegen 0:20 Uhr in der Hauptstraße 23 zwischen der HO-Gaststätte «Hafenbar» und der HO-Gaststätte «Goldener Löwe» zu gewalttätigen Auseinandersetzungen zwischen Soldaten der NVA und ausländischen Militärkadern, die in Prora aus-

1013 BStU, MfS, HA II Nr. 31940, Bl. 13–27.

1014 BStU, MfS, HA II Nr. 31940, Bl. 69.

1015 Kowalczuk/Wolle, S. 152.

gebildet wurden. Eine Streife der NVA schritt ein, konnte jedoch die Kämpfe nicht beenden und der Streifenführer, Hauptmann Krause, sah sich veranlasst einen «Warnschuss aus der Dienstpistole» abzugeben. Unmittelbar nach den Auseinandersetzungen wurde der schwer verletzte ausländische Militärkader aus der Volksdemokratischen Republik Jemen im Vorraum der Gaststätte «Goldener Löwe» aufgefunden. Der Offizierschüler verstarb dort gegen 23:45 Uhr. Für den untersuchenden Arzt war die Ursache «nicht feststellbar». Die Leiche des Jemeniten hatte «nur Hautabschuerfungen an der linken Augenbraue aufzuweisen, weiter keine Verletzungen». Die Leiche des 22-Jährigen wurde in der Ambulanz Binz belassen und nicht in die Leichenhalle des Krankenhauses Bergen gebracht. Für den 5. August wurde die Gerichtsmedizin angefordert. Der Kommandeur der Offiziershochschule Prora (OHS) wollte eine Untersuchungsgruppe bilden. Die BDVP Rostock bzw. der Offizier des Hauses, Oberstleutnant der DVP Höhne, informierte den OdH des MdI Berlin, die Militärstaatsanwaltschaft, die Staatsanwaltschaft, den Leiter der Abteilung K, er war mit am Ereignisort, das MfS, die SED und das Wehrkreiskommando.[1016]

Dass zur Tötung des Ausländers keine weiteren Informationen vorliegen, hängt mit der Schwere des «Vorkommnisses» zusammen, denn in den meisten Fällen mit Schwerverletzten oder gar Toten sind bisher kaum Archivmaterialen vorhanden, die nähere Auskunft über die Abläufe geben könnten. Dazu kommt, dass Meldungen über Tote oder Schwerverletzte als «Staatsgeheimnis» behandelt wurden, was Gerüchte und Halbwissen in der Bevölkerung zur Folge hatte.

In Merseburg (Bezirk Halle) kam es am 16. Mai 1986 in und vor einer «Schülergaststätte» im Leunaer Weg zu gewalttätigen Auseinandersetzungen zwischen Vietnamesen und Deutschen. Im deren Verlauf erhielt ein Vietnamese einen «Faustschlag ins Gesicht, in dessen Folge er mit dem Kopf gegen das eiserne Treppengeländer» fiel. Er wurde in das Kreiskrankenhaus Merseburg eingeliefert, wo er am 23. Mai verstarb. Gegen den Täter wurde ein Ermittlungsverfahren wegen «Schwerer Körperverletzung» eingeleitet und die Ausweitung dieses Verfahrens wegen «Körperverletzung mit Todesfolge» war vorgesehen. Bereits am 20. Mai war er in die Untersuchungshaftanstalt eingeliefert worden.[1017]

In der Nacht vom 19. auf den 20. September 1987 gegen 23 Uhr wurde in Staßfurt (Bezirk Magdeburg) der mosambikanische Lehrling Carlos Conceicao (Jg. 1969) getötet. Obwohl es seinem Freund noch gelungen war, die Volkspolizei zu informieren, wurde die Leiche erst am 20. September gegen 11 Uhr im Fluss Bode aufgefunden. Dem vorausgegangen war am 19. September eine Discoveranstaltung im Jugendfreizeitzentrum (JFZ) in der Karl-Marx-Straße, bei der es zwischen zwei Deutschen und zwei Afrikanern zuerst zu verbalen Auseinandersetzungen gekommen war, die dann vor dem Gebäude fortgesetzt

1016 BStU, MfS, HA IX / MF / 15591, Bl. 281ff.

1017 BStU, MfS, BV Halle, AKG, Sachakten Nr. 2369, Bl. 10f.; Feige 1999, S. 76.

wurden. Dabei kam es zu rassistischen Äußerungen, die dann zu tätlichen Auseinandersetzungen zwischen einem Deutschen und Carlos Conceicao führten, die darin mündeten, dass Carlos über ein Brückengeländer, ca. 5 m tief, in die Bode geworfen wurde.[1018] Seine Hilferufe blieben ungehört. Die sofort eingeleitete «Suchaktion» wurde am 20. September gegen 4 Uhr ohne Erfolg abgebrochen.[1019] Der Täter (21 Jahre), ein vorbestrafter Deutscher aus Staßfurt, wurde am 21. September festgenommen und in die Untersuchungshaftanstalt Magdeburg überführt. Er war geschieden, Vater eines Kindes und Mitglied im FDGB.[1020] Gegen ihn wurde ein Ermittlungsverfahren wegen «Vorsätzlicher Körperverletzung» und «Körperverletzung mit Todesfolge» eingeleitet. Die gerichtsmedizinische Untersuchung ergab, dass Conceicao durch Ertrinken gestorben war.[1021] Von der KDfS Staßfurt wurden Meinungen von Deutschen notiert, wie z.B. «Da ist doch nur ein Stück Kohle in die Bode gefallen» oder «Macht euch nach Hause wo ihr hergekommen seid».[1022] Am 24. September 1987 wurde von der KDfS die «Stimmung und Reaktion der Bevölkerung» wegen der Ermordung von Carlos C. beschrieben. Darin wurde «vielfach ausgedrückt», dass die Mosambikaner durch ihr Auftreten «bestimmte Vorkommnisse teilweise heraufbeschwören», und es wurden die angeblichen Bevorzugungen der Schüler der «Schule der Freundschaft» in Bezug auf Bekleidung und Südfrüchte hervorgebracht. Es wurde festgestellt, dass die Ordnungsgruppe des Jugendclubs Carlos C. keine Hilfe leistete. Einige Mosambikaner sollten nach Vergeltung und Rache gerufen haben.[1023] Von einem Gericht in Staßfurt wurde am 11. Januar 1988 der Angeklagte wegen Körperverletzung mit Todesfolge zu einer Freiheitsstrafe von fünf Jahren verurteilt. Der Bericht der KDfS Staßfurt beinhaltete die Einschätzung, dass die «mocambiquischen Jugendlichen von diesem Unglücksfall (sic!) schon Abstand genommen» hätten und dass auch «keine Rachegefühle mehr existierten». Dieser Bericht beinhaltet auch Informationen, «daß unterschiedlichste Personenkreise, so Ausländer, kriminell gefährdete und feindlich-negative Kräfte [...] vor allem Skinheads – Gaststätten, Raststätten, Ausflugslokale, Diskotheken, Clubs und ähnliches nutzen, um sich zu sammeln, Absprachen zu treffen bis hin zur Organisierung von illegalen Zusammenschlüssen».[1024]

Am 20. Oktober 1987 wurde von der KDfS die Lage an der Schule der Freundschaft so eingeschätzt, dass sich dort «die Stimmung unter den mocam-

1018 BStU, MfS, BV Magdeburg, Abt. IX Nr. 1313, Bl. 61f.

1019 BStU, MfS, BV Magdeburg, Leiter der BV Nr. 97, Bl. 2.

1020 BStU, MfS, HA VII Nr. 5476, Bl. 107; BStU, MfS, ZOS Nr. 2196, Bl. 191.

1021 BStU, MfS, ZOS Nr. 2196, Bl. 188–195.

1022 BStU, MfS, BV Magdeburg, KD Staßfurt Nr. 15244, Bl. 114–120; BStU, MfS, HA XX Nr. 6151, Bl. 15; BStU, MfS, HA VII Nr. 2752, Bl. 115.

1023 BStU, MfS, BV Magdeburg, KD Staßfurt Nr. 15302, Bl. 110f.

1024 BStU, MfS, BV Magdeburg, AKG Nr. 17, Bl. 44f.

biquischen Jugendlichen» nach dem «Vorfall vom 19.09.87 wieder beruhigt hat». Die Lehrlinge würden sich «weitgehend ordnungsgemäß und diszipliniert» verhalten und das «Auftreten der Angehörigen» der Schule an Jugendveranstaltungen im Kreisgebiet und in Gaststätten wäre «etwas zurückhaltender» geworden. Der Bericht des MfS wollte jedoch nicht ausschließen, dass einzelne Mosambikaner noch «Rachegefühle» hegten und nur auf eine «günstige Gelegenheit» warteten.[1025]

In Meuselwitz (Bezirk Leipzig) tötete 1988 ein 16-Jähriger einen Homosexuellen «durch mehrere wuchtige Schläge mit einer Holzvase auf den Kopf».[1026]

In Rostock Groß Klein kam es am 20. März 1988 gegen 22:40 Uhr in der HO-Gaststätte «Kombüse» zu gewalttätigen Auseinandersetzungen zwischen sechs Kubanern und mehreren Angehörigen der FDJ-Ordnungsgruppe. Mit dem Hinweis, dass die Veranstaltung kurz vor dem «Abschluß stand», wurde den Kubanern der Eintritt verwehrt, was sie jedoch nicht akzeptierten. Daraufhin kam es zu Rangeleien, bei denen ein Mitglied (20 Jahre) der Ordnungsgruppe von einem Kubaner durch einen Messerstich so schwer verletzt wurde, dass er an den Folgen verstarb. Der Täter war als Hilfselektriker im VEB Seehafen beschäftigt.[1027] Am 24. März 1988 gegen 05:50 Uhr wurden im Zusammenhang mit den gewalttätigen Auseinandersetzungen am 20. März 1988 in Rostock-Lichtenhagen, Hermann-Matern-Straße 18/19, Unterkunft für Kubaner, im Blockdurchgang, auf dem Gehweg und an der Hauswand «Kubaner raus» und «[Name geschwärzt, HW] wurde kaltblütig von Kanacker ermordet. Rostock, 21.3.1988, 21:30 Uhr» geschmiert. Der Schriftzug war etwa 80 bis 90 Zentimeter hoch und 5 Meter bzw. 2 Meter lang. Weiterhin war eine etwa 2 mal 2 Meter große Staatsflagge Kubas gemalt und durchgestrichen worden. Auf dem Bahnsteig des S-Bahn-Haltepunktes Rostock-Lichtenhagen und am Durchgang des Hochhauses in Rostock Groß Klein, Blockmacherring 45/46, wurden in gleicher Art und Größe ähnliche Schmierereien festgestellt. Hinweise auf Täter lagen «bisher nicht vor». Die Schmierereien wurden nach der kriminaltechnischen Sicherung entfernt. Es wurde ein Ermittlungsverfahren wegen «Körperverletzung mit Todesfolge» mit Haft gegen den kubanischen Täter eingeleitet. Egon Krenz, Mitglied des Politbüros und Sekretär des ZK der SED, «wurde vom Minister des Innern und Chef der Deutschen Volkspolizei über den Sachverhalt unterrichtet» und «die örtlichen Presseorgane» informierten «in angemessener Weise» die Bevölkerung.[1028]

In Berlin-Mitte kam es in der Nacht vom 23. zum 24. April 1988 im und vor dem «Pressecafe» zu gewalttätigen Auseinandersetzungen zwischen 7 Deutschen und 3 Ausländern, 2 kosovarischen Jugoslawen (21 und 24 Jahre) und

1025 BStU, MfS, BV Magdeburg, KD Staßfurt Nr. 15302, Bl. 122f.

1026 BStU, MfS, BVfS Leipzig Abt. IX 261/02, Bl. 3.

1027 BStU, MfS – Sekr. Neiber Nr. 209, Bl. 27–34.

1028 BStU, MfS, HA XXII Nr. 5481/2, Bl. 89f.; BStU, MfS – Sekr. Neiber Nr. 209, Bl. 32f.

einem Türken (21 Jahre) aus Berlin (West). Ein Deutscher (19 Jahre) starb und 2 andere Deutsche (18 und 20 Jahre) wurden durch Messerstiche schwer verletzt. Die Andeutungen in den Analysen des MfS lassen den Schluss zu, dass es sich bei den Deutschen um Skinheads gehandelt hat. Gegen einen Ausländer wurde ein Ermittlungsverfahren wegen «Rowdytum» in Tateinheit mit Mord, bei den beiden anderen wegen des Verdachtes der schweren Körperverletzung eingeleitet. Diese Ereignisse führten in Berlin zu «Protest- und Beileidsbekundungen unter Jugendlichen», die zum Teil «eindeutig ausländerfeindlichen Charakter» trugen, so am Vormittag des 26. April, als eine Personenansammlung von der DVP aufgelöst wurde. Auf der Schönhauser Allee griffen in den Morgenstunden des 26. April vor der Nachtbar «Lolott» mehrere Rassisten einen Araber an, wobei gerufen wurde: «Die Schweine haben einen Kumpel von uns umgebracht!». Weitere «Protestkundgebungen» waren für den 28. und 30. April geplant. Am 1. Mai 1988 hielten circa 40 Personen eine «Mahnwache» am «Ereignisort» ab. Die abgelegten Blumen und aufgestellten Kerzen beseitigte die Stadtreinigung. Das von Rassisten ausgegebene Ziel war «Negerklatschen». Die Sicherheitsorgane befürchteten weitere Angriffe von Skinheads bzw. Faschos auf Ausländer aus Rache für den Getöteten.[1029]

In Stollberg (Bezirk Karl-Marx-Stadt) kam es am 19. Juni 1988 im Hotel «Bürgergarten» nach einer Tanzveranstaltung zu gewalttätigen Auseinandersetzungen zwischen circa dreißig Deutschen und circa zwanzig Mosambikanern, bei denen Messer und Schlagwerkzeuge eingesetzt wurden. Ein Deutscher wurde durch zwei Messerstiche tödlich verletzt. «Zwei DDR-Bürger und vier Bürger der VR Mosambik» erlitten Verletzungen und mussten medizinisch behandelt werden. Die Auseinandersetzungen waren durch rassistische Angriffe von Deutschen ausgelöst worden, die bereits «in der Vergangenheit durch rowdyhaftes Verhalten in Erscheinung getreten» waren, «jedoch keiner Gruppierung» angehörten. Seit dem Erscheinen der Mosambikaner im Frühjahr 1988 war es bereits zu «leichteren Auseinandersetzungen» gekommen. Im Juni 1988 war es noch zu drei weiteren «ähnlich gelagerte(n) Vorkommnisse(n)» gekommen. Die «Genossen» der DVP «ersuchten» die Mosambikaner darum, «in nächster Zeit die Gaststätte ‹Bürgergarten› zu meiden», um damit vorbeugend weitere Auseinandersetzungen zu verhindern. Gegen zwei Arbeiter, die als Urheber bzw. «Anstifter» der gewalttätigen Auseinandersetzungen ermittelt worden waren, wurden Ermittlungsverfahren wegen «Rowdytum» mit Haft und «Beleidigung wegen Zugehörigkeit zu einer anderen Rasse oder Nation» eingeleitet. Ebenso

1029 BStU, MfS-HA II Nr. 29725, Bl. 56f. und 63–70; BStU, MfS-HA II Nr. 32380, Bl. 16f., 32f., 57–62 und 69ff; BStU, MfS-HA II Nr. 31779, Bl. 34–43; BStU, MfS, BV Berlin, AKG 4989, Bl. 1f.; BStU, MfS, BV Berlin, AKG 4993, Bl. 3f.; BArch, DO 1/88102, Bl. 97–101; BArch, DO 1/88103, Bl. 316.

wurde ein Ermittlungsverfahren gegen den Messerstecher wegen «Körperverletzung mit Todesfolge» eingeleitet.[1030]

Neonazis in der Volkspolizei

Gewalttätige organisierte Neonazis, die z.B. gegen sowjetische Soldaten und ihre Einrichtungen vorgingen, ziehen sich durch die gesamte Existenz der DDR. Unmittelbar nach 1945 zeigte sich in Schwerin anhand eines Angehörigen der faschistischen Untergrundorganisation der «Werwölfe» deren Übergang hin zu einer organisierten und bewaffneten Untergrundeinheit in der Volkspolizei. Am 14. September 1950 wurde dort durch die Sicherheitsorgane eine neonazistische «Untergrund-Organisation» zerschlagen und 13 Personen inhaftiert. Die Gruppe traf sich seit Februar 1950 unregelmäßig alle 14 Tage auf dem Kommando Kietz der Volkspolizei im Zimmer 4. Bei diesen Zusammenkünften begrüßten sie sich mit «Heil Hitler» oder sie hetzten gegen die Sowjetunion, wie z.B. mit den Worten «Die Russen müsste man einzeln totschlagen», «Die Russen wohnen in Erdhütten» und «Die Russen haben keine Kultur». Bei 3 Mitgliedern wurden privat 2 Pistolen mit Magazin und 2 Karabiner gefunden. Der Anführer der Gruppe gab bei seiner Vernehmung in Eldena am 7. September 1950 an, dass man gegen die Sowjetunion und gegen die DDR kämpfen wollte. Dazu hatte er einen Fluchtplan ausgearbeitet und die Desertion vorbereitet. Ein anderes Mitglied der Gruppe gab bei der Vernehmung an, bis 1945 Angehöriger der «Werwolf-Organisation» gewesen zu sein. Damals habe er ein Waffenlager «zwecks Fortsetzung seines unterbrochenen Kampfes gegen die Sowjetunion» angelegt. Das Lager befand sich an einer Waldstückecke in Winkmoor, circa drei Kilometer von Grabow entfernt. Dort lagerten vier Pistolen 7,65 mm, eine Pistole (Radom) 9 mm und eine Pistole (08) 9 mm mit Munition.[1031]

Im Wachbataillon der Bezirksdirektion der Volkspolizei (LBdVP) Mecklenburg hatten sich am 10. August 1951 Volkspolizisten mit «starken antisowjetischen Tendenzen» geäußert. Ein Volkspolizist hatte zwei Angehörige der Roten Armee mit der Pistole bedroht und sich damit gebrüstet, er hätte sie abschießen können. Im Polit-Unterricht gab es ebenfalls antisowjetische Äußerungen. Zwei neonazistische Volkspolizisten wurden mit sieben Tagen Arrest disziplinarisch bestraft. Es sollte später entschieden werden, welche weiteren Maßnahmen durchzuführen wären.[1032]

1030 BStU, MfS, HA II Nr. 27433, Bl. 2. Der Titel dieser Information der HA XVIII lautet: «Information zur Konzentration von Vorkommnissen unter Beteiligung mocambiquanischer Werktätiger in der DDR»; BStU, MfS, HA VII Nr. 2752, Bl. 41; BStU, MfS, HA XX Nr. 6071, Teil 1 von 2, Bl. 128–133.

1031 BStU, MfS, BV Schwerin, Ref. /XII/Archiv, Ermittlungsverfahren, VD! Nr. 158/50, Bl. 3–21.

1032 BStU, MfS, BV Schwerin, Abt. XII/Archiv, Allg. P. 656/54, Bl. 1f.

In den 17., 18. und 19. Bereitschaft der Berliner Volkspolizei in Basdorf gab es eine Häufung von «Vorkommnissen», wobei dienstliche Leiter den Erscheinungen mit «Schönfärberei» und durch «Vertuschen» der «ideologischen Diversion des Gegners Vorschub» leisteten, was bis zu «Aufweichungs- und Zersetzungserscheinungen» führte.[1033]

Dort gab es 1974 in einer Volkspolizei-Bereitschaft eine Gruppe, die sich als «SS-Einheit» verstand. Sie konnte erst nach Monaten von der Staatsanwaltschaft enttarnt werden.[1034]

In Stralsund (Bezirk Rostock) kam es am 21. Dezember 1982 in der HOG «Ratskeller» zu gewalttätigen Auseinandersetzungen zwischen Bereitschaftspolizisten der DVP-Bereitschaft Stralsund und ausländischen Militärkadern aus Libyen. Die Libyer waren Offiziersschüler der Offiziershochschule der Volksmarine «Karl Liebknecht», Sektion Ausländische Militärkader. Sie waren mit rassistischen Äußerungen angegriffen worden wie «Haut ab, ihr Kanaker». Zwei Volkspolizisten und zwei Libyer wurden verletzt und mussten im Bezirkskrankenhaus «Am Sund» ambulant behandelt werden. Die Auseinandersetzungen wurden von unbeteiligten Deutschen und Libyern «geschlichtet». Der «Abschlußbericht» zu diesen Auseinandersetzungen wurde von einem Fregatten- und einem Korvettenkapitän verfasst. Darin wurde unter «5. Ursachen und begünstigende Bedingungen» lapidar festgestellt, dass das «Vorkommnis durch die libyschen Militärkader schuldhaft verursacht» worden war. Ein als «Hauptschuldiger» bestimmter Libyer «fühlte sich angegriffen und in der Ehre verletzt», so der Bericht weiter, und weil er zweimal Deutsche «provoziert» hatte, wäre es zu den «Körperverletzungen» gekommen. Die anderen Offiziersschüler aus Libyen wollten ihm dabei «zur Hilfe eilen». Die Unterlagen sollten dem Militärstaatsanwalt «zur Prüfung der strafrechtlichen Verantwortlichkeit» übergeben werden.[1035]

In Barby, Kreis Schönebeck (Bezirk Magdeburg) wurden am 17. April 1986 neonazistische Losungen, wie z.B. SS-Runen oder «Heil Hitler», an sechs verschiedenen Stellen geschmiert. Als Täter wurde ein Oberwachtmeister (20 Jahre) der Deutschen Volkspolizei in Schönebeck ermittelt. Als Motiv gab er an, er wollte feststellen, wie die DVP auf solche Losungen reagierte.[1036]

Ein Offiziersschüler der DVP-Offiziershochschule des MdI bezeichnete sich 1987 selbst als Neonazi, zeigte mehrfach den Hitlergruß, verherrlichte den Faschismus, sammelte faschistische Literatur und Ausrüstungsgegenstände.

1033 Information aus dem Monatsbericht des Genossen K. Naumann, SED BL Berlin, an die Mitglieder und Kandidaten des Politbüros, Februar 1972, SAPMO-BArch, DY 30/2285, S. 6f., S. 24, S. 31.

1034 Madloch 2000, S. 70; Siegler 1991, S. 79.

1035 BStU, MfS, HA I Nr. 13580, Bl. 23ff.

1036 BStU, MfS, HA IX 1036, Bl. 68.

Er war mutmaßlich privat im Besitz einer Pistole. Deswegen sollte er von der Hochschule exmatrikuliert werden.[1037]

In Neustrelitz (Bezirk Neubrandenburg) wurde 1987 in der «Ernst-Thälmann-Schule» der Volkspolizei ein Oberwachtmeister von Kameraden (Mitschüler) mit «faschistischem Vokabular» angegriffen und beleidigt, weil sein Familienname polnisch klang und sein Vater Jude war. Er wurde nachts aus dem Bett gerissen und ihm wurde angedroht, dass er nach «Auschwitz» käme und er wurde «Scheinhinrichtungen» unterzogen. Obwohl Vorgesetzte darüber informiert waren, unternahmen sie zunächst nichts. Der Stellvertretende Innenminister der DDR, Generalleutnant Lothar Amendt, untersuchte diesen Fall später persönlich.[1038]

Die Abteilung VII der BVfS Halle analysierte die von 1985 bis Mai 1987 «bekannt gewordenen Vorkommnisse und Erscheinungen mit faschistischem Charakter». Danach wurde 1986 gegen einen in Pegau wohnenden Oberleutnant der DVP, er arbeitete als Diplom-Mediziner in der DVP-Bereitschaft, «wegen Verherrlichung und Verbreitung faschistischen und revanchistischen Gedankenguts» die Operative Personenkontrolle «Doktor» eingeleitet. Der Mediziner war an der Militärmedizinischen Sektion der Universität Greifswald und auch später bei Treffen ehemaliger Kommilitonen bekannt geworden durch Verherrlichung des Nationalsozialismus und seiner Führer, wobei gemeinsam Hitlers Geburtstag begangen, auf den «Führer» angestoßen und der Hitlergruß gezeigt wurde. «In Abstimmung mit der Abteilung IX der BV Halle wurde von der Einleitung eines Ermittlungsverfahrens Abstand genommen» und der BDVP wurde ein «neutralisierter Bericht» übergeben. Als Ergebnis der Operativen Personenkontrolle wurde nur ein Disziplinarverfahren eröffnet und der Diplom-Mediziner wurde ohne Ehrenurkunde fristlos aus der Volkspolizei entlassen, vom Oberleutnant zum Anwärter degradiert und aus der SED ausgeschlossen.[1039]

Im Dezember 1988 wurde in Querfurt (Bezirk Halle) ein Unteroffizier (20 Jahre) der Grenztruppen wegen Rowdytums in einem Zugabteil durch Transportpolizisten zugeführt. Währenddessen verherrlichte er die faschistische Wehrmacht, die Bundeswehr und die NATO. Er diffamierte Kommunisten und die Gegner Hitlers, indem er sie als «Schweine» bezeichnete. Es wurde eine Anzeige wegen «Rowdytum» aufgenommen und die Weiterbearbeitung an die Militärstaatsanwaltschaft übergeben.[1040]

Die Hauptabteilung VII / AKG fertigte Anfang Mai 1989 einen zusammenfassenden Bericht über neofaschistische Angehörige in der DVP und dort wurde festgestellt, dass es in der 3., 18. und 20. DVP-Bereitschaft, in der Nachrichtenbereitschaft des MdI, an der Offiziershochschule für Bereitschaften, an

1037 BStU, MfS, JHS 21161, Bl. 73.

1038 BStU, MfS, HA VII, Nr. 3053, Bl. 72ff.

1039 BStU, MfS, BV Halle AKG, Sachakten Nr. 1239, Bl. 159.

1040 BStU, MfS, BV Halle, Abt. XX, Sachakten Nr. 108, Bl. 72f.

der Transportpolizeischule Halle, in der Dienststelle Blumberg und in den VP-Kreisämter Hoyerswerda und Weimar zu neonazistischen Ereignissen gekommen war.

Ein Unteroffizier auf Zeit (UaZ) der 18. DVP-Bereitschaft/Aufklärungszug (VPB) in Basdorf (Bezirk Frankfurt/O.) propagierte seit geraumer Zeit «neofaschistische Ideologie» und äußerte sich antisemitisch und rassistisch. Er verglich die Skinheads mit der «Sturmabteilung» (SA) der Nazis, denen es im «letztendlichen» Sinne darum ginge, den sozialistischen Staat zu liquidieren, um «damit der eigenen Machtübernahme dienlich» zu sein. Im April 1989 leitete die BVfS Berlin, Abt. VII gegen ihn den Operativen Vorgang «Täuscher» ein. Der UaZ hatte anscheinend Einfluss auf neonazistische Gruppierungen in der 18. DVPB und einer seiner Kumpane bei der DVP und den Skinheads war «Sohn eines MfS-Mitarbeiters», der über «konspirierende Kontakte zu Westberliner Skinheads» verfügte.[1041]

Ein Lagerverwalter für eine Kfz-Werkstatt der Nachrichtenbereitschaft des MdI hatte seit 1987, unter konspirativen Bedingungen wie falschem Personalausweis und Postschließfach, Kontakte zur BRD und bezog dadurch «u. a. neben verschiedenen Zeitschriften auch einzelne Hetzartikel nazistischen/ militaristischen Inhalts», die von ihm vervielfältigt und weitergereicht wurden. Er plante bei einer Mitgliederversammlung im März 1989 einen demonstrativen Austritt aus der SED.[1042] Die Operative Personenkontrolle «Schwefel», die die HA VII/Abteilung 1 eingeleitet hatte, konnte im März 1989 abgeschlossen werden, nachdem der Lagerverwalter «im Dienstgrad» degradiert, aus der DVP entlassen und sein Ausschluss aus der SED abgeschlossen war.[1043]

Seit Ende 1988 sympathisierte «ein stellv. Zugführer (CDU-Mitglied) der 3. DVP-Bereitschaft Potsdam/2. Kompanie mit neofaschistischen Auffassungen». Das MfS vermutete, dass er durch politisch-ideologische Diversion (PiD) dazu gebracht worden war. Zusammen mit zwei weiteren Volkspolizisten seiner Bereitschaft wurde eine «Feierstunde zum 100. Geburtstag Hitlers» angestrebt. Diese offiziellen Informationen wurden durch eine vom Chef der BDVP eingesetzten Untersuchungskommission «vollinhaltlich» bestätigt und nach einer Unterredung mit dem zuständigen Militärstaatsanwalt wurde von «strafrechtlichen Sanktionen abgesehen». Zwei Berufsunteroffiziere (BU) wurden aus «disziplinarischen Gründen entlassen» und ein Berufsunteroffizier wurde im Dienstgrad herabgesetzt und einem Parteiverfahren unterzogen.[1044]

Dass neonazistische Straftaten ohne strafrechtliche Konsequenzen blieben, war in vielen Fällen üblich und gehört mit zu den Ursachen, weshalb sich diese inhumanen und aggressiven Einstellungen weiterverbreiten konnten. Die Mo-

1041 BStU, MfS, HA VII 2531, Bl. 27–31.
1042 BStU, MfS, HA VII 2531, Bl. 28.
1043 BStU, MfS, HA VII 2531, Bl. 28.
1044 BStU, MfS, HA VII 2531, Bl. 28f.

tivation der Führungen sowohl der BDVP als auch der BVfS Potsdam war klar, weil strafrechtliche Verfahren in sich die Gefahr trugen, dass publikumswirksam Informationen darüber verbreitet wurden. Also beschränkte man sich auf Reaktionen auf der Disziplinarebene.

An der Offiziershochschule «Artur Becker» in Dresden wurden im Februar 1989 durch die Abteilung IX der BV Dresden «zu einem Offz.-Schüler Verdachtsprüfungshandlungen zum Nachweis einer Straftat gemäß § 220 StGB eingeleitet». Er trat seit seinem Eintritt in die Schule «mit staatsverleumderischen Äußerungen in Erscheinung, die sich in letzter Zeit insbesondere gegen MfS-Studenten richten und zum Teil faschistische Wendungen» enthalten. Nach seinen eigenen Angaben war er in seinem Heimatort Mitglied einer «negativen jugendlichen Gruppierung».[1045]

Bei der Dienststelle Blumberg des MdI handelte es sich um eine geheime Einheit, die nordöstlich von Berlin angesiedelt war. Dort, so ein Bericht der HA VII, Abteilung 1 vom 2. März 1989, gab es zwei Wehrpflichtige, die einem anderen Soldaten mit körperlicher Gewalt drohten, falls er sein Verhalten nicht an ihre Vorstellungen anpasste. Die beiden Soldaten «verbreiteten zum Teil faschistisches Gedankengut, indem sie den Faschismus und die US-Armee im Krieg gegen Vietnam verherrlichten». Sie verglichen die Dienststelle Blumberg «hinsichtlich der Dienstbelastung und der Verpflegung mit einem KZ» und sie verfassten ein Gedicht mit ausländerfeindlichem, die Versorgungslage in der DDR kritisierendem Charakter und stellten darin einen Bezug zu der Filmfigur «Rambo» her. Die Offiziere des MfS werteten die Untersuchungsergebnisse aus und zogen Schlussfolgerungen für die Verbesserung der politisch-ideologischen Erziehungsarbeit. Auch hier erfolgten keinerlei strafrechtliche Maßnahmen, die bei anderen Fällen mit niedrigerer Relevanz sonst angebracht erschienen.[1046]

Ein Angehöriger des Zentralen Betriebsschutzkommandos (ZBSK) der DVP in Weimar war bereits vor seiner Zeit als Volkspolizist ein Skinhead und blieb es auch danach. Die Abteilungen 7 und 1 der BV Erfurt sollten schnell und gründlich diese Angelegenheit klären.[1047]

Gegen einen Oberwachtmeister der VP, er war Berufsunterführer in der 18. VP-Bereitschaft in Wandlitz-Basdorf, wurde im Mai/Juni 1989 eine OPK «Heavy» eingeleitet, weil er vor seiner Einberufung einer «negativen, zu Gewalttätigkeiten neigenden jugendlichen Gruppierung» angehörte. Es gab Hinweise darauf, dass er «sympathisierende Haltungen gegenüber Neofaschismus» einnahm, dass er ihm Unterstellte schikanierte und eine negative politische Grundeinstellung besaß, die ihn zu einem «Unsicherheitsfaktor» machten. Die Zielstellung

1045 BStU, MfS, HA VII 2531, Bl. 30.
1046 BStU, MfS, HA VII 2531, Bl. 30.
1047 BStU, MfS, HA VII 2531, Bl. 30f.

beinhaltete eine «Verhinderung feindlich-negativer Handlungen» und die Prüfung strafrechtlicher Verantwortlichkeit.[1048]

Gegen einen Oberwachtmeister der VP, er war Unterführer auf Zeit in der 18. VP Bereitschaft in Wandlitz-Basdorf, wurde im Mai/Juni 1989 eine OPK «Post» eingeleitet, weil er sich antisemitisch äußerte, negative politische Grundeinstellungen vertrat und Unterstellte schikanierte. Die Zielstellung beinhaltete die Verhinderung feindlich-negativer Handlungen und die Prüfung strafrechtlicher Verantwortlichkeit.

Neonazis in bewaffneten Organen (NVA, Grenztruppen, MfS)

Hier dominierten entweder leere Propagandaworthülsen oder es wurden Tabuisierungen vorgenommen. Bei der Vorführung des sowjetischen Kriegsfilms «Blockade» in den Kinos der NVA musste registriert werden, dass bei der Darstellung von Nazis Beifall geklatscht wurde und beim Auftritt von sowjetischen Offizieren abfällige Bemerkungen zu hören waren. Die Führung der NVA wollte der neonazistischen Entwicklung entgegentreten, auch weil festgestellt worden war, dass manche militärische Vorgesetze und einige Parteileitungen neonazistische Erscheinungen bagatellisierten, sie als «dumme Jungenstreiche» ansahen. Armeegeneral H. Hoffmann, Minister des MfNV, befürchtete aus drei Gründen eine daraus entstehende Gefährdung: 1. Zunahme antisowjetischer und anti-kommunistischer Einstellungen, 2. die «zunehmende Faschisierung in der Bundesrepublik», die in der «ideologischen Diversion und der subversiven Tätigkeit des Feindes» Einfluss haben könnte und 3. sah der Minister die Gefahr unkalkulierbarer Wirkungen, wenn die neonazistischen Vorkommnisse in der NVA bekannt werden würden, gerade «wo wir uns offensiv mit der Propagierung des Faschismus, insbesondere in der BRD, auseinandersetzen». Insofern lässt sich nun feststellen, dass bereits Ende der 1970er Jahre die neonazistische und rassistische Bewegung in der DDR zu einer ernsten Bedrohung für die antifaschistische bzw. kommunistische Legitimation geworden war.[1049]

Im Bezirk Rostock wurde 1960 ein ehemaliger Grenzpolizist und Metallarbeiter (23 Jahre) wegen Verherrlichung des Nationalsozialismus zu drei Monaten Freiheitsstrafe verurteilt. Das Gericht setzte die Freiheitsstrafe zur Bewährung aus.[1050]

In Wismar haben am 29. September 1964 ein deutscher Arbeiter (21 Jahre) und ein Unteroffizier der NVA (22 Jahre) nach einem Besuch im Clubhaus

1048 BStU, MfS, BV Berlin, Abt. XX Nr. 7157, Bl. 123; BStU, MfS, HA XX Nr.478, Teil 2 von 2, Bl. 144.

1049 Wenzke (2005), S. 307f.

1050 Die Welt, 14.1.1960.

der Mathias-Thesen-Werft afrikanische Studenten der Ingenieurschule Wismar gewalttätig angegriffen und verletzt. Insgesamt war der rassistische Mob auf 15 Personen angewachsen und die Afrikaner wurden beschimpft als «Nigger», «Niggerschweine», «schwarze Hunde», «dreckige Neger», «ihr habt in Deutschland nichts zu suchen» und sie sich «erst einmal waschen sollten, bevor sie mit deutschen Mädchen tanzen». Die Frauen wurden als «Straßenmädchen» diskriminiert. Die Täter wurden vor dem Militärobergericht Neubrandenburg angeklagt. Der eine wurde wegen «Staatsgefährdender Propaganda und Hetze in Tateinheit mit gemeinschaftlicher gefährlicher Körperverletzung» zu einer Gefängnisstrafe von zwei Jahren, der zweite Angeklagte wegen gemeinschaftlicher gefährlicher Körperverletzung zu einer Gefängnisstrafe von einem Jahr verurteilt . Bei beiden Tätern wurde die Untersuchungshaft auf die Strafe angerechnet.[1051]

Die Luftschutzeinheit Wolfgangsmaßen teilte am 26. Januar 1961 von Amts wegen dem Volkspolizeikreisamt Aue mit, «daß innerhalb der Einheit faschistische Abzeichen der verschiedensten Art gefunden worden» waren. Dabei handelte es sich um acht faschistische Abzeichen, die im Haus 2 der 4. Kompanie Luftschutzeinheit ausgelegt worden waren. Es waren Abzeichen von Waffengattungen der faschistischen Wehrmacht, Abzeichen faschistischer Organisationen und «Hetzabzeichen gegen die SU», die alle mit Hakenkreuzen versehen worden waren. Der Maßnahmeplan der Abteilung VII/1 sah dann eine Überprüfung mehrerer Personen vor, um aus dem Wohngebiet, von Eltern und anderen Verwandten Erkenntnisse zu ermitteln, woher die faschistischen Abzeichen stammten. Außerdem sollte mit Hilfe des Geheimen Informanten «Fritz Meier» eine Einschätzung vorgenommen werden und jeweils aus einer Stube wurde eine zuverlässige Person ausgesucht, die als Kontaktperson verpflichtet werden sollte. Ein Verdächtiger wurde für drei Monate in die «Postkontrolle» genommen, d. h. seine Post wurde konspirativ gesichtet. Die Offiziere des MfS kamen zu der Einsicht, dass ein Verdächtiger «durch Schaffung von Unruhe und Hetze» dazu beigetragen hatte, die «Erhöhung der Einsatzbereitschaft in unseren bewaffneten Organen zu gefährden und feindliche Ideologien hineinzutragen». Am 19. September 1961 wurde er vom MfS inhaftiert und «zu 2 ½ Jahren Zuchthaus verurteilt».[1052]

Untersuchungen des MfS stellten 1966 fest, dass mehrere Unteroffiziersschüler an der Offiziersschule «Karl Liebknecht» der Volksmarine Mitglieder der SED als «Russenknechte» oder als «Parteischweine» beschimpften. Als der Kommandeur der Schule davon erfuhr, veränderte er die Mitteilung an die Lei-

1051 BStU, MfS, BV Rostock, AU 3862/63, GA Band 3, Bl. 4ff.; BStU, MfS, BV Rostock, AU 3862/63, HA Band 2, Bl. 5–14; BStU, MfS, BV Rostock, AU 3862/63, GA/Ast Band 4, Bl. 97–106; BStU, MfS, BV Rostock, AU 3862/63, HA Band 1, Bl. 6–16.

1052 BStU, MfS, BV Karl-Marx-Stadt, 2839/62, Vorlaufakte Nr. Karl-Marx-Stadt 2332/61, Bl. 7f., Bl. 24, Bl. 34f., Bl. 103ff.

tung des Kommandos der Volksmarine in der Weise, dass er die Fakten über die «staatsfeindliche Propaganda und Hetze» strich und diese «Vorkommnisse» insgesamt bagatellisierte.[1053]

In Neubrandenburg wurde 1966 vor einem Militärobergericht ein Unteroffizier wegen «Staatsverleumdung» zu einem 1 Jahr und 3 Monaten Freiheitsentzug verurteilt. Er hatte die Meinung vertreten, dass die Staatsführung «unfähig sei und vergast» gehörte, und er verteidigte das Vorgehen von Adolf Hitler gegen «Kommunisten und Juden».[1054] Ebenfalls in Neubrandenburg wurden 1967 vor einem Militärobergericht drei Soldaten der NVA wegen «fortgesetzter staatsgefährdender Propaganda und Hetze sowie Staatsverleumdung» verurteilt. In einem fiktiven Interview hatten sie den Staatsratsvorsitzenden Ulbricht als «Großen Deutschen Führer» angesprochen und die Zuhörer bezeichneten sie als «Deutsche Volksgenossen». Der Soldat, dem das Tonband gehörte, auf dem sie ihre Fiktion festhielten, wurde zu einer Freiheitsstrafe von 2 Jahren und 6 Monaten und seine beiden Kameraden zu einer Bewährungsstrafe verurteilt.[1055]

Die Hauptabteilung I/Volksmarine-4 in Rostock legte am 6. Juli 1967 ihren Abschlussbericht zum Operativen Vorgang «Sänger» vor, in dem beschrieben wird, dass sich Unteroffiziere im Stab des II. Grenzbataillons in ihrer täglichen Praxis «mit faschistischen SS-Offiziersdienstgraden» betitelten, so dass die Mannschaften, mit denen sie in einem Gebäude untergebracht waren, davon «Kenntnis nahmen». Diese Informationen kamen von einem IM und einer Kontaktperson. Als Initiator dieser Entwicklung machte das MfS einen Maat aus, der seit Anfang November 1965 bei der NVA war und als Funktionsunteroffizier für Waffen dem Wachzug des Stabes des II. Grenzbataillons angehörte. Von November 1966 bis zum März 1977 soll er «fast ständig Staatsverleumdung und Hetze betrieben» haben, d. h. er bezeichnete die Mitglieder der Regierung und die NVA als «Kommunistenschweine», die Partei und die gesellschaftlichen Organisationen als «Arbeiteranscheißvereine» und die Arbeiterklasse war nach seiner Ansicht «dumm». Er bezog sich auf Reden von Hitler und behauptete, die «Judenfrage» sei noch nicht gelöst und Hitler «hätte viel mehr Juden vergasen müssen». Des Weiteren erklärte er öffentlich, dass das deutsche Volk sich «seiner nordischen Rasse bewußt» werden müsste und es bräuchte eine neue «Führerschicht». Er zeigte den Hitlergruß und sang «faschistische Lieder» wie «Heute gehört uns ...» und «Die Fahne hoch ...» usw. Fast täglich hörte der Maat den Sender London und Radio Luxemburg und er versuchte, Kameraden «von der Richtigkeit der politischen Nachrichtensendungen zu überzeugen». Am 7. Januar 1967 gegen 1 Uhr kam er «angetrunken von Land und sang in der Unterkunft mit großer Lautstärke faschistische Lieder und führte hetzerische Reden».

1053 Neubert/Eisenfeld 2001, S. 260f.

1054 Ebenda, S. 193f.

1055 Diedrich, S. 192f.

Andere Unteroffiziere schritten ein und beendeten seine Äußerungen. Am 20. März 1967 wurde er auf Veranlassung des Militärstaatsanwaltes festgenommen und in Untersuchungshaft eingewiesen. Am 21. Juni 1967 wurde vor dem Militärobergericht Neubrandenburg gegen den Maat verhandelt. Er wurde zu einem Jahr und sechs Monaten Freiheitsstrafe verurteilt.[1056]

Im Februar 1969 gab es in einer Pionier-Kompanie des MfS-Wachregiments «Feliks Dzierzynski» einen «Hitler-Fan-Club» (HFC), dem vier Stabsgefreite und ein Gefreiter, unter ihnen waren vier Mitglieder der SED, angehörten. Sie gaben sich Dienstgradbezeichnungen der SS, wie z. B. «Obergruppenführer», «Sturmbannführer», «Chef der SS» oder «Beauftragter für Rassenfragen». Sie verherrlichten die Wehrmacht, Hitler, Goebbels und Göring, sangen Nazi-Lieder und schmierten Hakenkreuze. Untersuchungen ergaben, dass hier angeblich nicht von einer «staatsfeindlichen Zielstellung» ausgegangen werden konnte, sondern dass sie sich nur von einer «falsche(n) Einstellung zur Bewältigung von Konflikten gegenüber Unzulänglichkeiten im Kompaniebereich» bestimmen ließen. So fielen die Strafen gering aus, denn die Gefreiten wurden zu Soldaten degradiert und vorzeitig aus dem Wachregiment entlassen. Gegen vier SED-Mitglieder wurden Parteistrafen, wie z. B. ein Ausschluss, zwei Streichungen und eine Rüge beschlossen.[1057]

Im Bezirk Suhl agitierte 1969/70 ein Unteroffizier der Grenztruppen Soldaten für die Akzeptanz des Nazismus. Er bekannte sich zu Hitler: «Ich kenne nur Deutsche und die bezeichne ich als Herrenmenschen.» Er trat dafür ein, dass «die Neger, die Vietnamesen, die Juden ausgerottet werden». Er wurde zum Soldaten degradiert und zu einer Freiheitsstrafe von zwei Jahren und neun Monaten verurteilt.[1058]

In Potsdam wurden 1970 ein «fleißiger und gewissenhafter» Unterfeldwebel der NVA und der Leiter des «Jugendklubs 23» wegen «staatsfeindlicher Hetze» zu Gefängnisstrafen von drei bzw. zwei Jahren und acht Monaten verurteilt. Sie hatten zwischen 1965 und 1970 etwa einhundert Gesprächsrunden organisiert, bei denen über vermeintliche «Vorzüge» des Nazi-Faschismus gesprochen wurde. Beteiligt waren jeweils sechs bis acht Clubmitglieder, darunter befanden sich auch drei aktive und zwei ehemalige Soldaten. Als im April 1970 eine Feier zum Hitlers Geburtstag angekündigt wurde, kam die Existenz dieser Gruppe ans Licht.[1059]

Im 1. Zug der 10. Motorisierten Schützenkompanie (10. MSK) des Wachregiments «Feliks Dzierzynski» des MfS hatten sich 1974/75 drei Unteroffiziere und ein Stabsgefreiter zu einer neonazistischen Gruppe zusammengeschlossen, die am 20. April 1974 «auf ihrer Unterkunft» den Geburtstag von Hitler feier-

1056 BStU, MfS, HA I, Teil 1 von 2 Teilen, Nr. 5935, Bl. 1ff., Bl. 57f..

1057 Diedrich 2006, S. 257f.

1058 Neubert/Eisenfeld 2001, S. 251.

1059 Eisenfeld März 2006, S. 3f.

ten, indem sie den Hitlergruß zeigten und «Heil Hitler» riefen. Sie «provozierten und verhöhnten» mehrfach Mitglieder der SED, die zur 2. Gruppe des 1. Zuges gehörten. Die waren anscheinend so eingeschüchtert, «daß sie weder etwas an die Vorgesetzten oder die Parteileitung meldeten bzw. sich überhaupt auflehnten». Durch Berichte von Inoffiziellen Mitarbeitern erfuhr das MfS erst im Dezember 1974 davon. Durch eine Absprache der Unterabteilung WR/MfS der HA I / MBW mit der HA IX/5 kamen die Offiziere des MfS zur Einschätzung, «dass die festgestellten Handlungen der angefallenen WR-Angehörigen weder objektiv noch subjektiv die gestellten Anforderungen an die genannten Tatbestandsmerkmale erfüllen. Eine Gruppenbildung sowie staatsfeindliche Zielstellungen, Motive und Handlungen» lägen nicht vor.

Die weitere Bearbeitung sollte dann zusammen mit der «Politabteilung des WR/MfS» in offensiver Form vorgenommen werden. Ein Ergebnis war die Feststellung, dass es in dieser besagten Einheit (10. MSK), wie überhaupt im WR/MfS, keine «politisch-ideologischen Bedingungen für die negative Verhaltensweise der genannten WR-Angehörigen» gab. Für die Fehlentwicklung der vier Soldaten wurden «jedoch erhebliche Mängel in der politisch-militärischen sowie parteierzieherischen Arbeit innerhalb der Einheit» verantwortlich gemacht. Bei einer Dienstversammlung am 5. März 1975 in der 10. MSK verkündete der Kommandeur des 2. Kommandos, Oberst Mieder, dass einer der Unteroffiziere zum Stabsgefreiten «herabgesetzt» und sofort «aus disziplinarischen Gründen aus dem WR/MfS entlassen» wurde. Ein weiterer Unteroffizier wurde «nur» zum Stabsgefreiten «herabgesetzt» und den zwei weiteren Unteroffizieren wurde jeweils «das Bestenabzeichen aberkannt». Dic im WR/MfS verbliebenen drei Angehörigen «wurden aus dem Sicherungsbereich I abversetzt», sollten aber «inoffiziell unter Kontrolle» gehalten werden.[1060]

In Brandenburg existierte 1975 im Technischen Dienst der 1. Staffel des Hubschraubergeschwaders 34 der Luftstreitkräfte/Luftverteidigung (LSK/LV) eine Gruppe von sechs Unteroffizieren, die sich als «Parteizelle» der ehemaligen NSDAP verstanden, «Sieg Heil» riefen, den Hitlergruß zeigten und am 20. April den Geburtstag von Hitler feierten. Juden, Afrikaner, Sorben und Kommunisten waren für sie Angehörige von «minderwertigen Rassen». Wer sich gegen sie stellte, wurde bedroht. Ein «Rädelsführer» wurde wegen «staatsfeindlicher Hetze» zu zweieinhalb Jahren Freiheitsentzug verurteilt. Drei weitere Unteroffiziere wurden wegen «Staatsverleumdung» zu Freiheitsstrafen zwischen einem Jahr und sechs Monaten bzw. zu acht Monaten auf Bewährung verurteilt. Bei zwei weiteren Neonazis wurden die Verfahren wegen Geringfügigkeit eingestellt.[1061]

Im Militärbezirk Neubrandenburg gründete ein Maat der Volksmarine im Januar 1975 eine «Partei», die die deutsch-sowjetische Freundschaft ablehnte.

1060 BStU, MfS, HA I Nr. 11960, Bl. 2f.; BStU, MfS, BF1/B. Eisenfeld, 22.2.2001.

1061 BStU, MfS, BF1/B Eisenfeld, 22.2.2001; Neubert/Eisenfeld 2001, S. 254f.

Es wurden «Braune Abende» organisiert, bei denen die Politik Hitlers glorifiziert wurde. Das Militärobergericht Neubrandenburg verurteilte den Maat zu zwei Jahren und sechs Monaten Freiheitsentzug wegen «staatsfeindlicher Hetze» nach §§ 106 (1) und 108 StGB. Ein weiterer Soldat wurde zu einem Freiheitsentzug auf Bewährung verurteilt. Drei andere Soldaten, sie hatten als Zeugen ausgesagt, kamen mit Disziplinarstrafen davon.[1062]

Ein Feldwebel der NVA, er verstand sich als «alter Preuße», blickte 1975 voller Stolz auf seine «judenfreie Ahnentafel». Nach der Deutschen Propaganda aus dem I. Weltkrieg: «Jeder Tritt ein Brit, jeder Stoß ein Franzos und jeder Schuß ein Ruß» hatte er den Text umgedichtet und vertrat die Ansicht, dass er nicht gegen die Briten und Franzosen angehen würde, aber er würde auf die Russen schießen.[1063]

Ab Ende der 1970er Jahre waren in der NVA und in den Grenztruppen zunehmend neonazistische Einstellungen und Handlungen zu verzeichnen, so dass sich sogar das Kollegium des «Ministeriums für Nationale Sicherheit» (MfNS) damit beschäftigen musste. Anfang 1978 wies der Minister für Nationale Verteidigung (MfNV) darauf hin, dass von jüngeren Offizieren sowie von Unteroffizieren und Offiziersschülern vermehrt der Faschismus verherrlicht wurde und «antisowjetische, antisemitische und revanchistische Äußerungen» zugenommen hatten. Es wurden Hakenkreuze geschmiert, der Hitlergruß gezeigt oder Parolen wie z. B. «Sieg Heil» und «Hitler lebt» geäußert.[1064]

Solange die NVA eine «Freiwilligenarmee» war, kamen neonazistische und rassistische Erscheinungen im Grunde genommen nur vereinzelt vor. Mit der Einführung der Wehrpflicht ab 1962 fand sich in der Armee ein repräsentativer Durchschnitt des männlichen Teils der Gesellschaft wieder.[1065]

An der Offiziershochschule der Landstreitkräfte (LaSK) in Löbau gab es im März 1976 einen Offiziersschüler, der sich im 1. Lehrjahr der Sektion Mot-Schützen-Kommandeure befand. Er äußerte sich u. a. so: «Getto-Schwein», «Juden», «Ich werde noch zum Hitler» und «Lange Juden brennen besser». In seiner Unterkunft hörte er «Radio Luxemburg» und zu Hause hörte und sah er Westradio und Westfernsehen und er verbreitete diese Sendungen unter seinen Kameraden. Der Kommandeur löste ihn aus der Kompanie heraus und setzte ihn in der Sektion Innendienst ein. Zur operativen Kontrolle und der Prüfung seiner Handlungen wegen «Staatsverleumdung» wurde ein Operativplan eingeleitet, auch um festzustellen, ob er «Verbindungen zu negativen Kreisen» hatte.[1066]

Durch einen Gesellschaftlichen Mitarbeiter für Sicherheit (GMS) der HA I/Militärbauwesen (MBW) wurde im Oktober 1977 bekannt, dass im 3. Zug der

1062 Wenzke 2005, S. 306; Neubert/Eisenfeld 2001, S. 256.

1063 Eisenfeld, in: Neubert/Eisenfeld (Hg.), S. 249.

1064 Wenzke 2005, S. 304f.

1065 Diedrich, S. 193.

1066 BStU, MfS, HA I Nr. 3, Bl. 1f.

6. Motorisierten Schützenkompanie (MSK) des Wachregimentes «F.E. Dzierzynski» der Faschismus und Militarismus verherrlicht wurde. Daraufhin schlug die HA IX/5, nach Absprache mit dem Kommandeur des Wachregimentes vor, dass der 3. Zug, «unter der Legende der Lösung einer speziellen Aufgabe, nach Teupitz verlegt und seine dortige Isolierung unter operativer Absicherung» durchgeführt wurde. Dort wurden durch Mitarbeiter der HA IX/5 15 Angehörige des 3. Zuges befragt. Ein Ergebnis war, dass ein Gefreiter, ein Stabsgefreiter und zwei Unteroffiziere sich seit dem Frühjahr 1977 den «Hitlergruß» zeigten und in Gesprächen «ahmten» sie Redewendungen von führenden Faschisten nach, sprachen sich mit SS-Dienstgraden an, «hoben das ‹Soldatentum› des deutschen Militarismus hervor» und «negierten die Leistungsfähigkeit der NVA. Außerdem demonstrierten sie anhand einer Landkarte die Eroberung der Sowjetunion und erzählten untereinander sogenannte Judenwitze.»

Genossen des 3. Zuges wurden als «Jude, «Russe», «Roter» und «Brauner» oder «rote Teufel» denunziert. Vereinzelt führten sie Gespräche darüber, «möglicherweise den Dienst durch Negieren von Befehlen und Weisungen der Vorgesetzten zu verweigern», jedoch vereinbarten sie keine «konkreten Absprachen oder Festlegungen». Die Untersuchungen ergaben, dass der Gefreite der «Initiator» der Vorfälle war. Die Befragten gaben an, dass sie sich «infolge hoher physischer und psychischer dienstlicher Belastungen [...] benachteiligt» fühlten und sie konnten «ihrer Unzufriedenheit auf diese Art Ausdruck» verleihen. Obwohl im 3. Zug etwa die Hälfte der Mitglieder in der SED waren, trat den Neonazis niemand entgegen, denn es herrschte dort eine «unkritische Atmosphäre, verbunden mit mangelnder Partei- und politisch-ideologischer Erziehungsarbeit, die objektiv negative Verhaltensweisen oder Straftaten begünstigte, von denen sowohl der seit circa einem Jahr als Zugführer tätige und im Umgang mit Soldaten wenig erfahrene Leutnant M. als auch andere Offiziere nichts bemerkten.»

Der Gefreite, die beiden Unteroffiziere und der Stabsgefreite wurden mit zehn Tagen Arrest bestraft, auch weil sie «diesen politisch-moralischen Zustand bei ihren verwerflichen Verhaltensweisen ausgenutzt hatten». Im Auftrag des Kommandeurs des Wachregiments wurden Offiziere der Regimentsführung eingesetzt, die «im 3. Zug umgehend Ordnung und Disziplin sowie politisch-ideologische Klarheit» wiederherstellten, um damit die «Einsatzbereitschaft» zu gewährleisten. Die 23 Angehörigen des 3. Zuges distanzierten sich «von den angezeigten sowie von ihnen teilweise geduldeten negativen Verhaltensweisen und verpflichteten sich in persönlichen Stellungnahmen schriftlich, über diese Vorkommnisse im 3. Zug zu schweigen, sowie ihren Ehrendienst im Wachregiment ‹F.E. Dzierzynski› bis zum letzten Tag» ihrer Dienstzeit gewissenhaft durchzuführen. Am 23. Oktober erfolgte die «Wiedereingliederung des 3. Zuges in die Dienstdurchführung der 6. MSK». Das MfS schlug u.a. vor, ein Ermittlungsverfahren mit Haft wegen «Staatsverleumdung» gegen den Gefreiten einzuleiten. Gegen die beiden Unteroffiziere und den Stabsgefreiten sollten Ermittlungsverfahren ohne Haft eingeleitet werden. Alle vier Soldaten sollten aus dem Wachregiment entlassen, zum einfachen Soldaten degradiert und in die Reserve der NVA versetzt werden. Ein Unteroffizier sollte aus der SED ausgeschlossen werden. Der Informationsbericht der HA IX/5 endet mit dem Hinweis an alle Beteiligten, dass bei der «Einleitung von Ermittlungsverfahren» geeignete Maßnahmen getroffen würden, die «ein Bekanntwerden derartiger Vorkommnisse in der Öffentlichkeit verhindern» sollten.[1067]

In der NVA in Strausberg gab es neonazistische Gruppen, wo man den «Deutschen Gruß» entbot oder man sprach sich mit den Namen ehemaliger Nazis an. Ein Zugführer wollte 1977, in «Neonazi-Manier», keine SED-Mitglieder in seiner Einheit dulden und in anderen Einheiten wurden Mitglieder und Kandidaten der SED «drangsaliert und bedroht».[1068]

Unteroffiziere und Soldaten eines Richtfunkregimentes der NVA zeigten 1977 Nazi-Symbole, den «Deutschen Gruß», verherrlichten die Wehrmacht und forderten die «Vernichtung» von Juden und Kommunisten. Zum Ende des Jahres hatten sie eine Gruppe mit dem Namen «Bund Deutsche Einheit» gegründet. Dabei gab es u.a. ein «Führerhauptquartier», einen «Führer», einen «Minister für deutsche Umerziehung», einen «Minister für Rassentrennung» und einen «Minister für Judenverbrennung und KZ-Fragen». Drei Soldaten wurden vom Militärobergericht Neubrandenburg im August 1978 zu Freiheitsstrafen zwischen einem Jahr und drei Monaten sowie zu zwei Jahren und sechs Monaten verurteilt.[1069]

In den Luftstreitkräften (LSK-LV) wurde Ende Dezember 1977 festgestellt, dass die «Erscheinungen der Verherrlichung des Faschismus weiter zugenommen» hatten, was sowohl den Umfang als auch «inhaltliche Schwere» anbetraf. Für die HA I zeigte sich hier der Einfluss der von BRD-Massenmedien «geführten neofaschistischen Kampagne», weil Angehörige der LSK/LV «die vom Feind vertretenen Argumente und Verfälschungen» aufgegriffen hätten und sich durch «mündliche Äußerungen» damit identifizierten. Ein Offiziersschüler der Sektion Fliegeringenieurdienst (FID) der Offiziershochschule ahmte «faschistische Führer wie Hitler, Goebbels, Paulus und Keitel nach». Er behauptete, «daß das faschistische Deutschland den II. Weltkrieg nur wegen Verrat und Betrug verloren hätte». Er äußerte sich wie folgt: «Früher hätte man euch alle vergast» und «lieber tot als rot». Diese Information wurde inoffiziell bekannt und überprüft, galt aber als «nicht auswertbar». Die «operative Berarbeitung» wurde aufgenommen.

1067 BStU, MfS, HA PS, Nr. 8043, Bl. 1–6.

1068 Wenzke (März 2005), S. 306.

1069 Wenzke 2005, S. 306f.; Neubert/Eisenfeld 2001, S. 252–254; Wenzke 2011, S. 99f.

Ein Unteroffizier des Kampfhubschrauber-Geschwaders 54 (HG-54) behauptete in Gesprächen, «daß Hitler der Größte war und den richtigen Weg beschritt. Er hätte alle Polen und Juden vergasen müssen. Unsere Regierung sei zu schwach und ihre Gesetze wären falsch. Er würde keinen verlausten Polen in unser Land lassen.»

Ein Gefreiter und ein Soldat der Flak-Raketenabteilung 133 (FRA-133) vertraten öffentlich die Meinung, «dass Hitler und Lenin etwas gemeinsam haben. Beide waren Diktatoren. Bei Hitler herrschte jedenfalls Ordnung. Buchenwald wurde auch nach dem Einmarsch der Sowjetarmee als KZ genutzt, auch heute gibt es in der SU noch KZ.»

Diese Information kam über einen offiziellen Weg und wurde als «auswertbar» eingestuft. Es wurden individuelle Erziehungsmaßnahmen eingeleitet und mit Hilfe von «Inoffiziellen Mitarbeitern» sollte überprüft werden, ob und wie die Maßnahmen wirkten.[1070]

Die HA I musste konstatieren, dass im «unveränderten Umfang die Feindsender abgehört» wurden, zunehmend auch von jungen Offiziere und besonders von Berufsunteroffizieren. So haben am 28. November 1977 «etwa 15 Soldaten und Unteroffiziere» des Nachrichtenbataillons 31 (NB-31) gemeinsam eine TV-Show des ZDF angesehen. Eine Information eines Mitarbeiters des MfS an die Leitung des Bataillons wurde ignoriert, woraufhin die Information an den Leiter der Politabteilung der 1. Luftverteidigungsdivision (1. LVD) ging, der eine Untersuchung veranlasste.[1071]

In einem «politisch-operativen Monatsbericht Februar 1978» berichtete die HA I/IAK über die weiter zunehmende Tendenz der «Verherrlichung des Faschismus» bei Soldaten und Unteroffizieren der Luftstreitkräfte/Luftverteidigung (LSK-LV) in Strausberg. Dabei gab es «antisemitische Äußerungen», die «Rassenpolitik der Faschisten» wurde gerechtfertigt und es wurden faschistische Lieder gesungen. Die Täter äußerten sich meist positiv «über die von den Faschisten geschaffene ‹Zucht und Ordnung›, die sie der angeblichen Unordnung und Disziplinlosigkeit in der NVA» gegenüberstellten. Zwei Soldaten vom Funktechnischenbataillon (FuTB-33) ahmten auf der Stube «die Gesten faschistischer Führer nach, ohne daß dagegen von anderen NVA-Angehörigen eingeschritten» wurde. Sie vertraten die Meinung, «daß bei Hitler eine bessere Organisation gewesen ist, die Menschen hatten sich damals mehr zur Armee und zum Staat bekannt. Heute gebe es zu viel Gammelei. Die Politorgane wurden über das Verhalten der beiden Soldaten informiert. Gleichzeitig erfolgte die Einleitung inoffizieller Überprüfungsmaßnahmen zur Feststellung der Reaktion auf die positive Einflußnahme.»[1072]

1070 BStU, MfS, HA I Nr. 14281, Bl. 314.
1071 BStU, MfS, HA I Nr. 14281, Bl. 314.
1072 BStU, MfS, HA I Nr. 14281, Bl. 22.

In einer Wartungskompanie der NVA gab es (1977/78) fast ein Jahr lang eine Gruppe von acht Berufsunteroffizieren, die «staatsverleumderisch», d.h. hier neonazistisch und antisemitisch, in Erscheinung getreten war. Das MfS riet hier davon ab, Ermittlungs- und Gerichtsverfahren einzuleiten, um eine breite Publizität der Existenz dieser «politisch-negative(n) Gruppierung» zu vermeiden.[1073]

Anfang des Jahres 1978 wies der Minister für Nationale Verteidigung (MfNV) darauf hin, dass auch bei jüngeren Offizieren sowie bei Unteroffizieren und Offiziersschülern die Fälle, in denen der Faschismus verherrlicht wurde, zusammen mit «antisowjetischen, antisemitischen und revanchistischen Äußerungen» zugenommen hatten. Es waren Hakenkreuze geschmiert, der Hitlergruß gezeigt oder Parolen wie z.B. «Sieg Heil» und «Hitler lebt» geäußert worden. Im Speisesaal eines Munitionslagers der LSK/LV wurde 1978 die in den Raum gerufene Frage: «Wer hat Schuld, daß das Essen nicht schmeckt?» im Chor von den Anwesenden mit «Das Weltjudentum!» beantwortet.[1074]

Im Bezirk Frankfurt/O. hatte 1978 ein Feldwebel eines Pionierbataillons die Wehrmacht und die SS verherrlicht. In Anwesenheit mehrerer Soldaten führte er eine symbolische Judenverbrennung durch und äußerte sich antisemitisch, wie z.B. «dreckige Judensau» oder «Ausgang gibt es nur durch die Esse». Er wurde zu einer Gefängnisstrafe auf Bewährung verurteilt.[1075]

In Stavenhagen-Basepohl (Bezirk Neubrandenburg) hatten am 20. April 1978 vier Feldwebel und ein Unteroffizier des Hubschraubergeschwaders 54 den Geburtstag von A. Hitler gefeiert. In Gaststätten und im Ledigenwohnheim wurde der Hitler-Gruß gezeigt und Soldaten wurden als «Hitler-Junge» angesprochen. Ein «Rädelsführer» wurde zu einer Freiheitsstrafe von zehn Monaten auf Bewährung verurteilt und aus der NVA entlassen. Drei andere Soldaten wurden degradiert und versetzt.[1076]

Ein Stabsfeldwebel der NVA äußerte 1978 u.a.: Die «Deutschen sind die Größten». Deswegen leitete ein Militärstaatsanwalt ein Ermittlungsverfahren ein. Er wurde aus der SED ausgeschlossen und aus der NVA entlassen.[1077]

Durch eine «schnelle und zielstrebige politisch-operative Bearbeitung» wurde im Januar 1978 der Operative Vorgang «Gruppierung» abgeschlossen. Es handelte sich um eine Gruppe, deren Mitglieder «faschistisches Gedankengut» vertraten. Ein Gefreiter und zwei Soldaten wurden festgenommen und der Abteilung IX der BV Potsdam übergeben. Gegen einen Gefreiten und einen Soldaten wurde wegen «der nachgewiesenen und dokumentierten feindlichen Aktivitäten und Verhaltensweisen» ein Ermittlungsverfahren mit Haft wegen

1073 Neubert/Eisenfeld 2001, S. 261.

1074 Ebenda, S. 304f.

1075 Ebenda, S. 251.

1076 Eisenfeld, in: Neubert/Eisenfeld (Hg.), S. 256.

1077 Wenzke (März 2005), S. 253 und S. 304f.

«Staatsfeindlicher Hetze» eingeleitet. Gegen einen Soldaten wurde ein Ermittlungsverfahren mit Haft wegen dringenden Tatverdachts von Handlungen gemäß § 220 «Staatsverleumdung» StGB eingeleitet. Gegen einen Unteroffizier, «der Kenntnis von dieser die Hitler-Ära verherrlichenden Gruppierung» hatte und der sich «teilweise an bestimmten Maßnahmen» beteiligt hatte, wurden disziplinarische Maßnahmen eingeleitet.[1078]

Ein Soldat des Flakregiments 3 (FR-3) trat trotz eines Vorbeugungsgesprächs 1978/79 mit antisowjetischen und neonazistischen Äußerungen auf: «Die Russen sollten lieber bei sich Ordnung schaffen, bevor sie im Weltraum herumfliegen [...] Die Sowjetarmee hat die Wehrmacht während des II. Weltkrieges nur auf Grund der Unfähigkeit Hitlers schlagen können». Der Fall war inoffiziell bekannt geworden, wurde überprüft und als auswertbar analysiert worden.[1079]

Ein Gefreiter des Panzerregiments 11 (PR-11) trat 1978/79 in seiner Einheit mit antisowjetischen und faschistischen Äußerungen auf: «Nieder mit dem Bolschewismus» und «Schlagt die Bolschewisten tot». Die Informationen wurden inoffiziell beschafft und die Überprüfung ergab, dass sie als nicht auswertbar angesehen wurden. Es wurde die Einleitung einer Operativen Personenkontrolle geprüft.[1080]

Ein Soldat des Artillerieregiments 4 (AR-4) zeigte 1978/79 mehrmals den Hitlergruß, sprach die Soldaten mit «Heil Jungs» an und während eines UvD-Dienstes rief er: «Juden raustreten – in 10 Minuten ist Erschießung.» Diese Information wurde inoffiziell bekannt und als «nicht auswertbar» eingestuft.[1081]

Im Artillerieregiment 11 (AR-11), im Pionierbataillon 4 (PiB-4) und im Flakregiment 4 (FR-4) wurden Parteimitglieder als «Kommunistenschweine», «Roter Hund», «Rotes Schwein» oder «Roter Revoluzzer» beschimpft. Operative Maßnahmen wurden differenziert eingeleitet.[1082]

Während der Handball-Weltmeisterschaft in Dänemark 1978 gab es «negative und z. T. antisowjetische und nationalistische Äußerungen [...], besonders beim Spiel der Mannschaft der BRD» gegen die sowjetische Nationalmannschaft.

Ein Soldat der Raketenabteilung 11 (RA-11) beschimpfte während der TV-Übertragung des Endspiels die sowjetische Mannschaft als «Rote Russen», «Russen raus», «Wenn die Russen verlieren, kommen sie nach Sibirien». Die Information wurde offiziell gemeldet und als auswertbar eingestuft.

Ein Soldat des Nachrichtenbataillons (NB-7) äußerte: «Die Russen verlieren wieder einmal. Jetzt hat es ihnen der Deutsche gezeigt. Stellt euch vor, wenn wir

1078 BStU, MfS, HA I Nr. 14281, Bl. 2f.
1079 BStU, MfS, HA I Nr. 14281, Bl. 54.
1080 BStU, MfS, HA I Nr. 14281, Bl. 54.
1081 BStU, MfS, HA I Nr. 14281, Bl. 55.
1082 BStU, MfS, HA I Nr. 14281, Bl. 55.

eine gesamte Mannschaft stellen würden, wir wären die Größten.» Die Information wurde inoffiziell übermittelt, überprüft und als auswertbar eingestuft.

Ein Soldat des Panzerbataillons 7 (PB-7) äußerte beim Sieg der Nationalmannschaft der BRD: «Hurra – wir sind Weltmeister! Die Regierung der UdSSR hat vor dem Spiel ein Telegramm an die Mannschaft geschickt: Entweder ihr gewinnt oder es gibt für euch Sibirien!» Diese Information wurde inoffiziell übermittelt, überprüft und als nicht auswertbar kategorisiert.[1083]

Durch eine Untersuchung vom 30./31. Januar 1978 wurde festgestellt, dass unter Offiziersschülern (OS) des 2. Zuges der Berufsausbildung Halle/Leuna bzw. im Wohnheim Halle-Neustadt seit September 1977 «regelmäßig Sendungen westlicher Rundfunk- und Fernsehstationen» angehört bzw. angesehen wurden. Außerdem wurde der Hitlergruß gezeigt und dabei «Sieg Heil» und «Heil Hitler» gegrölt, das «Deutschlandlied» von einem Tonband abgespielt und es wurden «russen- und völkerdiskriminierende Worte» benutzt. Untereinander sprachen sich Offiziersschüler als «blöder Russe», «Jude», «Arier», «echter Deutscher» und «Herrenmensch» an. Drei Offiziersschüler – sie stammten aus Meiningen, Halle und Aschersleben – wurden als «die Initiatoren der negativ-feindlichen Einflußnahme» identifiziert, die «Angriffe auf die Oder-Neiße-Grenze» äußerten und sich antisemitisch hervortaten mit Äußerungen wie «Es sind noch viel zu wenig Juden vergast worden». Dieses «negativ-feindliche Verhalten» wurde von ihren Kameraden, bis auf drei Ausnahmen, «passiv hingenommen und geduldet». Das MfS schätzte ein, dass diese Situation zu einer «politisch-ideologischen, disziplinarisch und leistungsmäßig instabilen Lage in dem 2. Zug» geführt hatte, was sich auch in den «unbefriedigenden Leistungen dieses Zuges in der Berufsausbildung, der unbefriedigenden allgemeinen Disziplin und Ordnung in den Unterkünften widerspiegelt. Die gegenwärtig vorhandene Situation unter den OS des 2. Zuges stellt eine ernste Gefährdung der klassenmäßigen Heranbildung zukünftiger Offiziere dar.» Obwohl es in dieser Einheit sieben Mitglieder der SED gegeben hatte, wurde «keine wirksame Parteiarbeit geleistet», da «keine Parteigruppe» existierte, und genauso gab es keine FDJ-Arbeit außerhalb der formalen Abläufe, wie eine Wahlversammlung und die Vorbereitung eines Klassenfestes. Obwohl die drei als Initiatoren festgelegten Offiziersschüler «objektiv» den Tatbestand der «Staatsverleumdung» erfüllt hätten, erklärte die Führung des MfS, dass sie wegen der «gegenwärtigen Klassenkampfsituation kein Ermittlungsverfahren zur strafrechtlichen Ahndung» einleiten werde. Stattdessen wurde vorgeschlagen, die drei OS zur Ausbildung «zum Offizier nicht zuzulassen und deren Verpflichtung im Rahmen der Auswertungsmaßnahmen aufzuheben». Diejenigen OS des 2. Zuges, die an den «negativ-feindlichen Er-

1083 BStU, MfS, HA I Nr. 14281, Bl. 63.

scheinungen und Handlungen» nur passiv beteiligt waren, sollten «im Rahmen kollektiver Erziehungsmaßnahmen zur Verantwortung» gezogen werden.[1084]

Im Bereich des Grenzkommandos Nord berichtete im Februar 1978 der Bereich Abwehr der HA I des MfS u.a. über zwei Operative Vorgänge, also konspirative Ermittlungsverfahren wegen «Staatsfeindlicher Hetze» und «Staatsverleumdung», bei Soldaten der Grenztruppen. Der OV «Revanchist» wurde am 3. Februar 1978 eröffnet und darin wurde ein Soldat des Grenzausbildungsregiments 7 (GAR-7) «bearbeitet», der gegenüber Mitgliedern der SED und anderen «positiven» Angehörigen der GT «negativ» auftrat «sowie den Faschismus» verherrlichte.

Der OV «Konflikt» wurde ebenfalls am 3. Februar 1978 eröffnet. Dabei ging es um zwei Soldaten im Grundwehrdienst in der Stabskompanie des Grenzregiments Oschersleben. Sie wurden verdächtigt, «in ihren Handlungen und Äußerungen den Faschismus und Militarismus» zu verherrlichen.

Die Entwicklung «in den letzten Monaten» zeigte eine steigende Tendenz bei Äußerungen mit faschistischen Inhalten und Schwerpunkte beim GAR-5 in Glöwen und dem GAR-7 in Halberstadt. So wurde am 30. Januar 1978 im Clubraum der 4. Ausbildungskompanie (4. AbK) des GAR-7 in Halberstadt «die Sendung der ‹Schwarze Kanal› gesehen», die die «Hitlerwelle» und die «Judendiskriminierung» thematisierte. Ein Unteroffizier der 4. AbK äußerte dazu Folgendes:

> «Wieviel Juden hat man für die Olympiade 1936 in Berlin gebraucht?
> Antwort:
> 20 000 für die Aschenbahn und
> 30 000 für das Olympische Feuer.»

Diese Informationen waren inoffiziell gemeldet worden und wurden als «nicht auswertbar» klassifiziert.[1085]

1978/79 wurden ein Offizier, sieben Offiziersschüler und vier Unteroffiziere, alle Mitglieder der SED, nach Verstößen aus disziplinarischen Gründen wegen Verwendung und Verbreitung faschistischen «Gedankengutes» sowie parteifeindlichem und staatsfeindlichem Verhalten aus der NVA entlassen.[1086]

Gegen einen Unteroffizier des Motorisierten-Schützen-Regiments 16 (MSR-16) wurde 1978/79 eine Operative Personenkontrolle wegen seiner «faschistischen und antisemitischen Äußerungen» eingeleitet. Er hatte weitere Armeeangehörige gefunden, die zu seinen Kumpanen wurden. «Der Umgangston in dieser Einheit» war durch Äußerungen wie «Jude» und «Judensau» geprägt. Diese

1084 BStU, MfS, HA I Nr. 14281, Bl. 86–91.
1085 BStU, MfS, HA I Nr. 14281, Bl. 106ff.
1086 Neubert/Eisenfeld 2001, S. 256.

Information wurde inoffiziell vermittelt und die Überprüfung ergab, dass sie als «nicht auswertbar» angesehen wurden.[1087]

Im Bezirk Frankfurt/O. gastierten 1979 mehrere hundert Komsomolzen. Beim Begrüßungsabend, der durch FDJ-Ordnungsgruppen «gesichert» wurde, störten zwei Soldaten der NVA die Veranstaltung mit Sprüchen wie: «Ihr roten Schweine». Einer der Soldaten nahm Ziegelsteine und bewarf damit den Sekretär der FDJ-Kreisleitung Beeskow, der sich in ärztliche Behandlung begeben musste. Die Militärstaatsanwaltschaft leitete ein Ermittlungsverfahren ein.[1088]

Ein Major der NVA forderte 1980 öffentlich «die Rückgabe Ostpreußens an Deutschland». Er wurde aus der SED ausgeschlossen und er erhielt eine Freiheitsstrafe von acht Monaten, die zur Bewährung ausgesetzt wurde.[1089]

An der 1. Technischen Staffel in Rothenburg wurden im März 1981 zwei Unteroffiziers-Gruppen entdeckt, die «großen Einfluß» hatten. Es wurden neonazistische Äußerungen erkennbar, z. B. zur Situation in der VR Polen: «Jetzt wird Danzig wieder deutsch», «Adolf hätte damals mehr durchziehen sollen» und «Adolf hatte damals die arbeitsscheuen Polen im Griff». Die zweite Gruppe bestand «nur aus älteren Genossen von Unteroffizieren auf Zeit, diese Genossen verfügen über den meisten Überblick in der Staffel u. sind dadurch unauffälliger». Auch dort gab es antipolnische Aussprüche wie z. B. «Goderian [hier ist offensichtlich der Nazi-General Guderian gemeint, HW] wo ist meine Panzerarmee?», «Hätte Rommel damals Sprit gehabt, hätten wir keine Rohstoffprobleme mehr», «Das U-47 Kapitän Priem – das waren noch Deutsche» und «Ich überreiche ihnen das Eiserne Kreuz mit Eichenlaub». Die Äußerungen wurden vom MfS als «strafrechtlich relevante Handlungen bewertet. Es wurde weiter festgestellt, dass am 7. März 1980 faschistische Lieder gesungen worden waren, der Offizier vom Dienst (OvD) jedoch «keinerlei Meldung» darüber getätigt hatte. Mit dem Kommandeur des Jagdfliegerausbildungsgeschwaders (JAG) sollte das Absingen faschistischer Lieder ausgewertet werden und es sollten offizielle Untersuchungen gegen die betreffenden Unteroffiziere eingeleitet werden, die im Ergebnis zu erzieherischen Maßnahmen und zu strafrechtlichen Belehrungen durch die NVA führen sollten. Da in diesem Bereich keine Inoffiziellen Mitarbeiter (IM) vorhanden waren, sollte «kurzfristig» ein IM geworben werden.[1090]

An einer Unteroffiziersschule der Grenztruppen gab es im August 1981 in unmittelbarem Zusammenhang mit der Krise in Polen «parteifeindliche Äußerungen» mit «nationalistischen und nazistischen» Inhalten.[1091]

1087 BStU, MfS, HA I Nr. 14281, Bl. 55.

1088 Persönliche Information, September 1979, FDJ BL Frankfurt/O., SAPMO-BArch, DY 24/9.622, S. 5.

1089 Eisenfeld, in: Neubert/Eisenfeld (Hg.), S. 245.

1090 BStU, MfS, HA I Nr. 8148, Bl. 1ff.

1091 Wenzke 2005, S. 320.

Die HA I des MfS kam im Frühjahr 1981 zur Einschätzung, dass die Wirkung von Neonazis in der NVA «zum Teil gefährliche Züge der Brutalität und Drangsalierung» angenommen hatte.[1092]

Das MfS-Wachregiment «Feliks Dzierzynski» hatte insgesamt ca. 11.000 Offiziere und Soldaten. Die HA I des MfS stellte 1982 dort neonazistische Umtriebe fest, die in mehreren Fällen in verschiedenen Gruppen- und Stubenkollektiven aufgetreten waren und die nicht erfolgreich bekämpft werden konnten. U. a. wurde der Hitlergruß gezeigt, «Heldentaten» der Wehrmacht und der SS gefeiert und Hitler verehrt.[1093]

In Leipzig versuchte 1983 ein betrunkener Unteroffizier der NVA in die Synagoge einzudringen. Laut Eugen Gollomb, Mitglied der Jüdischen Gemeinde Leipzig, wurde kein Strafverfahren eröffnet.[1094]

In der Unterabteilung 2 (UA 2) der Abteilung 14 der HA Personenschutz (PS) des MfS gab es von vier Feldwebeln und Unterfeldwebeln, davon drei SED-Mitglieder, «etwa seit Mitte 1984 eine Häufung disziplinarer Fehlverhaltensweisen» und «politisch negative Äußerungen», wie z. B. «Russen und Juden sind zu vergasen». Neben diesen Tätern gab es noch «8 weitere Mitarbeiter», die sich ebenfalls in dieser Richtung geäußert hatten. Alle sollen sowohl westliche Rundfunk- und Fernsehsendungen gehört und gesehen haben als auch Wachvergehen begangen haben. Durch die Befragungen erfuhren die Offiziere des MfS, dass es auch «in anderen UA bzw. Abteilungen des Stellvertreterbereichs I der HA PS ähnliche Erscheinungen» gegeben hatte. «Bei den Befragten und den von ihnen benannten Mitarbeitern handelt es sich um 10 Mitglieder der Partei und 2 Parteilose. Alle diese Mitarbeiter kommen aus fortschrittlichem Elternhaus und haben bis zur Einstellung in das MfS eine positive politische Entwicklung genommen.»[1095]

Also kamen die Untersuchungen zu dem Schluss, dass «diese negativen politischen Äußerungen» auf keinen «feindlichen Grundhaltungen» beruhten. Sie wären nur Ausdruck «politischer Unreife, Unzufriedenheit» mit dem Dienstablauf und eine Verkennung ihrer «tatsächlichen Bedeutung und Verwerflichkeit». Generalmajor Müller – Leiter der HA Kader und Schulung – schlug am 10. Januar 1985 vor, dass nach Abschluss der Untersuchungen «differenzierte Entscheidungen zur Durchführung von disziplinarischen und parteierzieherischen Maßnahmen sowohl gegen die genannten Angehörigen als auch gegen weitere Angehörige [des MfS, HW] mit analogen Verhaltensweisen und gegen Dienstvorgesetzte wegen Verletzungen ihrer Dienstpflichten» zu treffen seien.[1096]

1092 BStU, MfS, BF1/B. Eisenfeld, 22.2.2001.

1093 BStU, MfS, BF1/B. Eisenfeld, 22.2.2001; Neubert/Eisenfeld 2001, S. 258.

1094 Meining, Ft. 35, S. 240.

1095 BStU, MfS, SED-KL 1807, Bl. 5.

1096 BStU, MfS, SED-KL 1807, Bl. 3ff.

Die darauffolgenden Untersuchungen ergaben, dass es seit 1984 bei Angehörigen der Abteilung 14 «zu schweren Wachvergehen und in der Unterabteilung 2 zu politisch-negativen Äußerungen sowie zur Anwendung faschistischer Ausdrücke und Grußerweisungen untereinander» gekommen war, woran insgesamt neun Angehörige der Unterabteilung 14/2 beteiligt waren. Dazu kam, dass ein «Teil der unmittelbaren Vorgesetzten in der Dienststellung als Arbeitsgruppenleiter [...] von diesen Vergehen genaue Kenntnis» hatte und sie «duldete oder begünstigte», was sich darin ausdrückte, dass an die «übergeordnete Leitung» nicht objektiv Bericht erstattet wurde. Der stellvertretende Vorsitzende der Kreisparteikontrollkommision der SED-Kreisleitung Berlin, Schindler, erklärte sich im Februar 1985 in diesem als «parteiinternes Material» gekennzeichneten Bericht über den Verlauf und die möglichen Ursachen dieser Vorgänge. Er merkte an, dass «die Tradition der Partei [die SED, HW] der Arbeiterklasse und des MfS» kaum genutzt wurde. Außerdem sei die «Führungstätigkeit des Leiters, Gen. Oberst Kuchling», den Anforderungen nicht gerecht geworden. Bei seinem Stellvertreter, Genosse Oberstleutnant Langer, wurden «gleichgelagerte Schwächen» erkannt, da die von ihm beaufsichtigten Leitungsprozesse administrativ dominiert wurden und er hätte «gegenüber nachgeordneten Leitern und Angehörigen» seine Verantwortung «nicht ausreichend wahrgenommen». Deswegen entschied der «Genosse(n) Minister, dass Langer zur Strafe in das Bauwesen der Arbeitsgruppe des Ministers für Staatssicherheit AGM/B überführt wurde. Bei der SED-Grundorganisation der AGM/B sollten deshalb «die politischen, kadermäßigen und organisatorischen Vorbereitungsmaßnahmen zur Bildung einer Parteiorganisation AGM/B» geschaffen werden. Gegen die verantwortlichen Parteifunktionäre und Leiter sowie «die am negativsten aufgetretenen Genossen aus dem militärisch-operativen Sicherungsdienst» sollten Parteiverfahren durchgeführt sowie differenzierte Parteistrafen beschlossen werden. Dem 2. Sekretär der Kreisleitung der SED sollten von dem für die Parteiorganisation Personenschutz (PO PS) zuständigen Instrukteur der Kreisleitung in Zusammenarbeit mit der Abteilung Agitation und Propaganda erarbeitete «Maßnahmen zur Unterstützung der PO PS bei der Verwirklichung der Schlußfolgerungen und zur Kontrolle» vorgelegt werden.[1097]

In Bitterfeld wurde durch die OPK «Wolfen» 1985 eine Gruppierung mit sieben Personen aus Wolfen festgestellt, die nicht nur den Faschismus verherrlichte, sondern auch Rassenhetze und Ausländerfeindlichkeit betrieben. Sie bezeichneten sich als «Härte 10» und entsprachen dem «Charakter einer Wehrsportgruppe Hoffmann». Offiziell traten sie als Fanclub des 1. FC Lok Leipzig auf und benutzten «einen Wortschatz mit faschistischem Inhalt». Ein Soldat des Kommando LSK-LV, NR-14, II. Bataillon wurde als «Wortführer» der Gruppierung identifiziert. Bereits im Juli 1984 wurde durch eine Information des IMS

1097 BStU, MfS, SED-KL, 2422, Bl. 88f.; BStU, MfS, SED-KL, 1807, Bl. 3ff.

«Emerson» bekannt, dass er «durch Handlungen und Äußerungen der Verherrlichung des Faschismus operativ in Erscheinung trat». Beim Betreten der Unterkunft hob er den Arm zum Hitlergruß und «marschierte dann im Stechschritt durch den Raum». Unteroffiziere und Offiziere der NVA bezeichnete er als Untermenschen und in nationalistischem Gehabe erklärte er die VR Polen und die CSSR als deutsche Gebiete, die «nur zeitweilig» besetzt wären. Er war Mitglied der FDJ und in seinem Zivilleben war er Kunststoffhandwerker im VEB FCK Wolfen. U. a. stimmte er Nazi-Lieder an wie z. B. «Die Straße frei, SA marschiert ...» oder er äußerte sich rassistisch, indem er Afrikanern das Recht auf Leben absprach. Bei Spielen von Lok Leipzig wurde statt eines Torrufes «Heil, Heil» gerufen, was sich anscheinend wie eine Welle anfühlte, weil so viele Zuschauer sich daran beteiligten. Der Leiter der Unterabteilung Stab der Abteilung LSK-LV in der Hauptabteilung I mit Sitz in Strausberg, Oberstleutnant Richter, schätzte den Soldaten so ein, «daß er teilweise Einfluß auf andere Armeeangehörige» ausgeübt, und dass «er diese negativ» beeinflusste hätte; besonders jedoch hätte er Soldaten seines Diensthalbjahres beeinflussen können. Weil er seit seiner Zugehörigkeit zur NVA im Mai 1984 wiederholt «die Politik und die Maßnahmen der Partei» herabgewürdigt hatte und weil er sich faschistisch und rassistisch äußerte, so OTL Richter weiter, sollte erstens das Ziel seiner operativen Bearbeitung die «Herausarbeitung des dringenden Tatverdachtes sowie Erarbeitung und Sicherung strafprozessual verwertbarer Beweise für Handlungen» sein. Zweitens sollte seine Rolle in der Gruppe «Härte 10» aufgeklärt werden und in Zusammenarbeit mit den Abteilungen XX der BV Leipzig und der KDfS Bitterfeld sollten die Voraussetzungen geschaffen werden, mit denen die Gruppe zersetzt werden konnte. Drittens sollten Ansatzpunkte herausgearbeitet werden, um ihn für das MfS zu werben «auf der Grundlage kompromittierenden Materials zur offensiven/Zersetzung der Gruppierung».[1098]

Im Studentenclub der Pädagogischen Hochschule «Ernst Schneller» in Zwickau wurden während einer Tanzveranstaltung in der Toilette neonazistische, antisemitische und rassistische Parolen mittels eines Schlüssels in die Wand geritzt: «Sieg Heil», «Tod den Juden» und «Nieder mit den Kanaken». Der Täter aus Zwickau war seit Mai 1988 Soldat der NVA, gehörte keiner Gruppierung an und bezeichnete sich als Sympathisant der Skinheads. Seine Aktion wurde als Straftat gewertet und das Verfahren wurde dem Militärstaatsanwalt in Halle übergeben.[1099]

Im Jagdbombenfliegergeschwader 37 (JBG-37) trafen sich vier Unteroffiziere des Geschwaders von Mai bis November 1985 im Unterkunftszimmer der Technischen Dienstzone (TDZ), zeigten den Hitlergruß und begrüßten sich

1098 BStU, MfS, HA XX/AKG Nr. 97, Bl. 15; BStU, MfS, BV Halle AKG, Sachakten Nr. 1239, Bl. 37ff.; BStU, MfS, BV Halle, AKG, Sachakten Nr. 2201, Bl. 7; BStU, MfS, HA I 224, Bündel: 3/19; Band 59, Bl. 1–7.

1099 BStU, MfS, HA XX/AKG Nr. 5938, Bl. 105.

mit «Sieg Heil» oder «Heil Hitler», sprachen sich mit den Namen von Nazi-Generälen und später auch mit SS-Dienstgraden, wie «Sturmbannführer» oder «Standartenführer», an. Die Untersuchungen ergaben, dass die Unteroffiziere nicht nach außen in Erscheinung traten. Die für diesen Bericht verantwortlichen Major Tomschin, Leiter der Politabteilung, und Major Heinrich, Leiter der TDZ, schätzten es als schwierig ein, «die Ursachen für das Verhalten der Beteiligten herauszufinden». Ein wesentlicher Grund erschien ihnen «die politische Unreife, ungefestigte sozialistische Charaktereigenschaften und einen ungenügend ausgebildeten Klassenstandpunkt». Die Taten der Neonazis wurden von anderen Unteroffizieren als «Kindereien» abgetan. Zwei Unteroffiziere, die sich bei der Befragung als kooperativ gezeigt hatten, wurden, nachdem sie sich von ihrem Verhalten distanziert hatten und erklärten, dass sich so etwas nicht wiederholen würde, nur strafrechtlich zum § 220 Öffentliche Herabwürdigung StGB belehrt. Zwei Unteroffiziere wurden wegen des Verstoßes gegen die Dienstvorschrift jeweils mit einem «Strengen Verweis» bestraft.[1100]

Die Unterabteilung 3. LVD der Hauptabteilung I/LSK/LV in Neubrandenburg eröffnete am 2. Juli 1985 einen Operativen Vorgang «Kreuz» über einen Unteroffizier auf Zeit, der sich in der LSK-LV 3. LVD/JG-9/2. JS am Standort Karlshagen-Wolgast-Rostock befand, weil er in der Öffentlichkeit den Faschismus verherrlichte, den Hitlergruß zeigte und über seinem Bett in der Unterkunft ein Hakenkreuz aufgehängt hatte. Über einen «IM in Schlüsselposition» wurde er am 15. Mai 1985 über die möglichen strafrechtlich Konsequenzen seines Handelns belehrt, was ihn jedoch nicht daran hinderte, weiterhin seine neonazistische Gesinnung öffentlich zur Schau zu stellen. Durch die «in der Hauptrichtung» eingesetzten IM konnte festgestellt werden, dass der Unteroffizier an seinem Wohnort in Brieselang, Kreis Nauen, einer neonazistischen Gruppe angehörte. Dort feierte er in einer Scheune am 20. April 1985 Hitlers Geburtstag. Diese Feierlichkeiten wurden durch Sicherungsposten mit zwei Schäferhunden bewacht. Die alkoholischen Getränke wurden in kleineren Mengen beschafft, «um nicht auffällig zu wirken». Bei Kerzenlicht wurden Schallplatten abgespielt, auf denen Reden von Hitler und Nazilieder zu hören waren. An einer Wand war ein Bild von Hitler aufgehängt; es wurden Passagen aus «Mein Kampf» vorgelesen. Einige Mitglieder der Gruppe trugen «selbstgeschneiderte Nazi-Uniformen».

Auch in der POS in Brieselang gab es im Mai und Juni 1985 unter Schülern einer vierten Klasse «Erscheinungen der Verherrlichung des Faschismus». Ein Bruder des Unteroffiziers war Schüler dieser Klasse. «Kreuz» zeigte seit Juni Interesse an Sprengstoffen, deren Aufbau und Herstellung und das Wissen dafür besorgte er sich aus einem DDR-Buch über Sprengmittel. Nach Ansicht des Leiters der Abteilung LSK-LV, er war Oberstleutnant, erfüllte der Unteroffizier

1100 BStU, MfS, HA I Nr. 6748, Bl. 1–6.

«objektiv die Tatbestandsmerkmale des § 220 (3) StGB» «Öffentliche Herabwürdigung». Er empfahl, dass dazu auch der «Tatbestand des § 106 (1), Ziff. 5 StGB«, «Staatsfeindliche Hetze» geprüft werden sollte. Das Informationsmaterial wurde «durch mehrere ehrliche und überprüfte IM/GMS», insbesondere durch den IMS ‹Frank› erarbeitet. Es handelt sich bei dieser inoffiziellen Quelle um einen zuverlässigen IM, der «objektiv und wahrheitsgemäß» berichtete. Die vom Oberstleutnant in vier Punkten entwickelte «Zielstellung» sah die Aufklärung und Erarbeitung von Beweisen vor, eine Untersuchung der Neonazi-Gruppe in Brieselang und deren mögliche «Hintermänner und Inspiratoren» sowie die Einschränkung ihrer «politisch-negativen Wirkungsmöglichkeiten von ‹Kreuz› im Kollektiv des JG-2 und JG-9».[1101]

In Strausberg wurde 1986 ein Major und Kompaniechef einer Instandsetzungskompanie wegen «faschistischer Äußerungen und der Verletzung sozialistischer Beziehungen vom Major zum Hauptmann degradiert». Nach der Bestrafung wurde bei ihm «eine Wandlung» festgestellt und dabei überwachten ihn mindestens vier «Inoffizielle Mitarbeiter» (IM) des MfS.[1102]

Ein Soldat der 1. Luftverteidigungsdivision (1. LVD) in Cottbus, er war im Funktechnikbataillon (FUTB) bzw. in der Funkmesstechnik beschäftigt, wurde Anfang Juni 1986 durch den GMS «Bärbel» und den IMK/S «Falek» angezeigt, weil er im Waschraum den Hitlergruß gezeigt hatte und seit geraumer Zeit öffentlich «mit rassistischen Äußerungen» auftrat: «Juden raus», «Es werden viel zu wenig Juden verbrannt, dass hätten viel mehr sein müssen» und «Die Neger müßten alle verbrannt werden». Der Bericht der HA I bemerkt dazu, dass die «Äußerungen sowie Handlungen des [geschwärzt, HW) geeignet sind, die staatliche Ordnung zu beeinflussen sowie das Zusammenleben in der Einheit zu stören».[1103]

In der 8. Motorisierten Schützendivision (8. MSD) der NVA in Schwerin, gab es 1986 einen Soldaten, der seinen Grundwehrdienst ableistete. Durch Berichte des Inoffiziellen Mitarbeiters «Helm» erfuhr die HA I, dass er «eine negative Einstellung zur Politik» der SED und der Regierung der DDR besaß und dass er «sich mit faschistischem Gedankengut» identifizierte. Er äußerte sich rassistisch und neonazistisch, sympathisierte mit nazistischen Wehrmachtsangehörigen und verherrlichte das rassistische Apartheidsregime in Südafrika. Außerdem bestand der Verdacht, dass er «Munition und Imitationsmittel» gestohlen hatte. Die «Operative Erstinformation» von Anfang Juni 1986 ging davon aus, dass seine Äußerungen und Handlungen als strafbar eingeschätzt werden mussten. Das Ziel der weiteren «operativen Bearbeitung» bestand nun darin, zu prüfen, ob der Verdächtigte tatsächlich «strafrechtlich relevante Handlungen im Sinne

1101 BStU, MfS, HA I 206, Bündel 3/19, Band: 41, Bl. 1–7, Bl. 29f.

1102 BStU, MfS, HA I Nr. 17000, Teil 2 von 2, Bl. 511.

1103 BStU, MfS, HA I Nr. 5805, 4 von 4, Bl. 717.

des § 206 StGB» begangen hatte, wobei besonders auf «seine politisch-negative Einstellung» zu achten war.[1104]

An der OHS in Prora wurden auch ausländische Soldaten unterrichtet und auch dort kam es immer wieder zu Beschwerden von Offizierschülern über den in der deutschen Bevölkerung grassierenden Rassismus. Im Oktober 1986 hatten Jugendliche in Binz nach einer versuchten Vergewaltigung eines deutschen Mädchens durch einen studierenden Ausländer den Täter verfolgt und dessen Leben bedroht. Einem dem Mädchen zu Hilfe kommenden Unterleutnant der NVA waren vom Täter zwei Zähne ausgeschlagen worden. Der Schulkommandeur der OHS «Otto Winzer», Generalmajor Geisler, wies bei einer «Aussprache» mit allen Gruppenältesten, Partei- und Jugendfunktionären im Oktober 1986 alle Vorwürfe über Rassismus zurück: «Zu behaupten, in der DDR gebe es Rassismus ist falsch. Ursache für die emotionalen Handlungen von DDR-Bürgern liegen bei den häufigen Vorkommnissen der MK [Militärkader, HW]. Es kommt zu Stimmungen gegen die OHS insgesamt. [...] Jetzt muss alles getan werden, um das Vertrauen der Bevölkerung wiederherzustellen. [...] Und diese MK sind es, die im Ausgang in Binz einen unermesslichen Schaden anrichten. Sie beleidigen unsere gemeinsame revolutionäre Sache, bringen unsere Sache in Misskredit. Sie schaffen eine Atmosphäre gegen unsere OHS [...] Bei der Bevölkerung bilden sich Vorurteile heraus. Die MK arbeiten dem Feind und feindlichen Elementen in der DDR direkt in die Hände. [...] Die Menschen trauen sich schon nicht mehr auf die Straße. Besonders schlimm ist es auch in den öffentlichen Verkehrsmitteln (unwürdiges Verhalten durch zweideutige Angebote). Ausdrücklich muss hervorgehoben werden, wir haben nichts gegen eine Freundin, wenn sich alles ordentlich abspielt. [...] Das ist keine Frage der Rassendiskriminierung. Wenn ein Mädchen vergewaltigt wird, dann ruft das in jedem Land Emotionen hervor.»[1105]

Die über Jahre hinweg entstandenen Probleme mit Offiziersschülern aus Äthiopien betrafen einen «großen Teil» von ihnen, der «erhebliche Schwierigkeiten» hatte, erstens und besonders, was die Einhaltung der Normen der militärischen Disziplin und Ordnung sowie zweitens ihr Auftreten und Verhalten anging. Selbst die Bekanntgabe von Ermittlungsverfahren wegen Zollvergehens hatte keine Veränderung im Verhalten der Äthiopier gebracht. Resignierend bemerkte Generaloberst Streletz, Chef des Hauptstabes, gegenüber dem Botschafter Äthiopiens in der DDR, dass «von den zuständigen Organen der DDR unter Beachtung der guten Beziehungen zwischen unseren beiden Staaten und ihren Armeen sowie der weiteren Erfüllung des Regierungsabkommens zur

1104 BStU, MfS, 3 von 4, Nr. 5805, Bl. 450f..

1105 Storkmann 2012, S. 466f.

Ausbildung äthiopischer Militärkader in der NVA [...] von der Einleitung weiterer Ermittlungsverfahren Abstand genommen wurde».[1106]

Im November 1988 war es in Binz zu gewalttätigen Auseinandersetzungen zwischen einem Offizierschüler aus Afghanistan und einem Deutschen aus Halle-Neustadt gekommen.

Im Juli 1989 waren in einer Bar zwischen einem Militärkader der PLO und einem Deutschen Gewalttätigkeiten entstanden. Bereits im Dezember 1978 war es zu gewalttätigen Auseinandersetzungen zwischen einem Berliner und Ausländern von Prora gekommen, die von der Militärstaatsanwaltschaft der 6. Flottille aufgegriffen wurden. Aus diesen gewalttätigen Auseinandersetzungen zwischen Ausländern mit deutschen Urlaubern oder Saisonarbeitskräften aus anderen Bezirken der DDR lässt sich schließen, dass die Informationen zu diesen Geschehen republikweit bekannt geworden sind.

Zahlreiche Meldungen und Berichte beinhalten, schulintern als auch an vorgesetzte Kommandos, «Schlägereien auf offener Straße oder in Bars, Belästigungen von Frauen». Andere Straftaten oder gar Gewaltdelikte wurden in der Regel ausführlich analysiert und ausgewertet. Die als «negativ» charakterisierten Phänomene wurden als «Schädigung des Ansehens der Lehreinrichtung bewertet». Ein Feldwebel und Ausbilder an der Militärtechnischen Schule der Landstreitkräfte der NVA (MTS) in Prora bestätigte, dass es in Binz zu gewalttätigen Auseinandersetzungen zwischen deutschen Soldaten der MTS und ausländischen Lehrgangsteilnehmern der OHS kam. Die Untersuchung der «Vorfälle» oblag zunächst den örtlichen Volkspolizeidienststellen und bei Straftaten wurden die zuständigen Militärstaatsanwaltschaften, in besonders schweren Fällen auch das MfS eingeschaltet. In einigen Fällen richteten Schulen interne Kommissionen zur Untersuchung und Aufklärung der «Vorkommnisse» ein. So an der OHS «Otto Winzer», als es im Juli 1983 in einer Gaststätte in Binz zu gewalttätigen Auseinandersetzungen gekommen war, an der vier Afghanen einerseits und mehrere deutsche Einwohner und Urlauber anderseits beteiligt waren. Herbeigerufene Volkspolizisten waren nicht in der Lage, Ruhe und Ordnung wiederherzustellen, so dass eine «Untersuchungsgruppe» der OHS gerufen werden musste, die dann wieder Ruhe brachte und die vier Afghanen zur Schule zurückführte. Die Kommission erklärte die Ausländer zu alleinigen Schuldigen, denen das Recht auf «Selbstjustiz» abgesprochen wurde. Sie hätten so gehandelt, weil sie sich erst kurze Zeit in der DDR aufhielten und weil sie «in ihren Handlungsweisen stark durch Sitten ihres Heimatlandes beeinflusst» gewesen wären. «Drei Tage nach dem Vorfall werteten der Schulkommandeur und dessen Stellvertreter die Angelegenheit mit dem gesamten afghanischen Kontingent aus. Zu den weiteren Maßnahmen gehörte unter anderem der tägliche Einsatz einer Standortstreife der NVA. Bislang sei diese nur mittwochs und an Wochenenden aktiv gewesen.

1106 Storkmann 2012, S. 478f.

An Schwerpunkttagen sollte die NVA-Streife zusätzlich durch die Volkspolizei verstärkt werden. Neben Disziplinarstrafen für die vier Beteiligten empfahl die Kommission zudem die Rückversetzung eines Afghanen in seine Heimat. Der Schulkommandeur bestätigte die Vorschläge und beantragte wenige Tage später beim Kommando Landstreitkräfte die vorzeitige Beendigung des Studiums für den betreffenden Afghanen.»[1107]

Die Analyse der ausgewählten Ermittlungsverfahren von Militärstaatsanwaltschaften gegen ausländische Militärkader der Offiziershochschule «Karl Liebknecht» in Stralsund und der Offiziershochschule «Otto Winzer» in Prora in den Jahren von 1979 bis 1989 zeigt 14 Vergehensbereiche. U.a. handelte es sich um drei Verfahren wegen gemeinschaftlicher Vergewaltigungen, die alle nicht zu Gerichtsverfahren führten, da 1984 in einem Fall die Tat den Beschuldigten aus Tansania nicht zweifelsfrei zugeordnet werden konnte.

In einem zweiten Fall – hier wurde das MfS eingeschaltet – wurden im Dezember 1985 die Ermittlungen nach § 150 StPO wegen der Vergewaltigung einer deutschen Urlauberin im Juli 1985 aus «politischen Erwägungen» eingestellt. Das MfS ließ die drei Offiziere ausreisen und die kehrten dann aus dem Urlaub in Simbabwe nicht zurück. Die vergewaltigte Frau wurde im Januar 1986 über die Einstellung des Verfahrens informiert. Im dritten Fall wurde das Ermittlungsverfahren an die entsprechenden staatlichen Stellen in Nicaragua übergeben. Ein anderes Verfahren wegen aktiven Widerstands gegen staatliche Maßnahmen wurde eingestellt, weil der oder die Täter nach Libyen «zurückgeführt» wurden.

Zehn Ermittlungsverfahren betrafen Körperverletzung und in einem Fall Rowdytum. Bei fünf dieser Ermittlungsverfahren erfolgten interne Bestrafungen nach der Disziplinarvorschrift. In einem dieser Fälle wurde ein Offiziersschüler nach Tansania «rückgeführt», weil er am 11. Dezember 1985 an der OHS Prora den Kompaniechef und den Kompaniefeldwebel gewalttätig angegriffen hatte. Der Schulkommandeur verhängte als Strafe einen Disziplinararrest und verlangte die «Rückführung» nach Tansania. Im Einklang mit der Militärstaatsanwaltschaft stufte der Schulkommandeur die Lage insofern als gefährlich ein, als beide davon ausgingen, dass der Arrestierte von seinen tansanischen Kameraden befreit werden könnte und Angriffe auf das Wachpersonal zu befürchten wären. Am 27. Dezember 1985 wurde die verlangte «Rückführung» durchgesetzt.[1108]

Bei zwei weiteren Verfahren wurden die staatsanwaltschaftlichen Ermittlungen eingestellt und an staatliche Organe der Herkunftsländer weitergereicht (Libyen, Afghanistan). In einem Fall wurden Verfahren gegen die oder den Täter

1107 Storkmann, S. 484f.

1108 Storkmann 2012, S. 488f.

wegen Notwehr eingestellt.[1109] In diesen Fällen war davon ausgegangen worden, dass die Ausländer bei den gewalttätigen Auseinandersetzungen die «Schuldigen» waren, doch diese Annahmen hätten erst vor einem Gericht verifiziert werden können. Aber es wurde alles unternommen, um genau das zu verhindern.

In Torgelow-Drögeheide (Bezirk Neubrandenburg) wurde am 10. April 1986 ein Soldat (26 Jahre) der NVA festgenommen, weil er sich antikommunistisch und faschistisch geäußert hatte.[1110]

Die Hauptabteilung I (HA I) des MfS stellte im Frühjahr 1986 fest, dass in der NVA neonazistische Vorfälle zugenommen hatten.[1111] Im selben Jahr verharmloste der Minister für Staatssicherheit, Mielke, die neonazistischen Aktivitäten als Ausdruck von «Wichtigtuerei».[1112]

Ein Gefreiter der NVA wurde 1987 zu einer Freiheitsstrafe verurteilt, weil er sich an Ausschreitungen von Skinheads beteiligt hatte.[1113]

Ein Soldat der NVA verherrlichte in seiner Kaserne mündlich den Faschismus. Er wurde von der zuständigen Diensteinheit lediglich belehrt.[1114]

Über einen Unteroffiziersschüler der 41. Fla-Raketenbrigade (FRBr) / Nachrichtenkompanie in Bernau-Ladeburg wurde durch eine Operative Personenkontrolle bzw. durch die Information des IMS «Stefan» vom 23. April 1987 der KDfS Neuruppin bekannt, dass er vor seiner Einberufung in seinem Heimatort Neuruppin «mit einem faschistischen Ritterkreuz und einem NSDAP-Parteiabzeichen» eine Gaststätte betreten hatte. Durch IMS «Karl» wurde am 2. Juni 1987 bekannt, dass er «in der A-Kompanie im Beisein anderer NVA-Angehöriger Äußerungen faschistischen Charakters kundtat und auf der Unterkunft den rechten Arm zum Hitlergruß erhob». Am 10. Juni 1987 wurden durch IMS «Abel» weitere Einzelheiten seiner neonazistischen Einstellung bekannt, als er seinen Hass gegen «Russen» äußerte und weil er im Besitz einer Waffe, Munition, Granaten und Uniformen aus dem II. Weltkrieg sei. Der IMS «Abel» berichtete weiter, dass er in der Öffentlichkeit die «Vernichtung von Russen und Bolschewisten» als seine «Lieblingsbeschäftigung» bezeichnete. Wegen dieser Vergehen wurde der Neonazi am 14. Juli 1987 strafrechtlich wegen «Öffentlicher Herabwürdigung», «Verfolgung von Beleidigungen und Verleumdungen» und «Staatsfeindliche Hetze» vom MfS belehrt. Nach Erkenntnissen der KDfS Neuruppin war er Mitglied einer Skinhead-Gruppe und nach der Auswertung der Post- und Paketüberwachung (M-Kontrollmaßnahmen) im Juli 1987 wurde «objektiviert und inoffiziell bewiesen», wie umfassend er seine neonazistische Ideologie auch innerhalb der Familie propagierte. Zusammen mit den durch «Abel» berichteten

1109 Storkmann 2012, S. 606f.

1110 BStU, MfS, HA IX 1036, Bl. 81.

1111 BStU, MfS, BF1/B Bernd Eisenfeld, 22.2.2001.

1112 Madloch 2000, S. 77.

1113 Wenzke 2005, S. 305.

1114 BStU, MfS, BV Halle AKG, Sachakten Nr. 1239, Bl. 102f.

Details kam die Unterabteilung der 1. LVD der Hauptabteilung I/LSK-LV zur Einschätzung, dass es sich bei ihm «um einen Träger der PID» handelte, d. h. er wurde eingestuft als Vertreter der «Politisch-ideologischen Diversion». Durch die als «zuverlässig» eingestuften zwei IMS «Stefan» und «Abel» sollten strafbare Handlungen «beweismäßig» gesichert werden und sein «Persönlichkeitsbild», also seine politischen Einstellungen und seine Verbindungen in der Einheit und im Freizeitbereich, «aufgeklärt» werden, auch um durch «gesicherte Erkenntnisse zum unbefugten Waffenbesitz die konkrete Gefährdungssituation» bestimmen zu können. Und schließlich sollte vorbeugend verhindert werden, dass er «öffentlichkeitswirksame politisch negative Handlungen» tätigte. Durch die «Einleitung der Anschriftenfahndung» beim BV Potsdam zum Vater und Bruder sollten Umfang und Charakter der bisherigen Verbindungen dokumentiert und gesichert werden. In seiner Privatwohnung sollte eine «konspirative Wohnungsdurchsuchung» durchgeführt werden. Die Laufzeit der OPK wurde auf den 31. Januar 1988 begrenzt.[1115]

In der Statistik über Militärstraftaten und bei den Militärstraftaten im Strafgesetzbuch gab es jeweils keine Rubrik über neonazistische oder rassistische Verbrechen.[1116] Als Sammelparagraph, auch zur Rubrizierung von politischen Vorkommnissen, diente vorzugsweise der Straftatbestand des «Staatsverbrechens» bzw. der «staatsfeindlichen Hetze» für «Erscheinungsformen von Ausländerfeindlichkeit, Rassismus, Nationalismus und Rechtsradikalismus».[1117] Ab den 1960er Jahren mehrten sich Vorfälle in der NVA, bei denen brutales Vorgehen von Soldaten gegenüber Vorgesetzten, aber auch gegen Kameraden und Zivilisten festzustellen waren, und gleichfalls nahmen neonazistische und antisemitische Übergriffe zu.[1118] Diese politischen Inhalte von Straftaten fanden auch in den Statistiken des Militärgefängnis' Schwedt von 1976/77 keinen Ausdruck. Zu finden sind sie in den §§ des StGB, wie z. B. § 115 «Vorsätzliche Körperverletzung», § 116 «Schwere Körperverletzung», § 118 «Fahrlässige Körperverletzung», § 215 «Rowdytum», § 220 «Staatsverleumdung bzw. Öffentliche Herabwürdigung» oder § 267 «Angriff, Widerstand und Nötigung gegen Vorgesetzte, Wachen, Streifen oder andere Militärpersonen».[1119]

Militärstrafgefangene tätowierten sich selbst oder ließen sich tätowieren und dabei wurden von der Leitung der Militärstrafanstalt Tätowierungen an sich, aber auch die mit militaristischem oder rassistischem Charakter als «schwerwiegende Störungen» der Haft angesehen.[1120] Auch in diesen frühen Jahren wurden

1115 BStU, MfS, HA I 12218, Bl. 5–19.
1116 Wenzke 2011, S. 43f. und S. 94.
1117 Ebenda, S. 99.
1118 Ebenda, S. 134.
1119 Ebenda, S. 264f.
1120 Ebenda, S. 291.

Wehrmachts- oder Nazi-Lieder gesungen, der Faschismus und Hitler verherrlicht und es wurden rassistische und antisemitische Parolen geäußert.[1121]

Anfang 1988 wurde in der NVA «politisch-ideologische Diversion und politische Untergrundtätigkeit» festgestellt. Nach Ansicht der Offiziere des MfS handelte es sich dabei zu einem erheblichen Teil um «primitiv antisozialistische Auslassungen» und um den «Gebrauch faschistischer Parolen und Gebärden». In der zweiten Hälfte der 1980er Jahre wurden pro Jahr durchschnittlich einhundert neonazistische oder rassistische Vorfälle in der NVA registriert, aber in verharmlosender Weise wurde behauptet, es würde sich dabei nicht um «ideologische Positionen» handeln, sondern unkritisch würden Tendenzen aus dem feindlichen Westen wiedergegeben. 1989 wurde festgestellt, dass sich die Anzahl neonazistischer Vorkommnisse in der NVA und bei den Grenztruppen weiter erhöht hatte und dass die Neonazis «aggressiv und in ständig eskalierender Form gegen progressive Angehörige» vorgegangen waren. In großen Teilen war es nicht mehr möglich, «im Sinne einer Rückgewinnung wirksam zu werden», d. h. die vorgesetzten Stellen hatten die Kontrolle über die Neonazis in der NVA und in den Grenztruppen verloren. Der einzig gangbare Weg wurde nun darin gesehen, über Strafprozesse bzw. Disziplinarverfahren die Neonazis aus den Einheiten zu entfernen.[1122]

Von 1965 bis 1980 gab es in der NVA und in Einheiten des MfS über 700 neonazistische Ereignisse. Das waren faschistische Schmierereien, mündliche Hetze, der Hitlergruß, rassistische Pöbeleien bis hin zu Gewalttaten. 44 Prozent der Täter waren untere Dienstgrade, ebenfalls 44 Prozent waren Unteroffiziere und 12 Prozent waren Offiziere.[1123] Mit diesen Erkenntnissen waren die neonazistischen und rassistischen Phänomene nicht mehr zu reduzieren auf Aktionen von Kindern oder Jugendlichen, so wie es z. B. bei den Erörterungen über Schändungen jüdischer Friedhöfe oft der Fall war, bei denen suggeriert wurde, gesellschaftspolitische Zusammenhänge wären hier nicht von Bedeutung. Im MfS-Wachregiment «Feliks Dzierzynski» gab es zwischen 1965 und 1980 zehn neonazistische Vorfälle.[1124]

In Dresden wurden am 25. November 1988 auf dem Altmarkt zwei Offiziere (Unterleutnante) der Grenztruppen von Volkspolizisten festgenommen. Sie waren aufgefallen, weil sie wie Skinheads gekleidet waren: «Sie waren in schwarzer Kleidung, geschorene Haare, verchromte Schnallen an den Jacken» und sie zeigten sich überheblich und arrogant und waren nicht bereit, ihren Militärausweis zu zeigen. Sie wurden daraufhin zum DVP-Revier Mitte und danach an das Wehrbezirkskommando Dresden übergeben, wo sie arretiert und von ihren

1121 Eisenfeld 2001, S. 249.

1122 Wenzke 2005, S. 305 u. S. 552f; Eisenfeld 2001, S. 258.

1123 Agethen/Jesse/Neubert 2002, S. 224f; Madloch 2000, S. 69f., S. 86–96.

1124 Ebenda, S. 257.

Einheiten abgeholt wurden. Die Militärstaatsanwaltschaft Dresden sah «keine strafrechtliche Relevanz».[1125]

In Brandenburg wurde Anfang des Jahres 1989 ein Unteroffizier der Kontroll- und Reparaturstaffel des Kommandos Luftstreitkräfte/Luftverteidigung (LSK-LV/THG-34/KRS Berlin) zu einem Gespräch geladen, in dem geklärt werden sollte, wie seine Einstellung zu Skinheads, zu Ausländern und zur Sowjetunion sei. Er war aufgefallen, als er den Faschismus verherrlichte und sich «negativ gegenüber Ausländern aussprach». Bei einem «Gespräch» mit einem vorgesetzten Offizier distanzierte er sich von diesen Anschuldigungen und gab an, dass er sich gegen die Ausländer ausgesprochen habe, die «nicht genehmigten ambulanten Handel» betrieben und die einen «Ausgangspunkt für weitere spekulative Handlungen» bildeten. In mündlicher Form wurde der Unteroffizier belehrt. Der Offizier bemerkte im Bericht über das Vorbeugungsgespräch, dass sein Gegenüber «nicht vollständig ehrlich war» und deshalb «eine weitere operative Kontrolle erforderlich» sei.[1126]

In der zweiten Hälfte der 1980er Jahre registrierte das MfS pro Jahr durchschnittlich einhundert neonazistische oder rassistische Vorfälle in der NVA. Nach Ansicht des MfS wären sie nicht der Ausdruck von «ideologischen Positionen», sondern nur Ausfluss westlicher Einflüsse.[1127]

Die Unterwanderung der NVA durch Neonazis zeigte sich auch darin, dass sich im Verteidigungsministerium unter dem Dach des Kulturbundes eine ultrarechte nationalistische Arbeitsgemeinschaft «Preußische Geschichte» gebildet hatte. Aus ihr ging nach der Wende Oberst Hermann Flemming als stellvertretender Landesvorsitzender der Partei «Die Republikaner» hervor.[1128]

Eine «Information über zu beachtende Erscheinungen neofaschistischen Charakters» wurde Ende Mai 1989 vom Chef der «Verwaltung 2000» in Strausberg verfasst. Die «Verwaltung 2000» war eine getarnte Organisation (Linie I) für die Verbindung der bewaffneten Organe/NVA mit der zuständigen Hauptabteilung I (HA I) des MfS. In dieser Information wurde festgestellt, dass bereits in den ersten Monaten des Jahres 1989 «mehr als 10 Militärpersonen (OS, UaZ, Soldaten)» als Skinheads bzw. als Sympathisanten identifiziert wurden, bei denen «Maßnahmen zur Klärung entsprechender Sachverhalte» eingeleitet worden waren. Die Verdächtigten «befürworteten in ihren Kollektiven offen das Wirken der neofaschistischen Kräfte in der BRD» und sprachen begeistert von deren Wahlerfolgen. Für einige von ihnen war der Faschismus das Ziel, dass sie anstrebte und Skinheads oder die in der BRD verbotenen «Wehrsportgruppe Hoffmann» bezeichneten sie «als ihre Vorbilder». Außerdem begrüßten sie nationalistische, revanchistische und rassistische Forderungen von Neonazis

1125 BStU, MfS, HA I 13010, Bl. 16.

1126 BStU, MfS, HA I Nr. 13300, Bl. 599ff.

1127 Wenzke 2005, S. 305.

1128 Madloch 2000, S. 86.

«zur Lösung außen- und innenpolitischer Fragen der BRD». Damit stellten sie den «sozialistischen Vaterlandsbegriff in Abrede» und sie entwickelten Vorstellungen «über die wirtschaftliche und politische Größe eines wiedervereinigten Deutschlands in den Grenzen von 1937». Gleichzeitig wurde die Anwesenheit der «im Rahmen der internationalen Solidarität in der DDR weilenden Ausländer» verunglimpft und versehen mit «antikommunistischen und antisowjetischen Emotionen». Sie rechtfertigten die faschistischen Verbrechen im II. Weltkrieg. Bei «diesen Kräften» waren Rassismus und Nationalismus stark ausgeprägt, d.h. sie verachteten «alle Nichtdeutschen, insbesondere jüdische(n) Menschen» und die «dem Faschismus und Neofaschismus immanente Brutalität und Aggressivität» war ihr Leitbild. Solchen Vorgängen in der BRD stimmten sie zu und sie selbst wollten in der DDR «derartige Handlungen durchführen». Ein Ausdruck dafür war in Äußerungen von zwei Soldaten der Luftstreitkräfte/Luftverteidigung (LSK/LV) der NVA zu finden, die die Absicht hatten, «mittels Waffengewalt terroristische Anschläge gegen die Staatsgrenze der DDR bzw. eine Flugzeugentführung und Geiselnahme durchführen zu wollen».[1129]

Bereits im März 1989 hatte der Leiter berichtet «über Verherrlichung des Faschismus» durch einen Unteroffizier und einen Gefreiten der Flugabwehrraketenabteilung (FRA-5122) der NVA in Blankenburg (Bezirk Gera). Am 31. Januar 1989 zeigte einer der beiden, während im TV der Spielfilm «Mephisto» lief, den faschistischen Gruß und er rief dabei «Heil Hitler». Am 17. Februar 1989 zeigte ein Täter im Kompaniebereich den faschistischen Gruß. Sie verherrlichten die faschistische Wehrmacht und am 1. März 1989 imitierte einer vor acht anwesenden Soldaten Hitler mit einem «entsprechenden Seitenscheitel» und er deutete mit Fingern «den Bart» von Hitler an. Solche neonazistischen Bekundungen häuften sich und niemand in dieser Kompanie wehrte sich dagegen.[1130]

Ein Unteroffizier der Grenztruppen war wegen «Verherrlichung des Faschismus inhaftiert» worden und bei einer Hausdurchsuchung wurden eine nach dem Vorbild der «WSG Hoffmann» geschneiderte Uniform, dazu «faschistische(n) Effekten» und «auch Sprengmittel und Munition sichergestellt».[1131]

4 Mitglieder der NVA bezeichneten sich selbst als Neonazis und planten «politische Provokationen» mit einer Gruppe von etwa 10 bis 15 Neonazis, die die «Feierlichkeiten zum 1. Mai 1989» stören wollten. Zum 20. April 1989, dem 100. Geburtstag Hitlers, wollten sie gewalttätige Auseinandersetzungen bei Sportveranstaltungen «inszenieren», was das MfS durch «sofortige und offensive Reaktionen» verhindern konnte. Die Täter waren «in ständig eskalierender Form gegen progressive Armeeangehörige» vorgegangen und in den Kollektiven war diesen Handlungen «nur in Ausnahmefällen offensiv begegnet» worden. Erst

1129 BStU, MfS, HA I 12689, Bl. 1f.

1130 BStU, MfS, HA I 12689, Bl. 7f.

1131 BStU, MfS, HA I 12689, Bl. 3.

als der «Bereich 2000» davon erfahren hatte, konnten «Erziehungsmaßnahmen» durchgeführt werden. Im «Unterschied zu den bisherigen Erfahrungen bei der Zurückdrängung faschismusverherrlichender Äußerungen gelang es aufgrund der verfestigten politisch-negativen Haltung [...] nicht, im Sinne der Rückgewinnung wirksam zu werden», was nichts anderes heißt, als dass es der Führung der NVA bzw. des MfS nicht gelang, sich gegenüber den Neonazis durchzusetzen! Über diese «extremen Einzelfälle hinaus zeigen sich weitere Auswirkungen neofaschistischer Umtriebe in den Streitkräften in Form des Ansteigens solcher Sachverhalte und der eingeleiteten Ermittlungsverfahren und disziplinarer Entlassungen».

So waren 1989 zu Angehörigen der Streitkräfte wegen faschismusverherrlichender Äußerungen insgesamt sieben Ermittlungsverfahren gegen einen Berufsunteroffizier, zwei Unteroffiziere auf Zeit und vier Soldaten eingeleitet worden. Im Jahr davor (1988) waren es nur fünf Ermittlungsverfahren und acht Entlassungen.[1132]

Ausgehend von diesen Informationen ging Oberst Richter, Chef der «Verwaltung 2000», davon aus, dass «Erscheinungen neofaschistischen Charakters zunehmend» in den Streitkräften auftreten würden. Dazu würde die Anzahl der Neonazis, die «auf der Grundlage feindlicher Einstellungen handeln», ansteigen und sie würden, so seine Befürchtungen, «öffentlichwirksam mit spektakulären und terroristischen Mitteln und Methoden in Erscheinung treten wollen. Die inspirierende und organisierende Rolle äußerer und innerer Feinde zur Störung der im Jahr 1989 in der DDR anstehenden gesellschaftlichen Höhepunkte» wäre dabei zu beachten.[1133]

In der Schule der HA III gab es im Juni 1989 bei Teilnehmern eines III. EAP-Lehrganges an der Schule «Bruno Beater» am Döllnsee besondere Vorfälle, weil «faschistisches Gedankengut» mittels Schmierereien und durch verbale Äußerungen verbreitet wurde. «Es muß hervorgehoben werden, daß der Ursprung dieser Schmierereien nicht nachweisbar und damit der Grad der aktiven Beteiligung der Genossen an der Fertigung dieser Zettel differenziert zu bewerten ist.» Einzelnen Studenten wurde «charakterlich-moralische Unreife und politisch-ideologische Ungefestigtheit» attestiert, weil sie «z. B. Begrüßungen mit faschistischen Titeln und Dienstgraden durch Genossen [Zwei Namen geschwärzt, HW]» tolerierten. Außer beim Genossen (Name geschwärzt, HW) sollten keine Maßnahmen in Richtung Exmatrikulation vorgenommen werden. Bei ihm sollte die Frage geklärt werden, ob er aus dem Dienstverhältnis des MfS entlassen werden sollte oder ob es ausreichte, ihn in eine Diensteinheit in seinem Heimatterritorium zu versetzen.[1134]

1132 BStU, MfS, HA I 12689, Bl. 4.

1133 BStU, MfS, HA I 12689, Bl. 5.

1134 BStU, MfS, HA III Nr. 14115, Bl. 61–66.

Ende Juli 1989 berichtete Major Karasch, Leiter der Abteilung 2000 in Cottbus, über «politisch-negative Verhaltensweisen und Äußerungen» eines Unteroffiziers des Nachrichten- und Flugsicherungsbataillons 1 (NFB-1). Seit Anfang 1989 war er «in seinem Dienstkollektiv öffentlichkeitswirksam mit Äußerungen in Erscheinung» getreten, d. h. er verherrlichte den «Faschismus und Rassismus», bezeichnete Hitler als seinen «Großvater» und den Neonazi Schönhuber als seinen «Schwiegervater». Darüber hinaus verbreitete er Witze über «Ausländer, Juden und Menschen anderer Hautfarbe», womit er seine «Ausländerfeindlichkeit» und seinen «Rassismus» deutlich machte. Durch die Befragungen mehrerer Unteroffiziere wurde deutlich, dass «eine gewisse Gleichgültigkeit im Kollektiv gegenüber» seinen Verhaltensweisen vorhanden war. Major Karasch empfahl den Sachverhalt militärisch zu untersuchen und «erzieherisch wirksam» sollten «Ursachen, Motive und begünstigende Bedingungen» ausgewertet werden.[1135]

Im August 1989 wurde durch einen IM «Peter Salz» bekannt, dass ein Unteroffizier, er sollte als «Panzerfahrer bzw. Kommandant in einem Truppenteil bei Eggesin eingesetzt» werden, in Berlin Anführer einer Skinhead-Gruppe war, die aus drei bis vier Personen bestand. Dem IM wurden zwei Passfotos von «Verrätern» gezeigt, die angeblich als Skinheads für «das MfS arbeiten» sollten. Diese beiden Abtrünnigen wurden von der Gruppe gesucht und sie sollten «auf alle Fälle verprügelt» werden. Die Abteilung XX der BV Berlin des MfS prüfte diese Angaben und stellte fest, dass die beiden als Skinheads bzw. Sympathisanten bekannt waren, «aber nicht aktiv bearbeitet» wurden, d. h. sie waren keine Mitarbeiter des MfS. Die Gruppe suchte intensiv nach «Relikten aus der Zeit des Faschismus» und führte dazu «Schachtungen auf ehemaligen Kriegsschauplätzen» durch. Nach den beim MfS vorliegenden Informationen verfügte die Gruppe «[...] u. a. über Handgranaten, ein Sturmgewehr und eine Panzerfaust». Den Offizieren des MfS lagen keine Erkenntnisse dazu vor, da sie «ihre Tätigkeit konspirieren und auch Kennzeichen der Motorräder» veränderten. Diese «Information über operativ bedeutsame Handlungen einer Gruppierung mit faschistischen Tendenzen in der Hauptstadt der DDR» endet mit dem Vorschlag des Referatsleiters Major Baier von der Abteilung 8 der Hauptabteilung VII vom Ende August 1989, dass die «dargestellten Handlungen als operativ bedeutsam einzuschätzen» wären und «exakt aufgeklärt» werden müssten. Er schlug deshalb vor, eine OPK einzuleiten.[1136]

Im 1. Zug der 13. MSK / IV. MSB / Kdo. 2 in Erkner wurde am 12. September 1989 ein Gruppenführer (Unterfeldwebel) entdeckt, der «nationalistische und neofaschistische Äußerungen und Verhaltensweisen» zeigte.[1137]

1135 BStU, MfS, HA I 12689, Bl. 11.

1136 BStU, MfS, HA VII Nr. 2217, Bl. 106ff.

1137 BStU, MfS, HA KuSch Nr. 29482, Bl. 14.

Der Leiter der Abteilung 2000, Major Karasch, berichtete Mitte Oktober 1989 über «Verherrlichung des Faschismus» durch Soldaten in der Auswerterkompanie des Gefechtsstandes 31 (GS-31). Sie hatten über einen längeren Zeitraum faschistische Handlungen und Äußerungen getätigt, wie das Absingen des «Horst-Wessel-Liedes», oder sie sprachen sich gegenseitig mit SS-Dienstgraden wie «Obersturmbannführer» oder «Untersturmbannführer» an. Im Abschlussbericht der Untersuchungskommission der 1. Luftverteidigungsdivision, verfasst vom Stellvertreter des Kommandeurs und Stabschef vom 17. Oktober 1989, wurde festgestellt, dass am 28. September 1989 im Zimmer 217 nicht nur «Heil Hitler» und «Sieg Heil» gegrölt worden war, sondern auch das «Horst-Wessel-Lied» gesungen wurde. Aktiv daran beteiligt waren zwei Unteroffiziere, einer war Mitglied der SED, ein Gefreiter und drei Soldaten. Im April 1989 war es in dieser Einheit bereits zu «einem ähnlichen Vorkommnis» gekommen und offensichtlich konnten die damals getroffenen «Schlußfolgerungen und Maßnahmen» nicht verwirklicht werden. Der Militärstaatsanwalt der 1. Luftverteidigungsdivision (1. LVD) beantragte für den Gefreiten und zwei Soldaten die Einleitung von Ermittlungsverfahren mit Haft. Gegen einen Soldaten und zwei Unteroffiziere leitete er ein Ermittlungsverfahren ohne Haft ein. Das MfS sah vor, dass der Inoffizielle Mitarbeiter «Katie», der IM-Vorlauf «Bernd» und ein «offizieller Stützpunkt» eingesetzt werden sollten, um die Wirkung der Maßnahmen zu kontrollieren. Des Weiteren sollte aus dem Personalbestand des Grundwehrdienstes (GWD) der AWK des GS-31 ein IMS gesucht und gefunden werden, um dadurch vorbeugend «ähnliche(r) Straftaten» zu verhindern.[1138]

In Eisenach (Bezirk Erfurt) gab es am 3. Dezember 1989 eine gewalttätige Auseinandersetzung zwischen einem Mosambikaner und zwei Soldaten der NVA.[1139]

Hakenkreuze im Gebäude des ZK der SED

Am 26. Oktober 1960 meldete Generalmajor Franz Gold, Leiter der MfS-Hauptabteilung «Personenschutz» (PS), an den «Genossen Kienberg» aus der Hauptabteilung V, dass im Gebäude des ZK der SED eingeritzte Hakenkreuze entdeckt worden waren. Dem Bericht des Leutnants Bauch ist zu entnehmen, dass Richard Herber, damals Erster Sekretär der Parteiorganisation des ZK der SED und persönlicher Mitarbeiter von Walter Ulbricht, Oberleutnant Sturz, Hauskommandant beim ZK der SED, darüber informiert hat, «daß im Fahrstuhl III (Paternoster) im Korb 5 und Nr. 10 Hakenkreuze eingeritzt worden sind». Da der Paternoster zum Speisesaal führte und daher von allen Angestell-

1138 BStU, MfS, HA I 12689, Bl. 12–19, Bl. 26f.

1139 BStU, MfS, Abt. X Nr. 1488, Bl. 177.

ten des ZK der SED benutzt wurde, war «von einer Spurensicherung Abstand genommen» worden.[1140]

Am 6. September 1961 wurde Bauch von einem Genossen Renkwitz aus der Sicherheitsabteilung des ZK der SED darüber unterrichtet, dass im Paternoster der Treppe 8, Fahrkorb 9, ein 3 bis 4 cm großes Hakenkreuz mit einem spitzen Gegenstand eingeritzt worden war. Bei einer «Tatortbesichtigung» wurde festgestellt, dass «das eingeritzte Hakenkreuz bereits von einem Mitarbeiter des ZK bzw. der Bezirksleitung entfernt (wurde) und zwar so, daß jetzt ein helles Quadrat von ca. 4 cm zu sehen ist. Wer diese Entfernung vorgenommen hat, ist nicht bekannt.»

Das Hakenkreuz war am 4. September 1961 gegen 14:30 Uhr durch den Mitarbeiter der SED-Bezirksleitung «Gen. Krotz» festgestellt worden, «der daraufhin die dort tätige Wache verständigte». Danach wurde sechs Monate lang «3 Mal festgestellt», dass Hakenkreuze im Objekt des ZK geschmiert worden waren: einmal im Keller und zweimal in einem Paternoster. Es sollte nun überprüft werden, ob «der damals von uns erarbeitete verdächtigte Personenkreis (Handwerker) gegenwärtig noch im ZK beschäftigt» war und ob die Handwerker «eventl. auch bei der Ausübung der dortigen Arbeiten diesen Paternoster» benutzten.[1141]

Am 6. Oktober 1961 teilte der Unteroffizier Edler dem Vertreter des Referatsleiters der Abteilung V mit, dass er vor «ca. 2 Tagen in der II. Etage am Personenaufzug an der Treppe 4 an der Auffahrtsskala rechts neben der Nummer 2, im Metall» ein eingeritztes Hakenkreuz bemerkt hatte, das eine Größe von ca. 10 x 10 mm hatte. Nun wurde Leutnant Bauch, zuständiger «operativer Mitarbeiter der HA V», verständigt.[1142]

Am 21. September 1962 gegen 11:50 Uhr meldete ein Gruppenführer, dass der Posten 14 (Uffz Hensel) im Paternoster der Treppe 8 im Fahrkorb Nr. 6 ein Hakenkreuz festgestellt hatte, mit einer Größe von ca. 10 cm. Nach der Bearbeitung veranlasste die HA 5 die Entfernung des Hakenkreuzes durch einen Tischler des Objekts.[1143]

Am 23. November 1962 gegen 18:15 Uhr wurde von Angehörigen der «Wache Bezirksleitung» im Paternoster der Treppe 8 im Fahrkorb Nr. 11 ein eingeritztes Hakenkreuz vorgefunden, das eine Größe von ca. 3,5 cm aufwies. Nach Rücksprache mit der HA 5 wurde das Hakenkreuz am 24. November 1962, gegen 8:10 Uhr, beseitigt. Leutnant Stiegel, Vertreter des Referatsleiters setzte nun eine Wache ein, die morgens vor 8 Uhr und abends vor 17 Uhr jeden Fahrkorb des Paternosters intensiv kontrollierte.[1144]

1140 BStU, MfS, HA XX Nr. 14164, Bl. 1f.
1141 BStU, MfS, HA XX Nr. 14164, Bl. 5f.
1142 BStU, MfS, HA XX Nr. 14164, Bl. 8ff.
1143 BStU, MfS, HA XX Nr. 14164, Bl. 12.
1144 BStU, MfS, HA XX Nr. 14164, Bl. 13.

Am 27. November 1962 gegen 8:30 Uhr wurde bei der Treppe 8 in der Kabine 14 des Paternosters 8 ein eingeritztes Hakenkreuz mit einem Durchmesser von ca. 4 cm vorgefunden. Da alle Paternoster am 26. November 1962 gegen 17 Uhr von einem Feldwebel untersucht worden waren, konnte das Hakenkreuz am 27. November 1962 erst «in der Zeit von 7:30 bis 8:30 Uhr eingeritzt worden sein (Eventuell Handwerker)».[1145]

Am 29. November 1962 gegen 17:00 Uhr stellte der Feldwebel Schönemann bei der Treppe 8 in den Fahrkörben 12 und 16 jeweils ein Hakenkreuz in der Größe von 5 cm fest. Die Hakenkreuze wurden am 30. November 1962 gegen 9.15 Uhr beseitigt.

Täglich benutzten bis zu 1.000 Personen das Objekt des ZK und da der Paternoster das einzige Verkehrsmittel der Bezirksleitung war, wurde es von fast allen Mitarbeitern und Besuchern benutzt. Dazu kam, dass alle Mitarbeiter und Besucher des ZK den Paternoster benutzen konnten, da sie entsprechende Ausweise bzw. Dokumente vorzeigen konnten.[1146]

Am 15. Mai 1963 gegen 8:30 Uhr wurde der Genosse «Ltn. Stiegel durch den Gen. Uffz. Schibor verständigt», dass ein Hakenkreuz im Paternoster, Treppe 8, im Fahrkorb Nr. 10 mit einer Größe von 10 x 10 cm eingeritzt worden war. «Auf Anweisung des Gen. Klinger wurde das Hakenkreuz entfernt.»[1147]

Am 5. Juni 1963 gegen 8:20 Uhr wurde Hauptmann Stürze von Feldwebel Horn darüber informiert, dass im Paternoster der Treppe 8, Fahrkorb Nr. 16 ein Hakenkreuz mit der Größe von 8 x 8 cm eingeritzt worden war. «Gen. Klinger (HA V) wurde sofort in Kenntnis gesetzt und auf Grund seiner Anweisung wurde das Hakenkreuz gegen 8:40 Uhr beseitigt».[1148]

Wegen der Häufung von Hakenkreuzen im Gebäude des ZK der SED legte am 11. Juni 1963 die Arbeitsgruppe 1 der Hauptabteilung V einen «Maßnahmeplan» vor. Es wurde festgestellt, dass vom 20. Oktober 1960 bis zum 5. Juni 1963 in größeren Zeitabständen in den Paternostern 3 und 8, in verschiedenen Körben, neunmal Hakenkreuze eingeritzt wurden. Auf der Annahme beruhend, dass allein bei den Handwerkern die Täter zu finden seien, sah der Plan des Hauptmanns Klinger vor, dass Hauptmann Stürze veranlasst wurde, festzustellen, «welche Handwerker (sind) ohne Unterbrechung von 1960 – jetzt im ZK tätig» waren. Es sollte auch festgestellt werden, welche Handwerker «zeitweilig im ZK tätig» waren und ob sie in der Zeit anwesend waren, als die Hakenkreuze eingeritzt worden sind. Dazu kam die Feststellung, welche Personen «arbeitsmässig Reparaturen, Kontrollen usw. am Paternoster» durchführen und welche Person den Paternoster «in und außer Betrieb» setzt.

1145 BStU, MfS, HA XX Nr. 14164, Bl. 14.

1146 BStU, MfS, HA XX Nr. 14164, Bl. 18f.

1147 BStU, MfS, HA XX Nr. 14164, Bl. 24.

1148 BStU, MfS, HA XX Nr. 14164, Bl. 23.

Nach den Feststellungen des Personenkreises sollten «die einzelnen Personen aktenmäßig überprüft» und bei bestimmten Verdachtsmomenten sollten «über die betreffenden Personen weitere Maßnahmen eingeleitet» werden.[1149]

Etwa zwei Jahre später erarbeitete die Arbeitsgruppe 1 der Hauptabteilung XX, sie war aus der Hauptabteilung V hervorgegangen, einen Vorschlag zur weiteren Bearbeitung des Vorgangs «Faschist», der im ZK-Gebäude seit Oktober 1960 mit 34 Hakenkreuzen für Unruhe gesorgt hat. Seit März 1965 waren ausschließlich in den Fahrkörben des Paternosters der Treppe 5 Hakenkreuze eingeritzt worden. Bei den bis dahin aufgelaufenen Maßnahmen wurde, außer bei den politischen Mitarbeitern, anhand von Urlaubs- und Krankheitsunterlagen zu den Tatzeiten analysiert, welche Personen in Frage kamen. Dabei blieben etwa achtzig Personen übrig. [1150]

Anfang Januar 1975 stellte eine Arbeitsgruppe der Hauptabteilung XX in einer Rundverfügung fest, dass im Gebäude des ZK der SED in der Zeit vom 20. Oktober 1960 bis zum 30. März 1972 40 Hakenkreuze und 1 SS-Rune vorgefunden wurden.[1151]

Der oder die Täter blieben unerkannt.

1149 BStU, MfS, HA XX Nr. 14164, Bl. 26.

1150 BStU, MfS, HA XX Nr. 14164, Bl. 150–156.

1151 BStU, MfS, HA XX Nr. 14164, Bl. 159f.

Ursachen und Folgen

Auf Grund der hier vorgelegten Tatsachen über die Geschichte des Antisemitismus und Neonazismus in der DDR ist eine Kritik am Antifaschismus der SED notwendig geworden, weil die zutage geförderten historischen Tatsachen Fragen zu dessen Wirksamkeit aufwerfen. Meine wissenschaftlichen Erklärungen zielen darauf ab, dass diese Kritik zu einem elementaren Bestandteil der Geschichte der Arbeiterbewegung wird. Die SED hatte einen Antifaschismus etabliert, der als gewichtige Legitimation für den Staat und die Gesellschaft der DDR anzusehen ist. Dieser Antifaschismus jedoch war – und das ist der Ausgangspunkt für diese Kritik – «blind» gegenüber einem neonazistischen Phänomen, das sich in der DDR zu einem immer größer werdenden Problem entwickelte. Neonazismus ist der Ausdruck einer komplexen Ideologie zur Propagierung und Durchsetzung inhumaner und undemokratischer Ziele ab 1945. Seine wesentlichen ideologischen Säulen sind Autoritarismus, Militarismus, Nationalismus, Rassismus und Antisemitismus. Er erschließt sich über einen historischen und theoretischen Rekurs auf die Entstehung und Entwicklung faschistischer Regimes, wie in Deutschland, Italien oder Spanien nach dem I. Weltkrieg. Die Befreiung Deutschlands vom Nazismus war zugleich das Ende der führenden Organisation des deutschen Faschismus: der NSDAP und ihrer zahlreichen Unterorganisationen, die von Millionen deutscher Frauen und Männer getragen wurden. Hier waren die inhumanen und anti-demokratischen Potentiale Deutschlands zusammengefasst und zu tragenden politischen, militärischen und ideologischen Säulen des Nazi-Machtapparates geformt und eingesetzt worden. Seit der militärischen Zerschlagung Nazi-Deutschlands durch die Antinazi-Koalition ist Neonazismus, in latenter oder manifester Form, ein Teil der politischen und sozialen Realität in beiden deutschen Gesellschaften geworden. Das Ziel der Nazis und Neonazis war die Einheit Deutschlands: «Nur mit der Einheit und Unabhängigkeit Deutschlands kann die Fesselung unseres Volkes an die ungerechten, unsozialen und unfreien Gesellschaftsordnungen beider Seiten gelöst werden. Im Prinzip ist es vollkommen gleich, ob diese Fesseln westlicher, großkapitalistischer oder östlicher, staatskapitalistischer Art sind ... Die Übernahme dogmatischer sozialistischer oder kapitalistischer Normen und Modelle muß abgelehnt werden. Der nackte Materialismus, der sich im westlichen Kapitalismus und im östlichen Marxismus offenbart, gebiert zwangsweise undemokratische Machtzentren ... Wir fordern eine klare deutsche Interessenvertretung unter Überwindung des Gezänks der Nutznießer der deutschen Spaltung.»[1152] Diese, in Zirkeln rechter Intellektueller im Westen entwickelte Programmatik konnte unter den obwaltenden gesellschaftlichen und politischen Verhältnissen

1152 Zitiert nach Opitz 1996, S. 419.

nur in der Bundesrepublik und eben nicht in der DDR entstehen. Es handelte sich hier um eine arbeitsteilige Vorgehensweise, die von den ehemaligen Nazis im geteilten Deutschland intellektuell und organisatorisch entwickelt worden war. Den unbelehrbaren ehemaligen SS- und Nazi-Führern in Westdeutschland gelang es, ihre politischen und organisatorischen Erfahrungen auf die folgende Generation zu übertragen. Michael Kühnen war ab 1968 bis zu seinem Tod einer der bekanntesten deutschen Neonazis. Er war ihr Anführer der, nach dem Vorbild der paramilitärischen «Sturmabteilung» (SA) der NSDAP, den Kampf auf die Straße verlagerte. Mit der «Gesinnungsgemeinschaft der Neuen Front» (GdNF) und der «Aktionsfront Nationaler Sozialisten» (ANS) verfügte sie über straff organisierte Kaderorganisationen, die einerseits Kontakte zu den alten Nazi-und SS-Funktionären ermöglichten, mit denen andererseits die vielfältigen internationalen Beziehungen koordiniert werden konnten. Neben verschiedenen politischen Organisationen und Parteien, wie z.B. NPD, DVU und FAP, agitierten – meistens verbunden durch ideologische oder personale Überschneidungen – pseudowissenschaftliche Verlage und Vereine, die das intellektuelle Geschäft der «Neuen Rechten» bis heute betreiben.[1153] Das in jahrzehntelangen Kämpfen durchgesetzte offene Bekenntnis zu einer faschistischen Option hatte Folgen für das Selbstbewusstsein der Neonazi-Führer insgesamt und markiert die Stelle, an der sich die Neonazis im Westen von ihren «Kameraden» im Osten fundamental unterschieden haben. Den Widerpart bildeten die Neonazis in der DDR, die sich, geübt in jahrelanger Subversion und trainiert in militärischen bzw. paramilitärischen Organisationen wie der NVA, den Grenztruppen, den FDJ-Ordnungsgruppen und der GST zu harten Kämpfern ausbilden konnten.

Alte und besonders unbelehrbare Nazis, die es zuhauf in der DDR gegeben hat, waren repressiveren Verhältnissen ausgesetzt, denen sie sich entweder anzupassen hatten oder die sie für ihre Zwecke nutzen konnten. Angeboten wurde ihnen die Militarisierung der Gesellschaft, Chauvinismus und die als Antizionismus ausgegebene antisemitische Ideologie. Damit erhielten sie vielfältige, offene und untergründige Möglichkeiten der ideologischen Durchdringung der ostdeutschen Öffentlichkeit mit ihrem auf die Aufhebung der Nachkriegsordnung gerichteten, subversiven Revisionismus.

Über Neonazis und deren mögliche Aktivitäten in der DDR gab es nur wenige Informationen, weil die SED dafür gesorgt hat, dass neonazistische, rassistische und antisemitische Vorgänge nicht nur vor ihrer eigenen Bevölkerung, sondern eben auch vor ausländischen Beobachtern so gut wie möglich geheim gehalten wurden. Allein ostdeutsche Neonazis, die als politische Häftlinge von der Bundesregierung «freigekauft» worden waren und die im Westen ihre bereits in der DDR entwickelten neonazistischen Einstellungen sichtbar machten, lie-

1153 Vgl. ID-Archiv 1992.

ßen bereits ab Ende der 1960er Jahre darauf schließen, dass diese Problematik in der DDR ebenfalls existierte.[1154]

Entgegen der gerne kolportierten Meinung, Neonazismus habe es erst ab den 1980er Jahren gegeben, muss klar und deutlich gesagt werden, dass es neonazistische Ereignisse in der DDR bereits ab 1950 gegeben hat. Im Wesentlichen handelt es sich hier um schriftliche und mündliche propagandistische Verherrlichung des nationalsozialistischen Großdeutschlands und der faschistischen Partei-, SS- und Wehrmachtsführer, die in Polytechnischen Ober-, Erweiterten Ober-, Hoch-, Fach- und Berufsschulen und in den bewaffneten Kräften (NVA, DVP usw.) stattfand.

Zur neonazistischen Bewegung gesellten sich ab den 1980er Jahren Skinheads, die durch ihre Uniformierung, Glatzen und Stiefel öffentlich die Existenz einer rechten Bewegung demonstrierten. Ab diesem Zeitpunkt stießen auch gewaltbereite Fußballfans, sogenannte Hooligans, hinzu, die zusammen mit den Skinheads eine solche Kraft entwickelten, dass sie sich sogar mit Einheiten der Volkspolizei Straßenschlachten liefern konnten.

Antifaschismus der SED

Mit den Ergebnissen der Forschungsarbeit ist mir klar geworden, dass die sektiererische Politik der KPD, besonders in der Endphase der «Weimarer Republik», als sie auf Geheiß des Exekutivkomitees der Kommunistischen Internationale den Kampf gegen die faschistischen Parteien einschränkte und die SPD zum Hauptfeind erklärte, den Sieg der Nazis befördert hat. Und so wie der theoretische und praktische Antifaschismus der KPD an den eigenen Fehleinschätzungen gescheitert ist, so ist auch der Antifaschismus der SED gegenüber den Neonazis, Rassisten und Antisemiten in der DDR gescheitert. Ausgangspunkt des Antifaschismus der deutschen Kommunisten war und ist die Reduktion der Ursachen des «Faschismus» allein auf die politisch-ökonomischen Sektoren und vor allem auf den Finanzsektor der kapitalistischen Volkswirtschaft, gemäß den Vorgaben durch die «Dimitroff-Thesen» des VII. Weltkongreß der Kommunistischen Internationale vom 2. August 1935, mit der der Charakter des Faschismus als eine «terroristische Diktatur der reaktionärsten, chauvinistischsten, am meisten imperialistischen Elemente des Finanzkapitals» bestimmt wurde. Das Volk wäre diesem Treiben quasi hilflos ausgeliefert und «die Massen des Kleinbürgertums, selbst ein Teil der Arbeiter, [...]» wären Opfer der sozialen und chauvinistischen Demagogie des Faschismus geworden. Auf dieser ideologischen Grundlage baute die SED den Glauben auf, sie hätte durch die Verstaatlichung der Großindustrie, des Großgrundbesitzes, der Banken und der Handelskonzerne in der DDR einen Staat ohne Neonazismus und Antisemitismus gegründet. Jedoch anders als das, was die «Dimitroff-These» aussagt, sind

1154 Vgl. ID-Archiv 1992.

Antisemitismus sowie Autoritarismus und Sexismus die Achsen einer Politik, auf denen Nazis ihre Politik entwickeln. Die kommunistische Deutung der Nazi-Diktatur als bloße Variante bürgerlicher Herrschaft, in der die aggressivsten Kreise des Finanzkapitals die Macht erobern, war für die Bevölkerung der DDR ein Angebot, darüber die eigenen Verstrickungen in den Nazismus und seine Massenmorde zu verdrängen. Bei dieser untauglichen Faschismusbestimmung wurde die Begeisterung von Millionen deutscher Frauen und Männer für den Nazismus und seinen eliminatorischen Antisemitismus völlig ausgeblendet. Durch diese Fehleinschätzung begründet gab es keine Motivation, auf die Deutschen in der SBZ bzw. DDR zuzugehen, mit dem Ziel, sie von den faschistischen bzw. rassistischen Überzeugungen zu befreien. Das blieb weitestgehend aus und das Ergebnis war nicht die Befreiung der ostdeutschen Bevölkerung von faschistischen Überzeugungen, sondern die Konstituierung einer klein-bürgerlichen Gesellschaft, in der ehemalige Nazis funktionaler Bestandteil der von der SED dominierten Eliten wurden. Diese Entwicklung hatte für das gesellschaftliche und individuelle Bewusstsein der Masse der Ostdeutschen tiefgreifende Folgen. Die Führung der SED hat versucht, dieses Bewusstsein insofern zu transformieren, als sie die Bevölkerung an die Seite der siegreichen UdSSR stellte und suggerierte, sie seien damit quasi Sieger und legitime Erben des fortschrittlichen Teils der Geschichte der deutschen Nation nach 1945.

Der Fokus meiner Darstellungen richtet sich auf den Widerspruch, der zwischen dem antifaschistischen Anspruch der SED und der gesellschaftlichen Wirklichkeit bestand. Dieser Widerspruch sollte nicht sichtbar werden, und Funktionäre wiesen immer wieder darauf hin, dass «ihre» ostdeutschen Landsleute entweder durch westliche «Infiltration» oder «Diversion» oder durch zerrüttete Familienverhältnisse dazu gebracht worden waren, den Nazismus zu verehren, Afrikaner und Juden zu hassen. Der Antifaschismus der SED war eine zentrale Ideologie für die Legitimation des Staates und auch deshalb entwickelte die Führung der SED eine Geheimniskrämerei um die Neonazis und ihre Aktionen (Hakenkreuzschmierereien, Verehrungen des Nazismus usw.). In einer Gesellschaft, in der «Völkerfreundschaft» und «Proletarischer Internationalismus» zu elementaren Postulaten von Ideologie und Propaganda gehörten, passte es nicht, wenn Afrikaner, Araber oder Juden feindselig abgelehnt, angegriffen, verletzt oder gar getötet wurden. «Um des unbefleckten antifaschistischen Firmenschildes willen war aber der Staat – zunächst jahrelang erfolgreich – darum bemüht, nichts dergleichen an die Öffentlichkeit dringen zu lassen. Mit dieser Taktik verhinderte er die notwendige gesellschaftliche Auseinandersetzung und antifaschistische Gegenwehr und half letztlich den Rechtsextremen, sich illegal auszubreiten.»[1155]

1155 Behrend, S. 23f.

Die hier zugrunde liegenden Erkenntnisse zu Vorfällen mit Antisemiten, Neonazis und Rassisten sind zu verstehen als die «Spitze einer Pyramide» und sind die empirische Basis für eine Kritik des SED-Antifaschismus.[1156] Dies ist deshalb von Bedeutung, weil diese Kritik bisher eine ausführliche empirische Grundlage hat vermissen lassen und es den orthodoxen Verteidigern der DDR bis dato gelungen ist, die historischen Fakten öffentlich immer wieder zu verdrängen.

Die Ursachen für die Existenz von Neonazis in der DDR lässt sich nicht allein aus Politik, Ideologie oder durch Einwirkungen aus dem Westen erklären, denn ohne innere Ursachen hätten faschistische Parolen keinen Nährboden finden können. Zu diesen «inneren Ursachen» gehörten die protestantische Arbeitsethik, ein jahrzehntelanges Wunschdenken, autoritäre Elemente des Preußentums, der vormundschaftliche Absolutheitsanspruch der Ideologie des «Marxismus-Leninismus», anti-emanzipatorische Haltungen, umfassende politische Repression auch gegen Demokraten und Sozialisten, autoritäre Denk- und Verhaltensweisen, die Militarisierung der Gesellschaft und des Bildungswesens, ein bürokratischer Zentralismus auf der militaristischen Grundlage von Befehl und Gehorsam, antidemokratisches Denken, bürokratische Verstaatlichungen in der Volkswirtschaft und letztlich die anhaltende Krise der ostdeutschen Ökonomie.[1157] Über eine umfassende Zensur hat die SED die Ausbreitung der Fakten über rassistische Ereignisse in allen Medien unterdrückt und verunmöglichte damit eine öffentliche Debatte. Bei der Reflexion der gesellschaftlichen Dimension des Antisemitismus und Neonazismus dürfen die Ursachenfelder nicht eingeengt werden allein auf die Analyse der ökonomischen Aspekte von Akteuren aus prekären, weil unterprivilegierten Lebens- und Familienverhältnissen, denn dieser Prozess der Faschisierung von Subjekten in der DDR war an die politischen und ideologischen Bedingungen der ostdeutschen Realität gebunden und daher auch verknüpft mit den historischen Determinanten der orthodoxen deutschen Arbeiterbewegung im Allgemeinen und der kommunistischen im Besonderen. Meine Studie widmet sich demnach den Ursachen, die den historischen und politischen Bedingungen der DDR zuzuschreiben sind, denn in der Auseinandersetzung mit den sozialen und politischen Inhalten und Kategorien der Politik der SED konstituierten sich weitere Bezugsfelder für die Ursachen von neonazistischen oder rassistischen Bewusstseinsinhalten, die auf tradierte, unverarbeitete Bewusstseinsstrukturen und -inhalte aus dem Nazismus weisen. Die Frage ist, warum die «antifaschistische» DDR keine wirksamen politischen oder theoretischen Konzepte gegen diese Entwicklung vorzuweisen hatte? Zog doch die Existenz von Antisemiten und Neonazis den von der SED verteidigten staatlichen und gesellschaftlichen Anspruch, die Grundlagen für

1156 Vgl. Waibel 1996.

1157 Vgl. Madloch 2000, S. 97ff.

Faschismus und Rassismus seien mit «Stumpf und Stiel ausgerottet» worden, grundsätzlich in Zweifel. Doch zumindest ist der Eindruck richtig, dass die SED die neonazistischen und rassistischen Vorfälle für ihre propagandistischen Zwecke insofern einsetzte, dass sie daran der Bevölkerung vorführen konnte, welche gefährlichen Einflüsse angeblich von der BRD ausgingen. Insofern glaubte die Führung der SED, dass sie mit ihrer Art und Weise der Bekämpfung neonazistischer Ereignisse im eigenen Land sowohl ihren Machtanspruch behaupten als auch die Stabilität ihres Weltbildes demonstrieren konnte.

Dass bis 1988 keine Untersuchung über Neonazis öffentlich möglich war, lässt sich nur unter der Maxime verstehen, dass nicht sein konnte, was nicht sein durfte. So blieben öffentliche Diskussionen zu diesem für die antifaschistische Führung mehr als peinlichen Faktum vollständig aus.[1158] Begründet auf den heutigen Erkenntnissen liegt der Beginn des neonazistischen Phänomens bereits in der Sowjetischen Besatzungszone (SBZ), also weit vor der Gründung der DDR, in der Form antisemitischer Angriffe auf jüdische Friedhöfe und auf Jüdinnen und Juden. Das von der SED verhängte und durchgesetzte Dogma der Verdrängung dieser Informationen hatte insofern fatale Auswirkungen, als, im Grunde genommen bis zum heutigen Tag, kein Bewusstsein über diesen Teil der Realität vorhanden war und ist. Erst Ende der 1980er Jahre, als es längst zu spät war, wurden intern wissenschaftliche Untersuchungen in Auftrag gegeben, die zum Ziel hatten, die subkulturellen Entwicklungen zu erfassen und eine Einordnung der Skinheads vorzunehmen. Die daraus ersichtlich gewordenen wissenschaftlichen Defizite der Zeitgeschichtsforschung betrafen jedoch das gesamte Spektrum der politisch nicht zu integrierenden Gruppen.

Hakenkreuze oder Hitlerverehrungen sind a priori beleidigend und verletzen nicht nur diejenigen, die als Verfolgte unter dem faschistischen Terrorregime gelitten haben. Sie schänden auch das Andenken an die Ermordeten, verweisen weiterhin auf die mangelnde Trauerarbeit und entlarven für kurze Augenblicke das Tabu als solches, das über dem Antifaschismus errichtet worden war.[1159] Neonazis in West- und Ostdeutschland hatten das gemeinsame Ziel, die DDR aufzulösen und beide deutsche Staaten zu vereinigen und spätestens nach 1989 konnten sie sich somit objektiv als Teil einer insgesamt erfolgreichen politischen Entwicklung verstehen.

1158 Hübner 1991, S. 158–166. Hübner äußert sich pointiert zum Versagen der zeithistorischen Forschung, bei der wissenschaftlichen Aufarbeitung des ostdeutschen Rechtsextremismus.

1159 Mitscherlich/Mitscherlich 1987, S. 13–84.

«Sozialistisches Faustrecht»

Das Zentralkomitee der SED hatte 1960 ein „sozialistisches Faustrecht», eine außergerichtliche Selbstjustiz eingeführt, um politisch ungelegene Aktionen im Keim zu ersticken. Die rechtliche Basis dafür waren eine Erklärung vom 4. Oktober 1960 sowie der daraus folgende Rechtspflegebeschluss vom 30. Januar 1961. Demnach musste die sozialistische Gesellschaft und auch der einzelne Bürger gegen Straftaten und alles, was als solches eingeschätzt wurde, aktiv vorgehen. Beispielhafter Vorläufer dafür war das Urteil des Kreisgerichts Potsdam vom 15. Januar 1959, auch «Kofferradio-Urteil» genannt. Ein Mann hatte auf seinem tragbaren Radioempfänger auf der Straße den «Westsender» RIAS gehört, als ihn ein Passant aufforderte, auf einen DDR-Sender umzuschalten. Weil der Radiobesitzer dem Wunsch nicht nachkam, zerstörte der Passant das Gerät. Das Kreisgericht lehnte die Klage auf Schadensersatz ab, mit der Begründung: «Gemäß § 228 BGB handelt derjenige nicht widerrechtlich, der eine fremde Sache beschädigt oder zerstört, um damit eine durch die fremde Sache hervorgerufene drohende Gefahr von sich oder einem anderen abzuwenden. Nachweislich hat der Kläger das Kofferradio so laut spielen lassen, daß auch andere Passanten den Hetzkommentar des RIAS hören konnten. Er hat sich damit einer Verbreitung von Hetze gegen unseren Staat zuschulden kommen lassen.»[1160] Das Urteil erschien in der führenden Juristenzeitschrift «Neue Justiz» und galt damit als Vorbild für Urteile in den Folgejahren. Um die Zeit des Mauerbaus herum machte sich auch die Presse für die Selbstjustiz stark. So titelte die Leipziger Volkszeitung am 16. Juni 1961: «Mit Provokateuren wird abgerechnet.» Untertitel: «Bitte schön, kommt hervor, wenn ihr tanzen wollt.» Der Artikel lobt die Mitarbeiter eines Betriebs Eisenbau, die einen Mann krankenhausreif geschlagen hatten, weil er mit einem Bier auf die von der SED verhassten West-Politiker Ernst Lemmer und Willy Brandt anstoßen wollte.[1161]

Horst Schumann, 1. Sekretär der FDJ und Mitglied des Komitees der Antifaschistischen Widerstandskämpfer, erteilte am 13. August 1961 einen «Kampfbefehl», der die Selbstjustiz auf die Spitze trieb: «Mit Provokateuren wird nicht diskutiert. Sie werden erst verdroschen und dann staatlichen Organen übergeben. [...] Jeder, der auch nur im geringsten abfällige Äußerungen über die Sowjetarmee, über den besten Freund des deutschen Volkes, den Genossen N. S. Chruschtschow, oder über den Vorsitzenden des Staatsrates Genossen Walter Ulbricht von sich gibt, muß in jedem Falle auf der Stelle den entsprechenden Denkzettel erhalten.»[1162]

Diese Vorgänge beförderten die in den 1970er und 1980er Jahren vielfältigen und gewalttätige Straftaten von neonazistisch und rassistisch eingestellten

1160 Neue Justiz 1959, S. 219.

1161 Werkentin 1995, S. 252ff.

1162 Zitiert nach Werkentin 1995, S. 254: Staadt 1993, S. 55.

Bürgern der DDR gegen Ausländer pauschal und besonders gegen sowjetische Militärangehörige und ausländische «Vertragsarbeiter».

Montagsdemonstrationen und Neonazis

Bei den Montagsdemonstrationen ab dem Oktober 1989 waren die Neonazis aktiv beteiligt. Leider ist diese Tatsache bisher in der Fülle der dominierenden Berichte, auch von Autoren der Bürgerbewegung, kaum wahrgenommen worden. Der «Verfassungsschutz der DDR» stellte in den Monaten Oktober, November und Dezember 1989 «in besorgniserregendem Umfang Erscheinungen rechtsextremistischen, insbesondere neofaschistischen, antisemitischen und ausländerfeindlichen Inhalts und Charakters» fest. Diese Entwicklung zeigte sich «im militanten, gewaltorientierten Auftreten von Gruppierungen und Einzelpersonen im Rahmen von Demonstrationen u.a. öffentlichkeitswirksamen Veranstaltungen, in offenen und anonymen Gewaltandrohungen gegenüber Personen und Sachwerten und im Verbreiten von Flugblättern, Anbringen von Losungen und Tätigen von Äußerungen neofaschistischen und antisemitischen Inhalts.» Von besonderer Bedeutung waren Aktivitäten «zur Bildung und Formierung von neonfaschistischen u.a. rechtsradikalen Gruppierungen/Gruppen wie z.B. sog. Ortsverbände der ‹Republikaner›, Zusammenschlüsse nach dem Vorbild der ehemaligen NSDAP bzw. zum weiteren Zusammenschluß und organisiertem Wirksamwerden von Skinheads.»[1163]

Diese erhellenden Auskünfte des neu geschaffenen «Verfassungsschutz der DDR» waren nichts als die lineare Fortschreibung der Arbeitsbeschreibungen des aufgelosten MfS, jedoch mit der wesentlichen Veränderung, dass es seit den geöffneten Grenzen im November 1989 «zu Kontaktaufnahmen von DDR-Bürgern zu Einrichtungen rechtsradikaler Parteien und Organisationen im Operationsgebiet [gemeint ist die Bundesrepublik, HW], vor allem zu den Republikanern [gemeint ist die Partei «Die Republikaner», HW], zum Eintritt von DDR-Bürgern in derartige Parteien/Organisationen und zur auftragsgemäßen Verbreitung neofaschistischer Materialien nach Rückkehr in die DDR» gekommen war.

Im August 1989 wurden in Eisleben Angehörige der Kampfgruppen verunglimpft und es wurde der Faschismus verherrlicht.

In Dessau wurden im September 1989 in einer Gaststätte durch mehrere Jugendliche u.a. «fasch. Parolen» gegrölt, wie z.B. «Ausländer raus». Im Oktober 1989 grölte in Dessau ein «Jungerwachsener» u.a. neonazistische Parolen: «Heute gehört uns Deutschland und morgen die ganze Welt.»[1164]

1163 BStU, MfS, ZAIG Nr. 7955, Bl. 4.

1164 BStU, MfS, BV Halle, Abt. XX Sachakten Nr. 3897, Bl. 3.

Im September 1989 waren in Halle faschistische Symbole geschmiert worden und etwa zehn Personen, «sogen. Faschos», grölten «Sieg Heil».[1165] In Halle-Neustadt war es zur «Bildung einer Ortsgruppe» der Partei «Die Republikaner» gekommen. In Halle wurden ausländische Studenten beschimpft, gewalttätig überfallen und es wurde ihnen weitere Gewalt angedroht. Ebenso wurde die jüdische Gemeinde Halle «diskreditiert».

Am 2. Oktober 1989 kam es in Leipzig nach der Beendigung des Montagsgebetes vor der Nikolaikirche durch Gruppen von Jugendlichen und Einzelpersonen zu Beschimpfungen und gewalttätigen Angriffen auf die Sperrketten der DVP.[1166]

In Plauen (Bezirk Karl-Marx-Stadt) wurde am 7. Oktober 1989 der Hitlergruß gezeigt.[1167]

In Wolfen bei Bitterfeld (Bezirk Halle) demonstrierten am 31. Oktober 1989 Tausende für ein Ende der Herrschaft der SED. Dabei wurden auch Transparente mitgeführt, auf denen zu lesen war: «Deutschland den Deutschen – Schwarze raus aus der DDR».[1168]

Im gleichen Zeitraum wurde in Lohsa (Bezirk Cottbus): «Russentod», in Halle: «Ausländer raus» gerufen und an einem Wohnheim in Rathenow wurde an Wände geschmiert: «Tod den Negern».[1169]

In Aschersleben (Bezirk Halle) wurde im Oktober 1989 eine Waffenkammer der GST angegriffen und in Bitterfeld gab es eine neonazistische Äußerung: «Wenn ich einen Auftrag und eine Bombe kriegen würde, ich würde sie sofort in die nächste KL bringen. Man müßte alle Kommunisten an die Wand stellen und die KZ wieder aufmachen.»[1170]

In Eisleben (Bezirk Halle) forderten im Oktober 1989 aus dem Strafvollzug entlassene Personen öffentlich: «Schönhuber an die Macht», «Rote raus» und «Schönhuber muß einmarschieren».[1171]

In mehreren Kreisen des Bezirkes Halle gab es von Oktober bis zum Ende Dezember 1989 «mehrfach Drohungen gegen das Leben und die Gesundheit von Parteifunktionären und gesellsch. Kräften sowie MfS u. DVP». Außerdem gab es «Morddrohungen» gegen Funktionäre, Aufforderungen «zur Lynchjustiz an ehem. Partei- und Staatsführern sowie Bombendrohungen gegen öffentliche Einrichtungen bzw. «Kreisleitungen SED usw.».[1172]

1165 BStU, MfS, BV Halle, Abt. XX Sachakten Nr. 3897, Bl. 3.

1166 CFS Nr. 55 vom Leiter der BV Leipzig, Generalleutnant Hummitzsch.

1167 https://www.youtube.com/watch?v=skttWDui-H0

1168 BStU, MfS, Sekr. Neiber Nr. 439, Bl.78.

1169 Vgl. Steinheim 2000; Behrends 2003: Fremde und Fremd-Sein, S. 15.

1170 BStU, MfS, BV Halle, Abt. XX Sachakten Nr. 3897, Bl. 4.

1171 BStU, MfS, BV Halle, Abt. XX Sachakten Nr. 3897, Bl. 3.

1172 BStU, MfS, BV Halle, Abt. XX Sachakten Nr. 3897, Bl. 3.

Ab Anfang Oktober 1989 brachten insgesamt 14 Sonderzüge der Deutschen Reichsbahn Botschaftsflüchtlinge aus Prag über Dresden und Karl-Marx-Stadt nach Bayern (Hof). In Dresden kam es vom 3. bis 6. Oktober zu gewalttätigen Zusammenstößen im und vor dem Hauptbahnhof. Am 3. und 4. Oktober 1989 kam es zwischen Einheiten der Volkspolizei und Soldaten in Kampfanzügen und fünftausend bis achttausend radikalen Rowdys bzw. «asozialen Elementen» (Punks und Skinheads) zu Gewalttätigkeiten und es wurden durch Demonstranten Glasscheiben des Bahnhofes durch Pflastersteinwürfe zerstört. Ein Fahrzeug der DVP wurde umgestürzt und mit einer Brandbombe angezündet. Die Volkspolizei setzte Wasserwerfer, Tränengas und Schlagstöcke ein. Demonstrierende riefen «Freiheit, Freiheit» und «Deutschland, Deutschland» und es wurde das verbotene Deutschlandlied gesungen.[1173] Wegen den «Ausschreitungen am 4.10.89 im Bereich des Dresdener Bahnhofes» wurden u.a. sieben Lehrlinge bzw. junge Arbeiter (18, 19 und 21 Jahre) ermittelt, die mit Brandbomben, Steinen und Flaschen auf die Sicherheitskräfte geworfen hatten und gegen sechs von ihnen wurde Haftantrag gestellt.[1174]

In Dresden «rotteten» sich nach einer Information des MdI am 6. Oktober 1989 «im Stadtzentrum Dresdens Personen und Personengruppen zusammen und begingen rowdyhafte Handlungen und provokatorisch-demonstrative Störungen, die durch konzentrierten Einsatz von Kräften der DVP beseitigt» werden konnten. Gegen 19 Uhr versammelten sich auf dem Leninplatz etwa 400 Personen und bald befanden sich dort «in kurzer Zeit» etwa 5.000 Personen. Aus der Menge heraus wurden Steine und Flaschen gegen die Einsatzkräfte geworfen sowie mehrfach «feindliche Losungen» gebrüllt: «Schlagt die Kommunistenschweine und hängt sie auf.» Dieses Handeln und Verhalten von mehreren Hundert aktiven «Störern» offenbarte den Offizieren der DVP eine «massive feindliche Einstellung gegen unseren Staat, die Partei der Arbeiterklasse und gegen die Schutz- und Sicherheitsorgane». Die «erhöhte Aggressivität fand darin ihren Ausdruck, daß Eisenstangen und Eisenkugeln geworfen, Luftdruckpistolen benutzt sowie Reizsprays und Schlagringe mitgeführt und Schutzhelme getragen wurden».[1175] Auf der Prager Straße wurden drei Straßenlaternen zerstört.[1176] Erst durch eine Neuformierung und Verstärkung der Einheiten der DVP wurde, mit der Unterstützung von «Kräften der NVA», eine erneute Ansammlung bis zum 7. Oktober 1989 gegen 00:30 Uhr «vollständig aufgelöst». Wegen des aggressiven Vorgehens der «Störer» und ihrer verhärteten Renitenz wurden von VP-Einheiten mit Sonderausrüstung zur Herstellung der

1173 Die Zeit, 6.10.1989; Berliner Zeitung, 1.10.1994; Bild-Zeitung, 6.10.1989; http://www.wikiwand.com/de/Montagsdemonstrationen_1989/1990_in_der_DDR#/Dresden.2C_4._Oktober_1989.

1174 BStU, MfS, Sekr. Neiber, Nr. 72, Bl. 5ff.

1175 BStU, MfS, Sekr. Neiber, Nr. 72, Bl. 73.

1176 BStU, MfS, Sekr. Neiber, Nr. 72, Bl. 72ff.

öffentlichen Ordnung und Sicherheit «Reizwurfkörper» eingesetzt. Insgesamt wurden 367 Demonstranten abgeführt, unter denen sich 6 Skinheads befanden. Der überwiegende Teil der «Störer» waren Personen von 18 bis 30 Jahren, die im Bezirk Dresden lebten. Aus den Bezirken Karl-Marx-Stadt und Leipzig waren weitere Personen nach Dresden gekommen.[1177]

Am 7. Oktober fand in Dresden eine Demonstration mit etwa viertausend Personen statt, bei der auch die Nazi-Parole «Dresden erwache» gerufen wurde.[1178]

Als einer der Züge mit den Botschaftsflüchtlingen aus Prag Plauen passierte, sangen dort einige Bewohner: «Deutschland, Deutschland über alles ...».[1179]

In Leipzig nahm eine Vielzahl von «negativ-dekadenten Jugendlichen» (Skinheads, Punks, Heavy Metals und Gruftis) an den montäglichen Massendemonstrationen teil, doch bis Anfang November 1989, wären sie nicht «rowdyhaft in Erscheinung» getreten. Nach Ansicht der BVfS wäre jedoch die Gefahr «einer Eskalierung vor allem durch Skinhead, andere neofaschistisch eingestellte Jugendliche und allgemein rowdyhafte, kriminelle Elemente» gegeben gewesen.[1180] In Leipzig wurde aus der Parole der Montagsdemonstrationen «Wir sind das Volk», die im September noch gerufen wurde, nach der Öffnung der Mauer am 9. November 1989: «Deutschland einig Vaterland» und «Wir sind ein Volk».[1181]

Auch in Dresden wurde am 4. Dezember 1989 auf der Demonstration «Deutschland einig Vaterland» gerufen.

In Halle kam es am 11. Dezember 1989 bei einer Demonstration zu gewalttätigen Auseinandersetzungen durch Skinheads, die «Wiedervereinigungsforderungen laut grölten und sofort gegen andere Meinungsäußerungen gewalttätig vorgingen».[1182]

In Leipzig nahmen am 22. Januar 1990 zwei Neonazis mit einem schwarz-rot-goldenen Banner an der Montagsdemonstration teil, auf dem «Deutschland einig Vaterland» stand. Davon gibt es ein Foto von Merit Schambach, das auch am 28. Dezember 1989 in der Tageszeitung «Junge Welt» Nr. 304 abgedruckt wurde.[1183]

Im Februar 1990 befanden sich in Leipzig an der Spitze einer Montagsdemonstration Angehörige und Sympathisanten der Partei «Die Republikaner», die den Hitlergruß zeigten und das «Deutschland-Lied» sangen.[1184] Bei den letzten

1177 BStU, MfS, Sekr. Neiber, Nr. 72, Bl. 73.

1178 http://www.deutsche-einheit-leipzig.de/index.php/sowjetunion/96-themenbloecke-cssr/216-wir-weinen-ihnen-keine-traene-nach.

1179 Bild-Zeitung, 8.10.1989.

1180 BStU, MfS, HA XX/AKG Nr. 5939, Bl. 173f.

1181 Siegler 1991, S. 33.

1182 BStU, MfS, HA XX Nr. 11150, Bl. 4; BStU, MfS, BV Halle, Abt. XX Sachakten Nr. 3897, Bl. 4.

1183 http://www.deutschlandradiokultur.de/deutsche-rufe-5-8-deutschland-einig-vaterland.1001.de.html?dram:article_id=293560.

1184 Hirsch/Heim 1991, S. 112.

Montagsdemonstrationen bildeten Neonazis zeitweise an der Spitze des Zuges einen eigenen Block und «machten Jagd auf vermeintliche Linke und Migrant_innen. Auf Protest gegen dieses Auftreten wurden von Seiten demonstrierender Bürger_innen mit Schmähungen und Gewalt reagiert».[1185]

Auch aus dieser zynischen Hochstimmung heraus sind die pogromartigen Angriffe auf Migranten in Hoyerswerda (1991) und Rostock-Lichtenhagen (1992) zu erklären. Da die Neonazis in der DDR ohne republikweite organisatorische Strukturen blieben, agierten sie vorwiegend im lokalen oder bestenfalls im regionalen Rahmen. In den 1980er Jahren gab es von Neonazis im Westen immer wieder sporadische Versuche, die DDR als Operationsgebiet zu nützen, doch eine zielgerichtete, systematische Zusammenarbeit war bis zum Fall der Mauer nicht zu realisieren. Die neonazistische «Aufbauarbeit Ost» war erst nach dem Fall der Mauer möglich, wo offen Kontakte geknüpft werden konnten, besonders durch die bereits früher in den Westen abgeschobenen notorischen Neonazis, wie Arnulf Wilfried Priem, Rainer Sonntag oder durch die Brüder Frank und Peter Hübner.[1186] Sie gingen nach 1989 in die DDR zurück und bildeten dort die ersten organisierten Zentren. Das MfS interessierte sich für diesen Bereich besonders intensiv, stellte bis 1988 jedoch nur wenige unmittelbare Kontakte zwischen ost- und westdeutschen Neonazis fest.[1187]

Einzelne Neonazis oder auch Mitglieder von Gruppen wurden strafrechtlich erfasst und erschienen in der Kriminalstatistik und in der Presse unter dem Begriff «Rowdy». Die später hinzugekommene Klassifizierung von Neonazis als «Faschos», als quasi getarnte Form des Neonazismus, war für den Sicherheitsapparat kaum noch zu identifizieren und erschien also nicht in den offiziellen Darstellungen. Auch deshalb war das Potential der aggressiven und militanten Neonazis erheblich größer als es MfS und Volkspolizei (sich) glauben machen wollten. In ihren Betriebs-Kollektiven und Schulklassen waren sie nicht weiter aufgefallen, da ihre individuellen Verhaltensweisen sich von denen in der Gruppe, in der sie sich gerade befanden, nicht unterschieden. Das falsche Resümee einer FDJ-Funktionärin lautete: «Ich glaube, sie sind zum größten Teil nicht unsere Feinde, aber eine innere Abschottung ist vorhanden.»[1188] Diese Beschreibung der Neonazis macht deutlich, dass sie in die Arbeit der FDJ nicht ohne Weiteres zu integrieren waren und dass sie sich nachgerade dem Einfluss der herrschenden Ideen entzogen hatten. Ein, wie mir scheint, treffliches Beispiel für einen solchen äußerlich angepassten Neonazi, war der ehemalige Weimarer FDJ-Sekretär Thomas Dienel, der nach 1989 zum Vorsitzenden der «Deutschen Nationalen Partei» (DNP) und zum Vorsitzenden der NPD in Thüringen wurde

---

1185 http://www.rassismus-toetet-leipzig.org/?s=Leipzig+rassistisch+

1186 Vgl. ID-Archiv im IISG 1992, S. 75–110.

1187 Vgl. Süß.

1188 Information für den August 1983, FDJ BL Berlin, 9.9.1983, SAPMO-BArch, DY 24/ A 13.370, S. 9f.

und mit antisemitischer und neonazistischer Hetze für Aufsehen sorgte. Ein weiteres Beispiel ist Hermann Flemming, der nach der Wende zum stellvertretenden Vorsitzenden der Partei «Die Republikaner» im Land Brandenburg wurde und vor der Wende Oberst der «Nationalen Volksarmee» (NVA) war.

Die SED und ihre Politik eines völkischen Nationalismus

Die deutschen Kommunisten hatten die soziale Revolution der nationalen Befreiung untergeordnet und das hatte ökonomische Ausbeutung und politische Unterdrückung in der DDR zur Folge.[1189] Ein Ausdruck ihres völkischen Nationalismus war die Parole von der militärischen Verteidigung der «Nation DDR». In der DDR wurde der Nationalismus offiziell als «reaktionäre, bürgerliche Ideologie und Politik» gekennzeichnet, die «auf die Entfachung nationaler Feindschaft und nationalen Hasses sowie auf die Unterdrückung der eigenen Nation gerichtet ist».[1190] Völkischer Nationalismus ist aber exzessiver Nationalismus mit militärischer Prägung und das war genau das Konzept, das die SED zu verantworten hatte. Wie heißt es doch 1956 in einer Entschließung des V. Pädagogischen Kongresses der DDR so treffend? «So glühend wie die Liebe zu Deutschland, die wir in unseren Herzen zu entzünden imstande sind, so heiß wird der Haß unserer Jugend gegen alle Feinde des deutschen Volkes sein, und so stark ihre Bereitschaft und ihr Wille [...] die Deutsche Demokratische Republik gegen jeden Angriff, gegen jede Schädigung zu verteidigen.»[1191]

Direkt nach dem II. Weltkrieg waren offiziell selbst Kriegsspielzeug und Marschmusik verpönt und erst durch die Entfachung eines «neuen» militärischen Geistes zur Aufrüstung wurde eine Entwicklung hin zum Militarismus in Theorie und Praxis angeschoben. So wurden nationalistische Einstellungen und Ideen benutzt, um die Herrschaft der SED zu zementieren, da die gesellschaftlichen Vorstellungen immer unglaubwürdiger wurden. In der Sowjetunion hatte sich unter Stalin eine Geschichtsschreibung durchgesetzt, die einen «antimarxistischen, großrussischen Nationalismus und Chauvinismus ohnegleichen entwickelt» und die 1951/52 die zaristische Unterdrückungspolitik gegenüber Ukrainern, Kaukasusvölkern und Kirgisen für «fortschrittlich» erklärt hatte. Zu diesem Zeitpunkt unternahmen auch die Historiker in der DDR eine Kehrtwendung zur «nationalen» Tradition, die zu einem Bestandteil der herrschenden Ideologie wurde.[1192]

Die neonazistischen bzw. rassistischen Exzesse in der DDR waren auch Ausdruck kritischer bis ablehnender Einstellungen in der Bevölkerung gegenüber der führenden Partei und der von ihr kontrollierten politischen und sozialen Ordnung. Die latent vorhandenen Frustrationen und die Demoralisierung über

1189 Marcuse 1999, S. 32f.

1190 Klaus/Buhr 1972, S. 212.

1191 Weber/Pertinax 1958, S. 131f.

1192 Weber/Pertinax 1958, S. 131f.

die Unmöglichkeit der Veränderung von sozialen und politischen Verhältnissen fanden im Neonazismus einen politischen Ausdruck. Antisemitismus war und ist, neben dem Rassismus, ein zentrales Element der Ideologie von Nazis und Neonazis. Alle organisierten Neonazis verfügen über eine rassistische Ideologie, aber nicht alle Rassisten oder Antisemiten sind organisierte Neonazis. Diesen Zusammenhang muss man verstehen, wenn man begreifen will, in welchem informellen Kontext Neonazis, Rassisten und Antisemiten kommunizieren. Selbst nach den rassistischen Pogromen in Hoyerswerda und Rostock-Lichtenhagen wurde bagatellisierend von «Ausländerfeindlichkeit», «Fremdenfeindlichkeit» oder «Rechtsextremismus» gesprochen, aber so gut wie nie von Neonazismus oder Rassismus. Man wird sich mit solchen Irrationalitäten beschäftigen müssen, wenn man erklären will, warum sich bis heute – im Unterschied zu anderen europäischen Ländern und den USA – keine Neonazismus- bzw. Rassismusforschung in Deutschland etablieren konnte. Es kamen kollektive Abwehrstrategien zum Zuge, die nur die Möglichkeit der absoluten Diskontinuität zur Nazivergangenheit zuließen. Auch hier wurde – und zwar in der DDR wie in der BRD – nach dem Gesetz der unmöglichen Tatsache gehandelt: Nazismus und Antisemitismus hat es gegeben, aber es gibt ihn nicht mehr. Das deutsche ideologische Syndrom aus Nationalismus und Rassismus bzw. Antisemitismus ist nach 1945 nicht verschwunden und seine unveränderten Achsen wurden (von Adorno) aufgezeigt: Aus «völkisch» wurde «ethnisch», aus «Rasse» wurde «Kultur» und aus Antisemiten wurden Antizionisten oder Philosemiten. Nicht nur Antisemitismus, sondern auch Nationalismus und Rassismus durften öffentlich nicht stattfinden, wucherten aber sowohl auf der gesellschaftlichen Ebene der Alltagskultur als auch in Form eines institutionalisierten Rassismus fort.[1193]

1193 Vgl. Stender 2011, S. 227–249; Institut für Sozialforschung (Hg.), S. 10 u. S. 12.

Schlussfolgerungen

Der Antifaschismus ist nicht nur als würdevolle Erinnerung und als lebendige Geschichtslektion zu verteidigen, sondern er muss gerade dort einer kritischen Analyse unterzogen werden, wo er versagt hat.[1194] «Die europäischen Antifaschisten, die bereit waren, die Verbrechen Stalins anzuprangern, waren in der Minderheit. Denn wenn die Kommunisten unentbehrliche Verbündete im Kampf gegen den Faschismus sind, darf ihre Politik nicht in Frage gestellt werden. Der antifaschistische Kampf könnte sich ja selbst disqualifizieren. So verschwieg man den sowjetischen Despotismus, die Prozesse, die kollektiven Erschießungen, die Deportationen, die Lager (von der Zwangskollektivierung ganz zu schweigen, die damals selbst von der härtesten antikommunistischen Literatur gar nicht zur Kenntnis genommen wurde).»[1195]

In der Welt der SED waren die Bösen, also die deutschen Faschisten, im Mai 1945 besiegt worden und überlebten noch im Westen, dank der Unterstützung westdeutscher Regierungen. Diese Ideologie des schwarz-weiß gemusterten Freund-Feind-Denkens ist sicherlich nicht nur dem Kalten Krieg geschuldet, sondern hat seine weiteren Ursachen in einer marxistisch-leninistischen Ideologisierung der Vorstellungen von Karl Marx und Friedrich Engels und war damit längst zu einem zentralen Hindernis bei der Analyse der realen Verhältnisse selbst in der DDR geworden. Für Herbert Marcuse hatte der Kampf gegen kapitalistische Ideologien und Verhaltensweisen im Staatssozialismus «in erster Linie innerpolitische Bedeutung: Er soll der Gefahr der Entspannung entgegenwirken, die mit wachsender Produktivität einhergeht. Außerdem, und das ist vielleicht sogar noch wichtiger, soll er eine gutausgebildete, geschickte und disziplinierte Arbeitskraft verbessern und vermehren.»[1196]

Für Marcuse war der Staatssozialismus «in seiner gesellschaftlichen Tendenz anti-revolutionär. Die Verfügungsgewalt über die Produktionsmittel ist an den Staat übergegangen, der sie unter Verwendung von Lohnarbeit ausübt. Der Staat hat also die Funktion des ‹Gesamtkapitalisten› übernommen. Die unmittelbaren Produzenten sind so wenig Herr der Produktion (und damit ihres Schicksals) als unter dem System des liberal-demokratischen Kapitalismus [...] die Vergesellschaftung der Produktionsmittel, ihre Verwaltung durch die ‹unmittelbaren Produzenten› bleibt die Vorbedingung des Sozialismus. Sie ist sein erstes Kennzeichen. Wo es fehlt, da ist keine sozialistische Gesellschaft [...] Dazu gehört zunächst die Abschaffung der Lohnarbeit. Die bürokratisch-staatliche Verwaltung der Produktionsmittel schafft die Lohnarbeit nicht ab. Das ist erst der Fall,

1194 Traverso 2000, S. 34f; vgl. Werth 2004.

1195 Traverso 2000, S. 41f.

1196 Marcuse 1969, S. 220f.

wenn die Produzenten selbst unmittelbar die Produktion verwalten, d.h. selbst bestimmen, was wieviel, und wie lange produziert wird».[1197]

Die staatsozialistische Variante mit ihrer ökonomischen Ausbeutung, politischen Unterdrückung und Bespitzelung, mit ihren Berufsverboten und der von nationalistischen und militaristischen Vorstellungen durchdrungenen Öffentlichkeit war für die übergroße Mehrheit der Bevölkerung in Westdeutschland kein erstrebenswertes Beispiel für eine emanzipatorische Alternative. Die von der SED zu verantwortenden gesellschaftlichen und staatlichen Verhältnisse waren damit ein wichtiges Hindernis für die Konstituierung einer auf Emanzipation und Autonomie setzenden politischen Formation. Mit dem Untergang der DDR haben sich deshalb die Bedingungen nachgerade verbessert und insofern war das «Experiment DDR» historisch gesehen eine notwendige Erfahrung. Kritisch auf die Geschichte der deutschen Kommunisten blickend, lassen sich hier ihre Irrtümer und Fehlentwicklungen quasi mikroskopisch genau erkennen.

Allein mit Verboten oder umfassender Repression wird es nicht gelingen, die rechte Bewegung in Deutschland zu stoppen, dass beweisen auch die Vorgänge in der DDR eindeutig. «Nur wenn wir – wie schmerzlich auch immer – die geschichtlichen Traumatisierungen verarbeiten, mit denen wir die Beziehungen zwischen Intelligenz und Proletarier belasten, haben wir die Chance und das Recht zu einem glaubwürdigen Neuanfang.»[1198] Dazu wird es nötig sein, eine basisdemokratische und antifaschistische Offensive zu starten, die den Nazis das Wasser abgräbt und mit der die Bereiche ins Visier genommen werden, die bisher von Demokratie unbeleckt sind, gesellschaftliche und staatliche Bereiche, in denen bislang von oben herunter diktiert wird, was geht und was nicht geht. Eine solche demokratische Offensive in den Verwaltungen und in den Produktionsbereichen würde einen Sog entstehen lassen, in dem autoritäre, rassistische und antisemitische Vorstellungen und Verhaltensweisen erfolgreich bekämpft werden können.

Rosa Luxemburg hat in ihrer erst 1922 veröffentlichten Schrift: «Zur russischen Revolution» beschrieben, zu welchen Fehlentwicklungen das Partei- und Revolutionskonzept Lenins und der Bolschewisten führen wird und welche Essentials für einen basisdemokratisch verfassten Sozialismus unabdingbar sind: «Freiheit nur für die Anhänger der Regierung, nur für die Mitglieder einer Partei – und mögen sie noch so zahlreich sein – ist keine Freiheit. Freiheit ist immer die Freiheit des Andersdenkenden [...] Ohne allgemeine Wahlen, ungehemmte Presse und Versammlungsfreiheit, freien Meinungskampf erstirbt das Leben in jeder öffentlichen Institution, wird zum Scheinleben, in der die Bürokratie allein das tätige Element bleibt. Das öffentliche Leben schläft allmählich ein,

1197 Marcuse 1998, S. 129–143.

1198 Vgl. Roth 2007, S. 2f.

einige Dutzend Parteiführer von unerschöpflicher Energie und grenzenlosem Idealismus dirigieren und regieren, unter ihnen leitet in Wirklichkeit ein Dutzend hervorragender Köpfe, und eine Elite der Arbeiterschaft wird von Zeit zu Zeit zu Versammlungen aufgeboten, um den Reden der Führer Beifall zu klatschen, vorgelegten Resolutionen einstimmig zuzustimmen, im Grunde als eine Cliquenwirtschaft – eine Diktatur allerdings, aber nicht die Diktatur des Proletariats, sondern die Diktatur einer Handvoll Politiker, d. h. Diktatur im rein bürgerlichen Sinne, im Sinne der Jakobinerherrschaft [...] Das ist ein übermächtiges, objektives Gesetz, dem sich keine Partei zu entziehen vermag.»[1199]

Seit dem Ende des Kalten Krieges vollzog sich in der Kommunismusforschung ein neuer Aufbruch und auf beiden Seiten des geschleiften Eisernen Vorhangs haben die alten Legitimationszwänge und Frontstellungen an Überzeugungskraft verloren. Nun ist es möglich, mit professioneller Unbefangenheit neu an das Thema heranzugehen. Die neuen Fragestellungen werden auf entscheidende Probleme einer kritischen Historie des 20. Jahrhunderts konzentriert, um die sozialen, ökonomischen und kulturellen Prozesse des vergangenen 20. Jahrhunderts zu rekonstruieren, auch um die Entwicklungstendenzen der Gegenwart besser begreifen zu können.[1200] Diese Kritik der gesellschaftlichen und staatlichen Verhältnisse der DDR kann auch als Voraussetzung dafür angesehen werden, in Deutschland einen Antifaschismus zu organisieren, der gleichzeitig die Autonomie und die Emanzipation der Gesellschaft zum Ziel hat. Nach der Überwindung der antikommunistischen wie antiimperialistischen Normierungen ist der Weg zu neuen Erkenntnissen offen und entsprechend überraschend sind manche der seither erhobenen Befunde.[1201]

Der Neonazismus ist nicht nur in Deutschland, sondern auch in Europa weiter auf dem Vormarsch. Keine staatliche Maßnahme, keine Aktion der Antirassisten bzw. Antifaschisten hat diese bedrohliche Entwicklung aufhalten können. Es werden viele Versuche unternommen, die jedoch nicht fruchten oder die das Problem sogar verschärfen. Nehmen wir die verschiedenen Kampagnen zum Verbot neofaschistischer oder antisemitischer Organisationen oder Gruppen. Kein Verbot hat bisher den Erfolg gebracht, den die Verbotsbefürworter in ihre Absichten intendiert haben. Im Gegenteil – die Neonazis sind stärker und effektiver geworden. Die antifaschistische Verbotsphilosophie hat eine lange Geschichte, die zurückreicht in die 1920er Jahre, als staatlicherseits eine Weile versucht wurde, mit Verboten das Aufkommen der Nazis zu stoppen. Hitler wurde zu einer Gefängnisstrafe verurteilt, wo er «Mein Kampf» schrieb, und dazu war die NSDAP kurzzeitig verboten. Als die Weltwirtschaftskrise Ende der 1920er Jahre bedrohliche Ausmaße annahm, steigerte sich ihr Zuspruch

1199 Luxemburg 1983, S. 359ff.

1200 Vgl. Stiftung Sozialgeschichte. Wir über uns: www.stiftung-sozialgeschichte.de

1201 Roth/Ebbinghaus 2004, S. 4f.

sowohl was ihre Mitgliederzahl anging als auch bei den Stimmen, die für sie bei Wahlen abgegeben wurden. Nach 1945 setzten beide deutsche Staaten die repressive Linie gegen Nazis und ihre Organisationen fort. Die NSDAP, von den alliierten Siegermächten verboten, blieb auch durch die deutschen Behörden verboten. Nachfolgeorganisationen, die sich im Westen gründeten, wurden verboten oder zerschlagen. In der DDR wurde die NDPD zugelassen, gedacht als Auffangbecken für ehemalige Funktionäre und Soldaten des Nazi-Staates. Ende der 1960er Jahre erlaubten die Behörden in Westdeutschland die Gründung der NPD, die schnell Zulauf hatte. Gegenwärtig geht es immer noch um das Verbot dieser NPD. Ein Verbotsantrag der rot-grünen Bundesregierung unter Federführung des ehemaligen Innenministers Otto Schily beim Bundesverfassungsgericht scheiterte, weil die Regierung nicht bereit war, die Namen ihrer Geheimdienstagenten, die in der NPD für sie arbeiten, offenzulegen. Danach haben antifaschistische Gruppen eine Kampagne entfaltet, die auf ein Verbot der NPD zielt. Dafür wurden in einem mehrmonatigen Ablauf mehrere Tausend Unterschriften gesammelt. Die NPD ist noch immer da und ein Verbot ist in weite Ferne gerückt. Ich kritisiere diese perspektivlose Strategie, deren alleiniger Inhalt in der Unterdrückung neonazistischer Organisationen oder Parteien liegt. Antisemitische, nationalistische und rassistische Einstellungen haben in der deutschen Bevölkerung, von den Schülern angefangen bis zu den Rentnern, weite Verbreitung gefunden, so dass die Verbotsversuche gegen eine kleine Partei drohen ins Leere zu stoßen. Bis zu zwei Drittel der Deutschen, egal ob sie katholisch oder evangelisch sind, ob sie Nord-, Süd-, West- oder Ostdeutsche sind, sind sich in großen Teilen einig in ihrer Ablehnung von Ausländern und Juden. Diese zwei Drittel hegen gegenwärtig politische Bewertungen, wie sie von der NPD seit ihrer Gründung Ende der 1960er propagiert werden. Doch die Verbotsbefürworter wollen eine schnelle Lösung dieses monströsen Problems, sie wollen diese am Horizont aufziehende Barbarei verbieten. In dieser Verbotsphilosophie findet sich eine in Deutschland lange gehegte autoritäre Bewusstseinsstruktur wieder.

Ein emanzipatorischer Weg zu einer Gesellschaft ohne Rassismus und Autoritarismus kann nur begründet werden, wenn die ungerechten sozialen und politischen Verhältnisse in Deutschland einer radikalen Kritik unterzogen werden. Die Massenarbeitslosigkeit der letzten Jahre hat Massenverarmung und -verelendung, nicht nur bei Kindern und Jugendlichen, hervorgebracht. In Deutschland leben über eine Million Kinder von Sozialhilfe, in manchen ostdeutschen Regionen sind das etwa 25 Prozent aller Kinder, und die Prognosen gehen von einer deutlichen Steigerung dieser Kinderarmut in den nächsten Jahren aus.

Der Kampf gegen die neuen Nazis ist auf allen Ebenen zu führen und er muss mit Argumenten versehen sein, die Wirkung zeigen. Deshalb müssen die Auseinandersetzungen mit den Neonazis mit einer Kritik der politischen

Ökonomie, d.h. mit einer kritischen Analyse der Ursache der gegenwärtigen ökonomischen und politischen Probleme verbunden werden. Ähnliches ist dort zu betrachten, wo Bundes- und Landesregierungen Programme finanzieren, die am Ende zu einer Stärkung der Neonazis führten, z.B. mit der indirekten Finanzierung neofaschistischer Strukturen durch die «akzeptierende» Jugend- oder Sozialarbeit. Die NPD wird vom deutschen Staat finanziert, zum einen direkt durch die Wahlkampfkostenerstattung und zum anderen indirekt durch exorbitante Honorare für Spitzeldienste von Nazis, die gleichzeitig Agenten des Geheimdienstes oder der Polizei sind. Im Konzept der staatlichen Repression des Rassismus stellt die Polizei eine gewichtige Macht dar, und von ihrer inneren, geistigen Verfassung hängt die langfristige Wirkung der Unterdrückungsmaßnahmen ab. Analysiert man ihre Aktivitäten, z.B. im Bundesland Sachsen-Anhalt, so kommen doch berechtigte Zweifel auf über die antifaschistische Ernsthaftigkeit von Teilen der Polizei. Ein Abteilungsleiter der Polizeidirektion in Dessau hat von seinen Untergebenen verlangt, sie sollten «nicht alles» sehen. Wenn zu viele neofaschistische Straftaten in der Statistik erschienen, dann würde das Ansehen der Polizeidirektion Dessau darunter leiden. Ein anderes Beispiel ist ein Polizeibeamter, Spezialist für die Informations-Technologie der Polizei von Sachsen-Anhalt, der bei einer Veranstaltung von Neonazis logistisch tätig war. Die internen Untersuchungen der Polizei dazu dauerten Jahre an und es ist wenig förderlich für ihre Glaubwürdigkeit, wenn die Polizei ihre eigenen Neonazi-Potentiale nicht erkennen kann oder will. Ein Untersuchungsausschuss des Landtags sollte u.a. auch die Vorkommnisse in der Polizeidirektion Dessau beim Tod des Schwarzafrikaners Oury Jalloh beleuchten und er sollte auch klären, wie Polizisten bei der Verfolgung neonazistischer Straftaten vorgegangen sind. Insgesamt wurden sechs Vorfälle untersucht, darunter auch das Verhalten von Polizisten nach einem Überfall neonazistischer Schläger auf Schauspieler in Halberstadt, wo die Täter, unmittelbar nach der Tat, von der Polizei wieder laufen gelassen wurden. Außerdem geht es um mutmaßliche Schießübungen von Neonazis in einem Wald bei Wittenberg. Ein Spaziergänger hat bereits im April 2007 die Polizeidirektion Dessau über seine Beobachtungen unterrichtet, doch nichts geschah.[1202]

Skandalöse Vorfälle in der Mitte der deutschen Gesellschaft zum Thema Nazismus sind Anlass, um darüber nachzudenken, in welcher geistigen Verfassung sich die Mitte der deutschen Gesellschaft befindet. So hat die ehemalige Sprecherin der Tagesschau der ARD, Eva Herman, bei einer Pressekonferenz in Berlin, Hitler als einen «völlig durchgeknallten Politiker» beschrieben, aber die sozialen Verhältnisse im Hitler-Reich gelobt: «Es gab damals auch was, was gut war. Mütter, Familien, Zusammenhalt». Daraufhin trennte sich der NDR von ihr. Ein Fall geistiger Brandstiftung, ist auch die «Entgleisung» des ehemaligen

1202 Vgl. Der Tagesspiegel, 14.9.2007; Jansen 2007.

Kölner Erzbischofs, Joachim Kardinal Meisner, der in einer Rede zur Einweihung des Kölner Diözesanmuseums von einer «Entartung der Kultur» sprach. Er bediente sich damit eines Begriffs, der von den Nazis u. a. zur Abwertung der modernen Kunst eingesetzt worden war.[1203] Zu guter Letzt sehen wir auf Josef S., 53-jähriger Jurist und ranghoher Beamte im Bundesministerium für Verkehr. Er konnte jahrelang auf der Homepage der neonazistischen «Staatsbriefe» und in der ebenfalls neonazistischen österreichischen Zeitschrift «Die Aula» unbehelligt geschichtsrevisionistische Texte veröffentlichten. Sogar das «Bundesamt für Verfassungsschutz» erwähnte ihn in ihrem Jahresbericht 2003. Doch erst nach der Veröffentlichung dieser Fakten in der Presse im September 2007 ist der Regierungsrat vom Dienst suspendiert worden.[1204] Diese Beispiele belegen eindeutig, was wir bereits seit langem vermuten. Der sogenannte Rechtsextremismus ist keine Gefahr mehr, die sich allein am rechten Rand der Gesellschaft entwickelt, nein, diese Gefahr kommt jetzt aus der Mitte der etablierten, bürgerlichen Gesellschaft, wo Anhänger aller Parteien, Kirchen und Gewerkschaften betroffen sind. Und wie auch schon im vergangenen Jahrhundert, so sind auch gegenwärtig neonazistische, rassistische und antisemitische Gruppen oder Parteien europaweit auf dem Vormarsch. Europäische Rechtspopulisten und Faschisten sind auf den Straßen und in Parlamenten nicht nur in Italien, Frankreich oder Deutschland, sondern, was wir nach 1990 schmerzhaft lernen mussten, auch in Osteuropa zu finden, wie z. B. in Russland, Polen, Ungarn oder Tschechien.

Der rassistische Mob in der DDR konstituierte sich spontan und setzte sich ab den 1970er Jahren wie in Westdeutschland aus Neonazis, Skinheads und Hooligans zusammen. So konnte der rassistische Mob der Pogrome von Mügeln (2007) bis Rostock-Lichtenhagen (1992) und Hoyerswerda (1991) auf dem aufbauen, was sich zuvor in der DDR entwickelt hatte. Dieser ostdeutsche Nach-Wende-Mob gleicht dem rassistischen Mob im westdeutschen Rheinland-Pfalz (2007), in Mölln (1992), in Solingen (1993) und in Lübeck (1996).[1205] Die Vereinigung der ost- und westdeutschen Neonazis und Rassisten zu einer gemeinsamen gesellschaftspolitischen Kraft führte, zusammen mit dem Antisemitismus der faschistischen Islamisten, zu einer qualitativ und quantitativ gesteigerten Gefahr, deren dynamische Entwicklung außerordentlich ist und in West- und Osteuropa eine Spitzenstellung einnimmt.[1206]

Seit dem Beitritt der DDR zur BRD, also seit 1990, wurden in Deutschland, nach offiziellen Zahlen des BMI, über 350.000 neonazistische, antisemitische

1203 Vgl. Der Tagesspiegel, 15.9.07 und 16.9.07, hier wurden in zwei Beiträgen noch weitere sexistische und geschichtsrevisionistische «Ausrutscher» dokumentiert.

1204 Jansen 18.09.2007.

1205 Vgl. Opitz 1996; Vgl. Waibel 2012.

1206 Vgl. Angaben der Agentur der EU für Grundrechte. http://fra.europa.eu.

und rassistische Propaganda- und Gewaltstraftaten registriert.[1207] Über 250 Tote und tausende Verletzte sind seither zu beklagen.[1208] In den ostdeutschen Bundesländern gibt es seit 1990, im Verhältnis zur Bevölkerungszahl, eine zwei- bis dreifach höhere Zahl neonazistischer bzw. rassistischer Straftaten und diese Differenz zwischen Ost und West bedarf rationaler Erklärungen. Vergleicht man langfristig, also über Jahrzehnte hinweg (von 1986 bis 2014), die Entwicklung der offiziellen Zahlen, so versteht man die Entwicklung, die die rechte Bewegung in Westdeutschland, bis zum Anschluss der DDR und darüber hinaus genommen hat. Im letzten Jahr der alten BRD, gab es offiziell circa 1.850 Vorfälle. Im ersten gemeinsamen Erhebungsjahr 1991 verdoppelte sich die Zahl dieser Vorfälle auf über 3.800 und im Jahr 1997 auf fast 12.000. In den Jahren 2000 und 2005 wurden jeweils ca. 16.000 Vorfälle gezählt. 2006 wurde dieser Höchstwert übertroffen und befindet sich nun bei zwischen 12.000 und 18.000 Straftaten. Im Vergleich zum höchsten Wert in der alten BRD haben sich die offiziellen Zahlen bis heute verzehnfacht.[1209]

Nach Angaben des BKA haben von Januar bis September 2013 86 Angriffe auf Flüchtlingsheime stattgefunden; ein Jahr zuvor waren es nur 24 Angriffe; zwischen 2008 und 2012 wurden mindestens 82 Angriffe auf Synagogen festgestellt.[1210] Im Jahr 2015 haben, nach offiziellen Erhebungen, circa 1.000 Propaganda- und Gewaltstraftaten allein gegen Flüchtlinge und ihre Behausungen stattgefunden. Darunter befanden sich etwa 360 Sachbeschädigungen und 90 Brandanschläge. Es gab 60 Angriffe mit einfacher und gefährlicher Körperverletzung, 3 versuchte Morde und einen versuchten Totschlag und es gleicht einem Wunder, dass es bis dato nur wenige Tote gegeben hat. Auch hier ist immer noch die Schieflage zwischen den östlichen und den westlichen Bundesländern zu konstatieren. So gab es in NRW mit circa 17 Millionen Einwohnern knapp über 200 Angriffe von Neonazis und in Sachsen mit circa 4 Millionen Einwohnern gab es 109 Angriffe von Neonazis, also etwa halb so viele. Bezogen auf jeweils 100.000 Einwohner liegt die Rate von Angriffen für NRW bei 1,2 im Vergleich zum Bundesland Sachsen mit 2,7. Vergleicht man auf dieser Grundlage die relative Häufigkeit von 0,9 Angriffen auf Flüchtlinge in den westlichen Bundesländern mit denen in den östlichen Bundesländern (inklusive Berlin) mit 2,6 Angriffen, wird eine Verdreifachung sichtbar, die seit Jahrzehnten stabil bleibt.[1211] Diese Schieflage bedarf wissenschaftlicher Erklärung, weil doch vielfach fälschlicherweise behauptet wird, diese Entwicklung sei ausschließlich

1207 Statistische Angaben seit 1990. Diese Erhebung, die ich selbst angefertigt habe, ist das Ergebnis einer Addition der offiziellen Zahlen, die in jährlichen Berichten des BMdI veröffentlicht werden.

1208 Vgl. Wanderausstellung – Opfer rechter Gewalt seit 1990 in Deutschland.

1209 Vgl. Angaben der Agentur der EU für Grundrechte, http://fra.europa.eu; Der Tagesspiegel, 10.4.2014; www.n-tv.de/politik/Rechte-Gewalt-steigt-im-Osten-article3703691.html.

1210 Neues Deutschland, 16.11.2014.

1211 Vgl. Jansen 2016.

den sozialen und politischen Verwerfungen seit dem Vereinigungsprozess geschuldet. Durch den historischen Nachweis des wirkungsmächtigen Neonazismus (inklusive Rassismus und Antisemitismus) bereits in der DDR wird klar, dass die gegenwärtige Situation wesentlich auch der Tatsache einer Kontinuität rechter Bewegungen sowohl in West- als auch in Ostdeutschland geschuldet ist. Es braucht also den historischen Blick, die historische Analyse, um zu verstehen, vor welchen Gefahren wir jetzt stehen. Erst mit dem wissenschaftlichen Verständnis für die Komplexität des Geschehens lässt sich begreifen, warum diese nationalistischen Explosionen der Gewalt seit mehr als zwei Jahrzehnten angelegt sind und wie es möglich wurde, dass weder der deutsche Staat noch seine Gesellschaft in der Lage sind, die rassistische Dynamik einzudämmen. Die Übergriffe gegen weitgehend schutzlose Minderheiten werden vom herrschenden Konsens in der Regel verharmlost oder nicht zur Kenntnis genommen. Die Umstände der Aufdeckung der Gewalttaten der Gruppe «NSU» haben in erschreckender Weise Widersprüche und Ungereimtheiten bei den Sicherheitsbehörden sichtbar gemacht, weil es ihnen in über zehn Jahren nicht gelang, die Ermittlungen auf Taten von Neonazis zu fokussieren.

In den Jahrzehnten seit 1990 ist eine rechte Bewegung entstanden, die eine neonazistische Ideologie und Politik sichtbar macht, deren Basis die militarisierte Vorstellung einer deutschen, nationalen Überhebung über Menschen oder Nationen aus dem Osten oder dem Süden des Globus ist. Was sich hier nun, besonders seit dem Zusammenschluss der beiden deutschen Staaten entwickeln konnte, sind Vorstellungen zur Ausschaltung eines imaginierten Feindes. Die in den Vorstellungen der Neonazis existierenden «überflüssigen Esser» sollen ausgelöscht werden und in ihrer Logik bedeutet dies die Vernichtung von Obdachlosen, AfrikanerInnen, AsiatInnen oder Behinderten, wobei jede Tat zugleich Propaganda für die Lösung des von ihnen selbst imaginierten Problems ist.

Bemerkenswert ist es, dass bei der viel zu späten Aufdeckung der Morde und Überfälle der rechtsterroristischen Gruppe NSU – ihre Mitglieder kamen aus Jena – das Unvermögen der in deutschen Schulen und Universitäten geschulten Spezialisten der Sicherheitsorgane des Staates zu erkennen ist, dass mangelnde schriftlichen Darlegungen zur Begründung rechtsterroristischer Aktionen oder Morde offensichtlich ein unüberwindbares Hindernis darstellten, politische Absichten des lokal, regional und bundesweit organisierten Netzes der Neonazis und Rassisten in Deutschland wahrzunehmen.

Seit Ende 2014 erleben wir die Konstituierung einer rechten Massenbewegung gegen Ausländer pauschal und besonders gegen Moslems, was sich auch in Berlin, mehrheitlich in den östlichen Bezirken Marzahn-Hellersdorf und in Köpenick zeigt. Dazu kommt ein weitere nationalistische Bewegung gegen die Anwesenheit von Ausländern: die Gruppe «Patriotische Europäer gegen die Islamisierung des Abendlandes» (PEGIDA), die am 1. Dezember 2014 in Dresden etwa achttausend Demonstranten auf die Straße brachte und der es seither mehr oder weniger regelmäßig gelingt, jeweils montags tausende Demonstranten in Dresden zu mobilisieren. In vielen Städten Ost- und Westdeutschlands gibt es mittlerweile Ableger von «PEGIDA», d.h. der Funke der Reaktion ist auf die Gesellschaft übergesprungen. Nach den brutalen Ereignissen am Silvester 2015/2016 am Hauptbahnhof in Köln fand zum ersten Mal in einem westlichen Bundesland eine Demonstration von Anhängern von «PEGIDA» mit circa dreitausend Personen statt. Auch hier gelang es der rechten Bewegung mit einer beträchtlichen Anzahl von Anhängern «Neuland» zu betreten. Die andere Organisation von Rassisten ist die Gruppe «Hooligans gegen Salafisten» (HoGeSa), der es 2014 in Köln und Hannover gelang, mehrere Tausend rechte Hooligans und Neonazis auf die Straße zu mobilisieren.

Angesichts der ökonomischen und sozialen Krisen der Gesellschaft und durch Massenarbeitslosigkeit und prekäre Arbeitsverhältnisse verursachter Massenarmut und -verelendung in breiten Schichten der Bevölkerung mutieren Rassismus und Antisemitismus in gefährliche Dimensionen. Die staatstragenden Parteien und die ihnen nahe stehenden gesellschaftlich mächtigen Gruppen drehen sich mit ihren Argumenten und Aktivitäten im Kreis, wenn sie nicht noch der neonazistischen Entwicklung, bewusst oder unbewusst, Vorschub leisten. Es werden Vorgänge und Einstellungen sichtbar, die auf ein immer größer werdendes unsichtbares, weil untergründiges Problem hinweisen, das die Voraussetzung bildet für brutale Übergriffe auf Menschen, die aus anderen Ländern und Kontinenten nach Deutschland geflüchtet sind. Das in Rituale geformte Scheitern der Etablierten zeigt sich regelmäßig nach Angriffen, wenn Verantwortung zurückgewiesen wird und Ursachen geleugnet werden. «Die Medien» oder gar «die Ausländer» seien selbst schuld und Bürgermeister oder andere Politiker sorgen sich nach solchen Übergriffen vor allem um das Ansehen ihrer Gemeinden.[1212]

Um Einsichten in die geistigen Abgründe der Deutschen zu bekommen, verwende ich die Ergebnisse von drei repräsentativen demoskopischen Untersuchungen, deren wissenschaftliche Seriosität nicht zu bezweifeln ist. Es handelt sich hier erstens um eine Erhebung, die seit 1990 regelmäßig alle zwei Jahre im Auftrag der «Volkssolidarität» von Berliner Sozialwissenschaftlern erstellt wird. Die Verfasser stellen fest, dass «rechtsextremes Gedankengut» breite Teile der ostdeutschen Bevölkerung erfasst hat. Die Ergebnisse zeigen, dass neonazistische und rassistische Einstellungen nicht reduzierbar sind allein auf männliche Jugendliche oder junge Erwachsene. Sie verteilen sich auf alle Altersgruppen – allein beim Rassismus wird eine höhere Zustimmung von älteren und alten Menschen festgestellt. In den neuen Bundesländern zeigen sich rassistische und chauvinistische Einstellungen gegen Ausländer. Obwohl der Anteil von Mig-

1212 Vgl. Speit 2007.

ranten in Ostdeutschland vergleichsweise gering ist, werden sie in einem ideologischen Sinn zum Sündenbock, also als «Ursache» für die sozialen Probleme verantwortlich gemacht. So befürworten entweder «vollständig» oder «teilweise» fast drei Viertel (72 Prozent) der Befragten eine Reduzierung der Ausländer in Deutschland und erhoffen sich davon eine Lösung sozialer Probleme, wie bei der Suche nach Wohnungen und nach Arbeitsplätzen. Die Hälfte der Befragten (51 Prozent) stimmt der Behauptung zu, die meisten Ausländer wären Kriminelle. In Mecklenburg-Vorpommern stimmen 55 Prozent, in Thüringen 50 Prozent der Befragten der Behauptung «vollständig» zu, es gäbe zu viele Ausländer.[1213]

Die zweite Studie untersucht die «Politische Kultur im Freistaat Thüringen» und wurde vom «Institut für Politikwissenschaft» der Friedrich-Schiller-Universität Jena im Auftrag der Landesregierung Thüringen erarbeitet. Dass Deutschland durch Migranten «in einem gefährlichen Maße überfremdet» sei, findet bei 53 Prozent der Thüringer Zustimmung und fast ebenso viele (50 Prozent) stimmen der Aussage zu, die Ausländer kämen nur deshalb nach Deutschland, um den «Sozialstaat auszunutzen». Die Autoren stellen fest, dass rund 40 Prozent der Thüringer als «ausländerfeindlich» zu charakterisieren sind. Erstaunlich dabei sind die Ergebnisse bei den Befragten «mit großer Nähe zur DDR», die eine überdurchschnittliche neonazistische Orientierung aufweisen. Neonazis und Nostalgiker alter SED-Zeiten eint ausgeprägter Autoritarismus und eine deutliche Ablehnung der politischen und sozialen Realität Deutschlands.[1214]

Die dritte Studie wurde von Sozialwissenschaftlern der Universität Leipzig im Auftrag der Friedrich-Ebert-Stiftung, Forum Berlin, unter dem Titel «Vom Rand zur Mitte» erstellt. Sie stellt eine umfangreiche wissenschaftliche Untersuchung für Ost- und Westdeutschland dar, deren Ergebnisse höchste Beachtung verdient.[1215] Hier wird deutlich, dass Neonazismus und Rassismus nicht auf Anhänger von NPD oder DVU zu reduzieren sind, weil sowohl Mitglieder von Kirchen, Gewerkschaften und von allen etablierten Parteien als auch von der Linkspartei ebenfalls solche Einstellungen aufweisen und damit die Durchdringung der deutschen Bevölkerung mit antihumanen und antidemokratischen Ideologien belegt werden kann. Der Aussage, eine Diktatur, ein Führer oder eine einzige starke Partei wäre das Richtige für Deutschland, stimmen ca. 50 Prozent der Befragten «überwiegend» und «voll und ganz» zu. Beinahe 37 Prozent der erwachsenen Deutschen stimmen der Behauptung zu, Ausländer würden den Sozialstaat ausnutzen. Dem entsprechen die 35 Prozent, die bejahen, dass Ausländer aus dem Land gewiesen werden sollen. Man wundert sich nachgerade nicht mehr über die Zustimmung von fast 40 Prozent der Befrag-

1213 Volkssolidarität: Sozialreport 2006.

1214 Edinger 2006.

1215 Friedrich-Ebert-Stiftung 2006.

ten zu der These, Deutschland sei in einem gefährlichen Ausmaß überfremdet. Bei den westlichen Bundesländern sind die Ergebnisse für Bayern die höchsten und erreichen die überdurchschnittliche Werte für Chauvinismus mit über 34 Prozent und für rassistische Einstellungen mit über 42 Prozent. Ähnliche Werte erreicht in Ostdeutschland Mecklenburg-Vorpommern mit über 30 Prozent beim Chauvinismus und über 34 Prozent beim Rassismus. Die Zustimmung zum Rassismus in Brandenburg erreicht mit knapp 50 Prozent den höchsten Wert in einem deutschen Bundesland überhaupt. Schaut man auf die absoluten Zahlen, so liegt Nordrhein-Westfalen an der Spitze, gefolgt von Niedersachsen. Im Verhältnis zur Einwohnerzahl hält Sachsen-Anhalt schon zum zweiten Mal die Spitzenposition (vor Brandenburg). Die neonazistischen Straftaten haben sich dort seit dem Jahr 2002 fast verdoppelt und nach wie vor ist die Gefahr, dort als Migrant angegriffen zu werden, mindestens zehnmal so hoch wie in Hessen.[1216]

Das Versagen von Polizei, Staatsanwaltschaften und Geheimdiensten bei der Aufklärung der rassistischen Mord- und Anschlagsserie der rechtsterroristischen Gruppe NSU über 13 Jahre hinweg bedarf insofern auch einer kritischen Betrachtung, liegen hier doch Hinweise dafür vor, wie es um die innere Verfassung dieser Behörden und ihrer Mitarbeiter steht. Mit ca. 50 Beamten war die Sonderkommission «Bosporus» eine der größten, die es je in Deutschland gegeben hatte. Zeitweise waren in 7 Sonderkommissionen ca. 160 Beamte aus mehreren Bundesländern an der Fahndung beteiligt. Die Ermittlungen waren darauf ausgerichtet, die Morde im Zusammenhang von organisierter Kriminalität im Drogenmilieu zu untersuchen, und in der Presse wurde von «Türken-Mafia» oder «Halbmond-Mafia» gesprochen, was seine Entsprechung in Namen der polizeilichen Sonderkommissionen «Halbmond» bzw. ab Sommer 2005 «Bosporus» fand. Die Ermittlungen wurden dann in Richtung Waffen- oder Drogenhandel bzw. Spiel- oder Wettschulden gelenkt und vor allem sollten Nachweise gefunden werden, die auf Zusammenhänge zwischen den Ermordeten und Drogenhändlern aus den Niederlanden hinweisen sollten. Die Soko «Bosporus» wurde zum 1. Februar 2008 aufgelöst. Die eher zufällige Aufdeckung der Gruppe «NSU» zeigt deutlich, dass die bezahlten Informanten der Geheimdienste vollständig überflüssig sind, da offensichtlich kein Informant einen substanziellen Beitrag zu ihrer Aufdeckung geleistet hat.

In den deutschen Medien wurde die Mordserie als «Döner-Morde» bzw. als «Mordserie Bosporus» abgestempelt und Bild-Zeitung, Hamburger Abendblatt und Zweites Deutsches Fernsehen (ZDF) haben unkritisch rassistische Vorstellungen ausgebreitet. Die rassistische und neonazistische Musikgruppe «Gigi und die braunen Stadtmusikanten» veröffentlichte schon 2009 ein Lied mit dem Titel «Döner-Killer», in dem der Täter als rassistischer Ausländerhasser be-

1216 Kleffner 2007, S. 12–15.

schrieben wurde, womit der Öffentlichkeit signalisiert wurde, welches politische Umfeld für die Mordserie verantwortlich zeichnet.

Durch die Aufklärungsarbeit der Untersuchungsausschüsse im Bundestag und in den Landtagen ist deutlich geworden, wie Schlampereien und mangelnde Wahrnehmungsfähigkeit des Personals im Sicherheitsapparat zu einem verleugnenden Verdrängen der Indizien führten, die auf die rassistische Motivation der Täter hingewiesen haben. Dazu kommt, dass der BMdI Otto Schily am 10. Juni 2004, einen Tag nach dem verheerenden Bombenattentat in der Keupstraße in Köln, in einer öffentlichen Erklärung, die in der Tagesschau gesendet wurde, eine terroristische Dimension des Anschlags nicht nur ausschloss, sondern die Aufmerksamkeit der Ermittler auf das allgemeine kriminelle Milieu lenkte. Damit gab er eine falsche Richtung vor und bestätigte gleichzeitig die bereits seit Jahren bestehende falsche Orientierung der Sicherheitsbehörden. Nach diesen Aussagen hat sich Schily nicht mehr öffentlich zu den rassistischen Vorgängen geäußert. Im Untersuchungsausschuss des Bundestages zum «NSU» erklärte er auf Fragen des Abgeordneten Wolfgang Wieland, dass er sich nicht mehr daran erinnern könne, ob, wie und was in seinem Ministerium zu diesem Thema danach gesprochen wurde. Dieses Schweigen Schilys kommt einem Verschweigen gleich, für dessen Gründe es bisher keinerlei Hinweise gibt. Dass er für diese verleugnende Verharmlosung bisher nicht zur Rechenschaft gezogen werden konnte, weist auf die Schwäche der Antirassisten in Deutschland hin.

Die Verbrechen der Gruppe «NSU» haben die verheerenden Konsequenzen des Vertuschens des Neonazismus durch gesellschaftliche und staatliche Institutionen plötzlich offengelegt. Dieses verleugnende Verdrängen bei staatlichen Behörden, Parteien und Medien hat Methode, es ist das fleischgewordene Bedürfnis, solche Themen und Ereignisse bis zur Unkenntlichmachung zu verdrängen.

Die neonazistischen bzw. rassistischen Einstellungen in weiten Teilen der deutschen Gesellschaft erweisen sich als stabil und es zeigt sich deutlich, dass es sich um ein Problem handelt, welches allein durch Polizei oder Geheimdienst nicht zu lösen ist. Neonazistische Einstellungen sind in allen gesellschaftlichen Gruppen und in allen Bundesländern gleichermaßen verbreitet. Die Ideologie der Ungleichheit, wie sie von der NPD oder auch von der DVU seit Ende der 1960er Jahre propagiert worden ist, hat sich mit Hilfe der herrschenden Politik in der Mitte der deutschen Gesellschaft verbreitet. Es ist von elementarer Bedeutung, dass die, die sich gegen diese neofaschistische Gefahr wehren, mit Inhalten eines emanzipatorischen Antifaschismus ausgestattet sind. Vor dem Hintergrund der politischen und ökonomischen Krise der deutschen Gesellschaft sind die rassistischen und nationalistischen Verhältnisse zur bitteren Normalität geworden. Der weitgehend «ungestörte» Abbau sozialer Rechte und Leistungen und die damit einhergehende systematische Verschärfung staatlicher

Überwachung und Repression sind Beleg dafür.[1217] Weil sowohl die bisherigen Anstrengungen von Antifaschisten als auch die ordnungsrechtliche, staatliche Repression kaum in der Lage sind, die rassistische Dynamik zu stoppen, reicht es nicht, den Kampf gegen die neuen Nazis nur zu verstärken, er muss auf eine neue Ebene gehoben werden. Rassismus und Nationalismus sind bereits zu einem Massenrassismus und -nationalismus geworden. Männliche Jugendliche und junge Erwachsene sind als Gewalttäter sichtbare Exponenten des Neonazismus und ein starker Rückhalt geht für sie von dem breiten Konsens aus, der sich in großen Teilen der deutschen Bevölkerung festgesetzt hat. Um aus dieser Misere herauskommen zu können, muss der antifaschistische Kampf zu einer inhaltlichen Auseinandersetzung erweitert werden, in der die einzelnen Teile der neofaschistischen Ideologie kritisiert und letztlich aufgehoben werden. Die Abgrenzung von den neuen Nazis muss inhaltlich bestimmt sein und darf nicht länger allein reduziert werden auf die direkte Konfrontation der staatlichen oder gesellschaftlichen Kräfte. Die mittlerweile ritualisierte Bekämpfung der Nazis mit Spezialprogrammen ist, berücksichtigen wir die hohen nationalistischen und rassistischen Umfragewerte, gescheitert.

Jede Form von Denunziation von Arbeitslosen, Armen oder Obdachlosen als zu faul, als nicht leistungsbereit oder die Denunziation von Transferempfängern als Betrüger oder Schmarotzer schafften ein Klima der Ungleichwertigkeit, das den Nährboden für neonazistische Einstellungen ergibt. Solche Stigmatisierungen schaffen eine «Hackordnung», an deren unterstem Ende sich Migranten wiederfinden. Emanzipatorische Antifaschisten kämpfen für die Verwirklichung der Grund- und Menschenrechte von Migranten, Juden, Homosexuellen oder Obdachlosen nicht nur, weil sie Humanisten und Demokraten sind, sondern weil sie gegen alle antisemitischen, rassistischen und autoritären Verhältnisse und Einstellungen kämpfen – ob beim Staat, bei Islamisten oder auch bei Linken.[1218]

Ein neuer Faschismus wird ein autoritärer Staat sein, in dem jede Form von Widerstand und Opposition im Keim erstickt wird, wo es den Herrschenden allein darum geht, die Demokratie als formales Ereignis zu präsentieren, gegen das effektiv keine emanzipatorische Veränderung mehr möglich sein soll. Es rächt sich auf grausame Weise die verfehlte De-Nazifizierung ab 1945, die in Wahrheit eine Re-Nazifizierung zum Inhalt hatte. Der große Frieden, der in beiden deutschen Staaten mit Nazis, Rassisten und Antisemiten geschlossen wurde, war ein fauler Frieden und die bitteren Früchte dieser braunen Saat gehen in der Gegenwart auf. Der Kampf dagegen ist unausweichlich, weil Nazis, einmal an der Macht, das kapitalistische Ausbeutungsregime radikalisieren und danach trachten, ihre Gegner zu eliminieren. Nazis werden aber auch deshalb

1217 Vgl. Galow-Bergemann 2007.

1218 Vgl. Bozic 2008.

bekämpft, weil sie sich mit ihrem Hass auf Migranten oder Juden als antihumanistisch erweisen und weil sie weltweit, nach innen wie nach außen, für Gewalt und Krieg stehen. Für Herbert Marcuse, den sozialrevolutionären Philosophen der Emanzipation, war es völlig klar, dass es im Kampf gegen den Neofaschismus darum gehen muss, die bestehende bürgerliche Demokratie als kleineres Übel für eine Chance des Übergangs zum Sozialismus zu verteidigen, während zugleich die kapitalistischen Fundamente angegriffen werden. Antifaschisten müssen also die politischen Formen des Kapitalismus von seinen ökonomischen Strukturen trennen, was durch das dialektische Verhältnis von Form und Inhalt möglich werden kann.[1219] Um an dieser strategischen Orientierung entlang den antifaschistischen Kampf effektiv, d. h. siegreich zu führen, braucht es einen Zusammenschluss in einer gemeinsamen Front aller Gegner der Antisemiten, Rassisten und Neonazis. Sie kann, nach den augenfälligen historischen Erfahrungen, nur eine horizontale und dezentrale Organisierung sein, denn die Aufgaben der Organisierung haben sich verändert. Wir verfügen heute über eine Menge an emanzipatorischen Informationen, die uns allen durch das Internet zugänglich sind. Subjekt der radikalen Veränderung kann weder eine einzige soziale Schicht der Unterklassen noch eine feste geschlossene Organisation sein. Der Begriff der Partei ist vom Netzwerk-Begriff ersetzt worden, denn die Partei war ein Mittel zur Kommunikation und sie benötigte eine Meta-Sprache, d. h. eine Ideologie. Wir brauchen heute weder eine Ideologie noch eine Partei und schon gar keine Theoretiker oder Führer. Das Thema ist Selbstausbildung und Selbstbestimmung.[1220]

1219 Marcuse 1999, S. 163f.

1220 Vgl. Bologna 2006, S. 58.

Anhang

Literaturverzeichnis

Arndt, Siegfried / Eschwege, Helmut / Honigmann, Peter / Mertens, Lothar: Juden in der DDR, Geschichte – Probleme – Perspektiven, Duisburg 1988.

Bach, Roland: «Deutsche an einen Tisch». Versuche gesamtdeutscher Verständigung 1950/51. hefte zur ddr-geschichte 118, Berlin, 2009.

Becker, Ulrike / Behn, Frank / Fall, Clara / Küntzel, Matthias / Schneider, Wladimir / Starck, Jürgen / Thörner, Klaus / Woltersdorf, Rolf: Goldhagen und die deutsche Linke oder Die Gegenwart des Holocaust, Berlin, 1997.

Behrend, Manfred: Ursachen für Entstehung und Auftrieb des Rechtsextremismus im Anschlussgebiet, in: Hintergrund III – 91, Marxistische Zeitschrift für Gesellschaftstheorie und Politik, Osnabrück, 4. Jg., 1991.

Behrends, Jan / Lindenberger, Thomas / Poutrus, Patrice (Hg): Fremde und Fremd-Sein in der DDR. Zu historischen Ursachen der Fremdenfeindlichkeit in Ostdeutschland, Berlin, 2003.

Benedict, Laura: Die geliebten Feinde, Alte Nazis in der DDR, in: die Andere 17/92.

Best, Heinrich / Meenzen, Sandra: «Da ist nichts gewesen». SED-Funktionäre mit NSDAP Vergangenheit in Thüringen, in: Deutschland-Archiv. Zeitschrift für das vereinigte Deutschland, 43. Jg. 2/2010.

Beymenski, Lew: Generale ohne Maske, Berlin (DDR) 1963.

Blaschke, Ronny: Im Schatten des Spiels. Rassismus und Randale im Fußball, Göttingen, 2007.

Bologna, Sergio: Die Rolle der Theorie in der politischen Aktion, in: jour fixe initiative berlin (Hg.): Klassen und Kämpfe, Berlin, Mai 2006.

Borchers, Andreas: Neue Nazis im Osten. Hintergründe und Fakten. Weinheim, Basel, 1992.

Bösch, Frank/Wirsching, Andreas: Abschlussbericht der Vorstudie zum Thema «Die Nachkriegsgeschichte des Bundesministeriums des Innern (BMI) und des Ministeriums des Innern der DDR (MdI) hinsichtlich möglicher personeller und sachlicher Kontinuitäten zur Zeit des Nationalsozialismus», 29.10.2015.

Bougherara, Nassim: Die Rolle von Betreuern und Dolmetschern aus den Herkunftsländern, in: Almut Zwengel (Hg.): Die «Gastarbeiter» der DDR. Politischer Kontext und Lebenswelten. Studien zur DDR-Gesellschaft, Ruhr-Universität Bochum, Band 13, Berlin, Münster, 2011.

Bozic, Ivo: Knapp vorbei ist auch daneben, in: Jungle World Nr. 35 v. 30.08.2008.

Brochhagen, Ulrich: Nach Nürnberg. Vergangenheitsbewältigung und Westintegration in der Ära Adenauer, Hamburg, 1994.
Broder, Henryk M.: Die nützlichen Idioten, in: Der Spiegel 39/1995, S. 83–90.
Bunzl, John: Antisemitismus in Russland und der Sowjetunion, in: Sozialistisches Osteuropakomitee (Hg.): Osteuropa-Info Nr. 55 (1. Quartal 1984), Hamburg 1984.
Claasen, Claus: Fremdheit gegenüber der eigenen Geschichte. Zum öffentlichen Umgang mit dem Nationalsozialismus in beiden deutschen Staaten, in: Behrends, Jan / Lindenberger, Thomas / Poutrus, Patrice (Hg.): Fremde und Fremd-Sein in der DDR. Zu historischen Ursachen der Fremdenfeindlichkeit in Ostdeutschland, Berlin, 2003.
Claussen, Detlev: Versuch über den Antizionismus – Ein Rückblick –, in: Poliakov, Leon: Vom Antizionismus zum Antisemitismus, Freiburg, 1992.
Coppi, Hans: Antifaschismus, in: Haug, Wolfgang Fritz (Hrsg.): HKWM, Hamburg, 1994.
Coppi, Hans: 60 Jahre Vereinigung der Verfolgten des Naziregimes, in: AIB 77, 04.02.2007.
Courtois, Stéphan: Macht reinen Tisch mit dem Bedränger!, in: Courtois, Stéphan (Hrsg.): Das Schwarzbuch des Kommunismus 2. Das schwere Erbe der Ideologie, München 2004.
Danyel, Jürgen: Opfer, Kämpfer und rote Winkel – die Ambivalenzen des Nachkriegsantifaschismus, in: Das Parlament, mit der Beilage «Aus Politik und Zeitgeschichte», Deutscher Bundestag und Bundeszentrale für politische Bildung, 2007.
Diamant, Adolf: Geschändete Jüdische Friedhöfe in Deutschland. 1945 bis 1999, Potsdam, 2000.
Diedrich, Torsten: Gegen Aufrüstung, Volksunterdrückung und politische Gängelei. Widerstandsverhalten und politische Verfolgung in der Aufbau- und Konsolidierungsphase der DDR-Streitkräfte 1948–1968, in: Rüdiger Wenzke (Hg.): Staatsfeinde in Uniform? Widerständiges Verhalten und politische Verfolgung in der NVA, Berlin, 1. Auflage, März 2005.
Dupeux, Louis: «Nationalbolschewismus» in Deutschland 1919–1933: kommunistische Strategie und konservative Dynamik, München, 1985.
Eberle, Henrik (hrsgg.): Mit sozialistischem Gruß! Parteiinterne Hausmitteilungen, Briefe, Akten und Intrigen aus der Ulbricht-Zeit, Berlin 1998.
Edinger, Michael / Hallermann, Andreas / Schmitt, Karl: Politische Kultur im Freistaat Thüringen – Ergebnisse des Thüringen-Monitors 2006.
Elias, Norbert: Studien über die Deutschen. Machtkämpfe und Habitusentwicklung im 19. und 20. Jahrhundert, Frankfurt/M., 3. Auflage, 1990.
Emde, Heiner und Wolffsohn, Michael: Der goldene Fußtritt, in: Focus Magazin, Nr. 45 (1997).

Eisenfeld, Bernd: Rechtsextremismus in der DDR – Ursachen und Folgen, in: Agethen, Manfred / Jesse, Eckhard / Neubert, Ehrhart: Der missbrauchte Antifaschismus. DDR-Staatsdoktrin und Lebenslüge der deutschen Linken, Freiburg, 2002.

Eisenfeld, Bernd: Rechtsextremismus in Ostdeutschland im Rückblick auf die DDR, 2006. Ein Vortrag, gehalten auf der 5. Tagung der XI. Landessynode im März 2006 der Pommerschen Evangelischen Landeskirche.

Finkelstein, Eitan: Die Beziehungen zwischen der Sowjetunion und Israel 1948–1953, in: Luks, Leonid (Hg.): Zur antisemitischen Wendung des Kommunismus, Köln 1998.

Farin, Klaus / Seidel-Pielen, Eberhard: Rechtsruck. Rassismus im neuen Deutschland, Berlin, 1992.

Feige, Michael: Vietnamesische Studenten und Arbeiter in der DDR und ihre Beobachtung durch das MfS. Sachbeiträge (10), Landesbeauftragte für die Unterlagen des Staatssicherheitsdienstes der ehemaligen DDR (Hg.), Sachsen-Anhalt, Magdeburg, Dezember 1999.

Flechtheim, Ossip: Die Parteien der Bundesrepublik Deutschland, Hamburg 1973.

Förster, Peter: Volksmeinung war geheim, in: Der Spiegel Spezial 1/1991, S. 91–93.

Friedrich-Ebert-Stiftung, Forum Berlin (Hg.), Decker, Oliver / Brähler, Elmar / Geißler, Norman: Vom Rand zur Mitte. Rechtsextreme Einstellungen und ihre Einflussfaktoren in Deutschland, Berlin, 2006.

Galinski, Heinz: Bedenkliche Symptome – DDR-Jugend gegen Neonazismus nicht völlig immun, in: «Berliner Allgemeine», 6.10.1978, S. 1–2.

Galow-Bergemann, Lothar: Knobelbecher und Sandalen, in: Konkret Heft 9 / September 2007, S. 20–21.

Gehrmann, Thomas: Fußballrandale. Hooligans in Deutschland. Essen, 1990.

Glaser, Günther: «Neuregelung der Polizeifragen» oder getarnte Bewaffnung der SBZ im Kalten Krieg? Nachdenken über Probleme und Wirkungen der sicherheits- und militärpolitischen Veränderungen in Ostdeutschland 1948/1949, in: Meier, Helmut / Welker, Peter, Nakath, Detlef (Hg.): Forscher- und Diskussionskreis DDR-Geschichte. hefte zur ddr-geschichte 22, Berlin, 1994.

Goschler, Constantin: Paternalismus und Verweigerung, in: Benz, Wolfgang (Hg.): Jahrbuch für Antisemitismusforschung 2 (1993).

Granata, Cora: «Das hat in der DDR keine Rolle gespielt, was man war» – «Ostalgie» und Erinnerungen an den Antisemitismus in der DDR, 1949–1960, in: Zuckermann, Moshe (Hg.): Zwischen Politik und Kultur – Juden in der DDR, Göttingen, 2002.

Grigat, Stephan: Die Einsamkeit Israels. Zionismus, die israelische Linke und die iranische Bedrohung, Hamburg, 2014.

Groehler, Olaf: SED, VVN und Juden in der SBZ, in: Benz, Wolfgang (Hg.) Jahrbuch für Antisemitismusforschung 3, 1994.
Grunenberg, Antonia: Antifaschismus – ein deutscher Mythos, Reinbek, 1993.
Gruner-Domic, Sandra: Kubanische Vertragsarbeiter. Leben in einer anderen sozialistischen Realität, in: Zwengel, Almut (Hg.): Die «Gastarbeiter» der DDR. Politischer Kontext und Lebenswelten. Studien zur DDR-Gesellschaft, Band 13, Berlin, Münster, 2011.
Gruner-Domic, Sandra: Beschäftigung statt Ausbildung. Ausländische Arbeiter und Arbeiterinnen in der DDR, in: Motte, Jan/Ohliger, Rainer/Oswald, Anne (Hg.): 50 Jahre Bundesrepublik – 50 Jahre Einwanderung. Nachkriegsgeschichte als Migrationsgeschichte, Frankfurt/M. [u. a.], 1999.
Hafenegger, Benno / Buddrus, Michael: Militärische Erziehung in Ost und West. Ein Lesebuch zur Kriegsbegeisterung junger Männer. Band 4: Nachkriegszeit und fünfziger Jahre, Frankfurt/M., 1994.
Hafke, Thomas: Fußballweltweisterschaft, Fans und Nationalismus, in: 1999. Zeitschrift für Sozialgeschichte, 1991, Heft 1.
Hanfeld, Michael und Purschke, Thomas: Sollte Löwenthal sterben?, in: faz.net v. 13.11.2006.
Hartewig, Karin: Zurückgekehrt. Die Geschichte der jüdischen Kommunisten in der DDR, Köln, 2000.
Haury, Thomas: «Zionistenverfolgung» durch die SED?, in: www.buergerkomitee.org/hug/h44-dateien/haury.html., o. J.
Haury, Thomas: Deutscher Imperialismus, in: «Jungle World» 47, Berlin 18. November 1998.
Haury, Thomas: Zur Logik des bundesdeutschen Antizionismus, Berlin 2001, in: «trend – online zeitung» 01/01, Berlin 2001. www.trend.partisan.net.
Helbig, Gunther: Die Entwicklung der Jüdischen Gemeinde zu Halle von 1962 bis zur Gegenwart, in: Jüdische Gemeinde zu Halle (Hg.), 1992.
Henke, Klaus-Dietmar (Hg.): Tödliche Medizin im Nationalsozialismus. Von der Rassenhygiene zum Massenmord. Schriften des Deutschen Hygiene-Museums Dresden. Köln, Weimar, Wien, Böhrlau, 2008.
Herbst, Andreas / Ranke, Winfried / Winkler, Jürgen (Hg.): So funktionierte die DDR. 3 Bände, Reinbek bei Hamburg, November, 1994.
Herf, Jeffrey: Der Geheimprozess, in: Die Zeit, 7.10.1994, Nr. 41.
Hildebrand, Gerold: Die behinderte Untersuchung. Polizei- und Stasi-Übergriffe beim 40. DDR-Jahrestag in Ost-Berlin und die Folgen, in: Horch und Guck, Heft 01/2009.
Hirsch, Kurt / Heim, Peter B. : Von links nach rechts. Rechtsradikale Aktivitäten in den neuen Bundesländern. München, 1. Auflage, 1991.
Hirschinger, Frank: Fälschung und Instrumentalisierung antifaschistischer Biographien. Das Beispiel Halle/Saale 1945–2005, 1. Auflage, 2007, Göttingen.

Hirschinger, Frank: Die Strafverfolgung von NS-Euthanasieverbrechen in der SBZ-DDR, in: Schriften des Deutschen Hygiene-Museums Dresden. Tödliche Medizin im Nationalsozialismus. Von der Rassenhygiene zum Massenmord. (Hg.) Henke, Klaus-Dietmar. Köln/Weimar/Wien, 2008.

Hohls, Rüdiger / Jarausch, Konrad (Hg.): Versäumte Fragen. Deutsche Historiker im Schatten des Nationalsozialismus, Stuttgart/München, 2000.

Hölscher, Christoph: NS-Verfolgte im «antifaschistischen Staat». Vereinnahmung und Ausgrenzung in der ostdeutschen Wiedergutmachung (1945–1989), Berlin, 2002.

Horkheimer, Max / Adorno, Theodor W.: Dialektik der Aufklärung. Philosophische Fragmente. Frankfurt/M., 1981.

Hoßfeld, Uwe / Hohn, Jürgen / Lemuth, Oliver / Stutz, Rüdiger (Hg.): «Kämpferische Wissenschaft». Studien zur Universität Jean im Nationalsozialismus. Köln, 2003

Hübner, Carsten: Politische Sackgasse, in: www.neues-deutschland.de/artikel/159855.politische-sackgasse.html.

ID-Archiv im ISSG (Hg.): Drahtzieher im braunen Netz. Der Wiederaufbau der NSDAP. Ein Handbuch des antifaschistischen Autorenkollektivs Berlin. Berlin – Amsterdam, Februar, 1992.

Igel, Regine: Terrorismus-Lügen. Wie die Stasi im Untergrund agierte, München 2012.

Institut für Sozialforschung (Hg.): Rechtsextremismus und Fremdenfeindlichkeit. Studien zur aktuellen Entwicklung, Frankfurt/M.; New York, 1994.

Jander, Martin: Vereint gegen Israel? Die DDR und der Linksterrorismus, in: http://www.publikative.org/2011/10/11/vereint-gegen-israel-die-ddr-und-der-linksterrorismus.de.

Jansen, Frank: Ministerium korrigiert Polizei, in: Der Tagesspiegel, 15.9.2007.

Jansen, Frank: Hoher Beamter der Regierung rechtsextrem, in: Der Tagesspiegel, 18.09.2007.

Jansen, Frank: Landkarte des Schreckens, in: Der Tagesspiegel, 13.2.2016.

John, Michael/Dietrich Schulze-Marmeling: «Hauts die Juden!» – Antisemitismus im europäischen Fußball, in: Beiersdorfer, Dietmar u. a.: Fußball und Rassismus, Göttingen, 1993.

Joseph, Detlef: Die DDR und die Juden. Eine kritische Untersuchung – mit einer Bibliografie von Renate Kirchner, Berlin, 2010.

Joseph, Detlef: Hammer, Zirkel, Hakenkreuz. Wie antifaschistisch war die DDR? Eine kritische Untersuchung, Berlin, 2006.

Joseph, Detlef: Nazis in der DDR. Die deutschen Staatsdiener nach 1945 – woher kamen sie? Berlin, 2002.

Joseph, Detlef: «Nazis in der DDR» – Mythos oder Tatsache?, in: http://archiv2007.sozialisten.de/politik/publikationen/kpf-mitteilungen/view_html?zid=4587&bs=1&n=10.

Keil, Lars-Broder: Heinrich Lübke und die Staatssicherheit, in: Die Welt v. 9.5.2007.
Kellerhoff, Sven: Braune Vergangenheit. Wie die SED ihre Wurzeln in der NSDAP vertuschte, in: www.mobil/morgenpost.de.
Kistenmacher, Olaf: Zum Teufel mit Stalin. Die Moskauer Prozesse von 1936 bis 1938 und der Antisemitismus in der Sowjetunion, in: Jungle World Nr. 22, 28. Mai 2014.
Klaus, Georg / Buhr, Manfred (Hrsg.): Philosophisches Wörterbuch, Berlin 1972.
Kleffner, Heike: Köpfe, Straße, Parlament, in: Konkret Heft Nr. 9 / September 2007.
Kloke, Martin: Israel – Alptraum der deutschen Linken?, in: Brosch, Matthias / Elm, Michael / Geißler, Norman / Simbürger, Brigitta Elisa / von Wrochem, Oliver: Exklusive Solidarität. Linker Antisemitismus in Deutschland. Vom Idealismus zur Antiglobalisierungsbewegung, Berlin 2007.
Knabe, Hubertus: West-Arbeit des MfS. Das Zusammenspiel von «Aufklärung» und «Abwehr», Berlin 1999.
Knabe, Hubertus: Die unterwanderte Republik. Stasi im Westen, 3. Auflage 2000, Berlin.
Kosing, Alfred: Argumentation zur persönlichen Verwendung: Sozialistische Gesellschaft und sozialistische Nation in der DDR, o.J., SAPMO-BArch, DY 24/ A 11.625
Kostyrčenko, Gennadij: Der Fall der Ärzte, in: Luks, Leonid (Hg.): Spätstalinismus und die «jüdische Frage». Zur antisemitischen Wendung des Kommunismus, Köln 1998.
Kowalczuk, Ilko-Sascha: Stasi konkret: Überwachung und Repression in der DDR, München, 2013.
Kraushaar, Wolfgang: Abspaltung und Potenzierung. Zum Verhältnis von Antizionismus und Antisemitismus in der militanten Linken der Bundesrepublik, in: Brosch, Matthias / Elm, Michael / Geißler, Norman / Simbürger, Brigitta Elisa / von Wrochem, Oliver: Exklusive Solidarität. Linker Antisemitismus in Deutschland. Vom Idealismus zur Antiglobalisierungsbewegung, Berlin, 2007.
Krüger-Potratz, Marianne: Anderssein gab es nicht. Ausländer und Minderheiten in der DDR. Münster/New York, 1991.
Kühnl, Reinhard / Spoo, Eckart (Hg.): Was aus Deutschland werden sollte – Konzepte des Widerstands, des Exils und der Alliierten, Heilbronn, 1995.
Kunzelmann, Dieter: Brief aus Amman, in: Agit 883 Nr. 42 vom 27. November 1969
Langer, Hermann: Flächenbrand von rechts. Zum Rechtsextremismus im Bundesland Mecklenburg-Vorpommern, Rostock, 1993.
Leide, Henry: NS-Verbrecher und Staatssicherheit. Die geheime Vergangenheitspolitik der DDR. Analysen und Dokumente, Band 28, Göttingen, 2006.

Leo, Annette: Die «Verschwörung der Weißen Kittel». Antisemitismus in der Sowjetunion und in Osteuropa, in: Foitzik, Jan / Künzel, Werner / Leo, Annette / Weyrauch, Martina (Hg.): Das Jahr 1953. Ereignisse und Auswirkungen, Potsdam, 2004.

Leske, Hanns: Erich Mielke, die Stasi und das runde Leder. Der Einfluß der SED und des Ministeriums für Staatssicherheit auf den Fußballsport in der DDR, Göttingen, 2004.

Leonhard, Wolfgang: Die Revolution entlässt ihre Kinder, Köln, 1990.

Leusink, Thomas: Vom Kampf gegen den «Kosmopolitismus» zum Kampf gegen den «Aggressorstaat», in: www.trend.inforpartisan.net, trend onlinezeitung 02/04.

Lohrmann, Katrin / Paasch, Daniel: Die «Schule der Freundschaft» in Staßfurt. Zwischen Politik und Solidarität, in: Döring, Hans-Joachim / Rüchel, Uta (Hg.): Freundschaftsbande und Beziehungskisten. Die Afrikapolitik der DDR und der BRD gegenüber Mosambik. Frankfurt/M., 1. Auflage 2005.

Lorke, Christoph: «Ungehindert abreagieren». Hooliganismus in der späten DDR im Spannungsfeld von Anstandsnormen, Sozialdisziplinierung und gesellschaftlichen Randlagen, in: http://www.bpb.de/geschichte/zeitgeschichte/deutschlandarchiv/135223/hooliganismus-in-der-ddr?p=all, 3.5.2012.

Luks, Leonid (Hg.): Zur antisemitischen Wendung des Kommunismus, Köln, 1998.

Lustiger, Arno: Die Geschichte des Jüdischen Antifaschistischen Komitees der Sowjetunion, in: Lustiger, Arno (Hg.): Das Schwarzbuch. Der Genozid an den sowjetischen Juden, Reinbek 1995, S. 1093–1098.

Luxemburg, Rosa: Zur Russischen Revolution, GW 4, 1983.

Mac Con Uladh, Damian: Studium bei Freunden. Ausländische Studierende in der DDR bis 1970, in: Müller, Christian Th. / Poutrus, Patrice G. (Hg.): Ankunft – Alltag – Ausreise. Migration und interkulturelle Begegnung in der DDR-Gesellschaft, Köln, 2005.

Madievski, Samson: Das rote Pogrom, in: Jüdische Allgemeine, 27.07.2006.

Madloch, Norbert: Rechtsextremismus in Deutschland nach dem Ende des Hitlerfaschismus, in: Kinner, Klaus und Richter, Rolf (Hg.): Rechtsextremismus und Antifaschismus. Historische und aktuelle Dimensionen, Berlin, 2000.

Maier, Michael: Antisemitismus in den Medien der DDR. Stereotypen, Ideologie und die Täter von einst. Über Kontinuitäten im zweiten deutschen Staat, Humboldt-Universität Berlin, 2001 (unveröffentlicht).

Marcuse, Herbert: Die Gesellschaftslehre des sowjetischen Marxismus. Neuwied/Berlin, 1969.

Marcuse, Herbert: Feindanalysen. Über die Deutschen. Lüneburg, 1998.

Marcuse, Herbert: Das historische Schicksal der bürgerlichen Demokratie, in: Nachgelassene Schriften. Das Schicksal der bürgerlichen Demokratie, Lüneburg, 1999.

Maser, Peter: Helmut Eschwege. Ein Historiker in der DDR, in: horch und guck, Heft 44/2003, S. 21–23.

Medwedew, Roy: Über Antisemitismus in der Stalin-Ära, in: Osteuropa-Info Nr. 55, (1. Quartal 1984), vom Sozialistischen Osteuropakomitee (Hg.), 1984.

Meenzen, Sandra: Wie ehemalige Nazis in der SED Karriere machten, in: sz/online/Sächsische Zeitung, www.sz-online.de, 21.01.2010.

Meining, Stefan: Kommunistische Judenpolitik. Die DDR, die Juden und Israel, Hamburg, 2002.

Meining, Stefan: Geheimoperation Aleppo: die geheime Beteiligung der DDR am Oktober-Krieg 1973. Report München, Bayerischer Rundfunk, 6.10.2008, in: http://www.poolalarm.de/kindersuchdienst/raf/Beteiligung_der_DDR%20_am_Yom-Kippur-Krieg_1973_Israels_mit_den_arabischen_Staaten.pdf.

Mellenthin, Knut: Rabiater Fanclub, in: Junge Welt, 18.7.2008.

Mertens, Lothar: Staatlich propagierter Antizionismus: Das Israelbild der DDR, in: Benz, Wolfgang (Hg.): Jahrbuch für Antisemitismusforschung 2 (1993).

Mertens, Lothar: Offizieller Antifaschismus und verborgener Antisemitismus in der DDR, in: Agethen, Manfred / Jesse, Eckhard / Neubert, Erhart (Hg.): Der missbrauchte Antifaschismus. DDR-Staatsdoktrin und Lebenslüge der deutschen Linken, Freiburg, 2002.

Meuschel, Sigrid: Legitimation und Parteiherrschaft. Zum Paradox von Stabilität und Revolution in der DDR 1945–1989, Frankfurt/M. 1992.

Mitscherlich, Alexander und Margarete: Die Unfähigkeit zu trauern. München, Dezember, 1987.

Müller, Christian Th.: «O' Sowjetmensch!» Beziehungen von sowjetischen Streitkräften und DDR-Gesellschaft zwischen Ritual und Alltag, in: Müller, Christian Th. / Poutrus, Patrice G. (Hg.): Ankunft – Alltag – Ausreise. Migration und interkulturelle Begegnung in der DDR-Gesellschaft, Köln, 2005.

Nationalrat der Nationalen Front (Hrsg.): Braunbuch. Kriegs- und Naziverbrecher in der Bundesrepublik, Berlin (DDR), 1965.

Nationalrat der Nationalen Front (Hg.): Graubuch. Expansionspolitik und Neonazismus in Westdeutschland. Hintergründe Ziele Methoden, Berlin (DDR) 1967.

Neubert, Erhart: Geschichte der Opposition in der DDR 1949–1989, Berlin 1997.

Neubert, Erhart: Politische Verbrechen in der DDR, in: Courtois, Stéphan (Hg.): Das Schwarzbuch des Kommunismus. Unterdrückung, Verbrechen und Terror, München, 2004, S. 829–884.

Neubert, Erhart / Eisenfeld, Bernd (Hg.): Macht – Ohnmacht – Gegenmacht. Grundfragen zur politischen Gegnerschaft in der DDR, Bremen, 2001.

Ober, Josef: «Zyonismus ...» Die von Moskau angeordnete antisemitische Kampagne in der DDR in den Jahren 1952/53 und ihre Umsetzung in der marxistisch-leninistischen «Presse neuen Typs». Politische und psychologische Konflikte in einem diktatorischen Propagandasystem, Berlin, 2007.

Offenberg, Ulrike: «Seid vorsichtig gegen die Machthaber». Die jüdischen Gemeinden in der SBZ und der DDR 1945–1990, Berlin, 1998.
Opitz, Reinhard: Faschismus und Neofaschismus, Bonn, 1996.
Otto, Wilfriede: Die «Waldheimer Prozesse» 1950. Historische, politische und juristische Aspekte im Spannungsfeld zwischen Antifaschismus und Stalinismus, in Meier, Helmut / Nakath, Detlef / Welker, Peter (Hg.): Forscher- und Diskussionskreis DDR-Geschichte, Hefte zur DDR-Geschichte 12, Berlin, 1993.
Otto, Wilfriede: Wie viele Nazis in der SED?, in: Neues Deutschland, 14.3.2012.
Pätzold, Kurt: Die Mär vom Antisemitismus, Berlin, 2010.
Pfahl-Traughber, Armin: Rechtsextremismus in der Bundesrepublik, München, 2006.
Poutrus, Patrice G. / Behrends, Jan C. / Kuck, Dennis: Historische Ursachen der Fremdenfeindlichkeit in den neuen Bundesländern, in: Aus Politik und Zeitgeschichte (B 39/2000). http://www.bpb.de/publikationen/OKZ5MV.html.
Poutrus, Patrice G.: «Teure Genossen». Die «politischen Emigranten» als «Fremde» im Alltag der DDR-Gesellschaft, in: Müller, Christian Th. / Poutrus, Patrice G. (Hg.): Ankunft – Alltag – Ausreise. Migration und interkulturelle Begegnung in der DDR-Gesellschaft, Köln, 2005.
Poutrus, Patrice G.: Polit. Emigranten in der DDR, in: Demke, Elena/Schüle, Annegret (Hg.): Ferne Freunde – Nahe Fremde. Unterrichtsmaterialien zum Thema Ausländer in der DDR. Werkstatt DDR-Geschichte für die Schule, Berliner Landesbeauftragter für die Unterlagen des Staatssicherheitsdienstes der ehemaligen DDR, Berlin 2006, S. 59–78.
raf: texte der raf, Überarbeitete und aktualisierte Ausgabe, 1983.
Reinecke, Stefan: Das abgespaltene Attentat, in: die tageszeitung, 1.7.2005 und ein Interview mit Tilman Fichter vom 25.10.2005.
Rößler, Ruth-Kristin (Hg.): Entnazifizierungspolitik der KPD/SED 1945–1948, Dokumente und Materialien, Goldbach 1994.
Roth, Karl Heinz / Ebbinghaus Angelika (Hg.): Rote Kapellen – Kreisauer Kreise – Schwarze Kapellen, Neue Sichtweisen auf den Widerstand gegen die NS-Diktatur 1938–1945, Hamburg, 2004.
Roth, Karl Heinz: Die Intelligenz und die «soziale Frage» – Aus heutiger Sicht, in: grundrisse, zeitschrift für linke theorie & debatte, 2007. www.grundrisse.net.
Rüchel, Uta: «auf deutsch sozialistisch denken». Mosambikaner in der Schule der Freundschaft. Landesbeauftragte für die Unterlagen des Staatssicherheitsdienstes der ehemaligen DDR, Magdeburg, 2001.
Rüchel, Uta: Zwischen Paternalismus und Solidarität: das SWAPO-Kinderheim in Bellin, in: Behrends, Jan/Lindenberger, Thomas/Poutrus, Patrice G. (Hg.):

Fremde und Fremd-Sein in der DDR. Zu historischen Ursachen der Fremdenfeindlichkeit in Ostdeutschland, Berlin, 2003.
Serge, Victor (Ps. Wiktor Lwowitsch Kibaltschitsch): Für eine Erneuerung des Sozialismus, Unbekannte Aufsätze, Hamburg, 1975.
Schäfer-Vogel, Gundula: Gewalttätige Jugendkulturen – Symptom der Erosion kommunikativer Strukturen, Freiburg i. Brsg., 2007.
Scharrer, Manfred: Kampflose Kapitulation. Arbeiterbewegung 1933, Reinbek, 1984.
Schmaltz, Florian: Kampfstoff-Forschung im Nationalsozialismus. Zur Kooperation von Kaiser-Wilhelm-Instituten, Militär und Industrie. Band 11, in: Rürup, Reinhard / Schieder, Wolfgang (Hg.): Geschichte der Kaiser-Wilhelm-Gesellschaft im Nationalsozialismus, Göttingen, 2005.
Schmidt, Monika: Schändungen jüdischer Friedhöfe in der DDR. Eine Dokumentation. Zentrum für Antisemitismusforschung der Technischen Universität Berlin, Berlin, 2007.
Schneider, Frank: Psychiatrie im Nationalsozialismus – Erinnerung und Verantwortung. Rede anlässlich der Gedenkveranstaltung der Deutschen Gesellschaft für Psychiatrie, Psychotherapie und Nervenheilkunde (DGPPN) am 26. November 2010 in Berlin.
Schönecker, Hans: «Wir wollten Einheit und Frieden ...». Ost-West Gespräche im Januar 1951 – ein Treffen zwischen FDJlern und ehemaligen HJlern, in: Neues Deutschland, 29.1.2011.
Schroeder, Klaus / Staadt, Jochen: Der diskrete Charme des Status-quo: DDR-Forschung in der Ära der Entspannungspolitik, in: Schroeder, Klaus (Hg.): Geschichte und Transformation des SED-Staates. Beiträge und Analysen, Berlin, 1994.
Schüddekopf, Otto-Ernst: Linke Leute von Rechts. Die nationalrevolutionären Minderheiten und der Kommunismus in der Weimarer Republik, Stuttgart, 1960.
Siegler, Bernd: Auferstanden aus Ruinen ... Neofaschismus in der DDR. Berlin, 1991.
Speit, Andreas: Ob Ost, ob West ..., in: Jungle World Nr. 35 v. 30.8.2007.
Spiegel, Josef: Faschismuskonzeption der KPD 1929–1933, Münster, 1986.
Spitzer, Giselher: Wo die Macht keine Macht hatte, in: «Der Tagesspiegel», 10.04.05.
Staadt, Jochen: Die geheime Westpolitik der SED, Berlin 1993.
Steinheim, Philipp: Ausländerhass: Das Prinzip «Neger raus», in: Der Tagesspiegel, 11.12.2000.
Stender, Wolfram: Ideologische Syndrome. Zur Aktualität des sekundären Antisemitismus in Deutschland, in: Markus Brunner, Jan Lohl, Rolf Pohl, Sebastian Winter (Hg.): Volksgemeinschaft, Täterschaft und Antisemitismus, 2011, Gießen.

Storkmann, Klaus: Geheime Solidarität. Militärbeziehungen und Militärhilfen der DDR in die «Dritte Welt». Hrsgg. vom Militärgeschichtlichen Forschungsamt, Berlin, 2012.
Streim, Alfred: Saubere Wehrmacht? Die Verfolgung von Kriegs- und NS-Verbrechen in der Bundesrepublik und in der DDR, in: Heer, Hannes / Naumann, Klaus (Hg.): Vernichtungskrieg: Verbrechen der Wehrmacht 1941–1944, Hamburg, 1995.
Süß, Walter: Zur Wahrnehmung und Interpretation des Neofaschismus in der DDR durch das MfS. Der Bundesbeauftragte für die Unterlagen des Staatssicherheitsdienstes der ehemaligen Deutschen Demokratischen Republik, Abteilung Bildung und Forschung, Reihe B, Analysen und Berichte, Nr. 1/93.
Süß, Walter: Was wußte die Stasi über die Neonazis in der DDR? In: Die Zeit, Nr. 18, 30. April 1993.
Taylor, Rogan/Andreas Skrypietz: «Pull the Trigger – Shoot the Nigger». Fußball und Rassismus in England, in: Beiersdorfer, Fußball und Rassismus, Göttingen, 1993.
Teidelbaum, Lucius: Nationalismus in der DDR. Das «rote Preußen» (DDR) spielt die «nationale Karte, unveröffentlichtes Vortragsmanuskript, 2013 (im Besitz von HW).
Teschner, Dirk: Faschistische Vergangenheit in der DDR, in: telegraph 3/4/98.
Teschner, Dirk: Junge Faschisten in der DDR, in: http://www.antifa-nazis-ddr.de/n/10019451.021.php.
Timm, Angelika: Hammer Zirkel Davidstern. Das gestörte Verhältnis der DDR zu Zionismus und Staat Israel. Bonn,1997.
Traverso, Enzo: Die Intellektuellen und der Antifaschismus. Für eine kritische Geschichtsschreibung, in: jour-fixe-initiative berlin (Hg.): Theorie des Faschismus – Kritik der Gesellschaft, Münster, Juni 2000.
Ullrich, Peter: Dem Volk nicht zugehörig, in: Jungle World Nr. 19, 8. Mai 2008.
Vetter, Matthias: Antisemiten und Bolschewiki. Zum Verhältnis von Sowjetsystem und Judenfeindschaft, Berlin 1995.
Volkssolidarität Bundesverband e. V.: Sozialreport 2006 – Daten und Fakten zur sozialen Lage in den neuen Bundesländern – Sozialwissenschaftliches Forschungszentrum Berlin-Brandenburg e. V., Berlin, Dezember 2006.
Vollnhals, Clemens / Schlemmer, Thomas: Entnazifizierung, Politische Säuberung und Rehabilitierung in den vier Besatzungszonen 1945–1949, München, 1991.
Wagner, Bernd: Rechtsradikalismus in der Spät-DDR, Berlin, 2014.
Waibel, Harry: Rechtsextremismus in der DDR, Köln, 1996.
Waibel, Harry: Kritik des Anti-Semitismus in der DDR, in: www.stiftung-sozialgeschichte.de, 2006.
Waibel, Harry: Kritik des Antifaschismus der SED, in: www.stiftung-sozialgeschichte.de, 2007.

Waibel, Harry: Elsässer halt's Maul, in: www.trend.infopartisan.net/trd0609/t640609.html, Berlin, Juni 2009.

Waibel, Harry: Diener vieler Herren. Ehemalige NS-Funktionäre in der SBZ/DDR, Frankfurt/M., 2011.

Waibel, Harry: Rassisten in Deutschland, Frankfurt/M., 2012.

Waibel, Harry: Der gescheiterte Antifaschismus der SED – Rassismus in der DDR, Frankfurt/M., 2014.

Waibl-Stockner, Jasmin: «Die Juden sind unser Unglück»: Antisemitische Verschwörungstheorien, Wien, 2009.

Weber, Hermann: «Weiße Flecken» in der Geschichte. Die KPD-Opfer der Stalinschen Säuberungen und ihre Rehabilitierung. Berlin, 1990.

Weber, Hermann (Hrsg.): Der deutsche Kommunismus. Dokumente. Köln Bonn, 1963.

Weber, Hermann: Der «Antifaschismus»-Mythos der SED, in Freiheit und Recht, 2005/1.

Weber, Hermann: Geschichte der DDR. München, 2004.

Weber, Hermann / Bayerlein, Bernhard H. (Hrsg.): Der Thälmann-Skandal. Geheime Korrespondenzen mit Stalin, Berlin 2003.

Weber, Hermann / Pertinax, Lothar: Schein und Wirklichkeit in der DDR, Stuttgart, 1958.

Wehl, Roland: «Die Nation zur Sache des Volkes machen.» Wie national muss die Linke sein?, in: http://soziale-demokratie.de/linke.php, 1998.

Weinke, Annette: Nachkriegsbiographien brandenburgischer «Euthanasie» Ärzte und Sterilisationsexperten. Kontinuitäten und Brüche, in: Wolfgang Rose: Anstaltspsychiatrie in der DDR: die brandenburgischen Kliniken zwischen 1945 und 1990. Mit einem Beitrag von Annette Weinke, Berlin 2005.

Weinthal, Benjamin: Bye, bye, German left!, in: Jungle World Nr. 17, 25. April 2007.

Wenzke, Rüdiger: Zwischen «Prager Frühling» 1968 und Herbst 1989. Protestverhalten, Verweigerungsmuster und politische Verfolgung in der NVA der siebziger und achtziger Jahre, in: Wenzke, Rüdiger (Hg.): Staatsfeinde in Uniform? Widerständiges Verhalten und politische Verfolgung in der NVA, Erste Auflage, März 2005.

Wenzke, Rüdiger: Ab nach Schwedt!, Berlin, 2011.

Werkentin, Falco: Politische Strafjustiz in der Ära Ulbricht. In: Mitter, Armin / Wolle, Stefan (Hg.): Forschungen zur DDR-Geschichte. Band 1, Berlin, 1. Auflage, 1995.

Werth, Nicolas: Ein Staat gegen sein Volk. Gewalt, Unterdrückung und Terror in der Sowjet-Union, in: Courtois, Stéphane (Hg.): Das Schwarzbuch des Kommunismus. Unterdrückung, Verbrechen und Terror, München, 2004.

Wiegmann, Ulrich: Pädagogik und Staatssicherheit. Schule und Jugend in der Erziehungsideologie und -praxis des DDR-Geheimdienstes, Berlin, 2007.

Wilke, Manfred: Der instrumentelle Antifaschismus der SED und die Legitimation der DDR, in: Deutscher Bundestag (Hg.), Materialien, Bd. III, 1.

Willmann, Frank (Hg.): Stadionpartisanen. Fußballfans und Hooligans in der DDR, 2007, Berlin.

Winckler, Stefan: Gerhard Löwenthal. «Der Kerl muss weg», meinte Mielke, in: faz.net, 1.1.2012.

Wistrich, Robert: Der antisemitische Wahn. Von Hitler bis zum Heiligen Krieg gegen Israel, Ismaning, 1987.

Wolf, Dietmar: Antifa-Ausschüsse und ihre Zerschlagung in der SBZ/DDR, in: telegraph 3/4/98.

Wolf, Jürgen: Besondere Vorkommnisse, in: Behnke, Klaus / Wolf, Jürgen (Hg.): Stasi auf dem Schulhof: Der Missbrauch von Kindern und Jugendlichen durch das Ministerium für Staatssicherheit, Berlin, 1998.

Wolffsohn, Michael: Die Deutschland Akte. Tatsachen und Legenden, München, 1995.

Wolffsohn, Michael: Feindliche Brüder? Die Aufarbeitung von Nationalsozialismus und Kommunismus als Gegenwartsaufgabe, in: http://www.stiftung-hsh.de/downloads/CAT_212/WolffsohnRede.pdf.

Wunschik, Tobias: Baader-Meinhofs Kinder, Die zweite Generation der RAF, Opladen, 1997.

Zimmermann, Verena: «Den neuen Menschen schaffen». Die Umerziehung von schwererziehbaren und straffälligen Jugendlichen in der DDR (1945–1990), Köln, 2004.

Zwengel, Almut: Algerische Vertragsarbeiter in der DDR. Doppelter Sozialstatus, späte Adoleszenz und Protest, in: Zwengel (Hg): Die «Gastarbeiter» der DDR. Politischer Kontext und Lebenswelten. Studien zur DDR-Gesellschaft, Band 13, Berlin/Münster, 2007.

Abkürzungen

Abt.	Abteilung
AG	Arbeitsgruppe
AKG	Auswertungs- und Kontrollgruppe des MfS
APO	Abteilungsparteiorganisation
BArch	Bundesarchiv
BBS	Betriebsberufsschule
BDVP	Bezirksbehörde der DVP
BGL	Betriebsgewerkschaftsleitung
BL	Bezirksleitung
BRD	Bundesrepublik Deutschland
BStU	Bundesbeauftragter für die Unterlagen des MfS
BT	Betriebsteil
BV	Bezirksverwaltung
BV	Bundesvorstand
BVfS	BV für Staatssicherheit
DDR	Deutsche Demokratische Republik
DFD	Demokratischer Frauenbund Deutschland
DR	Deutsche Reichsbahn
DRK	Deutsches Rotes Kreuz
DTSB	Deutscher Turn- und Sportbund
DVP	Deutsche Volkspolizei
DVRA	Demokratische Volksrepublik Algerien
Ebd.	Ebenda
EKKI	Exekutivkomitee der KI
EOS	Erweiterte Oberschule
EV	Ermittlungsverfahren
FDGB	Freier Deutscher Gewerkschaftsbund
FDJ	Freie Deutsche Jugend
FStW	Funkstreifenwagen
GDSF	Gesellschaft für Deutsch-Sowjetische Freundschaft
GI	Geheimer Informant
GMS	Gesellschaftlicher Mitarbeiter Sicherheit
GSSD	Gruppe der sowjetischen Streitkräfte in Deutschland
GST	Gesellschaft für Sport und Technik
GT	Grenztruppen
GVS	Geheime Verschlusssache
HA	Hauptabteilung
HO	Handelsorganisation
HU	Humboldt-Universität
HVA	Hauptverwaltung Aufklärung
IM	Inoffizieller Mitarbeiter
K	Kriminalpolizei
KD	Kreisdienststelle
KGA	Kleingartenanlage
KI	Kommunistische Internationale
KPD	Kommunistische Partei Deutschland
KPdSU	Kommunistische Partei der Sowjetunion
KV	Kreisverwaltung
NF	Nationale Front
NfD	Nur für den Dienstgebrauch
NR	Nationalrat
NSDAP	Nationalsozialistische Deutsche Arbeiterpartei
NSW	Nichtsozialistisches Wirtschaftsgebiet
NVA	Nationale Volksarmee
NVR	Nationaler Verteidigungsrat
MdI	Ministerium des Innern
MfAA	Ministerium für Auswärtige Angelegenheiten
MfNV	Ministerium für Nationale Verteidigung
MfS	Ministerium für Staatssicherheit
ML	Marxismus-Leninismus
MPHS	Militärpolitische Hochschule
OAM	Operatives Ausgangsmaterial
ODH	Offizier des Hauses
o.J.	ohne Jahr
OPK	Operative Personenkontrolle
OV	Operativer Vorgang

PdVP	Präsidium der Volkspolizei
POS	Polytechnische Oberschule
POZW	Politisch-Operatives Zusammenwirken
RAW	Reichsbahn-Ausbesserungswerk
SAPMO	Stiftung Archiv der Parteien und Massenorganisationen in der DDR
SBZ	Sowjetische Besatzungszone
SdF	Schule der Freundschaft
SED	Sozialistische Einheitspartei Deutschland
SMAD	Sowjetische Militäradministration in Deutschland
StGB	Strafgesetzbuch
StVE	Strafvollzugseinrichtungen
TPA	Transportpolizeiamt
TSK	Territoriale Spezifische Kräfte (Terrorabwehr)
UdSSR	Union der Sozialistischen Sowjetrepubliken
ÜSE	Übersiedlungsersuchende
UHA	Untersuchungshaftanstalt
VD	Vertrauliche Dienstsache
VEB	Volkseigener Betrieb
Vgl.	Vergleiche
VP	Volkspolizei
VPI	Volkspolizeiinspektion
VPKA	Volkspolizeikreisamt
VVN	Vereinigung der Verfolgten des Naziregimes
VVS	Vertrauliche Verschlusssache
ZAIG	Zentrale Auswertungs- und Informationsgruppe
ZK	Zentralkomitee
ZKS	Zentrale Kräfte Schutzpolizei
ZOS	Zentraler Operativstab
ZPKK	Zentrale Parteikontrollkommission
ZPL	Zentrales Pionierlager
ZSK	Zentrale Spezifische Kräfte (Terrorabwehr)
ZV	Zentralvorstand